Wissenschaftliche Beiträge
aus dem Tectum Verlag

Reihe Rechtswissenschaften

Wissenschaftliche Beiträge
aus dem Tectum Verlag

Reihe Rechtswissenschaften
Band 118

Thomas Warnecke

Identitätsmanagement und Datenschutz

Verantwortung für einen datenschutzgerechten Zugang zu transaktionsbezogenen E-Government-Anwendungen unter besonderer Berücksichtigung der De-Mail-Dienste und des neuen Personalausweises

Tectum Verlag

Thomas Warnecke
Identitätsmanagement und Datenschutz
Verantwortung für einen datenschutzgerechten Zugang zu transaktionsbezogenen E-Government-Anwendungen unter besonderer Berücksichtigung der De-Mail-Dienste und des neuen Personalausweises
Zugl. Diss. Christian-Albrechts-Universität zu Kiel 2017
Wissenschaftliche Beiträge aus dem Tectum Verlag,
Reihe: Rechtswissenschaften; Bd. 118

ISBN: 978-3-8288-4055-3
eISBN: 978-3-8288-6925-7
ePub: 978-3-8288-6926-4
ISSN: 1861-7875

Druck und Verarbeitung: CPI buchbuecher.de, Birkach
Printed in Germany

Informationen zum Verlagsprogramm finden Sie unter
www.tectum-verlag.de

Bibliografische Informationen der Deutschen Nationalbibliothek
Die Deutsche Nationalbibliothek verzeichnet diese Publikation in der Deutschen Nationalbibliografie; detaillierte bibliografische Angaben sind im Internet über http://dnb.ddb.de abrufbar.

Bibliographic information published by the Deutsche Nationalbibliothek
The Deutsche Nationalbibliothek lists this publication in the Deutsche Nationalbibliografie; detailed bibliographic data are available online at http://dnb.ddb.de.

Meinen Eltern

Vorwort

Die vorliegende Arbeit wurde im Wintersemester 2015/2016 von der Rechtswissenschaftlichen Fakultät der Christian-Albrechts-Universität zu Kiel als Dissertation angenommen.

Bedanken möchte ich mich bei meinem Doktorvater Prof. Dr. Utz Schliesky für die Erstellung des Erstgutachtens. Bei Prof. Dr. Christoph Brüning bedanke ich mich für die zügige Erstellung des Zweitgutachtens.

Insbesondere möchte ich mich bei Herrn Lennart Giesse und Frau Claudia Fränzner für die stets hervorragende bibliothekarische Unterstützung und die stets freundschaftliche Atmosphäre in der Bibliothek bedanken. Ebenso bedanke ich mich bei Brigitte Müller-Hecht für die bibliothekarische Unterstützung.

Darüber hinaus bedanke ich mich bei Sylvia Weidenhöfer für die kollegiale Zusammenarbeit.

Meinem Kollegen Martin Stabno danke ich für fachlichen Austausch zu allen Fragen des Datenschutzes und das Lesen des Manuskriptes. Darüber hinaus danke ich meinem Kollegen Nikolai Jaklitsch für den fachlichen Austausch in der Praxis.

Dr. Andreas Neumann und Nils Löwe danke ich ebenfalls für das Lesen des Manuskripts.

Schließlich gilt mein besonderer Dank meinen Eltern, Frau Elisabeth Warnecke und Herrn Dr. Hinrich Warnecke, die immer für mich da sind. Ohne die hervorragende Unterstützung wäre die Erstellung dieser Arbeit nicht möglich gewesen. Wir freuen uns, dass wir alle wohlbehalten die Fertigstellung dieser Arbeit erleben dürfen. Ihnen widme ich diese Arbeit.

Inhaltsverzeichnis

Teil 1: Einführung in den Untersuchungsgegenstand

A. Problemstellung

Die Modernisierung der öffentlichen Verwaltung durch Informationstechnologie stellt einen fortlaufenden Prozess dar. Für die Aufgabenerfüllung des öffentlichen Sektors ist der Einsatz von Informationstechnologie sowohl innerhalb der öffentlichen Verwaltung als auch nach außen im Kontakt mit den Bürgern und Unternehmen nicht mehr wegzudenken. Der Staat trägt hier bereits seit einigen Jahren unter dem Stichwort „Electronic Government" dem Wandel zur Informationsgesellschaft Rechnung. Auf allen föderalen Ebenen sind Behörden und Institutionen über eine eigene Internetpräsenz erreichbar. Es gibt hier die vielfältigsten Informationsangebote. Schaut man aber über diese Informationsmöglichkeiten im Internet hinaus, so ist die tatsächliche Verbreitung von anspruchsvollen Verwaltungsdienstleistungen auf elektronischem Wege, die über die bloße Informationsvermittlung hinausgehen, noch nicht sehr weit fortgeschritten.

Der klassische E-Mail-Verkehr über das in der Regel kostenlose Angebot eines Anbieters bietet nicht die notwendige Sicherheit, sondern ist allenfalls so sicher wie eine Postkarte.[1] Zwar bestand schon seit einiger Zeit die Möglichkeit, beim Kontakt mit der Verwaltung eine herkömmliche E-Mail unter zusätzlicher Verwendung einer qualifizierten elektronischen Signatur einzusetzen. Dies folgte aber bisher keinem kohärenten nutzerfreundlichen Gesamtkonzept und konnte sich tatsächlich auch, abgesehen von einer vergleichsweise kleinen Zahl professioneller Nutzer, nicht in der Breite durchsetzen.

Während es bei bloßen Informationsangeboten der öffentlichen Verwaltung in Form einer Internetpräsenz meistens keiner Identifizierung des Nutzers bedarf oder eine anonyme Nutzung keine Probleme aufwirft[2], ist es bei anspruchsvollen Transaktionsdienstleistungen[3] notwendig, den Nutzer zu identifizieren[4], da hier regelmäßig Rechtsfolgen entstehen, die dem Nutzer gegenüber Wirkungen entfalten. Zentraler Anknüpfungs- und Ausgangspunkt für den Kontakt zwischen Verwaltung und Bürger ist die Identität der natürlichen Person, die als Nutzer auftritt. Zur Identifizierung

---

1 *Schallbruch*, in: Schmidt/Weichert (Hrsg.), Datenschutz, 372 (376);*Roßnagel*, ZRP 1997, 26 (28); *Heimann*, DuD 1998, 343(343); *Löwer*, in: V. Münch/Kunig GG Bd. I, Art. 10, Rn. 14; *Hense*, in: Goerlich (Hrsg.), Rechtsfragen der Nutzung und Regulierung des Internet, 73 (87); so auch im Gesetzentwurf der Bundesregierung zu De-Mail-Diensten: BT-Drs. 17/3630, S. 1.

2 *Hansen/Meissner* (Hrsg.), Verkettung digitaler Identitäten, 2007, S. 90.

3 Zu den Umsetzungsproblemen beim transaktionsbezogenen E-Government: *Schulz S. E.*, DVP 2011, 222 (222); *Klinger*, VM 2010, 327 (327).

4 *Strauß*, DuD 2010, 99 (99).

dieser ist das Offenbaren von personenbezogenen Daten notwendig[5]. Diese können die Funktion erfüllen, dass eine Person von anderen unterscheidbar wiedererkannt werden kann[6]. Aber an dieser Stelle entsteht bereits ein Spannungsverhältnis. Zum Umfang der Persönlichkeitsrechte gehört auch die Entscheidung darüber, ob ein Mensch sich identifizieren lassen will oder nicht. Individualität und Personalität sind in funktional differenzierten Gesellschaften besonders schutzbedürftig[7], weil sie gerade auch hier großen Gefahren ausgesetzt sind. Es bestehen in diesem Zusammenhang Missbrauchsmöglichkeiten. Die Identifizierung einer Person ist im digitalen Zeitalter sehr viel einfacher geworden, weil es Möglichkeiten gibt, große Mengen an Daten automatisiert zu analysieren.[8] Gleichzeitig besteht aber auch die Notwendigkeit der Identifizierung von Nutzern, die mit der Verwaltung in Kontakt treten, da andernfalls Rechtsunsicherheiten entstehen würden. Über die zur Identifizierung notwendigen Daten hinaus ist die Übermittlung weiterer personenbezogener Daten im konkreten Verwaltungsverfahren notwendig.

Angesichts dieses skizzierten Spannungsverhältnisses stellt sich die Frage, wie im Kontext des E-Governments trotz der Notwendigkeit der Identifizierung des Nutzers und der Übermittlung weiterer personenbezogener Daten die informationelle Selbstbestimmung des Nutzers sichergestellt werden kann. Eine Schlüsselfunktion liegt hier in der Frage, wer im jeweiligen Kontext die Datenhoheit hat. Zunehmende Komplexität entsteht dadurch, dass sich bei den Kommunikationsinfrastrukturen, die der Verwaltung und dem Bürger derzeit zur Verfügung stehen, in Deutschland ein sehr heterogenes Bild ergibt. Aktuelle Beispiele für solche Infrastrukturen sind die De-Mail und der neue Personalausweis, die Bestandteil der Initiative „E-Government 2.0“ der Bundesregierung[9] sind. Daneben gewährt die Deutsche Post AG mit dem sog. E-Postbrief ein Angebot, welches neben einer Variante mit elektronischer Zustellung auch einen Hybridbrief mit klassischer Zustellung vorsieht. Zusätzlich wird teilweise auch für die öffentliche Verwaltung das Elektronische Gerichts- und Verwaltungspostfach (EGVP) genutzt. Durch das E-Government-Gesetz des Bundes wurde die De-Mail für die Kommunikation von Bundesbehörden gesetzlich als Standard festgelegt. Dieses bisherige Nebeneinander von verschiedenen Infrastrukturen und das lange Festhalten am Erfordernis einer qualifizierten elektronischen Signatur zur Ersetzung der Schriftform haben dazu geführt, dass ein signifikanter Ausbau von Nutzerzahlen bei Transaktionsdienstleistungen mit der öffentlichen Verwaltung bisher ausgeblieben ist. Beispielsweise hat auch die Umsetzung der EU-Dienstleistungsrichtlinie in Deutschland, die den elektronischen Zugang zu den neu geschaffenen einheitlichen Ansprechpartnern[10] vorschreibt, nicht für signifikante Erleichterungen der elektronischen Kom-

5 *Hansen/Meissner* (Hrsg.), Verkettung digitaler Identitäten, 2007, S. 90.

6 *Schemitsch,* Identitätsdaten als Persönlichkeitsgüter, S. 128.

7 *Ladeur,* in: Götting/Scherz/Seitz, Handbuch des Persönlichkeitsrechts, S. 129, § 7 Rn. 11.

8 *Brunst,* Anonymität im Internet – rechtliche und tatsächliche Rahmenbedingungen, S. 201.

9 Das Programm „E-Government 2.0“ ist unter www.cio.bund.de abrufbar (letzter Abruf: 08.11.2015); s. dazu auch *Biernert,* GewArch 2008, 417 (418); *Otten,* VW 2007, 1440 (1440).

10 Zur elektronischen Abwicklung: *Neidert,* Verwaltungsverfahren über den einheitlichen Ansprechpartner, S. 165 ff.

munikation gesorgt. Bei den Kommunikationsinfrastrukturen zeigt sich jedenfalls, dass vielfach nicht der Staat selbst, sondern private Diensteanbieter zu einem großen Teil die Infrastrukturen für E-Government betreiben. Dies wirkt sich vor allem auch bei der Frage des Schutzes der informationellen Selbstbestimmung der Nutzer aus. Die grundrechtssystematische Einordnung dieser mehrpoligen Konstellationen aus Staat, privaten Akteuren und Nutzer und die daraus folgenden Konsequenzen stellen eine große Herausforderung dar. An die Implementierung der Funktionalitäten der De-Mail-Dienste stellen sich damit auch Anforderungen im Hinblick auf den Datenschutz gegenüber Privaten. Der Bürger muss sich als Nutzer identifizieren können und daher auch personenbezogene Daten preisgeben. Dabei besteht auf der einen Seite die Befürchtung, dass dem Zugriff von staatlichen Stellen auf den Rechts- und Geschäftsverkehr Tür und Tor geöffnet wird, um Sicherheitsinteressen zu genügen. Auf der anderen Seite besteht angesichts der Verbreitung von sozialen Netzwerken wie XING, LinkedIn und Facebook ein scheinbar eher sorgloser Umgang mit personenbezogenen Daten.[11] Hieraus ergibt sich die Notwendigkeit, bei den Nutzern eine Sensibilität für die Gefahren bei einem sorglosen Umgang mit personenbezogenen Daten zu schaffen. Der Selbstdatenschutz, also Sicherungsvorkehrungen, die jeder einzelne Nutzer selber vornehmen kann, um die Datenhoheit zu stärken, ist ein weiteres Element auf dem Weg zum Erreichen der Datensicherheit. Insbesondere aufgrund der Entwicklungen in der Informationstechnologie, die äußerst schnell voranschreiten, sind Maßnahmen des Datenschutzes immer wieder an die technischen Entwicklungen anzupassen. Das BVerfG hat bereits im Volkszählungsurteil von 1983 von zukünftigen Gefährdungen durch die moderne Datenverarbeitung gesprochen.[12] Dadurch wird klar, dass das Grundrecht auf informationelle Selbstbestimmung und andere kommunikationsbezogene Grundrechte wie das IT-Grundrecht und Art. 10 GG ständig neuen Gefährdungen ausgesetzt sind. Im Zuge der „NSA-Abhöraffäre“[13] aufgrund der Enthüllungen von Edward Snowden im Jahr 2013 wurde im politischen Diskurs vorgeschlagen, den Art. 10 GG zu einem umfassenden Kommunikations- und Mediennutzungsgeheimnis für die digitale Welt auszubauen und auf einfachgesetzlicher Ebene das Datenschutzrecht zu modernisieren[14]. Aktuell ist ein IT-Sicherheitsgesetz verabschiedet worden, welches insbesondere Unternehmen und Diensteanbieter stärker in die Pflicht nehmen soll, IT-Sicherheitsrisiken zu entdecken. Auch auf einfachgesetzlicher Ebene besteht also fortwährend Anpassungsbedarf an die neuen Entwicklungen. Im Mittelpunkt des Interesses stehen auch die jüngsten rechtlichen und tatsächlichen Entwicklungen im Bereich der Kommunikationsinfrastrukturen im E-Government wie beispielsweise das De-Mail-Gesetz und das E-Government-Gesetz des Bundes. Die datenschutzgerechte Ausgestaltung und Nutzungsmöglichkeit der Angebote ist eine rechtliche und auch eine tatsächliche Herausforderung. Verstärkt

11 *Luch/Schulz S. E.*, in: Schliesky (Hrsg.), Technikgestützes Identitätsmanagement, 1 (5); *Hoffmann/v. Kaenel*, in: Schliesky (Hrsg.), Technikgestütztes Identitätsmanagement, 81 (81 ff.).

12 BVerfGE 65, 1.

13 Zu den rechtlichen Hintergründen der hier aufgedeckten Überwachungspraxis: *Ewer/Thienel*, NJW 2014, 30 (30 ff.); *Wolf*, JZ 2013, 1039 (1039 ff.).

14 Vgl. den Nachweis bei *Wewer*, Digitale Agenda 2013-2017, S. 21.

werden diese Herausforderungen dadurch, dass die Bereitstellung der Kommunikationsinfrastrukturen vielfach durch Private und nicht durch die öffentliche Hand selbst erfolgt. In diesen multipolaren Akteurskonstellationen stellt sich die Frage, welches Maß an rechtlicher Verantwortung jedem einzelnen Akteur zukommt. Der Staat muss im Zusammenhang mit seinen Kommunikationsinfrastrukturen auch die Rolle eines Vorbildes einnehmen. Der Staat als Initiator von E-Government muss hier eine adäquate Antwort darauf finden, welches Maß an Schutz der Kommunikationsinfrastrukturen er mit welchen Mitteln gewährleisten kann und wo die Eigenverantwortung des Bürgers gefragt ist. Möchte der Staat mittels E-Government Wirtschaftlichkeitspotenziale heben, Bürokratie abbauen und die Servicequalität für den Bürger und Unternehmen erhöhen, so müssen die dafür notwendigen Kommunikationsinfrastrukturen ebenfalls den Anspruch einer Vorbildwirkung erfüllen. Angesichts der Einbindung Privater stellt sich immer weniger die Frage nach dem klassischen Eingriff durch „den Staat", vor dem die Grundrechte und hier besonders das Grundrecht auf informationelle Selbstbestimmung als Abwehrrecht schützen wollen, wie es noch bei dem dem Volkszählungsurteil zugrunde liegenden Sachverhalt der Fall war. Es stellt sich vielmehr die Frage, wie das Grundrecht auf informationelle Selbstbestimmung und weitere tangierte Grundrechte in den über das klassische „Staat-Bürger-Verhältnis" hinausgehenden multipolaren Konstellationen ihren Schutz weiterhin entfalten können. Es besteht die grundrechtssystematische Frage, in welcher Wirkungsdimension dieses hier gefordert ist. Dabei stellt sich die grundsätzliche Frage, ob der Staat seiner Verantwortung allein durch rechtliche Gestaltung gerecht werden kann oder ob dieser nicht auch verfassungsrechtlich verpflichtet ist, tatsächliche Möglichkeiten zum Selbstschutz zu schaffen.

Angesichts der Tatsache, dass heute massive Gefährdungen von vielen Seiten für elektronische Kommunikation bestehen, stellt sich die Frage wieviel Selbstschutz der Staat dem Nutzer abverlangen kann und wie das Verhältnis zu einem staatlichen Tätigwerden ist.

Auch staatliche Institutionen selbst sind von diesen Gefährdungslagen in der digitalen Welt betroffen, wie einmal mehr der jüngste Angriff auf die IT des Deutschen Bundestages im Jahr 2015 zeigt, welcher zu einer umfangreichen Neuinstallation zwang.

Kommunikationsvorgänge im transaktionsbezogenen E-Government sind vor diesem Hintergrund insbesondere auch deswegen besonders sensibel, weil sie Rechtsfolgen nach sich ziehen. Werden diese Vorgänge kompromittiert, kann das für den privaten Nutzer und auch für die Verwaltung negative Konsequenzen haben.

Für das transaktionsbezogene E-Government lässt sich beobachten, dass dieses gegenüber E-Commerce-Anwendungen deutlich geringere Nutzerzahlen hat. Viele Gefährdungsszenarien für die elektronische Kommunikation treten aber in beiden Bereichen auf.

B. Gang der Untersuchung

Die Zielsetzung dieser Arbeit ist es, zu untersuchen, welches Maß an Verantwortung dem Staat vor dem Hintergrund einer sich stetig entwickelnden Informationsgesellschaft für den Schutz der informationellen Selbstbestimmung eines Nutzers von E-Government-Anwendungen zukommt und welches Maß an Eigenverantwortung der einzelne Nutzer tragen muss. Die Kategorie von rechtlicher Verantwortung spielt in der Rechtsordnung an vielen Stellen eine Rolle.

Nach einer Einführung erfolgt im Teil 2 eine Auseinandersetzung mit den zu klärenden Grundbegriffen, um das zugrunde gelegte Begriffsverständnis zu verdeutlichen. Darüber hinaus sollen typische Gefährdungslagen für die elektronische Kommunikation und die handelnden Akteure dargestellt werden. Weiter werden die zur Verfügung stehenden Kommunikationsinfrastrukturen dargestellt, um die tatsächliche Ausgangslage für das Identitätsmanagement im E-Government zu skizzieren.

In Teil 3 wird auf den vorhandenen Rechtsrahmen eingegangen. Dabei steht zunächst der europarechtliche, dann der verfassungsrechtliche und dann der einfachgesetzliche Rahmen im Vordergrund. Besonderes Augenmerk gilt der Frage, welche Wirkungsdimension der einschlägigen kommunikationsbezogenen Grundrechte adressiert wird. Darüber hinaus soll der einfachgesetzliche Rahmen für Identitätsmanagement im E-Government dargestellt werden.

In Teil 4 werden die grundrechtlichen und tatsächlichen Anforderungen für den Datenschutz bei E-Government-Anwendungen sowie die Rolle der Eigenverantwortung des einzelnen Nutzers und die Verantwortung der anderen Akteure in diesem Kontext thematisiert. Dabei soll auch die Grenze dessen, was der Staat hier leisten kann, diskutiert werden.

In Teil 5 werden dann ausgewählte Fragestellungen im Kontext des Identitätsmanagements auf der Ebene der Umsetzung diskutiert. Hierbei soll auf Beispiele für die Umsetzungsmöglichkeiten einer Verantwortungsteilung zwischen den Akteuren eingegangen werden. Zentral ist hier die E-Government-Anwendung iKfz, die in exemplarischer Form die vorher diskutierten Problemlagen aufzeigt.

In Teil 6 erfolgt eine Zusammenfassung der Untersuchungsergebnisse in Form von Thesen.

Teil 2: Grundbegriffe und Ausgangslage

Einige Grundbegriffe, die in dieser Arbeit verwendet werden, werden in verschiedenen Wissenschaften in unterschiedlichen Kontexten nicht immer eindeutig verwendet. Daher werden diese Begriffe für die weitere Verwendung spezifiziert.

A. Identität

Für diese Untersuchung ist der Begriff der Identität grundlegend und zentral. Deshalb bedarf es hier einer Erörterung desselben. Der Begriff ist „schillernd"[15] und trotz seiner häufigen Verwendung keinem einheitlichen Verständnis zu unterstellen und muss daher differenziert betrachtet werden[16]. Zunächst ist umgangssprachlich unter Identität von Begriffen beispielsweise zu verstehen, dass sie die gleiche Bedeutung haben. Auch bei Gegenständen, die dasselbe äußere Erscheinungsbild haben, spricht man von Identität. In den verschiedensten Wissenschaftsdisziplinen wird der Begriff verwendet und hat dort jeweils eine unterschiedliche Bedeutung. Ein einheitliches interdisziplinäres Begriffsverständnis gibt es nicht. Der Mensch hat eine soziale Identität als Mitglied in einer Gruppe oder Organisation. Darüber hinaus hat der Mensch auch eine psychologische Identität, deren Bestandteil auch die vom jeweiligen sozialen Kontext abhängige Selbstwahrnehmung ist[17]. In der sozialwissenschaftlichen Literatur werden „personale Identität" und „kollektive Identität" voneinander unterschieden. Die personale Identität ist zu verstehen als das Bewusstsein eines Menschen eigener Kontinuität und Zusammengehörigkeit seiner Person, die kollektive Identität als Vorstellung der Gleichheit oder Gleichartigkeit mit anderen, die ein Gruppenzughörigkeitsgefühl schafft[18]. Die Tatsache, dass es einen „Prozess der Identitätsarbeit"[19] gibt, deutet darauf hin, dass Identität nach Verständnis der Sozialwissenschaften nichts Statisches, sondern etwas Dynamisches ist. Es gibt also viele Dimensionen des Begriffes der Identität und keine einheitliche Definition, auf die zurückgegriffen wer-

---

15 So *J. Meyer,* Identität und virtuelle Identität und virtuelle Identität natürlicher Personen im Internet, S. 21, mit Verweis auf *Höffe,* Identitäten im Zeitalter der Digitalisierung, S. 1 f., abrufbar unter: www.privacy-security.ch/sps2003/deutsch/anmeldung/pdf/07_Hoeffe_text.pdf (letzter Abruf am 26.01.2013).

16 Eine Suche bei der Suchmaschine Google ergibt für den Begriff Identität 21.700.000 Einträge; vgl. hierzu den Hinweis bei: *Mezler-Andelberg,* Identity Management – eine Einführung, S. 9.

17 *Meints,* DuD 2006, 576 (576).

18 *Wagner P.,* in: Assmann/Friese (Hrsg.), Identitäten, 44 (45); *Straub,* in: Assmann/Friese (Hrsg.), Identitäten, 73 (73 ff).

19 Hierzu näher: *Keupp u. a.,* Identitätskonstruktionen, S. 109 ff.

den könnte. Ein nächster Ansatzpunkt ist die Frage, was Identität in Interaktions- und Kommunikationsprozessen bedeutet.

I. Identität und Identifizierung

Der Begriff ist bei Interaktions- und Kommunikationsprozessen eng mit der Identifizierung sowie Identifizierbarkeit verbunden[20]. Identifizierung wird definiert als die Feststellung der Identität einer Person[21]. Identifizierung bezweckt u. a., einer Person ihre Handlungen zuordnen zu können[22]. Identität ist auch hierbei nicht statisch, sondern anwendungsspezifisch zu verstehen[23]. Viele Definitionen drehen sich um das Verhältnis von Identität und Identifizierung[24]. Die Identität einer natürlichen Person gibt eine Antwort auf die Frage nach dem Ich. Unter Identität wird daher auch die Summe derjenigen Merkmale verstanden, anhand deren ein Individuum von einem anderen unterschieden werden kann[25]. Es geht um die numerische Identität eines Menschen, welche die Voraussetzung dafür ist, dass jeder Mensch von allen anderen unterschieden werden kann[26]. In funktional differenzierten Gesellschaften ist eine Differenzierung des Individuums von der Gesellschaft notwendig[27]. Das Selbst einer natürlichen Person wird mehr und mehr „relational", also in Beziehung zu etwas verstanden, wodurch ein Mangel an substanzieller Identität besteht[28]. Gerade im Rahmen der elektronischen Kommunikation sind die vielfältigsten Kontexte denkbar, in denen sich die Identität einer natürlichen Person widerspiegeln muss. Im virtuellen Raum kommt es gerade auf Identität i. S. v. Identifizierbarkeit an, damit dem Nutzer Handlungen zugeordnet werden können[29]. Bei der Nutzung von E-Government-Angeboten ist in vielen Fällen eine Offenlegung der Identität des Nutzers unumgänglich und ein Handeln unter Pseudonym nicht möglich[30]. Damit stehen die Merkmale, welche die Identität einer natürlichen Person ausmachen, im Vordergrund. Gleichfalls steht die Identität auch in Beziehung zu den Begriffen der Anonymität und Pseud-

20 Insoweit stellt nunmehr der Art. 4 Nr. 1 DS-GVO auf die Identifizierung bzw. Identifizierbarkeit einer natürlichen Person ab.

21 BSI, Authentisierung im E-Government, S. 7.

22 *J. Meyer*, Identität und virtuelle Identität und virtuelle Identität natürlicher Personen im Internet, S. 24.

23 *Bösing*, Authentifizierung und Autorisierung im elektronischen Rechtsverkehr, S. 15.

24 *Hornung*, Die digitale Identität, S. 30 ff.

25 *Mezler-Andelberg*, Identity Management – eine Einführung, 2007, S. 9.

26 *J. Meyer*, Identität und virtuelle Identität und virtuelle Identität natürlicher Personen im Internet, S. 25; Abschlussbericht Internet & Gesellschaft Collaboratory, S. 126.

27 *Luhmann*, Soziologische Aufklärung 6, 125.

28 *Ladeur*, DÖV 2009, 45 (52) m. w. N., der kritisch anmerkt, dass im Bereich des Datenschutzes versucht werde, diesdurch die Behauptung zu kompensieren, dass personenbezogene Daten prinzipiell unzugänglich seien (Hervorhebung im Original).

29 Vgl. Art. 4 Nr. 1 DS-GVO.

30 *Hansen/Meissner* (Hrsg.), Verkettung digitaler Identitäten, 2007, S. 90; *Roßnagel*, DuD 2002, 281 (282); zu den Schwierigkeiten für den Fall des Erlasses von Verwaltungsakten, wo die Identität des Adressaten Wirksamkeitsvoraussetzung ist: *Gundermann*, in: Bäumler/v. Mutius (Hrsg.), Anonymität im Internet, 117 (127ff.).

onymität, wonach Abstufungen bei der Identifizierungsmöglichkeit gegeben sind[31]. *J. Meyer* fasst in einer grundlegenden Abgrenzung Identität i. S. v. Identifizierung als numerische Identität natürlicher Personen auf, bei der die erkennbare Übereinstimmung von Daten mit einer einzigen Person besteht[32].

Zur Klarstellung ist darauf hinzuweisen, dass begrifflich und funktional ein Unterschied zwischen Identifizieren und Authentifizieren besteht[33]. Der Begriff der Authentifizierung steht im Zusammenhang mit der elektronischen Signatur und meint den Prozess, bei dem der öffentliche Schlüssel zur Überprüfung einer Signatur einer natürlichen Person zugeordnet wird, um eine verbindliche Aussage über die Herkunft eines Dokuments im elektronischen Rechtsverkehr zu erhalten[34]. Beim Identifizieren werden die Identitätsdaten einer natürlichen Person dieser zugeordnet.

1. Identitätsdaten

Die Daten, die allein oder in Kombination mit anderen geeignet sind, eine Person von anderen zu unterscheiden, sollen als Identitätsdaten bezeichnet werden[35]. Eine natürliche Person kann durch eine Menge an Attributen beschrieben werden[36]. Welche Daten als Identitätsdaten geeignet sind, ist abhängig vom Kommunikationskontext und vom jeweiligen Kommunikationspartner. Für den neuen Personalausweis regelt § 5 Abs. 2, 4 PAuswG, welche Identitätsdaten dieser enthält[37]. Die Identitätsdaten einer natürlichen Person sind vom Grundrecht auf informationelle Selbstbestimmung geschützt[38]. Gleichzeitig ist ihre Offenbarung bei E-Government-Anwendungen[39], in denen Anonymität und Pseudonymität nicht möglich sind, zwingend notwendig. Dies stellt gerade auch deswegen ein Dilemma dar, weil der Nutzer elektronischer Kommunikation einem permanenten faktischen Zwang zur Offenbarung dieser Daten unterliegt und durchaus auch Missbrauch - ob von staatlicher oder privater Seite - mit seinen Identitätsdaten betrieben werden kann.

---

31 *Hansen*, in: Roßnagel (Hrsg.), HBDSR, Kap. 3.3 Rn. 52.

32 *J. Meyer*, Identität und virtuelle Identität natürlicher Personen im Internet, S. 25; in eine ähnliche Richtung: *Meints*, DuD 2006, 576 (576); *Bräuer*, DuD 2005, 24 (24).

33 *Roßnagel*, DuD 2002, 281 (281); Verwendung findet der Begriff der Identitätsdaten auch im Vorschlag für eine Verordnung des europäischen Parlaments und des Rates über die elektronische Identifizierung und Vertrauensdienste für elektronische Transaktionen im Binnenmarkt, COM(2012) 238, abrufbar unter: http://ec.europa.eu/information_society/policy/esignature/docs/regulation/com_2012_238_de.pdf (letzter Abruf: 08.11.2015), kritisch zur dortigen Begriffsverwendung: *Quiring-Kock*, DuD 2013, 20 (23).

34 *Bösing*, Authentifizierung und Autorisierung im elektronischen Rechtsverkehr, S. 23; *Strauß*, DuD 2010, 99 (99).

35 *J. Meyer*, Identität und virtuelle Identität und virtuelle Identität natürlicher Personen im Internet, S. 26;*Schemitsch*, Identitätsdaten als Persönlichkeitsgüter, S. 128; teilweise wird auch ein weiteres Verständnis des Begriffs „Identitätsdaten" zugrundegelegt, vgl. hierzu *Hansen/Meissner* (Hrsg.), Verkettung digitaler Identitäten, Kiel, 2007, S. 22.

36 *Sorge/Westhoff*, DuD 2008, 337 (337).

37 Zur eID-Funktion des neuen Personalausweises vgl. unten Teil 2, D., I.

38 BVerfGE 65, 1 (49).

39 *Roßnagel*, DuD 2002, 281 (282).

a) Personalien

Am weitesten verbreitet haben sich als Identitätsdaten in alltäglichen Interaktionsprozessen zur Identifizierung die Personalien[40]. Aus der Entwicklung und einer Zusammenschau des geltenden Rechts ergibt sich, dass es sich hierbei um staatlich zur Person registrierte Daten handelt[41].

Nach § 21 PStG sind in das Geburtenregister der Vor- und Familienname des Kindes, der Ort, der Tag sowie Stunde und Minute der Geburt, das Geschlecht sowie die Vor- und Familiennamen der Eltern, deren Beruf und Wohnort sowie deren Staatsangehörigkeit einzutragen. Diese direkt nach der Geburt registrierten Daten ändern sich bei einer Person in der Regel nicht mehr. Weitere Identitätsdaten sind im Katalog gemäß § 2 MRRG enthalten sowie die Identitätsdaten im Personalausweisregister nach § 1 PAuswG .

Aufgrund der staatlichen Registrierung[42] kommt den Personalien eine besondere Rolle bei der Identifizierung zu. Diese werden zur Identifizierung in den unterschiedlichsten gesellschaftlichen Kontexten eingesetzt. An die Angabe der Personalien werden im Rechtsverkehr deshalb Rechtsfolgen geknüpft. Der bürgerliche Name allein, der sich aus Vor- und Familiennamen zusammensetzt, ist vielfach kein eindeutiges Identitätsdatum, weil dieses auch bei weiteren Personen übereinstimmen kann[43]. Deshalb sind für Identifizierungsprozesse weitere Identitätsdaten notwendig, um eine Person eindeutig identifizieren zu können.

b) Personenkennzeichen

Häufige Verwendung zur Identifizierung in verschiedenen sowohl privaten als auch öffentlichen Rechtsverhältnissen finden Personenkennzeichen. Charakteristisch ist für diese, dass sie nur innerhalb des Bereichs verwendet werden, für den sie erzeugt worden sind und nur von jenen Institutionen, die gemäß dem Rechtsrahmen in diesem Bereich tätig sind[44]. Diese sind aus Datenschutzgründen bewusst bereichsspezifisch aufgebaut und sollen nicht universell einsetzbar sein[45]. Verwendet werden sie im öffentlichen Bereich beispielsweise in Form der Sozialversicherungsnummer oder der Personalausweisnummer sowie in privaten Rechtsverhältnissen im Bereich von Kundennummern[46].

---

40 *Federrath/Berthold*, in: Bäumler (Hrsg.), E-Privacy, 189 (189).

41 *J. Meyer*, Identität und virtuelle Identität und virtuelle Identität natürlicher Personen im Internet, S. 26.

42 Ein historischer Abriss zu Registern und Identitätsdokumenten findet sich bei *Hansen/Meissner*, Verkettung digitaler Identitäten, S. 37 ff.; *Yildirim*, Datenschutz im Electronic Government, S. 234.

43 *J. Meyer*, Identität und virtuelle Identität natürlicher Personen im Internet, S. 27.

44 Strauß, DuD 2010, 99 (101).

45 *Hansen/Meissner* (Hrsg.), Verkettung digitaler Identitäten, S. 90; zur Gefahr der Entwicklung der einheitlichen Identifikationsnummer zu einem Personenkennzeichen, über welches umfassende Persönlichkeitsprofile erstellt werden können: *Polenz*, in: Schmidt/Weichert (Hrsg.), Datenschutz, 145 (148 f.); *Schaar*, ZD 2012, Editorial, 49 (49).

46 Zu den Grenzen der Verwendung: *Bizer*, DuD 2004, 45 (45).

Personenkennzeichen sind einer Person eindeutig zugewiesen. Innerhalb ihres Anwendungsbereiches sind sie daher dazu geeignet, eine Person eindeutig zu identifizieren[47].

c) Biometrische Merkmale

Eine zunehmend wichtigere Rolle bei den Identitätsdaten spielen biometrische Merkmale[48]. Diese eignen sich aufgrund ihrer Einmaligkeit zur Unterscheidung einer Person von einer anderen. Beispielsweise werden diese Möglichkeiten beim Pass genutzt[49]. In Identifizierungsprozessen liegt das Interesse darin, diese eindeutigen Identitätsdaten maschinenlesbar einzusetzen[50]. Im Zusammenhang mit dem neuen Personalausweis besteht die Möglichkeit, Fingerabdrücke freiwillig zur eindeutigen Zuordnung von Ausweis und Inhaber speichern zu lassen[51]. Für die Identifizierung mittels der eID-Funktion des neuen Personalausweises ist dies jedoch nicht notwendig. Aber nicht nur eigens gespeicherte biometrische Daten wie Fingerabdrücke[52], sondern auch die eigenhändige Unterschrift kann als biometrisches Merkmal eingeordnet werden.[53]

d) Identitätsdaten bei elektronischer Kommunikation

Fraglich ist, ob im Zusammenhang mit elektronischen Kommunikationsvorgängen weitere Daten, die für den Transportvorgang genutzt werden, als Identitätsdaten zu bezeichnen sind. In Betracht käme hier die E-Mail-Adresse. Eine E-Mail-Adresse ist frei wählbar und jederzeit änderbar. Diese für sich genommen eignet sich daher nicht, um eine Person von anderen zu unterscheiden. Sie stellt daher kein Identitätsdatum i. e. S. dar. Dennoch hat sie für die Identitätskonzepte im E-Government besondere Bedeutung.

Das BVerfG hat für Identitätsdaten, die bei der Datenverarbeitung eine Hilfsfunktion erfüllen, Löschungsregelungen gefordert, weil diese eine Deanonymisierung

47 *Hanau,* Handeln unter fremder Nummer, S. 18 f.; zum Konzept des Personenkennzeichens der Bürgerkarte in Österreich: *Schweighofer,* in: Benedek/Pekari (Hrsg.), Menschenrechte in der Informationsgesellschaft, 257 (270).

48 Zum Einsatz biometrischer Merkmale beim neuen Personalausweis: *Reisen,* DuD 2008, 164 (164).

49 *Roßnagel/Hornung,* DÖV 2005, 983 (983); zu Datenschutz und Datensicherheit beim Einsatz biometrischer Merkmale: *Meints/Hansen,* DuD 2006, 560 (562).

50 *J. Meyer,* Identität und virtuelle Identität natürlicher Personen im Internet, S. 29.

51 Vgl. hierzu{aber bitte generell an den Gepflogenheiten Ihres Faches orientieren; ich würde den Doppelpunkt nur bei längeren [ab vier Wörtern] Einleitungsphrasen setzen; vgl. bitte insg.} http://www.personalausweisportal.de/DE/Buergerinnen-und-Buerger/Der-Personalausweis/der-personalausweis_node.html (letzter Abruf: 08.11.2015); zu den verschiedenen Auffassungen zur Personenbezogenheit biometrischer Daten: *Hornung,* Die digitale Identität, S. 146 ff.; *ders.,* DuD 2004, 429 (429 ff.); *Saeltzer,* DuD 2004, 218 (218 ff.).

52 Zum Personenbezug biometrischer Daten: *Schnabel,* ZD 2012, 67 (71); *Hornung,* Die digitale Identität, S. 146 ff.

53 *Schreiber,* Elektronisches Verwalten, S. 85; eine nähere Kategorisierung biometrischer Daten findet sich bei *Gundermann/Probst,* in: Roßnagel (Hrsg.), HBDSR, Kap. 9.6 Rn. 43.

leicht ermöglichen[54]. Hieran wird sichtbar, dass Identitätsdaten in Datenverarbeitungsprozessen eine zentrale Rolle bei Anonymisierung und Deanonymisierung spielen. Inwieweit eine abgestufte Offenbarung von Identitäten im elektronischen Rechtsverkehr bzw. eine Anonymisierung und Pseudonymisierung möglich sind, ist eine Frage der gesetzgeberischen Ausgestaltung und eine Frage der eingesetzten Identifikator-Lösung[55]. Anonymisierte Daten sind nicht mehr personenbezogen, sodass hier die Schutzmechanismen personenbezogener Daten nicht mehr greifen, sondern ein strafbewehrtes Reidentifizierungsverbot[56].

Im Rahmen der elektronischen Kommunikation spielt auch die sog. IP-Adresse eine große Rolle. Fraglich ist, ob diese auch als Identitätsdatum einer natürlichen Person zu verstehen ist. Eine solche ist dem Nutzer elektronischer Kommunikation zugewiesen und damit Teil einer Identifzierungsinfrastruktur[57]. Allerdings werden IP-Adressen in der Regel dynamisch[58], also pro Nutzungsfall an den Nutzer, vergeben. Damit sind IP-Adressen nicht als Identitätsdaten im hier betrachteten Sinne zu qualifizieren, da diese keine konkrete Person, sondern nur einen Internetanschluss zu einem konkreten Zeitpunkt repräsentieren[59]. Damit eignet sich eine IP-Adresse nicht als Identitätsdatum einer natürlichen Person zur Identifizierung im Rahmen der elektronischen Kommunikation im Allgemeinen und im E-Government im Besonderen. Die Frage, ob es sich bei IP-Adressen um personenbezogene Daten handelt, war vielfach strittig[60]. Nunmehr wird dies durch Art. 4 Nr. 1 DS-GVO i. V. m. dem EG 30 klargestellt.

Durch die Schlüsselfunktion der Identitätsdaten in Kommunikationskontexten besteht eine große Gefahr in der unkontrollierten Verkettung mit weiteren personenbezogen Daten zur Erstellung umfassender Profile[61]. Identitätsdaten sollten als Konsequenz daraus zur Vermeidung dieser Daten-Verkettung im Rahmen der elektronischen Kommunikation in möglichst viele Bereiche abgetrennt werden[62].

---

54 BVerfGE 65, 1 (49); eine ähnliche Problemlage stellt sich im Rahmen der Vorratsdatenspeicherung: *Drallé*, Das Grundrecht auf Gewährleistung der Vertraulichkeit und Integrität informationstechnischer Systeme, S. 100 ff.; auf Anonymisierungsdienste geht das Urteil des BVerfG zur Vorratsdatenspeicherung ein: BVerfG 1 BvR 256/08 Rn. 295.

55 *Schweighofer*, in: Benedek/Pekari (Hrsg.), Menschenrechte in der Informationsgesellschaft, 257 (268), nennt im Zusammenhang mit dem Konzept der Bürgerkarte in Österreich als Qualitätsmerkmal guter e-Identitätsregulierung die Ermöglichung von e-Identiäten und Sub-e-Identitäten sowie Anonymisierung erlaubt werden; zu Identifikatoren sogleich unten Teil 2, A., I. 3.

56 *Weichert*, in: Däubler/Klebe/Wedde/Weichert, § 3 BDSG, Rn. 49 f.

57 *Drallé*, Das Grundrecht auf Gewährleistung der Vertraulichkeit und Integrität informationstechnischer Systeme, S. 35; *Schweighofer*, in: Benedek/Pekari (Hrsg.), Menschenrechte in der Informationsgesellschaft, 257 (268).

58 *Golembiewski*, in: Bäumler/v. Mutius (Hrsg.), Anonymität im Internet, 107 (108).

59 *J. Meyer*, Identität und virtuelle Identität natürlicher Personen im Internet, S. 36.

60 Vgl hierzu auch: *Gerlach*, CR 2013, 478 (478 ff.).

61 *Hansen/Meissner* (Hrsg.), Verkettung digitaler Identitäten, Kiel, 2007, S. 90.

62 *Strauß*, DuD 2010, 99 (100).

e) Identität als Identifizierung durch den Kommunikationspartner

Das Ich des zu Identifizierenden, das einen Teil der Identität ausmacht, wird durch die Dimension der Wahrnehmung durch das Gegenüber ergänzt[63]. Identität i. S. v. Identifizierung dient dem Kommunikationspartner daher dazu, sein Gegenüber von anderen zu unterscheiden. Ein besonderes Interesse der Kommunikationspartner liegt darin, Identitätstäuschungen der jeweils anderen Seite im elektronischen Rechtsverkehr auszuschließen. Identitätskonzepte im E-Government müssen diese Anforderungen abbilden.

2. Identitätsattribute

Im Zusammenhang mit dem Projekt De-Mail spricht das zugrunde liegende Identitätskonzept von einer minimalen Zusammenstellung von Identitätsdaten, welche auch als Identitätsattribute bezeichnet werden[64]. Hiermit ist also eine gängige Zusammenstellung von Identitätsdaten, im Identitätskonzept von De-Mail bestehend aus Personalien, gemeint. Mit diesem zugrunde liegenden Verständnis kann der Begriff durchaus synonym zu dem der Identitätsdaten benutzt werden. Identitätsattribute müssen jedoch nicht unbedingt Personalien sein, sondern können sich auch auf die Validierung rechtlicher Handlungskompetenzen, gesellschaftlicher Rollen oder sonstiger für die Beurteilung von Informationsinhalten relevanter Eigenschaften beschränken, sodass diese durchaus flexibel sind[65]. Jedoch stellt sich dann auch im Kontext elektronischer Kommunikation die Frage nach der Semantik dieser Identitätsattribute[66]. Personalien sind leichter einer natürlichen Person zuzuordnen. In diesem Zusammenhang ist erkennbar, dass Identitätsdaten bzw. Identitätsattribute eine Schlüsselfunktion zu weiteren Datenverarbeitungsprozessen bei elektronischer Kommunikation allgemein und gerade auch im E-Government einnehmen.

3. Identifikatoren

Identifizierungsprozesse, ob im E-Government, E-Commerce oder E-Business, benötigen einen eindeutigen Identifikator, der die Zuordnung der Identitätsdaten zu einer real existierenden Person ermöglicht[67]. Hierunter sind Lösungen mit dem Ziel zu ver-

---

63 Abschlussbericht Internet & Gesellschaft Collaboratory, S. 130.

64 Vgl. hierzu die Technische Richtlinie Accountmanagement/Funktionalitätsspezifikation zu De-Mail, BSI TR 01201 Teil 2.1, Version 1.1.1, abrufbar unter: https://www.bsi.bund.de/SharedDocs/Downloads/DE/BSI/Publikationen/TechnischeRichtlinien/De_Mail/TR_De_Mail_ACM_FU.pdf?__blob=publicationFile (letzter Abruf: 08.11.2015); eine synonyme Verwendung der Begriffe Identitätsdaten und Identitätsattribute findet sich auch bei *Hansen/Meissner* (Hrsg.), Verkettung digitaler Identitäten, S. 22; aus Gründen sprachlicher Klarheit sollen in dieser Arbeit die Begriffe Identitätsdaten und Identitätsattribute in ihrem jeweiligen Kontext verwendet werden.

65 *Bösing*, Authentifizierung und Autorisierung im elektronischen Rechtsverkehr, S. 15 f.

66 *Baier*, Persönliches digitales Identitätsmanagement, S. 43; abrufbar unter: www.sub.uni-hamburg.de/opus/volltexte/2006/2746 (letzter Abruf am 18.08.2015).

67 *Schulz S. E.*, in: Schliesky (Hrsg.), Gesetz über Personalausweise und den elektronischen Identitätsnachweis, Vorbem. Rn. 26.

stehen, die Identität einer natürlichen oder juristischen Person beim Zugang zu elektronischen Diensten zu garantieren und das Vertrauen der an einer elektronischen Transaktion beteiligten Personen herzustellen[68]. Der Nutzer im digitalen Raum ist grundsätzlich keine identifizierbare Identität, sondern abstrakter Teilnehmer, sodass es eben auch die Möglichkeit gibt, sich dort neben der realen Identität als künstliche Identität auszugeben[69]. Deshalb müssen Identitätskonzepte sicherstellen, dass eine Identifizierbarkeit mit der natürlichen Person möglich ist und dies vorab geprüft wird. Die bisher im Internet weit verbreiteten auf dem Wissen des Nutzers basierenden Lösungen mit Benutzername- und Passwort-Eingabe haben gegenüber Identifikator-Lösungen mit einer stärkeren Bindung an eine Person durch Besitz wie z. B. bei Chipkarten ein geringeres Sicherheitsniveau[70]. Daher ist auch eine Entwicklung erkennbar, chipkartenbasierte Identifikator-Lösungen mit Besitz und Wissen bei anspruchsvollen Dienstleistungen einzusetzen[71]. Die jeweils gewählte Identifikator-Lösung ist entscheidend für das Sicherheitsniveau der gesamten E-Government-Anwendung.

4. Digitale Identitäten

Häufige Verwendung findet der Begriff der digitalen Identität[72]. Hierunter wird nach einem weiten Begriffsverständnis die Repräsentation des Nutzers in der Informationsgesellschaft durch die technische Abbildung von Identitätsdaten verstanden[73]. Teilweise wird der Begriff auch als Gegenbegriff zur natürlichen Identität benutzt[74]. Der Begriff der digitalen Identität wird zum Teil im Zusammenhang mit dem Identitätsmanagement gebraucht[75]. Daneben wird auch der Begriff der elektronischen

68 *Meints/Hansen*, DuD 2006, 560 (560); *Sorge/Westhoff*, DuD 2008, 337 (337).

69 Abschlussbericht Internet & Gesellschaft Collaboratory, S. 127.

70 *Schallbruch*, in: Klumpp u. a. (Hrsg.), Netzwelt – Wege, Werte, Wandel, 211 (212); *Sorge/Westhoff*, DuD 2008, 337 (337); zur Rolle der Passworteingabe als Sicherheitslücke: *Auer-Reinsdorff*, MMR 2014 281 (281 ff.); *Lorenz*, DuD 2013, 220 (220 ff.).

71 *Sorge/Westhoff*, DuD 2008, 337 (337).

72 Nach *Schulz G.*, DuD 2015, 466 (466), liege der Ursprung der digitalen Identität der Bürgerinnen und Bürger in den Kommunen; vgl. auch *Müller/Redlich/Jeschke*, DuD 2011, 465 (465); *Brunst*, DuD 2011, 618 (618); *Steinbrecher/Pfitzmann/Clauß*, in: Klumpp u. a.; Netzwelt – Wege, Werte, Wandel, 245 (247); *Heckmann*, K&R 2010, 770 (776); *Hornung*, Die digitale Identität, S. 29 ff.; *Hansen/Meissner* (Hrsg.), Verkettung digitaler Identitäten, S. 22; *Baier*, Persönliches digitales Identitätsmanagement, S. 43, *Mezler-Andelberg*, Identity Management – eine Einführung, S. 9; abrufbar unter: www.sub.uni-hamburg.de/opus/volltexte/2006/2746 (letzter Abruf: am 08.11.2015); S. 39 ff.; *Bösing*, Authentifizierung und Autorisierung im elektronischen Rechtsverkehr , S. 15 f.; *Döring*, Sozialpsychologie des Internet, S. 344; *Hansen/Meints*, DuD 2006, 543 (543 ff.); *Meints/Reimer*, DuD 2006, 528 (528); *Humer*, Digitale Identitäten, S. 25 ff.

73 *Hansen/Meissner* (Hrsg.), Verkettung digitaler Identitäten, S. 22.

74 *Worms/Gusy*, DuD 2012, 92 (95).

75 *Hansen/Meints*, DuD 2006, 543 (543); zu Modellen für partielle Identitäten: *Meints*, DuD 2006, 576 (576), zum Begriff des Identitätsmanagements näher unter: Teil 2, A., IV.

Identität gebraucht[76]. Da in vielen Kommunikationskontexten Identitätsdaten elektronisch übermittelt werden, ist diese Terminologie verständlich. Jedoch greift die Repräsentation des Nutzers in Kommunikationskontexten durch die technische Abbildung von Identitätsdaten zu kurz. Im Rahmen dieses Begriffsverständnisses könnten auch Identitätsattribute gewählt werden, deren Semantik unklar ist, sodass keine eindeutige Identifizierung mehr möglich wäre[77]. Gerade im Hinblick auf die rechtliche Einordnung der Identität des Nutzers im E-Government kommt es auf die Übereinstimmung der Identitätsdaten mit einer natürlichen Person, mithin die numerische Identität[78], an. Vielfach findet auch im Zusammenhang mit der virtuellen Welt des Internets der Begriff der Identität in „virtueller Realität"[79] oder der virtuellen Identität[80] Verwendung. Dieser ist darauf angelegt, dass sich der Internetnutzer eine neue Identität mit frei zu wählenden Attributen zulegt. Der Begriff digitale Identität ist daher für Kommunikationskontexte im E-Government nicht brauchbar und wird hier daher nicht weiter verwendet.

5. Partielle Identitäten

Es sind Kommunikationskontexte denkbar, in denen nur eine Teilmenge an Identitätsattributen offenbart werden müssen[81]. Danach sind digitale Identitäten digitale Repräsentierungen von Teilidentitäten, also Teilen der gesamten Identität einer Person[82], die je nach Kontext genutzt werden können[83]. Denkbar ist hierbei eine Teilmenge der Personalien[84]. Die Möglichkeit der Verwaltung von kontextbezogenen Teilidentitäten ist Indikator dafür, wie datenschutzgerecht ein Identifizierungsprozess ist[85]. In diesem Zusammenhang kommt es auch darauf an, ob die genutzte Identifikator-Lösung eine Identifizierung mit einer Teilmenge an Identitätsattributen ermöglicht.

76 *Schallbruch*, in: Schmidt/Weichert (Hrsg.), Datenschutz, 372(372); *ders.*, in: Klumpp u. a. (Hrsg.), Netzwelt – Wege, Werte, Wandel, 211 (211); *ders.*, it 2009, 124 (124); *Hühnlein*, DuD 2008, 161 (161 und 162); *Meints/Hansen*, DuD 2006, 560 (560); *Fromm/Hoepner*, move 11/2009, 36 (36); siehe auch die Eckpunkte einer Strategie für eID und andere Vertrauensdienste im E-Government, S. 3, abrufbar unter: http://www.it-planungsrat.de/SharedDocs/Downloads/DE/Entscheidungen/9._Sitzung/Eckpunkte_eID-Strategie_9_Sitzung_ITPLR.pdf?__blob=publicationFile (letzter Abruf: 08.11.2015).

77 Zur Rolle der Semantik: *Baier*, Persönliches digitales Identitätsmanagement, S. 43; abrufbar unter: www.sub.uni-hamburg.de/opus/volltexte/2006/2746. (letzter Abruf: 08.11.2015).

78 *J. Meyer*, Identität und virtuelle Identität und virtuelle Identität natürlicher Personen im Internet, S. 25.

79 *Hill*, in: Ders./Schliesky (Hrsg.), Die Vermessung des virtuellen Raumes, 345 (346).

80 *J. Meyer*, Identität und virtuelle Identität und virtuelle Identität natürlicher Personen im Internet, S. 52 ff.

81 Zum Einsatzszenario Altersverifikation: *Polenz*, MMR 2010, 671 (673).

82 *Hansen/Meints*, DuD 2006, 543 (543).

83 *Royer/Rannenberg*, DuD 2006, 571 (572).

84 *Sorge/Westhoff*, DuD 2008, 337 (337).

85 *Strauß*, DuD 2010, 99 (100).

II. Identität im Recht

Die Rechtsordnung verwendet den Begriff der Identität nicht einheitlich[86]. Dennoch findet er sich in Fachgesetzen und allgemein in der Terminologie[87].

Im Zusammenhang mit dem Persönlichkeitsrechtsschutz erlangt der Begriff der „sozialen Identität“ Bedeutung[88]. Diese wird verstanden als die Übereinstimmung von subjektivem Innen, der Selbstwahrnehmung und gesellschaftlichem Außen, der Wahrnehmung durch das andere[89]. Die soziale Identität betrifft damit die Rolle des Menschen als Gemeinschaftswesen und geht damit auf die Gleichheit von Dargestelltwerden und Darstellen ein. Sie bezeichnet damit etwas anderes als die Identität i. S. v. Identifizierbarkeit. Die soziale Identität kann als Schutzgut Gefährdungen ausgesetzt sein.

Die Rechtsordnung lässt in unterschiedlichen Bereichen Möglichkeiten zur Gestaltung der Identität[90] i. S. v. Identifizierbarkeit, also der numerischen Identität. Eine Änderung des Namens ermöglicht unter bestimmten Voraussetzungen § 3 Abs. 1 Namensänderungsgesetz[91].

Besonderen Schutz im Hinblick auf die Verwechslungen beim Identitätsdatum des Namens gewährt das BGB-Namensrecht in § 12 BGB[92]. Dieser Schutz ist sowohl aus persönlichkeitsrechtlichen Gründen als auch aus Gründen der Abgrenzung natürlicher Personen von anderen geboten.

Zwei Aspekte sind bei der numerischen Identität im Recht von herausragender Bedeutung. Der Rechtsverkehr bedarf zum einen der zweifelsfreien Identifizierung einer Person und zum anderen sind die freie Gestaltbarkeit der Persönlichkeit und die Entscheidung über die Preisgabe personenbezogener Daten bereits in den Persönlichkeitsrechten angelegt, was zu einem Dilemma führt.[93] Identität im Recht besitzt daher auch die Funktion, Rechtsfolgen an die Handlungen einer Person zu knüpfen. Gleichzeitig ist der Umgang mit der eigenen Identität sowohl im Recht als auch in anderen Kontexten grundrechtlicher Freiheitsgebrauch[94]. In funktional differenzierten Gesellschaften mit den vielfältigsten Interaktionen sorgt die Identität für eine individuelle Zurechenbarkeit der Rechtsfolgen zu einer Person. Bekannt sind z. B. aus § 163b StPO die *Feststellung der Identität einer Person* sowie ähnlich lautende Vor-

---

86 *Borges u. a.*, Identitätsdiebstahl und Identitätsmissbrauch im Internet, S. 3; *J. Meyer*, Identität und virtuelle Identität natürlicher Personen im Internet, S. 23.

87 Vgl. *J. Meyer*, Identität und virtuelle Identität natürlicher Personen im Internet, S. 23, wonach der Begriff in §§ 19 Abs. 1, 20 Abs. 1 S. 1 und Abs. 2 S. 3, 33 Abs. 3 S. 1 AGG, § 8 Abs. 1 S. 1 BBG, § 75 Abs. 1 BetrVG, 19 a S. 1 SGB IV, § 1 Abs. 1 SoldGG verwendet wird.

88 *Schmitt Glaeser*, HStR Bd. IV, § 129 Rn. 32.

89 *J. Meyer*, Identität und virtuelle Identität und virtuelle Identität natürlicher Personen im Internet, S. 51.

90 *Krasemann*, DuD 2006, 211 (212).

91 *Krasemann*, DuD 2006, 211 (212).

92 Palandt/*Heinrichs/Ellenberger*, § 12 Rn. 27.

93 *Hansen/Krasemann/Rost/Genghini*, DuD 2003, 551 (551); *Sorge/Westhoff*, DuD 2008, 337 (337); nach *Ladeur*, DÖV 2009, 45 (52), finden Identitäten in wechselnden Rollen statt.

94 Vgl. den Hinweis auf die Gestaltungsmöglichkeiten bei der Identität und Identifizierbarkeit bei *Bösing*, Authentifizierung und Autorisierung im elektronischen Rechtsverkehr, S. 17 ff.

schriften aus dem Bereich der Gefahrenabwehr[95]. Hieraus folgen für den Bürger Identifikationspflichten gegenüber Hoheitsträgern[96]. Auch im Rahmen der Vernehmung zur Person vor der Staatsanwaltschaft muss der Beschuldigte nach § 136 StPO seine Identität offenbaren, indem er seine Identitätsdaten preisgibt.

Häufig wird im Kontext mit der elektronischen Kommunikation der Begriff des „Identitätsdiebstahls" in Anlehnung an den englischen Begriff „Identity Theft" verwendet[97]. Hierfür gibt es keine eigene strafrechtliche Regelung[98]. Diese Begrifflichkeit ist mit ihrer strafrechtlichen Anknüpfung unglücklich gewählt, da Identitätsdaten nicht weggenommen werden können, sodass sich der Begriff Identitätsmissbrauch empfiehlt[99].

Im Rahmen des elektronischen Rechtsverkehrs sowie im E-Government findet der Begriff der Identität vielfach Verwendung[100]. Auch § 3 De-Mail-Gesetz verwendet den Begriff der Identität des Nutzers[101]. Näheren Aufschluss über das Begriffsverständnis gibt das konkretisierende Identitätskonzept, welches in der BSI TR 01201 Teil 2.1 zu De-Mail niedergelegt ist[102]. In diesem Zusammenhang wird eine minimale Zusammenstellung an Identitätsdaten bzw. Identitätsattributen des Nutzers vom De-Mail-Diensteanbieter vor Eröffnung des De-Mail-Kontos erfasst und einer De-Mail-Adresse für den De-Mail-Verbund als Identitätsbezeichner zugeordnet[103]. Zur sicheren Identifizierung in diesem geschlossenen Verbund erhebt der De-Mail-Diensteanbieter nach § 3 Abs. 2 Nr. 1 De-Mail-Gesetz bei natürlichen Personen als Pflicht-Identitätsattribute den Vor- und Nachnamen, das Geburtsdatum, den Geburtsort sowie die Anschrift[104]. Da es gerade im Rahmen des hier zugrunde liegenden Identitätskonzeptes auf die Identifizierbarkeit anhand der Identitätsattribute des Nutzers an-

95 Z. B. § 13 Abs. 1 NdsSOG, der die Identitätsfeststellung zur Abwehr einer Gefahr regelt.

96 *Krasemann*, DuD 2006, 211 (213).

97 Zur Abgrenzung der Begrifflichkeiten: *J. Meyer*, Identität und virtuelle Identität und virtuelle Identität natürlicher Personen im Internet, S. 38 ff.

98 *Krasemann*, DuD 2006, 211 (214); zur Frage der Schaffung eines eigenen Straftatbestandes zum Schutz des Persönlichkeitsrechts bei Identitätsmissbrauch: *Borges u. a.*, Identitätsdiebstahl und Identitätsmissbrauch im Internet, S. 377.

99 *J. Meyer*, Identität und virtuelle Identität und virtuelle Identität natürlicher Personen im Internet, S. 39; zur deliktsrechtlichen Behandlung wegen Verletzung des Namensrechts aus § 12 BGB: *Redeker*, CR 2011, 634 (636).

100 Zur Verwendung bei der qualifizierten elektronischen Signatur im E-Government: *Meier*, Entwicklung und Problemstellungen zur Signatur und Kommunikation im Bereich des E-Governments in Deutschland, S. 117 f.

101 Die Identität des Nutzers wird u. a. auch in § 6 De-Mail-Gesetz beim Identitätsbestätigungsdienst verwendet; die Frage der Identität des Betroffenen ist auch ein zentraler Anknüpfungspunkt im BDSG a. F.: Hierzu *Schneider*, in: Borges/Schwenk (Hrsg.) Daten- und Identitätsschutz in Cloud Computing, E-Government und E-Commerce, 21 (36 ff.).

102 Die BSI TR 01201 Teil 2.1, Version 1.1.1 zu De-Mail ist abrufbar unter: https://www.bsi.bund.de/SharedDocs/Downloads/DE/BSI/Publikationen/TechnischeRichtlinien/De_Mail/TR_De_Mail_ACM_FU.pdf?__blob=publicationFile (letzter Abruf: 08.11.2015).

103 BSI TR 01201 Teil 2.1, Version 1.1.1, S. 5.

104 BSI TR 01201 Teil 2.1, Version 1.1.1, S. 7.

kommt, ist hier der Begriff terminologisch als numerische Identität aufzufassen[105]. Daher soll der Begriff der Identität im Rahmen dieser Arbeit ausschließlich i. S. v. numerischer Identität verwendet werden.

III. Identitäten juristischer Personen

Das Recht verwendet grundsätzlich auch für juristische Personen den Begriff der Identität i. S. v. Identifizierbarkeit, ohne dass dieser definiert oder spezifiziert wird[106]. Im Kontext des Verbraucherschutzes im Fernabsatzrecht verlangt z. B. auch § 312 c Abs. 1 S. 1 BGB i. V. m. § 1 Abs. 1 Nr. 1-3 BGB-InfoVO die Offenbarung der Identität eines Unternehmers, wobei Vorname und Name, Firma, Rechtsform, Unternehmensregister - also Handelsregister, Genossenschaftsregister oder Partnerschaftsregister - mit Registernummer, eine ladungsfähige Anschrift mit Land, Ort, Postleitzahl und Straße sowie bei juristischen Personen, Personenvereinigungen und -gruppen ein Vertretungsberechtigter des Unternehmens anzugeben sind[107]. Bei § 33 Abs. 1 S. 1 BDSG a. F. war z. B. zur Feststellung der Identität der verantwortlichen Stelle die Nennung der vollständigen Anschrift und nicht nur ein Postfach erforderlich, da dem Betroffenen ein persönliches Vorsprechen ermöglicht werden soll[108].

Auch das Identitätskonzept der BSI TR 01201 Teil 2.1 zu De-Mail sieht Identitäten von „Institutionen", womit juristische Personen, Personengesellschaften und öffentliche Stellen zusammengefasst werden[109]. Auch in diesem Zusammenhang handelt es sich um eine Form von numerischer Identität der juristischen Person, welcher der Kommunikationspartner vertraut. Da ein juristisches Konstrukt aber keine Personalien als Identitätsdaten aufweisen kann, muss dies anders geschehen[110]. Die BSI TR 01201 Teil 2.1 zu De-Mail erlegt in Konkretisierung des § 3 Abs. 2 Nr. 2 De-Mail-Gesetz dem De-Mail-Diensteanbieter im Rahmen der Erstregistrierung die Verifizierung folgender Identitätsattribute bei juristischen Personen auf: Name, vollständige Anschrift, Rechtsform, Art des Registers, Registerort, Registernummer, die Namen der Mitglieder des Vertretungsorgans oder der gesetzliche Vertreter sowie bei öffentlichen Stellen, die formell zustellen dürfen, die Berechtigung zur Nutzung der Versandopti-

---

105 Von „physischer Identität" eines Nutzers, die aufdeckbar sein muss, sprechen: *Steinbrecher/Pfitzmann/Clauß*, in: Klumpp u. a.; Netzwelt - Wege, Werte, Wandel, 245(254); Von einer „behördlichen" Identität sprechen *Roßnagel/Hornung*, DÖV 2009, 301 (302) (Hervorhebung im Original).

106 Das Datenschutzrecht spricht z. B. in §§ 19a Abs. 1, 33 Abs. 1 BDSG a. F. von der Identität der verantwortlichen Stelle; der EGovG-E spricht auch von der „Identität" der handelnden Behörde, vgl. BR-Drs. 557/12, S. 39 und 73; offenbar auch *Meints/Hansen*, DuD 2006, 560 (560).

107 *Jehle*, Vertrauen und Recht im Internet, S. 203 f. m. w. N.

108 *Däubler*, in: Ders. u. a., § 33 BDSG Rn. 21; *Gola/Schomerus*, § 33 BDSG, Rn. 23; *Wedde*, in: Roßnagel (Hrsg.), HBDSR, Kap 4.4 Rn. 32; *Dix*, in: Simitis, § 33 BDSG Rn. 18; *Wohlgemuth/Gerloff*, Datenschutzrecht, S. 132; *Bergmann/Möhrle/Herb*, § 33 BDSG, Rn. 51; a. A. *Schaffland/Wiltfang*, § 33 BDSG, Rn. 4; nunmehr wurde die Vorschrift im Zuge der DS-GVO aufgehoben.

109 BSI TR 01201 Teil 2.1, Version 1.0, S. 5.

110 Vgl. auch den Hinweis, dass es keine „Behördensignatur" gibt, bei: *Viefhues*, NJW 2005, 1009 (1011).

on „Abholbestätigung“[111]. Dabei knüpft der Identifizierungsprozess an die für die juristische Person handelnden natürlichen Personen an. Spezifiziert werden die Anforderungen im Identifizierungsprozess für öffentliche Stellen, wonach zur Identitätsbestätigung bei Landes- und Bundesministerien sowie sonstigen Landes- und Bundesbehörden eine Person mit Zeichnungsvollmacht zur analogen Anwendung der Vertretungsvollmacht ggf. mit der Vorlage einer Urkunde mit Siegel die Identität bestätigen soll[112]. Bei Kommunen soll die nach Gemeindeordnung vertretungsberechtigte Person die Identität bestätigen[113]. Für öffentliche Stellen existieren in der Regel keine Register wie z. B. das Handelsregister für Personengesellschaften, die eine Publizitätsfunktion erfüllen könnten. Damit ist der Identifizierungsprozess bei juristischen Personen insgesamt komplexer als bei natürlichen Personen. Eine numerische Identität juristischer Personen gibt es daher also nur über den Umweg dieser Identifizierung ihrer handelnden Organe oder gesetzlichen Vertreter[114]. Festzuhalten bleibt daher insgesamt, dass Identitäten juristischer Personen i. S. v. Identifizierbarkeit verstanden werden, also als numerische Identitäten[115]. In diesem Sinne soll der Begriff der Identität für juristische Personen in dieser Arbeit auch weiter gebraucht werden.

IV. Identitätsmanagement

Eine herausragende Bedeutung hat die numerische Identität und damit die Möglichkeit der Identifizierung im Zusammenhang mit E-Government-Anwendungen. Transaktionen finden hier elektronisch losgelöst von örtlichen Grenzen statt und nicht von Angesicht zu Angesicht. Die einzelne Person muss ihre Identität im virtuellen Raum einsetzen, um an Transaktionen teilzunehmen. Das verlangt von der einzelnen Person, dass sie selbst tätig werden muss. Die Identifizierung eines Nutzers verlangt zwangsläufig, dass dieser personenbezogene Daten offenbaren muss. Er muss seine Identität „managen“. Dieser kann allenfalls das managen, worauf er Einfluss hat[116]. Im virtuellen Raum des Internets muss ein Identitätsmanagementsystem notwendigerweise technikgestützt funktionieren[117]. Dieses übernimmt eine zentrale Rolle im Rahmen von Kommunikationsprozessen[118].

111 BSI TR 01201 Teil 2.1, Version 1.1.1, S. 8.
112 BSI TR 01201 Teil 2.1, Version 1.1.1, S. 11.
113 BSI TR 01201 Teil 2.1, Version 1.1.1, S. 11.
114 Hierzu kritisch äußert sich die Stellungnahme des ISPRAT e. V., S. 4, zum Entwurf eines E-Government-Gesetzes des Bundes, wo eine „digitale Identität“ auch für juristische Personen gefordert wird; eine Online-Authentifizierung von juristischen Personen fordert auch der Deutsche Landkreistag: Erfahrungsberichte zum Einsatz von Bürgerkonten, S. 35.
115 In diese Richtung auch *Borges u. a.*, Identitätsdiebstahl und Identitätsmissbrauch im Internet, S. 4.
116 *Pfitzmann/Borcea-Pfitzmann*, in: Roßnagel (Hrsg.), Allgegenwärtige Identifizierung, 83 (83).
117 *Hansen/Rost*, DuD 2003, 293 (293); zum technischen Verständnis des Begriffs „Identitätsmanagementsystem: *Meints*, DuD 2006, 304 (304 ff.); zur geschichtlichen Entwicklung derartiger Systeme: *Hansen*, DuD 2003, 306 (306).
118 *Heckmann*, K&R 2010, 770 (776).

Der Begriff des Identitätsmanagements ist zum viel zitierten Schlagwort im Kontext von E-Business und E-Government[119] sowie auch im E-Commerce geworden, und es gibt unterschiedliche Definitionsversuche, die gemäß der Art der elektronischen Kommunikation unterschiedliche Akzente setzen.

Im betriebswirtschaftlichen Kontext[120] werden unter dem Begriff Identitätsmanagement verschiedene Konzepte wie das Verwalten von Kunden- oder Mitarbeiterdaten eines Unternehmens, das Sammeln von nutzungsbezogenen Daten zu Werbezwecken und das Verwalten von Identifizierungs- und Authentisierungsmechanismen und Zugriffsrechten verstanden[121]. Diese Definition ist eng auf privatwirtschaftliche Kommunikationskontexte ausgelegt und greift für den Bereich des E-Government zu kurz.

Unter Identitätsmanagement wird teilweise ein selbstgesteuertes Identitätsmanagement verstanden, bei dem ein Internetnutzer sein Auftreten in unterschiedlichen Rollen gegenüber Kommunikationspartnern selbst verwaltet[122] und dieser insbesondere bei der Verwaltung von Pseudonymen und partiellen Identitäten unterstützt wird[123]. Situationsabhängig könne er sich im Spektrum zwischen Anonymität und Identifikation bewegen[124]. Dieses Element der unterschiedlichen Rollen deutet darauf hin, dass es bei der Kommunikation explizit auch auf den Kontext ankommt. In diesem nutzerzentrierten Ansatz muss der Nutzer selbst bestimmen können, welche Identitätsdaten oder sonstige personenbezogene Daten er preisgibt[125]. Insgesamt greift diese Definition aber auch zu kurz, da es gerade auf beide Kommunikationspartner ankommt und damit der gesamte Kommunikationsprozess vom Anfang bis zum Ende auch von der Definition erfasst sein muss. Es geht damit nicht nur um ein Management der Identitätsdaten. Es geht um die große Herausforderung der Interaktion zwischen mehreren Parteien[126] und die Datenverarbeitung auf dem gesamten Weg der Transaktion. Es geht damit auch um vielschichtige Datenverarbeitungsprozesse während einer Interaktion und um unterschiedliche Datenkategorien.

Für eine Definition im Bereich des E-Governments ist die Prämisse zugrunde zu legen, dass die Nutzeridentität i. S. v. Identifizierbarkeit, also die numerische Identität, Anknüpfungspunkt für u. a. verwaltungsrechtliche Rechtsfolgen ist und daher die gesamte Transaktion und die darum bestehenden weiteren Funktionalitäten mit einbezogen werden müssen. Identitätsmanagement soll den Bürger im E-Government ge-

119 *Reisen*, in: Zechner (Hrsg.), Handbuch E-Government, 165 (165); zur Abgrenzung der Begriffe E-Government und E-Commerce unten: Teil 2., B., I. 1.

120 Zu einem weiten Begriffsverständnis im betriebswirtschaftlichen Kontext: *Mezler-Andelberg*, Identity Management – eine Einführung, S. 9.

121 *Reisen*, in: Zechner (Hrsg.), Handbuch E-Government, 165 (165 f.).

122 *Krasemann*, DuD 2006, 211 (211); *Hansen*, in: Roßnagel (Hrsg.), HBDSR, Kap. 3.3, Rn. 88; *Federrath/Berthold*, in: Bäumler (Hrsg.), E-Privacy, 189 (189); *Hansen/Krasemann/Rost/Genghini*, DuD 2003, 551 (553).

123 *Sorge/Westhoff*, DuD 2008, 337 (337); *Schneider/Pordesch*, DuD 1998, 645 (646).

124 *Jendricke/Gerd tom Markotten*, DuD 2003, 298 (298).

125 *Strauß*, DuD 2010, 99 (100); *Pfitzmann/Borcea-Pfitzmann*, in: Roßnagel (Hrsg.), Allgegenwärtige Identifizierung, 83 (83).

126 *Strauß*, DuD 2010, 99 (100); *Reisen*, in: Zechner (Hrsg.), Handbuch E-Government, 165 (165); *Hansen*, in: Bäumler/v. Mutius (Hrsg.), Anonymität im Internet, 198 (209).

rade bei der Ausübung seines Grundrechts auf informationelle Selbstbestimmung unterstützen, sodass dieses Themenfeld in hohem Maße grundrechtsrelevant ist[127]. Die Identifizierungs- und Datenverarbeitungsprozesse im E-Government sind in der Regel auch durch mehr Beteiligte als nur zwei Interaktionspartner gekennzeichnet. Zwischen dem Nutzer und der Verwaltung ist in der Regel ein Diensteanbieter geschaltet.

Hier soll daher auf eine erweiterte Definition des Begriffes zurückgegriffen werden, die in der Literatur vertreten wird und die Transaktionsprozesse im E-Government ganzheitlich und zukunftsgerichtet betrachtet. Danach ist Identitätsmanagement „*die durch einen rechtlichen Rahmen reglementierte, in der Regel webbasierte, seitens eines Serviceproviders angebotene Möglichkeit, persönliche Daten, Dokumente, partielle Identitäten und Pseudonyme elektronisch zu speichern, zu verwalten und mittels unterschiedlicher Schreib-, Lese- und Zugriffsrechte anderen zu offenbaren*“[128]. Diese Definition geht also von einem weiten Begriffsverständnis aus und erfasst zukunftsgerichtet alle denkbaren Formen der Interaktion zwischen Nutzer und öffentlicher Verwaltung. Sie trägt der Entwicklung Rechnung, dass sich die für die sichere Identifizierung relevanten Anwendungsfälle im Internet abspielen. Die Definition im oben genannten Sinne schließt also auch den Versand von Dokumenten per E-Mail zwischen Bürger und Behörde im Rahmen eines Verwaltungsverfahrens mit ein.

Nicht zuletzt dient das Identitätsmanagement generell dem Schutz personenbezogener Daten[129]. Hiermit sind nach der oben zugrunde gelegten Definition nicht nur die Identitätsdaten gemeint, die notwendigerweise zum Zweck der Identifizierung zum Einsatz kommen, sondern alle Daten, die im Rahmen einer Kommunikation zwischen den Akteuren ausgetauscht werden. Es handelt sich regelmäßig um mehr als nur zwei Beteiligte an elektronischen Kommunikationsprozessen[130]. Neben den Kommunikationspartnern sorgt ein Provider oder Diensteanbieter für die Kommunikation. Identitätsmanagement und Identitätsschutz werden daher gerade auch gegenüber Privaten immer wichtiger[131]. Für diese Arbeit, die ja gerade den Provider in die Betrachtung mit einbezieht, soll daher das Identitätsmanagement im oben genannten Sinne verstanden werden. Der Nutzer im E-Government und der Schutz seiner personenbezogenen Daten soll im Rahmen der Betrachtung die zentrale Rolle spielen[132], ohne jedoch die anderen Akteure von Transaktionsprozessen aus den Augen zu verlieren. Im Leitbild eines nutzerzentrierten Verständnisses des Begriffs Identitätsmanagement steht der Nutzer als mündiger Akteur in den Kommunikationsprozessen im Vordergrund[133]. Aus der Definition ergibt sich die Frage, welche Verantwortung

127 *Reisen,* in: Zechner (Hrsg.), Handbuch E-Government, 165 (165); *Pfitzmann/Borcea-Pfitzmann,* in: Roßnagel (Hrsg.), Allgegenwärtige Identifizierung, 83 (83); in diese Richtung auch: *Federrath/Berthold,* in: Bäumler (Hrsg.), E-Privacy, 189 (189).

128 Vgl. *Schulz S. E.,* in: Schliesky (Hrsg.) Technikgestütztes Identitätsmanagement, 51 (52 f.).

129 *Strauß,* DuD 2010, 99 (100); *Federrath/Berthold,* in: Bäumler (Hrsg.), E-Privacy, 189 (189).

130 *Reisen,* in: Zechner (Hrsg.), Handbuch E-Government, 165 (165).

131 *Heckmann/Seidl/Maisch,* Sicherheitsniveau bei der elektronischen Kommunikation, S. 34; *Luch,* MMR 2011, 75 (78).

132 Zur Geschichte des Identitätsmanagements in Nutzerhand: *Hansen,* in: Roßnagel (Hrsg.), HBDSR, Kap. 3.3 Rn. 88 m. w. N.

133 *Pfitzmann/Borcea-Pfitzmann,* in: Roßnagel (Hrsg.), Allgegenwärtige Identifizierung, 83 (86).

der Nutzer, der Anbieter und die Verwaltung als Akteure für den Schutz der im Rahmen des Kommunikationsprozesses ausgetauschten personenbezogenen Daten im transaktionsbezogenen E-Government haben. Diese Fragestellung soll im weiteren Verlauf im Mittelpunkt stehen.

B. Begriff und Steuerung des E-Governments in Deutschland

I. Begriff des E-Governments

1. Begriffsentwicklung

Weiter ist zunächst zu klären, welches Verständnis des Begriffes des E-Governments hier zugrunde gelegt werden soll. Der Begriff ist ein seit Jahren häufig verwendeter Terminus im Rahmen der Verwaltungsmodernisierung. Das „E" steht für „electronic" und ist in vielen anderen Begriffen mit Bezug zur Informationstechnologie, wie z. B. auch E-Commerce[134], enthalten. Der Begriff fand erstmalig in den USA Mitte der 1990er-Jahre genauere Verwendung und trat dann gewissermaßen in eine Parallele zum Begriff des E-Commerce[135]. Geboten war hierbei jedenfalls ein interdisziplinäres Verständnis. Entsprechend viele Definitionsansätze finden sich in den unterschiedlichen beteiligten Wissenschaften. *Eifert* merkt zu Recht an, dass es sich bei „Electronic Government" eher um eine Beschreibungsformel handelt als um einen trennscharfen Begriff.[136] Es stellt sich mehr als Phänomen und nicht als belastbarer Rechtsbegriff dar. Dieser Befund korrespondiert mit der Tatsache, dass an der Begriffsbildung unterschiedliche Wissenschaften beteiligt sind. Problematisch ist die daraus resultierende Konturenlosigkeit und Beliebigkeit des Begriffs. In diesen können dann vielfältige gesellschaftliche und politische Erwartungen hineingelesen werden, ohne dass der Anwendungskontext begrenzt ist. Auch gerät hierbei aus dem Blickfeld, dass der Begriff durch die ständig wachsenden Möglichkeiten der Informationstechnologie Wandlungen unterworfen ist.

Es gibt eine Richtung, die recht formal und neutral die technische Seite betont.[137] Damit wird der Begriff aber allumfassend und nicht deutlich genug. Er endet in Beliebigkeit und würde jeden PC, selbst wenn er gar nicht ans Internet angeschlossen wäre, zum E-Government mutieren lassen. Definitionen, die den Begriff als elektronische Form des New Public Management[138] begreifen, helfen hier auch nicht weiter. Der Einsatz von IT bei Wahlen und Abstimmungsprozessen taucht häufig mit Begriffen wie „E-Democracy", „E-Participation", „E-Voting" sowie „E-lection" auf.[139] Dem

---

134 Zur Abgrenzung sogleich unten.

135 *Eifert,* Electronic Government, S. 20; zum Begriff des E-Commerce vgl. *Schulz S. E.,* in: Schliesky (Hrsg.), Technikgestütztes Identitätsmanagement, 51 (75).

136 Eifert, Electronic Government, S. 21 (Hervorhebung im Original).

137 *Eifert,* ZG 2001, 115 (116).

138 *Schedler/Proeller,* New Public Management, S. 227.

139 *Bieber,* in: Schünemann/Weiler (Hrsg.), E-Government und Netzpolitik im europäischen Vergleich, 353 (354); *v. Lucke,* in: Jansen/Schröter/Stehr, Transparenz, 396 (396); *Reinermann,* Öffentlicher

Einsatz von IT sind in diesem Bereich nach dem BVerfG aber deutliche Grenzen gesetzt.[140] Durch die neuen Möglichkeiten des sog. Web 2.0 konzentrieren sich hier die Anwendungen auf Applikationen wie Blogs, Wikis sowie Online-Pressestellen. Die Informationstechnologie kommt hier jedenfalls bei demokratischen Willensbildungsprozessen zum Einsatz. Teilweise wird auch eine Dreiteilung des Begriffes E-Government mit den Begriffen E-Administration, E-Assistance und E-Democracy vorgenommen[141]. Teilweise wird E-Democracy noch in die Bereiche E-Participation und E-Voting aufgeteilt[142].

Kennzeichnend für alle genannten Definitionsversuche ist eine Betonung der Außenperspektive ohne den „Blick in die Verwaltung“ und ihr bisheriges Innenleben.

Vielfache Verwendung in der Literatur findet die sog. „Speyerer Definition“ zum E-Government[143] wonach E-Government *„die Abwicklung geschäftlicher Prozesse im Zusammenhang mit Regieren und Verwalten (Government) mit Hilfe von Informations- und Kommunikationstechniken über elektronische Medien“* ist. Auch in dieser Definition wird aber die binnenorganisatorische Herausforderung, die E-Government mit sich bringt, nicht berücksichtigt. Bei einer Definition muss der Weg hin zum Denken in Prozessen Berücksichtigung finden, welcher der öffentlichen Verwaltung bisher fremd war. Dieses verlangt einen Prozess der „Selbstreflexion“ der Verwaltung, in welchem die Ablauf- und Organisationsprozesse in der öffentlichen Verwaltung zunächst analysiert und unter Berücksichtigung der einzusetzenden Informations- und Kommunikationstechniken optimiert werden müssen.[144] In diesen Prozess müssen zwingend auch die Mitarbeiter einbezogen werden, da diese innerhalb der Prozesse die zentrale Rolle spielen. Daraus ergab sich auch ein Trend zur Verrechtlichung im E-Government, infolgedessen der Gesetzgeber bei der Begriffsdefinition Farbe bekennen musste.[145] Das EGovG des Bundes und auch das Gesetz zur Förderung der elektronischen Verwaltung im Freistaat Sachsen und zur Änderung des Gesetzes über die Errichtung der Sächsischen Anstalt für kommunale Datenverarbeitung enthalten

---

Sektor, S. 88 („e-lection“); *Rüß*, ZRP 2001, 518 (518); *Tauss*, in: Kubicek u. a. (Hrsg.), Multimedia@Verwaltung, 285 (285); *Wind/ Volk*, S. 87 („elektronische Demokratie“).

140 Vgl. hierzu das BVerfG, Urt. vom 03.03.2009, JZ 2009, 566 ff.; Anmerkung hierzu *Heckmann*, jurisPR-ITR 6/2009, Anm. 2.

141 *Schulz Ed.*, One Stop Government, S. 35 m. w. N.; ähnlich auch: *Schuppan/Reichard*, LKV 2002, 105 (106 ff.).

142 Vgl. die Grafik bei *Stollhoff*, Datenschutzgerechtes E-Government, S. 25.

143 *V. Lucke/Reinermann*, in: Reinermann/v. Lucke (Hrsg.), Electronic Government in Deutschland, S. 1.

144 *Büllesbach*, DVBl 2005, 605 (607); vgl. zum E-Government-Gesetz in Schleswig-Holstein LT-Drs. 16/2437, S. 2.

145 Vgl. das E-Government-Gesetz in Schleswig-Holstein, LT-Drs. 16/2437 sowie LT-Umdruck 16/4226; neben der einfachgesetzlichen Ebene umfasst in Schleswig-Holstein die Landesverfassung in Art. 14 digitale Basisdienste und den Zugang zu Behörden und Gerichten sowie in Art. 15 den Schutz der digitalen Privatsphäre der Bürgerinnen und Bürger: Vgl. hierzu LT-Drs. 18/2095, S. 35 und 36.

keine Legaldefinition des Begriffes[146]. Nach § 2 EGovG SH ist E-Government *„der Einsatz moderner Informations- und Kommunikationstechnik (IT) in öffentlichen Verwaltungen in Verbindung mit organisatorischen Veränderungen in den Geschäftsprozessen der öffentlichen Verwaltung zur Durchführung von Informations-, Kommunikations- und Transaktionsprozessen innerhalb und zwischen staatlichen Institutionen sowie zwischen diesen Institutionen und Bürgerinnen und Bürgern oder Unternehmen"*. Diese Definition bezieht die Prozessebene mit ein und die binnenorganisatorische sowie die Außensicht. In eine ähnliche Richtung geht auch das Verständnis der Europäischen Union. Hiernach ist unter E-Government *„der Einsatz der Informations- und Kommunikationstechnologien in öffentlichen Verwaltungen in Verbindung mit organisatorischen Änderungen (…), um öffentliche Dienste (…) zu verbessern und die Gestaltung und Durchführung staatlicher Politik zu erleichtern"*[147], zu verstehen. Auch diese Definition nimmt pragmatisch die Entwicklung zum Prozessdenken auf. Eine gängige, anerkannte rechtswissenschaftliche Definition des Begriffes E-Government, die den Ausgangspunkt der Betrachtung markieren könnte, gibt es derzeit allerdings nicht. Mit der Definition des Begriffes im EGovG SH ist ein Anfang gemacht. Die rechtswissenschaftliche Begriffsbildung wird möglicherweise weiter voranschreiten, wenn der Trend zur Verrechtlichung im E-Government[148] weiter fortschreitet und eine stärkere Durchdringung dieser Materie vollzogen wird. So wird der Begriff, der zunächst alle Eigenschaften eines Modewortes besitzt,[149] gefestigtere Konturen erhalten. Für die weitere Untersuchung ist hier der E-Government-Begriff des EGovG SH zugrunde zu legen.

Unter dem Begriff „E-Commerce" (E-Business) werden hingegen die Rechtsmaterien zusammengefasst, die sich aus dem Bedürfnis nach rechtsverbindlichen elektronischen Erklärungen v. a. zum Geschäftsabschluss im Internet ergeben haben[150].

2. Abgrenzung zu E-Justice

Der Begriff E-Government ist zur Klarstellung zum Begriff E-Justice abzugrenzen. Lange ist E-Justice im Vergleich zu E-Government keine eigenständige Bedeutung

146 Eine gute Übersicht über geplante und vorhandene E-Government-Gesetze der Länder findet sich in der Studie „Analyse des Potenzials des E-Government-Gesetzes" im Auftrag des BMI, S. 17 ff.; zum Gesetzentwurf der Sächsischen Staatsregierung vgl. LT-Drs. 5/13651, S. 17, wo der Fokus innerhalb des Begriffes jedenfalls auch auf die Umstrukturierung und Anpassung von Verwaltungsprozessen gerichtet ist; zum Entwurf eines E-Government-Gesetzes in NRW: http://www.mik.nrw.de/cio-nrw/e-government/e-government-gesetz.html (letzter Abruf: 08.11.2015).

147 Mitteilung der Kommission „Die Rolle elektronischer Behördendienste (E-Government) für die Zukunft Europas", KOM (2003) 567 endg. vom 29.09.2003, S. 8; vgl. hierzu auch: *Schliesky*, eGovernment in Deutschland, S. 28 f.

148 Aktuell gibt es neben dem EGovG des Bundes in Schleswig-Holstein und Sachsen ein EGovG; in Baden-Württemberg, Bayern, Berlin, Mecklenburg-Vorpommern, Nordrhein-Westfalen und dem Saarland sind solche in Arbeit: vgl. die Studie „Analyse des Potenzials des E-Government-Gesetzes" im Auftrag des BMI, S. 17 ff.

149 *Fox* DuD 2003, 103 (103); vgl. auch *Hill*, BayVBl. 2003, 737 (737 ff.).

150 *Schulz S. E.*, in: Schliesky (Hrsg.) Technikgestütztes Identitätsmanagement, 51 (75).

beigemessen worden[151]. Mit E-Justice ist der auf die Abwicklung geschäftlicher Prozesse im Zusammenhang mit Justiz gerichtete Einsatz von Informationstechnik gemeint[152], der zunächst die rechtsverbindliche elektronische Kommunikation zwischen den Verfahrensbeteiligten und den Gerichten erfasst[153], aber auch über nationale Grenzen hinweg europäische Zusammenarbeit erfasst[154]. Damit ist die Begriffsdefinition aus der Speyerer Definition zum E-Government entlehnt. Erfasst sind unter den auch gebräuchlichen und spezielleren Begriffen „Elektronischer Rechtsverkehr“ oder „Elektronische Justizkommunikation“ die elektronische Einreichung bestimmender Schriftsätze sowie die elektronische Zustellung von Urteilen und anderen Entscheidungen[155]. Im Jahr 2013 ist das sog. eJustice-Gesetz in Kraft getreten[156]. Damit sind wie auch beim E-Government verschiedene Interaktionsstufen angesprochen. Für die Belange der Justiz in Deutschland, die sich aus verfassungsrechtlichen Gründen massiv von denen der Verwaltung unterscheiden, ist u. a. ein E-Justice-Rat auf Initiative des Bundesrates geplant[157]. Dieser unterschiedlichen Ausrichtung folgend, ist das E-Government-Gesetz des Bundes (EGovG) auch nur eingeschränkt auf die Justiz anwendbar[158].

Im Zuge der Entwicklung von E-Justice in Deutschland stellen sich parallel zum E-Government ähnliche Fragen. Zentral ist bei den Bestrebungen auch die Schaffung von Alternativen zur qualifizierten elektronischen Signatur (qeS) mit der Schaffung des sog. besonderen elektronischen Anwaltspostfaches[159]. Dieses wird für die Anwaltschaft den Abschied von der Papierakte bedeuten[160]. In diesem Zusammenhang stellen sich Fragen des Zustellungsrechts und des rechtssicheren ersetzenden Scannens[161]. Generell hat sich insbesondere bei der Anwaltschaft vielfach schon die Frage der Verschlüsselung von Kommunikation aus rechtlicher und auch aus berufsethischer Perspektive gestellt[162]. Die Implementierung des besonderen elektronischen

151 *Heckmann*, in: Wirtz (Hrsg.), E-Government, 93 (95).

152 *Ballhausen*, IT-Einsatz in der Justiz, S. 13; *Klink*, Datenschutz in der elektronischen Justiz, S. 9 ff.; *Petri/Dorfner*, ZD 2011, 122 (123 ff.).

153 *Hähnchen*, Elektronischer Rechtsverkehr, S. 15 m. w. N.

154 *Heckmann*, in: Wirtz (Hrsg.), E-Government, 93 (97) m. w. N.

155 *Ballhausen*, IT-Einsatz in der Justiz, S. 13 f.

156 Gesetz zur Förderung des elektronischen Rechtsverkehrs mit den Gerichten, BGBl. I 2013, 3786; zum Gesetzentwurf: *Brosch*, K&R 2014, 9 (9 ff.); *Müller-Teckof*, MMR 2014, 95 (95 ff.); *Treber*, NZA, 2014, 450 (450 ff.); zum Zeitplan: *Viefhues*, Elektronischer Rechtsverkehr Ausgabe 1, Rn. 1 ff.; zur Ausgangslage und den Entwicklungsstufen: *Kriszeleit*, AnwBl 2013, 91 (91 ff.).

157 Vgl. hierzu das Gesetz zur Förderung des elektronischen Rechtsverkehrs mit den Gerichten, BGBl. Jahrgang 2013 Teil I Nr. 62, S. 3786 sowie BT-Drs 17/12634; zum Abgleich des EGovG-E mit der Bundesratsinitiative E-Justice: *Schliesky* , ISPRAT-Dossier Das E-Government-Gesetz des Bundes, 2013, S. 18 ff.; zum sog. E-Justice-Rat insbesondere auch: www.justiz.de/e_justice_rat/wir/index.php (letzter Abruf: 08.11.2015)

158 *Müller-Terpitz/Rauchhaus*, JurPC Web-Dok. 96/2012, Abs. 5; zum EGovG-E näher unten.

159 *Viefhues*, Elektronischer Rechtsverkehr Ausgabe 2, Rn. 6 ff.; *Hoffmann/Borchers*, CR 2014, 62 (62).

160 *Köbler*, AnwBl 2013, 589 (591).

161 *Meyer-Seitz*, AnwBl 2013, 89 (90).

162 Hierzu *Koch*, DuD 2014, 691 (691 ff.).

Anwaltspostfaches offenbarte Lücken in der Informationssicherheit, sodass hier eine vorübergehende Abschaltung und Wiederinbetriebnahme notwendig wurde[163].

3. Interaktionsstufen von E-Government

Vom Begriff des E-Governments sind bestimmte Interaktionsstufen umfasst. Unterscheiden lassen sich die Stufen Information, Kommunikation und Transaktion[164]. Diese Erscheinungsformen unterscheiden sich nach dem Grad der Beteiligung des Bürgers[165]. Nicht zuletzt ist hiermit auch ein breites Spektrum staatlicher Verhaltensweisen eröffnet - von der bloßen Verwaltungstätigkeit über Auskünfte (§ 25 S. 2 VwVfG) bis hin zu Verwaltungsakten (§ 35 VwVfG), die unterschiedlichen rechtlichen Maßstäben unterliegen[166].

a) Information

Auf der Ebene der Information ist an vielfältige Informationsdienste zu denken. Grundsätzlich gehören sämtliche Webseiten als Informationsangebot von Behörden für den Bürger und für Unternehmen dazu. Es zählen aber auch Gremieninformationssysteme zur Unterstützung von Versammlungen und Ausschüssen, Fachinformationssysteme und sonstige Wissensdatenbanken dazu[167]. Das Maß der Interaktion ist auf dieser Stufe nicht so stark ausgeprägt. In der Regel besteht ein einfacher Zugriff auf die Information mittels Webzugriff. Der öffentliche Sektor erscheint hier als Bereitsteller von Informationen als einer einseitigen Leistung[168], der Nutzer als bloßer Rezipient, ohne dass beide Seiten den Informationsaustausch rückkoppeln und direkt in Kontakt treten. Diese Informationsdienste kommen weitgehend ohne Identitätsmanagement und die Erhebung von personenbezogenen Daten aus.

b) Kommunikation

Eine weitere Stufe ist die der Kommunikation. Ergänzend zur Stufe der Information besteht hier die Möglichkeit der Kontaktaufnahme zwischen den Beteiligten[169]. Denkbar sind hier Online-Verbindungen, Videokonferenzen, webbasierte Diskussi-

---

163 Vgl. hierzu: https://www.brak.de/fuer-anwaelte/bea-das-besondere-elektronische-anwaltspostfach/ (letzter Abruf: 30.09.2018).

164 *Lübking/Zilkens,* Datenschutz in der Kommunalverwaltung, 2. Aufl., 2008, Rn. 453; *Stollhoff,* Datenschutzgerechtes E-Government, S. 29; *Eifert/Püschel,* in: Kröger/Hoffmann (Hrsg.), Rechtshandbuch zum E-Government, 106 (106 ff.) = Rn. 1 ff.; *Scheer/Kruppke/Heib,* E-Government, S. 29, ergänzen den Begriff um die Stufe Integration.

165 *Lübking/Zilkens,* Datenschutz in der Kommunalverwaltung, 2. Aufl., 2008, Rn. 453.

166 *Karpen/Biernert,* in: Stober-FS, 371 (373 f.); *Schliesky,* LKV 2005, 89 (89).

167 *V. Lucke/Reinermann,* in: Reinermann/v. Lucke (Hrsg.), Electronic Government in Deutschland, S. 3.

168 *Heckmann,* in: Bauer u. a. (Hrsg.), Verwaltungsverfahrensgesetz mit rechtlichen Aspekten des E-Government, 2. Aufl. 2014, Theoretische Grundlegung Rn. 10.

169 *Stollhoff,* Datenschutzgerechtes E-Government, S. 29.

onsforen, Internetchats oder E-Mails[170], wobei es hier im Gegensatz zur Stufe der Information darauf ankommt, dass die ausgetauschten personenbezogenen Daten sensibel behandelt werden und die Kommunikationsteilnehmer registriert sind[171]. Auf dieser Interaktionsstufe ist ein Identitätsmanagement und damit auch der Schutz personenbezogener Daten notwendig. Damit sind auf dieser Stufe jeweils stärkere Anforderungen an beide Interaktionspartner gestellt.

c) Transaktion

Die nächste Stufe ist die Durchführung von Transaktionen durch die Interaktionspartner[172]. Der Bürger tritt hier mit der Verwaltung interaktiv in Kontakt, um eine Dienstleistung zu erhalten[173], wobei hierbei insbesondere auch an die Erteilung elektronischer Verwaltungsakte zu denken ist[174]. Der Bereich der Transaktion umfasst sowohl beide Kommunikationsrichtungen zwischen Nutzer und öffentlicher Stelle und damit auch neben der elektronischen Annahme von Anträgen die elektronische Bearbeitung derselben[175]. Im Vergleich zu den anderen beiden Stufen findet auf dieser eine intensivere Interaktion statt, die zu weitreichenderen Rechtsfolgen führt. Es wird zwischen beiden Kommunikationspartnern rechtlich Erhebliches erklärt und übertragen[176]. An die Verfahren auf dieser Interaktionsstufe sind deshalb anspruchsvolle Anforderungen an das Identitätsmanagement und damit an Datenschutz und Datensicherheit zu stellen[177]. Dabei besteht bei beiden Akteuren ein Interesse, die Identität i. S. v. Identifizierbarkeit des anderen sicher festzustellen. Von dem Begriff umfasst sind nicht zuletzt auch die Datenverarbeitungsprozesse, die nach der Kommunikation über das Internet innerhalb der Verwaltung stattfinden. In der elektronischen Abwicklung einer Kommunikation über das Internet und den anschließenden Prozessen in der Verwaltung liegen im Gegensatz zu den anderen Interaktionsstufen Wirtschaftlichkeitsreserven z. B. durch reduzierten Erfassungsaufwand. Das Angebot an durchgängigen transaktionsbezogenen E-Government-Angeboten in Deutschland ist bisher jedoch in den zurückliegenden Jahren noch nicht sehr groß[178]. Die Ebene der Transaktion findet sich auch neben den beiden anderen Stufen im E-Government-Gesetz

170 *V. Lucke/Reinermann*, in: Reinermann/v. Lucke, Electronic Government in Deutschland, S. 3.

171 *Lübking/Zilkens*, Datenschutz in der Kommunalverwaltung, 2. Aufl., 2008, Rn. 453.

172 *Mann*, in: Bieler/Schwarting (Hrsg.), e-Government, 267 (276) = Rn. 222.

173 *Lübking/Zilkens*, Datenschutz in der Kommunalverwaltung, 2. Aufl., 2008, Rn. 453;

174 *Mann*, in: Bieler/Schwarting (Hrsg.), e-Government, 267 (276) = Rn. 222.

175 *Karpen/Biernert*, in: Stober-FS, 371 (374): Innerhalb der Stufe Transaktion wird z. B. im Bereich der Beschaffung von Gütern und Dienstleistungen begrifflich weiter differenziert (E-Procurement).

176 *Hagen*, in: Wind/Kröger (Hrsg.), Handbuch IT in der Verwaltung, 591 (596).

177 Die Rolle des Identitätsmanagements im transaktionsbezogenen E-Government unterstreicht ein Eckpunktepapier des IT-Planungsrats, S. 3, abrufbar unter: http://www.it-planungsrat.de/SharedDocs/Downloads/DE/Entscheidungen/9._Sitzung/Eckpunkte_eID-Strategie_9_Sitzung_ITPLR.pdf?__blob=publicationFile (letzter Abruf am 08.11.2015).

178 *Lübking/Zilkens*, Datenschutz in der Kommunalverwaltung, 2. Aufl., 2008, Rn. 453 m. w. N.; *Nolte*, DÖV 2007, 941 (946); *Kammer*, VerwArch 95 (2004), 418 (418); *Schliesky*, eGovernment in Deutschland, S. 3; Zu einer ähnlichen Situation eine Dekade zuvor: *Schuppan/Reichard*, LKV 2002, 105 (109); *Holznagel/Krahn/Werthmann*, DVBl. 1999, 1477 (1480).

des Bundes (EGovG) wieder[179]. Im Rahmen dieser Arbeit soll im Sinne dieser vorgenommenen Differenzierung der Schwerpunkt auf transaktionsbezogenen E-Government-Angeboten liegen und dieser Begriff zur Klarstellung verwendet werden.

Über die drei zur groben Abgrenzung dienenden Interaktionsstufen hinaus steht im Rahmen des Begriffes des E-Governments auch der Nutzen für effektive Geschäftsprozess- und Verwaltungsablauforganisation insgesamt im Blickfeld[180].

4. Prozessorientierung

Ein wesentliches Element des E-Governments, welches bereits in der zugrunde gelegten Definition zum Ausdruck kommt, ist deshalb die Prozessorientierung. In den jeweiligen Geschäftsprozessen besteht für die Verwaltung die Möglichkeit, effizienter zu arbeiten[181]. Dabei ist der Fokus im föderalen Staat weniger auf die Aufbau- als vielmehr auf die Ablauforganisation zu richten[182].

Daher bedarf E-Government einer permanenten Selbstreflexion der Verwaltung und ihrer Prozesse, um das Verwaltungshandeln auf seine E-Government-Tauglichkeit zu überprüfen[183]. Deshalb müssen bei der Umsetzung von E-Government auch die Verwaltungsmitarbeiter „mitgenommen" werden, um Beharrungskräfte zu überwinden[184]. Kritisch wird insoweit zur Nationalen E-Government-Strategie (NEGS) angemerkt, dass diese mit einer Fokussierung auf die Schnittstelle von Verwaltung und Bürger/Unternehmen und damit den Bereich der Transaktionen die Potenziale in der Ablauforganisation in der Verwaltung nicht hinreichend berücksichtige und auch einen sehr starken Akzent auf die technische Seite lege[185]. Für diese Arbeit sollen jedenfalls auch grundsätzlich die Prozesse, die nach einer Transaktion zwischen Verwaltung und Bürger stattfinden und Datenverarbeitungsprozesse enthalten, neben den Identitätsmanagementinfrastrukturen mitberücksichtigt werden.

II. IT-Planungsrat

Für die Entwicklung des E-Governments in Deutschland stellt der durch die Föderalismusreform II geschaffene IT-Planungsrat ein wichtiges Steuerungs- und Abstimmungsgremium dar. Hierzu wurden der Art. 91 c GG als erste Stufe der neuen Struk-

---

179 *Müller-Terpitz/Rauchhaus*, JurPC Web-Dok. 96/2012, Abs. 10 ff.

180 *Wentzel*, VM 2010, 283 (291); *Ruge*, NdsVBl. 2008, 89 (89) m. w. N.; einen europäischen Impuls setzt hier die Richtlinie 2014/55/EU über die elektronische Rechnungsstellung bei öffentlichen Aufträgen: Hierzu *Bergmann*, innovative Verwaltung 6/2014, 38 (38 ff.).

181 *Scheer/Kruppke/Heib*, E-Government, S. 7; von konzeptioneller Rekonfiguration der Verwaltung und des Verwaltungsrechts spricht *Bohme-Neßler*, NVwZ 2007, 650 (651).

182 *Schliesky*, DVBl 2007, 1453 (1460).

183 *Büllesbach*, DVBl 2005, 605 (607).

184 Zur Rolle von Beharrungskräften gegen staatliche Innovationen: *Schliesky*, in: Ders. (Hrsg.), Staatliches Innovationsmanagement, 1 (5).

185 *Wentzel*, VM 2010, 283 (287); zur Nationalen E-Government-Strategie sogleich unten unter: Teil 2, B., III.

turen im Bereich der Informationstechnologie, das IT-Netzgesetz als zweite Stufe und der IT-Staatsvertrag als dritte Stufe geschaffen[186]. Diese Vorschrift des Art. 91 c GG soll der wachsenden Bedeutung der IT in der Gesellschaft und bei der staatlichen Aufgabenerfüllung im Bereich des E-Governments Rechnung tragen[187]. In diesem Gremium sind die Beauftragten der Bundesregierung für Informationstechnik, die für IT zuständigen Vertreter der Länder, Vertreter der drei kommunalen Spitzenverbände sowie der Bundesbeauftragte für Datenschutz und die Informationsfreiheit vertreten[188]. Der Beauftragte für den Datenschutz und die Informationsfreiheit und die Vertreter der drei kommunalen Spitzenverbände können allerdings nur beratend teilnehmen[189]. Aus § 1 Abs. 1 IT-Staatsvertrag geht hervor, dass der IT-Planungsrat die Zusammenarbeit von Bund und Ländern in Fragen der Informationstechnik koordiniert, fachunabhängige und fachübergreifende IT-Interoperabilitäts- und Sicherheitsstandards beschließt sowie die Projekte zu Fragen des informations- und kommunikationstechnisch unterstützten Regierens und Verwaltens (E-Government-Projekte) steuert, die ihm zugewiesen werden. Die Beschlüsse umfassen damit also auch Fragen, die beispielsweise Datenschutz und Datensicherheit im E-Government tangieren bzw. determinieren. In § 4 IT-Staatsvertrag sind weitere Aufgaben für ein gemeinsames Verbindungsnetz geregelt.

Eine Neuerung gegenüber den Vorläufergremien stellen die Beschlussregelungen für den IT-Planungsrat dar. Die Beschlüsse bedürfen einer Mehrheit i. S. einer doppelt bedingten Mehrheitsfindung[190]. In diesem Zusammenhang kommt ein verbindlicher Beschluss nur zustande, wenn neben dem Bund mindestens elf Länder zustimmen, deren Finanzierungsbeteiligung bei den mit der Vereinbarung verbundenen Kosten mindestens zwei Drittel erreicht[191]. Dies kann als eine wesentliche Neuerung bedeuten, dass Landesverwaltungen durch die Verbindlichkeit der Beschlüsse dazu verpflichtet werden, Beschlüsse des IT-Planungsrates zu E-Government-Aktivitäten umzusetzen, welche sie inhaltlich nicht mittragen[192]. Diese Form der Beschlussfassung stellt einen Gegensatz zum vorher in den Vorläufergremien geltenden Einstimmigkeitsprinzip dar, welches insbesondere im Hinblick auf IT-Großprojekte als zu komplex erkannt wurde[193]. Da im IT-Planungsrat ein konsensuales Vorgehen bevorzugt wird, bleibt abzuwarten, ob diese rechtlichen Wirkungen in der Praxis in Zukunft einmal streitig werden können[194]. Der IT-Planungsrat hat jedenfalls die Aufga-

186 *Siegel*, Der Staat 49 (2010), 299 (299); zu Art. 91 GG und der Konsequenz für die E-Government-Gesetzgebung in den Ländern, *Schulz S. E.*, DÖV 2010, 225 (225).

187 *Schulz S. E./Tallich*, NVwZ 2010, 1338 (1339).

188 Vgl. hierzu: www.it-planungsrat.de/DE/ITPlanungsrat/Mitglieder/mitglieder_node.html (letzter Abruf 08.11.2015).

189 *Wentzel*, VM 2010, 283 (283); zur Erforderlichkeit demokratischer Legitimierung des Beschlüsse des IT-Planungsrates: *Steinmetz*, NVwZ 2011, 467 (467 ff.).

190 Vgl. hierzu den IT-Staatsvertrag.

191 *Sichel*, DVBl 2009, 1014 (1017).

192 *Siegel*, Der Staat 49 (2010), 299 (308); *Schulz S. E./Tallich*, NVwZ 2010, 1338 (1342).

193 *Sichel*, DVBl 2009, 1014 (1015).

194 *Schulz S. E./Tallich*, NVwZ 2010, 1338 (1342).

be, konkrete E-Government-Projekte und damit auch Fragen der Interoperabilität und IT-Sicherheit zu steuern.

III. Nationale E-Government-Strategie (NEGS)

Eine erste große Amtshandlung des IT-Planungsrates war die Verabschiedung der Nationalen E-Government-Strategie (NEGS) am 24. September 2010[195]. Diese versucht der durch eine Vielzahl von Projekten auf kommunaler, Länder- und Bundesebene gekennzeichneten E-Government-Landschaft in Deutschland einen einheitlichen Rahmen zu geben[196]. Da nachhaltige Impulse für E-Government mit Breitenwirkung im föderalen Gefüge nur einheitlich erfolgen können, bedarf es einer Erfassung der Projekte in einer solchen Strategie. Diese formuliert ein Leitbild, enthält ein Zielsystem und weist die konkrete Planung zur Finanzierung und Umsetzung von E-Government in Deutschland dem IT-Planungsrat zu. Sie folgt der Ministererklärung von Malmö zum E-Government vom 18. November 2009[197]. Die Strategie verwendet Leitbilder und Ziele und hat damit keinen verpflichtenden Charakter[198]. Im Zielsystem A wird beim Zugang zu E-Government-Anwendungen eine Verbesserung der Medienkompetenz des Nutzers gefordert, sodass das Leitbild eines mündigen, zur Selbstverantwortung fähigen Bürgers fest im Blick steht[199]. Im Zielsystem C geht die Nationale E-Government-Strategie auf Transparenz, Datenschutz und Datensicherheit ein. Diese drei Bereiche werden als Voraussetzungen für Vertrauen, Akzeptanz und eine intensive Nutzung von E-Government-Anwendungen gesehen[200].

Eine besondere Priorisierung erfuhren Identitäts- und Sicherheitsstandards für die elektronische Kommunikation sowie die Gewährleistung der Transparenz im Umgang mit Daten[201]. Dies geht mit einer Ausrichtung auf die in Deutschland bekanntesten E-Government-Aktivitäten wie den neuen Personalausweis (nPA), die einheitliche Behördenrufnummer D 115, das Projekt De-Mail und die Umsetzung der EU-Dienstleistungsrichtlinie (RL 2006/123/EG) einher[202]. Die Nationale E-Government-Strategie gibt darüber hinaus für Deutschland das Ziel aus, einen europäischen Spitzenplatz beim E-Government zu erreichen[203].

---

195 *Schulz G.*, DuD 2012, 395 (399); in der 18. Sitzung 2015 hat der IT-Planungsrat die Fortschreibung dieser Stratgie beschlossen: http://www.it-planungsrat.de/SharedDocs/Downloads/DE/NEGS/NEGS_Fortschreibung.pdf;jsessionid=EAF23A34CA5FC83EC438762B1D6E597F.2_cid331?__blob=publicationFile&v=4 (letzter Abruf: 18.12.2015).

196 *Wentzel*, VM 2010, 283 (283).

197 Nationale E-Government-Strategie, S. 6; zur Ministererklärung vom Malmö sogleich unten unter: Teil 3, B., II.

198 *Wentzel*, VM 2010, 283 (284).

199 Nationale E-Government-Strategie, S. 8; hierauf wird im Referentenentwurf für ein E-Government-Gesetz des Bundes auf S. 32 Bezug genommen.

200 Nationale E-Government-Strategie, S. 12.

201 *Stollhoff*, Datenschutzgerechtes E-Government, S. 45 f.

202 *Wentzel*, VM 2010, 283 (285).

203 Nationale E-Government-Strategie, S 7.

In der Nationalen E-Government-Strategie sind mit dem nPA und dem Projekt De-Mail daher die Basisinfrastrukturen für transaktionsbezogenes E-Government und Identitätsmanagement enthalten sowie Datenschutz und Datensicherheit bei der Nutzung dieser Infrastrukturen als Zugang. Die Nationale E-Government-Strategie sieht als Ziel einen medienkompetenten Nutzer, der diese Infrastrukturen eigenverantwortlich nutzt. Diese Aspekte und ihre konkrete rechtliche Dimension sind Gegenstand dieser Arbeit.

IV. Bestandteil der Digitalen Agenda 2014-2017

E-Government ist auch Bestandteil der Digitalen Agenda 2014-2017 der Bundesregierung, die im Jahr 2014 von der Bundesregierung als eine Art Fahrplan der Digitalpolitik veröffentlicht worden ist. Die Umsetzungsmaßnahmen der Digitalen Agenda gliedern sich in sieben zentrale Handlungsfelder, in denen Kräfte gebündelt werden sollen[204]. Ein Handlungsfeld ist unter der Überschrift „Innovativer Staat" auch der Ausbau von E-Government. Danach sollen E-Government-Angebote so einfach und effektiv sein wie Angebote aus dem Bereich E-Commerce - bei gleichzeitiger Wahrung der hohen Anforderungen an Vertrauen und Sicherheit[205]. Dies entspricht der Logik, dass sich E-Government-Angebote an der Einfachheit und Effektivität von E-Commerce-Angeboten messen lassen müssen bei der gleichzeitigen Herausforderung, ein hohes Niveau von Datenschutz und Datensicherheit zu halten. Die Bundesregierung verfolgt das Ziel, gemeinsam mit den Ländern Bürgerkonten wie z. B. in Niedersachsen das NAVO-Portal[206] einzurichten, mit denen man die eID-Funktion des neuen Personalausweises (nPA) zur Authentifizierung nutzen kann, um E-Government-Angebote von Bund, Ländern und Kommunen sicher zu gestalten[207]. Dabei soll darauf hingewirkt werden, bestehende Formerfordernisse, die medienbruchfreien Workflows im Wege stehen, abzubauen[208].

Angesprochen wird in der Digitalen Agenda auch die Medien- und Informationskompetenz der IT-Nutzer, die gestärkt werden soll und die unterschiedlichen Rollen des Nutzers mitberücksichtigen soll[209]. In einem weiteren Forschungsrahmenprogramm der Bundesregierung zur IT-Sicherheit werden Mechanismen und Möglichkeiten des Selbstdatenschutzes durch z. B. den Einsatz von Gütesiegeln verbunden mit Medienkompetenzförderung als Forschungsschwerpunkte genannt[210]. Insgesamt besteht bei der Nationalen E-Government-Strategie eine Schnittmenge mit der Digitalen Agenda 2014-2017. Die IT-Sicherheit wird in einem weiteren Kapitel der Digita-

204 BMWi, BMI, BMVI (Hrsg.), Digitale Agenda 2014 - 2017, S. 3.
205 BMWi, BMI, BMVI (Hrsg.), Digitale Agenda 2014 - 2017, S. 19.
206 Vgl. hierzu www.navo.de .
207 BMWi, BMI, BMVI (Hrsg.), Digitale Agenda 2014 - 2017, S. 19.
208 BMWi, BMI, BMVI (Hrsg.), Digitale Agenda 2014 - 2017, S. 19.
209 BMWi, BMI, BMVI (Hrsg.), Digitale Agenda 2014 - 2017, S. 24; zum Begriff der Medienkompetenz näher unten unter: Teil 2, C., III., 5 f).
210 BMBF (Hrsg.), Selbstbestimmt und sicher in der digitalen Welt 2015–2020, S. 18 f.

len Agenda thematisiert mit dem Ziel, digitale Infrastrukturen als Vertrauensraum zu stärken[211].

C. Identitätsmanagement im E-Government

Die E-Government-Aktivitäten auf allen Verwaltungsebenen waren lange Zeit von großer Kleinteiligkeit mit teilweise ernüchternden Ergebnissen geprägt.[212] Bisher sind auch noch nicht viele Fachverfahren aufgenommen worden und es gibt in der großen Mehrzahl noch papierbasierte Vorgänge in der Verwaltung. Bisher sind mit Projekten wie De-Mail oder dem neuen Personalausweis Basisinfrastrukturen[213] für eine anspruchsvolle Kommunikation zwischen Bürger und öffentlicher Verwaltung geschaffen worden, die durch das E-Government-Gesetz des Bundes ergänzt werden bzw. denen zur Wirksamkeit verholfen werden soll. Auf diesen Basisinfrastrukturen aufbauend, soll die Interaktion im Zusammenhang mit Fachverfahren möglich sein. In vielen Bereichen wurde E-Government bisher verstanden als Herstellen der Online-Fähigkeit von Formularen, allerdings ohne Blick darauf, ob dies auch nutzerfreundlich ist. Nach dem oben zugrunde gelegten Verständnis von E-Government unter Einbeziehung der Prozessveränderung entsteht auf der Interaktionsstufe Transaktion ein Bedürfnis, die Identität des Nutzers zu kennen. Bei der Ausgestaltung von anspruchsvollen elektronischen Prozessen muss im Sinne einer rechtssicheren und rechtsverbindlichen Kommunikation die Identität des Nutzers sicher feststehen. Bei vollelektronischen medienbruchfreien Workflows vom Antrag bis zur Archivierung[214] muss technisch und organisatorisch abgebildet werden, dass der Nutzer auch der ist, der er zu sein vorgibt. Geht es nur um den Download eines Formulars von einer Website, welches der Nutzer dann ausfüllt und auf papierbasiertem Wege verschickt, so ergibt sich beim Download dieses Formulars kein Bedürfnis einer Identifizierung. Es findet keine richtige Interaktion statt, sondern eine einseitige Bereitstellung und die weitere Kommunikation findet papierbasiert statt. Im Fokus steht daher bei anspruchsvollen Transaktionsdienstleistungen der Gedanke, das Verfahren ohne Medienbrüche zu gestalten.

I. Medienbruchfreie Prozesse

Das oben zugrunde gelegte Verständnis von E-Government verlangt daher elektronische Prozesse[215], die nach Möglichkeit medienbruchfrei sein sollten. Das Ziel liegt darin,

211 BMWi, BMI, BMVI (Hrsg.), Digitale Agenda 2014 – 2017, S. 32.

212 *Schliesky*, in: Zechner (Hrsg.), Handbuch E-Government, 49 (49).

213 *Heckmann*, DuD 2009, 656 (656 ff.).

214 *Ruge*, in: Bauer u. a. (Hrsg.), Verwaltungsverfahrensgesetz mit rechtlichen Aspekten des E-Government, 2. Aufl. 2014, § 4 EGovG, Rn. 5.

215 Zu den Grundlagen prozessorientierter Ablauforganisation statt vieler: *Gourmelon/Mroß/Seidel*, Management im öffentlichen Sektor, S. 193 ff.

das papierbasierte Verfahren durch das elektronische zu ersetzen.[216] Der Prozess muss daher logischerweise von den IT-Komponenten des Nutzers über das Internet bis hin zu den IT-Komponenten der Verwaltung in den Blick genommen werden. Für den Begriff der Medienbruchfreiheit findet sich, dem Trend zur Verrechtlichung im E-Government folgend[217], in § 2 Nr. 7 E-GovG SH eine Legaldefinition.[218] Hiernach bedeutet medienbruchfrei *das Fehlen von Stellen in einem Prozess, an denen Daten von einem Medium auf ein anderes übertragen werden müssen.* Das bedeutet, dass der Nutzer der Anwendung den Prozess, den sog. Workflow, vollelektronisch abwickeln kann, ohne beispielsweise ein Dokument auszudrucken. Im Zuge der Entwicklung des E-Governments sind medienbruchfreie Prozesse immer stärker in den Fokus gerückt. Das Bundes-EGoVG setzt Medienbruchfreiheit als Ziel, ohne hier eine eigene Legaldefinition zu enthalten[219]. Dem Erfordernis der Medienbruchfreiheit würde ein Formulardownload auf einer Behördenhomepage nicht mehr genügen. Hier ist der Nutzer wieder genötigt, sich das Formular auszudrucken und handschriftlich auszufüllen. Die Medienbruchfreiheit lässt sich nur durch organisatorische Veränderungen in den Prozessen der Verwaltung umsetzen. Es muss ein Workflow-Management-System zwischengeschaltet sein, mit dem die für den Verwaltungsprozess benötigten Daten elektronisch übermittelt werden. Anders als bei einer papiergebundenen Antragstellung beim direkten Gang zur Verwaltungsbehörde muss der Vorgang der Antragstellung im virtuellen Raum abgebildet werden. Medienbruchfreie elektronische Prozesse sind deswegen wichtig, weil die Vermeidung von Medienbrüchen erst dazu führt, dass E-Government sein ganzes Nutzenpotenzial entfalten kann. Darüber hinaus stellen Medienbrüche bei der wiederholten Erfassung personenbezogener Daten eine große Fehlerquelle dar, die in dem betroffenen Prozess zu Verzögerung und Mehrarbeit führen.[220] Sind medienbruchfreie Prozesse die Prämisse, so müssen Datenschutz und Datensicherheit und deren grundrechtliche Absicherung von Anfang bis Ende Maßgabe sein, um als Vertrauens- und Akzeptanzfaktor für den Nutzer zu dienen. Dieser ganzheitliche Blick auf die Prozesse unter Einschluss intrabehördlicher Datenverarbeitung eröffnet ein Feld an Fragen zu Zweckbindung, Datenvermeidung, Datensparsamkeit etc.

II. Identifizierung des Nutzers

Der Medienbruch in der Kommunikation zwischen Verwaltung und Bürger ist u. a. Ausdruck von Identifizierungserfordernissen in der Interaktion der Kommunikations-

216 *Roßnagel/Laue*, DÖV 2007, 543 (543).

217 Zur Notwendigkeit gesetzlicher Regelungen: *Schliesky*, in: Zechner (Hrsg.), Handbuch E-Government, 49 (52 ff.).

218 LT-Drs. 16/2437, S. 10.

219 Hintergrundinformationen des BMI zum Entwurf eines Gesetzes zur Förderung der elektronischen Verwaltung, S. 4, abrufbar unter: http://www.bmi.bund.de/SharedDocs/Downloads/DE/Gesetzes texte/Entwuerfe/hintergrundpapier_egovg.pdf?__blob=publicationFile (letzter Abruf 08.11.2015).

220 Vgl. FAQ-Liste zum E-Government-Gesetz des Bundes, S. 2, abrufbar unter: http://www.bmi.bund.d e/SharedDocs/Downloads/DE/Themen/OED_Verwaltung/Informationsgesellschaft/egovg_faq.pdf?__blob=publicationFile (letzter Abruf: 08.11.2015); *Kammer*, VerwArch 2004, 418 (419).

partner. Damit ist dieser ein notwendigerweise unter dem Gesichtspunkt des Identitätsmanagements zu diskutierender Aspekt. Bei anspruchsvollen e-Transaktionen[221] mit der öffentlichen Verwaltung ist es notwendig zu wissen, welche natürliche Person etwas begehrt. Das in der analogen Welt bestehende Problem, wie sich die Bürger gegenüber staatlichen Stellen identifizieren können, hat mit der Verbreitung transaktionsbezogener E-Government-Anwendungen eine neue Dimension bekommen[222]. Ein funktionierendes E-Government ist davon abhängig, dass eine zuverlässige Statusidentifizierung stattfindet, wobei u. U. auch die Schaffung einer Identifizierungsinfrastruktur verfassungsrechtlich geboten sein kann[223]. So wie der private Nutzer zuverlässig identifizierbar sein muss, so muss auch die mit diesem kommunizierende Behörde eindeutig identifizierbar sein[224]. Die eindeutige Identifizierung einer natürlichen Person gibt die Antwort auf die Frage, wer sich hinter dem Antrag oder sonstigem Begehren verbirgt[225]. Zu differenzieren ist demgegenüber die Authentifizierung, womit die Bekundung des Willens einer natürlichen Person gemeint ist, eine Online-Transaktion zu nutzen[226] und sich dabei den Erklärungsinhalt eines Dokumentes im Rechtsverkehr zurechnen zu lassen. Dies führt zu einem Grunddilemma im Verhältnis von Datenschutz und Identitätsmanagement bei anspruchsvollen Transaktionen.[227] Zum einen ist die freie Gestaltbarkeit der eigenen Identität in Kommunikationsprozessen Bestandteil des Grundrechtes auf informationelle Selbstbestimmung und damit bereits im allgemeinen Persönlichkeitsrecht angelegt. Zum anderen sind aber die Identifizierung des Nutzers und die Authentifizierung bei e-Transaktionen unbedingt notwendig, um die Transaktionen auch rechtswirksam und rechtssicher durchzuführen. Fast jedes Verwaltungsverfahren bringt es mit sich, dass es auf bestimmte Betroffene bezogen werden muss und fast jeder Schritt dieses Verfahrens auch einen informationellen Gehalt hat[228]. Das bedeutet, dass der Nutzer bereits dann, wenn er sich für die Nutzung von e-Transaktionen entscheidet, notwendigerweise die freie Gestaltbarkeit der eigenen numerischen Identität im digitalen Kontext ein Stück weit aus der Hand gibt. Es sind personenbezogene Daten des Nutzers mindestens in Form von Identitätsdaten erforderlich, sodass Datenverarbeitungsvorgänge entstehen, die den grundrechtlichen Anforderungen entsprechen müssen. Da in jedem Fall das Recht auf informationelle Selbstbestimmung tangiert ist, kommt Identitätsmanagementsystemen die Aufgabe zu, die Einschränkung der informationellen Selbstbestimmung möglichst gering zu halten. Ein datenschutzgerechtes Identitätsmanagement im E-Government erfordert, dass sichere Prozesse zur Authentifizierung des Nutzers zur Verfügung stehen und zugleich

221 *Lübking/Zilkens*, Datenschutz in der Kommunalverwaltung, 2. Aufl., 2008, Rn. 453.

222 *Schaar*, Das Ende der Privatsphäre, S. 173.

223 *Bösing*, Authentifizierung und Autorisierung im elektronischen Rechtsverkehr, S. 54.

224 BR-Drs. 557/12, 74.

225 *Yildirim*, Datenschutz im Electronic Government, S. 2.

226 *Strauß*, DuD 2010, 99 (99).

227 Dies gilt für E-Government genauso wie für E-Commerce: Vgl. *Sorge/Westhoff*, DuD 2008, 337 (337).

228 *Vesting*, Die Bedeutung von Information und Kommunikation für die verwaltungsrechtliche Systembildung, in: Hoffmann-Riem/Schmidt-Aßmann/Voßkuhle, Grundlagen des Verwaltungsrechts, Bd. 2, 2008, § 22 Rn. 2: Alle Operationen der Verwaltung seien *ausschließlich* solche der Informationsverarbeitung (Hervorhebung im Original).

die unzulässige Verwendung der Daten des Bürgers verhindert wird[229]. Dabei gewinnen insbesondere auch Teilidentitäten bzw. bereichsspezifische Identitäten eines Nutzers eine große Bedeutung[230]. Dabei werden gerade auch Identitätsmanagement und Identitätsschutz gegenüber Privaten immer wichtiger[231].

An ein Identitätsmanagement im E-Government sind in der hier betrachteten Nutzerperspektive daher also umfangreiche omnipräsente Ansprüche im Hinblick auf eine sichere Identitätsfeststellung mit einer Erwartungshaltung an Datenschutz, Komfort und Servicelevel der Dienste verbunden[232]. Es werden vielfältige personenbezogene Daten unterschiedlicher Kategorien und nicht nur die mit einer Schlüsselfunktion versehenen Identitätsdaten[233] einer natürlichen Person verarbeitet, sodass jeder Verfahrensschritt gleichzeitig auch grundrechtsrelevant ist. Identitätsmanagementsysteme haben die Aufgabe, Grundrechtsverletzungen zu verhindern, sodass diese auch als Möglichkeit des vorbeugenden Rechtsschutzes durch grundrechtsverträgliche Technikgestaltung gesehen werden können[234]. Ein Spannungsverhältnis entsteht im Identitätsmanagement dadurch, dass zum einen die Statusidentifizierung zuverlässig und die gesamte E-Government-Anwendung einfach handhabbar sein soll, gleichzeitig aber fundamentale Datenschutzgrundsätze eingehalten werden müssen.

III. Gefahren und Herausforderungen der elektronischen Kommunikation

Im Folgenden werden die tatsächlichen Herausforderungen und Gefahren für das Identitätsmanagement im Bereich des E-Governments skizziert. Da eine rechtliche Beurteilung der Verantwortlichkeit der beteiligten Akteure im transaktionsbezogenen E-Government nur in Kenntnis der tatsächlichen Ausgangslage erfolgen kann, ist diese Erörterung unerlässlich.

Durch die Virtualisierung des Zugangs zur öffentlichen Verwaltung können sich sowohl generelle als auch spezielle Gefahren verwirklichen. Hierbei handelt es sich um Gefahren, die bei papierbasierten Verfahren in dieser Form nicht auftreten. Die Auswirkungen sind hierbei jedenfalls dann massiv, wenn es sich i. S. d. obigen Verständnisses von E-Government um Transaktionen des Bürgers mit der öffentlichen Verwaltung handelt.

229 *Schaar*, Das Ende der Privatsphäre, S. 173.
230 *Schaar*, Das Ende der Privatsphäre, S. 174.
231 *Heckmann/Seidl/Maisch*, S. 34; *Luch*, MMR 2011, 75 (78).
232 *Reisen*, in: Zechner (Hrsg.), Handbuch E-Government, 165 (166).
233 Zu dieser Schlüsselrolle: *Schallbruch*, in: Schmidt/Weichert (Hrsg.), Datenschutz, 372 (372 ff.).
234 *Heckmann*, K&R 2010, 770 (776).

1. Generelle Gefahren

a) Die Transnationalität der Datenverarbeitung

Die Datenverarbeitung in der digitalen Welt ist durch weltweit fließende Datenströme gekennzeichnet. Das Internet ermöglicht die weltweite Übermittlung enorm großer Datenmengen in Sekundenschnelle. Dies korrespondiert mit einem Bedeutungsverlust der Territorialität und der ihr innewohnenden Bedeutung von Grenzen. Besonders auch im Bereich des E-Governments wird von Entgrenzung und Enträumlichung bzw. Raumüberbrückung gesprochen.[235] Das bedeutet, dass es - technisch betrachtet - völlig beliebig ist, wo Daten erhoben worden sind und wohin sie gesendet werden. Dieser Aspekt ermöglicht es auch kriminellen Angreifern auf elektronische Kommunikation, von nahezu jedem Ort der Welt aus tätig zu werden. Hierbei zeigt sich schnell, dass der nationale Gesetzgeber allein vielfach keine Kontrolle der Datenverarbeitung und der Datensicherheit mehr gewährleisten kann.[236] Anstelle des nationalen Gesetzgebers gibt es vielfach auch nichtstaatliche Akteure, die bei der Schaffung von Datenschutzstandards für die elektronische Kommunikation Maßstäbe setzen.[237] Die Informationsgesellschaft und ihre vielfältigen Kommunikationskontexte stellen das Konzept der ausschließlich territorialen Souveränität massiv infrage[238]. Die drei wesentlichen Funktionen des Staates, die nationale Sicherheit, die Regelung wirtschaftlicher Tätigkeiten und die Förderung bürgerlicher und moralischer Werte, scheinen für manche sogar durch das Internet bedroht[239]. Jedenfalls besteht im Hinblick auf die heutige elektronische Kommunikation ein „qualitativer Sprung“ in der Gefährdungslage und des daraus resultierenden Schutzbedarfs für den Nutzer gegenüber der Zeit des Volkszählungsurteils[240] im Jahr 1983[241].

b) Angriffe auf die Kommunikationswege und Kompromittierung von Transaktionen

aa) Unsicherheit der „einfachen" E-Mail

Private E-Mail-Kommunikation über private Anbieter ist seit Jahren ein unverzichtbarer und etablierter Teil der Informationsgesellschaft. Diese wird insbesondere nicht nur zur Kommunikation zwischen Privatleuten zu privaten Kommunikationsanlässen, sondern auch für wichtigere Kommunikation wie Bewerbungen, das Zusenden

---

235 *Schliesky*, in: Schimanke (Hrsg.), Verwaltung und Raum, 49 (53 ff.); *Schuppan/Reichard*, VM 2010, 84 (87).

236 *Orantek*, Datenschutz im Informationszeitalter, S. 8.

237 *Kost*, KJ 2009, 196 (201 ff.), der den „etatistischen Reduktionismus“ der bisherigen Reformvorschläge im Datenschutzrecht kritisiert, welcher der Dynamik gesellschaftlicher Teilbereiche nicht ausreichend Rechnung trage.

238 *Schweighofer*, in: Benedek/Pekari (Hrsg.), Menschenrechte in der Informationsgesellschaft, 257 (257); *Wagner*, in: Schmidt/Weichert (Hrsg.), Datenschutz, 88 (88).

239 *Schweighofer*, in: Benedek/Pekari (Hrsg.), Menschenrechte in der Informationsgesellschaft, 257 (263).

240 BVerfGE 65, 1 (1 ff.).

241 *Hoffmann-Riem*, AöR 134 (2009), 511 (536); (Hervorhebung im Original).

von Vertragsentwürfen etc. verwendet. Dabei ist diese einfache, flexible und massenhaft genutzte Art der Kommunikation mit erheblichen Risiken behaftet. Die Nachrichtenübermittlung erfolgt hier mittels des Simple Mail Transfer Protokolls (SMTP)[242]. Das SMTP enthält keine Sicherheitsmerkmale, die eine Verschlüsselung des E-Mail-Inhaltes zum Schutz von Vertraulichkeit, Authentizität und Integrität der Erklärungen ermöglichen[243]. Die einfache E-Mail ist daher so sicher wie eine Postkarte[244], da sie an jedem Punkt des Versands ohne großen Aufwand mitgelesen und manipuliert werden kann und damit keine Sicherheit der Kommunikationspartner über den Erklärungsinhalt des jeweils anderen Kommunikationspartners besteht. Einfache E-Mails werden offen an jedem Übermittlungspunkt zwischengespeichert, sodass diese mithilfe frei verfügbarer sog. Sniffer-Programme einfach abgehört oder zwischengespeicherte Mails modifiziert werden können[245]. Durch das sog. Sniffing und Phishing bestehen Bedrohungen beim Transport der Daten[246]. Der Nutzer merkt von diesen Angriffen auf die Kommunikation in der Regel nichts[247]. Es gibt bei der einfachen E-Mail daher keine zufriedenstellende Gewissheit über die numerische Identität des Kommunikationspartners und die Authentizität des Kommunikationsinhaltes, sodass sich ein großes Schadenspotenzial für manipulierte Erklärungen ergibt. Diese Aspekte haben den Einsatz der E-Mail überall dort, wo es auf Vertraulichkeit, Verlässlichkeit und die eindeutige Identität der Kommunikationspartner ankommt, verhindert[248].

bb) Angriffe auf den Login eines Nutzers

Ein neuralgischer Punkt bei der elektronischen Kommunikation generell und damit auch beim transaktionsbezogenen E-Government sind also die Kommunikationswege und „Eintrittspunkte" der Kommunikationspartner selbst. In der Tendenz ist eine Zunahme an Gefährdungsmöglichkeiten für die vertraulichen Daten und Transaktionen zu verzeichnen[249]. Bei der herkömmlichen E-Mail-Kommunikation gibt es vielfältige Angriffsmöglichkeiten. Beim sog. Session Hijacking wird eine bestehende Verbindung in der Weise übernommen, dass ein Angreifer durch gezielte Maßnahmen die ursprünglichen Kommunikationspartner desynchronisiert, den Platz eines der Partner einnimmt und in den Strom der übertragenen Kommunikation eigene Da-

242 *Eckert*, IT-Sicherheit, S. 146 f.
243 *Seidl/Maisch/Albrecht*, JurPC Web-Dok. 101/2012, Abs. 61.
244 *Schallbruch*, in: Schmidt/Weichert (Hrsg.), Datenschutz, 372 (376); *Dietrich/Keller-Herder*, DuD 2010, 299 (299); *Roßnagel*, ZRP 1997, 26 (28); *Heimann*, DuD 1998, 343 (343); *Löwer*, in: V. Münch/Kunig GG Bd. I, Art. 10, Rn. 14; *Hense*, in: Goerlich (Hrsg.), Rechtsfragen der Nutzung und Regulierung des Internet, 73 (87); so auch im Gesetzentwurf der Bundesregierung zu De-Mail-Diensten BT-Drs. 17/3630, S. 1.
245 *Eckert*, IT-Sicherheit, S. 147; zu den Sicherheitsrisiken auch *Pohlmann*, DuD 2010, 607 (607 ff.).
246 *Lübking/Zilkens*, Datenschutz in der Kommunalverwaltung, 2. Aufl., 2008, Rn. 455.
247 *Groß*, JZ 1999, 326 (333).
248 *Dietrich/Keller-Herder*, DuD 2010, 299 (299).
249 *Lukat*, in: Wind/Kröger (Hrsg.), Handbuch IT in der Verwaltung, 293 (294).

tenpakete einschleust.[250] Hiermit ist dem Angreifer eine Kompromittierungsmöglichkeit für den Datenverkehr und damit auch von Transaktionen eröffnet. Zur Abwehr derartiger Angriffe sind Protokolle wie z. B. IPsec und SSL erforderlich, die den Nachrichtentransport absichern[251]. Allerdings wird mit diesen keine Absicherung einer ganzen Transaktion erreicht, sodass auch hier noch Session-Hijacking-Angriffe möglich sind.[252] Die meisten Anbieter herkömmlicher E-Mails bieten insgesamt auch keinen sicheren Login an, der solche Kompromittierungsmöglichkeiten verhindern könnte[253]. Auch der Gesetzgeber geht im Rahmen des De-Mail-Gesetzes von einer großen Bedeutung dieser Problematik aus[254]. Gerade auch der Bereich des transaktionsbezogenen E-Governments ist für derartigen Missbrauch anfällig.

Die widerrechtliche Erlangung von Identitätsdaten einer Person wird sowohl umgangssprachlich als auch in der Literatur als „Identitätsdiebstahl"[255] bezeichnet. Es handelt sich hier um die wörtliche deutsche Übersetzung des Begriffes „Identity Theft"[256]. Im deutschen Strafrecht gibt es keinen gleichlautenden Straftatbestand, allerdings gibt es andere Formen der Sanktionierung[257]. Die Verhinderung derartiger Szenarien wird als Aufgabe des Identitätsmanagements angesehen[258].

cc) Missbrauch einer Nutzeridentität bzw. Identitätsmissbrauch

Mit dem erfolgreichen Angriff auf den Login eines Nutzers an seinem herkömmlichen E-Mail-Nutzerkonto und der Erlangung von Identitätsdaten gelingt es dem Angreifer dann, eine falsche Identität vorzutäuschen. Hiermit steht ihm die Möglichkeit offen, unter einem falschen Namen zu handeln und im Rechtsverkehr zu agieren. Dieses unbefugte Agieren unter einer Identität wird auch als Identitätsmissbrauch bezeichnet[259]. Dieses Begriffsverständnis des Identitätsmissbrauchs soll hier zugrunde gelegt werden. Andere vertretene Definitionen, wonach Identitätsmissbrauch als Nutzung des Identitätsdiebstahls zum Schaden der Betroffenen Person mit dem Interesse einer finanziellen Bereicherung aufgefasst wird[260], erfassen nicht die Fälle ursprünglich rechtmäßiger Erlangung und anschließender missbräuchlicher Verwendung von

250 *Eckert,* IT-Sicherheit, S. 130; *Strauß,* DuD 2010, 99 (101), der gerade auch die Gefahren von Session Hijacking für Identitätsmanagement betont.

251 Zum Einsatz von IPSec und SSL: *Eckert,* IT-Sicherheit, S. 782 ff. und 809.

252 *Eckert,* IT-Sicherheit, S. 130.

253 *Seidl/Maisch/Albrecht,* JurPC Web-Dok. 101/2012, Abs. 90.

254 BT-Drs. 17/3630, S. 28; insbesondere die Regelung des § 4 De-Mail-Gesetz.

255 Zur Differenzierung der Begriffe „Identitätsmissbrauch" und „Identitätsdiebstahl": *Borges u. a.,* Identitätsdiebstahl und Identitätsmissbrauch im Internet, S. 9 ff.; das Phänomen des „Identitätsdiebstahls" findet in vielen Internet-Anwendungen, so auch in sozialen Netzwerken statt: Dazu *Härting/Schätzle,* ITRB 2010, 39 (41).

256 *J. Meyer,* Identität und virtuelle Identität natürlicher Personen im Internet, S. 38 (Hervorhebung im Original).

257 *Borges u. a.,* Identitätsdiebstahl und Identitätsmissbrauch im Internet, S. 233 ff.

258 *Reisen,* in: Zechner (Hrsg.), Handbuch E-Government, 165 (166).

259 *Borges u. a.,* Identitätsdiebstahl und Identitätsmissbrauch im Internet, S. 9; die DS-GVO nimmt den „Identitätsdiebstahl" in EG 75 als Risiko für den Betroffenen auf.

260 Vgl. *Busch,* DuD 2009, 317 (317).

Identitäten. Erfasst sind hier auch Konstellationen des sog. Phishing[261], bei denen der Zugang zu Benutzerkonten durch missbräuchliche Erlangung von Zugangsdaten erlangt wird.

dd) Man-in-the-middle-Angriffe

Eine spezielle Methode für einen Angreifer, sich in Kommunikationsprozesse einzuschalten, stellt der Man-in-the-middle-Angriff dar. Der Angreifer steht hier zwischen den beiden Kommunikationspartnern und kontrolliert bzw. manipuliert den Datenverkehr[262]. Technisch funktioniert dieser Angriff dadurch, dass der Angreifer die beiden Computer der Kommunikationspartner A und B kontaktiert und sich gegenüber A als B und umgekehrt gegenüber B als A ausgibt und mit beiden jeweils einen neuen Verbindungsschlüssel vereinbart[263]. Beide Geräte gehen dann davon aus, dass sie miteinander kommunizieren[264]. Diese Angriffsvariante ist insbesondere auch beim Einsatz von smartcardbasierten Verfahren wie einem digitalen Personalausweis denkbar[265]. Problematisch ist bei dieser Angriffsform für den Nutzer generell, dass sein IT-System nur sehr schwer gegen derartige Angriffe zu schützen ist[266]. Damit stellt diese Form des Angriffes ein großes Problem für die IT-Sicherheit dar.

ee) Computerviren, Würmer und Trojaner

Eine weitere große Gefährdung für die elektronische Kommunikation und damit auch für transaktionsbezogenes E-Government stellen Computerviren, Würmer und sog. Trojaner dar. Hierbei handelt es sich um Gefährdungen, die sich in der Einflusssphäre des Nutzers abspielen, diesen teilweise überfordern können[267] und für ihn immense Folgen haben können[268]. Ein Computervirus ist eine Befehlsfolge, die ein anderes Programm, ein sog. Wirtsprogramm, zur Ausführung benötigt, zur Reproduktion fähig ist und in der Regel einen schädigenden Teil enthält[269]. Damit besteht grundsätzlich für jedes Computerprogramm die Gefahr, das Wirtsprogramm eines Virus zu werden. Ein Wurmprogramm ist im Gegensatz zu einem Computervirus ein eigenständiges, permanent laufendes Programm und infiziert keine anderen Programme[270]. Würmer verbreiten sich in Netzwerken, indem sie sich auf andere Rechner innerhalb des Netzwerks kopieren[271]. Bei einem Angriff durch Würmer treten ebenso wie bei Viren Bedrohungen der Integrität und Vertraulichkeit eines Systems, zusätz-

261 *Dietrich/Keller-Herder*, DuD 2010, 299 (299).
262 *J. Meyer*, Identität und virtuelle Identität natürlicher Personen im Internet, S. 47.
263 *Eckert*, IT-Sicherheit, S. 924.
264 *Eckert*, IT-Sicherheit, S. 924.
265 *Struif/Scheuermann*, in: Reichl/Roßnagel/Müller (Hrsg.), Digitaler Personalausweis, 51 (52).
266 *Borges u. a.*, Identitätsdiebstahl und Identitätsmissbrauch im Internet, S. 50.
267 *Nedden*, in: Bieler/Schwarting (Hrsg.), e-Government, 318 (321) = Rn. 261.
268 *Lukat*, in: Wind/Kröger (Hrsg.), Handbuch IT in der Verwaltung, 293 (294).
269 *Eckert*, IT-Sicherheit, S. 56.
270 *Lubnow*, in: Bieler/Schwarting (Hrsg.), e-Government, 637 (654) = Rn. 489.
271 *Eckert*, IT-Sicherheit, S. 68.

lich aber auch Gefahren für die Verfügbarkeit eines Systems, die sog. denial-of-service-Angriffe, auf[272]. Die Systeme privater Nutzer können durch Würmer aus dem Internet attackiert werden und sich so des Systems bemächtigen.

Eine weitere große Gefahr für transaktionsbezogenes E-Government stellen sog. „Trojanische Pferde" oder kurz „Trojaner" dar[273]. Diese sind Computerprogramme, die über ihre Soll-Funktionalität hinaus eine beabsichtigte zusätzliche verborgene Funktionalität besitzen[274]. Während bei Viren und Würmern der Schaden für den Nutzer häufig direkt nach der Infektion eintritt, arbeitet ein Trojaner vordergründig mit einer für den Nutzer brauchbaren Funktion, führt im Hintergrund aber einen „bösartigen" Programmcode aus, beschafft Informationen und spioniert das Nutzerverhalten aus[275]. Eine prominente Angriffsvariante ist die Aktivierung eines Trojaners auf dem System des Nutzers durch den Klick auf einen E-Mail-Anhang mit einem vermeintlich wichtigen Inhalt durch den Nutzer selbst. Beispielsweise wurden E-Mails an Nutzer verschickt, die angeblich vom Finanzamt stammten und angeblich eine Forderung enthielten[276].

ff) Zugriffe durch den Staat und Private

Die genannten Gefährdungsszenarien für die Kommunikation gehen in der Regel von einem Privaten als Angreifer mit kriminellen Motiven aus. Nicht zuletzt ist aber auch in Zeiten von Online-Durchsuchungen verstärkt ein gesteigertes sicherheitspolitisches Interesse des Staates am Zugriff auf die Kommunikation des Bürgers zu verzeichnen[277]. Instrumente wie Vorratsdatenspeicherung und Online-Durchsuchungen zur Kriminalitätsbekämpfung stehen auf der Agenda. Auch transaktionsbezogenes E-Government und die hierfür genutzten Infrastrukturen sind hiervon betroffen. Vielfach gibt es Daten, die eigentlich nur vom Internet-Provider zu Abrechnungszwecken genutzt werden dürfen, aber für private Unternehmen zu Werbe- und Marketingzwecken sowie für Sicherheitsbehörden von großem Interesse sind[278]. Damit lässt sich zusammenfassend feststellen, dass die Angriffe auf die Kommunikationsinfrastrukturen nicht nur von privater Seite erfolgen. Durch die Enthüllungen von Edward Snowden wurden darüber hinaus auch Zugriffe durch ausländische Geheimdienste bekannt, die zum Gefährdungsbild beitragen.

272 *Eckert*, IT-Sicherheit, S. 68.

273 *Moos*, in: Kröger/Hoffmann (Hrsg.), Rechtshandbuch zum E-Government, 328 (335) = Rn. 19 (erste Hervorhebung im Original).

274 *Eckert*, IT-Sicherheit, S. 74.

275 *Lubnow*, in: Bieler/Schwarting (Hrsg.), e-Government, 637 (654) = Rn. 490.

276 Vgl. hierzu die Meldung unter: https://www.elster.de/anwenderforum/showthread.php?34255-Falsche-Steuerbescheide-mit-Viren-im-Umlauf (letzter Abruf: 18.08.2015).

277 *Szuba*, Vorratsdatenspeicherung, S. 21.

278 *Nedden*, in: Bieler/Schwarting, e-Government, 318 (321) = Rn. 260.

c) Mangelnde Nachvollziehbarkeit von Veränderungen in der digitalen Welt

Ein weiteres Problem besteht darin, dass Veränderungen in der digitalen Welt nur sehr schwer nachvollzogen werden können. Diese bringen für den Nutzer eine unermessliche Flut an Informationen mit sich, die er kaum bewältigen kann. So wie dies für den privaten Internetnutzer allgemein gilt, so gilt es auch für den Nutzer von E-Government-Anwendungen im Besonderen. Der Nutzer kann die hinter den Anwendungen stehenden informationstechnischen Prozesse nicht mehr nachvollziehen und überwachen[279]. Es besteht im öffentlichen und privaten Raum eine ubiquitäre Überwachungsmöglichkeit für elektronische Kommunikation und eine parallele Verringerung der Möglichkeiten des sicheren Wissens und Regulierens[280]. Insofern gelingt es dem Nutzer vielfach auch nicht, das Gefahrenpotenzial für die IT-Sicherheit sachgerecht einzuschätzen[281]. Die Entwicklung geht stetig weiter, was insbesondere auch an der Gestaltungsoffenheit am Übergang vom Web 1.0 zum Web 2.0 sichtbar wird[282]. Die potenzielle Vorläufigkeit von Informationen ist dem Internet immanent[283]. Bei Anonymität im Internet, die bei vielen Anwendungen möglich ist, gibt es ein Auseinanderfallen von Handeln und Verantwortlichkeit, da keine zuverlässige Feststellung der numerischen Identität eines Nutzers möglich ist[284]. Weiter entsteht durch die Komplexität und Wandelbarkeit des Internets das Problem eines Kontrollverlustes für jeden einzelnen Nutzer[285]. Im Hinblick auf die Entwicklung des Internets besteht die Gefahr der normativen Kraft des Faktischen und dass sich das Recht dieser widerstandslos ergibt[286]. Auf den Wandel in der Netzwelt muss daher auch eine Rechtsordnung reagieren, sei es durch eine veränderte Auslegung und Anwendung vorhandener Normen oder durch eine Veränderung der Normen selbst[287].

d) Mehrdimensionalität des Internets

Gefahren liegen nicht nur im Bereich der IT-Sicherheit als solcher. Auch in der Wirkungsweise der Informationsvermittlung birgt die digitale Welt Gefahren in sich. Die Erweiterung der Eindimensionalität von geschriebenem Text durch z. B. Bilder, Töne und Grafiken führt zu assoziativem, nicht strukturiertem Denken, welches keine Argumente abwägt und keine Konsequenzen bedenkt.[288] Damit gibt es für den Nutzer keine Gewissheit über Vollständigkeit, Wahrheit und Aktualität der Informationen,

---

279 *Mester,* DuD 2011, 679 (679); *Hoeren* MMR 1998, 297 (297 ff.)

280 *Gaycken,* DuD 2011, 346 (347).

281 Zum Begriff der IT-Sicherheit: *Warnecke,* in: Schliesky (Hrsg.) Technikgestütztes Identitätsmanagement, 215 (217).

282 *Yildirim,* Datenschutz im Electronic Government, S. 57.

283 *Kment,* MMR 2012, 220 (221).

284 *Kreutzer,* Verantwortung im Internet, S. 5, abrufbar unter: https://www.divsi.de/wp-content/uploads/2013/08/Themenpapier_Verantwortung-im-Internet_final_2013_06_18.pdf (letzter Abruf: 08.11.2015).

285 *Hoffmann-Riem,* AöR 134 (2009), 513 (524 ff.).

286 *Heckmann,* K&R 2010, 770 (774).

287 *Hoffmann-Riem,* in: Klumpp u. a. (Hrsg.), Netzwelt – Wege, Werte, Wandel, 165 (165).

288 *Boehme-Neßler,* internetrecht.com, S. 2 f.

die der Nutzer verwendet.[289] Gleichwohl findet die genutzte Information Eingang in Bewertungen, die der Nutzer vornimmt. Die Information bildet vielfach auch die Grundlage für weitere Entscheidungen des Nutzers, die für diesen folgenreich sein können. Erschwerend kommt ebenfalls hinzu, dass die Informationen wie eine Flutwelle auf den Nutzer treffen und er diese irgendwie bewältigen muss. Dabei stehen den schnellen Zugriffsmöglichkeiten auf Informationen auch die schnelle Übermittlung von diesen in beliebige Kontexte entgegen[290]. Die Gefahr besteht hier darin, dass der Zusammenhang mit dem Ursprungskontext unkenntlich wird und sich daraus Fehlinterpretationen ergeben. Das Internet übernimmt daher teilweise Gefährdungslagen aus der analogen Welt mit traditionellen Kommunikationsformen, es vermehrt diese und ruft darüber hinaus auch spezifische Gefährdungslagen hervor[291]. Das Internet funktioniert mehrdimensional und multimedial[292] und ermöglicht damit auch in Sekundenschnelle Rechtsverletzungen. Das Handeln des Einzelnen hat im Internet eine viel größere Breitenwirkung als in der analogen Welt in klassischen sozialen Handlungszusammenhängen[293]. Damit ist auch die Verletzlichkeit des Einzelnen im Internet größer als in der analogen Welt[294]. Die Anforderungen an den Rechtsrahmen werden durch die Komplexität und die Vielfältigkeit der Sachverhalte immer größer[295].

e) Trennung in Frontoffice- und Backoffice-Strukturen

Eine weitere allgemeine Gefahr und Herausforderung für den Datenschutz im Bereich der öffentlichen Verwaltung ergibt sich aus der zunehmend zu beobachtenden Trennung in Frontoffice[296] und Backoffice-Strukturen und damit aus einem „verwaltungsinternen Transport" von Daten. Die Erhebung der personenbezogenen Daten erfolgt zunächst im Frontoffice. Zur Bearbeitung wird häufig eine Weiterleitung an das Backoffice notwendig, was zu einem „Weitertransport" der personenbezogenen Daten durch mehrere Stellen in der Verwaltung führt. Zu diesem Zweck werden häufig sog. Ticketlösungen eingesetzt. Danach wird im Frontoffice ein Datensatz erstellt, der dann an das Backoffice weitergeleitet wird und dann nach Erledigung des Anliegens wieder gelöscht wird. Besondere Relevanz haben diese Aspekte bei dem durch die EU-Dienstleistungsrichtlinie geschaffenen Einheitlichen Ansprechpartner, der nach den Vorgaben der Richtlinie auch als Mittler ausgestaltet sein kann[297]. Diese Entwicklung hat also auch im transaktionsbezogenen E-Government Relevanz.

---

289 *Orantek*, Datenschutz im Informationszeitalter, S. 2.
290 *Albers*, Informationelle Selbstbestimmung, S. 108.
291 *J. Meyer*, Identität und virtuelle Identität und virtuelle Identität natürlicher Personen im Internet, S. 21.
292 *Orantek*, Datenschutz im Informationszeitalter, S. 1.
293 *Heckmann*, K&R 2010, 771 (773).
294 *Pagenkopf*, in: Sachs, Art. 10 GG, Rn. 6.
295 *Rogall-Grothe*, ZRP 2012, 193 (194).
296 Vgl. hierzu auch *Roßnagel/Laue*, DÖV 2007, 543 (543).
297 *Stollhoff*, Datenschutzgerechtes E-Government, S. 65.

f) Vernetzung und Dezentralität des Internets

Das Internet und die hierdurch ermöglichte Kommunikation sind durch das Spannungsfeld gekennzeichnet, dass sie Chance und Risiko zugleich darstellen[298]. Sichtbar wird dies daran, dass die Vernetzung eine weltweite Kommunikation in Sekundenschnelle und vielfältige Dienste mit einem Mehrwert für den Nutzer ermöglicht. Die Grundstruktur der Dezentralität des Internets macht dieses als Infrastruktur aber auch angreifbar[299]. Die weltweite Vernetzung und das exponentielle Anwachsen der Datenströme führen daher auch zu weltweit sich auswirkenden Schadensszenarien.

2. Spezifische Gefahren

a) Anwachsen der Bestände personenbezogener Daten bei informationstechnischen Kommunikationsinfrastrukturen

Insgesamt ist im Zuge der generellen Ausweitung der elektronischen Kommunikation[300] und damit auch der E-Government-Anwendungen ein starkes Anwachsen der Bestände von personenbezogenen Daten zu verzeichnen.[301] Dabei ist im Zusammenhang mit dem Internet insbesondere zu beachten, dass diese Datenflut mit einem Kontrollverlust für die Rechtsordnung und auch die Datenschutzaufsichtsbehörden einhergeht.[302] Der private Nutzer verliert in Zeiten des „ubiquitous computing“ den Überblick über die über ihn erhobenen personenbezogenen Daten, und die Löschungsmechanismen sind unterentwickelt[303]. Gleichzeitig hält die „Informationsbeherrschungskompetenz“ den gewachsenen Datenmengen nicht stand[304]. Es werden aus allen Datenkategorien wie Bestands-, Nutzungs-, Verkehrs- und Verbindungsdaten immer mehr Daten gespeichert[305]. Daneben stellt die automatisierte Datenverarbeitung eine Bedrohung für die informationelle Selbstbestimmung der Nutzer dar. Diese ermöglicht, dass personenbezogene Daten unbegrenzt gespeichert, jederzeit abgerufen, überall hin übermittelt und beliebig mit anderen Daten kombiniert werden können[306]. Nicht zuletzt Instrumente wie die Vorratsdatenspeicherung bedingen eine derartige Entwicklung und schaffen Schwachstellen, die auch von Dritten zulasten des Nutzers ausgenutzt werden[307].

---

298 *Hoffmann-Riem*, in: Klumpp. a. (Hrsg.), Netzwelt – Wege, Werte, Wandel, 165 (167).

299 Insbesondere war das sog. Arpanet als Vorläufer des Internets vom Grundgedanken einer Anarchie bei der Datenübermittlung geprägt: *Fischermann/Hamann*, Zeitbombe Internet, S. 21.

300 *Hoffmann-Riem*, JZ 2008, 1009 (1011) m. w. N.

301 *Yildirim*, Datenschutz im Electronic Government S. 56.

302 *Hoffmann-Riem*, AöR 134 (2009), 513 (524 ff.); *Yildirim*, Datenschutz im Electronic Government, S. 60.

303 *Wagner*, DuD 2012, 83(83); mit „ubiquitous computing“ ist die allgegenwärtige Datenverarbeitung gemeint: Vgl. *Heckmann*, K&R 2010, 770 (776) m. w. N.

304 *Augsberg*, DVBl 2007, 733 (733).

305 *Nedden*, in: Bieler/Schwarting, e-Government, 318 (320) = Rn. 260; zur näheren Einordnung dieser Datenkategorien unten unter: Teil 3, D, VII., 1.

306 *Bechler*, Informationseingriffe durch intransparenten Umgang mit personenbezogenen Daten, S. 16.

307 *Pfitzmann/Köpsell*, DuD 2009, 542 (542 ff.).

b) Verlagerung der Datenverarbeitung auf Private

Ein weiter zu beobachtendes Phänomen ist die Verlagerung der Datenverarbeitung auf Private[308], was auch zum bereits oben angesprochenen Anwachsen der Bestände personenbezogener Daten führt[309]. Für die Erbringung von E-Government-Diensten werden in vielen Fällen private Dienstleister zwischengeschaltet. Diese bezeichnet das De-Mail-Gesetz als Diensteanbieter, und in diesem Kontext kann die Beurteilung, welchem Regelungsbereich diese zuzuordnen sind, schwierig werden. Als jüngstes Beispiel ist hier deshalb das De-Mail-Gesetz[310] zu nennen, welches für das Identitätsmanagement bei E-Government-Diensten akkreditierte Private vorsieht. Sämtliche Akteure im Internet, deren Ziel es ist, Kommunikationsprozesse zwischen Kommunikationspartnern zu vermitteln, werden auch als Intermediäre bezeichnet[311]. In dieser Arbeit sollen jedoch die für den Bereich des E-Governments maßgebliche Terminologie sowie der Begriff des Diensteanbieters aus dem De-Mail-Gesetz verwendet werden. Der Staat zeichnet regelmäßig ausschließlich für den Rechtsrahmen verantwortlich. Hier kommt der Wandel von der Erfüllungsverantwortung des Staates zur Gewährleistungsverantwortung zum Tragen[312]. Deutlich wird dieses Phänomen auch beim Auslagern der IT der Verwaltung sowie beim sog. Cloud-Computing[313].

Hieraus entsteht auch eine Problematik im Hinblick auf die Verantwortung. Eine einfache Lösung mit einer Zuweisung der vollständigen Handlungs- und Ergebnisverantwortung an eine einzige Stelle wie bei einem monistischen Staats-, Verwaltungs- und Legitimationsbild wird kaum mehr möglich sein[314]. Dies gilt auch für die Abgrenzung der Verantwortungssphären zwischen Staat, privaten Akteuren und dem sog. Dritten Sektor[315]. Eine derartige Veränderung von staatlicher Aufgabenerfüllung mit Verantwortungsteilungen von Staat und Privaten führt zu einer informationellen Diffusion zwischen öffentlichem und privatem Sektor[316]. Es ergeben sich die vielfältigsten Interaktionen der unterschiedlichen Akteure. Das durchaus stärkere tatsächliche Gefährdungspotenzial für Rechtspositionen des Nutzers dürfte in der Regel von privater Seite kommen und nicht aus dem öffentlichen Bereich[317]. Eine vertiefte Auseinandersetzung mit den erwähnten grundsätzlichen Legitimationsfragen für die

---

308 Grundsätzlich zum Phänomen der Einbindung Privater im Kontext des E-Governments vgl. *Schubert,* Privatisierung des E-Government, S. 66 ff.

309 *Yildirim,* Datenschutz im Electronic Government, S. 66.

310 Im Einzelnen hierzu näher unten unter: Teil 3, D., IV.

311 *Hollenders,* Mittelbare Verantwortlichkeit von Intermediären im Netz, S. 33; *Spindler,* MMR 2008, 7 (11 ff.).

312 *Bösing,* Authentifizierung und Autorisierung im elektronischen Rechtsverkehr, S. 53.

313 *Hoffmann,* Die Gewährleistung der Vertraulichkeit und Integrität elektronischer Daten- und Dokumentensafes, S. 8 ff.

314 *Schliesky,* in: Ders./Schulz (Hrsg.), Transparenz, Partizipation, Kollaboration – Web 2.0 für die öffentliche Verwaltung, 1(5); ähnlich auch *Rogall-Grothe,* ZRP 2012, 193 (194 f.).

315 *Schliesky,* in: Ders./Schulz (Hrsg.), Transparenz, Partizipation, Kollaboration – Web 2.0 für die öffentliche Verwaltung, 1 (5).

316 *Trute,* JZ 2008, 822 (823); *Brühann,* RDV 1996, 12 (15); *Bultmann,* DANA 1998, 4 (4 ff.); *Weichert,* DANA 2/1997, 16 (18); *Simitis,* DuD 1995, 648 (648 ff.).

317 *Petersen,* Grenzen des Verrechtlichungsgebotes im Datenschutz, S. 153.

Ausübung von Staatsgewalt in multipolaren Konstellationen kann im Rahmen dieser Arbeit nicht stattfinden.

c) Gefahr des Datenmissbrauchs

Dieses Konglomerat von Verantwortlichkeiten hat Konsequenzen. Der Nachteil des virtuellen Raumes und der Interaktion verschiedener Akteure führt zu unzureichendem Datenschutz und Datenmissbrauch[318]. Dies äußert sich auch im Zusammenhang mit transaktionsbezogenen E-Government-Anwendungen. Objektiv wohnt daher also der elektronischen Kommunikation immer die Gefahr des Datenmissbrauchs sowohl von staatlicher als auch von privater Seite inne. Ob diese Missbrauchsmöglichkeit durch den privaten Nutzer auch adäquat wahrgenommen und als Risiko eingeschätzt wird, ist dabei eine andere Frage[319].

d) Angewiesenheit auf Private bei der Entwicklung der Informationstechnologie

Nicht nur die Datenverarbeitung an sich, sondern auch die Entwicklung von Diensten und technischen Komponenten sowie auch von Software liegt fast ausschließlich in privater Hand[320]. Darüber hinaus werden wesentliche Teile der Kommunikationsinfrastruktur wie transatlantische Seekabel von privaten Unternehmen beherrscht[321]. Das Internet ist ein privatrechtlich organisierter öffentlicher Raum[322]. Der Staat ist auf die Sachkunde sowie die Innovationsfähigkeit des privaten Sektors beim E-Government beispielsweise in Form von Software angewiesen. Funktioniert die Software nicht oder muss diese durch Updates etc. gepflegt werden, kann die Aufgabenerfüllung darunter leiden, was als Risiko gesehen wird[323]. Es gibt grundsätzlich keine staatlichen Eigenentwicklungen von Software, da dieses nicht Aufgabe des Staates ist[324]. Aufgrund der unterschiedlichen Möglichkeiten der Beteiligung Privater und der unterschiedlichen Intensität derselben kann es keine einheitlichen Grenzen der Beteiligung Privater für das gesamte E-Government geben[325]. Die Bandbreite der Beiträge Privater reicht von der Erstellung von Software bis hin zur Bereitstellung einer Identitätsmanagement-Infrastruktur, sie ist also äußerst heterogen. Insbesondere stellt sich daher auch immer im E-Government die Frage, ob von Privaten gesetzte Marktstandards übernommen werden oder ob eigene „Verwaltungsstandards" entwickelt werden müssen[326]. Dies hat u. a. auch Auswirkungen darauf, wie datenschutz-

---

318 *Kment*, MMR 2012, 220 (221).

319 Zum Datenschutzbewusstsein des Nutzers näher unten unter: Teil 2, C., 5.

320 *Hoffmann-Riem*, AöR 134 (2009), 513 (538); ein Ziel der Digitalen Agenda ist es daher, die Abhängigkeiten von globalen IT-Konzernen zu reduzieren: BMWi, BMI, BMVI (Hrsg.), Digitale Agenda 2014 – 2017, S. 20.

321 *Schulz. S. E./Tischer*, ZG 2013, 339 (340).

322 *Kutscha*, in: Kutscha/Thomé, Grundrechtsschutz im Internet?, S. 23.

323 *Schubert*, Privatisierung des eGovernment, S. 201 f.

324 *Heckmann*, Käfer-FS, 129 (147).

325 *Schubert*, Privatisierung des eGovernment, S. 201 f.

326 Hierzu näher: *Appel*, in: Hill/Schliesky (Hrsg.), Herausforderung e-Government, 113 (113 ff.).

gerecht eine Lösung im E-Government sein kann. Die Akteure aus dem privaten Sektor sind damit auch gleichzeitig als Verantwortungssubjekte einzustufen, deren Einfluss sehr weit reicht[327]. Die starke Beteiligung des privaten Sektors im E-Government bedingt auch die Schaffung von Gremien wie dem Ausschuss De-Mail-Standardisierung[328]. In diesen Gremien kann durch Austausch und Koordination zwischen Verwaltung, Datenschutzaufsichtsbehörden und Diensteanbietern vorbeugender Datenschutz gewährleistet werden bzw. nach sorgfältiger Evaluation nachgesteuert werden. Gäbe es Gremien wie den Ausschuss De-Mail-Standardisierung nicht, bliebe es dem Markt überlassen, wie die privaten Akteure ihrer Verantwortung gerecht werden. Eine derart starke Ausdifferenzierung der Aufgabenteilung zwischen Staat und privaten Akteuren führt auch zu grundrechtlichen Problemlagen[329].

3. Nutzertypologie, „Digital Natives" und „Digital Divide"

Das Internet hat einen hohen Verbreitungsgrad und eine große Anzahl von Nutzern. Es sind 80 Prozent der Deutschen online, in der Altersgruppe der unter 30-Jährigen sogar 98 Prozent[330]. So vielfältig wie das Angebot an Informationen im weltweiten Netz ist, so breit gefächert ist auch die Zusammensetzung der Nutzer.

a) Nutzertypologie

Da Menschen unterschiedliche Lebensgewohnheiten aufweisen, gibt es auch unterschiedliche Gewohnheiten, das Internet zu nutzen.

aa) Die sog. Digital Outsiders

So gibt es auch Menschen, die entweder das Internet gar nicht oder nur wenig nutzen. Diese Gruppe von Nutzertypen wird in der Diskussion unterteilt in „Internetferne Verunsicherte", die entweder überfordert sind oder aus Selbstgenügsamkeit das Internet kaum nutzen, sowie Ordnungsfordernde Internet-Laien, die das Internet aus dem Wunsch nach Ordnung nur defensiv und vorsichtig nutzen[331]. Andere Typologien unterscheiden in dieser Gruppe nach dem Ausmaß der Nutzungserfahrung und der Freiwilligkeit der Nichtnutzung[332]. Das Phänomen der Nichtnutzung des Internets wird, unabhängig von der Frage der Typologie, wohl nicht nur ein Übergangsphänomen bleiben, sondern es wird einen relevanten Teil der Bevölkerung geben, der das

327 *Kreutzer*, Verantwortung im Internet, S. 6, abrufbar unter: https://www.divsi.de/wp-content/uploads/2013/08/Themenpapier_Verantwortung-im-Internet_final_2013_06_18.pdf (letzter Abruf: 08.11.2015).

328 Vgl. § 22 De-Mail-Gesetz; zum Ausschuss De-Mail Standardisierung unten unter: Teil 5, E., I.

329 Von Grenzverwischung zwischen den Regimes des Öffentlichen Rechts und des Privatrechts spricht: *Kutscha*, in: Kutscha/Thomé, Grundrechtsschutz im Internet, S. 21.

330 DIVSI Milieu-Studie zu Vertrauen und Sicherheit im Internet, S. 15.

331 DIVSI Milieu-Studie zu Vertrauen und Sicherheit im Internet, S. 143.

332 *Riehm*, in: Gapski (Hrsg.), Jenseits der digitalen Spaltung, 49 (61) m. w. N.

Internet nicht nutzt[333]. Dieser ist strukturell von der Nutzung des Internets ausgeschlossen, was durchaus auch ein Grund für die zurückhaltende Nutzung von E-Government-Angeboten ist.[334] Diese Gruppe fühlt sich im Internet in einer fremden Welt und kaum in der Lage, eigenverantwortlich zu handeln, sodass diese Verantwortlichkeit hinsichtlich Datensicherheit und Datenschutz im Netz bevorzugt an den Staat delegiert wird[335]. Auch die in dieser Gruppe auftauchende selektive Nichtnutzung des Internets hat nach empirischen Untersuchungen ihre Gründe in negativen individuellen Erfahrungen, Diskussionen mit Freunden und Bekannten sowie Presseberichten über Datenunsicherheit[336]. Insgesamt bleibt festzuhalten, dass ein relevanter Teil der Bevölkerung die elektronische Kommunikation nicht nutzen wird. Aus diesem uneinheitlichen Nutzungsverhalten der Bevölkerung ergeben sich Gefahren und Herausforderungen, die der Staat bei Schaffung von Angeboten im E-Government berücksichtigen muss und deren Konsequenzen er minimieren muss[337].

bb) Die sog. Digital Immigrants

Häufig taucht weiter in der Diskussion die Gruppe der sog. Digital Immigrants auf. Diese Gruppe wird teilweise auch in die Untergruppe der „Verantwortungsbewussten Etablierten" mit einer verantwortungsbewussten Grundhaltung zu digitalem Fortschritt und den „postmateriellen Skeptikern", die eine kritische Einstellung zu blinder Technik-Faszination aufweisen, unterteilt[338]. Im Gegensatz zu den Digital Outsiders partizipieren sie an der elektronischen Kommunikation und sind grundsätzlich auch für Angebote im Bereich des transaktionsbezogenen E-Governments erreichbar. Diese Nutzergruppe ist ein Zeichen dafür, dass das Medium Internet auch den Alltag von Zielgruppen erreicht hat, die mit diesem Medium nicht aufgewachsen sind. Es handelt sich hier um eine Nutzergruppe, die einen „kognitiven Zugang"[339] zum Medium Internet hat. Unterschiede ergeben sich aber zwischen den Verantwortungsbewussten Etablierten und den Postmateriellen Skeptikern im Hinblick auf die Verantwortung bei der Nutzung elektronischer Kommunikation. Während die Verantwortungsbewussten Etablierten keine unnötigen Risiken eingehen möchten, Sicherheitsmechanismen im hochkomplexen Internet als nicht hundertprozentigen Schutz vor Datenmissbrauch einschätzen und ihr diesbezügliches Wissen als begrenzt einschätzen, trauen sie sich nur geringe Eigenverantwortung in der digitalen Welt zu, obwohl sie diese Eigenverantwortung eigentlich gerne hätten[340]. Sie sehen die gesamte Gesellschaft und insbesondere die staatlichen Institutionen in der Verantwortung, sowohl für mehr Sicherheit im Internet zu sorgen als auch für einen reflektierteren Umgang

333 *Riehm,* in: Gapski (Hrsg.), Jenseits der digitalen Spaltung, 49 (63).

334 *Wentzel,* VM 2010, 283 (287).

335 DIVSI Milieu-Studie zu Vertrauen und Sicherheit im Internet, S. 158 f; zum Begriff Datensicherheit und Datenschutz näher unten.

336 *Knapp,* in: Gapski (Hrsg.), Jenseits der digitalen Spaltung, 91 (100).

337 *Skrobotz,* Das elektronische Verwaltungsverfahren, S. 133.

338 DIVSI Milieu-Studie zu Vertrauen und Sicherheit im Internet, S. 55.

339 Zum Begriff: *Heckmann,* K&R 2010, 770 (774) (Hervorhebung im Original).

340 DIVSI Milieu-Studie zu Vertrauen und Sicherheit im Internet, S. 160.

mit dem Internet zu sorgen[341]. Das Verantwortungskonzept der Postmateriellen Skeptiker geht grundsätzlich auch davon aus, dass das Bewusstsein für ein angemesseneres Verhalten im Internet gesteigert werden muss, fokussiert aber vorrangig die Steigerung der Medien- und Internet-Kompetenz[342] des einzelnen Nutzers, setzt auf die Mündigkeit des freien Bürgers, sieht die Rolle des Staates in der Unterstützung von Aufklärungs- und Bildungsinitiativen und nicht durch Eingriffe in Form von Gesetzen und Kontrollmechanismen schaffenden Regularien[343].

cc) Die sog. Digital Natives

Innerhalb der Nutzertypologie stellen die sog. „Digital Natives" die Gruppe mit der größten Internet-Affinität dar. Diese wird teilweise auch unterteilt in die Gruppen der unkonventionellen und nicht risikosensibilisierten „Unbekümmerten Hedonisten", den der Professionalität verpflichteten „Effizienzorientierten Performern" und den „Digitalen Souveränen", welche die digitale Avantgarde darstellen[344]. Dieser Gesamtgruppe ist die IT-Affinität „in die Wiege gelegt" und dementsprechend nutzen sie das Internet sehr stark. Die Digital Natives machen sich daher auch gegenüber den Digital Outsiders und den Digital Immigrants weniger Sorgen um den Schutz ihrer Daten und die Datensicherheit im Internet und setzen den Fokus auf ihre Eigenverantwortung als Ultima Ratio[345]. Diese Gesamtgruppe hat gegenüber dem Staat im Hinblick auf die Schaffung von transaktionsbezogenen E-Government-Anwendungen sicherlich die ausgeprägteste Erwartungshaltung. Bei den Digitalen Souveränen wird die Forderung nach maximaler Eigenverantwortlichkeit im Netz deutlich, die Effizienzorientierten Performer sehen auch zunächst Eigenverantwortlichkeit beim Nutzer und haben großes Vertrauen in das Medium Internet, wobei sie bei den Restrisiken auch den Staat und die privaten Unternehmen im IT-Sektor in der Pflicht sehen[346]. Die Gruppe der Unbekümmerten Hedonisten hat den geringsten Sensibilisierungsgrad in Bezug auf Datenschutz und Datensicherheit im Internet, blendet die Risiken aus Bequemlichkeit oder Unwissenheit aus, hat bei der Frage nach Eigenverantwortung und systemischen Maßnahmen im Netz eine fatalistische „Weder-Noch"-Einstellung, ist aber gleichzeitig aufgrund ihrer intensiven Internetnutzung am stärksten den Risiken ausgesetzt[347]. Diese Gesamtgruppe weist eine starke IT-Affinität auf. An dieser Gesamtgruppe und schon gar nicht an den Digitalen Souveränen, die sich als digitale Avantgardisten sehen, können sich die Standards für Datenschutz und Datensicherheit für transaktionsbezogenes E-Government orientieren, da eine Überforderung der anderen Nutzergruppen drohen würde[348].

---

341 DIVSI Milieu-Studie zu Vertrauen und Sicherheit im Internet, S. 160.
342 Zum Begriff der Medienkompetenz unten unter: Teil 2, C., 5 f.
343 DIVSI Milieu-Studie zu Vertrauen und Sicherheit im Internet, S. 160.
344 DIVSI Milieu-Studie zu Vertrauen und Sicherheit im Internet, S. 98.
345 DIVSI Milieu-Studie zu Vertrauen und Sicherheit im Internet, S. 161.
346 DIVSI Milieu-Studie zu Vertrauen und Sicherheit im Internet, S. 161 f.
347 DIVSI Milieu-Studie zu Vertrauen und Sicherheit im Internet, S. 162.
348 In diese Richtung auch: *Schmitz/Schlatmann*, NVwZ 2002, 1281 (1283).

dd) Unterschiedliche digitale Verantwortungsbereitschaft

Es lässt sich festhalten, dass sich die unterschiedlichen Nutzertypen nicht nur in der Art des Nutzungsverhaltens, sondern auch im Grad der Übernahme von digitaler Verantwortungsbereitschaft unterscheiden. Während die Gruppe der Digital Outsiders den größten Verantwortungsbeitrag für Datenschutz und Datensicherheit beim Ordnung schaffenden Staat und weniger bei sich selbst sieht, sind die Digital Immigrants in der Gruppe der Verantwortungsbewussten Etablierten eher bereit und darauf sensibilisiert, begrenzte digitale Verantwortung zu übernehmen, sehen im Gegensatz zu den Postmateriellen Skeptikern aber nach wie vor auch einen großen Verantwortungsbeitrag beim Staat. Den höchsten Grad an digitaler Verantwortungsbereitschaft für Datenschutz und Datensicherheit, aber auch den geringsten Grad an Sensibilisierung gibt es bei den Digital Natives. Diese kurze Analyse zeigt, dass es eine heterogene digitale Verantwortungsbereitschaft unter den Nutzern gibt. In den verschiedenen Nutzergruppen können sich Schutzbedarfe ergeben. Sichtbar wird auch, dass die Affinität zum Medium Internet sich auf die Einstellung zu Datenschutz und Datensicherheit sowie die digitale Verantwortungsbereitschaft auswirkt. Dieses insgesamt heterogene Bild hat somit auch juristische Relevanz im Hinblick auf den grundrechtlichen Schutzauftrag[349], sodass hierauf zurückzukommen sein wird.

b) Digitale Spaltung bzw. „Digital Divide"

Die dargestellte Nutzertypologie offenbart auch, dass es eine relevante Gruppe von Nutzern gibt, welche die elektronische Kommunikation gar nicht nutzen. Es besteht unweigerlich ein „digitaler Graben"[350] zwischen den Nutzenden und den „Nichtnutzenden". Gerade auch im Bereich des E-Government ist dieser digitale Graben von großer Relevanz[351]. Da die Informationstechnologie viele Lebensbereiche umfasst, stellt sich hier gleichzeitig die Frage, ob die Nichtnutzer von der gesellschaftlichen Teilhabe und auch vom politischen-öffentlichen Leben abgeschnitten sind[352]. Dabei ist die Diskussion insgesamt stark auf die Frage des Zugangs zum Internet zugespitzt worden[353] und die Nichtnutzung als Problem mit negativen Folgen für den Einzelnen angesehen worden, welche allein durch das Schaffen eines Zugangs gelindert werden könne[354]. Hierbei ging unter, dass es vielen Internetnutzern am „kognitiven Zugang"

349 In diese Richtung auch: *Heckmann*, K&R 2010, 770 (774).

350 Teilweise ist auch die Rede von „digitaler Kluft", vgl. *Mühlenfeld*, in: Gapski (Hrsg.), Jenseits der digitalen Spaltung, 15 (15).

351 *Seckelmann*, in: Bieler/Schwarting, e-Government, 33 (59) = Rn. 40 m. w. N.

352 *Holznagel/Verhulst/Grünwald/Hahne*, K&R 2000, 425 (425 f.); *Skrobotz*, Das elektronische Verwaltungsverfahren, S. 135.

353 So war bei der Verhinderung des digital divide als Zukunftsaufgabe von Zugangshürden (E-Barriers) und „information haves" und „have nots" vor einer Dekade die Rede; vgl. *Holznagel/Verhulst/Grünwald/Hahne*, K&R 2000, 425 (426) (Hervorhebung im Original); im Jahr 2005 wurde durchaus die Frage nach den beim Nutzer notwendigen Kenntnissen aufgeworfen: Vgl. *Saipa*, in: Asghari (Hrsg.), E-Government in der Praxis, 2005, 239 (243).

354 *Gehrke*, in: Gapski (Hrsg.), Jenseits der digitalen Spaltung, 67 (68).

zum Medium Internet mangelt und die Notwendigkeit der Folgenabschätzung und damit auch die Frage von Verantwortlichkeit in den Hintergrund tritt[355].

Es wird angenommen, dass die Nichtnutzung des Internets nicht nur ein Übergangsphänomen bleiben wird[356]. Diese zu berücksichtigende Abstinenz und teilweise auch Nichtnutzung ist auch ein Einflussfaktor bei der Frage, wie angesichts der fortschreitenden Entwicklung der Informationsgesellschaft sinnvoll Medienkompetenz vermittelt werden kann[357]. Das Phänomen des Digital Divide ist insofern ein relevanter, kritischer Erfolgsfaktor bei der Entwicklung von E-Government[358]. Eine Verengung einzig auf den elektronischen Zugangskanal zur Verwaltung kann aus diesem Grund nicht stattfinden[359].

c) Digitaler Graben zwischen Verwaltung und Bürger?

Ein digitaler Graben wird durchaus nicht nur innerhalb der Gesellschaft, sondern auch zwischen der Verwaltung und dem Bürger gesehen. Sichtbar wird dies daran, dass Internetnutzer in hohem Maße E-Commerce-Angebote nutzen und akzeptieren. Mit diesem technologischen Fortschritt in der Gesellschaft ist im Zusammenhang mit E-Government-Anwendungen aber kein Gleichschritt erfolgt[360]. Während ein breites Angebot im Bereich der Interaktionsstufe Information besteht, ist insbesondere die Verfügbarkeit von vollelektronischen medienbruchfreien Transaktionen unzureichend und die Verwaltung abgeschnitten. Auch ergibt sich innerhalb des öffentlichen Sektors ein uneinheitliches Bild der Onlinefähigkeit, sodass teilweise auch von „digitaler Ungleichzeitigkeit“ die Rede ist[361].

4. Akteure im E-Government

a) Vielzahl von Akteuren

E-Government ist durch die Interaktion einer Vielzahl von Akteuren gekennzeichnet[362]. Dies äußert sich auch deswegen, da elektronische Kommunikation nicht nur eine Frage des technischen Funktionierens, sondern auch des sozialen Interagierens ist[363]. Der Nutzer ist für die stattfindenden Kommunikationsprozesse einer der Hauptakteure[364]. Er geht mit seinem PC ins Internet und bedient sich dafür der Dien-

---

355 *Heckmann*, K&R 2010, 770 (774), (Hervorhebung im Original).
356 *Riehm, in*: Gapski (Hrsg.), Jenseits der digitalen Spaltung, 49 (63).
357 *Gapski*, in: Ders. (Hrsg.), Jenseits der digitalen Spaltung, 9 (10); Zum Begriff der Medienkompetenz näher unten unter: Teil 2, C., 5 f).
358 *Skrobotz*, Das elektronische Verwaltungsverfahren, S. 133.
359 Zum Konzept des sog. Multikanalprinzips näher unten unter: Teil 2, C., 8 a).
360 *Stollhoff*, Datenschutzgerechtes E-Government, S. 17.
361 *Kersten*, in: Bieler/Schwarting (Hrsg.), e-Government, 457 (461) = Rn. 378.
362 Teilweise wird in diesem Kontext auch der Begriff „Stakeholder“ verwendet; zur Machtstellung und Entwicklung der für die Domainvergabe zuständigen ICANN: *Bull*, Netzpolitik, Freiheit und Rechtsschutz im Internet, S. 26 f.
363 *Hoffmann-Riem*, in: Klumpp u.a. (Hrsg.), Netzwelt – Wege, Werte, Wandel, 165 (168).
364 *Degen*, Freiwillige Selbstkontrolle der Access-Provider, S. 61.

ste eines Zugangs- oder auch Access-Providers[365]. Es gibt weitere Anbieter von Inhalten und Diensten im Internet, die als Service- bzw. Content-Provider und bei entsprechender marktbeherrschender Stellung in der Gefahr stehen, die Kommunikationsfreiheit der Nutzer einzuschränken[366]. Diese sollen hier der Vollständigkeit halber als Beteiligte an Kommunikationsprozessen erwähnt werden. Auch der Nutzer selbst kann im Internet zum Content-Provider werden, wenn er eine eigene Homepage veröffentlicht[367]. Im Kontext des E-Governments spielen als Akteure der Bürger und die Verwaltung eine zentrale Rolle. Daneben spielt auch das Verhältnis von Wirtschaft und Verwaltung eine Rolle[368]. Nicht zuletzt sind auch Interaktionen der Verwaltung mit dem sog. Dritten Sektor denkbar[369]. Diese Interaktionen der einzelnen Akteure werden in der Regel durch Einschaltung eines Dritten, der die Kommunikationsinfrastruktur zur Verfügung stellt, ermöglicht. Jeder Akteur hat einen unterschiedlichen Einfluss auf die Kommunikation. Bei der in dieser Arbeit im Mittelpunkt stehenden Interaktionsstufe Transaktion haben alle Akteure ein großes Interesse an der sicheren Identifizierung des jeweiligen Kommunikationspartners.

b) Bürger und Verwaltung

Ein großer Schwerpunkt der Aktivitäten im E-Government und auch der Nationalen E-Government-Strategie liegt im Verhältnis von Bürger und Verwaltung. Eine Vielzahl der Kontakte des Bürgers findet mit der Kommunalverwaltung statt[370]. Deswegen haben Angebote der Kommunen im transaktionsbezogenen E-Government besondere Relevanz. Nach einer Untersuchung des Kompetenzzentrums Öffentliche IT für den Nationalen Normenkontrollrat aus dem Jahr 2015 gibt es bei den Angeboten der Kommunen in Deutschland deutliche Unterschiede und insbesondere weiterhin Steigerungsbedarf bei der Onlinefähigkeit von Transaktionsdienstleistungen[371].

Eine weitere Studie, die aus der Nutzerperspektive ansetzt, hat zum Ergebnis, dass von den Internetnutzern 45 Prozent E-Government-Angebote nutzen[372]. In der fortgeschriebenen Studie für das Jahr 2015 sind es mit 39 Prozent sechs Prozentpunkte weniger und auch 30 Prozent im Schnitt weniger als in den entsprechenden Ver-

365 *Degen*, Freiwillige Selbstkontrolle der Access-Provider, S. 61; zur Abgrenzung von Content-, Host- und Access-Providern: *Ohrmann*, Der Schutz der Persönlichkeit in Online-Medien, S. 6 ff.

366 *Karavas*, Digitale Grundrechte, S. 159 ff.

367 *Schaar*, Datenschutz im Internet, Rn. 19.

368 *Stollhoff*, Datenschutzgerechtes E-Government, S. 28; *Boehme-Neßler*, NVwZ 2007, 650 (651).

369 *V. Lucke/Reinermann*, in: Reinermann/v. Lucke (Hrsg.), Electronic Government in Deutschland, S. 1 f.; *Yildirim*, Datenschutz in Electronic Government, S. 18; *Stollhoff*, Datenschutzgerechtes E-Government, S. 28.

370 Zum Reformdruck auf die kommunale Organisationshoheit durch E-Government: *Schliesky*, Die Verwaltung 38 (2005), 339 (352 f.).

371 Fromm u. a, E-Government in Deutschland: Vom Abstieg zum Aufstieg, S. 26; vgl. hierzu auch NLT-Rundschreiben 1276/2015, S. 2.

372 Vgl. eGovernment Monitor 2012, S. 9, abrufbar unter: http://www.egovernment-monitor.de/fileadmin/uploads/Studien/2012/eGovernmentMONITOR_2012_web.pdf (letzter Abruf: 08.11.2015)

gleichsländern[373]. Bei den Aspekten, die einer intensiveren Nutzung entgegenstehen, rangieren neben den Aspekten mangelnder Medienbruchfreiheit der Angebote und der undurchschaubaren Struktur der Online-Angebote die Themen Datenschutz und Datensicherheit an vorderster Stelle[374]. Auf Nutzerseite lässt sich damit festhalten, dass neben dem Themenkomplex Datenschutz und Datensicherheit der Nutzer auch für sich den individuellen Nutzen erkennen muss und die Angebote medienbruchfrei sein müssen. Daher ist mittlerweile eine Orientierung an Lebenslagenkonzepten wichtig[375]. Im Bereich der Nutzung von E-Government durch den privaten Nutzer gibt es durchaus insgesamt noch Steigerungsbedarf[376].

Wichtig ist daher auch ein Blick auf die Verwaltung als Anbieter der Dienstleistungen. In vielen Fällen tritt die Kommunalverwaltung als Anbieter auf. Nach einer Studie des Deutschen Landkreistages planen 51 Prozent der deutschen Landkreise die Nutzung der De-Mail-Dienste als Basisinfrastruktur für transaktionsbezogenes E-Government[377]. Im Hinblick auf eine Einbindung der eID-Funktion des neuen Personalausweises in die eigenen E-Government-Angebote antworten nur 17 Prozent der Landkreise, dass dies in Zukunft geplant ist[378]. Gemessen an den Wünschen des Bürgers und der drohenden digitalen Spaltung zwischen Verwaltung und Bürger, herrscht bei der Nutzungsbereitschaft der Basisinfrastrukturen durch die Verwaltung daher auch noch Steigerungsbedarf.

c) Die Wirtschaft als Nutzer

Einen wichtigen Akteur auf der Seite der Nutzer von transaktionsbezogenem E-Government stellt die Wirtschaft dar[379]. Auch private Unternehmen haben eine signifikante Anzahl von Verwaltungskontakten und damit ein Interesse an der Nutzung von E-Government-Angeboten. Dabei besteht bereits beispielsweise ein Angebot von informations-, kommunikations- und transaktionsorientierten Dienstleistungen der Industrie- und Handelskammern für ihre Mitgliedsunternehmen[380]. Darüber hinaus bestehen aber auch bei dieser Nutzergruppe Bedarfe an weiteren Angeboten und der

373 Vgl. eGovernment Monitor 2015, S. 4, abrufbar unter: http://www.egovernment-monitor.de/die-studie/2015.html (letzter Abruf: 08.11.2015) sowie das NLT Runschreiben 830/2015.

374 Vgl. eGovernment Monitor 2012, S. 16.

375 Vgl. Hintergrundpapier des BMI zum EGovG-E, S. 1; für eine klare Orientierung an Lebenslagen der Bürger und Unternehmen: *Ortmeyer*, in: ISPRAT-Dossier, Das E-Government-Gesetz des Bundes, 44 (45); *Ditscheid*, in: ISPRAT-Dossier, Das E-Government-Gesetz des Bundes, 48 (49)abrufbar unter: http://isprat.net/fileadmin/downloads/publikationen/ISPRAT_Dossier_E-Gov-Gesetz_fd.pdf (letzter Abruf: 08.11.2015).

376 Hierbei wird durch den Chief Information Officer (CIO) der Bundesregierung auch ein gewisses Marketing für E-Government-Anwendungen als notwendig erachtet: *Mertens/Beus*, WuM 1/2010, 7 (8); zum Steigerungsbedarf auch bereits: *Kammer*, Editorial in VM 2009, 226 (226).

377 Vgl. Deutscher Landkreistag, E-Government in den Landkreisen, S. 16.; abrufbar unter: http://www.kreise.de/__cms1/images/stories/publikationen/bd-105.pdf (letzter Abruf am 08.11.2015).

378 Deutscher Landkreistag, E-Government in den Landkreisen, S. 14.

379 BMWi, BMI, BMVI (Hrsg.), Digitale Agenda 2014 – 2017, S. 19; zur Komplexität der Schnittstellen zwischen Wirtschaft und Verwaltung ein Interview mit dem Chief Information Officer (CIO) der Bundesregierung: *Mertens/Beus*, WuM 1/2010, 7 (7).

380 Vgl. dazu *Karpen/Biernert*, in: Stober-FS, 371 (371 ff.).

Orientierung an Lebenslagen[381]. Dabei ist es für diese Nutzergruppe auch wichtig, dass sie im Sinne numerischer Identität bei transaktionsbezogenen Dienstleistungen durch ein „Organisationszertifikat“ oder eine „Organisationssignatur“ identifiziert werden kann[382]. Nicht zuletzt sind für diese Zielgruppe auch Datenschutz und Datensicherheit ein wichtiger Akzeptanzfaktor elektronischer Kommunikation. Diese Zielgruppe soll hier der Vollständigkeit halber erwähnt werden, in der weiteren Arbeit aber wird der private Nutzer im Vordergrund stehen.

5. Datenschutzbewusstsein des Nutzers

a) Grundsätzliche Sensibilisierung des Nutzers

Grundsätzlich besteht eine Sensibilisierung der Nutzer für die Verarbeitung ihrer personenbezogenen Daten und deren Schutz im Rahmen elektronischer Kommunikation, was auch daran deutlich wird, dass dieses Thema in Studien vielfach an vorderster Stelle rangiert und es damit ein kritischer Erfolgsfaktor für E-Government ist[383]. Es ist auch erkennbar, dass das durch das Volkszählungsurteil 1983 geschaffene informationelle Selbstbestimmungsrecht neben dem massiven Einfluss auf das einfache Datenschutzrecht auch insgesamt ein Bewusstsein geschaffen hat, dass jeder mit personenbezogenen Daten sensibel umgehen muss[384]. Der Datenschutz kann als rechtskulturelle Leistung gesehen werden[385]. Jedoch wird abgelehnt, dass der Einzelne ein eigentumsähnliches Herrschaftsrecht an seinen personenbezogenen Daten hat[386], sodass er dementsprechend auch einen anderweitigen adäquaten Umgang hiermit finden muss. Der Umgang mit Daten muss in Kenntnis der Konsequenzen erfolgen. Wenn Nutzer beispielsweise nicht selbstbestimmt mit ihren Identitätsdaten umgehen, besteht die Gefahr, dass sie sich fügen und einer Mehrheitsmeinung im Umgang mit Daten anpassen[387]. Kenntnisse über das Kommunikationsverhalten eines Nutzers ermöglichen einem Dritten Aufschluss über seine Sozialbeziehungen, sodass eine Beeinträchtigung, die im virtuellen Raum ihren Ausgang genommen hat, in der realen Welt fortwirkt[388]. Auf diese erweiterte Wirkung muss sich das Datenschutzbewusstsein erstrecken. Trotz einer grundsätzlichen Sensibilisierung wird darauf hingewiesen, dass das Datenschutzbewusstsein in allen Altersgruppen und unabhängig vom jeweiligen Bildungshintergrund noch stark unterentwickelt ist[389]. Dabei setzen Instrumente wie informationeller Selbstschutz und Vereinbarungen zwischen Dienstean-

381 *Ortmeyer*, in: ISPRAT-Dossier, Das E-Government-Gesetz des Bundes, 44 (45).
382 *Ortmeyer*, in: ISPRAT-Dossier, Das E-Government-Gesetz des Bundes, 44 (47).
383 Vgl. eGovernment Monitor 2012, S. 16.
384 *Künast*, ZRP 2008, 201 (202); *Durner*, Jus 2006, 213 (216); von Wertewandel spricht diesbezüglich *Petri*, DuD 2010, 25 (26 ff.).
385 *Tinnefeld*, DuD 2005, 328 (329 f.).
386 *Roßnagel/Laue*, DÖV 2007, 543 (544).
387 *Pfitzmann/Borcea-Pfitzmann*, in: Roßnagel (Hrsg.), Allgegenwärtige Identifizierung, 83 (83).
388 *Kutscha*, LKV 2008, 481 (485).
389 Vgl. *Wagner*, in: Schmidt/Weichert (Hrsg.), Datenschutz, 88 (92).

bieter und Nutzer Datenschutzbewusstsein voraus[390]. Datenschutzbewusstsein und eine Datenschutzkultur[391] sind der Schlüssel zur notwendigen Eigenverantwortung im Rahmen der elektronischen Kommunikation, worauf zurückzukommen sein wird. Ein Schlüsselproblem im Hinblick auf das Datenschutzbewusstsein liegt in der immer schwieriger werdenden Unterscheidung zwischen Öffentlichem und Privatem[392], die in Gesellschaften stets Wandlungen und Verschiebungen unterworfen ist[393]. Zum einen sind soziale Beziehungen, Gemeinschaften und die Gesellschaft darauf angewiesen, dass es zugunsten eines gegenseitigen Respekts Tabus, Schamgefühl und daher auch das Verbergen von Informationen geben muss[394]. Gleichzeitig ist eine Form von Öffentlichkeit von Informationen in einer pluralistischen Gesellschaft auch Existenzbedingung von Freiheit, da es ohne diese auch keine funktionierende Zivilgesellschaft gäbe[395].

b) Widersprüchliche Veröffentlichungsgewohnheiten in der virtuellen und der analogen Welt

Diese Grenzverschiebungen zwischen Öffentlichkeit und Privatheit werden an den unterschiedlichen Veröffentlichungsgewohnheiten in der virtuellen gegenüber der anlogen Welt deutlich. Die Offenbarung von Informationen über eine Person wird in der analogen Wirklichkeit oft viel restriktiver und vertraulicher gehandhabt als in der virtuellen Welt[396]. Hier hat eine Entwicklung zulasten der Privatheit stattgefunden[397]. Dieser Widerspruch dürfte u. a. darauf zurückzuführen sein, dass in der analogen Welt die Konsequenzen der Offenbarung von Informationen intensiver reflektiert werden. Diese dürfte nicht selten auch schlichtweg aus Bequemlichkeitsgründen unterbleiben. Hieran kann fehlendes Datenschutzbewusstsein deutlich gemacht werden. Dieses fehlende Datenschutzbewusstsein ist auch für den Umgang mit Identitätsdaten sowie die Einschätzung von Datensicherheitsaspekten relevant. Wo kein ausgeprägtes Bewusstsein besteht, kann auch keine hinreichende Sensibilität bestehen. Gleichzeitig ist auch insofern ein ambivalentes Verhältnis der Nutzer zu personenbezogenen Daten zu verzeichnen, als dass Nutzer mit persönlichen Daten z. B. in sozialen Netzwerken sehr freigiebig und unreflektiert umgehen, aber gleichzeitig starker Widerstand aufkommt, wenn staatliche Ansätze des Identitätsmanagements den Eindruck erwecken, dass sie einen Zugriff auf persönliche Daten des Nutzers ermöglichen[398].

---

390 *Heil*, DuD 2001, 129 (131).
391 *Petri*, DuD 2010, 27 (29).
392 *Worms/Gusy*, DuD 2012, 92 (93 ff.); *Ladeur*, DÖV 2009, 45 (49).
393 *Wagner*, DuD 2012, 83 (84); *ders.*, DuD 2010, 557 (558).
394 *Wagner*, DuD 2008, 736 (740).
395 *Worms/Gusy*, DuD 2012, 92 (95).
396 *Worms/Gusy*, DuD 2012, 92 (92).
397 *Wagner*, DuD 2008, 736 (740).
398 *Hoffmann/v. Kaenel*, in: Schliesky (Hrsg.), Technikgestütztes Identitätsmanagement, 81 (81).

c) Privatsphäre im Netz

Die Grenzverschiebung zwischen Öffentlichem und Privatem stellt auch jeden Nutzer vor Herausforderungen. Privatsphäre ist schon aus psychologischen Gründen von großer Relevanz, weil unter ihrem Schutz eine Selbstevaluation stattfinden und damit eigenes Verhalten reflektiert werden kann[399]. Gleichzeitig tritt der Nutzer in unterschiedliche Beziehungen zu anderen im Rahmen der elektronischen Kommunikation und gibt daher auch notwendigerweise etwas von sich preis. Entscheidend ist bei der Kommunikation, in welchem Sozialbereich sich ein Nutzer bewegt und welche Regeln in diesem bestehen[400]. Wenn die Regeln für die Kommunikation in einem Sozialbereich bereits festgelegt sind, besteht die Privatsphäre auch darin, diesen Bereich ggf. nicht zu nutzen[401]. Im Rahmen der genannten Grenzverschiebung verdichtet sich die Verteidigung des Privaten gegenüber dem Öffentlichen zu einer Frage des „Ob" der Kommunikation. Dieses setzt gleichzeitig aber wieder ein Datenschutzbewusstsein voraus.

d) Bewusstsein über Datenspuren im Netz

Dieses Datenschutzbewusstsein muss sich auf den Aspekt erstrecken, dass die Nutzung des Internets Datenspuren hinterlässt. Dieses Phänomen wird häufig schlagwortartig mit dem Satz „Das Internet vergisst nichts"[402] zusammengefasst. Die Menge an Daten, die Bürgerinnen und Bürger im Internet hinterlassen, steigt immer weiter an[403]. Das Bewusstsein über Datenspuren im Netz, die Aufschluss über die Persönlichkeit des Nutzers geben können, ist vielfach wenig ausgeprägt[404]. Aus diesen Daten können bei gezielter Auswertung neue Informationen über den jeweiligen Nutzer gewonnen werden[405]. Dabei ist es egal, um welchen Kommunikationskontext es sich handelt. Nicht nur die Nutzung sozialer Netzwerke, sondern auch die Nutzung herkömmlicher E-Mail-Kommunikation generiert Datenspuren, die für Dritte von Interesse sein können.

e) Fahrlässiges Verhalten bei einfachen Identifikator-Lösungen

Ein weiterer Bereich, in dem Datenschutzbewusstsein eine Rolle spielt, sind die Zugänge zu Angeboten im Internet. Viele Dienste werden mit einfachen Identifikator-Lösungen wie Benutzername/Passwort-Kennungen gesichert. Diese einfachen Lösungen korrespondieren oft mit einem zur Bequemlichkeit neigenden Verhaltensmus-

399 *Trepte*, in: Schmidt/Weichert (Hrsg.), Datenschutz, 59 (63).
400 *Albers*, Informationelle Selbstbestimmung, S. 108.
401 *Worms/Gusy*, DuD 2012, 92 (94).
402 Ähnlich hervorgehoben bei: *Worms/Gusy*, DuD 2012, 92 (93).
403 *Wagner*, DuD 2012, 83 (83).
404 *Sokol*, in: Schmidt/Weichert (Hrsg.), Datenschutz, 137 (138); *Wiese*, in: Bäumler (Hrsg.), E-Privacy, 9 (9).
405 *Sokol*, in: Schmidt/Weichert (Hrsg.), Datenschutz, 137 (138).

ter[406], die angesichts der Gefährdungslagen für Identitätsdaten als fahrlässig einzustufen sind. Kriminelle sind an diesen interessiert, sodass der Schutz der Identitätsdaten für die Sicherheit im Internet insgesamt immer wichtiger wird[407]. Auf der anderen Seite stellt die Vielzahl an Diensten und Angeboten im Internet und dementsprechend auch die Menge an Identifizierungsnotwendigkeiten an den durchschnittlich internetaffinen Nutzer die Anforderung, sich viele verschiedene Passwörter auszusuchen, woraufhin dieser ein Passwort für alle Dienste nutzt und schnell in der „Bequemlichkeitsfalle" landet[408]. Datenschutzbewusstsein umfasst damit nicht nur das Bewusstsein für die Verwendungsmöglichkeit personenbezogener Daten durch Dritte, sondern auch für die Datensicherheit der eigenen personenbezogenen Daten.

f) Datenschutz als Bildungsaufgabe und Medienkompetenz

Der Nutzer braucht daher über die technische Frage des „Ob" der Nutzung hinaus einen „kognitiven Zugang" zu elektronischer Kommunikation[409]. Ein Datenschutzbewusstsein und kompetenter Umgang mit einem Medium entstehen nicht von selbst. Der durchschnittliche Nutzer ist nicht selten mit der elektronischen Kommunikation aufgrund ihrer Komplexität und Undurchschaubarkeit überfordert[410] und reflektiert die Risiken vielfach auch nicht[411]. Die Bequemlichkeit des Nutzers, seine Unwissenheit und nicht zuletzt auch technische und organisatorische Rahmenbedingungen[412] treiben diesen zu fahrlässigen Verhaltensmustern, die mit Aufklärungen und Warnungen allein nicht gelöst werden können. Insbesondere die Folgenabschätzung fahrlässigen Verhaltens gerät vielfach aus dem Blick[413]. Daher ist es notwendig, dem Nutzer die Befähigung zum sachgerechten Umgang mit Informationstechnologie in Eigenverantwortung zu vermitteln. Es gibt daher Stimmen, die insbesondere den Datenschutz gerade auch als Bildungsaufgabe verstehen und für eine adäquate Umsetzung dieses Ansatzes plädieren[414]. Dieses Verständnis geht über eine bloße Aufklärung über mögliche Risiken der Informationstechnologie und die Sensibilisierung des Nutzers hinaus. Herrscht bei der Frage, dass Datenschutz im Hinblick auf die digitale Entwicklung als Bildungs- und Erziehungsaufgabe zu verstehen und praktizieren ist[415], noch Konsens, so ist das Bild bei den Anforderungen an die Kompetenzen und deren Umsetzung durchaus facettenreich. Gleichfalls ist die Terminologie für diese Fähigkeiten und Kompetenzen unklar. Die Nationale E-Government-Strategie verwendet im Hinblick auf den Nutzer im E-Government im Zielbereich A als Ziel den

406 *Schallbruch*, in: Klumpp u. a. (Hrsg.), Netzwelt – Wege, Werte, Wandel, 211 (212).
407 *Schallbruch*, in: Schmidt/Weichert (Hrsg.), Datenschutz, 372 (372).
408 *Schallbruch*, in: Klumpp u. a. (Hrsg.), Netzwelt – Wege, Werte, Wandel, 211 (212).
409 *Heckmann*, K&R 2010, 770 (774) (Hervorhebung im Original).
410 *Wagner*, DuD 2012, 83 (83).
411 *Heckmann*, NJW 2012, 2631 (2633), spricht auch von der „Plug and Play-Falle".
412 *Schallbruch*, in: Klumpp u. a. (Hrsg.), Netzwelt – Wege, Werte, Wandel, 211 (212).
413 *Heckmann*, K&R 2010, 770 (774).
414 Vgl. *Worms/Gusy*, DuD 2012, 92 (92 ff.); *Wagner*, in: Schmidt/Weichert (Hrsg.), Datenschutz, 88 (88 ff.); *ders.*, DuD 2012, 83 (83 ff.); *ders.*, DuD 2010, 557 (557 ff.); *ders.*, DuD 2008, 736 (740).
415 *Wagner*, DuD 2012, 83 (84).

schillernden Begriff der „Medienkompetenz“, die gemäß dem Leitbild eines mündigen Nutzers verbessert werden soll[416]. Problematisch an diesem Begriff ist, dass dieser häufig verwendet wird, begrifflich und inhaltlich aber sehr unbestimmt ist, sodass keiner genau weiß, was der Begriff eigentlich alles an Elementen enthält[417]. Es sind vielfältige Konnotationen und auch Dimensionen vorhanden. Der Begriff ist derart stark verbreitet, dass er sich zur allumfassenden Universalkompetenz der globalisierten Wissensgesellschaft entwickelt zu haben scheint[418]. Viele Definitionsansätze gehen jedenfalls davon aus, dass Medienkompetenz eine kognitive Ebene hat[419]. Zur Medienkompetenzförderung gibt es verschiedene Initiativen wie den „Medienführerschein“[420] in Bayern oder den „Medienpass“ [421] in Nordrhein-Westfalen. Während hier eine verstärkte Fokussierung auf soziale Netzwerke zu erkennen ist, geraten andere Kontexte elektronischer Kommunikation aus dem Blickfeld. Diese Initiativen können aber auch der gesamten Bandbreite möglicher Anforderungen für die Nutzung des Internets nicht gerecht werden. Ein klar umrissenes Verständnis des Begriffes Medienkompetenz haben jedenfalls auch diese Initiativen nicht. Kritisiert wird in diesem Zusammenhang, dass dem Datenschutz innerhalb dieser Form von Medienkompetenzförderung zu wenig Bedeutung beigemessen wird, obwohl die Informationsgesellschaft auf persönliche Daten gegründet ist[422]. Es würde den Rahmen dieser Arbeit sprengen, eine eigene Definition für den Begriff Medienkompetenz zu suchen. Jedenfalls sollen hier Datenschutzkompetenzen eines Nutzers im transaktionsbezogenen E-Government als Bestandteile von Medienkompetenz verstanden und der Begriff in diesem Sinne weiter verwendet werden. Als konkrete Fähigkeiten sind der Selbstdatenschutz[423], der verantwortungsvolle Umgang mit der numerischen Identität und die Verschlüsselung von E-Mails zu nennen[424]. Eine wesentliche Kompetenz ist auch, zwischen Öffentlichem und Privatem zu unterscheiden[425], sowie die Fähigkeit, die Folgen des eigenen Handelns im digitalen Raum abzuschätzen[426]. Ein weiterer

416 Nationale E-Government-Strategie, S. 8; zum Begriff auch *Gapski,* in: Sokol (Hrsg.), Persönlichkeit im Netz: Sicherheit - Kontrolle - Transparenz, 74 (78 ff.) m. w. N.; speziell mit dem Fokus auf Medienkompetenz als Grundlage der E-Government-Nutzung: *Czernohorsky/Weiler,* in: Schünemann/Weiler (Hrsg.), E-Government und Netzpolitik im europäischen Vergleich, 321 (321 ff.).

417 *Weiner,* APuZ 3/2011, 42 (42).

418 So *Weiner,* APuZ 3/2011, 42 (43).

419 Dazu anschaulich die Übersicht bei: *Gapski,* in: Sokol (Hrsg.), Persönlichkeit im Netz: Sicherheit – Kontrolle – Transparenz, 74 (78 ff.) m. w. N.

420 Vgl. z. B. www.medienfuehrerschein.bayern.de (letzter Abruf: 08.11.2015); kritisch hierzu: *Doesinger,* DuD 2011, 648 (648 ff.).

421 Vgl. www.medienpass.nrw.de (letzter Abruf: 08.11.2015); zur Umsetzung: *Basedow,* move 10/2011, 34 ff.; zu den rechtlichen Implikationen eines „Internet-Führerscheins“ *Schulz, S. E.,* in: Hill/Schliesky (Hrsg.), Die Vermessung des virtuellen Raumes, 265 (297 ff.).

422 *Wagner,* DuD 2012, 83 (86); ausschließlich den Datenschutz behandelt die Initiative „Datenschutz geht zur Schule“, hierzu näher: *Spaeing/Spaeing,* in: Schmidt/Weichert (Hrsg.), Datenschutz, 249 (249 ff.).

423 *Heckmann,* NJW 2012, 2631 (2633).

424 *Wagner,* DuD 2012, 83 (85); zu Nutzen und Hindernissen der Verschlüsselung: *Thomsen,* in: Schmidt/Weichert (Hrsg.), Datenschutz, 381 (381 ff.).

425 *Worms/Gusy,* DuD 2012, 92 (93) m. w. N.

426 *Heckmann,* K&R 2010, 770 (774).

Aspekt liegt auch darin, dass der Nutzer seine individuellen Infrastrukturen wie z. B. seinen heimischen PC vor Gefahren schützt. Vielen Bürgern, Verwaltungsbediensteten und Behördenleitern mangelt es durchaus an dieser so verstandenen einschlägigen Medienkompetenz auf Ebene der kognitiven Dimension und ebenso an der Akzeptanz des Medieneinsatzes[427]. Dies gibt auch die o. g. Nutzertypologie wieder. Bildungskonzepte, die diese Form von Medienkompetenz fördern wollen, müssen flexibel sein und generationenübergreifend konzipiert sein[428]. Die stetige Wandlung des Internets stellt für diese Bildungskonzepte eine große Herausforderung dar, da sie ständig auf neue Gefährdungsmöglichkeiten reagieren müssen und nicht wie z. B. die Verkehrs- oder Gesundheitserziehung mehr oder weniger auf dieselben Risiken reagieren müssen[429]. Diese en passant in der Schule zu vermitteln, wird daher auch als schwierig angesehen[430]. Daher bleibt dies eine permanente Aufgabe, die den Nutzer zu einem selbstbestimmten, verantwortungsvollen Teilnehmer an der Informationsgesellschaft heranbilden muss. Die Frage des sachgerechten und kompetenten Umgangs des Nutzers mit elektronischer Kommunikation unter dem Gesichtspunkt Datenschutz und Datensicherheit hat juristische Relevanz, worauf zurückzukommen sein wird.

g) Datenhoheit des Nutzers

In der Diskussion um einen selbstbestimmten, sachgerechten Umgang des Nutzers im digitalen Raum erlangt insbesondere der Begriff der Datenhoheit neben der Medienkompetenz eine besondere Bedeutung. Häufige Verwendung findet er im Kontext der datenschutzfreundlichen Gestaltung der elektronischen Kommunikation[431]. Zum weiteren Verständnis ist eine Präzisierung der Reichweite des Begriffs notwendig. Es ist durchaus komplex, die Beziehung des Nutzers zu seinen personenbezogenen Daten zu beschreiben. Zu einer begrifflichen Klärung ist es notwendig, die bestimmenden Parameter zu fixieren. Grundsätzlich sollen in die Betrachtung alle Kategorien personenbezogener Daten einbezogen werden und nicht nur die Identitätsdaten eines Nutzers. Es gibt ein Begriffsverständnis, welches den Ausschluss des Missbrauchs als bestimmenden Parameter sieht[432]. Dieses an den tatsächlichen Verhältnissen anknüpfende Verständnis ist zur Präzisierung der Reichweite kaum geeignet, da die vielfältigsten Missbrauchsvarianten denkbar sind. Dennoch ist das Element der Kontrolle ein wichtiger Aspekt. Die Bereitschaft eines Nutzers, durch Teilnahme an Kommunikationsprozessen dem Transaktionspartner persönliche Daten zur Verfügung zu stellen, impliziert nicht, dass der Nutzer auch bereit ist, die Kontrolle über diese Daten

---

427 *Heckmann*, in: Bauer u. a., Verwaltungsverfahrensgesetz mit rechtlichen Aspekten des E-Government, 1. Aufl. 2012, Einführung Rn. 5 m. w. N.

428 *Wagner*, DuD 2012, 83 (85).

429 *Wagner*, in: Schmidt/Weichert (Hrsg.), Datenschutz, 88 (91 f.).

430 *Ullrich*, DuD 2014, 696 (700).

431 *Schulz/Bosesky/Hoffmann*, DuD 2013, 95 (97) m. w. N.

432 *Heckmann*, NJW 2012, 2631 (2633) spricht in diesem Kontext von „Datenherrschaft".

gänzlich aufzugeben[433]. Im Begriff Datenhoheit steckt daher auch ein Element der tatsächlichen Kontrolle durch den Nutzer. Im Kontext der Verwendung von Identitätsdaten wird der Begriff der Datenhoheit häufig im Sinne einer datensparsamen Verwendung von Identitätsdaten verwendet. Dieses Begriffsverständnis greift aber zu kurz, da es letztlich nur Identitätsdaten erfasst. Eine weitere Auffassung setzt an der Entscheidung des BVerfG zur Online-Durchsuchung[434] an und nimmt die Datenhoheit des Nutzers an, wenn das von diesem genutzte informationstechnische System entweder das eigene oder ein fremdes sei, bei dem der Nutzer von einem alleinigen Zugriffsrecht unter Ausschluss nicht autorisierter Dritter ausgehen dürfe, wobei es hier auf die aus der Beherrschbarkeit des Systems folgende Vertraulichkeitserwartung ankomme[435]. Die Beherrschbarkeit eines informationstechnischen Systems und die damit korrespondierende Vertraulichkeitserwartung des Nutzers ist ein wichtiger Parameter im Rahmen der elektronischen Kommunikation.

Schließlich hat nach einer weiteren Auffassung der jeweilige Träger dann Datenhoheit, wenn seine personenbezogenen Daten jederzeit verfügbar sind, er bezüglich dieser verfügungsbefugt ist, diese im jeweiligen System vertraulich behandelt werden und das System selbst integer ist[436]. Nach dieser Ansicht komme es neben dem tatsächlichen Element der Verfügbarkeit auch auf die rechtlichen Elemente der Verfügungsbefugnis, Vertraulichkeit und Integrität an[437]. Die in diesem Sinne verstandene Datenhoheit eines Nutzers elektronischer Kommunikation ist die Grundlage für Datenschutzbewusstsein und sachgerechten Umgang mit elektronischer Kommunikation. Daher soll der Begriff in dieser Arbeit in diesem Sinne verwendet werden.

6. Vertrauen des Nutzers

Neben einem ausgeprägten Datenschutzbewusstsein des Nutzers und sachgerechtem Umgang mit elektronischer Kommunikation im Rahmen seiner Datenhoheit spielt der Aspekt des Vertrauens eine zentrale Rolle im Identitätsmanagement[438]. Das Vertrauen des Nutzers stellt einen kritischen Erfolgsfaktor für die Entwicklung von transaktionsbezogenem E-Government dar. Vertrauen ist eine wichtige psychologisch-anthropologische Basis, die Beziehungen und Interaktionen beeinflusst und teilweise erst möglich macht[439]. Dies muss der Staat im Blick haben, wenn er Regelungen für den Umgang mit personenbezogenen Daten des Bürgers schafft[440]. Fehlendes Ver-

433 *Hoffmann/v. Kaenel*, in: Schliesky (Hrsg.), Technikgestütztes Identitätsmanagement, 81 (85); *Dies.*, innovative Verwaltung, 12/2011, 38 (40).

434 BVerfGE 120, 274 (315).

435 *Luch*, MMR 2011, 75 (76).

436 *Schulz/Bosesky/Hoffmann*, DuD 2013, 95 (97).

437 *Schulz/Bosesky/Hoffmann*, DuD 2013, 95 (97).

438 *Heckmann*, K&R 2010, 1 (6).

439 *Boehme-Neßler*, MMR 2009, 439 (439).

440 Das Vertrauen gegenüber dem öffentlichen Sektor spielte z. B. auch bei der Debatte um Änderungen im Meldegesetz eine Rolle, wonach die erleichterte Weitergabe von Meldedaten des Bürgers an private Unternehmen erleichtert werden sollte: http://www.spiegel.de/netzwelt/netzpolitik/fragen-und-antworten-zum-meldegesetz-was-geschieht-mit-meldedaten-a-843278.html (letzter Abruf: 20.08.2015). *Roßnagel/Pfitzmann/Garstka*, Modernisierung des Datenschutzrechts, S. 21.

trauen des Nutzers in Identitätsmanagement-Infrastrukturen ist daher auch ein wesentliches Hemmnis für die Weiterentwicklung im transaktionsbezogenen E-Government[441]. Da in der Informationsgesellschaft Kommunikation in multipolaren Kontexten stattfindet, hat das Vertrauen auch verschiedene Dimensionen. Vertrauen entsteht beim Nutzer und hat einen kognitiven Bezugspunkt sowie affektive Elemente[442]. Gerade deswegen hat es eine Schlüsselfunktion bei der Akzeptanzförderung von E-Government und stellt eine permanente Herausforderung dar.

a) Vertrauen gegenüber dem Kommunikationspartner

Vertrauen kann sich zum einen auf den Kommunikationspartner beziehen. Über die Wirkungsweise von Vertrauen und seine Beziehung zum Wissen sowie die Frage, ob trotz Vertrauen noch ein Restrisiko bleibt, bestehen in den jeweiligen Wissenschaftsdisziplinen unterschiedliche Ansätze[443]. Diese können hier nicht im Einzelnen nachgezeichnet werden, da ansonsten der Rahmen der Arbeit gesprengt werden würde. Vertrauen wird jedenfalls nicht allein durch das Bestehen von gesetzlichen Regelungen geschaffen. Der Prozess der Entstehung von Vertrauen ist zentral, aber durchaus problematisch[444]. In Ansehung der Komplexität der Informationsgesellschaft wurde das Konzept vertreten, durch „informationelles Vertrauen" die informationelle Selbstbestimmung eines Nutzers zu gewährleisten[445]. Der Nutzer solle durch Vertrauen in die Institutionen, die mit seinen Daten umgehen, wieder selbstbestimmt handeln[446]. Unklar und problematisch ist aber, wie informationelles Vertrauen in diesem Zusammenhang entstehen soll.

Ein Element des hier in Rede stehenden Vertrauens ist zunächst die grundsätzliche Bereitschaft eines Nutzers, seinem Interaktionspartner im Rahmen einer Online-Transaktion personenbezogene Daten zur Verfügung zu stellen[447]. Diese Bereitschaft ist mit einer subjektiven Erwartungshaltung des Nutzers verbunden, dass der Interaktionspartner mit den Daten vertraulich umgeht, mithin diese nicht missbräuchlich einsetzt. Bei dieser interpersonalen Dimension des Vertrauens führen genaue Informationen und positive Interaktionserfahrungen dazu, dass das Risiko und die Ver-

---

441 So auch der Vorschlag für eine Verordnung des europäischen Parlaments und des Rates über die elektronische Identifizierung und Vertrauensdienste für elektronische Transaktionen im Binnenmarkt, COM(2012) 238, S. 2 vom 4.6.2012, abrufbar unter: http://ec.europa.eu/information_society/policy/esignature/docs/regulation/com_2012_238_de.pdf (letzter Abruf: 08.11.2015); mangelndes Vertrauen wurde auch als Hindernis für das Wachstum von E-Business genannt; vgl. *Hoffmann/v. Kaenel,* in: Schliesky (Hrsg.) Technikgestütztes Identitätsmanagement, 81 (83).

442 *Hoffmann/v. Kaenel,* in: Schliesky (Hrsg.) Technikgestütztes Identitätsmanagement, 81 (83) m. w. N.

443 *Jehle,* Vertrauen und Recht im Internet, S. 27 f. m. w. N.; *Grimm/Maier/Rothmund,* DuD 2015, 283 (283 ff.); zum Bezug zu den Prinzipen des Datenschutzes: *Grimm/Bräunlich,* DuD 2015, 289 (289 ff.).

444 *Gaycken,* DuD 2011, 346 (346).

445 *Kubicek,* in: Klumpp u. a. (Hrsg.), Informationelles Vertrauen für die Informationsgesellschaft, 17 (17).

446 Kritisch zur Konstruktion des „informationellen Vertrauens" und zur Frage, wie dieses gebildet werden soll: *Gaycken,* DuD 2011, 346 (346 ff.).

447 *Hoffmann/v. Kaenel,* in: Schliesky (Hrsg.), Technikgestütztes Identitätsmanagement, 81 (83) m. w. N.

trauenswürdigkeit des Kommunikationspartners leichter eingeschätzt werden kann[448]. Der Nutzer setzt sich so einer gewissen Verwundbarkeit aus, gleichzeitig ist diese aber notwendige Voraussetzung dafür, dass überhaupt eine Online-Transaktion entsteht[449]. Im Rahmen des kognitiven Elements spielen das Datenschutzbewusstsein des Nutzers sowie die Fähigkeit zu einer Folgenabschätzung und Eigenverantwortungsbereitschaft eine entscheidende Rolle. Dieser auf Wissen basierende Prozess, der sich beim Nutzer abspielt, hat das Vertrauen als erfahrbares Phänomen zum Ergebnis[450]. Gleichzeitig sind die Konstellationen, in denen Vertrauen gegenüber einem Kommunikationspartner handlungseröffnend wirkt, durch eine gewisse Komplexität gekennzeichnet. Nach *Niklas Luhmann* stellt Vertrauen auch eine Ersatzformel für das Ursprungsproblem der Komplexität dar[451]. Dies lässt sich insoweit auch auf die elektronische Kommunikation übertragen, wonach Vertrauen dementsprechend das detailgetreue Wissen um die vielfältigen Datenverarbeitungsprozesse, die mit einem Kommunikationsvorgang verbunden sind, ersetzt. Vertrauen ermöglicht es einem Nutzer, kalkuliert Risiken einzugehen und dadurch Handlungsoptionen zu haben[452]. Dieses Vertrauen entsteht jedoch auch erst dadurch, dass der Nutzer sich sein eigenes Urteil über die Vertrauenswürdigkeit eines Online-Angebots bildet, indem er entsprechende Hinweise hierzu sammelt und sich auf diese Weise ein Bild zusammenfügt[453]. Dabei hat der Nutzer auch eine Erwartungshaltung gegenüber der sozialen Leistungsfähigkeit der Kommunikation[454].

Für transaktionsbezogenes E-Government bedeutet dies, dass der Nutzer sowohl der Verwaltung als Kommunikationspartner als auch dem Diensteanbieter[455] als Kommunikationsmittler Vertrauen entgegenbringen muss. Dabei besteht immer die Gefahr, dass Vertrauen schnell in Misstrauen umschlagen kann[456]. Misstrauen ist im Rahmen der Risikoeinschätzungen von menschlichen Interaktionen als notwendige Überlebensstrategie zu qualifizieren[457]. Der öffentliche Sektor einschließlich der Justiz genießt beim Bürger in Sachen Datenschutz und Datensicherheit in Deutschland ein besonders großes Vertrauen[458]. Dies ist eine Art Vertrauensvorschuss, den es auf lange Sicht zu verteidigen gilt. Er ist ein großer Akzeptanzfaktor für transaktionsbezogenes E-Government[459]. Setzt sich der öffentliche Sektor in Widerspruch zu den Zielen Datenschutz und Datensicherheit, so kann dieser Vertrauensvorschuss verloren gehen. Daher sind Kontroversen über Erleichterungen im Melderecht, wonach

448 *Boehme-Neßler*, MMR 2009, 439 (440).
449 *Hoffmann/v. Kaenel*, in: Schliesky (Hrsg.), Technikgestütztes Identitätsmanagement, 81 (84) m. w. N.
450 *Gaycken*, DuD 2011, 346 (347).
451 *Luhmann*, Vertrauen, 1968, S. 29.
452 *Boehme-Neßler*, MMR 2009, 439 (439).
453 *Hoffmann/v. Kaenel*, innovative Verwaltung, 12/2011, 38 (39).
454 *Hoffmann-Riem*, AöR 134 (2009), 513 (535).
455 Hierzu *Brackmann u. a.*, Der E-Postbrief in der Kommunalverwaltung, S. 42 m. w. N.
456 *Pfitzmann/Borcea-Pfitzmann*, in: Roßnagel (Hrsg.), Allgegenwärtige Identifizierung, 83 (83); zu Datenschutzskandalen, die das Misstrauen des Nutzers befördern, anschaulich: *Stollhoff*, Datenschutzgerechtes E-Government, S. 52.
457 *Boehme-Neßler*, MMR 2009, 439 (440).
458 *Petri/Dorfner*, ZD 2012, 122 (125).
459 *Holznagel/Verhulst/Grünwald/Hahne*, K&R 2000, 425 (426).

Meldebehörden Daten der Bürger an private Unternehmen weitergeben können, immer auch vor diesem Hintergrund zu betrachten[460].

Die Diensteanbieter können nicht auf einen so ausgeprägten Vertrauensvorschuss zurückgreifen. Vertrauen kann hier langfristig über die individuellen Erfahrungen des Nutzers sowie über die durch den gesetzlichen Rahmen vorgegebene Präventivkontrolle entstehen. Ein Vertrauensmissbrauch liegt dann vor, wenn beispielsweise bei E-Commerce-Anwendungen der kommerzielle Anbieter dem Nutzer einen bestimmten Kontext zur Verwendung seiner Daten vorgaukelt, jedoch die dahinter steckende tiefere Geschäftsidee verdeckt und den Nutzer in dem Glauben lässt, dass dieser eine bewusste Entscheidung zur Offenbarung seiner Daten getroffen habe[461].

b) Vertrauen in die Kommunikationsinfrastruktur

Neben dem Kommunikationspartner kann sich das Vertrauen auch auf die Kommunikationsinfrastruktur beziehen[462]. Die meisten Internetnutzer vertrauen beispielsweise der einfachen E-Mail aus den oben bereits genannten Gründen nicht[463]. Auch besteht bei vielen Nutzern teilweise auch ein generelles Technikmisstrauen[464]. Wie in vielen anderen Lebensbereichen auch besteht aber eine Technikabhängigkeit, die das Vertrauen in technische Infrastruktur geradezu voraussetzt. Die Nationale E-Government-Strategie sieht Transparenz, Datenschutz und Datensicherheit als Voraussetzungen für Vertrauen, Akzeptanz und intensive Nutzung von E-Government-Anwendungen[465]. Dieses „infrastrukturelle Vertrauen" hat in jüngster Zeit durchaus auch in der Rechtsprechung des BVerfG eine Rolle gespielt. Im Rahmen des Urteils zur Online-Durchsuchung[466] ging es um das Vertrauen bezüglich des eigengenutzten informationstechnischen Systems, also um die individuelle Infrastruktur[467]. Der Schutz des IT-Grundrechts umfasse Vertraulichkeitserwartungen des Nutzers, die als subjektive Erwartungshaltung des Nutzers qualifiziert werden[468]. Im Urteil zur Vorratsdatenspeicherung erwähnte das BVerfG ein „diffus bedrohliches Gefühl"[469] des Betroffenen, welches dem Vertrauen diametral gegenübersteht. Auch bereits im Volkszählungsurteil von 1983 hat das BVerfG angemahnt, dass die Staatspraxis gegenüber dem Bürger zu vertrauensbildenden Maßnahmen angehalten sei[470]. Gerade die Infrastruk-

460 Zu der entsprechenden Debatte: http://www.spiegel.de/netzwelt/netzpolitik/fragen-und-antworten-zum-meldegesetz-was-geschieht-mit-meldedaten-a-843278.html (letzter Abruf: 08.11.2015).

461 *Heckmann*, K&R 2010, 770 (772).

462 Gebräuchlich ist auch der Begriff „Systemvertrauen", der sich auf das Vertrauen in abstrakte Institutionen, Mechanismen oder Systeme bezieht; vgl. *Boehme-Neßler*, MMR 2009, 439 (440) m. w. N.

463 *Heckmann*, MMR 2008, 280 (282).

464 *Heckmann*, DuD 2009, 656 (659).

465 Nationale E-Government-Strategie, S. 12.

466 BVerfGE 120, 274 (315).

467 Zum Begriff der individuellen Infrastruktur: *Schulz S. E*, in: Hill/Schliesky (Hrsg.), Die Vermessung des virtuellen Raumes, 265 (300 ff.).

468 *Luch*, MMR 2011, 75 (75); *Hoffmann-Riem*, in: Klumpp u. a., Netwelt – Wege, Werte, Wandel, 165 (175 f.).

469 BVerfG Urt. v. 2.3.2010 – 1 BvR 256/09 – Rz. 212.

470 Hierzu *Busch*, DVBl. 1984, 385 (385).

turen für elektronische Kommunikation weisen für den Nutzer eine unüberschaubare Komplexität auf. Das infrastrukturelle Vertrauen ist ein Mechanismus für den Nutzer, diese Komplexität zu überwinden und digital handlungsfähig zu bleiben. Dieses infrastrukturelle Vertrauen ist gleichzeitig Voraussetzung für digitale Verantwortungsbereitschaft beim Nutzer und damit auch Grundlage für eine effektive Grundrechtsausübung[471]. Das Vertrauen muss bei der Kommunikationsinfrastruktur darauf gerichtet sein, dass Schutzinstrumente funktionieren[472]. Dies hat vor allem deswegen Relevanz, weil der Nutzer auf die Beschaffenheit der Kommunikationsinfrastruktur keinen Einfluss hat.

c) Vertrauensbildung gegenüber dem Nutzer

Das Vertrauen des Nutzers elektronischer Kommunikation muss durch Vertrauensbildung entstehen. Traditionelle Möglichkeiten der Vertrauensbildung, wie sie aus der analogen Welt bekannt sind, funktionieren im virtuellen Kontext jedoch nicht mehr[473]. Gerade im Hinblick auf den grundrechtlichen Datenschutz müssen auch spezifische Vertraulichkeitserwartungen des Nutzers an informationstechnische Systeme normativ anerkannt werden[474]. Sie sind Grundlage für ein selbstbestimmtes und eigenverantwortliches Handeln des Nutzers im digitalen Raum. Vertrauensbildung funktioniert in modernen, hoch technisierten Massengesellschaften aber nicht durch Recht allein, sondern Vertrauensbildung entsteht durch ein gleichgerichtetes Zusammenwirken von Staat, Individuum, Recht und Technik[475]. Das bedeutet, dass die Vertrauensbildung auch durch Realbedingungen mitbestimmt wird. Im transaktionsbezogenen E-Government ist die Ebene der Diensteanbieter als beteiligte Akteursgruppe einzubeziehen. Bei der Frage der Vertrauensbildung gegenüber dem Staat und dem Diensteanbieter spielt die öffentliche Wahrnehmung daher auch eine Rolle. Erweckt der Staat den Eindruck, dass er auf persönliche Daten des Nutzers aus Gründen der Sicherheit intensiv zugreift, kann dies das Vertrauen schmälern. Angebote im transaktionsbezogenen E-Government müssen jeden Anschein vermeiden, dass sie staatlicherseits zu anderen Zwecken verwendet werden können[476]. Der Nutzer sammelt diesbezüglich Informationen, die er zu einem Bild zusammenfügt[477]. Wenn hier faktische Widersprüche im Hinblick auf den Umgang mit personenbezogenen Daten auftreten, leidet das Vertrauen des Nutzers in den jeweiligen Akteur. Zur Vertrauensbildung ist das Recht eine wichtige Komponente[478]. Vertrauen in das Recht kann allerdings auch durch Phänomene wie Vollzugsdefizite signifikant geschmälert werden.

---

471 *Hoffmann*, Die Gewährleistung der Vertraulichkeit und Integrität elektronische Daten- und Dokumentensafes, S. 170.

472 *Luch*, MMR 2011, 75 (79).

473 *Boehme-Neßler*, MMR 2009, 439 (439).

474 *Britz*, DÖV 2008, 411 (412).

475 *Boehme-Neßler*, MMR 2009, 439 (444).

476 Die diesbezüglichen Probleme beim Projekt ELENA haben zu dessen vorzeitigem Ende geführt.

477 *Hoffmann/v. Kaenel*, innovative Verwaltung, 12/2011, 38 (39).

478 Zu den gesetzlichen Ausgestaltungsmöglichkeiten von Vertrauen in elektronische Kommunikation: *Bösing*, Authentifizierung und Autorisierung im elektronischen Rechtsverkehr, S. 55 ff.

Daher gewinnen bei der Vertrauensbildung beim Nutzer Instrumente wie Datenschutzaudits zur Vollzugsoptimierung besondere Bedeutung[479]. Das Vertrauen des Nutzers in einen Transaktionspartner ist jedenfalls auch wechselseitig bedingt durch das Vertrauen in verschiedene Institutionen sowie die rechtlichen Rahmenbedingungen[480].

Gebildet werden kann dieses Vertrauen in einer „Vertrauens-Gesamtrechnung". Hier sind alle für die elektronische Kommunikation relevanten Akteure, also auch die Diensteanbieter, einzubeziehen. Da die gesetzlich z. B. durch das De-Mail-Gesetz vorgeschriebene Präventivkontrolle der Diensteanbieter allein nicht ausreicht, gewinnen flankierende Maßnahmen sowie Koordinationsgremien wie der Ausschuss De-Mail-Standardisierung bei der Vertrauensbildung wachsende Bedeutung. Das Vertrauen des Nutzers in transaktionsbezogene E-Government-Anwendungen spielt eine wichtige Rolle und ist die Grundlage für eigenverantwortlichen, sachgerechten Umgang mit elektronischer Kommunikation. Jedenfalls benötigen Staat und Verwaltung zur Aufrechterhaltung ein Mindestmaß an Vertrauen[481].

7. Konvergenz von Diensten und Infrastrukturen

Das Internet und die elektronische Kommunikation haben Querschnittscharakter[482]. Die IT wirkt sich derart aus, dass sie auch in anderen Lebensbereichen mittelbar eine effektive Grundrechtsausübung beeinflussen kann, sodass in vielen Fällen eine grundrechtliche Relevanz besteht[483]. Dabei lässt sich erkennen, dass es meistens nicht nur um Informationstechnologie als solche geht. Im Hinblick auf die Nutzung des Internets ist insgesamt ein Bedeutungswandel zu beobachten[484]. Dabei verschwimmen die Grenzen zwischen bloßer technischer Infrastruktur und bereitgestellten Diensten[485]. Durch die Digitalisierung entstehen Konvergenzen auf unterschiedlichen Ebenen[486]. Die Konvergenz findet auch im technischen Sinne statt und meint die Integration von bisher getrennten Übertragungswegen, Endgeräten und Branchen[487]. Dieses Verschwimmen der Grenzen zwischen Diensten und Infrastrukturen ist im transaktionsbezogenen E-Government von großer Relevanz und erschwert auch die Möglichkeiten für das Recht, Anknüpfungspunkte zu finden. Will das Recht seine Steuerungs-

---

479 *Stollhoff,* Datenschutzgerechtes E-Government, S. 211 ff.; zu Datenschutzaudits näher unten: Teil 5, F.

480 *Hoffmann/v. Kaenel,* in: Schliesky (Hrsg.), Technikgestütztes Identitätsmanagement, 81 (87).

481 *Bull,* Netzpolitik: Freiheit und Rechtsschutz im Internet, S. 74.

482 *Schulz S. E,* in: Hill/Schliesky (Hrsg.), Die Vermessung des virtuellen Raumes, 265 (266).

483 *Heckmann,* in: Käfer-FS, 129 (135).

484 Unterstrichen wird diese Entwicklung durch das Urteil des BGH III ZR 98/12 vom 24.01.2013, wonach ein mehrwöchiger Ausfall des Internetanschlusses eines Nutzers einen Anspruch auf Schadensersatz begründet.

485 Im Medienbereich ist bereits seit einem Jahrzehnt die Rede von Konvergenz, womit u. a. gemeint ist, dass Anbieter nicht nur den bloßen Zugang zu einem Medium, sondern auch Dienste anbieten: Vgl. *Boehme-Neßler,* internetrecht.com, 2001, S. 9.

486 *Bohme-Neßler,* Unscharfes Recht, S. 117.

487 *Holznagel,* in: Büllesbach/Dreier (Hrsg.), Konvergenz in Medien und Recht, S. 3 m. w. N.; *Boehme-Neßler,* Unscharfes Recht, S. 117.

und Schutzfunktion verwirklichen, ist die Frage des Anknüpfungspunktes entscheidend. Hier soll kurz die Terminologie fixiert werden.

a) Infrastruktur

Das Internet ähnelt in seiner Bedeutung mittlerweile anderen klassischen Infrastrukturen, die dem Bereich der Daseinsvorsorge unterfallen[488]. Teilweise wird das Internet daher auch mit der Straßen- und Schieneninfrastruktur verglichen[489].

aa) Infrastruktur zur staatlichen Aufgabenerfüllung

Das Internet erfüllt die Eigenschaften einer Infrastruktur und wird auch als sog. „kritische Infrastruktur" eingeordnet[490]. Zu den IT-Infrastrukturen zählen Hardware einschließlich der Netzanbindung sowie Software und bauliche Einrichtungen für die Nutzung von Diensten im Internet und den Betrieb von (Anwendungs-)Software[491]. Für die Bereitstellung von transaktionsbezogenen E-Government-Angeboten stellen IT-Infrastrukturen die wichtigste Grundlage dar. Neben diesen IT-Infrastrukturen ist die Entwicklung von IT-gestützten Dienstleistungen selbst von Bedeutung[492]. Fraglich ist in diesem Zusammenhang, ob E-Mails als Infrastruktur einzustufen sind. Bereits die telekommunikationsrechtliche Einordnung der E-Mail ist nicht unkompliziert und offenbart verschiedene „Gesichter" einer E-Mail[493]. Eine ausschließliche Erfassung der E-Mail als Infrastruktur über das Telekommunikationsrecht erscheint daher auch nicht zielführend[494]. Für den Versand einer E-Mail ist der Einsatz von Hardware beim Nutzer und beim Anbieter erforderlich. Der Anbieter muss einen Server bereitstellen und die Netzanbindung sicherstellen, sodass hier viele IT-Infrastrukturkomponenten interagieren. Gleichzeitig stellt der Anbieter in der Regel aber zusätzlich noch einen Service zur Verfügung wie z. B. einen Virenscan eingehender E-Mails etc. Dies ist angesichts der oben genannten Bedrohungen unumgänglich und in gewisser Weise selbstverständlich. Für transaktionsbezogenes E-Government ebenfalls unumgänglich ist eine sichere und zuverlässige Feststellung der Identität des Nutzers bei einer Transaktion. Damit ist die E-Mail Infrastruktur und Dienst zugleich. Unter dem Blickwinkel staatlicher Aufgabenerfüllung dürfte das Identitätsmanagement daher im

488 *Schulz S. E,* in: Hill/Schliesky (Hrsg.) Die Vermessung des virtuellen Raumes, 265 (267).

489 *Hoffmann-Riem,* AöR 134 (2009), 513 (513); zur Einordnung des Internets als kritische Infrastruktur: *Schulz S. E/Tischer,* ZG 2013, 339 (341).

490 Dazu grundlegend: *Kloepfer* (Hrsg.), Schutz kritischer Infrastrukturen: IT und Energie, 2010.

491 *Schulz S. E,* in: Hill/Schliesky (Hrsg.), Die Vermessung des virtuellen Raumes, 265 (268); Im Facebook-Urteil des OVG Schleswig wird sogar eine Facebook-Fanpage als Infrastruktur bezeichnet: OVG Schleswig 4 LB 20/13, S. 19.

492 *Spiecker gen. Döhmann,* in: Hill/Schliesky (Hrsg.), Die Vermessung des virtuellen Raumes, 137 (137).

493 Vgl. hierzu *Härting,* CR 2007 311 (311 ff.); auf die Herausforderungen beim Grundrechtsschutz durch die voranschreitende Entwicklung verweist auch zu Recht *Hoffmann,* Die Gewährleistung der Vertraulichkeit und Integrität elektronischer Daten- und Dokumentensafes, S. 65.

494 *Schulz S. E,* in: Hill/Schliesky (Hrsg.), Die Vermessung des virtuellen Raumes, 265 (266).

hier verstandenen Sinne auch als Teil der Infrastruktur einzuordnen sein[495]. In den Infrastrukturbegriff, der hier zugrunde gelegt werden soll, fallen damit nicht nur physisch vorhandene Komponenten, sondern auch eine von einem Provider bereitgestellte Serviceleistung. Diese Leistung kann im allgemeinen Sprachgebrauch als Dienst bezeichnet werden. Insoweit besteht eine Konvergenz zwischen Diensten und Infrastrukturen. Nach dem hier entwickelten umfassenden Verständnis soll hier der sowohl Komponenten als auch Serviceleistungen umfassende Begriff Basisinfrastrukturen verwendet werden. Relevanz erlangt die Einordnung als Infrastruktur auch in rechtlicher Hinsicht, worauf zurückzukommen sein wird.

bb) Individuelle Infrastruktur des Nutzers

Zur Teilnahme an Angeboten im transaktionsbezogenen E-Government muss der private Nutzer mindestens über einen PC und einen funktionsfähigen Internetanschluss verfügen. Diese „individuelle Infrastruktur“ ist notwendiger Bestandteil für die Nutzung, stets aber auch Gefährdungen ausgesetzt, die gesamtgesellschaftliche Auswirkungen und Schäden hervorrufen können[496]. Daher ist diese zwingend in die Gesamtbetrachtung mit einzubeziehen. Die Infrastrukturen zur staatlichen Aufgabenerfüllung und die individuelle Infrastruktur des Nutzers müssen reibungslos zusammenarbeiten, um transaktionsbezogenes E-Government zu gewährleisten. Diese Infrastrukturen sind miteinander verzahnt. Dies ist auch im Hinblick auf den grundrechtlichen Schutz und die Frage nach staatlichen und individuellen Verantwortlichkeiten relevant. In dieser Arbeit soll eine integrative Betrachtung dieser Gesamtheit von Infrastrukturen erfolgen. Daher steht auch die Vorverlagerung des Grundrechtsschutzes in den Bereich der eigengenutzten individuellen Infrastrukturen[497] im Mittelpunkt des Interesses.

b) Dienste

Schließlich kommt es für die Entwicklung von transaktionsbezogenem E-Government auch auf das Vorhandensein von IT-gestützten Dienstleistungen an. Im virtuellen Raum besteht in vielfacher Hinsicht eine breite Palette an Dienstleistungen. Die Richtlinie über den elektronischen Geschäftsverkehr (E-Commerce-Richtlinie 2000/31/EG) erfasst nach Art. 1 „Dienste der Informationsgesellschaft“. Darunter versteht man jede in der Regel gegen Entgelt elektronisch im Fernabsatz und auf indivi-

---

495 *Schulz/Bosesky/Hoffmann*, DuD 2013, 95 (98); das De-Mail-Gesetz wird auch als „Infrastruktur-Gesetz“ bezeichnet von: *Schallbruch/Keller-Herder*, in: Bauer u. a. (Hrsg.), Verwaltungsverfahrensgesetz mit rechtlichen Aspekten des E-Government, 2. Aufl. 2014, Einl. De-Mail-Gesetz, Rn. 3; die eID-Funktion des nPA wird auch als Infrastruktur bezeichnet bei *Möller*, in: Hornung/Ders., § 18 PAuswG, Rn. 8.

496 Zum Begriff der individuellen Infrastruktur und den umfangreichen Gefahrenpotenzialen: *Schulz S. E*, in: Hill/Schliesky (Hrsg.), Die Vermessung des virtuellen Raumes, 265 (300 ff.).

497 Vgl. *Hoffmann-Riem*, in: Klumpp u. a. (Hrsg.), Netzwelt – Wege, Werte, Wandel, 165 (171).

duellen Abruf eines Empfängers erbrachte Dienstleistung[498]. Diese Definition ist sehr weit gefasst und gilt für den speziellen Bereich des E-Commerce[499]. Nach einer Ansicht soll ein Dienst dann vorliegen, wenn über die bloße Verständigungsleistung hinaus ein „Mehrwert", der eine ggf. mehrere Akteure umfassende Wertschöpfungskette aufweist, vorliegt und eine Leistung vorliegt, die ein marktfähiges Gut werden kann[500]. Fraglich ist, ob das, was die Verwaltung im transaktionsbezogenen E-Government erbringt, als Dienst bezeichnet werden kann.

8. Transaktionsbezogenes E-Government durch die Verwaltung

Sind in infrastruktureller Hinsicht die Diensteanbieter im Kontext des transaktionsbezogenen E-Governments in starkem Maße involviert, so fällt die jeweilige Transaktionsdienstleistung in den Verantwortungsbereich der Verwaltung selbst. Auf allen föderalen Ebenen gibt es eine große Anzahl von Fachverfahren, die sich für Transaktionsdienstleistungen eignen. Mittlerweile hat der Gesetzgeber auch erkannt, dass es einen Bedarf zur Förderung und gesetzgeberischen Einhegung transaktionsbezogener E-Government-Anwendungen gibt. Der Wille zur Förderung von E-Government kann sich im Zusammenhang mit dem verfassungsrechtlich gebotenen Kommunikationsschutz zu einer Handlungspflicht des Gesetzgebers verdichten[501]. Der Gesetzgeber hat insoweit konsequent mit dem EGovG einen richtungsweisenden Schritt vollzogen[502] und diesen durch das Online-Zugangsgesetz (OZG) ergänzt[503].

a) Multikanalprinzip als Leitbild

Vor dem Hintergrund der bereits angesprochenen Nutzertypologien und der Tatsache, dass es Bevölkerungsteile gibt, die transaktionsbezogenes E-Government auch in Zukunft auf absehbare Zeit nicht nutzen werden, kann der elektronische Kanal zur Verwaltung nicht der einzige bleiben. Das seit Jahren bekannte Konzept eines Multikanalzuganges[504] zur Verwaltung ist daher auch Leitbild des EGovG geworden[505]. Die Verwaltungsverfahren müssen daher aber erst noch „multikanalfähig" werden. Unter anspruchsvollen Transaktionsdienstleistungen ist insbesondere auch der Erlass elektronischer Verwaltungsakte zu fassen. Um dieses zu gewährleisten, ist das jeweilige Fachverfahren auch verwaltungsintern ganzheitlich zu konzipieren. Dabei stoßen

---

498 Nach Art 2 a sind „Dienste der Informationsgesellschaft" Dienste im Sinne von Artikel 1 Nummer 2 der Richtlinie 98/34/EG in der Fassung der Richtlinie 98/48/EG.

499 Zu den einzelnen Arten des E-Commerce: *Köhler/Arndt/Fetzer,* Recht des Internet, S. 56 ff.

500 *Hoffmann-Riem,* AöR 134 (2009), 513 (518) (Hervorhebung im Original).

501 *Heckmann,* in: Bauer u. a. (Hrsg.) Verwaltungsverfahrensgesetz mit rechtlichen Aspekten des E-Government, 1. Aufl. 2012, Einführung in Rn. 68 ff.

502 Vgl. hierzu BT-Drs. 17/10720; zu den Einzelheiten des Gesetzes näher unten unter: Teil 3, D., III.

503 BGBl. I 2017, S. 3122 (3138).

504 Generell zum Multikanalprinzip bzw. Mehrkanalansatz: *von Lucke,* Hochleistungsportale für die öffentlichen Verwaltung, S. 63 ff.; *Hagen,* in: Wind/Kröger, Handbuch IT in der Verwaltung, 591 (596 f.).

505 BR-Drs. 557/12, S. 49.

durchaus auch die Eigenlogik der Verwaltung und die des Internets aufeinander[506]. Jedenfalls bedarf es einer Analyse der Prozesse in der Verwaltung, da es bei einer ganzheitlichen Konzeption des E-Governments bereits auf die verwaltungsinternen Prozesse ankommt. Dies ist eine komplexe und für die Verwaltung aufwendige Aufgabe. Notwendigerweise muss aber transaktionsbezogenes E-Government bereits verwaltungsintern beginnen[507].

b) Gateway-Lösungen

Nimmt man dies als Prämisse, so stellt sich die Frage, wie sich die Verwaltung dann mit dem Netz verknüpft. Diese kann entweder einen Diensteanbieter auf dem Markt wählen oder eine interne Institution im Zuge einer sog. Gateway-Lösung[508] mit der technischen Abwicklung der E-Mail-Kommunikation betrauen. Unter einer Gateway-Lösung ist eine zentrale Stelle im Netzwerk einer Organisation gemeint, über die E-Mail-Verkehr abgewickelt werden kann[509]. Sowohl bei einem De-Mail-Diensteanbieter als auch bei einer internen Gateway-Lösung ist es notwendig, eine Konzeption zu finden, die einen Multikanalzugang zur Verwaltung abbildet[510]. Das Gateway als Infrastrukturkomponente entschlüsselt und verifiziert eingehende E-Mails und ist in der Lage, den hinausgehenden E-Mail-Verkehr zu verschlüsseln und zu signieren[511]. Gateways stellen damit einen wichtigen Baustein in der Gesamtkonzeption dar. Diese Gateway-Lösungen sollen es ermöglichen, die numerische Identität der handelnden Person der Organisation sicherzustellen. Im Zuge einer ganzheitlichen Konzeption kann es hier notwendig werden, dass durch die Ausgestaltung der Verbindung zwischen Arbeitsplatzrechner des Verwaltungsmitarbeiters und dem Gateway sichergestellt wird, dass der Verwaltungsmitarbeiter als natürliche Person erkannt werden kann[512].

c) Dokumentenmanagementsysteme und Vorgangsbearbeitungssysteme

Verwaltungsintern müssen die zu einem Fachverfahren gehörenden Vorgänge elektronisch abgebildet werden. Im Zusammenhang mit E-Government kommt IT-gestützten Vorgangsbearbeitungssystemen in der Verwaltung daher besondere Bedeutung zu, garantieren diese doch die Anschlussfähigkeit für die elektronische Kommunikation der Verwaltung nach außen. Die bisherige klassische papierbasierte Form

506 *Boehme-Neßler*, NVwZ 2007, 650 (653 ff.), der auf den unausweichlichen Anpassungsdruck der Verwaltungsorganisation und des Verwaltungsrechts an die Netz-Logik hinweist.

507 *Bernhardt*, VM 2011, 226 (226).

508 Verstanden wird hierunter das Bereitstellen einer technischen E-Mail-Infrastruktur wie z. B. das Government-Gateway durch den IT-Dienstleister Dataport.

509 *Pohlmann*, DuD 2010, 607 (610).

510 Nach den Angeboten der De-Mail-Diensteanbieter wie z. B. Mentana Claimsoft, Deutsche Telekom und GMX ist ein solcher Multikanalzugang möglich; vgl. auch BR-Drs. 557/12, S. 39, wonach für die Bundesverwaltung ein zentrales De-Mail-Gateway geplant ist.

511 *Pohlmann*, DuD 2010, 607 (610).

512 BT-Drs. 17/10720, S. 8.

der Aktenführung muss über diese Systeme abgebildet werden. An diese Systeme wird die Anforderung gestellt, dass sie Bearbeitungsschritte und Beteiligungen zutreffend dokumentieren, mit umfassender Sachverhaltsermittlung Grundlage für Verwaltungsentscheidungen sind und zu einem späteren Zeitpunkt auch Revisionszwecken genügen können[513]. Bei den Systemen für die öffentliche Verwaltung kann zwischen Dokumentenmanagement-Systemen, Workflow-Management-Systemen und Enterprise Content Management Systemen differenziert werden, die insbesondere auch die Rechtslage mit den einschlägigen Anforderungen im jeweiligen Fachverfahren abbilden müssen[514]. Untrennbar mit der Frage der Einführung dieser Systeme ist daher auch die Verwaltungsorganisation verknüpft[515].Weite Verbreitung hat das sog. DOMEA-Konzept gefunden[516]. Wesentlicher Inhalt dieses Konzeptes ist neben einem elektronischen Registratursystem und einer elektronischen Aktenablage die Möglichkeit zur vollständigen elektronischen Bearbeitung von der Erstellung bis zur Zeichnung des Dokuments einschließlich aller Verfügungen und Kenntnisnahmen[517]. Im Sinne einer ganzheitlichen Gestaltung von E-Government kommt es auch darauf an, dass diese Systeme Datenschutz und Datensicherheit gewährleisten können.

d) Anschlussfähigkeit der verwendeten Systeme

Die Kommunikationsbasisinfrastrukturen für elektronische Kommunikation mit dem Bürger sowie die IT-gestützten Vorgangsbearbeitungssysteme müssen miteinander kompatibel sein. E-Government bedeutet daher bei einer ganzheitlichen Betrachtung, dass eine Konzeption bereits verwaltungsintern beginnen muss. Dabei müssen die Kommunikationsbasisinfrastrukturen sowie die IT-gestützten Vorgangsbearbeitungssysteme der Herausforderung begegnen, das gleiche Niveau an Datenschutz und Datensicherheit zu bieten. Die verwaltungsinterne IT ist daher auch wesentlicher Bestandteil des E-Governments[518].

e) Nutzenpotenziale

Bei einer ganzheitlichen Konzeption von transaktionsbezogenem E-Government erschließen sich die Nutzenpotenziale für die Verwaltung. Eine konsequente Umsetzung bedeutet für alle föderalen Ebenen zunächst, dass Geld investiert werden muss[519]. Dies gilt zum einen für den Anschluss an die Kommunikationsinfrastrukturen, zum anderen aber auch für anschlussfähige Systeme innerhalb der Verwaltung. Notwendig ist es daher, transaktionsbezogenes E-Government ganzheitlich zu be-

---

513 *Arlt*, DVP 2008, 97 (98); *Laue*, Vorgangsbearbeitungssysteme in der öffentlichen Verwaltung, S. 234.

514 *Knaack/Göttsche*, in: Wind/Kröger (Hrsg.), Handbuch IT in der Verwaltung, 423 (423).

515 *Knaack/Göttsche*, in: Wind/Kröger (Hrsg.), Handbuch IT in der Verwaltung, 423 (425 ff.).

516 *Mayer*, Die Einführung IT-gestützter Vorgangsbearbeitung, S. 36 ff.

517 *Kampffmeyer*, in: Wind/Kröger (Hrsg.), Handbuch IT in der Verwaltung, 445 (449); zur Einführung von Dokumentenmanagementsystemen: *ders.*, in: Wind/Kröger (Hrsg.), Handbuch IT in der Verwaltung, 503 (503 ff.).

518 *Lukat*, in: Wind/Kröger, Handbuch IT in der Verwaltung, 293 (293 f.).

519 BR-Drs. 557/12, S. 42.

trachten. Dabei ist eine konsequente Prozessorientierung und -analyse unverzichtbarer Bestandteil[520]. Wirtschaftlichkeitspotenziale sind insbesondere auch in den verwaltungsinternen Abläufen zu finden[521]. Ein Aspekt, der insbesondere das transaktionsbezogene E-Government betrifft, ist der reduzierte Erfassungsaufwand für die Verwaltung durch medienbruchfreie Prozesse und z. B. das Ausfüllen elektronischer Formulare durch den Bürger.

Für den Bürger liegt der Nutzen in der Vereinfachung und Beschleunigung des Verfahrens. Angesichts der Tatsache, dass sich viele Lebensbereiche „ins Netz verlagern", wird für den Bürger ein Servicelevel möglich, wie er es von den Angeboten der Privatwirtschaft kennt.

9. Grenzen der Steuerungswirkung rechtlicher Instrumente

a) Recht und Realbedingungen

Durch die stetige Entwicklung zur Informationsgesellschaft mit all ihren Facetten hat auch ein Bedeutungswandel im Tatsächlichen für das Internet als Infrastruktur stattgefunden[522]. Von dieser Veränderung im Bereich der Realbedingungen kann auch das Recht nicht unberührt bleiben. Das Recht spiegelt die Wirklichkeit und diese Wirklichkeit ändert sich mit der Zeit, sodass der Gesetzgeber Veränderungen im Auge behalten muss[523]. Die Veränderungen in der digitalen Welt erfordern jedoch eine höhere „Taktzahl" gesetzgeberischer Aktivität, als es in anderen Lebensbereichen notwendig ist. Betrachtet man die Länge und den Aufwand von Gesetzgebungsverfahren, so fehlt auch deswegen oft die Möglichkeit des Gesetzgebers, schnell genug zu reagieren. Als Ergebnis dieser Entwicklung wird daher in der Literatur auch konstatiert, dass das Recht in der Summe unscharf wird und an Ab- und Eingrenzung, Eindeutigkeit und Klarheit sowie Formalität verliert[524]. Das Recht soll die komplexe Lebenswirklichkeit strukturieren, was das Recht aber auch an Grenzen führt. Recht und Realbedingungen stehen also in einem wechselseitigen Abhängigkeitsverhältnis. Nicht zuletzt hat das Recht die Funktionen, den Schutz des Schwächeren zu gewährleisten, Verantwortung an Verantwortungssubjekte zuzuweisen und Maßstäbe zur Orientierung zu schaffen.

b) Verrechtlichung und Steuerungswirkung

In vielen Lebensbereichen ergibt sich also eine Regelungsbedürftigkeit auf Grundlage veränderter Realbedingungen. Regelungsbedarf ergibt sich jedoch auch aus verfassungsrechtlichen Gründen. Dies ist insbesondere beim Schutz personenbezogener Daten der Fall. Im Kontext des Datenschutzes wird daher auch von Verrechtlichungs-

520 *Scheer/Kruppke/Heib*, E-Government, S. 7.
521 *Schliesky*, DVBl 2007, 1453 (1460).
522 *Luch/Schulz S. E.*, in: Schliesky (Hrsg.), Technikgestütztes Identitätsmanagement, 1 (2 ff.).
523 *Ernst*, in: Hoeren/Sieber/Holznagel (Hrsg.), Handbuch Multimedia Recht, Teil 28.1, Rn. 69.
524 *Boehme-Neßler*, Unscharfes Recht, S. 655.

gebot gesprochen, was bedeutet, dass jegliche Datenverarbeitung gesetzlich geregelt werden muss und die Normen bereichsspezifisch den Verwendungszweck präzisieren müssen[525]. Dieses Gebot ist stets zu beachten und führt daher zu einem weit ausdifferenzierten Datenschutzrecht. Insbesondere die bereichsspezifische Ausdifferenzierung erschwert die Rechtsanwendung[526]. Das Datenschutzrecht wird dadurch unüberschaubar[527]. Aus der Verrechtlichung folgen daher auch negative Konsequenzen, die sich auf die Durchschlagskraft des Datenschutzrechts auswirken. Gerade auch die Digitalisierung hat dazu beigetragen, dass die Verrechtlichung voranschreitet.

Neben dem Phänomen der Verrechtlichung stellt die Digitalisierung aber auch die rechtlichen Steuerungsinstrumente an sich im Datenschutzrecht infrage. So verlieren datenschutzrechtliche Instrumente wie die Einwilligung oder die Zweckbindung durch die Digitalisierung an Steuerungskraft, da ihre Eigenlogik derjenigen des Internets widerspricht[528]. Vor dem Hintergrund dieser ernüchternd anmutenden Feststellungen stellen einige die Frage, ob der Datenschutz noch eine Zukunft habe[529].

Der Rechtsordnung werden deswegen insgesamt nur begrenzte Antworten auf die Herausforderungen des Internetzeitalters zugetraut[530]. Bereits vor einiger Zeit hat sich daher schon die Erkenntnis durchgesetzt, dass rechtliche Regelungen allein zur Herstellung eines optimalen Datenschutzniveaus nicht ausreichen, sondern Datenschutz durch Technik im Wege sog. Privacy Enhancing Technologies (PET) ermöglicht werden müsste, womit eine technische Ausgestaltung von Datenverarbeitungssystemen gemeint ist, die bereits ihrer Konstruktion nach Risiken für personenbezogene Daten vermindert.[531] Neben Rechtsschutzmöglichkeiten geht es also auch um die Frage von tatsächlichem Schutz des Nutzers in der digitalen Welt[532]. Auch das BVerfG hat diese Erkenntnis berücksichtigt, indem es im Urteil zur Vorratsdatenspeicherung erstmals detaillierte organisatorisch-technische Maßnahmen zur Gewährleistung der Datensicherheit eingefordert hat[533]. Um größtmöglichen Datenschutz des Nutzers elektronischer Kommunikation zu erreichen, sind daher vollzugsoptimierende Maßnahmen tatsächlicher Art notwendig, worauf zurückzukommen sein wird.

Insgesamt besteht ein Spannungsverhältnis zwischen digitaler Flüchtigkeit und der Stabilisierungsfunktion des Rechts, was eine immense Herausforderung für das

---

525 *Petersen*, Grenzen des Verrechtlichungsgebotes im Datenschutz, S. 40; teilweise wird auch von „Verrechtlichungsfalle“ gesprochen: Vgl. *Hoffmann-Riem*, AöR 123 (1998), 514 (514 f.); *Bull*, ZRP 1998, 310 (313).

526 *Heckmann*, NJW 2012, 2631 (2631), spricht von „Rechtszersplitterung im Datenschutzrecht“; scheinbar paradox werden ein Zuviel und ein Zuwenig an datenschutzrechtlichen Regelungen zugleich beklagt: *Bechler*, Informationseingriffe durch intransparenten Umgang mit personenbezogenen Daten, S. 42; *Bull*, ZRP 1998, 310 (311).

527 *Wegener/Muth*, JURA 2010, 847 (848).

528 *Roßnagel*, APuZ 5-6/2006, 9 (12).

529 *Ladeur*, DÖV 2009, 45 (45) m. w. N.; *Bechler*, Informationseingriffe durch intransparenten Datenumgang, S. 18.

530 *Heckmann*, K&R 2010,770 (771).

531 *Hansen*, in: Roßnagel (Hrsg.), HBDSR, Kap. 3.3, S. 291 (292 ff.); *Yildirim*, Datenschutz im Electronic Government, S. 202.

532 *Hoffmann-Riem*, in: Klumpp u. a., Netzwelt – Wege, Werte, Wandel, 165 (169).

533 BVerfG, NJW 2010, 833 Rn. 221 ff.; *Gurlit*, NJW 2010, 1035 (1039).

Recht darstellt[534]. Da die Steuerungskraft rechtlicher Instrumente nicht mehr uneingeschränkt vorhanden ist, stellt sich die Frage, wie dies kompensiert werden kann. Bei der elektronischen Kommunikation ist daher auch der Blick auf vollzugsoptimierende Möglichkeiten zu richten, mit denen der Nutzer den Schutz seiner personenbezogenen Daten bewerkstelligen kann.

c) Mündiger Nutzer

Angesichts der schwindenden Steuerungswirkung des Datenschutzrechts kommt also einem Leitbild von einem mündigen, verantwortungsbewussten Nutzer eine besondere Rolle zu. Die Verantwortungsbereitschaft im digitalen Kontext ist, wie bereits analysiert, sehr unterschiedlich ausgeprägt. Datenschutz und Datensicherheit bei elektronischer Kommunikation spielen für viele Nutzer eine herausragende Rolle, sie sind als Bildungsaufgabe[535] zu verstehen, sodass sie daher auch Anforderungen an den Nutzer stellen und dessen aktive Mitwirkung voraussetzen. Notwendig ist aber auch, dass dem mündigen Nutzer ein hinreichender technisch-organisatorischer und rechtlicher Rahmen für eigenverantwortliches Handeln im digitalen Kontext zur Verfügung gestellt wird.

IV. Datenschutz und Datensicherheit

Nach Skizzierung der Gefahrenlage für das Identitätsmanagement im transaktionsbezogenen E-Government sowie der Herausforderungen und der kritischen Erfolgsfaktoren lässt sich festhalten, dass Datenschutz und Datensicherheit für den Nutzer eine zentrale Rolle spielen. Das Verhältnis beider Begriffe soll hier daher aus Gründen der Klarheit näher beleuchtet werden, da diese Begriffe häufig miteinander verwechselt werden und nicht immer differenziert gebraucht werden[536]. Doch zunächst sollen hier die Begriffe Daten und Informationen voneinander abgegrenzt werden, da dies im allgemeinen Sprachgebrauch meistens unterbleibt[537].

1. Daten

Daten werden insbesondere in informationstechnischen Kontexten als interpretationsfreie („bloße") Zeichen oder Symbole verstanden[538]. Die Erkenntnismöglichkeit von bloßen Daten ist demzufolge begrenzt und aus ihrer Existenz ergibt sich noch kein Hinweis auf die Schutzbedürftigkeit. Daten sind von Informationen zu unterscheiden.

---

534 *Boehme-Neßler*, NVwZ 2007, 650 (655).
535 *Wagner*, DuD 2012, 83 (84).
536 DIVSI Milieu-Studie zu Vertrauen und Sicherheit im Internet, S. 15; hierzu auch grundlegend: *Meints*, DuD 2006, 13 (13 ff.).
537 *Jendrian/Weinmann*, DuD 2010, 108 (108).
538 *Hoffmann-Riem*, AöR 134 (2009), 513 (517)(Hervorhebung im Original).

2. Informationen

Informationen stellen ein „Mehr“ gegenüber bloßen Daten dar. Diese betreffen und verändern ggf. den Bestand von Kenntnissen und unterscheiden sich durch ihren Sinngehalt von Daten[539]. Wenn Daten in einem bestimmten Kontext eine Bedeutung zugemessen wird, dann werden sie also zu Informationen[540]. Informationen sind jedoch nicht mit Wissen gleichzusetzen, da dieses erst entsteht, wenn die Bedeutung einer Information in einem bestimmten Situationszusammenhang erfasst wird[541]. Es besteht aber eine Abhängigkeit von Wissen und Information. Der situative Bezug kommt auch in dem Begriff der informationellen Selbstbestimmung zum Ausdruck.

In der Terminologie der Datenschutzgesetze hat sich aber der Begriff der personenbezogenen Daten eingebürgert, womit nach altem nationalen Datenschutzrecht Einzelangaben über persönliche oder sachliche Verhältnisse einer bestimmten oder bestimmbaren natürlichen Person (Betroffener) gemeint sind[542]. Die DS-GVO definiert nun in Art. 4 Nr. 1 DS-GVO als personenbezogene Daten *„alle Informationen, die sich auf eine identifizierte oder identifizierbare natürliche Person (im Folgenden „betroffene Person“) beziehen; als identifizierbar wird eine natürliche Person angesehen, die direkt oder indirekt, insbesondere mittels Zuordnung zu einer Kennung wie einem Namen, zu einer Kennnummer, zu Standortdaten, zu einer Online-Kennung oder zu einem oder mehreren besonderen Merkmalen, die Ausdruck der physischen, physiologischen, genetischen, psychischen, wirtschaftlichen, kulturellen oder sozialen Identität dieser natürlichen Person sind, identifiziert werden kann“.*

3. Datenschutz

Direkte häufige Verwendung finden jedoch die Begriffe Datenschutz und Datensicherheit. Der Begriff des Schutzes personenbezogener Daten ist aber auch irreführend und erlaubt Fehlinterpretationen, da sich ein personenbezogenes Merkmal erst ergibt, wenn Daten eine Bedeutung in Bezug auf eine Person zugemessen wird[543]. Es geht nicht um den Schutz von Daten an sich[544]. Es geht um den Schutz von Personen gegen Gefährdungen ihrer Persönlichkeit[545], was in stärkerem Maße im Begriff der informationellen Selbstbestimmung zum Ausdruck kommt. Dennoch ist der Begriff trotz seiner Missverständlichkeit fest in der Terminologie etabliert[546]. Dabei ist von dem Begriff „Datenschutz“ nicht nur die Missbrauchsbekämpfung beim Umgang mit personenbezogenen Daten, sondern auch der Schutz gegen Umgang ohne Miss-

539 *Hoffmann-Riem*, AöR 134 (2009), 513 (517); *Jendrian/Weinmann*, DuD 2010, 108 (108).

540 *Jendrian/Weinmann*, DuD 2010, 108 (108).

541 *Petri*, DuD 2010, 25 (26).

542 Vgl. § 3 Abs. 1 BDSG a. F.

543 *Büllesbach/Garstka*, CR 2005, 720 (721); *Petersen*, Grenzen des Verrechtlichungsgebotes im Datenschutz, S. 5.

544 *Schneider/Härting*, ZD 2012, 199 (200); *dies.*, ZRP 2011, 233.

545 *Rogall-Grothe*, ZRP 2012, 193 (194).

546 *Büllesbach/Garstka*, CR 2005, 720 (721).

brauchsabsicht umfasst[547]. Datenschutz hat die schützenswerten Rechtspositionen zum Gegenstand und betrifft damit die rechtliche Seite der Datenverarbeitung, wohingegen die Datensicherung die technisch-organisatorische Seite der Datenverarbeitung betrifft[548]. Vom Begriff des Datenschutzes ist auch der Umgang mit personenbezogenen Daten in papiergebundenen Akten umfasst[549]. Dies ist auch unter dem Regime der DS-GVO und dem ergänzenden nationalen Datenschutzrecht so.

4. Datensicherheit

Der Begriff der Datensicherheit hängt mit dem so verstandenen Begriff des Datenschutzes zusammen. Die Begrifflichkeiten sollten aber voneinander unterschieden werden, was im Einzelfall schwierig sein kann[550]. Während Datenschutz die schützenswerten Rechtspositionen des Betroffenen zum Gegenstand hat, sind mit Datensicherheit technisch-organisatorische Maßnahmen zum Schutz der Daten selbst vor Missbrauch, Verfälschung und Verlust bzw. Nicht-Verfügbarkeit gemeint[551]. Datensicherheit betrifft ausnahmslos die automatisierte Datenverarbeitung und nicht nur die Verarbeitung personenbezogener Daten[552]. Daher wird der Begriff auch im Zusammenhang mit papiergebundenen Akten nicht benutzt, sondern nur im Kontext elektronischer Datenverarbeitung. Das Begriffsverständnis hängt eng mit den angestrebten Schutzzielen zusammen, welche als normative Gebote Zielbestimmungen aufzeigen, damit Prinzipiencharakter haben und relativ zu den rechtlichen und tatsächlichen Möglichkeiten in größtmöglicher Weise verwirklicht werden sollen[553]. Die Datensicherheit verfolgt nach einer Auffassung grundsätzlich die gleichen Schutzziele wie der Datenschutz und ist notwendige Voraussetzung für diesen[554]. Nach anderer Auffassung sind die Datenschutz-Schutzziele auf den Schutz der informationellen Selbstbestimmung einer natürlichen Person ausgerichtet und unterscheiden sich daher von den klassischen Schutzzielen der Datensicherheit wie Verfügbarkeit, Integrität und Vertraulichkeit[555]. Damit geraten die Schutzziele von Datenschutz und Datensicherheit und die Frage, wie diese tatsächlich erreicht werden können, in den Mittelpunkt. Da die Schutzziele für jegliche Art der Datenverarbeitung und der elektronischen Kommunikation relevant sind, sollen diese hier kurz erläutert werden. Die Dis-

547 *Petersen*, Grenzen des Verrechtlichungsgebotes im Datenschutz, S. 5 (Hervorhebung im Original); in diese Richtung auch: *Schaar*, in: Zechner (Hrsg.), Handbuch E-Government, 441 (441).

548 *Warnecke*, in: Schliesky (Hrsg.), Technikgestütztes Identitätsmanagement, 215 (217); *Woertge*, Die Prinzipien des Datenschutzrechts und ihre Realisierung im geltenden Recht, S. 23; die Begriffe bedingen sich gegenseitig: *Schneider*, ZD 2011, 6 (7).

549 *Wohlfarth/Eiermann/Ellinghaus*, Datenschutz in der Gemeinde, S. 87.

550 *Bull*, Netzpolitik: Freiheit und Rechtsschutz im Internet, S. 123; *Rost*, DuD 2013, 85 (85 und 87) m. w. N.

551 *Federrath/Pfitzmann*, in: Roßnagel (Hrsg.) HBDSR, Kap 2.2, Rn. 5; *Meints*, DuD 2006, 13 (13).

552 *Wohlfarth/Eiermann/Ellinghaus*, Datenschutz in der Gemeinde, S. 87.

553 *Bock/Meissner*, DuD 2013, 425 (426) mit Verweis auf *Alexy*, Theorie der Grundrechte, 1986, S. 75.

554 *Lensdorf/Mayer-Wegelin*, CR 2009, 545 (545); *Rost/Pfitzmann*, DuD 2009, 353 (354 f.); als Synonym für den Begriff „Datensicherheit" wird auch häufig der Begriff der „IT-Sicherheit" gebraucht. *Federrath/Pfitzmann*, in: Wind/Kröger (Hrsg.), Handbuch IT in der Verwaltung, 273 (273).

555 *Bock/Meissner*, DuD 2013, 425 (425).

kussion um einzelne Schutzziele kann hier nicht im Einzelnen nachgezeichnet werden, da ansonsten der Rahmen der Arbeit gesprengt werden würde.

a) Schutzziel Verfügbarkeit

Als klassische Schutzziele der Datensicherheit sind Verfügbarkeit, Integrität und Vertraulichkeit seit Langem anerkannt[556]. So haben diese im Wege von Legaldefinitionen Eingang in das Datenschutzrecht gefunden. Verfügbarkeit ist nach § 5 Abs. 1 S. 2 Nr. 1 LDSG-SH a. F. gewährleistet, wenn Verfahren und Daten zeitgerecht zur Verfügung stehen und ordnungsgemäß angewendet werden können. Im Anhang zu § 9 Abs. 1 BDSG a. F. ist mit der Verfügbarkeitskontrolle ebenfalls dieses Schutzziel enthalten. Die Begriffsdefinition macht schon deutlich, dass sich die aus diesen Schutzzielen ergebenden Anforderungen primär an die datenverarbeitende Organisation richten[557].

b) Schutzziel Integrität

Das Schutzziel der Integrität von Daten vereint unterschiedliche Aspekte und ist nach § 5 Abs. 1 S. 1 Nr. 2 LDSG-SH a. F. dann sichergestellt, wenn diese unversehrt, vollständig, zurechenbar und aktuell bleiben. Das BVerfG hat den Begriff in Form des Grundrechts auf Vertraulichkeit und Integrität informationstechnischer Systeme in eigener Weise verwendet. Dieses Schutzziel adressiert insbesondere die genannten Gefahren, die durch Angriffe krimineller Hacker entstehen können, und richtet sich auch an datenverarbeitende Organisationen, um den Nutzer vor derartigen Gefahren zu schützen.

c) Schutzziel Vertraulichkeit

Als ein weiteres wichtiges klassisches Schutzziel der Datensicherheit ist die Vertraulichkeit zu nennen. Nach § 5 Abs. 1 S. 1 Nr. 3 LDSG-SH a. F. setzt diese voraus, dass nur befugt auf Verfahren und Daten zugegriffen werden kann. Das BVerfG hat diesen Begriff auch in eigener Weise in Bezug auf informationstechnische Systeme verwendet. Dieser Begriff wird auch in S. 2 der Anlage zu § 9 BDSG a. F. verwendet und nennt dort als technische Maßnahme die Verwendung von Verschlüsselungsverfahren, die dem Stand der Technik entsprechen.

d) Schutzziel Transparenz

Darüber hinaus werden weniger organisationsbezogen und stärker unter Datenschutzaspekten aus der Sicht des Betroffenen als „Neue Schutzziele“ die Transparenz,

556 *Bedner/Ackermann*, DuD 2010, 323 (323).
557 *Rost*, DuD 2013, 85 (86 ff.); *ders.*, in: Schmidt/Weichert (Hrsg.) Datenschutz, 353 (354 ff.); *ders.*, DuD 2011, 351 (352).

Nicht-Verkettbarkeit und Intervenierbarkeit vertreten[558]. Diese treten neben die klassischen Schutzziele und akzentuieren andere Aspekte und haben Eingang in das Datenschutzrecht gefunden. Nach § 5 Abs. 1 S. 2 Nr. 4 LDSG-SH a. F. ist Transparenz gegeben, wenn die Verarbeitung von personenbezogenen Daten mit zumutbarem Aufwand nachvollzogen, überprüft und bewertet werden kann. Damit stellt dieses Schutzziel angesichts der Komplexität von Datenverarbeitungsvorgängen eine hohe Anforderung an eine datenverarbeitende Organisation.

e) Schutzziel Nicht-Verkettbarkeit

Nicht-Verkettbarkeit ist nach § 5 Abs. 1 S. 2 Nr. 5 LDSG-SH a. F. dann gewährleistet, wenn personenbezogene Daten nicht oder nur mit unverhältnismäßig hohem Aufwand für einen anderen als den ausgewiesenen Zweck erhoben, verarbeitet und genutzt werden können. Dieses Schutzziel nimmt die Perspektive des Betroffenen ein, stellt aber die Anforderungen an die datenverarbeitende Organisation.

f) Schutzziel Intervenierbarkeit

Intervenierbarkeit erfordert nach § 5 Abs. 1 S. 2 Nr. 6 LDSG-SH a. F., dass die Datenverarbeitung in einer Art und Weise gestaltet wird, dass sie den Betroffenen die Ausübung ihrer Rechte ermöglicht. Dies bedeutet, dass die Verfahren der Datenverarbeitung so gestaltet werden müssen, dass die Betroffenen ihre Rechte wirksam ausüben können, was einen operativen Zugriff auf Verfahren und Daten erfordert[559].

g) Bedeutung der Schutzziele

Festzuhalten bleibt, dass alle genannten Schutzziele im Wege technisch-organisatorischer Maßnahmen erreicht werden müssen. Bei diesem Datenschutz durch Systemgestaltung stellt sich die Frage der Schutzbedürftigkeit der personenbezogenen Daten in jedem Datenverarbeitungskontext neu. Bei dem Erreichen von Schutzzielen stellt sich auch die Frage, an welchen Kommunikationspartner bzw. welchen Akteur Rechte und Pflichten oder einfach Lasten zum Erreichen der Schutzziele zu richten sind. Schutzziele gebieten daher jeweils Abwägungsentscheidungen für die datenschutzkonforme Gestaltung von Verfahren und für die Auswahl von Schutzmaßnahmen[560]. Schutzziele haben auch besondere Bedeutung im Kontext grundrechtlicher Schutzpflichten, worauf näher einzugehen sein wird. Dies gilt daher insgesamt auch im transaktionsbezogenen E-Government.

Besondere Bedeutung für die Erreichung der Schutzziele gewinnen Best Practices und Standards. Zu nennen sind hier die IT-Grundschutzkataloge des Bundesamtes

---

558 *Bock/Meissner*, DuD 2013, 425 (428 ff.); *Rost*, DuD 2011, 351 (352) (Hervorhebung im Original); stärkere Ausdifferenzierung auch bei *Bedner/Ackermann*, DuD 2010, 323 (324 ff.).

559 *Rost/Bock*, DuD 2011, 30 (33).

560 *Bock/Meissner*, DuD 2013, 425 (426); kritisch zu den Datenschutz-Schutzzielen: *Bull*, ZRP 1998, 310 (312).

für Sicherheit in der Informationstechnik (BSI) sowie die BSI-Standards[561]. Aus Sicht der datenverarbeitenden Organisation kann den dort festgelegten Maßstäben für die Frage der haftungsrechtlichen Verantwortlichkeit auch eine Bedeutung im Hinblick auf Sorgfaltsmaßstäbe zukommen[562]. Bei der Umsetzung der Schutzziele bedeutet dies, dass für Datenverarbeitungsprozesse organisationsintern Sollziele definiert werden müssen[563], was wiederum mit Abwägungsentscheidungen verbunden ist.

Bei den Schutzzielen wird insgesamt deutlich, dass Recht und Technik zusammenwirken müssen, um ein hohes Datenschutzniveau zu erreichen[564]. Das Datenschutzrecht und die technischen Maßnahmen zum Datenschutz haben das Erreichen dieser Schutzziele zum Ziel. Entscheidende Bedeutung erlangt daher auch die Ausgestaltung von Verfahren und Transaktionen. Auch nach der Rechtsprechung des BVerfG im Urteil zur Vorratsdatenspeicherung gibt es dem Grunde nach einen gegen den Staat gerichteten Anspruch des Einzelnen auf Sicherung seiner Daten vor unbefugter Nutzung durch Dritte, also einen Anspruch auf Datensicherheit[565]. Bei der praktischen Umsetzung dieses Anspruches erlangen die Schutzziele also auch Bedeutung. Die tatsächliche Ebene ist daher im Hinblick auf den Datenschutz zwingend mit einzubeziehen. Auf die tatsächliche Datensicherheit ist daher im E-Government ein großer Schwerpunkt zu legen[566]. In dieser Arbeit soll daher das Erreichen der tatsächlichen Datensicherheit unter Berücksichtigung der Schutzziele in die Betrachtungen einbezogen werden.

Die Schutzziele kommen auch unter dem Rechtsregime der DS-GVO bei der Umsetzung der rechtlichen Vorgaben im E-Government mittels des Standard-Datenschutzmodells (SDM) zum Tragen[567]. Die rechtliche Einordnung und die Ordnung der Schutzziele untereinander z. B. bei Widersprüchlichkeiten bleiben auch unter dem Regime der DS-GVO eine Herausforderung auf der Ebene der Umsetzung des Datenschutzes[568]. Diese Diskussion kann hier nicht im Einzelnen geführt werden, da ansonsten der Rahmen der Arbeit gesprengt werden würde.

5. Zielkonflikte von Datenschutz und Datensicherheit im E-Government

Bei der Umsetzung von transaktionsbezogenem E-Government können sich Zielkonflikte zwischen Datenschutz- und Datensicherheitsanforderungen auf der einen Seite und der nutzerfreundlichen und einfachen Ausgestaltung der E-Government-Anwendung auf der anderen Seite ergeben. Das Spannungsfeld liegt hier darin, dass der Nutzer bei der konkreten Transaktion möglichst wenig Aufwand haben will, zugleich aber ein sehr hohes Datenschutz- und Datensicherheitsniveau in Anspruch nehmen

561 Vgl. hierzu näher: *Lensdorf/Mayer-Wegelin*, CR 2009, 545 (545 ff.).
562 *Lensdorf/Mayer-Wegelin*, CR 2009, 545 (551 f.)
563 *Lukat*, in: Wind/Kröger (Hrsg.), Handbuch IT in der Verwaltung, 293 (300 f.)
564 *Bock/Meissner*, DuD 2012, 425 (431).
565 *Müller-Terpitz/Rauchhaus*, MMR 2013, 10 (14) mit Verweis auf: BVerfG, NJW 2010, 833 Rn. 221 ff.
566 *Ernst*, in: Hoeren/Sieber/Holznagel, Handbuch Multimedia-Recht, Teil 28.1, Rn. 62.
567 Vgl. die Entscheidungsniederschrift zur 26. Sitzung des IT-Planungsrats am 28. Juni 2018 Beschluss 2018/29, S. 8, wonach die Erprobungsfassung des SDM von den Mitgliedern genutzt werden soll.
568 Vgl. hierzu: *Robrahn/Bock*, DuD 2018, 7 (7 ff.); *Rost*, DuD 2018, 13 (13 ff.).

möchte, selbst aber diesbezüglich wenig Lasten und Aufwand tragen möchte[569]. Transaktionsbezogenes E-Government ist tendenziell darauf ausgerichtet, die Nutzenpotenziale für den privaten Nutzer und die Verwaltung zu heben. Das kann mit elementaren Datenschutz-Grundsätzen in Konflikt geraten. Hier sind insbesondere der Grundsatz der Direkterhebung, der Grundsatz der Zweckbindung, die Gebote von Erforderlichkeit und Sparsamkeit, die informationelle Gewaltenteilung, das datenschutzrechtliche Transparenzgebot sowie das Verbot automatisierter Verwaltungsentscheidungen zu nennen[570]. Diese Aspekte stehen sich aber nicht zwingend unversöhnlich gegenüber, sondern lassen sich sowohl rechtlich als auch tatsächlich lösen. Von Interesse sind in diesem Kontext die Fragen, in welcher Weise der jeweilige Akteur schutzbedürftig ist, welche Lasten ihm im Hinblick auf Datenschutz und Datensicherheit abverlangt werden können und welches Restrisiko er tragen muss.

6. Datenschutz und Datensicherheit als Akzeptanzfaktoren im E-Government

Der Frage, inwieweit bei E-Government-Anwendungen Datenschutz und Datensicherheit gewährleistet werden können, kommt unter dem Gesichtspunkt der Akzeptanz des Nutzers entscheidende Bedeutung zu.[571] Sichere Transaktionen als Vertrauensfaktor sind für den langfristigen Erfolg von E-Government entscheidend[572]. Vor dem Hintergrund der vorstehend skizzierten Zielkonflikte lässt sich damit zusammenfassend feststellen, dass bei einem hohen Niveau von Datenschutz und Datensicherheit der Schlüssel zu erfolgreichem E-Government liegt.

D. Identitätsmanagement-Infrastrukturen für E-Government-Anwendungen

Datenschutz und Datensicherheit im E-Government hängen maßgeblich von den eingesetzten Basisinfrastrukturen ab. Im Folgenden soll daher kurz auf die bestehenden Identitätsmanagement-Infrastrukturen eingegangen werden, die für transaktionsbezogene E-Government-Anwendungen zur Verfügung stehen. Dabei soll kurz dargestellt werden, welches Konzept diese im Kontext des E-Government verfolgen.

569 *Stutz,* in: Wind/Kröger (Hrsg.), Handbuch IT in der Verwaltung, 347 (365 ff.), nennt hier insbesondere sog. Cookies, die zu Zwecken der Wiedererkennung eines Nutzers z. B. beim Login verwendet werden.

570 *Nedden,* in: Bieler/Schwarting, e-Government, 318 (323 f.) = Rn. 263.

571 *Stollhoff,* Datenschutzgerechtes E-Government, S. 50; *Nedden,* in: Bieler/Schwarting, e-Government, 318 (318) = Rn. 258; *Stutz,* in: Wind/Kröger (Hrsg.), Handbuch IT in der Verwaltung, 347 (347).

572 *Schaar,* in: Zechner (Hrsg.), Handbuch E-Government, 441 (443).

I. Die eID-Funktion des neuen Personalausweises

Eine neue Basisinfrastruktur stellt das Konzept des neuen Personalausweises dar[573]. Neben der klassischen Funktion als Sichtausweis besteht bei diesem die Möglichkeit, den elektronischen Identitätsnachweis, die sog. eID-Funktion, zu nutzen[574]. Diese Funktion soll das Äquivalent zur Identifizierung durch Vorlage des Personalausweises sein und analog zur Vorlage ein zentrales, universell einsetzbares Instrument im Internet sein[575]. Damit soll die Funktion gerade auch als Infrastruktur neben dem Bereich des E-Business für E-Government-Anwendungen dienen[576]. Die eID-Funktion war zunächst grundsätzlich deaktivierbar („opt out"), wobei die Deaktivierung auch wieder rückgängig gemacht werden konnte[577], was bei der Abholung des Ausweises kostenfrei und zu einem späteren Zeitpunkt kostenpflichtig war[578]. Nunmehr gab es gesetzgeberische Aktivitäten bezüglich des PAuswG dahin gehend, dass die eID-Funktion automatisch und dauerhaft angeschaltet ist[579]. Darüber hinaus ist der neue Personalausweis nach § 22 PAuswG als sichere Signaturerstellungseinheit auszugestalten[580]. Diese Anwendung ist in Form eines „opt in" realisiert, sodass diese bei Ausstellung des Ausweises nicht vorhanden ist, der Inhaber sie jedoch jederzeit nachrüsten kann[581]. Die eID-Funktion stellt gegenüber der Authentisierung durch Nutzername und Passwort einen Sicherheitsgewinn dar[582]. Nach § 18 PAuswG ist eine beiderseitige Authentifizierung vorgesehen, wonach nicht nur der Nutzer seine personenbezogenen Daten an den Diensteanbieter übermitteln muss, sondern der Diensteanbieter auch verpflichtet ist, ebenfalls eine staatlicherseits geprüfte Identität zu übermitteln[583]. Die eID-Funktion ist als Zwei-Faktor-Authentisierung ausgestaltet[584], was bedeutet, dass für den Einsatz der Besitz der Karte und das Wissen der zugehörigen PIN

573 *Polenz*, MMR 2010, 671 (671 ff.); *Borges*, NJW 2010, 3334 (3336 ff.); näher zum Einsatz im E-Government: *Schulz S. E.*, DVP 2011, 222 (223 ff.); *Rogall-Grothe*, DVP 2011, 2 (2 ff.); *Klinger*, VM 2010, 327 (327 ff.); *Leven*, VR 2012, 3 (3 ff.), *Luderschmid*, KommP spezial 2009, 135 (135 ff.); zur Rolle als „Enabler" des Identitätsmanagments: *Schulz S. E.*, CR 2009, 267 (267 ff.).

574 *Polenz*, MMR 2010, 671 (673 ff.); *Bender u. a.*, DuD 2010, 761 (761); *Reisen*, DuD 2008, 164 (164); zum Einsatz mit mobilen Endgeräten: *Hornung/Horsch/Hühnlein*, DuD 2012, 189 (189 ff.).

575 *Borges*, NJW 2010, 3334 (3336); *Luch*, in: Schliesky (Hrsg.), Gesetz über Personalausweise und den elektronischen Identitätsnachweis, § 18, Rn. 2; *Roßnagel/Hornung*, DÖV 2009, 302 (304); *Roßnagel/Hornung/Schnabel*, DuD 2008, 168 (169).

576 *Möller*, in: Hornung/Möller, PassG und PAuswG Kommentar, Einf. Rn. 88; *Borges*, Rechtsfragen der Haftung im Zusammenhang mit dem elektronischen Identitätsnachweis, S. 261; *ders. u. a.*, Identitätsdiebstahl und Identitätsmissbrauch im Internet, 153 ff.; *Hense*, in: Goerlich (Hrsg.) Rechtsfragen der Nutzung und Regulierung des Internet, 73 (83).

577 *Deck/Reiners*, DVP 2011, 186 (186); bei der Ausstellung des Personalausweises durch die zuständige Behörde wird der Ausweisinhaber gefragt, ob er die eID-Funktion aktivieren möchte oder nicht.

578 *Leven*, VR 2012, 3 (4).

579 Vgl. BT-Drs. 18/11279, S. 17.

580 Zum Einsatz der qualifizierten elektronischen Signatur siehe unten unter Teil 2, D., IV.

581 *Deck/Reiners*, DVP 2011, 186 (186).

582 *Borges*, NJW 2010, 3334 (3337).

583 *Hansen*, DuD 2006 543 (546); *Schulz*; DVP 2011, 222 (223).

584 BT-Drs. 17/10720, S. 9; *Möller*, in: Hornung/Möller, PassG und PAuswG Kommentar, Einf. Rn. 88.

erforderlich sind. Damit wird dem bereits erwähnten Problem der unzureichend sicheren Identifikator-Lösungen konzeptionell entgegengewirkt.

Im Bundes-EGovG sind allerdings einige Erleichterungen zugunsten der eID-Funktion vorgesehen und ein partieller Ersatz für die Schriftform[585]. Ziel dieser Erleichterungen ist es, die eID-Funktion in Geschäftsprozesse der Verwaltung einzugliedern, um die Feststellung der numerischen Identität sicherzustellen. Bedeutung erlangt die eID-Funktion auch bei der Erstanmeldung für den De-Mail-Dienst[586]. Hier ist sie als sichere Art der Anmeldung vom Gesetz explizit vorgesehen. Ob der Nutzer die eID-Funktion beispielsweise dem Postident-Verfahren vorzieht, ist auch eine Frage der Nutzerfreundlichkeit. Die Auswahl der eID-Funktion hängt auch stark vom jeweiligen Nutzertypus und dessen Einstellung zu Datenschutz und Datensicherheit ab[587]. In der Tendenz wählen Nutzer eher alte und bewährte Lösungen, wenn diese einfach und bequem zu handhaben sind[588]. Für die Nutzung sicherer Basisinfrastrukturen für transaktionsbezogenes E-Government bedeutet das, dass diese zusammen mit der konkreten Anwendung dem Nutzer angeboten werden müssen, damit dieser den Sicherheitsgewinn für sich persönlich erfährt. Die eID-Funktion ist in ihrer technischen und rechtlichen Ausgestaltung von der qualifizierten elektronischen Signatur (qeS) zu trennen.

II. Das De-Mail-Konzept

Eine weitere Basisinfrastruktur für transaktionsbezogenes E-Government stellt der Dienst De-Mail dar. Für diesen ist ein eigener Rechtsrahmen in Form des De-Mail-Gesetzes vom 03.05.2011[589] geschaffen worden[590]. In einem Zwischenbericht der Bundesregierung nach Artikel 4 des Gesetzes zur Regelung von De-Mail-Diensten und zur Änderung weiterer Vorschriften vom 16.02.2015 wird der rechtliche Anpassungsbedarf kontinuierlich analysiert[591]. Nach diesem Bericht verfügen nach Auskunft der akkreditierten De-Mail-Anbieter ca. eine Million Privatnutzer und eine hohe fünfstellige Zahl von Organisationen (Unternehmen, Verwaltungen etc.) über De-

585 Hintergrundinformationen des BMI zum Entwurf eines Gesetzes zur Förderung der elektronischen Verwaltung, S. 2, abrufbar unter: http://www.bmi.bund.de/SharedDocs/Downloads/DE/Gesetzestexte/Entwuerfe/hintergrundpapier_egovg.pdf?__blob=publicationFile (letzter Abruf: 08.11.2015).

586 Vgl. dazu sogleich unter: Teil 2, D, II, 1.

587 *Kubicek*, DuD 2010, 43 (47); zum Sperrmanagement des nPA: *Bender u. a.*, DuD 2010, 295 (295 ff.).

588 Vgl. *Kubicek*, DuD 2010, 43 (47); *ders.*, eGov Präsenz, 50 (51), mit dem Hinweis auf eine Studie, welche die eID-Systeme in unterschiedlichen europäischen Ländern vergleicht.

589 *V. Blumenthal/Niclas*, ITRB 2011, 121 (121); kritisch *Lapp*, in: JurisPR-ITR, 25/2010, Anm. 2; *Spindler*, DB 2011, 1 (1).

590 Vgl. hierzu BT-Drs. 17/3630 sowie BR-Drs. 645/10; dazu Rose, K&R 2011, 439 (439 ff.); *Roßnagel*, NJW 2011, 1473 (1473 ff.); *Ders.*, CR 2011, 23 (23 ff.); zum vorherigen Entwurf eines Bürgerportalgesetzes: BR-Drs. 174/09, BT-Drs. 16/12598; *Stach*, DuD 2008, 184 (184 ff.); *Probst*, DSB 2/2009, 16 (16 ff.); *Warnecke*, MMR 2010, 227 (227 ff.); *Werner/Wegner*, CR 2009, 310 (310 ff.); *Schallbruch*, it 2009, 124 (125 ff.); *Steppling*, NJW-Editorial 18/2009; *Roßnagel u. a.*, DuD 2009, 728 (728 ff.); kritisch dazu *Lapp*, DuD 2009, 651 (651 ff.); *Ders.*, jurisPR-ITR 25/2010 Anm. 2.

591 BT-Drs. 18/4042.

Mail-Konten[592]. Vor Inkrafttreten des Rechtsrahmens gab es einen Pilotbetrieb, in welchem der Dienst getestet wurde[593]. Das Konzept findet in der Nationalen E-Government-Strategie insoweit Berücksichtigung, als in Ziel 4 die Forderung aufgestellt wird, dass sich alle geeigneten Verwaltungsangelegenheiten über das Internet abschließend elektronisch erledigen lassen, dafür Infrastrukturen bereitgestellt werden sollen und ein sicherer elektronischer Austausch von Daten und die sichere Identifizierung der Anbieter und Nutzer unter Beachtung des Datenschutzes erfolgen soll[594]. Dieses Ziel spricht daher auch transaktionsbezogene E-Government-Anwendungen in besonderem Maße an. Das Konzept sieht vor, dass die vom Gesetz Diensteanbieter[595] genannten privaten E-Mail-Provider[596] neben ihren herkömmlichen Angeboten eine gesonderte sichere E-Mail-Infrastruktur aufbauen[597]. Daneben sind ein Identitätsbestätigungsdienst sowie ein Dokumentensafe als Basisinfrastrukturen für den Nutzer vorgesehen, die in bestimmten Anwendungsszenarien das Angebot des E-Mail-Versandes ergänzen. Das Konzept geht davon aus, dass die Diensteanbieter Private sind und nicht der öffentliche Sektor, wobei dies nicht grundsätzlich durch das De-Mail-Gesetz ausgeschlossen ist. Damit folgt es der Logik, die De-Mail-Dienste dort zu verorten, wo bereits der herkömmliche E-Mail-Verkehr angeboten wird und stattfindet, nämlich bei den bisherigen Anbietern einfacher E-Mails. Mit Blick auf eine größtmögliche Verbreitung hat dies den Vorteil, dass die De-Mail-Dienste von den privaten Diensteanbietern ihren Kunden quasi als Erweiterung des Vertragsverhältnisses angeboten werden können. Insgesamt versteht sich das Konzept nicht als Ersatz bestehender Kommunikationsinfrastrukturen im E-Government und sonstiger Anwendungen zur Übermittlung von Nachrichten und Daten, sondern tritt neben diese, was § 1 Abs. 3 De-Mail-Gesetz klarstellt. Dies führte zum Teil zu der Kritik, dass das Projekt ohne ein fehlendes Gesamtkonzept ins Werk gesetzt worden[598] und „staatsgesteuert" sei[599]. Jedenfalls zielt das Konzept darauf ab, privaten Nutzern und Unternehmen E-Mail-Kommunikation mit einem höheren Niveau an Datenschutz und Datensicherheit im Sinne einer Grundversorgung[600] anzubieten, als es her-

592 BT-Drs. 18/4042, S. 2, zum De-Mail-Konzept im Zusammenhang mit dem Öffentlichen Wettbewerbsrecht: *Brackmann*, Die Schaffung und Regelung elektronischer Zugangsformen im Lichte des Öffentlichen Wettbewerbsrechts, insbesondere S. 77 ff.

593 Zu den Ergebnissen näher: *Gelzhäuser*, DuD 2010, 646 (646 ff.).

594 Kritisch zum ersten Entwurf eines Bürgerportalgesetzes im Hinblick auf Nutzerpflichten: *Fox*, DuD 2009, 387 (387); aus der Perspektive des E-Commerce: *Spindler*, CR 2011, 309 (309 ff.).

595 Nationale E-Government-Strategie, Beschluss des IT-Planungsrates vom 24.09.2010, S. 9 f., zu finden unter: http://www.cio.bund.de/SharedDocs/Publikationen/DE/Aktuelles/nationale_e_government_strategie_beschluss_20100924_download.pdf?__blob=publicationFile (letzter Abruf: 08.11.2015).

596 *Hoffmann*, DuD 2014, 762 (765), weist darauf hin, dass es derzeit nur private akkreditierte De-Mail-Diensteanbieter gibt, das Gesetz die Akkreditierung staatlicher Anbieter aber zumindest nicht ausschließt.

597 *Stach*, DuD 2008, 184 (184 f.); *Dietrich/Keller-Herder*, DuD 2010, 299 (301); FAZ vom 24.08.2012, S. 17, die Deutsche Telekom startete ihren De-Mail-Dienst am 31.08.2012; Behördenspiegel-Newsletter Nr. 562, S. 1.

598 *Heckmann*, jurisPR-ITR 25/2010, Anm. 2.

599 So beim ersten Gesetzentwurf: *Heckmann*, jurisPR-ITR 3/2009, Anm. 1.

600 *Stach/Wappenschmidt*, eGov Präsenz, 78 (78).

kömmliche Dienste leisten können. Die Anbieter müssen als Kernstück des Dienstes für den Transport der Nachrichten zwischen dem De-Mail-Anbieter des Senders und dem des Empfängers gewährleisten, dass sowohl ein verschlüsselter gegenseitig authentisierter Kanal genutzt wird, als auch, dass die einzelnen Nachrichten selbst verschlüsselt sind[601]. Die Diensteanbieter müssen umfangreiche technische Vorgaben zur Gewährleistung der sicheren Kommunikationsinfrastruktur einhalten[602].

1. Mailversand über De-Mail

Kernstück des De-Mail-Konzeptes ist der sichere Postfach- und Versanddienst, für den in § 5 De-Mail-Gesetz Vorgaben für den Diensteanbieter enthalten sind. Im Gegensatz zur teilweise bedenkenlosen Nutzung herkömmlicher E-Mails werden hiermit auch Erwartungen an eine gesteigerte Sensibilität und eine Verbesserung des Datenschutzes verbunden[603].

Der Rechtsrahmen des De-Mail-Gesetzes sieht in §§ 17–19 eine Akkreditierung der Anbieter vor, um sicherzustellen, dass der Diensteanbieter auch die technischen oder organisatorischen Anforderungen erfüllt und damit die Vertraulichkeitserwartungen des Nutzers erfüllt werden können. Es soll eine sichere Umgebung für elektronische Nachrichten von der Versendung bis zum Zugang geschaffen werden[604]. Die Sicherstellung der Anforderungen an die Diensteanbieter erfolgt nach den §§ 17–19 De-Mail-Gesetz über eine Akkreditierung. Es dürfen also ausschließlich akkreditierte Anbieter die De-Mail-Dienste erbringen. Diese erhalten nach § 17 Abs. 1 S. 3 De-Mail-Gesetz ein Gütezeichen als Nachweis für die umfassend geprüfte technische und administrative Sicherheit[605]. Unter dem Gesichtspunkt des Identitätsmanagements spielt die Erstregistrierung eine herausragende Rolle für alle De-Mail-Dienste. Der Gesetzgeber sieht hierin eine wesentliche Voraussetzung für die Vertrauenswürdigkeit sämtlicher De-Mail-Dienste[606]. Der Nutzer muss sich für den Dienst im Rahmen einer sicheren Erstanmeldung bei Eröffnung des De-Mail-Kontos registrieren. Vorgesehen ist die Anmeldung mit mindestens zwei Verfahren. Zum einen kommt hier der elektronische Identitätsnachweis des neuen Personalausweises in Betracht. Zum anderen muss der Diensteanbieter dem Nutzer ein weiteres Verfahren zur sicheren Erstanmeldung anbieten, damit nicht ausschließlich der neue Personalausweis die Voraussetzung für die Nutzung der De-Mail-Dienste ist. Die Bedeutung von De-Mail als Basisinfrastruktur für E-Government zeigt sich u. a. auch daran, dass die norddeutschen Bundesländer Schleswig-Holstein, Hamburg und Bremen die Möglichkeit einer gemeinsamen De-Mail-Infrastruktur bei ihrem IT-Dienstleister beabsichtigen[607].

601 *Roßnagel*, NJW 2011, 1473 (1475); zur generellen Notwendigkeit der Verschlüsselung elektronischer Kommunikation: *Thomsen*, in: Schmidt/Weichert (Hrsg.), Datenschutz, 381 (381 ff.).
602 Zu der Akkreditierung und Zertifizierung im Einzelnen: *Schumacher*, DuD 2010, 302 (302 ff.).
603 *Berlit*, JurPC Web-Dok. 39/2011, Abs. 34.
604 *Rose*, K&R 2011, 439 (440).
605 *Rose*, K&R 2011, 439 (444).
606 Vgl. die amtliche Gesetzesbegründung zu §§ 3, 4 De-Mail-Gesetz, BT-Drs. 17/3630, S. 17 und 18.
607 *Hanebuth*, Datareport 1/2012, 10 (12).

2. Identitätsbestätigungsdienst De-Ident

Optional „kann" der Diensteanbieter nach § 6 De-Mail-Gesetz den Identitätsbestätigungsdienst De-Ident anbieten. Dieser Dienst stellt eine Möglichkeit dar, dass Identitätsdaten durch den De-Mail-Diensteanbieter für eine sichere Authentifizierung gegenüber Dritten bestätigt werden[608]. Die Identitätsdaten werden hier durch den De-Mail-Diensteanbieter mittels De-Mail-Nachricht übermittelt[609].

In dieser Funktionalität ergibt sich eine deutliche Parallele zur eID-Funktion vom nPA. Welche praktische Bedeutung dem Dienst zukünftig neben der eID-Funktion zukommen wird bzw. ob sich ein System zulasten des anderen durchsetzt, muss die zukünftige Entwicklung zeigen[610].

3. Dokumentensafe: De-Safe

Als weiterer Dienst im Rahmen des De-Mail-Konzeptes sind in § 8 De-Mail-Gesetz elektronische Safes optional vorgesehen[611]. Diese sollen dem E-Government-Nutzer eine sichere Form der Ablage und Archivierung bieten und damit den E-Mail-Versand sinnvoll ergänzen. Das optionale Angebot dieses Dienstes unterscheidet sich von herkömmlichen Angeboten dieser Art dahin gehend, dass es die Anforderungen des De-Mail-Gesetzes zu Datenschutz und Datensicherheit sowie die hierzu einschlägigen untergesetzlichen Konkretisierungen erfüllen muss. Dieser Dienst soll in dieser Arbeit nur der Vollständigkeit halber erwähnt werden, ansonsten aber nicht weiter im Fokus stehen.

4. „Rechtssicherheit" durch vorherige Identifizierung beider Kommunikationspartner

Das De-Mail-Konzept wurde vielfach als „rechtssichere" Art der Kommunikation bezeichnet. Unklar war in diesem Kontext, was unter Rechtssicherheit der Kommunikation zu verstehen sein sollte[612]. Rechtssicherheit soll zum einen dadurch hergestellt werden, dass das Konzept dafür sorgt, dass die numerische Identität eines Interaktionspartners sicher festgestellt ist. Auch Zugangs- und Zustellungsfragen des E-Mail-Verkehrs werden unter diesem Oberbegriff diskutiert[613]. Darüber hinaus steht der Begriff „Rechtssicherheit" vielfach stellvertretend für die Erfüllung von Anforderungen an Datenschutz und Datensicherheit und ihrer bereits erörterten Schutzziele mit

---

608 *Roßnagel*, NJW 2011, 1473 (1476).

609 *Hoffmann*, DuD 2014, 762 (765).

610 So auch *Schulz S. E.*, DuD 2009, 601 (602); *Roßnagel/Hornung*, DÖV 2009, 301 (306).

611 Vgl. hierzu ausführlich: *Hoffmann*, Die Gewährleistung der Vertraulichkeit und Integrität elektronischer Daten- und Dokumentensafes, 25 ff.; *Schulz/Hoffmann/Klessmann* u. a., in: Schliesky (Hrsg.), Technikgestütztes Identitätsmanagement, 255 (255 ff.).

612 *Hense*, in: Goerlich (Hrsg.), Rechtsfragen der Nutzung und Regulierung des Internet, 73 (88); eine nähere Einordnung des Begriffes „Rechtssicherheit" im virtuellen öffentlichen Raum unter Berücksichtigung der Aufgabe des Rechts in der Gesellschaft erfolgt bei: *Knabe*, in: Schünemann/Weiler (Hrsg.), E-Government und Netzpolitik im europäischen Vergleich, 277 (282 ff.).

613 Vgl. hierzu *Mertes*, DuD 2010, 633 (635 ff.); *Bisges*, MMR Fokus, VIII (IX).

rechtlicher Verbindlichkeit[614]. Der Begriff rechtliche Verbindlichkeit umfasst wiederum auch Formerfordernisse in der Kommunikation wie z. B. das Schriftformerfordernis. Der Terminus „Rechtssicherheit" vereint also Begriffe wie Vertraulichkeit, Integrität und Nachweisbarkeit der Kommunikation und ist damit zum allumfassenden Kulminationspunkt in der Diskussion um sichere elektronische Kommunikation geworden. Aus der antizipierten Nutzersicht wird damit ein Ruf nach einem Rechtsrahmen laut, der die unter dem Begriff „Rechtssicherheit" zusammengefassten Anforderungen bei gleichzeitiger Einfachheit der Bedienung erfüllen soll. Aufgrund der Unschärfe des Begriffes „Rechtssicherheit" soll dieser in dieser Arbeit nicht weiter verwendet werden. Die einzelnen rechtlichen Anforderungen, die im Rahmen des De-Mail-Konzeptes zutage treten, sollen jeweils konkret behandelt werden.

III. Hybride Kommunikationsmöglichkeiten

1. Hybride Kommunikationsformen als Übergangsmöglichkeit

Neben den vollständig elektronisch abgewickelten Formen der elektronischen Kommunikation gibt es auch hybride Formen. Das bedeutet, dass ein Teil der Kommunikation nach wie vor papierbasiert abläuft. Bei einem Hybridbrief sendet der Absender auf elektronischem Wege eine Nachricht beliebigen digital speicherbaren und auf Papier ausdruckbaren Inhalts an einen Kommunikationsdienstleister, der den digitalen Inhalt dann ausdruckt, kuvertiert, adressiert und dann zustellt[615]. In diesem Kontext ist das Angebot des E-Postbriefs der Deutschen Post AG, welches eine vollelektronische Variante und eine hybride Variante vorsieht, zu nennen[616]. Das Angebot des E-Postbriefs besteht parallel zu dem Angebot von De-Mail als privatrechtliches Angebot und wird daher ausschließlich von dem Rechtsrahmen erfasst, der ohnehin für zivilrechtlich ausgestaltete und über das Internet angebotene Dienstleistungen gelten[617]. Es enthält aber ebenfalls Elemente wie eine sichere Erstregistrierung, eine dauerhafte Verbindung von E-Mail-Adresse und natürlicher Person, unterschiedliche Sicherheitsniveaus bei der Anmeldung, eine Transportverschlüsselung sowie den Versand von Empfangs-, Versand- und Abrufbestätigungen, die den Vorgaben des De-Mail-

614 In diese Richtung: *Busch/Holl*, in: Klumpp u. a. (Hrsg.), Netzwelt – Wege, Werte, Wandel, 233 (239); *Berlit*, JurPC Web-Dok. 39/2011, Abs. 34; *Stach*, DuD 2008, 184 (184).

615 *Heckmann/Seidl/Maisch*, Sicherheitsniveau bei der elektronischen Kommunikation, S. 19; *Cebulla*, DuD 2010, 308 (308).

616 Vgl. hierzu www.epost.de (letzter Abruf 18.08.2015); zu den Einsatzoptionen im E-Government: *Hoffmann/Luch/Schulz (u. a.)*, Der *E-POSTBRIEF* in der öffentlichen Verwaltung; *Brackmann u. a.*, Der *E-POSTBRIEF* in der Kommunalverwaltung; speziell zu Datenschutzfragen: *Schulz, S. E.*, DuD 2011, 263 (263 ff.); zum Einsatz bei Berufsgeheimnisträgern: *Luch/Hoffmann*, K&R 2014, 161 (161 ff.).

617 *Luch/Tischer*, DÖV 2011, 598 (598); eine ursprüngliche De-Mail-Zertifizierung des E-Postbriefs hat die Deustche Post AG wegen Nichtanerkennung des Postident-Verfahrens durch den Bundesbeauftragten für Datenschutz nicht weiter verfolgt: vgl. http://www.spiegel.de/netzwelt/netzpolitik/deutsche-post-macht-nicht-mehr-bei-de-mail-mit-a-893943.html (letzter Abruf: 08.11.2015).

Gesetzes ähnlich sind[618]. Hybride Kommunikationsformen sind als Übergangsmöglichkeit im Kontext des E-Governments denkbar. Viele Vorgänge in der öffentlichen Verwaltung laufen derzeit noch papierbasiert ab. Hier bekommt die Posteingangsdigitalisierung besondere Bedeutung.

2. Ersetzendes Scannen

In diesem Zusammenhang spielt das sog. ersetzende Scannen eine besondere Rolle. Hiermit ist gemeint, dass Papierdokumente nach dem Scannen und dem elektronischen Abspeichern vernichtet werden, um den Aufwand und die Kosten für eine doppelte Aktenführung und Archivierung zu vermeiden[619]. Dies ist Ausdruck eines Transformationsprozesses in Behörden mit der Zielsetzung, möglichst alle Geschäftsprozesse elektronisch abzubilden[620] und damit im o. g. Sinne anschlussfähig zu machen. Da dieser Transformationsprozess erst am Anfang steht, wird für das ersetzende Scannen im Rahmen des E-Governments eine große praktische Relevanz und ein großer Bedarf gesehen. Auch das EGovG sieht hierfür eine Regelung vor und verweist zwecks einheitlicher Standards auf die untergesetzliche technische Richtlinie TR RESISCAN[621]. Das ersetzende Scannen spielt im transaktionsbezogenen E-Government eine Rolle. In dieser Arbeit können jedoch im weiteren Verlauf nicht alle Probleme des ersetzenden Scannens gelöst werden, da ansonsten der Rahmen dieser Arbeit gesprengt werden würde.

IV. Die qualifizierte elektronische Signatur

Eine gängige Infrastruktur zur Sicherstellung der Authentizität elektronischer Kommunikation stellt seit jeher die qualifizierte elektronische Signatur (QES) dar[622]. Elektronische Signaturen sind technische Verfahren, die gewährleisten, dass eine signierte Nachricht von einem identifizierbaren Absender stammt und während der elektronischen Übermittlung zum Empfänger nicht verändert wurde, sodass sie als Bestandteil bisheriger Identitätsmanagement-Infrastrukturen für die Sicherheit des Rechtsverkehrs eine Rolle spielen[623]. Als ihr Primärzweck kann die Gewährleistung der Echtheit eines elektronischen Dokuments angesehen werden[624]. Der Nutzer braucht für die Anwendung eine sichere Signaturerstellungseinheit. Dies kann der nPA neben der eID-Funktion leisten. Der Einsatz von Pseudonymen wird bei der qeS einge-

---

618 *Hoffmann/Tallich/Warnecke*, MMR 2011, 775 (775).

619 *Roßnagel u. a.*, Scannen von Papierdokumenten – Anforderungen, Trends, und Entwicklungen, 2007, S. 19.

620 *Jandt/Wilke*, K&R 2009, 96 (97).

621 Hierzu BR-Drs. 557/12, S. 57. Zu den parallelen Bestrebungen und Szenarien in der Justiz: *Viefhues*, Elektronischer Rechtsverkehr Ausgabe 2, Rn. 86; hierzu auch *ders.*, in: Hoeren/Sieber (Hrsg.), Handbuch Multimediarecht, Nr. 24, Rn. 109.

622 Zur Entstehungsgeschichte *Bergfelder*, CR 2005, 148 (148 ff.); *Roßnagel*, K&R 2000, 313 (313 ff.).

623 *Schmitz/Schlatmann*, NVwZ 2002, 1281 (1283).

624 *Petersen C.*, Die Rechtsprobleme des Electronic Government, S. 130.

schränkt[625]. Die qeS kommt im Rahmen der De-Mail ebenfalls aufseiten des Diensteanbieters zum Einsatz. Dies erfolgt in der Konstellation, in der die De-Mail als vollständig schriftformersetzend nach § 3a Abs. 2 VwVfG eingesetzt wird[626]. Insbesondere nutzt der Diensteanbieter die qeS bei der absenderbestätigten De-Mail[627]. Zu berücksichtigen ist, dass die qeS rein dokumentenbezogen der Sicherung der Integrität von Dokumenten dienen kann, Unterschriftsurrogat sein kann sowie zur Verschlüsselung eingesetzt werden kann, was differenziert betrachtet werden muss[628]. Nach nunmehr vom BFH[629] und BGH[630] bestätigter Rechtsprechung ist die Schriftform des § 130 a ZPO durch ein Dokument, dessen Übermittlungscontainer qualifiziert elektronisch signiert wurde, erfüllt[631].

Die Identifizierung einer Person, wie sie der Identitätsbegriff dieser Arbeit zugrunde legt, bildet bei der qeS nur eine erforderliche Nebenfolge, weil bei dieser der Zweck darin liegt, ein elektronisches Dokument und den Antragsteller miteinander zu verbinden, um die Urheberschaft technisch abzubilden[632]. Sie ist aber im Gegensatz zu anderen Identifizierungsinfrastrukturen nicht primär zur Identifzierung des Antragstellers gedacht[633]. Insgesamt hat die qeS als alleinige Identifzierungsinfrastruktur nicht den erhofften Erfolg gebracht[634]. Zu einem breiten Einsatz der qeS ist es nur bei Rechtsanwälten, Notaren oder im Emissionshandel gekommen, wo der Einsatz gesetzlich vorgeschrieben war[635]. Der Rechtsrahmen für die qeS ergibt sich nunmehr aus der Verordnung des Europäischen Parlaments und des Rates über elektronische Identifizierung und Vertrauensdienste für elektronische Transaktionen im Binnenmarkt und zur Aufhebung der Richtlinie 1999/93/EG (eIDAS-Verordnung) und dem deutschen ergänzenden Vertrauensdienstegesetz (VDG)[636].

Die qeS findet daher nach wie vor Anwendung und soll hier daher Erwähnung finden. In dieser Arbeit sollen jedoch die spezifischen Probleme der qeS nicht im Vordergrund stehen.

---

625 *Heckmann/Albrecht,* in: Bauer u. a. (Hrsg.), Verwaltungsverfahrensgesetz mit rechtlichen Aspekten des E-Government, 2. Aufl. 2014, § 3a VwVfG, Rn. 114; *Schliesky,* NVwZ 2003, 1322 (1322 ff.).

626 BR-Drs. 557/12, S. 73.

627 BT-Drs. 17/19720, 5/6 ff.

628 So zu Recht: *Petersen C.,* Die Rechtsprobleme des Electronic Government, S. 130 f.

629 BFHE 215, 47= DStRE 2007, 515.

630 BGH NJW 2013, 2034 (2014).

631 *Müller,* NJW 2013, 3758 (3758).

632 *Hoeren/Sieber,* Multimedia-Recht, Teil 20, Rn. 72; *Petersen C.,* Die Rechtsprobleme des Electronic Government, S. 130.

633 *Petersen C.,* Die Rechtsprobleme des Electronic Government, S. 131.

634 Zum Verhältnis der qeS zu eID und De-Mail: *Stollhoff,* DuD 2013, 691 (691 ff.); Hintergundpapier des BMI zum E-Government-Gesetz, S. 2, abrufbar unter: http://www.bmi.bund.de/SharedDocs/Downloads/DE/Gesetzestexte/Entwuerfe/hintergrundpapier_egovg.pdf;jsessionid=66CD83CE5B96773058DA83193956EE06.2_cid287?__blob=publicationFile (letzter Abruf: 08.11.2015).

635 *Roßnagel,* NJW 2014, 3686 (3686).

636 Zur eIDAS-Verordnung vgl. Teil 3, B., X.; zum VDG: *Roßnagel,* MMR 2018, 31 (31 ff.).

V. Das Elektronische Gerichts- und Verwaltungspostfach (EGVP)

Der Vollständigkeit halber soll das Elektronische Gerichts- und Verwaltungspostfach (EGVP) Erwähnung finden. Dieses ist zwar primär eine Infrastrukturkomponente der Justiz[637], jedoch ist teilweise auch ein Einsatz für E-Government-Anwendungen ermöglicht worden[638]. Das EGVP sieht vor, dass Nachrichten verschlüsselt werden[639]. Das EGVP sieht zwingend aus Gründen der Authentizität der Kommunikation den Einsatz einer Signatur vor[640].

Bei den Nutzern des EGVP handelt es sich um einen geschlossenen Benutzerkreis. Über ein Verzeichnis ist erkennbar, wer über das EGVP erreichbar ist. Im Wesentlichen setzen Behörden diese Basisinfrastruktur für die Kommunikation mit Gerichten ein. Es gibt eine verschlüsselte Kommunikationsstrecke nach außen. Innerhalb der Verwaltung kann der Nachrichteneingang über ein Mailprogramm wie z. B. Outlook genutzt werden. Aufgrund der Tatsache, dass das EGVP nur in einem geschlossenen Benutzerkreis zur Anwendung kommt, ist es als Basisinfrastruktur für transaktionsbezogenes E-Government mit dem Bürger gegenwärtig nur bedingt geeignet. Zum 01.01.2016 wird es zahlreiche Änderungen rund um die technischen Komponenten geben, um welche sich die verschiedenen Nutzergruppen des EGVP kümmern müssen[641].

VI. Die elektronische Steuererklärung (ELSTER)

Eine spezielle Basisinfrastruktur für transaktionsbezogenes E-Government stellt die Möglichkeit der elektronischen Steuererklärung mittels des Verfahrens ELSTER dar. Dieses Verfahren stellt die erste E-Government-Anwendung in Deutschland dar, die eine massenhafte Verbreitung gefunden hat. Die Steuerverwaltung kann diesbezüglich auf eine mehrjährige Erfahrung zurückblicken. Eigentlich sieht der einschlägige § 87a Abs. 3 AO vor, dass die Schriftform nur mit einer qeS ersetzt werden kann. Über § 87 a Abs. 6 S. 1 AO kann das Bundesfinanzministerium (BMF) aber durch Verordnung ein anderes sicheres Verfahren zulassen, was mit der Steuerdaten-Übermittlungsverordnung geschehen ist. Die Steuerdaten-Übermittlungsverordnung (StDÜV) vom 05.03.2003 ist die erste Verordnung zur Übermittlung von „für das Besteuerungsverfahren erforderlichen Daten"[642]. Hiermit sollten die Authentizität sowie die Vertraulichkeit und Integrität der Steuerdaten in gleichem Maße sichergestellt

637 *Heckmann*, in: Wirtz (Hrsg.), E-Government, 93 (95); eine Übersicht über die nutzenden Gerichte und Behörden findet sich unter: http://www.egvp.de/gerichte/index.php und http://www.egvp.de/behoerden/Behoerden_Niedersachsen.pdf (letzter Abruf: 08.11.2015).

638 *Hoffmann u. a.*, Der E-Postbrief in der öffentlichen Verwaltung, S. 22.

639 *Berlit*, JurPC Web-Dok. 13/2006, Abs. 12.

640 *Ballhausen*, IT-Einsatz in der Justiz, S. 21 f.

641 Vgl. die Ankündigung unter: http://www.egvp.de/ (letzter Abruf: 08.11.2015).

642 *Deckers/Fiethen*, MMR 2013, 158 (158) (Hervorhebung im Original).

werden wie bei der qeS[643]. Der Nutzer kann zwischen den Varianten ELSTER-Basis, ELSTER-Spezial und ELSTER-Plus wählen. Bei ELSTER-Basis erhält der Nutzer ein geschütztes Software-Zertifikat, welches ein persönliches Authentifizierungs- und Verschlüsselungszertifikat ist, und zwei Schlüsselpaare, die aus einem öffentlichen und einem privaten Schlüssel bestehen[644]. Bei ELSTER-Spezial erhält der Nutzer einen passwortgeschützten USB-Sicherheitsstick und bei ELSTER-Plus ein Zertifikat auf einer Signaturkarte[645]. Je nach gewähltem Verfahren hat der Nutzer unterschiedliche infrastrukturelle Voraussetzungen zu erfüllen. Für die Signaturkarte ist in jedem Fall z. B. als weitere individuelle Infrastruktur ein Kartenlesegerät erforderlich. Für weitere Komfortfunktionen beim Ausfüllen der Steuererklärung gibt es viele verschiedene Programme von privaten Anbietern, die zur Steuerdaten-Übermittlung eine ELSTER-Schnittstelle enthalten, also mit der Infrastruktur ELSTER kompatibel sind. Insgesamt muss der Nutzer in seiner Sphäre Sorge für einen beträchtlichen Teil der Infrastruktur tragen. Das Verfahren funktioniert allerdings auch nicht in jeder Variante völlig medienbruchfrei. So ist es bei ELSTER-Basis immer noch erforderlich, dass der Nutzer eine ausgedruckte Version mit eigenhändiger Unterschrift parallel zur elektronischen Übermittlung der Steuerdaten an die Steuerverwaltung übermittelt. Die elektronisch übermittelten Steuerdaten bieten der Steuerverwaltung in erster Linie den Vorteil des reduzierten Erfassungsaufwandes, der sich dann auch in kürzeren Bearbeitungszeiten gegenüber einem vollständig papierbasierten Verfahren bemerkbar macht. Für den Nutzer kommt hier jedoch der Medienbruch mit Zusatzaufwand zum Tragen. Bei ELSTER handelt es sich um ein Verfahren, in dem die Steuerverwaltung direkt mit dem privaten Nutzer kommuniziert und kein privater Diensteanbieter für den Datentransport zwischengeschaltet ist[646], mit dem der Nutzer einen Vertrag schließen muss. Für die Zertifikate tritt ein Trustcenter der Steuerverwaltung in Erscheinung. Die angebotenen ELSTER-Verfahren sind allesamt reine Authentifizierungsverfahren und stellen keine qualifizierte Signierung wie bei der qeS dar[647].

VII. Das POSTIDENT-Verfahren

Eine weitere sichere Identifizierungsmöglichkeit, die in der analogen Welt seit jeher eingesetzt wird und auch im transaktionsbezogenen E-Government Bedeutung erlangt, ist das POSTIDENT-Verfahren der Deutschen Post AG. Da diese auch im Rahmen der elektronischen Kommunikation nach wie vor zum Einsatz kommt, soll sie nicht unerwähnt bleiben. Für die sichere Erstregistrierung im Rahmen der De-Mail-Dienste ist das Postident-Verfahren ausdrücklich als sichere Form der Erstregistrierung neben anderen analogen sicheren Verfahren mit vergleichbaren Anforderungen

---

643 BT-Drs. 17/10720, S. 5.

644 *Stollhoff*, Datenschutzgerechtes E-Government, S. 274.

645 *Stollhoff*, Datenschutzgerechtes E-Government, S. 274.

646 www.elster.de (letzter Abruf: 08.11.2015).

647 *Stollhoff*, Datenschutzgerechtes E-Government, S. 275.

vorgesehen[648]. Gleiches gilt für die sichere Erstregistrierung der Nutzer des E-Postbriefes der Deutschen Post AG[649]. Dieses Verfahren befriedigt die notwendigen Erwartungen an die Identität des Kommunikationspartners jeweils auf beiden Seiten. Identität im Sinne von Identifizierbarkeit hat in diesem Zusammenhang eine besondere Bedeutung. Beim sog. Postident-Basic-Verfahren erfolgt die Identifizierung einer natürlichen Person in einer Filiale der Deutschen Post AG, wo diese sich dann anlässlich eines bevorstehenden Rechtsgeschäfts identifizieren lässt[650]. Beim Postident-Comfort-Verfahren erfolgt die Identifizierung durch einen Zusteller an der Haustür eines Empfängers und beim sog. Postident-Special-Verfahren wird zusätzlich auf einem Originaldokument des Absenders nebst erfasster Personalausweisnummer beim Empfänger eine zweite Unterschrift eingeholt[651]. Im Zuge der Identifizierung bei E-Government-Basisinfrastrukturen dürfte im Wesentlichen das Postident-Basic-Verfahren zum Einsatz kommen. Die Deutsche Post AG ist aus der Mitarbeit beim Projekt De-Mail ausgestiegen, da die Einbettung des Postident-Verfahrens in die De-Mail-Konzeption gescheitert ist[652]. Grundsätzlich ist das Postident-Verfahren klar durch einen Medienbruch gekennzeichnet[653].

VIII. Das E-Postident-Verfahren

Ebenfalls von der Deutschen Post AG wird das sog. E-Postident-Verfahren angeboten, das der Vollständigkeit halber noch erwähnt werden soll. Um diesen Dienst nutzen zu können, muss die zu identifizierende Person Kunde des E-Postbriefes sein[654]. Mit diesem Dienst besteht die Möglichkeit, bei teilnehmenden Institutionen die Identität und das Alter nachzuweisen. Dieser Dienst soll für den Nutzer nach Auskunft der Webseite kostenlos sein[655]. Für den Bereich des E-Governments sind bisher allerdings kaum Anwendungsszenarien bekannt.

E. Zusammenfassung Teil 2

In Teil 2 wurden die für diese Arbeit maßgeblichen Grundbegriffe geklärt und die tatsächliche Ausgangslage für Identitätsmanagement und Datenschutz im E-Government unter Einbeziehung empirischer Erkenntnisse skizziert. Zentral ist der Begriff der numerischen Identität, also im Sinne von Identifizierbarkeit einer natürlichen

648 *Roßnagel*, CR 2011, 23 (26); *Rose*, K&R 2011, 439 (441).
649 Vgl. hierzu: http://www.epost.de/privatkunden/footer/rechtliches/agb.html (letzter Abruf: 08.11.2015).
650 *Möller*, NJW 2005, 1605 (1605).
651 *Möller*, NJW 2005, 1605 (1605).
652 Vgl. hierzu: http://www.spiegel.de/netzwelt/netzpolitik/deutsche-post-macht-nicht-mehr-bei-de-mail-mit-a-893943.html (letzter Abruf: 08.11.2015).
653 *Borges*, NJW 2010, 3334 (3336).
654 *Hoffmann*, DuD 2014, 762 (766).
655 Vgl. http://www.epost.de/privatkunden/epostident.html (letzter Abruf: 08.11.2015).

Person als Ausgangspunkt im Rahmen der elektronischen Kommunikation. Identitäten juristischer Personen lassen sich derzeit nur über den Umweg der für sie handelnden natürlichen Personen herstellen.

Es wurde dargestellt, dass das Begriffsverständnis von Identitätsmanagement im E-Government einem ganzheitlichen Ansatz folgen muss, um den multipolaren vielfältigen Kommunikationskonstellationen gerecht zu werden. Der zugrunde gelegte E-Government-Begriff schließt notwendigerweise Organisationsveränderungen in der Verwaltung ein. Dies gilt insbesondere für Angebote, die auf der Interaktionsstufe Transaktion einzuordnen sind.

Überblicksartig wurden die generellen und spezifischen Gefährdungslagen elektronischer Kommunikation dargestellt, denen Recht und Technik begegnen müssen. Dabei können Gefährdungen sowohl von staatlicher als auch von privater Seite ausgehen.

Die Darstellung der Nutzertypologie offenbarte, dass es einen höchst unterschiedlichen Umgang mit elektronischer Kommunikation der einzelnen Nutzertypen und der Frage der eigenen digitalen Verantwortungsbereitschaft gibt. Darüber hinaus wurde deutlich, dass es gesellschaftliche Gruppen gibt, die mittel- bis langfristig nicht für elektronische Kommunikation zu gewinnen sind.

Verdeutlicht wurde, dass es ein unterschiedlich ausgeprägtes Datenschutzbewusstsein der einzelnen Nutzer gibt. Dieses hängt eng mit der digitalen Verantwortungsbereitschaft zusammen. Die Befähigung zum verantwortungsbewussten Verhalten im digitalen Raum kann als gesamtgesellschaftliche Aufgabe gesehen werden.

Angesichts der Komplexität der digitalen Welt und der skizzierten Gefährdungen hat das Vertrauen des Nutzers eine herausragende Bedeutung als Mechanismus zur Komplexitätsreduktion. Der öffentliche Sektor genießt im Hinblick auf Datenschutz und Datensicherheit einen Vertrauensvorschuss, der genutzt werden muss und nicht verloren gehen darf. Es gibt ein Bewusstsein des Nutzers für die Gefahren elektronischer Kommunikation, denen rechtlich und tatsächlich begegnet werden muss.

Im Fokus des grundrechtlichen Schutzes stehen sowohl die Basisinfrastrukturen als auch die Kommunikationsvorgänge, die den Anforderungen von Datenschutz und Datensicherheit genügen müssen. Gekennzeichnet sind diese durch multipolare Akteurskonstellationen aus öffentlichem Sektor, Nutzer und privatem Diensteanbieter. Es gibt insgesamt ein gewachsenes „Konglomerat" an Basisinfrastrukturen für E-Government in Deutschland, die teilweise parallel nebeneinanderstehen, teilweise aber rechtlich unterschiedlich ausgestaltet sind. Die rechtliche Erfassung von Verantwortlichkeiten wird dadurch erschwert.

Im folgenden Kapitel soll der Rechtsrahmen für elektronische Kommunikation unter Einschluss der grundrechtlichen Anforderungen untersucht werden. Maßgeblich soll dabei sein, welche Schutzgehalte der einschlägigen Grundrechte im Kontext des transaktionsbezogenen E-Governments einschlägig sind. Wichtig ist hier ein ganzheitlicher Blick auf die Kommunikationsvorgänge, mögliche Schutzlücken und Verantwortungssphären und die Verantwortungsfähigkeit der einzelnen Akteure.

Teil 3: Rechtliche Grundlagen für Identitätsmanagement im E-Government

Hier soll nun sowohl der europarechtliche als auch der verfassungsrechtliche Rahmen für den Datenschutz bei elektronischer Kommunikation dargestellt werden. Damit soll aufgezeigt werden, welche Determinanten sowohl das Europarecht als auch das nationale Verfassungsrecht für Fragen des datenschutzgerechten Identitätsmanagements enthalten.

A. Europarechtliche Vorgaben für den Datenschutz bei elektronischer Kommunikation

Die grenzüberschreitenden Datenströme und die Ubiquität der Datenverfügbarkeit haben zu einer Rechtsentwicklung auf europäischer Ebene geführt. Diese kann bereits auf eine Entwicklung zurückblicken, die schrittweise der Bedeutung der automatisierten Verarbeitung personenbezogener Daten und des elektronischen Rechtsverkehrs Rechnung getragen hat. Diese Rechtsakte haben mit unterschiedlicher Durchsetzungskraft die nationale Gesetzgebung im Bereich des Datenschutzes beeinflusst. Diese Entwicklung soll im Folgenden der Chronologie und Relevanz folgend dargestellt werden, da nicht zuletzt von der europäischen Ebene Impulse für Datenschutz und Datensicherheit bei elektronischer Kommunikation ausgehen. Die Reihenfolge der Rechtsakte in der folgenden Darstellung ist insoweit zwingend.

I. Datenschutzkonvention des Europarats (1981)

Der Europarat hat im Jahr 1981 das „Übereinkommen zum Schutz des Menschen bei der automatisierten Verarbeitung personenbezogener Daten“ ausgearbeitet[656]. Es trat am 1. Oktober 1985 nach der Ratifikation durch Frankreich, Norwegen, Schweden, Spanien und die Bundesrepublik Deutschland in Kraft[657]. Der Verdienst dieser Datenschutzkonvention ist es, einige der bis zu diesem Zeitpunkt diskutierten Grundsätze zusammenzufassen, ohne dass wesentliche neue Aspekte hinzukamen[658]. Nichtsdestoweniger bewirkte die Tatsache, dass es sich um ein Dokument einer internationalen Organisation handelte, eine Sensibilisierung für die enthaltenen Grundsätze und für

656 Diese ist abrufbar unter: http://conventions.coe.int/Treaty/GER/Treaties/Html/108.htm (letzter Abruf: 08.11.2015).
657 *Lübking/Zilkens*, Datenschutz in der Kommunalverwaltung, 2. Aufl., 2008, Rn. 20.
658 *Simitis*, in: Ders. (Hrsg.), BDSG, Einl., Rn. 137.

Datenschutz überhaupt[659]. Die Unterzeichnerstaaten verpflichteten sich mit der Datenschutzkonvention, bestimmte Datenschutzprinzipien zu achten und innerhalb ihres Hoheitsgebietes durchzusetzen.

Die Konvention enthält in Art. 5 fünf Anforderungen an die Verarbeitung personenbezogener Daten: Erstens müssen personenbezogene Daten nach Treu und Glauben und auf rechtmäßige Weise beschafft sein und verarbeitet werden. Sie müssen zweitens für festgelegte und rechtmäßige Zwecke gespeichert sein und dürfen nicht so verwendet werden, dass es mit diesen Zwecken unvereinbar ist. Drittens müssen personenbezogene Daten den Zwecken, für die sie gespeichert sind, entsprechen, für diese erheblich sein und dürfen nicht darüber hinausgehen. Sie müssen viertens sachlich richtig sein und, wenn nötig, auf den neuesten Stand gebracht sein. Sie müssen fünftens so aufbewahrt werden, dass der Betroffene nicht länger identifiziert werden kann, als es die Zwecke, für die sie gespeichert sind, erfordern. Neben diesem Kern an Anforderungen sieht die Konvention in Art. 6 eine Anforderung an besonders sensitive Daten sowie in Art. 8 Schutzmöglichkeiten des Betroffenen vor. Für einen langen Zeitraum waren die Inhalte der einzige Maßstab für Fragen des Datenschutzes im internationalen Kontext. Ihr Verdienst war es, dass sie endgültig den Rahmen isolierter nationaler Reaktionen auf Probleme bei der Verarbeitung personenbezogener Daten sprengte[660] und die europäische Datenschutzlandschaft lange Zeit prägte[661].

II. Empfehlung des Europarates zum Schutz personenbezogener Daten im Internet von 1999

Im Zuge der gestiegenen Bedeutung des Internets verabschiedete das Ministerkomitee des Europarates am 23.02.1999 die Empfehlung zum Schutz personenbezogener Daten im Internet[662]. Die Empfehlungen enthielten sowohl Leitlinien für Nutzer als auch Leitlinien für Diensteanbieter[663]. Auch wenn der Schwerpunkt dieser Empfehlung auf den Bereich von E-Business und E-Commerce-Anwendungen abzielte, ist diese Empfehlung für E-Government-Anwendungen relevant, weil auch hier ähnliche Problemstellungen auftreten. Die in der Empfehlung angesprochenen Aspekte haben nach wie vor Aktualität.

Ein Schwerpunkt der Empfehlung lag darin, dem Nutzer zu vermitteln, dass das Internet Risiken birgt und dass er alle verfügbaren Maßnahmen wie z. B. kryptografische Verschlüsselung ergreifen sollte, um seine personenbezogenen Daten selbst zu schützen[664]. Damit tauchte das Element des Selbstschutzes als Lösungsmöglichkeit auf. Die Nutzer sollten durch Verwendung geeigneter technischer Mittel einen Bei-

659 *Lübking/Zilkens*, Datenschutz in der Kommunalverwaltung, 2. Aufl., 2008, Rn. 20.
660 *Simitis* in: Ders. (Hrsg.), BDSG, Rn. 137.
661 *Brühann/Zerdick*, CR 1996, 429 (429).
662 https://wcd.coe.int/wcd/com.instranet.InstraServlet?command=com.instranet.CmdBlobGet&InstranetImage=276580&SecMode=1&DocId=396826&Usage=2 (letzter Abruf: 18.08.2015).
663 *Schaar*, Datenschutz im Internet, Rn. 87 ff.
664 *Schaar*, Datenschutz im Internet, Rn. 88.

trag dazu leisten, das Hinterlassen von Datenspuren im Netz zu vermeiden. Dies sollte durch die anonyme Nutzung von Diensten als wirksamste Datenschutzmaßnahme im Internet erreicht werden. An den Stellen, wo eine anonyme Nutzung nicht möglich ist, sollten die Nutzer Pseudonyme einsetzen. Die Nutzer sollen datensparsam mit ihren personenbezogenen Daten umgehen, indem sie dem Diensteanbieter nur die unbedingt notwendigen Daten preisgeben. Zu besonderer Vorsicht wird im Umgang mit Kreditkartendaten geraten. Die Empfehlung ruft auch ins Bewusstsein, dass die E-Mail-Adresse ein personenbezogenes Datum ist und ihre Preisgabe mit Risiken verbunden sein kann. So wird darauf hingewiesen, dass diese von Dritten in Adressverzeichnissen und Nutzerlisten gespeichert werden kann. Im Falle einer nicht gewünschten Verwendung der E-Mail-Adressen wird geraten, dem Verwendungszweck zu widersprechen. Die Empfehlung sieht den Nutzer als wichtigsten Akteur für den Datenschutz, da er im Internet eigenverantwortlich handelt. Ihm wird geraten, sich über die Datenschutzpolitik seines Diensteanbieters zu informieren. Ist diese unzureichend, so wird den Nutzern geraten, den Anbieter zu wechseln und ggf. die zuständige Datenschutzaufsichtsbehörde einzuschalten. Dem Nutzer wird für Datenübermittlungen ins Ausland geraten, sich über das Datenschutzniveau im Empfängerland zu informieren, welches deutlich niedriger als im Heimatland sein könne. Damit geht die Empfehlung von der Prämisse aus, dass den Nutzer digitale Verantwortlichkeiten treffen und dieser über ein gewisses Maß an Datenschutzbewusstsein und Medienkompetenz verfügen muss.

Für die Diensteanbieter sieht die Empfehlung Verfahren und Technologien vor, die besonders datenschutzfreundlich sind. Die Möglichkeit einer Zertifizierung wird vorzugsweise empfohlen und die besondere Bedeutung von Datenintegrität, Vertraulichkeit und logischer Sicherheit der Daten bei ihrer Übertragung betont. Für den Diensteanbieter wird eine frühzeitige Information des Nutzers empfohlen. So soll der Anbieter den Nutzer vor einer Registrierung über Datenschutzrisiken im Internet informieren. Er soll über Mittel des technischen Selbstschutzes wie kryptografische Verschlüsselung und digitale Signaturen informieren und diese zu einem günstigen Preis anbieten. Der Diensteanbieter soll über Möglichkeiten der Anonymisierung und Pseudonymisierung informieren. Die Anbieter sollen gewährleisten, dass Kommunikationsinhalte nicht von Dritten zur Kenntnis genommen werden können. Ihnen wird aufgegeben, personenbezogene Daten von Nutzern nur zu erheben, zu verarbeiten oder zu speichern, soweit es für explizit genannte Zwecke zulässig ist. Sie sollen für den Nutzer deutlich sichtbar eine Datenschutzerklärung auf ihre Webseite stellen. Es wird empfohlen, keine versteckte Datenerhebung durchzuführen. Die Veröffentlichung von personenbezogenen Daten im Internet soll mit äußerster Zurückhaltung erfolgen, da diese die Privatsphäre des Nutzers beeinträchtigen könnte.

An den Empfehlungen wird sichtbar, dass diejenigen für den Nutzer mit denen für den Diensteanbieter korrespondieren. Auf der Seite des Nutzers ist die Schwierigkeit, ein Bewusstsein für die Gefahren im Internet und damit für die Notwendigkeit der Einhaltung der Empfehlungen zu schaffen. Die Empfehlungen dürften vielfach auch an der „Usability“ scheitern. Viele Sicherheitsmechanismen machen das Surfen im Internet umständlicher. Das Einfügen von kryptografischen Mechanismen und elektronischen Signaturen in einen Vorgang ist hierfür ein Beispiel.

Auf der Seite der Diensteanbieter gibt es wirtschaftliche Interessen, die einer Umsetzung der Empfehlungen entgegenstehen. Der wirtschaftliche Wert, den personenbezogene Daten und vollständige Nutzerprofile bieten, ist zu groß, als dass er ignoriert werden könnte. Aufseiten der Diensteanbieter ist die Neigung daher nicht groß, derartige freiwillige Empfehlungen vollständig umzusetzen. Die Empfehlungen sind daher kein wirksamer Mechanismus, um die verfolgten Ziele zu erreichen. Nichtsdestotrotz sind die Empfehlungen wichtig auf dem Weg, ein Bewusstsein zu schaffen. Deutlich wird auch, dass die Verantwortlichkeit des Diensteanbieters stärker ist als die des Nutzers, weil er den größeren Einfluss auf die Infrastrukturen hat.

III. Europäische Grundrechtecharta

Die Charta der Grundrechte soll im Rahmen dieser Arbeit kurz Erwähnung finden, da auch sie Vorgaben für den Schutz personenbezogener Daten enthält. Auf ihrer Tagung in Nizza im Dezember 2000 haben die Staats- und Regierungschefs der Mitgliedstaaten der Europäischen Union die vorher durch einen Konvent unter Vorsitz des ehemaligen Bundespräsidenten Roman Herzog ausgearbeitete Charta der Grundrechte der Europäischen Union beschlossen[665]. In Art. 8 regelt die Grundrechtecharta das Recht auf Schutz personenbezogener Daten. In Art. 8 Abs. 2 sind Vorgaben für die Verarbeitung personenbezogener Daten enthalten. Demnach dürfen Daten nur nach Treu und Glauben für festgelegte Zwecke und mit Einwilligung der betroffenen Person oder auf einer sonstigen gesetzlichen Grundlage verarbeitet werden. Ferner sind ein Auskunftsrecht und ein Berichtigungsanspruch enthalten. Damit enthält die Europäische Grundrechtecharta Maßstäbe, die bereits in anderen europäischen Rechtsakten enthalten sind und teilweise auch bereits in den nationalen Rechtsordnungen. Die Charta entfaltet zwar keine unmittelbare Rechtswirkung[666], hat aber dennoch datenschutzrechtliche Relevanz für ganz Europa[667]. Die Formulierung in Art. 8 Abs. 1 deutet auf eine objektivrechtliche Wirkungsdimension hin. Diese Regelung betrifft allerdings als Schutzobjekt nur die personenbezogenen Daten und ist nicht abwägungsfähig, da keine Abstufung nach Eingriffsintensitäten vorgenommen wird[668].

665 Zu finden unter: http://eur-lex.europa.eu/LexUriServ/LexUriServ.do?uri=CELEX:32000X1218(01):DE:NOT (letzter Abruf: 08.11.2015); vgl. auch *Däubler-Gmelin*, EuZW 2000, 1; *Pache*, EuR 2001, 475 (475 ff.); speziell zur Umsetzung in nationales Recht: *Gounalakis/Mand*, CR 1997, 431 (431 ff.).

666 *Schaar*, Datenschutz im Internet, Rn. 91.

667 *Weichert*, DuD 2013, 246 (246).

668 *Schneider/Härting*, CR 2014, 306 (312).

IV. Europäische Datenschutzrichtlinie (DSRL)

Die Europäische Datenschutzrichtlinie 95/46/EG (DSRL) war ein richtungsweisender Rechtsakt der Europäischen Gemeinschaft, der den Datenschutz zum Gegenstand hatte[669] und ist durch die europäische Datenschutz-Grundverordnung (DS-GVO) abgelöst worden[670]. Da nach Erwägungsgrund 9 der DS-GVO die Ziele der DSRL nach wie vor Gültigkeit haben und die DS-GVO inhaltlich teilweise an der DSRL ansetzt, soll diese hier behandelt werden. Die DSRL hatte auf die nationalen Rechtsordnungen größeren Einfluss als die Konvention des Europarates, da ihre Umsetzung in den Mitgliedsstaaten sanktionsbewehrt ist. Prinzipiell gehen diese Vorgaben den Bindungen nationaler Grundrechte vor[671]. Es existieren faktisch Abstimmungserfordernisse mit dem nationalen Verfassungsrecht, da es keine Divergenz bei den Bindungen des nationalen Gesetzesrechts geben darf[672]. Schon deswegen können generell die Regelungskonzeptionen gemeinschaftsrechtlicher Richtlinien nicht ausgeblendet werden. Die Richtlinie nahm keine Trennung zwischen privatem und öffentlichem Sektor vor und hatte daher auch Auswirkungen auf den E-Government-Bereich[673]. Auf Bundesebene erfolgte die Umsetzung erst verspätet durch die Änderungen im BDSG a. F. von 2001, was zu einem Vertragsverletzungsverfahren gegen die Bundesrepublik Deutschland führte[674].

Im Folgenden sollen die grundlegenden Aspekte der DSRL Erwähnung finden, um die Entwicklungslinien zur DS-GVO zu verdeutlichen.

Art. 1 Abs. 1 DSRL führt aus, dass die Mitgliedsstaaten der Europäischen Union nach dieser Richtlinie den Schutz der Grundrechte und Grundfreiheiten und insbesondere den Schutz der Privatsphäre natürlicher Personen bei der Verarbeitung personenbezogener Daten gewährleisten sollen. In Art. 1 Abs. 2 DSRL wird klargestellt, dass der freie Verkehr personenbezogener Daten zwischen den Mitgliedsstaaten hierbei nicht beschränkt oder untersagt werden kann. Als schützenswerte Positionen stehen sich also hier die Privatsphäre des Einzelnen und der freie Datenverkehr gegenüber. Zur Beseitigung der Hemmnisse für den freien Datenverkehr und um die Ziele des Binnenmarktes zu erreichen, wird ein gleichwertiges Schutzniveau als unerlässlich erachtet[675].

Die Grundkonzeption der DSRL sieht zwei Kategorien von Daten vor und spaltet auch damit die Rechtmäßigkeit der Verarbeitung in grundsätzlich zu beachtende und

669 Richtlinie 95/46/EG, EU-DSRL vom 24.10.1995, zu finden unter http://eur-lex.europa.eu/legal-content/de/ALL/;ELX_SESSIONID=4pnkJqKFhpXJ8wfv61JLXGGxynzZVmCnHJR4GGK1HHmp29QvS7v2!672356356?uri=CELEX:31995L0046 (letzter Abruf: 08.11.2015).

670 Dazu sogleich unten unter: Teil 3, A., IX.

671 Hierzu statt vieler: *Caspar*, DÖV 2000, 349 (349 ff.).

672 *Albers*, Informationelle Selbstbestimmung, S. 311.

673 *Burkert*, HBDSR, Kap. 2.3, Rn. 44; vgl. *Albers*, Informationelle Selbstbestimmung, S. 311 ff., m. w. N., dass dies in den ursprünglichen Entwürfen noch anders war.

674 *Tinnefeld/Ehmann/Gerling*, Einführung in das Datenschutzrecht, S. 120; *Ohlenburg*, K&R 2003, 265 (265).

675 Erwägungsgrund 8.

solche, die nur für bestimmte Kategorien von Daten gelten sollen[676]. Im Gegensatz zur Rechtsprechung des BVerfG, wonach die Sensibilität von Daten nicht von ihrem Inhalt abhänge, geht die Richtlinie ausweislich des Wortlautes des Art. 8 DSRL davon aus, dass bestimmte Arten personenbezogener Daten schon aufgrund ihres Inhaltes schützenswerter seien als andere. Begründet wird dies auch damit, dass unter den Mitgliedsstaaten ein breiter Konsens darüber besteht, dass es bei bestimmten Kategorien von Daten schon aufgrund ihres Inhalts das Risiko gebe, das Recht der betroffenen Person auf Privatsphäre zu verletzen.[677] Die Grundkonzeption im deutschen Recht nahm grundsätzlich keine vergleichbare Spaltung vor, sondern knüpft an den Erhebungs- und Verwendungszweck an. Insoweit liegt der DSRL auch ein anderes Verständnis als den deutschen Maßstäben des informationellen Selbstbestimmungsrechts zugrunde. Das Zweckbindungsgebot steht in der DSRL konkurrierend neben anderen Kriterien und ist nach seinem Wortlaut und seiner Systematik der Datenschutzkonvention des Europarates entnommen[678]. Das bedeutet, dass die Auslegung der Zweckbindungsvorschriften innerhalb der Systematik der DSRL bleiben muss und sich Rückschlüsse aus dem nationalen Recht oder der deutschen Dogmatik verbieten.

Weitere konkurrierende Anforderungen der DSRL neben dem Zweckbindungsgrundsatz sind das Erfordernis einer Treu und Glauben entsprechenden Art der Datenverarbeitung und der Grundsatz der Datenrichtigkeit und Zeitbindung. Diese Grundsätze bilden in ihrem Zusammenspiel eher eine Grundlage einer objektiveren Informationsordnung, als dass diese eine Bindung der Betroffenen an ihre Daten bezwecken[679].

Die DSRL benutzt an einigen Stellen den Begriff der Identität des für die Verarbeitung Verantwortlichen. So wird der Begriff bei den Informationsrechten des Betroffenen in Art. 10 und 11 DSRL verwendet. Definiert wird der Begriff dort nicht. Die Vorschrift regelt ein Verfahren zur Klarstellung der Identität des für die Verarbeitung Verantwortlichen. In Art. 2 a DSRL befindet sich eine Legaldefinition des Begriffes der personenbezogenen Daten. Danach sind personenbezogene Daten alle Informationen über eine bestimmte oder bestimmbare natürliche Person. Als bestimmbar wird danach eine Person angesehen, die direkt oder indirekt identifiziert werden kann, insbesondere durch Zuordnung zu einer Kennnummer oder zu einem oder mehreren spezifischen Elementen, die Ausdruck ihrer physischen, physiologischen, psychischen, wirtschaftlichen, kulturellen oder sozialen Identität sind[680]. Diese Vorschrift setzt also mit bestimmten Attributen versehene Identitäten einer natürlichen Person voraus. Einen direkten Hinweis auf numerische Identitäten im digitalen Umfeld enthält die Vorschrift nicht. Sie regelt aber in Art. 3 Abs. 1, dass sich der Gel-

676 *Forgò/Krügel/Rapp*, Zwecksetzung und informationelle Gewaltenteilung, S. 24.

677 So die Begründung zum geänderten Vorschlag Abl. EG v. 27.11.1992, S. 18.

678 *Damman*, in: Simitis (Hrsg.), BDSG, § 14, Rn. 37.

679 *Forgò/Krügel/Rapp*, Zwecksetzung und informationelle Gewaltenteilung, S. 25.

680 In der Begründung der Richtlinie sind als Identifikationskriterien z. B. der Name, die Sozialversicherungsnummer, die Verknüpfung von Alter, Beschäftigung und Anschrift oder Fingerabdrücke und genetische Merkmale genannt.

tungsbereich auf die ganz oder teilweise automatisierte Verarbeitung personenbezogener Daten sowie deren nicht automatisierte Verarbeitung erstreckt, die in einer Datei gespeichert sind oder gespeichert werden sollen. Damit setzt sie zumindest eine Identität des Nutzers im Rahmen einer elektronischen Datenverarbeitung voraus. Enthalten sind in der DSRL aber Ausnahmen vom Anwendungsbereich für bestimmte Arten von Datenverarbeitungen, die nicht in den Anwendungsbereich des Gemeinschaftsrechts fallen[681]. So ergibt sich aus Art. 3 Abs. 2 i. V. m. dem Erwägungsgrund 13 DSRL, dass Datenverarbeitungen bei Tätigkeiten der Gemeinsamen Außen- und Sicherheitspolitik und der Polizeilichen und Justiziellen Zusammenarbeit in Strafsachen sowie Verarbeitungen, welche die öffentliche Sicherheit, die Sicherheit des Staates und die Tätigkeiten des Staates im strafrechtlichen Bereich betreffen, ausgenommen sind[682]. Diese Ausnahmen gelten insbesondere für digitale Personalausweise, weil diese als staatliches Identifikationsdokument eingesetzt werden und dabei gerade der Abwehr von Gefahren für die öffentliche Sicherheit dienen sollen[683]. Der deutsche Gesetzgeber hat bei der Umsetzung der Richtlinie diese Einschränkungen des Anwendungsbereiches nicht ins nationale Recht übernommen, sondern allgemeingültige Normen geschaffen. Generell sind E-Government-Dienstleistungen dem Bereich der Leistungsverwaltung zuzurechnen und daher auch nicht von diesen Ausnahmen erfasst.

Die materiellen Kernvorgaben der DSRL finden sich in Art. 5 bis Art. 17. Hierbei knüpfen die hier genannten Grundsätze an Art. 5 der Datenschutzkonvention des Europarats an. Die dortigen Vorgaben werden teilweise übernommen sowie konkretisiert und erweitert[684]. In Art. 6 Abs. 1 lit. a DSRL findet sich enumerativ als Erstes die Vorgabe, dass personenbezogene Daten nach Treu und Glauben und auf rechtmäßige Weise erhoben werden müssen. Damit ist ein generalklauselartiger Maßstab an den Anfang gestellt worden. Dieser setzt Anknüpfungspunkte für die Rechtmäßigkeit nach nationalem Recht voraus. Die ebenfalls in Art. 6 Lit a DSRL genannte Datenverarbeitung „auf rechtmäßige Weise" verpflichtet die Mitgliedsstaaten, Rechtmäßigkeitsvoraussetzungen aufzustellen, an denen der Umgang mit personenbezogenen Informationen und Daten zu messen ist[685]. In Art. 6 lit. b und c DSRL ist der zentrale Grundsatz der Zweckbestimmung geregelt. Hiernach dürfen personenbezogene Daten gemäß ihrer Zweckbestimmung erhoben werden und dürfen nicht mit einer mit diesen Zweckbestimmungen nicht zu vereinbarenden Weise weiterverarbeitet werden[686]. In Art 6 Abs. 1 lit. d DSRL ist der Grundsatz der Datenrichtigkeit geregelt, wonach personenbezogene Daten sachlich richtig sein und, wenn nötig, auf den neues-

681 *Albers*, Informationelle Selbstbestimmung, S. 319.

682 Zu den diesbezüglich vorhandenen eigenständigen Regelungen: *Bull*, in: Lamnek/Tinnefeld (Hrsg.), Globalisierung und informationelle Rechtskultur in Europa, 217 (222).

683 *Golembiewski/Probst*, Datenschutzrechtliche Anforderungen an den Einsatz biometrischer Verfahren in Ausweispapieren und bei ausländerrechtlichen Identitätsfeststellungen, S. 30; *Hornung*, Die digitale Identität, S. 137.

684 Vgl. Erwägungsgrund 11 der EG-DSRL.

685 *Albers*, Informationelle Selbstbestimmung, S. 322.

686 Bei diesem zentralen Grundsatz unterscheiden sich das BDSG a. F., welches eine strenge Zweckidentität verlangt, von der DSRL, welche die Zweckvereinbarkeit für die Rechtmäßigkeit der Datenverar-

ten Stand gebracht werden müssen. Hiernach sind alle angemessenen Maßnahmen zu treffen, damit im Hinblick auf die Zwecke, für die sie erhoben oder weiterverarbeitet werden, nicht zutreffende oder unvollständige Daten gelöscht oder berichtigt werden. An dieser Stelle wird deutlich, dass die DSRL die in Art. 6 genannten Grundsätze als Qualitätsanforderungen versteht. In Art. 6 Abs. 1 lit. e DSRL ist das wichtige Element der zeitlichen Begrenzung einer Speicherung geregelt. Hiernach dürfen personenbezogene Daten nicht länger, als es für die Realisierung der Zwecke, für die sie erhoben oder weiterverarbeitet werden, erforderlich ist, in einer Form aufbewahrt werden, die die Identifizierung der betroffenen Person ermöglicht. Diese Vorschrift setzt das Bestehen eines Identitätsmanagements im Rahmen elektronischer Datenverarbeitung voraus, indem es an die Aufbewahrung die Anforderung stellt, dass die Identifizierung der betroffenen Person ermöglicht wird. Neben dem Element der zeitlichen Begrenzung im Rahmen der Zweckbindung wird in Art. 6 Abs. 1 lit. e DSRL ein Gebot möglichst frühzeitiger Anonymisierung und Pseudonymisierung gesehen[687].

In Art. 7 DSRL sind Schranken für die Verarbeitung gesetzt. Liest man diese mit den Regelungen in Artt. 5 und 6 DSRL zusammen, so stellt sich diese Rechtskonstruktion ähnlich einem Verbot mit Erlaubnisvorbehalt dar[688]. Die Verarbeitungsschranken sind im Rahmen der ursprünglichen Zweckbestimmung der Daten und auch im Falle zweckändernder Nutzungen anwendbar[689]. Als Erstes ist die Einwilligung der betroffenen Person in die Datenverarbeitung in Art. 7 lit. a DSRL genannt. Neben dieser Verortung erkennt man die herausragende Bedeutung der Einwilligung auch daran, dass diese in Art. 2 lit. h DSRL legaldefiniert wird. Danach ist eine Einwilligung jede Willensbekundung, die ohne Zwang, für den konkreten Fall und in Kenntnis der Sachlage erfolgt und mit der die betroffene Person akzeptiert, dass personenbezogene Daten, die sie betreffen, verarbeitet werden. Die Formulierung „ohne jeden Zweifel" erlaubt auch eine konkludente Einwilligung, die aber eindeutig gegeben worden sein muss[690]. Das Element der Einwilligung spielt auch bei vielen E-Government-Dienstleistungen eine zentrale Rolle. In lit. b folgt die zur Erfüllung eines Vertrages erforderliche Datenverarbeitung, in lit. c die Erfüllung rechtlicher Pflichten des Verarbeitenden und in lit. d die Datenverarbeitung zur Wahrung lebenswichtiger Interessen der betroffenen Person. In lit. e ist die Erforderlichkeit einer Datenverarbeitung für die Wahrnehmung einer Aufgabe, die im öffentlichen Interesse liegt oder in Ausübung öffentlicher Gewalt erfolgt und dem für die Verarbeitung Verantwortlichen oder einem Dritten übertragen wurde, enthalten. Es wird hier, der Grundkonzeption der DSRL folgend, nicht zwischen privaten und öffentlichen Stellen unterschieden, sondern an eine mögliche Aufgabenübertragung angeknüpft, die durch einen Rechtsakt erfolgen muss. In lit. f ist schließlich eine Abwägungsklausel enthal-

---

beitung ausreichen lässt; zur Rolle des Zweckbindungsgebotes auch: *Forgò/Krügel/Rapp*, Zwecksetzung und informationelle Gewaltenteilung, S. 24 ff.

687 *V. Zezschwitz*, HBDSR, Kap. 3.1, Rn. 16; zu den Elementen der Anonymisierung und Pseudonymisierung vgl. unten: Teil 5, C.

688 *Forgò/Krügel/Rapp*, Zwecksetzung und informationelle Gewaltenteilung, S. 25.

689 *V. Zezschwitz*, HBDSR, Kap. 3. 1, Rn. 17.

690 *Albers*, Informationelle Selbstbestimmung, S. 326.

ten, die eine Datenverarbeitung zulässig werden lässt, wenn sie zur Verwirklichung eines berechtigten Interesses des für die Verarbeitung Verantwortlichen oder eines Dritten erforderlich ist und nicht die Grundrechte und Grundfreiheiten der betroffenen Person überwiegen.

Art. 8 enthält eine spezielle Regelung für besonders sensitive Daten[691]. Dies sind Daten, aus denen die rassische und ethnische Herkunft hervorgeht, politische Meinungen, religiöse oder philosophische Überzeugungen, Daten über die Gewerkschaftszugehörigkeit sowie solche über Gesundheit oder Sexualleben. Diese Vorschrift unterscheidet sich von der deutschen Regelungskonzeption, die nicht an Datenkategorien anknüpft, sondern das Grundrecht auf informationelle Selbstbestimmung als Entscheidungsrecht über die Preisgabe und Verwendung personenbezogener Daten sieht[692].

Neben den Anforderungen an den für die Verarbeitung Verantwortlichen sind in den Artt. 10 bis 12 DSRL Informationsrechte des Betroffenen geregelt. Hierzu wird die Auffassung vertreten, dass es sich hierbei um Wissensrechte handele, die auf dem „Beteiligtsein" oder der „Betroffenheit" beruhten[693]. Zentrales Element ist hier die Identität des für die Verarbeitung Verantwortlichen. Auch an dieser Stelle ist der Begriff genannt und vorausgesetzt, ohne allerdings definiert zu werden.

V. Richtlinie für den Schutz personenbezogener Daten und der Privatsphäre in der elektronischen Kommunikation 2002/58/EG

Die Richtlinie über die Verarbeitung personenbezogener Daten und den Schutz der Privatsphäre in der elektronischen Kommunikation 2002/58/EG wurde 2002 erlassen. Ausweislich des Erwägungsgrundes 2 ist das Ziel dieser Richtlinie die Achtung der Grundrechte sowie nach Erwägungsgrund 3 die Vertraulichkeit der Kommunikation. Sie nimmt in Erwägungsgrund 4 Bezug auf die Richtlinie 97/66/EG und ersetzt diese. Im Mittelpunkt steht hier die durch die Entwicklung auf den Märkten notwendig gewordene Anpassung der Richtlinie 97/66/EG. Regelungsgegenstand sind nach Art. 3 Abs. 1 TK-DSRL elektronische Kommunikationsdienste und damit auch der Bereich des E-Governments. Nicht erfasst sein sollen Inhalte, die über elektronische Kommunikationsnetze zum Abruf bereitgehalten werden[694]. Die TK-DSRL zielte als Konkretisierung der EG-DSRL noch auf die Vertraulichkeit der Kommunikation für interaktive Dienste über Telekommunikationsnetze und war daher von ihrem Anwendungsbereich sehr eng gefasst[695]. Die Anpassung durch diese Richtlinie, welche somit eine

691 Dies steht im Gegensatz zur nationalen deutschen Interpretation des Grundrechts auf informationelle Selbstbestimmung, welche nach Maßgabe des Volkszählungsurteils davon ausgeht, dass es kein „belangloses" Datum mehr gebe; vgl. BVerfGE 65, 1 (45) (Hervorhebung im Original).

692 Zu den unterschiedlichen Regelungskonzeptionen: *Weber*, EG-Datenschutzrichtlinie, S. 330 f.; *Forgò/Krügel/Rapp*, Zwecksetzung und informationelle Gewaltenteilung, S. 24.

693 So *Albers*, Informationelle Selbstbestimmung, S. 331 ff; nach anderem Verständnis seien diese Informationsrechte allein mit Blick auf die Rechtsschutzinteressen der Betroffenen zu verstehen, so *Ehmann/Helfrich*, EG-Datenschutzrichtlinie, Art. 10, Rn. 2.

694 *Schaar*, Datenschutz im Internet, Rn. 114.

695 Erwägungsründe 1-3 TK-DSRL.

aktualisierte Ergänzung der EG-DSRL darstellt[696], soll gewährleisten, dass den Nutzern öffentlich zugänglicher elektronischer Kommunikationsdienste unabhängig von der zugrunde liegenden Technologie ein gleiches Maß an Schutz personenbezogener Daten und der Privatsphäre zugutekommt. Die hier beabsichtigte Technikneutralität[697] im Datenschutz ist ein Element, welches auch heute noch in der datenschutzrechtlichen Diskussion aktuell ist[698].

Diese Richtlinie setzt das Vorhandensein numerischer Identitäten des Nutzers i. S. v. Identifizierbarkeit voraus, liefert aber hierfür keine Definition. In Erwägungsgrund 25 wird die Verwendung sog. „Cookies" als Hilfsmittel zur Überprüfung der an Online-Transaktionen beteiligten Nutzer genannt. Für den Fall, dass derartige Instrumente einem rechtmäßigen Zweck dienen, wird ihr Einsatz als zulässig erachtet. Als Beispiel hierfür wird die Erleichterung von Diensten der Informationsgesellschaft genannt. Die Zulässigkeit ist an die Bedingung geknüpft, dass der Nutzer gemäß den Vorgaben der EG-DSRL klare und genaue Informationen über den Zweck dieser Instrumente erhält. Ebenso wird eine aktive Ablehnungsmöglichkeit für die Speicherung derartiger Instrumente im Endgerät des Nutzers gefordert. Die Gefährdung durch den Zugriff eines anderen Nutzers auf das entsprechende Endgerät wird hier erkannt. Der Erwägungsgrund 25 empfiehlt, die Verwendung von Cookies von einer in Kenntnis der Sachlage gegebenen Einwilligung abhängig zu machen, wenn der Einsatz insgesamt rechtmäßig ist. Bei der Einwilligung verweist die Richtlinie auf die EG-DSRL.

Der Erwägungsgrund 43 nimmt erstmals die Verwendung falscher (digitaler) Identitäten beim Versand unerbetener Nachrichten zum Zweck der Direktwerbung in den Fokus. Erstmals wird also die Missbrauchsmöglichkeit für Identitäten bei elektronischer Kommunikation erkannt und daran die Forderung nach einem gesetzlichen Verbot geknüpft. Allerdings wird die Gefährdung dieses Missbrauches numerischer Identitäten bei digitaler Kommunikation nur in einem eng begrenzten Kontext gesehen.

Ihrem Charakter nach ist die Richtlinie auf Dienste zugeschnitten, die Private anbieten. Der Bereich des E-Governments findet keine explizite Erwähnung. Dennoch haben die Regelungen dieser Richtlinie aber zumindest mittelbar auch Bedeutung für den Bereich des E-Governments und die Entwicklung im Bereich des Schutzes personenbezogener Daten bei elektronischer Kommunikation vorangetrieben.

VI. Richtlinie für den elektronischen Geschäftsverkehr (2000/31/EG)

Die Richtlinie über den elektronischen Geschäftsverkehr (E-Commerce-Richtlinie 2000/31/EG) hat wesentliche Grundlagen für Fragen des E-Commerce geschaffen[699]. Die Richtlinie wurde in Deutschland durch das Gesetz für den elektronischen Ge-

696 *Tinnefeld/Ehmann/Gerling*, Einführung in das Datenschutzrecht, S. 120.

697 So ausdrücklich Erwägungsgrund 4.

698 So bereits im Kontext der Vorratsdatenspeicherung: Vgl. *Heinson/Freiling* DuD 2009, 547 (551).

699 Abl. L 178 vom 17.07.2000, S 1-16.

schäftsverkehr umgesetzt[700]. Diese Richtlinie erfasst nach Art. 1 „Dienste der Informationsgesellschaft". Damit ist jede in der Regel gegen Entgelt elektronisch im Fernabsatz und auf individuellen Abruf eines Empfängers erbrachte Dienstleistung gemeint[701]. Der Bereich des E-Governments ist daher nicht explizit erfasst. Lediglich dann, wenn eine Behörde in der Rolle eines privaten Unternehmens am elektronischen Geschäftsverkehr teilnimmt, weist diese Richtlinie für E-Government Relevanz auf[702]. Auch diese Richtlinie geht vom Vorhandensein von numerischen Identitäten bei digitaler Kommunikation aus, ohne diese zu definieren. Nach Art. 2 b bezeichnet der Begriff Diensteanbieter jede natürliche oder juristische Person, die einen Dienst der Informationsgesellschaft anbietet. Insoweit sind Diensteanbieter, die einen Dienst wie z. B. De-Mail anbieten, als Intermediäre[703] von der Richtlinie erfasst. Die Richtlinie trifft bei den Diensteanbietern in Art. 5 mit einer Informationspflicht Vorsorge. Verfügbar zu machen sind hiernach Identitätsattribute wie Name und Anschrift des Diensteanbieters sowie der Handelsregistereintrag. Weitere Regelungen zum Identitätsmanagement, geschweige denn zu den Pflichten des Nutzers, trifft die Richtlinie nicht.

VII. Richtlinie für elektronische Signaturen 1999/93/EG

Für den Rechtsrahmen des E-Governments von entscheidender Bedeutung war bisher die Signaturrichtlinie 1999/93/EG(RLeS)[704]. Diese ist zwar nunmehr durch die EU-Verordnung Nr. 910/2014 (eIDAS-Verordnung)[705] abgelöst worden. Es lohnt sich dennoch ein Blick in die Signaturrichtlinie, um die Entwicklung aufzuzeigen und nachzuvollziehen. Elektronische Signaturen haben den Zweck, rechtsverbindliches Handeln zu ermöglichen, indem sie die Schriftform ersetzen[706]. Sie sollen zur sicheren Identifizierung[707] beitragen und erhöhen somit auch das Aufkommen und die Nutzung personenbezogener Daten[708]. Gerade auch im Bereich des E-Governments sind damit zusätzliche Datenschutzprobleme zu erwarten[709].

In Deutschland wurde die RLeS durch das SigG vom 16.05.2001 umgesetzt, welches am 22.05.2001 in Kraft trat und das erste SigG von 1997 ablöste[710]. Aufgrund von § 24 SigG erging am 16.11.2001 die Verordnung zur elektronischen Signatur (Si-

---

700 Gesetz für den elektronischen Geschäftsverkehr vom 14.12.2001, BGBl. I, 3721 ff.

701 Nach Art 2 a sind „Dienste der Informationsgesellschaft" Dienste im Sinne von Artikel 1 Nummer 2 der Richtlinie 98/34/EG in der Fassung der Richtlinie 98/48/EG.

702 *Yildirim*, Datenschutz im Electronic Government, S. 85.

703 Vgl. zu Diensteanbietern und Intermediären bereits oben unter: Teil 2, C., III., 2 b).

704 Abl. L 13 vom 19.1.200, S. 12-20.

705 Dazu unten unter: Teil 3, A., X.

706 *Hoffmann/Luch/Schulz (u. a.)*, Der *E-POSTBRIEF* in der öffentlichen Verwaltung, S. 25; zur Unterteilung der Formfunktionen der Schriftform im öffentlichen Recht: *Schreiber*, Elektronisches Verwalten, S. 85 ff.

707 Für den Bereich des E-Commerce hierzu: *Geis*, MMR 2000, 667 (667).

708 *Roßnagel*, HBDSR, Kap 7.7, Rn. 32.

709 *Roßnagel*, HBDSR, Kap 7.7, Rn. 32 m.w.N.

710 *Roßnagel*, HBDSR, Kap. 7.7, Rn. 9.

gnaturverordnung – SigV)[711], wobei hier der Verordnungsgeber inhaltlich um Kontinuität zur Vorgängerregelung bemüht war[712].

Zielsetzung der RLeS war es ausweislich des Art. 1 Abs. 1 die Verwendung elektronischer Signaturen zu erleichtern und zu ihrer rechtlichen Anerkennung beizutragen. Dies wurde mit Blickrichtung auf das Funktionieren des Binnenmarktes festgelegt. Der Art. 1 Abs. 2 stellt klar, dass die Richtlinie keine Aspekte im Zusammenhang mit dem Abschluss und der Gültigkeit von Verträgen oder anderen rechtlichen Verpflichtungen regelt, für die es im einzelstaatlichen Recht oder im Gemeinschaftsrecht Formvorschriften gibt, und auch keine gemeinschaftsrechtlichen oder einzelstaatlichen Regeln zur Verwendung von Dokumenten berührt. Die Richtlinie gab damit nur einen Vereinheitlichungsrahmen für die Basisinfrastruktur „elektronische Signatur" vor und überließ die Regelung der Verwendungskontexte dem einzelstaatlichen Recht. Als Kern der RLeS wird die Gleichstellung der Unterschrift als traditioneller Identifizierungsarchitektur mit der Public-Key-Infrastruktur (PKI) als qualifizierter elektronischer Signatur qualifizierter Zertifizierungsstellen gesehen[713].

Nach Art. 3 Abs. 7 S. 1 RLeS können die Mitgliedstaaten den Einsatz elektronischer Signaturen im öffentlichen Bereich zusätzlichen Anforderungen unterwerfen, welche objektiv, transparent, verhältnismäßig und nicht diskriminierend sein müssen[714]. Damit ist den Mitgliedstaaten Flexibilität bei der Ausgestaltung des nationalen Rechts gegeben. So können diese beim Sicherheitsniveau weit über die Richtlinienvorgaben hinausgehen. Im Zuge der Umsetzung der RLeS gab es die Erwägung, die Verwendung der akkreditierten Signatur im öffentlichen Bereich durchgängig vorzuschreiben, um die hohe Sicherheit des vorhandenen Signaturgesetzes zu erhalten[715]. Gleichzeitig kann diese Flexibilität aber auch zur Zersplitterung der Anforderungen für unterschiedliche Verwaltungsverfahren führen. Diese Vorschrift zeigt auch, dass es keinesfalls europarechtlich geboten ist, am Erfordernis der qualifizierten elektronischen Signatur, wie sie in § 3a VwVfG geregelt ist, festzuhalten. Denkbar sind verschiedene Sicherheitsniveaus beim Einsatz der Signaturen, die sich auch in der Beweissicherheit unterscheiden.

Die Rechtsetzung zur elektronischen Signatur wird vielfach als Architektur zur Identifizierung im E-Commerce gesehen[716]. Nichtsdestotrotz erstreckt sich die RLeS, wie oben bereits erwähnt, auch auf den öffentlichen Bereich und damit auf E-Government. Sie geht im Erwägungsgrund 19 davon aus, dass elektronische Signaturen im öffentlichen Bereich innerhalb der staatlichen und gemeinschaftlichen Verwaltung und im Kommunikationsverkehr zwischen diesen Verwaltungen sowie zwischen diesen und den Bürgern eingesetzt werden[717]. Ausdrücklich werden an dieser Stelle bei-

---

711 SigV v. 16.11.2001, BGBl. I S. 3074.

712 *Gramlich*, in: Spindler/Schuster(Hrsg.), Recht der elektronischen Medien, § 24 SigG, Rn. 5.

713 *Geis*, MMR 2000, 667 (667); zum Begriff der PKI: *Eckert*, IT-Sicherheit, 421 ff.

714 Näher zu den einzelnen Merkmalen: *Eifert/Schreiber*, MMR 2000, S. 340 (341f.)

715 *Roßnagel*, MMR 1999, 261 (265); *ders.*, K&R 2000, S. 313 (320); ebenso *Schmitz*, NVwZ 2000, 1238 (1244), *Geis*, MMR 2000, 667 (668).

716 So *Geis*, MMR 2000, 667 (667 ff.).

717 Erwägungsgrund 19 der RLeS.

spielhaft die Einsatzmöglichkeiten bei in der öffentlichen Auftragsvergabe, der Steuerverwaltung, der sozialen Sicherheit, der Gesundheit und der Justiz genannt.

Die EU-Kommission hat mit dem KOM-Beschluss 2011/130/EU[718] vom 25.02.2011 einen Vorschlag zu Mindestanforderungen zur elektronischen Signatur sowie zur Überprüfung der Signatur-Richtlinie vorgelegt. Mit der KOM-Mitteilung (2011) 206 enda vom 13.04.2011 hat die EU-Kommission einen Vorschlag für die EU-weite gegenseitige Anerkennung elektronischer Identitäten und die Authentifizierung und Überarbeitung der Richtlinie über die elektronische Signatur vorgelegt[719]. Ziel der Überarbeitung der Richtlinie soll es auch sein, Begrifflichkeiten zu klären, den Einsatz von elektronischen Signaturen zu vereinfachen und die europaweite Interoperabilität bei Signaturen zu verbessern[720]. Der neue Regelungsrahmen soll die gegenseitige Anerkennung elektronischer Identifizierungs- und Authentifizierungsdienste sicherstellen sowie technologieneutral sein und sowohl Internet als auch Mobilkommunikation einschließen. Ein derartig angepasster Regelungsrahmen wird sich auch auf den Bereich des E-Governments auswirken. Dieser ist nunmehr in Form der eIDAS-Verordnung in Kraft getreten[721]. Im Hinblick auf die Nutzerverantwortung ist der Signaturrichtlinie nichts an Maßstäben zu entnehmen. Hierzu werden keine direkten Vorgaben getroffen. Eine Definition des Begriffes der Identität gab es in dieser Richtlinie nicht.

VIII. Richtlinie zur Vorratsdatenspeicherung 2006/24/EG (2006)

Von Bedeutung für das europäische Datenschutzrecht im Kontext elektronischer Kommunikationsdienste und damit auch im Bereich des transaktionsbezogenen E-Governments war grundsätzlich auch die Richtlinie 2006/24/EG über die Vorratsdatenspeicherung von Daten, die bei der Bereitstellung öffentlich zugänglicher elektronischer Kommunikationsdienste erzeugt oder verarbeitet werden[722]. Diese ist am 3. Mai 2006 in Kraft getreten. Der EuGH hat diese zwar im Jahr 2014 für ungültig erklärt[723]. Die Hintergründe und Entwicklungen zur Vorratsdatenspeicherung sollen hier aber trotzdem thematisiert werden, da im nationalen Recht weiter an einer Regelung gearbeitet wird[724]. Die Richtlinie enthielt die Verpflichtung der Mitgliedstaaten, gesetzliche Regelungen zu schaffen, wonach bestimmte bei Bereitstellung und Nutzung öffentlicher elektronischer Kommunikationsdienste anfallende Daten von den Diensteanbietern auf

718 Vgl. KOM-Beschluss 2011/139/EU vom 25.02.2011, der ein Referenzformat für elektronische Signaturen vorsieht und im Anhang technische Spezifikationen nennt.

719 *Eixelsberger,* eGovernment Review 2011, 10 (11); KOM-Mitteilung (2011) 206 enda, S. 14 ff.; vgl. auch BR-Drs. 232/11.

720 KOM-Mitteilung (2011) 206 enda, S. 15.

721 Dazu unten unter: Teil 3, A., X.

722 Zu finden unter: http://eur-lex.europa.eu/LexUriServ/LexUriServ.do?uri=OJ:L:2006:105:0054:0063:DE:PDF (letzter Abruf: 08.11.2015).

723 EuGH C-293/12 und C-495-12 (Große Kammer) – Urteil vom 8.04.2014, Leitsatz 1.

724 Nach einem Kompromiss zwischen BMI und BMJV soll ohne die Vorgabe der jetzt ungültigen Richtlinie eine neue Regelung zur Vorratsdatenspeicherung geschaffen werden.

Vorrat gespeichert werden müssen[725]. Sie wurde durch das Telekommunikationsüberwachungsgesetz[726] in nationales Recht umgesetzt. Der nationale Gesetzgeber hat bei der Umsetzung dieser Richtlinie erhebliche Umsetzungsspielräume hinsichtlich des Zugangs zu den Daten und deren Verwendung gehabt[727], die in Deutschland vom Gesetzgeber auch genutzt worden sind. Die Umsetzung der Richtlinie war von Beginn an stark umstritten[728]. Zunächst war bereits die Rechtsgrundlage der Richtlinie umstritten. Auf eine Klage Irlands hin bestätigte der EuGH[729] am 10.09.2009 die Rechtsgrundlage und verwarf damit die Klage. Materielle Anforderungen wie die Vereinbarkeit der Richtlinie mit europäischen Grundrechten prüfte der EuGH in diesem Zusammenhang nicht[730].

Von Beginn an war in der Literatur die Verfassungsmäßigkeit der Vorratsdatenspeicherung umstritten[731]. Verfassungsrechtliche Bedenken bestanden gegen die massiven Eingriffe in das Fernmeldegeheimnis aus Art. 10 GG sowie in das Grundrecht auf informationelle Selbstbestimmung[732]. In den Regelungen wurde eine Verletzung des Wesensgehaltes des Fernmeldegeheimnisses aus Art. 10 GG gesehen[733]. Kritisiert wurde auch, dass der deutsche Gesetzgeber bei den Regelungen im TKG ein milderes, weniger eingriffsintensives Mittel wie das sog. „Quick-Freeze-Verfahren"[734] nicht einmal als Alternative betrachtet hat[735]. Neben der generellen Frage der Verfassungsmäßigkeit der Regelungen zur Vorratsdatenspeicherung entstanden auf einfachgesetzlicher Ebene Abgrenzungsschwierigkeiten zwischen Verkehrsdaten und Kommunikationsinhaltsdaten[736]. Kritisiert wurde außerdem die mangelnde Technikneutralität der Vorschriften[737]. Die Umsetzung von technischen Sicherungen für Vorratsdaten in Form von technischen Richtlinien, die ohne Beteiligung des Gesetzgebers geändert oder auch gelockert werden können, wird als für die Erfüllung des Schutzauftrages für die informationelle Selbstbestimmung unzureichend bewertet[738].

Das BVerfG hat mit Urteil vom 02.03.2010 entschieden[739], dass weite Teile der deutschen Regelungen in den §§ 113a, 113 b TKG zur Vorratsdatenspeicherung ver-

725 *Lübking/Zilkens*, Datenschutz in der Kommunalverwaltung, 2. Aufl., 2008, Rn. 25.

726 Gesetz zur Neuregelung der Telekommunikationsüberwachung und anderer verdeckter Ermittlungsmaßnahmen sowie zur Umsetzung der Richtlinie 2006/24/EG, in BGBl. 2007, 3198 sowie BT-Drs. 275/07.

727 *Westphal*, EuZW 2006, 555 (559); *Roßnagel*, DuD 2010, 544 (546).

728 *Bizer*, DuD 2007, 586 (586 ff.), *Westphal*, EuZW 2006,555 (555 ff.).

729 EuGH, DVBl 2009, 371 ff; *Hornung/Schnabel*, DVBl. 2010, 824 (825).

730 Kritisch dazu *Simitis*, NJW 2009, 1782 (1782); *Braum*, ZRP 2009, 174 (174 ff.); *Petri*, EuZW 2009, 214 (214 f.); in diesem Zusammenhang stellen sich grundsätzliche Fragen des Europarechts, auf die hier nicht näher eingegangen werden kann.

731 Statt vieler: *Hensel*, DuD 2009, 527 (527); *Dix/Petri* DuD 2009, 531 (533); zur Bewertung der Gefahren und des Nutzens der Vorratsdatenspeicherung vgl. *Pfitzmann/Köpsell* DuD 2009, 542 (542 ff.).

732 *Hensel*, DuD 2009, 527 (527).

733 So *Dix/Petri*, DuD 2009, 531 (533).

734 Zum Begriff: *Bizer*, DuD 2007, 586 (588).

735 *Dix/Petri*, DuD 2009, 531 (534).

736 *Heinson/Freiling*, DuD 2009, 547 (547).

737 *Heinson/Freiling*, DuD 2009, 547 (551).

738 *Roßnagel/Bedner/Knopp*, DuD 2009, 536 (540).

739 BVerfG, 1 BvR 256/08 = BVerfG NJW 2010, 833.

fassungswidrig sind. Es hat aber die Vorratsdatenspeicherung nicht als per se mit dem Grundgesetz unvereinbar erklärt.[740] Neben der Nichtigerklärung der §§ 113 a, 113 b TKG enthält das Urteil darüber hinaus grundlegende Aussagen zum Verhältnis der Vorratsdatenspeicherung zu den Vorgaben des Volkszählungsurteils[741]. Die Zulässigkeit einer anlasslosen Vorratsdatenspeicherung ist nach dem BVerfG abhängig von der praktischen Ausgestaltung der Speicherung und der Auskunftserteilung[742]. Damit sieht das BVerfG hier die Möglichkeit einer Umsetzung der Richtlinie 2006/24/EG zur Vorratsdatenspeicherung, ohne dass das nationale Verfassungsrecht verletzt wird.

Unmittelbar nach der Entscheidung des BVerfG fehlte es den Strafverfolgungsbehörden an einer rechtskonformen Eingriffsbefugnis[743]. Ein Ausblick auf eine möglicherweise anstehende Neuregelung bestand unmittelbar nach dem Urteil des BVerfG zunächst nicht.[744]

Mit Urteil vom 08.04.2014 hat der EuGH die Richtlinie 2006/24/EG zur Vorratsdatenspeicherung für ungültig erklärt[745]. Die Rechtsfolge davon ist, dass die Richtlinie 2006/24/EG rückwirkend mit allgemeiner Wirkung außer Kraft getreten ist[746]. Für den Gesetzgeber in den Mitgliedsstaaten besteht danach wieder die Möglichkeit, mit der Ermächtigung aus der Richtlinie 2002/58/EG die dort geregelten Löschungsvorschriften zu beschränken[747].

Im Jahr 2015 wurde über den Referentenentwurf des Bundesministeriums der Justiz und für Verbraucherschutz zur Einführung einer Speicherpflicht und einer Höchstspeicherfrist für Verkehrsdaten in der Öffentlichkeit diskutiert[748]. Entgegen der alten einfachgesetzlichen Umsetzung der Vorratsdatenspeicherung soll in diesem Gesetz der E-Mail-Verkehr nicht mehr einbezogen werden[749]. Generell wurde zu diesem Gesetzentwurf noch erheblicher Anpassungsbedarf zur Konkretisierung der Eingriffsnormen, Umsetzung der Datensicherheitsbestimmungen und insbesondere auch einer statistischen Erfassung des Nutzens der Vorratsdatenspeicherung gesehen[750]. Die Neuregelung ist am 18.12.2015 ungeachtet massiver Kritik in Kraft getreten[751].

740 Kritisch hierzu *Eckhardt/Schütze,* CR 2010, 225 (225); zur Frage einer europarechtlichen Pflicht zur Wiedereinführung der Vorratsdatenspeicherung nach der Urteil des BVerfG: *Breyer,* MMR 9/2011, V (V).

741 *Eckhardt/Schütze,* CR 2010, 225 (225).

742 BVerfG, 1 BvR 256/08 = BVerfG NJW 2010, 833.

743 *Eckhardt/Schütze,* CR 2010, 225 (232).

744 *Wolff,* NVwZ 2010, 751 (751 ff.)

745 Zu den Folgerungen aus diesem Urteil: *Roßnagel,* MMR 2014, 73 (73); *ders.,* MMR 2014, 372 (372 ff.); *Boehm/Cole,* MMR 2014, 569 (569 ff.) *Wolff,* DÖV 2014, 608 (608 ff.).

746 *Kunnert,* DuD 2014, 774 (778).

747 *Kunnert,* DuD 2014, 774 (778).

748 Vgl. den Referentenentwurf des BMJV zur Einführung einer Speicherpflicht und einer Höchstspeicherfrist für Verkehrsdaten, Bearbeitungsstand: 15.05.2015, abrufbar unter: www.netzpolitik.org (letzter Abruf: 08.11.2015) sowie BR-Drs 249/15.

749 Der E-Mail-Verkehr war in der alten Regelung noch erfasst: Vgl. *Bizer,* DuD 2007, 586 (586).

750 Vgl. im Einzelnen: *Gärtner/Kipker,* DuD 2015, 593 (594 ff.).

751 BGBl. Jahrgang 2015 Teil I Nr. 51, S. 2218.

Auch hier stellt sich die Frage der verfassungsrechtlichen Zulässigkeit im europäischen Mehrebenensystem[752].

IX. Europäische Datenschutz-Grundverordnung (DS-GVO)

Maßgeblich für den Datenschutz in der gesamten Europäischen Union ist die Europäische Datenschutz-Grundverordnung (DS-GVO)[753]. Verordnungen sind nach Art. 288 AEUV unmittelbar anwendbar[754] und tragen zur Rechtsvereinheitlichung bei. Die öffentliche Verwaltung, die transaktionsbezogene E-Government-Anwendungen anbietet, sowie die Diensteanbieter unterliegen der DS-GVO nebst den nationalen Datenschutzregelungen, sodass hier notwendigerweise auf die wichtigsten Vorgaben mit Relevanz für transaktionsbezogenes E-Government in der gebotenen Kürze einzugehen ist.

1. Vorbemerkung zur Entwicklung

Für die Datenschutzentwicklung in der EU wesentlich ist die viel diskutierte Datenschutz-Grundverordnung (DS-GVO)[755], deren Entwicklungsstand hier kurz in den relevanten Aspekten zu skizzieren ist. Am 25.01.2012 hat die Europäische Kommission einen Vorschlag für eine Verordnung zum Schutz natürlicher Personen bei der Verarbeitung personenbezogener Daten und zum freien Datenverkehr (Datenschutz-Grundverordnung) vorgelegt[756]. Dieser vorausgegangen ist eine Mitteilung der Kommission aus dem Jahr 2010 zu einem „Gesamtkonzept für den Datenschutz in der Europäischen Union“[757]. Die Kommission hat die Initiative ergriffen und hiermit die Vorgaben der DSRL stark modifiziert, wobei die grundsätzlichen Ziele der DS-RL nach Erwägungsgrund 7 Gültigkeit behalten. Zum damaligen Diskussionsstand wurden in der Literatur auch Alternativen zum Vorschlag der Europäischen Kommission vom 25.01.2012 diskutiert[758]. Insbesondere die Entwicklungen im Bereich des Internets und ihre Gefahren für die informationelle Selbstbestimmung der Nutzer er-

752 Hierzu näher: *Schiedermair/Mrozek*, DÖV 2016, 89 (89 ff.).

753 Verordnung (EU) 2016/679 des Europäischen Parlaments und des Rates vom 27.04.2016 zum Schutz natürlicher Personen bei der Verarbeitung personenbezoegner Daten, zum freien Datenverkehr und zur Aufhebung der Richtlinie 95/46/EG.

754 Gegenüber entgegenstehendem nationalen Recht genießen sie Anwendungsvorrang: *Schroeder*, in: Streinz, EUV/AEUV, 2. Aufl. 2012, Art. 288, Rn. 40.

755 Der Vorschlag der EU-Kommission zur Datenschutz-Grundverordnung vom 25.01.2012 wird hier als „DS-GVO (KOM)“, die Fassung des Entwurfs, wie vom EU-Parlament am 12.03.2014 verabschiedet, als„DS-GVO (PARL)“ bezeichnet; mit DS-GVO wird dann die Verordnung (EU) 2016/679 in ihrer finalen Fassung bezeichnet.

756 Vorschlag der EU-Kommission KOM (2012) 11 endgültig; kritisch zur Absenkung von Datenschutzstandards: *Wagner*, DuD 2012, 676 (677); kritisch zu den Regelungen des betrieblichen und behördlichen Datenschutzbeauftragten nach diesem Entwurf: *Hülsmann*, DANA 1/2012, 7 (9); *Spary*, DANA 1/2012, 4 (4 f.).

757 Mitteilung vom 04.11.2010, KOM 2010) 609 endg.

758 Vgl. etwa *Härting/Schneider*, ITRB 2013, 19 (19 ff.).

fahren in den Entwürfen Berücksichtigung. Die DS-GVO soll im Schutzniveau über die EU-DSRL (Richtlinie 95/45/EG) hinausgehen, dieses also für jeden Einzelnen erhöhen[759]. Aus der Sicht der Kommission ist eine Verordnung als Rechtsinstrument zur Regelung des Schutzes personenbezogener Daten in der Union am besten geeignet[760]. Die DS-GVO soll der Entwicklung entgegenwirken, dass die Fragmentierung der Datenschutzregeln innerhalb der EU immer häufiger zu einem Problem für einen effektiven Grundrechtsschutz wird[761]. Der politische Prozess um die Datenschutz-Grundverordnung und deren unmittelbare Anwendbarkeit bei Inkrafttreten führte dazu, dass der nationale Gesetzgeber in vielen Bereichen des Datenschutzes „abgewartet" hat[762]. Im Jahr 2015 liefen die Trilog-Verhandlungen zur DS-GVO[763]. Da es sich um eine Verordnung auf europäischer Ebene handelt, wurde bereits früh auf das nicht unproblematische Zusammenspiel mit nationalen Datenschutzvorschriften hingewiesen[764].

Am 27.04.2016 trat die DS-GVO dann formell und am 25.05.2018 materiell in Kraft. In diesem für ein Gesetzgebungsverfahren relativ kurzen Zeitraum entstanden dann in Bund und Ländern in Ausfüllung der Öffnungsklauseln ergänzende allgemeine und bereichsspezifische Datenschutzregelungen. Der Prozess ist derzeit auch noch nicht abgeschlossen. Bei der Rechtsanwendung stellt sich derzeit eine Fülle von Abgrenzungsfragen, die hier im Einzelnen nicht nachgezeichnet werden können.

2. Differenzierung von öffentlichem und nicht-öffentlichem Bereich

Die Unterscheidung zwischen und Einbeziehung von öffentlichem und privatem Bereich, wie sie in der DSRL bereits zum Ausdruck kam, wurde bei der DS-GVO beibehalten. Die verfassungsrechtlichen Rahmenbedingungen sind aber sehr unterschiedlich. Während der Staat nicht Grundrechtsträger ist und seine Informationsverarbeitung beschränkt werden muss, sind die privaten Datenverarbeiter ebenso wie die von der Datenverarbeitung betroffenen Grundrechtsträger selbst Grundrechtsträger, in deren Grundrechte durch die Beschränkung der Datenverarbeitung eingegriffen wird[765]. Daher wurde im Rahmen des Entstehungsprozesses auch eine Beschränkung der DS-GVO auf die Datenverarbeitung im nicht-öffentlichen Bereich als Vorschlag

759 *Albrecht*, ITRB 2014, 119 (119) m. w. N.

760 Vorschlag der EU-Kommission KOM (2012) 11 endgültig, S. 6.

761 *Albrecht*, ITRB 2014, 119 (119).

762 So wurde die stockende Reformierung des niedersächsischen Datenschutzgesetzes im Rahmen einer Anfrage der FDP-Fraktion von der Niedersächsischen Landesregierung mit Verweis auf die Beratungen zur DS-GVO beantwortet: Vgl. LT-Drs. 17/2620 (unkorrigierter Vorabdruck), S. 17; zu den Schwierigkeiten bei der Umsetzung der DS-GVO auch: *v. Lewinski*, DuD 2012, 564 (566).

763 *Mester*, DuD 2015, 822 (822); zum entsprechenden Zeitplan: http://www.delegedata.de/2015/06/datenschutzreform-vorlaeufiger-zeitplan-fuer-die-finalen-trilog-verhandlungen/ (letzter Abruf: 08.11.2015).

764 *Zilkens*, Datenschutz in der Kommunalverwaltung, 4. Aufl., 2014, Rn. 25 m. w. N.; *v. Lewinski*, DuD 2012, 564 (568).

765 *Schneider/Härting*, CR 2014, 306 (307); BVerfGE 21, 362 (369 f.).

vertreten[766]. Letztlich ist aber das Prinzip „one size fits all“ in der DS-GVO umgesetzt worden, sodass für die öffentliche Verwaltung im Kern dieselben Regeln gelten wie für private Unternehmen[767]. Insoweit ergeben sich auch sehr grundlegende Vorgaben aus der DS-GVO, welche sowohl die öffentliche Verwaltung als auch private Unternehmen umsetzen müssen. Die zentralsten Elemente sollen in der folgenden Darstellung im Vordergrund stehen.

3. Verzeichnis der Verarbeitungstätigkeiten nach Art. 30 DS-GVO

Nach Art. 30 Abs. 1 DS-GVO ist der für die Datenverarbeitung Verantwortliche verpflichtet, ein sog. Verzeichnis der Verarbeitungstätigkeiten zu führen, welches auf Anfrage auch der Datenschutzaufsichtsbehörde zur Verfügung zu stellen ist. Diese Vorschrift nennt Mindestinhalte, welche u. a. auch mit den Transparenzpflichten für den Betroffenen korrespondieren, und erfasst digitale genauso wie analoge oder möglicherweise hybride Verarbeitungstätigkeiten. Viele öffentliche und private Institutionen sind derzeit in erster Linie damit beschäftigt, dieses zu erstellen oder zu vervollständigen, sodass es zu Recht als Ausgangspunkt für die Vorgaben aus der DS-GVO bezeichnet wird[768]. Die Mindestinhalte des Verzeichnisses zwingen eine Behörde genauso wie ein privates Unternehmen dazu, aktiv zu erfassen, welche Datenverarbeitungsprozesse in welcher Form innerhalb der Organisation stattfinden, sodass auch von einer „gesetzlich normierten Hilfe zur Selbsthilfe“ gesprochen wird[769]. Das Verzeichnis übernimmt die Funktion einer grundlegenden Übersicht über die Verarbeitungstätigkeiten und ist auch für den Datenschutzbeauftragten in der jeweiligen Institution ein Ansatzpunkt für seine Überwachungsaufgaben, auch wenn er dieses nicht führt, sondern eine andere Organisationseinheit oder ggf. mehrere Organisationseinheiten der verantwortlichen Stelle[770]. Der Gesetzeswortlaut lässt der verantwortlichen Stelle viel Spielraum bei der Frage, was als einzelne Verarbeitungstätigkeit aufzufassen ist und wie das Verzeichnis generell zu führen ist. Eine Pflicht zur elektronischen Führung besteht nicht, bietet sich allerdings aufgrund der Fülle von Informationen an. Die Gliederung des Verzeichnisses ist beeinflusst durch die Organisationsstruktur einer Institution, und es gibt Auffassungen, welche bei sich immer wiederholenden Angaben die einmalige Dokumentation ausreichen lassen[771]. Es besteht die Möglichkeit der Verknüpfung mit zusätzlichen nicht gesetzlich normierten Angaben, die auch bei der IT-Steuerung einer Institution nützlich sein können[772].

---

766 *Schneider/Härting*, CR 2014, 306 (307); für eine Beibehaltung von öffentlichem und nicht-öffentlichem Bereich in der DS-GVO mit einer deutlicheren Unterscheidung plädiert: *Rogall-Grothe*, ZRP 2012, 193 (193).

767 *Veil*, NVwZ 2018, 686 (693).

768 *Gossen/Schramm*, ZD 2017, 7 (9).

769 Diese Formulierung verwenden *Ehmann/Kranig*, ZD 2018, 199 (199).

770 *Lück*, KommJur 2018, 81 (85).

771 HK-DS-GVO/BDSG *Müthlein*, Art. 30, Rn. 27 m. w. N.

772 Für ein kohärentes Datenschutzmanagementsystem plädieren: *Bieker/Hansen*, DuD 2017, 285 (287).

4. Risikobasierter Ansatz und Risikoanalyse

Eine zentrale Bedeutung hat der in der DS-GVO enthaltene sog. „risikobasierte Ansatz", der eine Skalierung der Handlungspflichten des Verantwortlichen vornimmt[773]. Bezugspunkt ist an dieser Stelle nach dem Wortlaut des Art. 24 Abs. 1 S. 1 DS-GVO immer die jeweilige Verarbeitungstätigkeit, die der Verantwortliche durchführt. Zur Ermittlung der konkreten Pflichten muss der Verantwortliche eine Risikoanalyse durchführen, welche die Eintrittswahrscheinlichkeit und die Schwere der Risiken für die Rechte der betroffenen Person miteinander ins Verhältnis setzt[774]. In der praktischen Umsetzung bedeutet dies, dass der Verantwortliche ein vollständig geführtes Verzeichnis der Verarbeitungstätigkeiten haben muss, um dann für jede einzelne Verarbeitungstätigkeit eine ebenfalls zu dokumentierende Risikoanalyse durchzuführen. Eine Verarbeitungstätigkeit kann auch eine Verwaltungshandlung sein, die im Wege des transaktionsbezogenen E-Governments gegenüber dem Bürger abgewickelt wird. Maßgeblich ist, dass die verantwortliche Stelle die Risiken identifiziert und dokumentiert. Der Erwägungsgrund (EG) 75 liefert hierzu eine Reihe von Beispielen besonders risikogeneigter Kontexte, die nicht abschließend sind. Hier werden auch Konstellationen des Identitätsmissbrauchs genannt, die im Bereich des transaktionsbezogenen E-Governments von Bedeutung sein können. Insoweit kann bei der Risikobeurteilung einer Verarbeitungstätigkeit auch die Gefahr eines Identitätsmissbrauchs bei der Abwicklung mittels transaktionsbezogenen E-Governments oder der vorgelagerten bzw. nachgelagerten Sachbearbeitung maßgeblich sein. Verbunden ist mit dem „Risikobasierten Ansatz" notwendigerweise ein Risikomanagement in der jeweiligen Institution und eine Restrisikotragung durch Führungskräfte, die binnenorganisatorisch flankiert werden muss. Die Risikoanalyse grenzt sich von ausschließlich im Bereich der Informationssicherheit zu erstellenden Risikoanalysen ab und korrespondiert mit den Voraussetzungen der Datenschutz-Folgenabschätzung.

5. Datenschutz-Folgenabschätzung nach Art. 35 DS-GVO

Als herausragendes Instrument zur Eindämmung von Risiken[775] ist dementsprechend die Datenschutz-Folgenabschätzung nach Art. 35 Abs. 1 DS-GVO zu nennen. Adressat der Regelungen über die Datenschutz-Folgenabschätzung ist der Verantwortliche und es liegt in dessen Organisationshoheit, wer diese durchführt[776]. Anders als bei der sog. Vorabkontrolle nach altem nationalen Recht wie z. B. nach § 4 d Abs. 6 S. 1 BDSG a. F. und parallelen landesrechtlichen Vorschriften ist nicht der behördliche oder betriebliche Datenschutzbeauftragte Adressat[777]. Das bedeutet, dass die verantwortliche Stelle auch organisatorische Vorkehrungen treffen muss, um die Durchführung der Datenschutz-Folgenabschätzung gewährleisten zu können. So ist es nahelie-

773 *Veil*, ZD 2018, 9 (13).
774 *Hartung*, in: Kühling/Buchner (Hrsg.), DS-GVO Kommentar, Art. 24 Rn. 13.
775 *Dochow*, PinG 2018, 51 (51).
776 Auernhammer/*Raum*, Art. 35 DS-GVO, Rn. 7.
777 Auernhammer/*Raum*, Art. 35 DS-GVO, Rn. 7.

gend, dass die Organisationseinheit, welche die Risikoanalysen durchführt, auch federführend die Datenschutz-Folgenabschätzung durchführen sollte. Nach Art. 35 Abs. 1 DS-GVO ist die Datenschutz-Folgenabschätzung verpflichtend durch den Verantwortlichen durchzuführen, wenn die Voraussetzungen vorliegen, wenn also bei der Verarbeitung personenbezogener Daten voraussichtlich ein hohes Risiko für die Rechte und Freiheiten natürlicher Personen besteht. Insoweit ist eine belastbare Risikoanalyse Voraussetzung für die Beurteilung. In den Fällen des Art. 35 Abs. 3 DS-GVO ist eine Datenschutz-Folgenabschätzung stets erforderlich.

Nach Art. 35 Abs. 2 DS-GVO ist verpflichtend der Rat des behördlichen oder betrieblichen Datenschutzbeauftragten einzuholen. Die Rollenverteilung liegt nach der gesetzlichen Systematik bei dem Verantwortlichen und der Datenschutzbeauftragte ist auch nicht in der Rolle eines Impulsgebers oder proaktiv Nachforschenden[778]. Die Form der Beteiligung des Datenschutzbeauftragten ist nicht besonders ausgeprägt und hat nicht die Gestalt eines verbindlichen Vetorechts[779]. Insoweit kann es sich bei der praktischen Durchführung der Datenschutz-Folgenabschätzung anbieten, dass der Datenschutzbeauftragte neben dem Verantwortlichen zur eigenen Exkulpation eine kohärente Dokumentation pflegt, um seiner Überwachungsfunktion gerecht zu werden[780].

In Art. 35 Abs. 4 DS-GVO ist die Erstellung von Positivlisten durch die zuständigen Aufsichtsbehörden geregelt und in Art. 35 Abs. 5 DS-GVO die Erstellung von Negativlisten. Damit kann eine Pflicht zur Durchführung einer Datenschutz-Folgenabschätzung auch durch die Aufnahme einer bestimmten Verarbeitungstätigkeit durch die Aufsichtsbehörde begründet werden[781]. Dementsprechend würde eine Aufnahme in eine Negativliste eine Verpflichtung des Verantwortlichen zur Durchführung ausschließen. Die Aufsichtsbehörden haben bereits erste sog. Muss-Listen veröffentlicht[782], die allerdings noch bei Weitem nicht alle denkbaren Bereiche von Verarbeitungstätigkeiten erfassen. Der Wortlaut der Vorschriften legt nahe, dass die Positivliste obligatorisch und die Negativliste fakultativ ist[783]. Für den Verantwortlichen sind diese Listen jedenfalls nicht der einzige Orientierungsrahmen im Bereich der Datenschutz-Folgenabschätzung, sondern eher ein Indiz für mögliche Kontrollschwerpunkte der Aufsichtsbehörden.

Aus Art. 35 Abs. 7 lit. d DS-GVO ergibt sich bei der Datenschutz-Folgenabschätzung, dass der Verantwortliche vor Aufnahme einer Verarbeitungstätigkeit die notwendigen Abhilfemaßnahmen vornimmt. Dies zwingt zu einer kohärenten Sicherheitskonzeption des Verantwortlichen unter Wahrung der Vorgaben des Art. 32 DS-GVO, welche keine Lücken aufweisen darf. Die Datenschutz-Folgenabschätzung ist kein linearer Prozess, sondern ein iterativer Prozess mit regelmäßigen Überprüfungs-

778 HK-DS-GVO/BDSG *Ferik*, Art. 35, Rn. 118.
779 *Jandt*, in: Kühling/Buchner (Hrsg.), DS-GVO Kommentar, Art. 35 Rn. 18.
780 HK-DS-GVO/BDSG *Ferik*, Art. 35, Rn. 119.
781 *Jandt*, in: Kühling/Buchner (Hrsg.), DS-GVO Kommentar, Art. 35 Rn. 13.
782 Vgl. hierzu: https://www.ldi.nrw.de/mainmenu_Aktuelles/submenu_EU-Datenschutzreform/Inhalt/EU-Datenschutzreform/DSFA-Muss-Liste-1_0.pdf (letzter Abruf: 16.09.2018).
783 *Jandt*, in: Kühling/Buchner (Hrsg.), DS-GVO Kommentar, Art. 35 Rn. 13 m. w. N.

routinen[784]. Bei den Abhilfemaßnahmen wird das Standard-Datenschutzmodell in der Praxis insgesamt und auch bei der Umsetzung von E-Government immer wichtiger[785]. Im Rahmen der Bewertung von Abhilfemaßnahmen ist auf Vollständigkeit zu achten und besondere Bedeutung kommt unter dem Gesichtspunkt des Schutzziels der Vertraulichkeit den Rechte- und Rollenkonzepten zu[786], welche der Verantwortliche lückenlos darlegen muss.

6. Privacy by Design und Privacy by Default

Der Verantwortliche ist nach Art. 25 Abs. 1 DS-GVO verpflichtet, unter Berücksichtigung des Stands der Technik, der Implementierungskosten und der Art, des Umfangs, der Zwecke der Verarbeitung und unter Berücksichtigung der Risiken für den Betroffenen sowohl zum Zeitpunkt der Festlegung der Mittel als auch zum Zeitpunkt der Verarbeitung geeignete technische und organisatorische Maßnahmen vorzunehmen. Dies wird unter dem Begriff „Privacy by Design" gefasst. Rechtlich ist der Verantwortliche hier auf den „Stand der Technik" festgelegt[787]. Die Vorgaben sind bereits auf den Zeitpunkt der Festlegung der Mittel der Verarbeitung gerichtet. Das bedeutet, dass ein Verantwortlicher, wenn er beabsichtigt, eine Fachanwendung einzuführen, bereits im Zeitpunkt der Ausschreibung auf dem Markt von den Bietern eine datenschutzfreundliche Systemgestaltung abfordern muss. Ein praktisches Problem bei der Umsetzung dieser Vorgaben ergibt sich dadurch, dass die verantwortlichen Stellen auf bestehende marktgängige Hard- und Software zurückgreifen müssen und damit die Systemgestaltung nicht voll in der Hand haben[788]. Die Hersteller sind in der DS-GVO gar nicht Adressaten und nur im Erwägungsgrund 78 genannt, sodass allenfalls eine indirekte Einwirkung des Verantwortlichen möglich ist[789]. Es kann allenfalls bei Auswahl und Implementierung der Systeme Einfluss auf eine datenschutzfreundliche Technikgestaltung genommen werden[790]. In diesem Bereich werden sich daher in Form von Zertifizierungen in Zukunft Beurteilungsparameter für den Verantwortlichen ergeben müssen.

In Art. 25 Abs. 2 DS-GVO ist geregelt, dass der Verantwortliche geeignete technische und organistorische Maßnahmen treffen muss, die im Wege der Voreinstellung sicherstellen, dass nur die erforderlichen personenbezogenen Daten erhoben werden. Dieser Grundsatz des „Privacy by Default" statuiert vor dem Hintergrund nutzerseitiger Kontrollmöglichkeiten die Pflicht, Datenverarbeitungen durch Voreinstellungen so zu konfigurieren, dass nicht erforderliche Daten gar nicht erst erhoben werden[791].

784 *Bieker/Bremert/Hansen*, DuD 2018, 492 (495).
785 Entscheidung 29/2018 des IT-Planungsrates; vgl. hierzu: https://www.it-planungsrat.de/SharedDocs/Sitzungen/DE/2018/Sitzung_26.html?pos=8 (letzter Abruf: 23.09.2018).
786 Auernhammer/*Raum*, Art. 35 DS-GVO, Rn. 41.
787 Vgl. hierzu im Kontext der DS-GVO näher: *Bartels/Backer*, DuD 2018, 214 (214 ff.); *Knopp*, DuD 2018, 663 (663 ff.)
788 *Bieker/Hansen*, DuD 2017, 285 (286).
789 *Bieker/Hansen*, DuD 2017, 285 (286).
790 *Jandt*, DuD 2017, 562 (563).
791 HK-DS-GVO/BDSG *Keber/Keppeler*, Art. 25, Rn. 58.

Der Fokus liegt hier für den Verantwortlichen ähnlich wie in Art. 25 Abs. 1 DS-GVO darin, technisch-organisatorische Maßnahmen zu implementieren[792]. Das bedeutet beispielsweise, dass bei einer transaktionsbezogenen E-Government-Anwendung der jeweilige Verantwortliche die technischen Funktionalitäten der Anwendung so nutzt, dass diese möglichst datenschutzfreundlich sind. Der Verantwortliche kann allerdings auch hier wieder nur darauf zurückgreifen, was der Hersteller bzw. Anbieter der Anwendung ihm zur Verfügung stellt.

Im Rahmen der Vorentwürfe zur DS-GVO wurden die Fragestellungen zu technischen und organsiatorischen Sicherungsmaßnahmen bereits kontrovers diskutiert[793]. Kritisch angemerkt wurde in diesem Entwicklungsstadium der DS-GVO bereits, dass die Anforderungen zum „Datenschutz durch Technik" nicht für die Hersteller der technischen Systeme direkt gelten, sondern sie gelten für die Datenverarbeiter, die wiederum nur nehmen können, was ihnen angeboten wird[794].

7. Gemeinsames Verfahren nach Art. 26 DS-GVO

Die DS-GVO nimmt sich der Herausforderungen im Hinblick auf die Verantwortungssphären datenverarbeitender Akteure an. Daher sind nunmehr in Art. 26 DS-GVO Regelungen zu einem sog. „Gemeinsamen Verfahren" aufgenommen worden, welches für digitale genauso wie analoge Verarbeitungstätigkeiten gilt. Diese Regelungen sind tatsächlich eine wesentliche Neuerung, die es so im nationalen Datenschutzrecht vorher nicht gab. Nach Art. 26 Abs. 1 S. 1 DS-GVO liegt eine gemeinsame Verantwortlichkeit dann vor, wenn zwei oder mehr Verantwortliche gemeinsam die Zwecke der und die Mittel zur Verarbeitung festlegen. Dies kann u. a. das Betreiben eines gemeinsamen Fachverfahrens durch mehrere Kommunen bei einem kommunalen IT-Dienstleister sein, in das ggf. auch eine transaktionsbezogene E-Government-Anwendung integriert sein kann bzw. das sich mit Basisinfrastrukturen für transaktionsbezogenes E-Government verknüpfen lässt. Nach Art. 26 Abs. 1 S. 2 DS-GVO müssen die gemeinsam Verantwortlichen in einer Verinbarung festlegen, wer von ihnen welche Verpflichtung aus der DS-GVO erfüllt, was insbesondere die Betroffenenrechte und Informationspflichten angeht. Wenn diese gesetzlich zwingende Vereinbarung nicht geschlossen ist, bleiben die Beteiligten dennoch bei Vorliegen der Tatbestandsvoraussetzungen gemeinsam verantwortlich und müssen die Pflichten aus der DS-GVO erfüllen[795]. Die gemeinsam Verantwortlichen können nach Art. 26 Abs. 1 S. 3 DS-GVO eine Anlaufstelle für die betroffene Person schaffen, um dieser auch die Wahrnehmung von Betroffenenrechten zu erleichtern. Insoweit zwingen die Vorschriften die gemeinsam Verantwortlichen dazu, die Zusammenarbeit vor Aufnahme der Verarbeitungstätigkeit zu strukturieren und dann zu regeln. Darüber hinaus haften die gemeinsam Verantwortlichen auch grundsätzlich gesamtschuldnerisch nach Maßgabe von Art. 82 DS-GVO, welcher dem Wortlaut nach das mögliche Handeln

792 *Hartung*, in: Kühling/Buchner (Hrsg.), DS-GVO Kommentar, Art. 25 Rn. 25.
793 Kritisch etwa: *Hornung*, ZD 2012, 99 (103).
794 *Roßnagel*, in: Hill (Hrsg.), E-Transformation, 79 (97).
795 HK-DS-GVO/BDSG *Kremer*, Art. 26, Rn. 31 m. w. N.

mehrerer Verantwortlicher umfasst[796]. Diese Neuerung durch die DS-GVO bildet ein Instrument, um Konstellationen geteilter Verantwortlichkeit in transparenter Weise für den Betroffenen zu strukturieren. Ein gemeinsames Verfahren nach Art. 26 mit einer entsprechenden Vereinbarung wird auch als Instrument für die rechtliche Absicherung von Portalen im Rahmen der Umsetzung des sog. Online-Zugangsgesetzes (OZG) gesehen[797].

Art. 24 DS-GVO (KOM) sah bereits eine Regelung zur gemeinsamen Verantwortlichkeit von mehreren Stellen bzw. Personen für die Datenverarbeitung sowie eine Haftung gegenüber dem Betroffenen vor. Dies stellt gegenüber dem nationalen deutschen Datenschutzrecht eine Neuerung dar[798]. Bereits bei den Vorentwürfen der DS-GVO wurde kritisiert, dass es keine Legaldefinition der Begriffe des „Verfahrens" und des „Verarbeitungsvorganges" gab[799]. In der nun geltenden Fassung der DS-GVO ist eine Verarbeitung „jeder mit oder ohne Hilfe ausgeführte Vorgang oder jede solche Vorgangsreihe im Zusammenhang mit personenbezogenen Daten wie das Erheben, das Erfassen, die Organisation, das Ordnen, die Speicherung, die Anpassung oder Veränderung, das Auslesen, das Abfragen, die Verwendung, die Offenlegung durch Übermittlung, Verbreitung oder eine andere Form der Bereitstellung, der Abgleich oder die Verknüpfung, die Einschränkung, das Löschen oder die Vernichtung". Diese umfangreiche Definition erfasst alle Umgangsweisen mit personenbezogenen Daten, die z. B. bei einem gemeinsam betriebenen Fachverfahren auftreten. Zwingend ist bei diesem neuen Instrument, dass die Beteiligten ihren Informationsverbund darstellen und dann eine geeignete Vereinbarung schließen.

8. Transparenzpflichten und Betroffenenrechte nach Art. 12 bis 22 DS-GVO

In stärkerem Maße als vorher nach nationalem Recht sind in der DS-GVO die Rechte des Betroffenen in den Art. 12 bis 22 geregelt. Nach der Verantwortungsarchitektur der DS-GVO korrespondieren hier umfangreiche Transparenzpflichten des Verantwortlichen mit eigenverantwortlich wahrnehmbaren Rechten des Betroffenen. Einige sollen hier kurz skizziert werden, da diese auch im transaktionsbezogenen E-Government eine Rolle spielen können.

a) Rahmenregelungen in Art. 12 DS-GVO

In Art. 12 DS-GVO sind Rahmenregelungen zum einen zu den Transparenzpflichten des Verantwortlichen und zum anderen Verfahrensregelungen für die Betroffenenrechte enthalten[800]. Die Transparenzpflichten bezwecken, dass der Betroffene einen

796 *Hartung*, in: Kühling/Buchner (Hrsg.), DS-GVO Kommentar, Art. 26 Rn. 29.

797 *Schliesky/Hoffmann*, DÖV 2018, 193 (197).

798 Klare Trennlinien für Verantwortlichkeit werden nach Maßgabe des nationalen Rechts bei mehreren potenziell Verantwortlichen gezogen: OVG Schleswig 4 LB 20/13, S. 22 ff. (Facebook-Urteil).

799 *Jaspers*, DuD 2012, 571 (571 f.) (Hervorhebungen im Original).

800 Kritisch zur systematischen Anordnung der Vorschrift: *Bäcker*, in: Kühling/Buchner (Hrsg.), DS-GVO Kommentar, Art. 12 Rn. 5 ff.

niedrigschwelligen Zugang zu den für ihn relevanten Informationen über die verarbeiteten Daten bekommt. Für die praktische Umsetzung der nach den Art. 15 bis 22 DS-GVO zu ergreifenden Maßnahmen ist die Regelung des Art. 12 Abs. 3 S. 1 DS-GVO von besonderer Bedeutung, wonach der Verantwortliche die Informationen dem Betroffenen auf Antrag unverzüglich, jedenfalls aber innerhalb eines Monats nach Antragseingang zur Verfügung stellt. Vor dem Hintergrund, dass die personenbezogenen Daten einer Person an unterschiedlichen bzw. mehreren Stellen, z. B. in einer Kommunalverwaltung, gespeichert sein können, bedeutet die Monatsfrist eine große Herausforderung, die ggf. zu einer Überprüfung von internen Datenschutzprozessen zwingt. Insoweit wäre dieser Prozess auch bei transaktionsbezogenen E-Government-Anwendungen mitzudenken.

b) Informationspflicht bei Direkterhebung und Dritterhebung in Art. 13 und 14 DS-GVO

Die rechtliche Verpflichtung des Verantwortlichen aus Art. 13 und Art. 14 DS-GVO entspringt dem Grundsatz der Transparenz[801] aus Art. 5 Abs. 1 lit. a) DS-GVO und wird insgesamt auch als „Hauptpfeiler" der neuen Betroffenenrechte bezeichnet[802]. Dem Betroffenen sind bei der Direkterhebung nach Art. 13 Abs. 1 DS-GVO und bei Dritterhebung nach Art. 14 Abs. 1 DS-GVO Name und Kontaktdaten des Verantwortlichen, Kontaktdaten des Datenschutzbeauftragten, Zwecke und Rechtsgrundlage der Verarbeitung und Empfänger oder Kategorien von Empfängern mitzuteilen. Bei der Dritterhebung sind zusätzlich noch die Kategorien von Daten mitzuteilen. Nach Art. 13 Abs. 1 DS-GVO muss die Mitteilung zum Zeitpunkt der Erhebung stattfinden, sodass die Informationen in den Antragsprozess bei einer Behörde, ggf. durch Einbindung in Online-Formulare oder bei privaten Diensteanbietern in Allgemeine Geschäftsbedingungen[803], integriert werden müssen. Jede Organisationseinheit einer Behörde wird sich daher die jeweiligen Prozesse anschauen müssen, um der Verpflichtung zu genügen.

c) Auskunftsanspruch nach Art. 15 DS-GVO

Der zentrale Auskunftsanspruch des Betroffenen ist in Art. 15 DS-GVO geregelt. Jeder Betroffene kann sich auf Grundlage dieser Vorschrift an einen Verantwortlichen wenden und Auskunft verlangen. Hierfür greift auch die in Art. 12 Abs. 3 S. 1 DS-GVO genannte Monatsfrist. Der mündige Betroffene hat mit dieser Regelung eine Rechtsposition, mit der er seiner eigenen Datenschutzverantwortung nachkommen kann. Der Auskunftsanspruch ist sehr weitgehend und nach Art. 12 Abs. 5 S. 2 DS-GVO nur bei offenkundig unbegründeten oder exzessiven Anträgen abzulehnen. Eine Geltendmachung dieses Anspruches durch die betroffene Person in regelmäßigen Abständen wird nicht als exzessiv gesehen[804]. Insgesamt kann der Verantwortliche als

801 Von „instrumentellem Wert" der Transparenz spricht: *Schulte*, PinG 2017, 227 (230).
802 HK-DS-GVO/BDSG *Schwartmann/Schneider*, Art. 13, Rn. 10.
803 Auernhammer/*Eßer*, Art. 13 DS-GVO, Rn. 11.
804 *Schulz*, PinG 2018, 221 (221).

Mitwirkungshandlung vom Betroffenen verlangen, dass dieser präzisiert, worauf sich sein Auskunftsverlangen bezieht[805]. Der Verantwortliche kann auch bei Zweifeln über die numerische Identität des Betroffenen Authentifikationsmaßnahmen durchführen, da die Auskunft an einen Nichtberechtigten eine sanktionsfähige Übermittlung darstellt[806].

d) Recht auf Berichtigung nach Art. 16 DS-GVO

Nach Art. 16 S. 1 DS-GVO hat der Betroffene ein explizites Recht auf Berichtigung ihn betreffender unrichtiger personenbezogener Daten. Darüber hinaus hat er das Recht, die Vervollständigung unvollständiger personenbezogener Daten zu verlangen. Auch bei diesem Anspruch kann der Verantwortliche den Betroffenen zu Mitwirkungshandlungen bei der Feststellung seiner Identität auffordern[807].

e) Recht auf Löschung nach Art. 17 DS-GVO

In Art. 17 DS-GVO ist ein umfängliches Recht auf Löschung des Betroffenen gegen den Verantwortlichen mit enumerativ genannten Gründen geregelt. Dies kann grundsätzlich auch bei Verarbeitungstätgkeiten im transaktionsbezogenen E-Government zum Einsatz kommen. Dieser Anspruch wird auch mit dem Begriff „Recht auf Vergessenwerden“ bezeichnet, welches in der Diskussion bei der Entstehung der DS-GVO eine größere Aufmerksamkeit fand, als die juristische Bedeutung es geboten hätte[808]. In Art. 17 Abs. 1 DS-GVO sind ganz klassische Löschungsgründe, wie Wegfall der Erforderlichkeit, Widerruf der Einwilligung und Widerspruch gegen die Verarbeitung sowie gegen die unrechtmäßige Verarbeitung etc., enthalten. Diese Gründe waren weitestgehend auch schon vorher im nationalen Datenschutzrecht vorhanden. Bei elektronischer Datenverarbeitung besteht die technische Herausforderung darin, die vollständige Löschung vor dem Hintergrund von Redundanzmechanismen bei IT-Dienstleistern, die aus Gründen der Informationssicherheit geboten sein können, sicherzustellen.

f) Recht auf Einschränkung der Verarbeitung nach Art. 18 DS-GVO

Der Betroffene hat ein Recht auf Einschränkung der Verarbeitung. Dieses kann er z. B. geltend machen, wenn er die Richtigkeit der personenbezogenen Daten bestreitet für die Zeitdauer, in der der Verantwortliche die Richtigkeit der Daten überprüft. Dem Grunde nach werden die Daten hier markiert, um die Verarbeitung einzuschränken, was im vorherigen nationalen Recht mit dem Begriff des „Sperrens“ be-

805 *Bäcker,* in: Kühling/Buchner (Hrsg.), DS-GVO Kommentar, Art. 15 Rn. 30.
806 *Schulz,* PinG 2018, 221 (221).
807 *Herbst,* in: Kühling/Buchner (Hrsg.), DS-GVO Kommentar, Art. 16 Rn. 33.
808 HK-DS-GVO/BDSG *Leutheusser-Schnarrenberger,* Art. 17, Rn. 1.

zeichnet wurde[809]. Darüber hinaus gibt es weitere Gründe, bei denen der Betroffene ein Recht auf Einschränkung der Verarbeitung hat. Wenn der Verantwortliche die Einschränkung aufhebt, muss er den Betroffenen nach Art. 18 Abs. 3 DS-GVO benachrichtigen.

g) Mitteilungspflicht nach Art. 19 DS-GVO

Der Verantwortliche muss nach Art. 19 DS-GVO allen Empfängern, denen personenbezogene Daten offengelegt wurden, jede Berichtigung oder Löschung personenbezogener Daten oder eine Einschränkung der Verarbeitung nach Art. 16, Art. 17 Abs. 1 und Art. 18 DS-GVO mitteilen. Ausschlussgründe hierfür sind Unmöglichkeit oder ein unverhältnismäßiger Aufwand. Insoweit sind hier die Rechte des Betroffenen mit korrespondierenden Transparenzpflichten des Verantwortlichen verknüpft.

h) Recht auf Datenübertragbarkeit nach Art. 20 DS-GVO

Nach Art. 20 Abs. 1 DS-GVO hat der Betroffene unter den dort genannten Voraussetzungen ein Recht auf Datenübertragbarkeit, mit dem er personenbezogene Daten, die er einem Verantwortlichen bereitgestellt hat, zum einen herausverlangen kann und zum anderen an einen anderen Verantwortlichen übertragen kann. Der Grundgedanke wird darin gesehen, dass die Nutzer digitaler Angebote die Datensouveränität behalten[810]. Dieser Anspruch ist tatsächlich ein neues Recht des Betroffenen, welches in dieser Ausprägung im bisherigen nationalen Recht nicht zu finden war. Das zugrunde liegende Anwendungsszenario liegt in erster Linie bei E-Commerce-Anwendungen und insbesondere auch bei sozialen Netzwerken[811]. Vermieden werden sollen die sog. Lock-In-Effekte, wonach große Anbieter von Online-Diensten einmal zur Verfügung gestellte Daten des Betroffenen nicht herausgeben und einen Anbieterwechsel erschweren[812]. Aber es ist auch denkbar, dass dieses Recht bei E-Government-Anwendungen geltend gemacht werden kann. Nach Art. 20 Abs. 2 DS-GVO steht die Datenübertragung von einem zum anderen Verantwortlichen unter dem Vorbehalt des technisch Machbaren. Der Betroffene kann seinen Anspruch gegenüber beiden infrage kommenden Verantwortlichen - dem ursprünglichen und dem zukünftigen - geltend machen[813]. Auch hier kann der jeweils adressierte Verantwortliche Mitwirkungshandlungen des Betroffenen bei der Feststellung der Identität des Betroffenen verlangen[814]. Der Anwendungsbereich des Rechts auf Datenübertragung ist im Einzelnen umstritten[815].

---

809 *Herbst*, in: Kühling/Buchner (Hrsg.), DS-GVO Kommentar, Art. 18 Rn. 28 (Hervorhebung im Original).
810 *Strubel*, ZD 2017, 355 (355).
811 Vgl. *Hermonies*, in: Jandt/Steidle (Hrsg.), Datenschutz im Internet, S. 453.
812 Auernhammer/*Schürmann*, Art. 20 DS-GVO, Rn. 4.
813 *Hermonies*, in: Jandt/Steidle (Hrsg.), Datenschutz im Internet, S. 455.
814 *Herbst*, in: Kühling/Buchner (Hrsg.), DS-GVO Kommentar, Art. 20 Rn. 32.
815 Vgl. hierzu: *Strubel*, ZD 2017, 355 (356 ff.).

i) Widerspruchsrecht nach Art. 21 DS-GVO

In Art. 21 Abs. 1 S. 1 DS-GVO ist ein allgemeines Widerspruchsrecht des Betroffenen geregelt, welches dann eingreift, wenn sich die Datenverarbeitung auf Art. 6 Abs. 1 lit. e) oder f) stützt, also den Tatbestand der Güterabwägung und denjenigen der Wahrnehmung einer öffentlichen Aufgabe. Es besteht hier eine Darlegungslast des Betroffenen im Hinblick auf die Gründe, und diese Rechtsposition stellt einen Ausgleich dar für die vorher durch den Verantwortlichen vorgenommene Güterabwägung, die typisierend erfolgt[816]. Insoweit verlangt Art. 21 Abs. 1 S. 1 DS-GVO auch, dass es sich um Gründe handeln muss, die sich aus der besonderen Situation des Betroffenen ergeben.

Ein absolutes Widerspruchsrecht hat der Verordnungsgeber nach Art. 21 Abs. 2 DS-GVO für den Fall der Direktwerbung vorgesehen.

j) Verbot automatisierter Entscheidungen einschließlich Profiling nach Art. 22 DS-GVO

In Art. 22 DS-GVO ist eine Rechtsposition des Betroffenen enthalten, wonach er das Recht hat, nicht einer ausschließlich auf einer automatisierten Verarbeitung - einschließlich Profiling - beruhenden Entscheidung unterworfen zu werden, die ihm gegenüber rechtliche Wirkung entfaltet oder sie in ähnlicher Weise beeinträchtigt. Obwohl diese Regelung systematisch bei den Betroffenenrechten steht, ist die Vorschrift als Verbot für den Verantwortlichen mit entsprechenden Erlaubnistatbeständen ausgestattet[817]. In Art. 22 Abs. 3 DS-GVO werden für den Fall, dass der Verantwortliche sich auf einen Erlaubnistatbestand stützt, weitere Schutzvorkehrungen für den Betroffenen zur Anfechtung der automatisierten Entscheidung geregelt.

k) Stärkung der Datenhoheit des Nutzers

Die Betroffenenrechte in Art. 12 bis 22 DS-GVO entfalten auch bei transaktionsbezogenen E-Government-Anwendungen Relevanz und stärken die Datenhoheit des Nutzers. Hier wird deutlich, dass der Verordnungsgeber eine Ausdifferenzierung von Betroffenenrechten vorgenommen hat, dem Nutzer aber lediglich Mitwirkungshandlungen bei der Identifizierung seiner Person und vereinzelt Darlegungslasten abverlangt. Die Hauptpflichten treffen nach der Verantwortungsarchitektur der DS-GVO den Verantwortlichen.

9. Sanktions- und Haftungsregime für den Verantwortlichen

Eine wesentliche Neuerung durch die DS-GVO ist das stark verschärfte Sanktionsregime der Datenschutzaufsichtsbehörden gegenüber dem Verantwortlichen, welches auch aufgrund der großen Höhe potenzieller Bußgelder große Aufmerksamkeit erlangt hat. Art. 83 DS-GVO trifft Regelungen, die fast ausnahmslos alle Pflichten der

816 Auernhammer/*Kramer*, Art. 21 DS-GVO, Rn. 10.
817 HK-DS-GVO/BDSG *Atzert*, Art. 22, Rn. 2.

DS-GVO mit einem Bußgeld belegen[818]. Allerdings wurde für den öffentlichen Bereich relativ früh der Weg eingeschlagen, im Wege der Öffnungsklausel des Art. 83 Abs. 7 DS-GVO im nationalen Recht wie z. B. in Art. 43 Abs. 3 BDSG n. F. Regelungen zu schaffen, die Behörden von der Bußgeldandrohung ausnehmen[819]. Für öffentliche Stellen relevant und praktisch bedeutsam sind die sog. Abhilfebefugnisse des Art. 58 Abs. 2 DS-GVO. Dem Verhältnismäßigkeitsgrundsatz folgend, kann die Aufsichtsbehörde zunächst nach Art. 58 Abs. 2 lit. a) „Warnen" und nach lit. b) „Verwarnen"[820]. In Art. 58 Abs. 2 sind dann in lit c) bis d) weitere schärfer gefasste Abhilfebefugnisse vorhanden. Dazu gehört nach Art. 58 Abs. 2 lit) d DS-GVO die Möglichkeit, den Verantwortlichen anzuweisen, Verarbeitungsvorgänge in bestimmter Weise und innerhalb eines Zeitraumes in Einklang mit der DS-GVO zu bringen. Darüber hinaus besteht nach Art. 58 Abs. 2 lit. f) noch die Möglichkeit der vorübergehenden und endgültigen Beschränkung sowie des Verbotes von Verarbeitungsvorgängen. Das kann auch konkret bedeuten, dass die Aufsichtsbehörde eine Fachanwendung einer Behörde, die eine transaktionsbezogene E-Government-Anwendung ermöglicht, beschränkt oder mit einem Verbot belegt. Diese Abhilfebefugnisse waren vorher im nationalen Datenschutzrecht so nicht vorhanden und stellen damit eine wesentliche Neuerung auch für die öffentliche Verwaltung, die E-Government anbietet, dar. Jedenfalls müssen sich auch die Aufsichtsbehörden der großen Herausforderungen stellen, welche die neuen Befugnisse mit sich bringen[821].

Neben diesem Sanktionsregime kann den Verantwortlichen der Schadensersatzanspruch des Betroffenen aus Art. 82 Abs. 1 DS-GVO treffen, der sich auf materiellen und immateriellen Schadensersatz bezieht. Die Vorschrift enthält eine eigenständige Haftungsnorm, die neben weiteren möglichen Ansprüchen besteht, und zwingt den Verantwortlichen und den Auftragsverarbeiter zu einem Entlastungsbeweis[822]. Insoweit ist der Verantwortliche gut beraten, die vorgenannten datenschutzrechtlichen Verpflichtungen aus der DS-GVO einzuhalten und sein Datenschutzmanagement insgesamt darauf auszurichten.

10. Meldepflichten nach Art. 33 und Art. 34 DS-GVO

Neben dem neuen Sanktions- und Haftungsregime der DS-GVO treffen den Verantwortlichen neue Meldepflichten bei Datenschutzverstößen aus Art. 33 und 34 DS-GVO, die in dieser ausgeprägten Form vorher im nationalen Datenschutzrecht nicht so stark, sondern nur teilweise vorhanden waren. Grundsätzlich trifft den Verantwortlichen die Pflicht nach Art. 33 DS-GVO, die Verletzung des Schutzes personen-

---

818 *Pohl,* PinG 2017, 85 (89); *Nolde,* PinG 2017, 114 (115); zum Sanktionsmodell des Art. 83 DS-GVO näher: *Bergt,* DuD 2017, 555 (556 ff.).

819 HK-DS-GVO/BDSG *Schwartmann/Jacquemain,* Art. 83, Rn. 20.

820 Zur Abgrenzung der Begriffe und insgesamt zur systematischen Einordnung der Verwarnung innerhalb des Sanktionssystems: *Martini/Wenzel,* PinG 2017, 92 (92 ff.).

821 Zum Anpassungsbedarf bei der personellen Ausstattung: *Weiß,* PinG 2017, 97 (98); von Überforderung der Aufsichtsbehörden in den jeweils unterschiedlichen Rollen als Helfer, Berater, Kontrolleur spricht: *Wolff,* PinG 2017, 109 (110).

822 *Bergt,* in: Kühling/Buchner (Hrsg.), DS-GVO Kommentar, Art. 82 Rn. 12.

bezogener Daten an die Aufsichtsbehörde zu melden. Nach Art. 34 DS-GVO ist der Verantwortliche verpflichtet, wenn voraussichtlich ein hohes Risiko für die Rechte und Freiheiten natürlicher Personen besteht, die Datenschutzverletzung auch an den Betroffenen zu melden. In diesem Fall muss der Verantwortliche also eine entsprechende Risikoprognose vornehmen[823]. In der praktischen Umsetzung ist diese Risikoprognose von einer zweifachen Wahrscheinlichkeitsfrage geprägt[824] und sie wird durch mangelnde untergesetzliche konkretisierende Vorgaben erschwert[825]. Die Vorschrift des Art. 34 DS-GVO dient dem Grundsatz der Transparenz und wird auch als Umsetzung des Prinzips des Selbstdatenschutzes gesehen[826]. Grundsätzlich sind vielfältige Konstellationen denkbar, in denen die genannten Meldepflichten bei transaktionsbezogenen E-Government-Anwendungen zur Anwendung kommen. Insoweit sind in einer Behörde wie bei einem privaten Unternehmen auch Meldeprozesse für Datenschutzverstöße zu schaffen, in die jedenfalls auch der Datenschutzbeauftragte einbezogen werden muss[827].

11. Rechenschaftspflicht nach Art. 5 Abs. 2 DS-GVO

Als zentraler Grundsatz der DS-GVO gilt die Rechenschaftspflicht, die sog. „Accountability“, nach Art. 5 Abs. 2 DS-GVO. Dieser Grundsatz bindet den Verantwortlichen bei allen Verarbeitungstätigkeiten, indem er eine Nachweispflicht für die in Art. 5 Abs. 1 DS-GVO genannten Grundsätze statuiert, und ist Ausdruck der neuen Verantwortungsarchitektur der DS-GVO. Diese Verpflichtung ist neu und bedeutet einen enormen Dokumentationsaufwand für den Verantwortlichen[828]. Sie schließt alle vorgenannten rechtlichen Verpflichtungen des Verantwortlichen gewissermaßen als Bausteine mit ein. Die Einhaltung der Grundsätze soll der Verantwortliche einzelfallübergreifend umsetzen und dabei zur Nutzung eines Datenschutz-Managementsystems angehalten werden[829]. Insbesondere ist die große Herausforderung für alle Verantwortlichen eine lückenlose Informationssicherheitskonzeption.

12. Anpassung von Grundprinzipien und Abgrenzung zu anderen Vorschriften

Die DS-GVO hat einige Elemente des vorherigen nationalen Datenschutzrechts aufgenommen, jedoch neu ausgerichtet. Darüber hinaus bleibt unverkennbar die Fortschreibung von Regelungen und systematischen Aspekten, die bereits in der oben dargestellten DSRL vorhanden waren. Die Verantwortungsarchitektur hat sich, wie am o. g. Prinzip der Rechenschaftspflicht sichtbar wird, massiv auf den Verantwortli-

823 *Jandt*, DuD 2017, 562 (566).
824 *Els*, DÖD 2018, 213 (215).
825 *Jandt*, DuD 2017, 562 (566).
826 *Jandt*, in: Kühling/Buchner (Hrsg.), DS-GVO Kommentar, Art. 34 Rn. 1 m. w. N.
827 *Els*, DÖD 2018, 213 (220).
828 *Veil*, ZD 2018, 9 (9) spricht von 46 Pflichten.
829 *Breyer*, DuD 2018, 311 (315).

chen fokussiert. Der Betroffene profitiert von ausdifferenzierteren Betroffenenrechten und Transparenzpflichten des Verantwortlichen.

Mit Art. 6 Abs. 1 sind bisher bekannte Legitimationsgrundlagen wie die Einwilligung oder vertragliche Vereinbarungen in lit. a und b aufgenommen worden. Es sind aber auch im Einzelnen schwierige Abwägungsklauseln wie Art. 6 Abs. 1 lit. f DS-GVO aufgenommen worden. Kritik gab es schon im Entstehungsprozess der DS-GVO, wonach Abwägungsmaßstäbe der DS-GVO nur bedingt für die Abwägung zwischen erlaubter und unerlaubter Datenverarbeitung tauglich sind, da sich die Abwägung nicht auf ein Schutzgut „hinter den Daten" zurückführen lässt[830]. Für den öffentlichen Bereich wird das im Wege der Nutzung der vorhandenen Öffnungsklauseln bereitgestellte bereichsspezifische und allgemeine nationale Datenschutzrecht weitgehend einschlägig sein. Insgesamt wird dadurch die korrekte Rechtsanwendung auch aufgrund noch nicht vollständiger Anpassung des nationalen bereichsspezifischen Fachrechts für den öffentlichen Bereich schwieriger.

Besondere Aufmerksamkeit in der Debatte um die Neuregelungen der DS-GVO haben das Zweckbindungsprinzip und das Prinzip der Datenvermeidung und Datensparsamkeit erfahren, welche angesichts von vielfältigen Geschäftsmodellen privater Unternehmen im Kontext von Big Data unter Druck geraten sind[831]. Nunmehr ist durch Art. 5 Abs. 1 lit. b) DS-GVO der Zweckvereinbarkeitsgrundsatz normiert worden und die strenge Zweckbindung nach nationalem Recht weggefallen[832]. Hier ist ein sehr tragender Grundsatz des Datenschutzrechts relativiert worden. Dies ist sicherlich auch praktischen Bedürfnissen und der europäischen Rechtsvereinheitlichung geschuldet. Darüber hinaus wird insgesamt erwartet, dass die Durchsetzung und Sanktionierung des europäischen Datenschutzrechts nach der DS-GVO in den Mitgliedsstaaten zunächst divergierend erfolgt und ein Vereinheitlichungsprozess erst langsam erfolgt[833].

Die bisher nach altem nationalen Datenschutzrecht bestehende „Auftragsdatenverarbeitung" ist nunmehr in Art. 28 DS-GVO als „Auftragsverarbeitung" geregelt und soll hier kurz erwähnt werden. Die Auftragsverarbeitung kann insbesondere auch bei der Einschaltung von IT-Dienstleistern zur Umsetzung transaktionsbezogener E-Government-Anwendungen relevant werden. Bereits aus dem Wortlaut des Art. 28 Abs. 1 DS-GVO ergibt sich, dass der Verantwortliche als Auftraggeber gesetzlich darauf verpflichtet ist, einen IT-Dienstleister auszuwählen, der eine hinreichende Sicherheitskonzeption vorlegt. Gerade in Konstellationen eines solchen Informationssicherheitsverbundes gewinnen die Standards und Richtlinien des Bundesamtes für Sicherheit in der Informationstechnik (BSI) besondere Bedeutung.

---

830 So zu Recht *Schneider/Härting*, CR 2014, 306 (307) mit Verweis auf das Urteil des EuGH zur Vorratsdatenspeicherung (EuGH, Urteil v. 8.4.2014 – Rs. C-293/12) und die dortigen Ausführungen zur Anwendung von Art. 7 GrCh (Privatleben).

831 Vgl. hierzu das Positionspapier der Konferenz der Datenschutzbeauftragten des Bundes und der Länder, DuD 2015, 722; zu den Problemlagen beim Zweckbindungsprinzip: *von Grafenstein*, DuD 2015, 789 (789 ff.); *Richter*, DuD 2015, 735 (735 ff.).

832 *Herbst*, in: Kühling/Buchner (Hrsg.), DS-GVO Kommentar, Art. 5 Rn. 26.

833 *Ashkar*, DuD 2015, 796 (800).

Die gesamte Debatte um die einzelnen Prinzipien kann hier nicht nachgezeichnet werden, da ansonsten der Rahmen der Arbeit gesprengt werden würde.

Nach Art. 95 DS-GVO erlegt die DS-GVO natürlichen oder juristischen Personen, die elektronische Kommunikationsdienste in öffentlichen Kommunikationsnetzen betreiben, keine zusätzlichen Pflichten auf, soweit diese besonderen in der Richtlinie 2002/58/EG festgelegten Pflichten unterliegen, die dasselbe Ziel verfolgen[834].

X. Verordnung des europäischen Parlaments und des Rates über die elektronische Identifizierung und Vertrauensdienste für elektronische Transaktionen im Binnenmarkt (eIDAS-Verordnung)

Am 18.09.2014 trat die VO (EU) Nr. 910/2014 des Europäischen Parlaments und des Rates über elektronische Identifizierung und Vertrauensdienste für elektronische Transaktionen im Binnenmarkt und zur Aufhebung der Richtlinie 1999/93/EG (eIDAS-VO) in Kraft. Vorausgegangen war ein „Vorschlag für eine Verordnung des Europäischen Parlaments und des Rates über die elektronische Identifizierung und Vertrauensdienste für elektronische Transaktionen im Binnenmarkt", der einen Rechtsrahmen vorsah, der insbesondere das Vertrauen in elektronische Transaktionen im Binnenmarkt stärken soll und ausdrücklich sichere und nahtlose elektronische Transaktionen zwischen Unternehmen, Bürgern und öffentlichen Verwaltungen erfassen soll[835]. Eine Verordnung ist im Falle ihrer Verabschiedung und Inkraftsetzung in den Mitgliedstaaten unmittelbar anwendbares Recht, sodass diese in Deutschland nun unmittelbar geltende Verordnung hier zwingend zu behandeln ist. Sie hat bei Inkrafttreten die Richtlinie für elektronische Signaturen 1999/93/EG abgelöst, was zur Folge hat, dass seither das aktuelle deutsche Signaturgesetz nicht mehr in der aktuellen Form gilt[836]. Die eIDAS-VO setzt aber deutsche Regelungen nicht grundsätzlich außer Kraft, sondern genießt lediglich einen Anwendungsvorrang[837]. Nach Art. 1 Abs. 1-3 enthält die Verordnung einen Rechtsrahmen für die elektronische Identifizierung und Vertrauensdienste, elektronische Signaturen, elektronische Siegel, elektronische Zeitstempel, elektronische Dokumente, elektronische Zustelldienste sowie Website-Authentifizierung. In Art. 1 Abs. 2 geht dieser davon aus, dass es auch elektronische Identifizierungsmittel für juristische Personen geben kann. In der EU existiert bereits kein gemeinsamer Begriff der Identität im Kontext der elektronischen Kommunikation, was eine Anwendung der Vorgaben für das Identitätsmanagement problematisch macht[838]. Die eIDAS-VO enthält in Art. 3 Nr. 1 eine De-

834 Vgl. zu diesem Themenkomplex bereits: *v. Lewinski*, DuD 2012, 564 (566).

835 KOM (2012), 238/2, S. 2; vgl. hierzu *Spindler/Rockenbauch*, MMR 2013, 139 (139 ff.); *Roßnagel/Johannes*, ZD 2013, 65 (65 ff.).

836 *Quiring-Kock*, DuD 2013, 20 (21).

837 EuGH, Slg. 1964, 1251 (1264) = NJW 1964, 2371; Slg. 1978, 629, Rn. 17 f. = NJW 1978, 1741; BVerfGE 73, 223 (244) = NJW 1988, 1459; *Schroeder*, in: Streinz, EUV/AEUV, 2. Aufl. 2012, Art. 288, Rn. 40; *Roßnagel*, NJW 2014, 3686 (3691).

838 *Byszio u. a.*, DuD 2013, 169 (171).

finition für den Begriff der elektronischen Identifizierung, wonach diese „der Prozess der Verwendung von Personenidentifizierungsdaten ist, die in elektronischer Form eine natürliche oder juristische Person oder eine natürliche Person, die eine juristische Person vertritt, eindeutig repräsentieren“[839]. Dieser Begriff korrespondiert mit dem oben zugrunde gelegten Verständnis von numerischer Identität. In Art. 19 wird auch der Begriff der Identität verwendet. Hier wird die Identität einer natürlichen oder juristischen Person vorausgesetzt, ohne dass dieser Begriff hier seinerseits definiert wird. Damit gibt der Verordnungsvorschlag für das Verständnis des Identitätsbegriffes keinen weiteren Aufschluss. Auf Grundlage der Verordnung können die EU-Mitgliedsstaaten ihre nationalen elektronischen Identifizierungssysteme notifizieren lassen, wobei keine Pflicht geregelt wird, solche einzuführen[840]. Die eIDAS-Verordnung verfolgt im Kern auch das Ziel, mit der Schaffung eines EU-Vertrauenssiegels grenzüberschreitend E-Commerce zu fördern[841], ist aber gleichzeitig auch eine Querschnittsmaterie für alle Bereiche der Informationsgesellschaft[842]. Diese ist neben dem E-Commerce aber auch für transaktionsbezogene E-Government-Anwendungen relevant. Die eIDAS-VO schafft einen Sammelbegriff „Vertrauensdienste“ und regelt neben den Anforderungen an diese auch punktuell die Rechtsfolgen von deren Einsatz[843]. Das Leitbild der eIDAS-VO ist nach Art. 8 Abs. 2 b, elektronische Identifizierungssysteme in den europäischen Mitgliedsstaaten zu notifizieren, die substanziell die Gefahren des Identitätsmissbrauchs und der Identitätsveränderung mindern.

Problematisch waren die Vorgaben des Verordnungsvorschlages für den nPA als Teil eines deutschen Identifizierungssystems[844]. Der Vorschlag hat das Ziel, bestehende Rechtsvorschriften zu erweitern und die gegenseitige Anerkennung und Akzeptierung notifizierter elektronischer Identifizierungssysteme und anderer wichtiger einschlägiger Vertrauensdienste auf EU-Ebene zu regeln[845].

Für die Vertrauensdiensteanbieter wird in Art. 19 Abs. 1 die Verpflichtung geregelt, ihre Tätigkeiten durch technische und organisatorische Maßnahmen nach dem jeweiligen Stand der Technik[846] für die von ihnen erbrachten Vertrauensdienste zu sichern. Der Vertrauensdiensteanbieter muss hiernach auch Maßnahmen ergreifen, um die Auswirkungen von Sicherheitsverletzungen so gering wie möglich zu halten. Darüber hinaus muss er verpflichtend der zuständigen Aufsichtsstelle, der zuständigen nationalen Stelle für Informationssicherheit und anderen einschlägigen Dritten wie Datenschutzbehörden alle Sicherheitsverletzungen oder Integritätsverluste, die sich erheblich auf den erbrachten Vertrauensdienst und die darin enthaltenen Daten aus-

---

839 KOM (2012), 238/2, S. 21.
840 *Hoffmann*, DuD 2014, 762 (762).
841 *Seegebarth*, DuD 2014, 675 (676).
842 *Roßnagel*, NJW 2014, 3686 (3687); *Roßnagel/Johannes*, ZD 2013, 65 (65 ff.).
843 *Roßnagel*, NJW 2014, 3686 (3686 f.) (Hervorhebungen im Original).
844 *Byszio u. a.*, DuD 2013, 169 (171).
845 KOM (2012), 238/2, S. 2.
846 Vgl. zur notwendigen Abgrenzung zu den „allgemein anerkannten Regeln der Technik“ sowie zur möglichen Konkretisierung beider Begriffe: *Seibel*, NJW 2013, 3000 (3000 ff.).

wirken, melden. Damit schafft der Verordnungsvorschlag Verantwortlichkeiten bei den Vertrauensdiensteanbietern für deren Organisationssphäre.

Die Verordnung enthält in Art. 34 Regelungen zur Rechtswirkung und Akzeptierung elektronischer Dokumente. Die Gleichwertigkeit mit einem Papierdokument wird hier an den Grad der Gewissheit der Echtheit und Unversehrtheit des Dokumentes gekoppelt und die Zulässigkeit als Beweismittel im Gerichtsverfahren anerkannt[847]. Durch die Koppelung an den Grad der Gewissheit über die Echtheit kommt es hier entscheidend auf das Identitätsmanagement im Kontext der Versendung des Dokumentes an. Damit besteht eine unmittelbare Praxisrelevanz bei transaktionsbezogenen E-Government-Anwendungen.

Die Auswirkungen auf das deutsche eID-System mit dem nPA sind stark, da die Verordnung unmittelbar EU-weit gilt. Wenn E-Government-Anwendungen ausschließlich den nPA als Identitätsmanagement-Infrastruktur vorsehen, könnte dieses mit Blick auf die Regelungen der eIDAS-Verordnung eine europarechtlich relevante Diskriminierung anderer Lösungen sein.

Insgesamt legitimiert die eIDAS-Verordnung ein Absenken des Niveaus der qeS[848]. An dieser Stelle stellte sich dann insbesondere für die rechtsanwendende Praxis die Frage des Anwendungsvorranges der eIDAS-Verordnung gegenüber den signaturrechtlichen Vorschriften[849]. Nunmehr besteht das Rechtsregime bei Signaturen aus der eIDAS-Verordnung und dem Vertrauensdienstegesetz (VDG), welches das Signaturgesetz (SigG) und die Signaturverordnung (SigV) ersetzt hat[850].

XI. Das „Safe-Harbor-Urteil" des Europäischen Gerichtshofs (EuGH)

Maßgebliche Bedeutung für internationale Datenströme hat das sog. „Safe-Harbor-Urteil" des EuGH vom 06.10.2015, womit dieser die Safe-Harbor-Entscheidung der EU-Kommission 2000/520/EG aufgehoben hat[851]. Auf diese von Anfang an durchaus umstrittene Entscheidung[852] sind in den zurückliegenden Jahren viele Datentransfers zwischen der EU und den USA gestützt worden. Aufgrund seiner massiven Auswirkung auf die Praxis ist dieses Urteil auch als „Paukenschlag" bezeichnet worden, der weitreichende Folgewirkungen für die europäische Datenschutzentwicklung haben wird[853]. Wegen der Auswirkung dieses Urteils auf die internationale Datenverarbeitungspraxis und die Rechtsentwicklung des europäischen Datenschutzrechts und weil

---

847 Zu den Auswirkungen der eIDAS-Verordung auf die Beweissicherheit im elektronischen Rechtsverkehr näher: *Jandt*, NJW 2015, 1205 (1205 ff.).

848 Zum Beweiswert digitaler Dokumente nach der eIDAS-VO: *Jandt/Michalek/Dietrich*, DuD 2015, 687 (687 ff.)

849 *Roßnagel*, MMR 2015, 359 (362 ff.).

850 *Roßnagel*, MMR 2018, 31 (31).

851 Vgl. EuGH, Urt. v. 6.10.2015 – C-362/14 (Schrems/Data Protection Commissioner), abgedruckt in: CR 2015, 633-641.

852 Kritisch zur Stützung der Safe Harbor-Entscheidung auf Art. 25 Abs. 6 der RL 95/46/EG durch die EU-Kommission: *Petri*, DuD 2015, 801 (801).

853 *Moos/Schefzig*, CR 2015, 625 (625); *Härting*, CR 2015, 640 (640).

auch im Kontext des E-Governments zumindest grundsätzlich auch Datenverarbeitung im Ausland denkbar ist, ist dies hier in der gebotenen Kürze zu thematisieren.

Das Vorabentscheidungsersuchen, welches dem Urteil zugrunde liegt, erging im Rahmen eines Rechtsstreits zwischen Herrn Max Schrems und dem Data Protection Commissioner, weil dieser sich geweigert hat, eine Beschwerde des Herrn Schrems zu prüfen, welche rügt, dass die Facebook Ireland Ltd. personenbezogene Daten ihrer Nutzer in die Vereinigten Staaten übermittelt und auf dortigen Servern speichert [854]. Insoweit liegt hier ein Sachverhalt vor, der bei Online-Angeboten täglich millionenfach vorkommt.

Der rechtliche Hintergrund der Safe-Harbor-Entscheidung der EU-Kommission liegt in der Regelung des Art. 25 Abs. 1 DSRL, wonach in dem Land, in welches personenbezogene Daten übermittelt werden, ein angemessenes Datenschutzniveau vorherrschen soll. Den USA konnte dieses nicht pauschal attestiert werden, weil dort im Sinne eines sektoralen Ansatzes Rechtsvorschriften, Verordnungen und Selbstregulierung zusammenspielen[855]. Das dortige Datenschutzrecht enthält insgesamt im Gegensatz zum europäischen Rechtsrahmen eine andere Verantwortungsarchitektur der beteiligten Akteure. Eine stärkere Rolle spielen hier Systeme der Selbstzertifizierung privater Unternehmen. Nach dem EuGH verstößt ein Drittland bei der Einbeziehung von Selbstzertifizierungssystemen als solcher nicht gegen das Erfordernis aus Art. 25 Abs. 6 DSRL[856]. Das bedeutet, dass diese Systeme an sich die Sicherheit des Datenschutzniveaus noch nicht infrage stellen. Maßgeblich für die Beurteilung, ob in dem in Rede stehenden Drittland „aufgrund seiner innerstaatlichen Rechtsvorschriften oder internationaler Verpflichtungen" ein angemessenes Datenschutzniveau vorliegt, ist das Vorhandensein wirksamer Kontroll- und Überwachungsmechanismen für Datenschutzverstöße[857]. Aus dem Urteil lässt sich ebenfalls herauslesen, dass die massive Überwachungspraxis der NSA und der mangelnde Schutz Betroffener bei der Beurteilung des Schutzniveaus in den USA eine Rolle gespielt haben[858]. Aus den Freiheitsverbürgungen der Charta der Grundrechte leitet der EuGH in diesem Urteil Schutzpflichten für die EU-Organe und die mitgliedstaatlichen Organe her[859]. Das Urteil kann hier nicht in allen Einzelheiten nachgezeichnet werden, da ansonsten der Rahmen der Arbeit gesprengt werden würde.

Aus dem Urteil des EuGH wird jedenfalls ersichtlich, dass eine Datenschutzkontrolle durch Selbstzertifizierung in einem Drittland ohne wirksamen rechtlichen Schutz für den von der Datenverarbeitung Betroffenen nicht der Verantwortungsarchitektur des europäischen Datenschutzrechts entspricht. Für die Datenschutzaufsichtsbehörden stellte sich zunächst die Frage eines Einschreitens gegen Unterneh-

---

854 EuGH, Urt. v. 6.10.2015 – C-362/14, CR 2015, 633 (638) Rn. 2.
855 *Moos/Schefzig*, CR 2015, 625 (626).
856 EuGH, Urt. v. 6.10.2015 – C-362/14, CR 2015, 633 (638) Rn. 81.
857 EuGH, Urt. v. 6.10.2015 – C-362/14, CR 2015, 633 (638) Rn. 81.
858 *Moos/Schefzig*, CR 2015, 625 (630); *Petri*, DuD 2015, 801 (802).
859 *Petri*, DuD 2015, 801 (803) m. w. N.

men, die Daten in die USA übermitteln[860]. Derzeit ist der sog. „Privacy Shield" eine Möglichkeit, Datentransfers in die USA zu legitimieren.

XII. Die E-Privacy-Verordnung

Als weiterer europäischer Rechtsakt ist hier noch die in Entwürfen vorhandene E-Privacy-Verordnung zu nennen[861]. Da diese die Richtlinie über die Verarbeitung personenbezogener Daten und den Schutz der Privatsphäre in der elektronischen Kommunikation 2002/58/EG ersetzen soll und neben den fokussierten E-Commerce-Anwendungen insgesamt für E-Government-Anwendungen, die z. B. auf Homepages bereitgestellt werden, relevant sein kann, soll diese hier kurz Erwähnung finden. Die E-Privacy-Verordnung ist nicht, wie ursprünglich geplant, parallel zur DS-GVO am 25.05.2018 in Kraft getreten[862]. Diese europäische Verordnung wird zukünftig mit der DS-GVO auf derselben Ebene der europäischen Normenhierarchie stehen[863]. Die Regelungsinhalte der E-Privacy-Verordnung werden zukünftig voraussichtlich die gesamte elektronische Kommunikation erfassen[864]. Insoweit stellt sich die Frage der Abgrenzung der Anwendungsbereiche beider Verordnungen. Die EU-Kommission sieht die E-Privacy-Verordnung ausdrücklich als lex specialis zur DS-GVO[865]. Derzeit ist das Konkurrenzverhältnis der E-Privacy-Verordnung zur DS-GVO schwierig nachzuvollziehen und Kernpunkt der Kritik[866]. Widersprüchlichkeiten gibt es im derzeitigen Entwurfsstadium auch bei Regelungsgegenstand und Anwendungsbereich, der den Schutz über personenbezogene Daten und damit über das grundrechtlich gebotene Maß hinaus auf Maschinenkommunikation ausdehnt[867]. Besondere Schwierigkeiten bestehen derzeit in der praktischen Rechtsanwendung bei der Frage der Anwendbarkeit des formell noch gültigen nationalen Telemediengesetzes (TMG). Die Konferenz der unabhängigen Datenschutzbehörden des Bundes und der Länder hat für den Zeitraum ab dem 25.05.2018 eine Positionsbestimmung veröffentlicht, wonach die Regelungen der §§ 12, 13 und 15 TMG bei praktisch bedeutsamen Reichweitenmessungen und

860 Vgl. hierzu das Positionspapier des ULD vom 14.10.2015, S. 4 f., abrufbar unter: https://www.datenschutzzentrum.de/uploads/internationales/20151014_ULD-Positionspapier-zum-EuGH-Urteil.pdf (letzter Abruf: 18.12.2015), sowie das abgestufte Vorgehen im Papier des Hamburgischen Beauftragten für Datenschutz und Informationsfreiheit, S. 2, abrufbar unter: https://www.datenschutz-hamburg.de/uploads/media/Information_zum_Safe-Harbor-Urteil_des_Europaeischen_Gerichtshofs.pdf (letzter Abruf: 18.12.2015).

861 Vgl. v. a. den Vorschlag der EU-Kommission vom 10.01.2017: https://eur-lex.europa.eu/legal-content/DE/TXT/PDF/?uri=CELEX:52017PC0010 (letzter Abruf: 29.09.2018); eine differenzierte Auseinandersetzung mit den weiteren Entwürfen bei: *Engeler*, PinG 2018, 141 (142 f.).

862 *Bihlmayer/Ehmann/Lesch*, DuD 2018, 241 (243).

863 *Jandt/Karg*, in: Jandt/Steidle (Hrsg.), Datenschutz im Internet, S. 114.

864 *Schwartmann/Benedikt/Jacquemain*, PinG 2018, 150 (151).

865 *Bihlmayer/Ehmann/Lesch*, DuD 2018, 241 (243).

866 *Engeler*, PinG 2018, 141 (142 f.).

867 *Engeler/Felber*, ZD 2017, 251 (252 f.).

Tracking-Mechanismen dann nicht mehr angewendet werden können[868]. Bei der Verarbeitung personenbezogener Daten komme Art. 6 Abs. 1 DS-GVO und dort insbesondere lit. a, b und f in Betracht[869]. In rechtssystematischer Hinsicht wird diese Positionsbestimmung im skizzierten Übergangszeitraum bis zum Inkrafttreten der E-Privacy-Verordnung durchaus kontrovers diskutiert[870]. Die Positionsbestimmung der Aufsichtsbehörden legt den Fokus damit in Richtung der Legitimationsgrundlagen des Art. 6 DS-GVO als Rechtsgrundlage, der, wie oben bereits dargestellt, in Teilen auch schwer praktizierbare Abwägungsklauseln enthält. Bei der Einwilligung als Lösung für Reichweitenmessungen und Tracking verschärft sich damit die Situation für den jeweiligen Verantwortlichen gegenüber den Regelungen des TMG, da er nach Art. 7 DS-GVO die Einwilligung des Betroffenen nachweisen muss.

Der Kommissionsentwurf der E-Privacy-Verordnung wurde auch für die aufsichtsbehördliche Praxis der Datenschutzaufsichtsbehörden als problematisch anerkannt, da er an den falschen technischen Sachverhalten ansetzt.[871] Kritisiert wird sowohl am Kommissionsentwurf als auch an der Ratsfassung und am Parlamentsentwurf, dass diese bei den Rechtsgrundlagen für die Verarbeitung personenbezogener Daten, anstatt klare Grenzlinien zu ziehen, im Zweifel stets auf die Einwilligung des Nutzers verweisen[872]. Damit wird im Zweifel auf die Datenschutzverantwortung des einzelnen Nutzers gesetzt.

An dieser Stelle können nicht alle Fragen rund um die Entwürfe der E-Privacy-Verordnung angesprochen und die Diskussionen nachgezeichnet werden, da ansonsten der Rahmen der Arbeit gesprengt werden würde. Jedenfalls wird das Pflichtenregime der E-Government anbietenden öffentlichen Verwaltung und der einbezogenen Diensteanbieter in Zukunft im Zeitpunkt des Inkrafttretens jedenfalls durch die E-Privacy-Verordnung mitbestimmt und es bleibt zu hoffen, dass die Abgrenzung zum Rechtsregime der DS-GVO und anderer Vorschriften weitere Konturen gewinnt. Im Zwischenzeitraum bis zum Inkrafttreten der E-Privacy-Verordnung sind die Anbieter von transaktionsbezogenen E-Government-Anwendungen, die auf Webseiten ihren Eintrittspunkt haben, angesichts der oben skizzierten Sanktionsbefugnisse der Datenschutzaufsichtsbehörden gehalten, sich an der Rechtsauffassung der Positionsbestimmung der DSK zu orientieren.

---

868 Positionsbestimmung der Konferenz der unabhängigen Datenschutzbehörden des Bundes und der Länder (DSK), 26.04.2018, S. 2 Ziff. 4; von einer weiterhin bestehenden Anwendbarkeit des 4. Abschnitts des TMG für öffentliche Stellen, begründet durch Art. 6 Abs. 2 und 3 DS-GVO, geht aus: *Breyer*, ZD 2018, 302 (302).

869 Positionsbestimmung der DSK, S. 3, Ziff. 6.

870 Hierzu insbesondere: *Gierschmann*, ZD 2018, 297 (297 ff.), *Neuber*, ZD 2018, 241 (241 ff.), und Jandt, ZD 2018, 405 (405 ff.), sowie die divergierenden Positionen bei: *Schwartmann/Benedikt/Jacquemain*, PinG 2018, 150 (152 ff.).

871 Vgl. hierzu: *Engeler/Felber*, ZD 2017, 251 (252 f.).

872 *Engeler*, PinG 2018, 141 (148).

B. Europäische Impulse für elektronische Behördendienste

I. Mitteilung der Kommission über „Die Rolle elektronischer Behördendienste (E-Government) für die Zukunft Europas"

Für die europäische Entwicklung von E-Government wichtig ist die Mitteilung der Kommission über „Die Rolle elektronischer Behördendienste für die Zukunft Europas"[873]. Mitteilungen der Kommission entfalten keine unmittelbare Pflicht zur Umsetzung für die Mitgliedsstaaten der europäischen Union und haben damit keine direkte Verbindlichkeit zur Folge[874]. Sie beschreiben und erklären aber teilweise das geltende Recht und beziehen zu Zweifelsfragen Position[875]. Im Unterschied zu den Empfehlungen und Stellungnahmen können sie Auslegungsinhalte beeinflussen[876], sodass sie als eigene Kategorie untergesetzlicher Normierung zu verstehen sind[877]. Darüber hinaus ist ihre Programmatik wichtig für das jeweilige Politikfeld und dessen Weiterentwicklung, sodass es hier notwendig ist, auf diese Mitteilung einzugehen.

Die Mitteilung KOM (2003) 567 erläutert, dass unter dem Punkt Vertrauensbildung erstrangige Problemstellungen, der Schutz der personenbezogenen Daten, die Authentifizierung und das Identitätsmanagement sind, bei denen kein öffentlicher Dienst versagen darf[878]. Der Bürger muss hiernach in der Lage sein, den Zugang zu seinen persönlichen Daten zu kontrollieren und festzustellen, wie Nutzung, Speicherung und Zugriff darauf erfolgen. Die Mitteilung konstatiert eine enorme Weiterentwicklung der elektronischen Authentifizierungssysteme und setzt die Weiterentwicklung der EU-weiten Interoperabilitätsprobleme auf die Agenda[879]. In diesem Kontext ist auch die Überprüfung der Signaturrichtlinie zu sehen[880], die in die eIDAS-Verordnung gemündet ist. Die Mitteilung der Kommission wird als Fahrplan gesehen und erwägt für den Bereich des Identitätsmanagements, auf laufenden Arbeiten aufzubauen und Perspektiven für zukünftige E-Government-Initiativen zu eröffnen[881].

II. Ministererklärung von Malmö zum E-Government

Ebenfalls ohne direkte rechtliche Verbindlichkeit, aber für die Entwicklung des E-Governments im europäischen Kontext von Bedeutung ist die Ministererklärung zum E-Government vom 18. November 2009[882]. Das Dokument enthält gemeinsame Visio-

---

873 KOM (2003) 567.
874 In diesem Sinne: *Schulz S. E.*, DVBl 2009, 12 (13).
875 *Frenz*, Handbuch Europarecht 2010, Rn. 1538.
876 *Thomas* EuR 2009, 423 (424).
877 *Pampel* EuZW 2005, 11 (12); *Thomas*, EuR 2009, 423 (423).
878 KOM (2003) 567, S. 16.
879 KOM (2003) 567, S. 17 ff.
880 Vgl oben: Teil 3, A., VII.
881 KOM (2003) 567, S. 27.
882 Die Ministererklärung ist abrufbar unter: http://www.cio.bund.de/cae/servlet/contentblob/941996/publicationFile/60697/ministererklaeung_malmoe_deutsch.pdf (letzter Abruf: 08.11.2015).

nen und Schwerpunkte der zuständigen Fachminister für E-Government der EU-Mitgliedsstaaten, der Beitritts- und Kandidatenländer sowie der Länder der Europäischen Freihandelszone (EFTA) für einen Zeitraum von 2011 bis 2015[883]. Die hier beabsichtigten Maßnahmen sollen sich demnach auf die Verpflichtung nach nationalen und europäischen Rechtsvorschriften zum Datenschutz und zum Verwaltungsverfahren stützen[884]. Ansatzpunkte für Maßnahmen sollen bestehende Initiativen auf allen Ebenen sein. Große Bedeutung wird der grenzüberschreitenden Informations- und Netzwerksicherheit beigemessen[885]. Im Zentrum stehen nutzergesteuerte Dienste, die mehrkanalige Strategien ermöglichen sollen und im Zusammenhang mit Privaten entwickelt werden sollen[886]. Ein weiteres Postulat ist die Vermeidung von Insellösungen durch sektorübergreifende Infrastrukturen[887]. Die Kommission wird aufgefordert, geeignete Maßnahmen zu ergreifen, um interoperable Infrastrukturen wie vertrauenswürdige elektronische Identitäten, elektronische Signaturen und elektronische Dokumente zu schaffen[888]. In Form der eIDAS-Verordnung ist dies teilweise geschehen.

III. EU-Dienstleistungsrichtlinie

Ein weiterer Rechtsakt mit direktem Einfluss auf die Entwicklung von E-Government ist die Europäische Dienstleistungsrichtlinie (DLR)[889]. Neben den wesentlichen Inhalten zur Einführung einheitlicher Ansprechpartner[890], einer Genehmigungsfiktion und neuartigen Vorgaben zur Verwaltungszusammenarbeit ist die Regelung des Art. 8 Abs. 1 DLR von besonderem Interesse. Diese Vorschrift enthält den Grundsatz der elektronischen Verfahrensabwicklung[891]. Damit werden die einheitlichen Ansprechpartner und die entsprechenden zuständigen Behörden verpflichtet, dass alle Verfahren und Formalitäten im Zusammenhang mit der Ausübung einer Dienstleistungstätigkeit elektronisch abgewickelt werden können. Dieser großen Herausforderung für die öffentliche Verwaltung kann nicht mit bloßer Umwandlung schriftlicher Verfahren in elektronische mittels des Einsatzes der qualifizierten elektronischen Si-

---

883 Insbesondere ist hier der E-Government-Aktionsplan 2011-2015 von Bedeutung: Hierzu und zu weiteren Aspekten des europäischen Rahmens für E-Government: *Städler*, in: Schünemann/Weiler, E-Government und Netzpolitik im europäischen Vergleich, 213 (218 ff.).

884 Mitteilung, S. 2.

885 Mitteilung, S. 2.

886 Mitteilung, S. 2.

887 Mitteilung, S. 4.

888 Mitteilung, S. 8.

889 Richtlinie 2006/123/EG des Europäischen Parlaments und des Rates v. 12.12.2006 über Dienstleistungen im Binnenmarkt, ABl L 376 v. 27.12.2006, 36; grundlegend zu den Vorgaben der Richtlinie: *Schlachter/Ohler* (Hrsg.), Europäische Dienstleistungsrichtlinie – Handkommentar, 2008.

890 Grundlegend zur Einführung einheitlicher Ansprechpartner in Deutschland: *Neidert*, Verwaltungsverfahren über einen einheitlichen Ansprechpartner – Änderungsbedarf im deutschen Verwaltungsverfahrensrecht aufgrund der EG-Dienstleistungsrichtlinie; Vgl. auch *Holtwisch*, Die Verwaltung 2010, 567 (582 ff.).

891 *Schliesky*, in: Ders. (Hrsg.), Die Umsetzung der EU-Dienstleistungsrichtlinie in der deutschen Verwaltung Teil I: Grundlagen, 1 (21); *ders.*, DVBl. 2005, 887 (891 ff.); *ders.*, LKV 2005, 89 (91).

gnatur begegnet werden[892]. Die Vorgabe zwingt sowohl zu einer elektronischen Abwicklung im Außenkontakt[893] wie auch zur Elektronisierung interner Behördenprozesse[894]. Insoweit führt Art 8 DLR zu einem Bedarf an Identitätsmanagement-Basisinfrastrukturen, die in ihrer konkreten Gestalt über die Kommunikationsmöglichkeiten, die § 3a VwVfG gewährt, hinausgehen. Die Ermöglichung der Kommunikation über den elektronischen Kanal kann als „Katalysator" für einen Ausbau von E-Government und damit einhergehend der Identitätsmanagement-Basisinfrastrukturen gelten[895]. Diese erlangen insbesondere in der elektronischen Verfahrensabwicklung im Außenkontakt Bedeutung. Die elektronische Verfahrensabwicklung auf Verlangen ist in § 71 e VwVfG geregelt. Auch dieses elektronische Verfahren ist darauf angewiesen, dass die Identität des Antragstellers feststeht[896]. Darüber hinaus gibt es im Zusammenhang mit der EU-DLR mit dem sog. Internal Market Information System (IMI) ein behördeninternes elektronisches System. Dieses System gibt personenbezogene Daten weiter und ist daher datenschutzrelevant[897]. Es soll in dieser Arbeit jedoch nicht weiter betrachtet werden.

Die EU-DLR ist einer der wenigen Rechtsakte, der direkt von den Mitgliedsstaaten fordert, E-Government in einem eng umgrenzten Anwendungsbereich umzusetzen. Weiter gehende Regelungen können von europäischer Ebene nicht kommen, da die internen Prozesse der öffentlichen Verwaltung aus kompetenzrechtlichen Gründen nicht determiniert werden können[898]. Es bleibt vielfach Aufgabe der Mitgliedstaaten, hier Regelungen zu schaffen. Neben diesem Rechtsakt haben aber auch alle genannten europäischen Rechtsakte zum Datenschutz und zur elektronischen Kommunikation immer auch Relevanz für die Umsetzung von E-Government.

C. Verfassungsrechtliche Vorgaben

Im Rahmen der Untersuchung soll jetzt der Blick auf die verfassungsrechtlichen Vorgaben gerichtet werden. Die Interaktion von Verwaltung, Nutzer und Diensteanbietern im E-Government wirft die grundsätzliche Frage auf, wie weit der Schutzbereich einschlägiger Grundrechte für den Nutzer reicht und welche Verantwortlichkeiten für

892 *Schliesky*, in: Ders. (Hrsg.), Die Umsetzung der EU-Dienstleistungsrichtlinie in der deutschen Verwaltung Teil I: Grundlagen, 1 (21).

893 *Schulz S. E.*, in: Die Umsetzung der EU-Dienstleitungsrichtlinie in der deutschen Verwaltung – Teil III: Information, Wissen, Verantwortung, 205 (208).

894 *Schulz S. E.*, in: Die Umsetzung der EU-Dienstleitungsrichtlinie in der deutschen Verwaltung – Teil III: Information, Wissen, Verantwortung, 205 (210).

895 *Schliesky*, in: Ders. (Hrsg.) Die Umsetzung der EU-Dienstleistungsrichtlinie in der deutschen Verwaltung Teil I: Grundlagen, 1 (30).

896 *Schliesky*, in: Knack/Henneke, § 71 b VwVfG, Rn. 14.

897 Zu den datenschutzrechtlichen Aspekten des IMI: *Schneider*, NVwZ 2012, 65 (68); zu den Datenschutzaspekten beim einheitlichen Ansprechpartner: *Stollhoff*, Datenschutzgerechtes E-Government. Eine Untersuchung am Beispiel des Einheitlichen Ansprechpartners nach der Europäischen Dienstleistungsrichtlinie.

898 *Schulz S. E*, in: Schliesky (Hrsg.), Die Umsetzung der EU-Dienstleistungsrichtlinie, Teil III, 205 (210).

die beiden anderen Akteure zur Gewährleistung des Grundrechtsschutzes bestehen. Auch die Frage, welche Verantwortung der Nutzer aus verfassungsrechtlichen Gründen selber trägt, steht im Mittelpunkt des Interesses. Nicht zuletzt ist es eine Aufgabe des Rechtsrahmens, Akteure und deren Verantwortlichkeiten zu bestimmen[899]. Dabei ist zu berücksichtigen, dass es sowohl Kommunikationsinfrastrukturen gibt, die im E-Government genutzt werden, welche die Verwaltung selbst betreibt und zur Interaktion mit dem Nutzer gebraucht, als auch solche Infrastrukturen, die ein Privater bereitstellt. Grundlegende Bedeutung hat hier das Grundrecht auf informationelle Selbstbestimmung, welches das BVerfG im Volkszählungsurteil[900] entwickelt hat. Dieses Grundrecht legt die Maßstäbe für die einfachgesetzlichen datenschutzrechtlichen Vorschriften fest. Daher sind die Aussagen des Urteils für Identitätsmanagement-Infrastrukturen im E-Government von hoher Relevanz und werden hier im Folgenden betrachtet[901]. Bei der Untersuchung soll insbesondere im Vordergrund stehen, welche Schutzdimensionen des Grundrechts vor dem Hintergrund der allgegenwärtigen Entwicklung zur Digitalisierung tangiert sind.

I. Das allgemeine Persönlichkeitsrecht als Grundlage

Aufgrund der dogmatischen Konstruktion der verfassungsrechtlichen Vorgaben zum Datenschutz ist es notwendig, zunächst einen Blick auf das allgemeine Persönlichkeitsrecht zu werfen. Dies soll dem besseren Verständnis der jeweiligen Ausprägungen dienen. Auch diese Grundlage ist von der Rechtsprechung durch Rechtsfortbildung ständig weiterentwickelt worden. Neben der verfassungsrechtlichen Diskussion kamen in der Zivilrechtswissenschaft Bestrebungen auf, ein allgemeines Persönlichkeitsrecht anzuerkennen[902]. In der zivilgerichtlichen Rechtsprechung wurde in einer Reihe von Entscheidungen ein allgemeines Persönlichkeitsrecht als sonstiges Recht i. S. v. § 823 Abs. 1 BGB durch den BGH anerkannt[903]. Hieran hat auch die verfassungsgerichtliche Rechtsprechung angeknüpft und ein allgemeines Persönlichkeitsrecht anerkannt, welches als Rahmenrecht dient und in der weiteren Rechtsfortbildung verschiedene Ausprägungen erfahren hat[904]. Als dogmatische Grundlage gilt nach ständiger Rechtsprechung des BVerfG Art. 2 Abs. 1 GG i. V. m. Art. 1 Abs. 1 GG[905]. Das

899 *Bull*, Netzpolitik: Freiheit und Rechtsschutz im Internet, S. 24.

900 BVerfGE 65, 1.

901 Allgemein zur Tragweite des Urteils: *Bizer*, Forschungsfreiheit und informationelle Selbstbestimmung – Gesetzliche Forschungsregelungen zwischen grundrechtlicher Förderungspflicht und grundrechtlichem Abwehrrecht, S. 136; *Busch*, DVBl. 1984, 385 (385 ff.); *Lutterbeck*, DuD 1998, 129 (132 ff.).

902 *Placzek*, Allgemeines Persönlichkeitsrecht und privatrechtlicher Informations- und Datenschutz, S. 37.

903 BGHZ 13, 334 ff. – Leserbrief; 24, 72 ff. – ärztliche Bescheinigung; 26, 349 ff. – Herrenreiter; 27, 284 ff. – heimliche Tonbandaufnahme.

904 BVerfGE 6, 32 (41) im sog. Elfes-Urteil erfolgt eine frühe Erwähnung; BVerfGE 80, 367 (374) – Tagebuch.

905 BVerfGE 6, 389 (433); 27, 1 (6), 27, 344 (351)32, 373 (378 f.); *Di Fabio*, in: Maunz/Dürig, Art. 2 Rn. 128 m. w. N.

allgemeine Persönlichkeitsrecht stellt gegenüber Art. 2 Abs. 1 GG aber kein verselbstständigtes Grundrecht dar[906]. Geschützt ist hierdurch „die engere persönliche Lebenssphäre und die Erhaltung ihrer Grundbedingungen“[907].

Jeder Einzelne hat demnach einen autonomen Bereich privater Lebensgestaltung, in dem er seine Individualität entwickeln und wahren kann[908]. Hiermit soll der Kern der Privatsphäre geschützt werden. Das allgemeine Persönlichkeitsrecht hat den Charakter eines Rahmenrechts bekommen, welches durch die Rechtsprechung mittels der Entwicklung einzelner Rechte wie z. B. des Rechts auf Respektierung der Privatsphäre, des Rechts auf Schutz der persönlichen Ehre, des Rechts am eigenen Bild und am gesprochenen Wort erfahren hat[909]. In der gedanklichen Konstruktion dieses Rahmenrechts spielt auch das bereits angesprochene Verhältnis von Öffentlichkeit und Privatheit eine große Rolle[910]. Das allgemeine Persönlichkeitsrecht weise eine gewisse Nähe zur Gewährleistung des Art. 1 Abs. 1 GG auf und erfahre nach einer Ansicht seine Konturen daher aus der Perspektive der Menschenwürde, sodass Art. 1 Abs. 1 GG den Auslegungsmaßstab für die Ermittlung des Inhalts und der Reichweite des Schutzumfangs bildet[911]. Nach anderer Ansicht liege der Hauptanknüpfungspunkt in Art. 2 Abs. 1 GG und Art. 1 Abs. 1 GG steuere insoweit seinen Anwendungsbereich und seine Beschränkbarkeit mit[912]. Das grundrechtliche allgemeine Persönlichkeitsrecht lässt sich in verschiedene Einzelrechte ausdifferenzieren, wobei die Privatsphäre eines davon ist und das Recht auf informationelle Selbstbestimmung als Teilaspekt des Schutzes der Privatsphäre aufgefasst wird[913]. Das Grundrecht auf informationelle Selbstbestimmung stellt also neben den exemplarisch genannten Ausprägungen eine weitere des allgemeinen Persönlichkeitsrechts dar[914].

Deshalb soll hier im Folgenden diese Ausprägung im Vordergrund stehen und die das Datenschutzrecht prägenden, hieraus abgeleiteten Grundsätze sollen dargestellt werden, die auch im Kontext des E-Governments große Bedeutung erlangen.

---

906 *Di Fabio*, in: Maunz/Dürig, Art. 2 Rn. 128; zur Auffassung der Verselbständigung zu einem eigenen Grundrecht: *Jarass*, NJW 1989, 857 (858); *Vogelgesang*, Grundrecht auf informationelle Selbstbestimmung?, 1987, S. 127 f.

907 BVerfGE 54, 148 (153); 72, 155 (170); 96, 56 (61); *Jarass*, NJW 1989, 857 (857); *ders.*, in: Ders./Pieroth, Art. 2 Rn. 41.

908 BVerfGE 79, 256 (268); 117, 202 (225).

909 *Placzek*, Allgemeines Persönlichkeitsrecht und privatrechtlicher Informations- und Datenschutz, S. 42 m. w. N.

910 *Di Fabio*, in: Maunz/Dürig, Art. 2 Rn. 127; zum Verhältnis zwischen Öffentlichkeit und Privatheit und den durch die elektronische Kommunikation bedingten Verschiebungen: *Worms/ Gusy*, DuD 2012, 92 (92 ff.).

911 *Di Fabio*, in: Maunz/Dürig, Art. 2 Rn. 130; *Dreier*, in: Dreier (Hrsg.), Art. 2 GG, Rn. 50; *Placzek*, Allgemeines Persönlichkeitsrecht und privatrechtlicher Informations- und Datenschutz, S. 39.

912 *Kunig*, JURA 1993, 595 (597).

913 *Volle*, Datenschutz als Drittwirkungsproblem, S. 80 f.

914 *Bechler*, Informationseingriffe durch intransparenten Umgang mit personenbezogenen Daten, S. 172.

II. Das Grundrecht auf informationelle Selbstbestimmung

1. Volkszählungsurteil des BVerfG

Das BVerfG hat erstmals mit dem Volkszählungsurteil von 1983 das Grundrecht auf informationelle Selbstbestimmung anerkannt und damit dem Datenschutz Grundrechtscharakter eingeräumt[915]. Hiernach gewährleistet das Grundrecht „insoweit die Befugnis des Einzelnen, grundsätzlich selbst über die Preisgabe und Verwendung seiner persönlichen Daten zu bestimmen[916].“ Die individuelle Selbstbestimmung setze „-auch unter den Bedingungen moderner Informationsverarbeitungstechnologien-voraus, dass dem Einzelnen Entscheidungsfreiheit über vorzunehmende oder zu unterlassende Handlungen einschließlich der Möglichkeit gegeben ist, sich auch entsprechend dieser Entscheidung tatsächlich zu verhalten“[917]. Wenn ein Kommunikationsteilnehmer nicht mit hinreichender Sicherheit überschauen könne, welche ihn betreffenden Informationen in bestimmten Bereichen seiner sozialen Umwelt bekannt sind, und dieser das Wissen anderer Kommunikationsteilnehmer nicht einigermaßen abzuschätzen vermöge, könne er in seiner von Selbstbestimmung getragenen Entscheidungsfreiheit eingeschränkt werden[918]. Deutlich stellt das BVerfG klar, dass es auch maßgeblich auf den jeweiligen Verwendungskontext der personenbezogenen Daten ankomme[919]. Dies hänge einerseits mit dem Zweck, dem die Datenerhebung diene, zusammen, zum anderen von den der Informationstechnologie eigenen Verarbeitungs- und Verknüpfungsmöglichkeiten ab[920]. Hieraus zieht das BVerfG die Schlussfolgerung, dass es unter den Bedingungen der automatischen Datenverarbeitung kein „belangloses“ Datum mehr gebe[921]. Dies bedeutet umgekehrt, dass jedem Datum, je nach Verwendungskontext, persönlichkeitsrechtliche Bedeutung zukommen kann[922]. Eine Differenzierung in für das Persönlichkeitsrecht relevante und irrelevante Daten ist damit nicht zulässig[923].

Einschränkungen des Rechts auf informationelle Selbstbestimmung sind nur im überwiegenden Allgemeininteresse zulässig[924]. Maßgebliche Bedeutung haben durch das Urteil auch die datenschutzrechtlichen Grundsätze der Datenvermeidung und Datensparsamkeit, die strenge Zweckbindung, das Gebot von Anonymisierung und Pseudonymisierung, Aufklärungs-, Auskunfts- und Löschungspflichten sowie der

915 Terminologisch soll hier von einem Grundrecht gesprochen werden, da diese Formulierung mittlerweile gebräuchlich ist: Vgl. BVerfG NJW 1991, 2129 (2132); BVerfGE 84, 239 (280); *Yildirim*, Datenschutz im Electronic Government, S. 91; *Orantek*, Datenschutz im Informationszeitalter, S. 57; kritisch zur Begrifflichkeit: *Duttge*, Der Staat 1997, 281 (281 ff.); *Petersen*, Grenzen des Verrechtlichungsgebotes im Datenschutz, S. 18 ff.

916 BVerfGE 65, 1 erster Leitsatz.

917 BVerfGE 65, 1 (42).

918 BVerfGE 65, 1 (43).

919 BVerfGE 65, 1 (45).

920 BVerfGE 65, 1 (45).

921 BVerfGE 65, 1 (45) (Hervorhebung im Original).

922 *Bechler*, Informationseingriffe durch intransparenten Umgang mit personenbezogenen Daten, S. 47.

923 *Orantek*, Datenschutz im Informationszeitalter, S. 56.

924 BVerfGE 65, 1 zweiter Leitsatz.

Grundsatz der informationellen Gewaltenteilung erlangt.[925] Mit der Annahme, dass derjenige, der das Wissen seiner möglichen Kommunikationspartner nicht einigermaßen abzuschätzen vermöge, in seiner Freiheit wesentlich gehemmt werde, aus eigener Selbstbestimmung zu planen oder zu entscheiden[926], geht das BVerfG von einem Leitbild aus, welches den Bürger als selbstbestimmte Persönlichkeit in vielfältigen Kommunikationssituationen sieht, egal über welches Medium die Kommunikation abläuft. Die moderne Informationstechnologie war denn auch Beweggrund für die Kreation eines neuen Grundrechts, welches umfassend für alle Formen der Informationsverarbeitung gilt[927]. Gerade vor dem Hintergrund, dass in dieser Arbeit die Verantwortungsbeiträge und Verantwortungssphären der Akteure im Vordergrund stehen, sind im Folgenden der Schutzbereich, der Eingriff und die Rechtfertigung des Eingriffs näher zu untersuchen.

2. Schutzbereich

Die Bestimmung des Schutzbereiches[928] des Grundrechts auf informationelle Selbstbestimmung bereitet in vielerlei Hinsicht Probleme. Aufgrund seiner richterrechtlichen Entstehung und Ausprägung und der Konsequenzen, die sich daraus ergeben, ist der Schutzbereich schwieriger zu fassen als bei explizit im GG stehenden Grundrechten. Solange ein mögliches Datenschutzgrundrecht nicht als Verfassungsänderung beschlossen wird, ist das BVerfG nicht nur Hüter, sondern auch Herr des Rechts auf informationelle Selbstbestimmung[929]. Das hat sich insoweit ausgewirkt, als das BVerfG den Schutzbereich der informationellen Selbstbestimmung durch das Urteil zur Online-Durchsuchung mit der Schaffung des Grundrechts auf Vertraulichkeit und Integrität informationstechnischer Systeme verengt hat[930]. Auch ist das Schutzgut des Rechts auf informationelle Selbstbestimmung schwieriger zu bestimmen als andere normierte Grundrechte, weil hier weitere tatsächliche Gegebenheiten wie Verwendungskontexte eine Rolle spielen[931]. Daneben sind in tatsächlicher Hinsicht in der Informationsgesellschaft Informationsinhalte, Kommunikationsprozesse und die darauf bezogene Kom-

---

925 *Busch*, DVBl. 1984, 385 (387).

926 BVerfGE 65, 1 (43); 115, 320 (341); 120, 351 (360); 118, 168 (187).

927 *Busch*, DVBl. 1984, 385 (386).

928 In der Literatur wird teilweise dem Begriff des Schutzbereiches der des „Schutzgegenstandes" vorgezogen, vgl. beispielsweise *Sachs*, in: Stern, Das Staatsrecht der Bundesrepublik Deutschland, Bd. III/2, 1994, § 77 III 1a; eine begriffliche Unterscheidung zwischen „Schutzbereich" und „Schutzgut" findet sich bei *Isensee*, in: Isensee/Kirchhof, Handbuch des Staatsrechts der Bundesrepublik Deutschland, Bd. V, 1992, § 11, Rn. 40 ff.; hier soll primär der Begriff des Schutzbereiches verwendet werden.

929 *Kloepfer/Schärdel*, JZ 2009, 453 (458).

930 *Kloepfer/Schärdel*, JZ 2009, 453 (458); zum Grundrecht auf Gewährleistung der Vertraulichkeit und Integrität informationstechnischer Systeme im Einzelnen unten unter: Teil 3, C., III.

931 Zur Frage der terminologischen Unterscheidung von Schutzbereich und Schutzgut schreibt *Isensee*, in: Ders./Kirchhof, HBStR, Bd. V, § 111, Rn. 43: Die Kategorie des Schutzgutes erschließe die Möglichkeit des „Rundum-Objektschutzes", also auch der Abwehr privater Übergriffe, die Thema der staatlichen Schutzpflicht ist; dieser Aspekt liege aber außerhalb des abwehrrechtlichen Funktionskreises eines Grundrechtes, und zwar im Bereich der objektiv-rechtlichen Gewährleistungen; Kritik am Schutzbereich auch bei *Bull*, in: Möllers/Ooyen (Hrsg.), Jahrbuch öffentliche Sicherheit, 317 (323).

munikationsinfrastruktur häufig auf multipolare Interessenkollisionen bezogen[932], die nicht nur auf einen final und imperativ eingreifenden Staat beschränkt sind. Schließlich ist die grundsätzliche „Wechselbeziehung“ zwischen Schutzbereich und Eingriff bei Grundrechten ein Aspekt, der den Umgang mit dem Recht auf informationelle Selbstbestimmung nebenher weiter erschwert[933]. Je weiter der Schutzbereich eines Grundrechtes verstanden wird, desto eher erscheint staatliches Handeln als Eingriff[934]. Interessenkollisionen bestehen durchaus auch in Konstellationen Privater untereinander mit Machtungleichgewichten zwischen diesen. Im Hinblick auf eine möglicherweise bestehende objektiv-rechtliche Dimension des Grundrechts auf informationelle Selbstbestimmung steht die Frage im Raum, was dieses konkret für den Staat bedeutet. Für den Datenschutz im transaktionsbezogenen E-Government ist aber gerade die Frage wichtig, wie weit der Schutzbereich des Grundrechts auf informationelle Selbstbestimmung reicht und welche Schutzrichtung der Grundrechte betroffen ist. Dies bedarf daher im Folgenden der ausführlichen Analyse.

a) Subjektiv-abwehrrechtliche Schutzrichtung

Nach der Rechtsprechung des BVerfG im Volkszählungsurteil von 1983 gewährleistet das Grundrecht auf informationelle Selbstbestimmung die Befugnis des Einzelnen, grundsätzlich selbst über die Preisgabe und Verwendung seiner persönlichen Daten zu bestimmen[935]. Dies wird als Schutzbereichsausprägung des allgemeinen Persönlichkeitsrechts gesehen[936]. Dieses stützt sich auf Art. 1 Abs. 1 GG i. V. m. Art. 2 Abs. 1 GG. Der Gedanke der Selbstbestimmung entstammt der Menschenwürdegarantie aus Art. 1 Abs. 1 GG. Die Bestimmungsbefugnis über die persönlichen Daten leitet sich nach dem Gedanken der Selbstbestimmung von der Befugnis des Einzelnen ab, grundsätzlich selbst zu entscheiden, wann und innerhalb welcher Grenzen persönliche Lebenssachverhalte offenbart werden[937]. Dem Entstehungskontext des Volkszählungsurteils entsprechend, standen staatliche Eingriffe in die informationelle Selbstbestimmung zunächst im Vordergrund. Schutzgut sind zunächst einmal personenbezogene Daten. Für dieses Schutzgut der personenbezogenen Daten reicht es aus, dass der Personenbezug im Zuge des Kriteriums der Bestimmbarkeit durchaus in mehreren Zwischenschritten hergestellt werden kann[938]. So deutlich diese Worte auf den ersten Blick scheinen

932 *Hoffmann-Riem*, AöR 123 (1998), 513 (522).

933 *Pieroth/Schlink*, § 6 Rn. 226; dieses Phänomen sei demnach bei Grundrechten generell der Fall: Je weiter der Schutzbereich eines Grundrechtes, desto mehr erscheint staatliches Handeln als Eingriff, je enger diese verstanden werden, desto weniger gerät der Staat mit den Grundrechten in Konflikt.

934 *Pieroth/Schlink*, Grundrechte, Rn. 226.

935 BVerfGE 65, 1 (43); 67, 100 (143); 78, 77 (84); 192 (194), 85, 219 (224), 96, 171 (181); 103, 21 (32 f.); 113, 29 (46); 115, 320 (431), 118, 168 (184).

936 *Bechler*, Informationseingriffe durch intransparenten Umgang mit personenbezogenen Daten, S. 22 mit Verweis auf BVerfGE 118, 168 (184).

937 BVerfGE 65, 1 (42).

938 Vgl. hierzu *Weichert*, in: Däubler u. a. (Hrsg.), BDSG, § 3 Rn. 13.

mögen, so schwierig wird es bei einer detaillierteren Betrachtung der daraus folgenden Konturen[939].

aa) Eigentumsähnliches Herrschaftsrecht?

Umstritten ist bereits die Frage, in welchem rechtlichen Verhältnis die Person, auf welche die Daten bezogen werden, zu diesen jeweiligen Daten steht. Der Nutzer ist Datensubjekt[940] und sein Umgang mit Daten rechtlich schwierig zu fassen. Da in dieser Arbeit die Verantwortung des Nutzers für seine informationelle Selbstbestimmung im Vordergrund steht, ist es erforderlich, diese Frage hier näher zu untersuchen.

Ausgangspunkt ist, dass das BVerfG eine eigenständige Befugnis des Einzelnen anerkennt, über Preisgabe und Verwendung persönlicher Daten selbst zu bestimmen[941]. Es wird die Auffassung vertreten, dass es sich um ein eigentumsähnliches Herrschaftsrecht an den Daten handle[942]. Das Grundrecht auf informationelle Selbstbestimmung sei ein Phänomen im Grenzbereich zwischen Persönlichkeitsrecht und Eigentumsrecht[943]. Bei der Zuweisung von Rechten sind Ausschließlichkeitsrechte wie das Sacheigentum die stärkste Form, welche die Rechtsordnung kennt[944]. Hierzu gibt es viele Gegenauffassungen, die aufgrund der Eigenart der Daten eine eigentumsähnliche Konstruktion ablehnen[945]. Diese Konstruktion widerspricht auch bereits den ausdrücklichen Ausführungen des BVerfG im Volkszählungsurteil, welches ausführt: „Der Einzelne hat nicht ein Recht im Sinne einer absoluten, uneinschränkbaren Herrschaft über ‚seine' Daten."[946] Daten sind naturgemäß anders zu fassen als körperliche Gegenstände i. S. d. § 90 BGB. Informationelle Selbstbestimmung begründet kein eigentumsähnliches Herrschaftsrecht an den Daten und ist als Funktionsvoraussetzung eines demokratischen Gemeinwesens nicht in ein kommerzialisiertes Belieben des Individuums gestellt[947]. Deutlich wird dies auch insbesondere bei der Verwendung von Identitätsdaten von Personen, die in einer funktional differenzierten Staats- und Gesellschaftsordnung erhoben werden müssen[948], um soziale Interaktion zu ermöglichen. Dem Verständnis eines eigentumsähnlichen Herrschaftsrechts wird insgesamt auch entgegengehalten, dass dieses zu subjektivistisch sei und sich die Bedeutung des

---

939 Hierauf weisen zu Recht hin: *Kloepfer/Schärdel*, JZ 2009, 453 (457); *Trute*, in: Roßnagel (Hrsg.), HBDSR, 2003, S. 164; *Ladeur*, DuD 2000, 12 (12 ff.); *ders.*, DÖV 2009, 45 (47 ff.).

940 Diesen Terminus verwendet: *Dorner* in CR 2014, 617 (617 ff.)

941 BVerfGE 65, 1 (43).

942 So etwa *Waechter*, VerwArch 92 (2001), 368 (378).

943 *Waechter*, VerwArch 92 (2001), 368 (378).

944 *Zech*, CR 2015, 137 (139).

945 *Dorner*, CR 2014, 617 (626); *Gurlit*, NJW 2010, 1035 (1036); *Sieber*, CR 1995, 100 (111); *Kunig*, Jura 1993, 595 (603); *Lesch*, JA 2000, 725 (727 ff.); *ders.*, JR 2000, 333 (337).

946 BVerfGE 65, 1 (43 f.), aufgenommen auch z. B. durch BGH, Urt. v. 23.6.2009 – VI ZR 196/08; BGHZ 181, 328 (338)=AfP 2009, 401=CR 2009, 593.

947 *Roßnagel*, in: Hill (Hrsg.), E-Transformation, 79 (88).

948 Vgl. hierzu VG Osnabrück, 3 A 45/12, Rn. 15, welches die Verpflichtung zur Beibringung einer Personalausweiskopie zum Beantragen einer Signaturkarte nicht als Eingriff in den Schutzbereich des Grundrechts auf informationelle Selbstbestimmung sieht und dabei ausführt, dass es kein absolutes Herrschaftsrecht über Daten gibt.

Grundrechts auf informationelle Selbstbestimmung im Wesentlichen nur auf die Frage der Speicherung und Weitergabe von Daten beschränke[949].

bb) Normgeprägter Schutzbereich wie bei Art. 14 GG?

Teilweise wird auch von einem normgeprägten Schutzbereich wie bei Art. 14 GG ausgegangen[950]. Dies hätte zur Folge, dass erst der Gesetzgeber genau festlegt, was genau geschützt ist. Der Vergleich mit Art. 14 GG ist grundrechtssystematisch verfehlt und abzulehnen. Nach *Waechter* handle es sich beim Grundrecht auf informationelle Selbstbestimmung nicht um einen rein normgeprägten Schutzbereich[951].

Diese Verselbstständigung der eigentumsanalog formulierten Befugnis über die Verwendung der Daten zu bestimmen, sei nach Ansicht von *Trute* zu weit[952]. Nach der Kritik von *Bull* werde hierdurch die Voraussetzung der Freiheitsausübung zu deren Inhalt gemacht[953]. Diese Auffassung sieht das Grundrecht auf informationelle Selbstbestimmung als ein Freiheitsrecht am eigenen Datum, in dessen Schutzbereich immer schon dann eingegriffen werde, wenn eine staatliche Stelle individualisierbare Information zur Kenntnis nehme, speichere, verwende oder weitergebe[954]. Bei der Kritik an dieser Auffassung wurde zum einen darauf hingewiesen, dass diese einerseits zu einem Totalvorbehalt für die Erhebung und Speicherung personenbezogener Daten führe[955] und andererseits dem Recht auf informationelle Selbstbestimmung eine Banalisierung drohe[956]. Nach *Bull* drohe es dadurch zu einem weiten und verselbstständigten Gefährdungstatbestand und Motor der Verrechtlichung ohne materielle Zugewinne an kommunikativer Selbstbestimmung zu werden[957].

cc) Lösungsansatz bei § 303 a StGB?

In der strafrechtlichen Literatur wird bei § 303a StGB eine Art Dateneigentum konstruiert[958]. Im Zusammenhang mit dieser Vorschrift wurde es notwendig, die rechtli-

---

949 Für die Bedeutung des Grundrechts auf informationelle Selbstbestimmung argumentiert so: *Lesch*, JA 2000, 725 (728).

950 Vgl. den Hinweis bei *Kloepfer/Schärdel*, JZ 2009, 453 (461); gegen die Annahme eines rein normgeprägten Schutzbereiches, aber für eine eigentumsanaloge Konstruktion spricht sich aus: *Waechter*, VerwArch 92 (2001), 368 (377); zu Recht liefert *Duttge*, Der Staat 1997, 281 (308), den Hinweis, dass sich ein Recht auf Datenschutz, verstanden im Sinne eines eigentumsähnlichen subjektiven Informationsbeherrschungsrechts, nur sehr schwer in die Grundrechtssystematik einordnen lässt.

951 *Waechter*, VerwArch 92 (2001), 368 (377).

952 *Trute*, in: Roßnagel, HBDSR, Kap. 2.5, S. 165; kritisch zur eigentumsanalogen Konstruktion auch *Gusy*, KritV 2000, 52 (58).

953 *Bull*, ZRP 1998, 310 (312).

954 Vgl. hierzu *Di Fabio*, in: Maunz/Dürig, GG, Stand 2001, Art. 2, Rn. 176.

955 *Ladeur*, DuD 2000, 12 (12 ff.); *Bäcker*, Linien der Rechtsprechung des Bundesverfassungsgerichts, 99 (121).

956 *Hoffmann-Riem*, 1998, 11 (18 f.).

957 *Bull*, ZRP 1998, 310 (312 ff.).

958 *Hoeren*, MMR 2013, 486 (486) m. w. N.

che Beziehung einer Person zu Daten zu definieren[959]. Diese Strafnorm soll als Rechtsgut die Verwendbarkeit der Daten durch den Berechtigten schützen[960]. Dies geht nur, wenn es eine rechtlich belastbare Beziehung des Berechtigten zu den Daten gibt. Umfasst sein soll sowohl der ausschließliche Zugang zu sowie die Integrität von Daten[961]. In der Literatur wird dazu auf den sog. Skripturakt abgestellt[962]. Bereits eine Übertragbarkeit dieser Form der Datenberechtigung im Zivilrecht erscheint schwierig[963]. Die Übertragbarkeit bei der Bestimmung des Schutzbereiches des Grundrechts auf informationelle Selbstbestimmung sowie ins Datenschutzrecht erscheint hier jedoch ebenfalls schwierig. Zur Bestimmung des Schutzbereiches des Grundrechts auf informationelle Selbstbestimmung ist der vorliegende Lösungsansatz nicht geeignet.

dd) Lösungsansätze im Kontext von Big Data?

Fraglich ist, ob sich im Zuge der Debatte um Big-Data[964] weiter gehende Ansätze zur Bestimmung der rechtlichen Beziehung einer Person zu ihren Daten finden lassen. Gerade das enorme wirtschaftliche Interesse an den Daten bei Big Data zwingt dazu, die rechtlichen Beziehungen zu Daten präziser zu fassen[965]. Differenziert werden hier als zuweisbare Handlungsbefugnisse einer natürlichen Person der Zugang zu den Daten, die Nutzung der Daten und die Beeinträchtigung der Integrität der Daten[966]. Allerdings zeigt sich schon, dass im Zuge der Big-Data-Debatte ein Datenbegriff mit der Codierung als Zeichenmenge (syntaktische Ebene) und nicht wie im datenschutzrechtlichen Kontext notwendigerweise die Bedeutung von Daten (semantische Ebene) zugrunde gelegt wird[967]. Daher ist es bereits an dieser Stelle sichtbar, dass die Erwägungen in der Big-Data-Debatte für die Bestimmung des Schutzbereiches des Grundrechts auf informationelle Selbstbestimmung und die in diesem Zusammenhang zu klärende Zuweisung von Verantwortung nicht weiterführen werden.

ee) Stellungnahme

Es wurde deutlich, dass sich der Schutzbereich des Grundrechts auf informationelle Selbstbestimmung aufgrund seiner Eigenart rechtssystematisch nur schwer einordnen lässt. Maßgeblich ist jedenfalls im Gegensatz zum Ausgangspunkt der Big-Data-De-

---

959 *Hoeren*, in: Conrad/Grützmacher (Hrsg.), Recht der Daten und Datenbanken im Unternehmen – Festschrift für Jochen Schneider, 303 (306).

960 *Hilgendorf*, JuS 1996, 890 (892).

961 *Zech*, CR 2015, 137 (143).

962 *Welp*, IuR 1988, 443 (447), sowie *ders.*, IuR 1988, 434 (434 ff.).

963 *Hoeren*, MMR 2013, 486 (488).

964 Zur weiteren Einordnung des Begriffs Big Data insbesondere *Zech*, CR 2015, 137 (137 ff.); im Kern bezeichnet der Begriff die Möglichkeit der Analyse von großen Datenmengen, um hieraus wirtschaftlich relevante Schlussfolgerungen zu ziehen; zu den Grenzen des Grundrechtsschutzes und dessen Neukonzeption im Zeitalter von Big Data: *Roßnagel/Nebel*, DuD 2015, 455 (457 ff.).

965 *Hoeren*, MMR 2013, 486 (486); zu den Auswirkungen der Entwicklung von Big Data auf den Datenschutz: *Boehme-Neßler*, DVBl 2015 1282 (1282 ff.).

966 *Zech*, CR 2015, 137 (139).

967 *Zech*, CR 2015, 137 (138).

batte die Bedeutung der Daten im jeweiligen Verwendungskontext (semantische Ebene). Kommunikation in der Informationsgesellschaft ist immer zugleich mehr und anderes als ein Grundrechtseingriff[968]. Es handelt sich dogmatisch nicht um ein eigentumsähnliches Herrschaftsrecht und auch nicht um einen normgeprägten Schutzbereich. Mit einem eigentumsanalog konstruierten Recht an den Daten wäre im Prinzip auch nichts gewonnen, weil es um den Schutz des Dateninhalts geht[969]. Der Personenbezug von Daten als „herrschaftszuweisendes Moment" relativiert sich dadurch, dass der Einzelne zur Kommunikation in der Gesellschaft Informationen offenbart[970]. Beim Grundrecht auf informationelle Selbstbestimmung handelt es sich um eine dogmatisch schwer zu fassende Form eines Datenumgangsrechts jedes Einzelnen ohne Ausschließlichkeitscharakter. Es geht nicht um den Schutz von Daten an sich, sondern um den Schutz von Persönlichkeitsrechten[971]. Personenbezogene Daten sind ein Abbild sozialer Realität[972]. Da das Grundrecht auf informationelle Selbstbestimmung nicht eigentumsähnlich ist, kann auch die Ausgestaltung der Nutzerverantwortung nicht wie beim Eigentum erfolgen. Der Umgang mit Identitätsdaten und anderen personenbezogenen Daten muss auf ein anderes Verantwortungskonzept setzen, welches weiter zu untersuchen ist. Für den Schutzbereich des Grundrechts auf informationelle Selbstbestimmung bedeutet dies, dass vom Schutzbereich ein nicht ausschließliches Datenumgangsrecht geschützt wird. Diese Rechtsposition wird maßgeblich auch durch die Verwendungskontexte der personenbezogenen Daten determiniert. Was dies für die Verantwortungsbeiträge der einzelnen an der Kommunikation beteiligten Akteure bedeutet, muss weiter untersucht werden.

b) Objektiv-rechtliche Schutzrichtung

Nachdem im Rahmen der subjektiv-abwehrrechtlichen Schutzrichtung mit der klassischen Grundrechtsfunktion der Eingriffsabwehr das Schutzgut geklärt werden konnte, ist hier auch die objektiv-rechtliche Seite des Grundrechts auf informationelle Selbstbestimmung zu hinterfragen. Die Schutzrichtungen eines Grundrechts finden nicht zuletzt auch auf einfachgesetzlicher Ebene und damit in der praktischen Rechtsanwendung ihren Niederschlag. Daher ist hier die objektiv-rechtliche Schutzrichtung[973] des Grundrechts auf informationelle Selbstbestimmung in den Blick zu nehmen. Mehrere Vertreter in der Literatur stellen diese Wirkdimension des Grundrechts

968 *Gusy*, KritV 2000, 52 (58).

969 So auch *Hoeren*, in: Conrad/Grützmacher (Hrsg.), Recht der Daten und Datenbanken – Festschrift für Jochen Schneider, 303 (304).

970 *Knabe*, in: Schünemann/Weiler (Hrsg.), E-Government und Netzpolitik im europäischen Vergleich, 277 (291); mit Verweis auf BVerfG NJW 1984, 419 (422) (Hervorhebung im Original).

971 *Schneider/Härting*, CR 2014, 306 (307).

972 BVerfGE 65, 1 (41 f.).

973 Ein Hinweis auf die Entstehung dieser Dimension durch den Wandel vom liberalen zum sozialen Rechtsstaat bei: *Pieroth/Schlink*, § 4, Rn. 77 ff.; auf europäischer Ebene wird in den einschlägigen Normen wie Art. 8 Abs. 1 GRCh und Art. 16 Abs. 1 AEUV der objektiv-rechtliche und der subjektiv-rechtliche Gehalt im Wortlaut
deutlicher: Vgl. *v. Lewinski*, DuD 2012, 564 (568).

auf informationelle Selbstbestimmung bei der Austarierung des Schutzbereiches in den Vordergrund.

Nach der Auffassung von *Hoffmann-Riem* sei das Recht auf informationelle Selbstbestimmung kein privatistisches Abwehrrecht des sich abschottenden Individuums, sondern ein Recht auf eine selbstbestimmte Teilhabe an Kommunikationsprozessen[974]. Unter Berücksichtigung des Menschenbildes des GG – wie es auch das BVerfG im Volkszählungsurteil zugrundelege – bildeten andere Individuen das soziale Umfeld, in dessen Rahmen sich die Persönlichkeit des Einzelnen entfalte[975]. Die Autonomie des Individuums entfalte sich in vernetzten sozialen Lebensräumen, wo Kommunikation nicht an ausgrenzenden Konzepten des Schutzes egozentrischer Entfaltung orientiert werden könne, sondern auf Freiheitsausübung und auf Gegenseitigkeit ziele[976]. In der Informationsgesellschaft seien Informationsinhalte, Kommunikationsprozesse und die darauf bezogene Kommunikationsinfrastruktur häufig auf multipolare Interessenkollisionen bezogen[977]. Würde man das Grundrecht auf informationelle Selbstbestimmung negatorisch verkürzt vorrangig als Abwehrrecht verstehen, so würde man die Bedingungen der Konstituierung von Kommunikationsmöglichkeiten in multipolaren Interessenfeldern vernachlässigen[978]. Es sei nötig, im Rahmen der elektronischen Kommunikation auf ein „Denken in Verkehrsregeln und Verantwortlichkeiten“ umzuschwenken und dabei die Dogmatik des objektiv- und subjektiv-rechtlichen Grundrechtsschutzes zu nutzen[979].

Diese Auffassung setzt zutreffend bei den tatsächlichen Voraussetzungen von Kommunikationsvorgängen an und verneint eine eigentumsanaloge Ausgestaltung im Sinne einer Sachherrschaft über personenbezogene Daten. Weiter bezieht sie grundsätzlich mit ein, dass ein Bedeutungswandel im Tatsächlichen stattfinden kann, sodass die Rechtsordnung hierauf reagieren muss[980]. Die subjektiv-abwehrrechtliche Dimension wird hier jedoch nicht völlig außer Betracht gelassen. Diese Auffassung hat auch durchaus Kommunikationsvorgänge im E-Government im Auge. Dieser Ansatz berücksichtigt den Aspekt, wo möglicherweise Schutzbedarfe der Kommunikationsteilnehmer entstehen könnten. Er ist nicht ausschließlich an dem klassischen Muster des status negativus im Sinne eines Eingriffsabwehrrechts orientiert, sondern verdeutlicht, dass Kommunikation in multipolaren Interessenfeldern auch erst einmal ermöglicht werden muss.

Nach der Auffassung von *Trute* verändere sich das Leitbild des Datenschutzrechtes, welches von einem klassischen rechtsstaatlichen Konflikt zwischen öffentlichen

---

974 *Hoffmann-Riem*, AöR 123 (1998), 513 (521); *ders.*, in: Bäumler (Hrsg.), Der neue Datenschutz, 11 (13).

975 *Hoffmann-Riem*, AöR 123 (1998), 513 (521).

976 *Hoffmann-Riem*, AöR 116 (1991), 501 (501 ff.) mit Verweis auf *Suhr*, Entfaltung der Menschen durch die Menschen, 1976.

977 *Hoffmann-Riem*, AöR 123 (1998), 513 (522).

978 *Hoffmann-Riem*, AöR 123 (1998), 513 (522).

979 *Hoffmann-Riem*, AöR 123 (1998), 513 (524) mit Verweis auf *Suhr*, Entfaltung der Menschen durch die Menschen, 129 ff.

980 Zum Einfluss des Bedeutungswandels im Tatsächlichen auf das Recht: *Luch/Schulz, S. E.*, in: Schliesky (Hrsg.), Technikgestütztes Identitätsmanagement, 1 (2 ff.).

Interessen an Informationen und Schutz privater Selbstbestimmung ausgehe[981]. Hiernach hätten sich die Informationsinteressen des Bürgers in der Weise nachhaltig verändert, dass nicht mehr nur Informationsabschottung zwischen Staat und Bürger im Vordergrund stünde, sondern auch Kommunikation, Informationsteilhabe des Bürgers an staatlichen Informationsbeständen wie auch eine zunehmend virulent werdende informationelle Grundversorgung des Bürgers durch den Staat zur Unterstützung und Sicherung seiner Handlungsmöglichkeiten in Selbstbestimmung[982]. Die Auffassung sieht den Schutzzweck in der Identitätsbildung und -darstellung des Grundrechtsinhabers, sodass der Bezugspunkt weiterhin im allgemeinen Persönlichkeitsrecht und in dessen Gefährdung durch Datenverwendungen gesehen wird[983]. *Trute* sieht ein Recht auf kommunikative Selbstbestimmung, welches als Recht auf Schaffung und Erhaltung der Bedingungen zu entfalten sei, unter denen eine freie Entfaltung der Persönlichkeit möglich sei[984]. Kommunikative Selbstbestimmung sei nicht als eigentumsanaloges Informationsbeherrschungsrecht zu verstehen[985]. Das Recht auf informationelle Selbstbestimmung werde zu einem Recht auf kommunikative Selbstbestimmung[986]. Dieses sei als Recht auf Schaffung und Erhaltung der Bedingungen zu entfalten, unter denen eine freiheitliche Darstellung der Persönlichkeit möglich sei. Es bestehe kein Totalvorbehalt bei der staatlichen Erhebung und Verarbeitung von Daten, sondern es würden gefährdungsabhängige Gestaltungen von Verarbeitungs- und Verwendungszusammenhängen möglich, die eine Konzentration auf Wesentliches und eine Abstufung der Instrumente ermöglichten[987].

Damit adressiert diese Interpretation vorwiegend den Gesetzgeber, der die Bedingungen für den Kommunikationsprozess absichern soll. Die Ansicht betont die persönlichkeitsrechtliche Verortung. Die hier angesprochene auszubildende Identität des Kommunizierenden in Kommunikationsprozessen ist hier sicherlich nicht im oben verstandenen Sinne als Identifizierbarkeit zu verstehen, sondern als „Bewusstsein über das Selbst" zu verstehen, was als Entstehungsvoraussetzung eines Kommunikationsprozesses zu sehen ist. Diese Ansicht hat den Vorzug, dass ein tatsächlich stattfindender Prozess als Prämisse genommen wird. Ein bloßes Schrankendenken im Hinblick auf mögliche Grundrechtseingriffe erfasst beispielsweise auch nicht die Identitätsbildung im hier verstandenen Sinne eines Nutzers im E-Government.

Nach der Auffassung von *Albers* führe der Ansatz der klassischen Eingriffsabwehr nicht weiter[988]. Dieser Ansatz gehe davon aus, dass individuelle Rechte im Umgang mit Informationen und Daten aus dem objektiv-rechtlichen Gehalt der Grundrechtsnormen konkretisiert und begründet werden müssten[989]. Es gebe zwei verschiedene

---

981 Trute, JZ 1998, 822 (823).
982 *Trute,* JZ 1998, 822 (823), *ders.,* VVDStRL 57 (1997), 218 (211 ff.); *Schoch,* VVDStRL 57 (1997) 158 (158 ff.), *Pitschas* DuD 1998, 139 (139 ff.).
983 *Trute,* in: Roßnagel, HBDSR, Kap. 2.5, Rn. 14.
984 *Trute,* in: Roßnagel, HBDSR, Kap. 2.5, Rn. 22.
985 *Trute,* in: Roßnagel, HBDSR, Kap. 2.5, Rn. 22.
986 *Trute,* in: Roßnagel, HBDSR, Kap. 2.5, Rn. 22
987 *Trute,* in: Roßnagel, HBDSR, Kap. 2.5, Rn. 22.
988 *Albers,* DVBl. 1996, 233 (240).
989 *Albers,* in: Haratsch/Kugelmann/Repkewitz, Herausforderungen, 113 (125).

Ebenen, wobei es sich bei der ersten um eine objektiv-rechtliche Gewährleistung handele, welche sich mit Regelungsanforderungen an die Gesetzgebung richte[990]. Hier seien die Festlegung der Verwendungszwecke, die Zweckbindung und Kenntnismöglichkeiten über die Datenverarbeitung zu nennen[991]. Die auf der ersten Ebene gefundenen Anforderungen sollen dann auf der zweiten Ebene zu konkreten Rechtsbindungen führen[992]. Die zweite Ebene diene ausschließlich „dem besonderen Schutz der Grundrechtsträger in der Konstellation, die in den jeweils thematisierten Freiheitsbereich fällt[993].

Diese Ansicht stellt im Rahmen der objektiv-rechtlichen Wirkdimension des Grundrechts auf informationelle Selbstbestimmung die rechtliche Absicherung von Datenverarbeitung in den Vordergrund. Im Gegensatz zur Ansicht von *Hoffmann-Riem* geht es hierbei ausschließlich um Regelungsanforderungen an die Gesetzgebung. Die objektiv-rechtliche Wirkdimension kann aber auch mehr bedeuten, als nur gesetzgeberische Anforderungen festzulegen. Der Schutz der informationellen Selbstbestimmung kann als Infrastrukturschutz verstanden werden, für den der Staat den Rahmen bereitstellt[994]. Datenschutz muss in diesem Kontext als Systemdatenschutz gedacht werden.[995] Eine Schutzpflichtdimension des Grundrechts auf informationelle Selbstbestimmung kann mehr erfordern als nur gesetzgeberisches Tätigwerden[996].

Nach der Ansicht von *Kloepfer* sei die Konzeption des Rechts auf informationelle Selbstbestimmung als primär gegen den Staat gerichtetes Abwehrrecht überholt und müsse modifiziert werden[997]. Dieses müsse in Richtung einer „Datenverkehrsordnung" gehen[998], in der sich der Bürger und die Privaten als Grundrechtsberechtigte und der Staat als Grundrechtsverpflichteter bewegten.

Datenschutz sei als Teil einer Informationsordnung zu sehen und mit anderen informationsrechtlichen Regelungszusammenhängen abzugleichen, etwa mit den gesetzlichen Geheimnisregelungen, den Zeugnisverweigerungsrechten, den Melde- und Informationspflichten der Bürger, mit ihren Informationsausschließungsansprüchen sowie den Informationspflichten des Staates[999]. Ziel sei eine „Datenverkehrsordnung", welche sämtliche datenbezogenen Betätigungen der Grundrechtsberechtigten und des Staates bewegen müsste[1000]. Statt eines individual-rechtlich verstandenen Datenschutzes müsse sich die Blickrichtung dahin gehend ändern, dass das „System" Ansatzpunkt datenschutzrechtlicher Betrachtungen werde mit einer „Systemverpflichtung",

990 *Albers*, in: Haratsch/Kugelmann/Repkewitz, Herausforderungen, S. 129; *dies.*, Determination, S. 233; *dies.*, in: Hoffmann-Riem/Schmidt-Aßmann/Voßkuhle, Grundlagen des Verwaltungsrechts II, § 22 Rn. 77.

991 *Albers*, in: Haratsch/Kugelmann/Repkewitz, Herausforderungen, 113 (129); *dies.*, Die Determination polizeilicher Tätigkeit in den Bereichen der Strafverhütung und der Verfolgungsvorsorge, S. 233 ff.

992 *Bechler*, Informationseingriffe durch intransparenten Umgang mit personenbezogenen Daten, S. 85.

993 *Albers*, Informationelle Selbstbestimmung, S. 589.

994 *Hoffmann-Riem*, AöR 123 (1998), 513 (537).

995 Zum Systemdatenschutz *Schaar*, in: Schmidt/Weichert (Hrsg.), Datenschutz, 363 (363 ff.).

996 Vgl. zu den staatlichen Schutzpflichten unten unter: Teil 4, B.

997 *Kloepfer*, Gutachten 62. DJT, S. 81; anders aber *ders./Schärdel*, JZ 2009, 453 (455).

998 *Kloepfer*, Gutachten 62. DJT, S. 86, 92 f.

999 *Kloepfer*, Gutachten 62. DJT, S. 85 f.

1000 *Kloepfer*, Gutachten 62. DJT, S. 86, 92 f.

verstanden als rechtliche Verantwortung für technische und organisatorische Strukturen[1001]. Neben dem Grundrecht auf informationelle Selbstbestimmung müsse die Gewährleistung eines freien Informationsflusses mit betrachtet werden[1002]. Datenschutz und Informationsfreiheit seien neben den kommunikationsbezogenen Grundrechten des Art. 5 GG die tragenden Säulen der Informationsgesellschaft[1003].

Diese Ansicht nennt explizit die Verantwortung des Staates für technische und organisatorische Strukturen. Ihr ist insoweit zuzustimmen, als dass die Frage des Grundrechtsschutzes auch eine Frage des Schutzes der Systeme und der technischen sowie organisatorischen Strukturen ist. Ein weiterer Aspekt ist die Erweiterung des Blickes auf die Informationszugangsfreiheit. Der Zugang zu staatlichen Informationen ist in der Tat ein weiteres wichtiges Vehikel innerhalb der Informationsgesellschaft.

Nach der Ansicht von *Ladeur* sei es angezeigt, sich bei der Bestimmung des Schutzbereichs des Grundrechts auf informationelle Selbstbestimmung vom Eingriffsabwehrdenken zu lösen und den Datenschutz dem „Risikorecht“ zuzuordnen[1004]. Er plädiert für eine Grundrechtsfunktion der Risikovorsorge, welche nicht im Einzelfall entwickelt werden könne, sondern notwendigerweise einer Art planerischen Logik folge und einen Gesamteffekt bewirken wolle[1005]. Das Grundrecht auf informationelle Selbstbestimmung lasse sich daher eher als eine Art Teilhaberecht konstruieren, welches den Zugriff auf den Gesamtzusammenhang einer Sicherheitsstrategie erlauben könnte, wenn der Einzelne ausreichend betroffen ist[1006]. Der Gesetzesvorbehalt müsse demnach nicht an der Verwendung der einzelnen „Daten“, sondern am Konzept der „Verwendungszusammenhänge“ ansetzen[1007].

Diese Ansicht geht auf das Grundproblem ein, dass sich mit einem Ansatz, welcher vornehmlich am Eingriffsabwehrdenken orientiert ist, der Schutzbereich des Grundrechts auf informationelle Selbstbestimmung nicht hinreichend beschreiben lässt. Der Schutz der informationellen Selbstbestimmung enthält auch ein Element der Risikovorsorge, für die der Staat verantwortlich ist.

Bezüglich der objektiv-rechtlichen Dimension des Grundrechts auf informationelle Selbstbestimmung hat das BVerfG im Urteil zur Vorratsdatenspeicherung aus dem Jahr 2010 eine weitere Präzisierung vorgenommen[1008]. Wenn der Gesetzgeber staatliche Institutionen zur Datenerhebung, -verarbeitung, -weitergabe, und -nutzung ermächtigt, steht dem Betroffenen aus dem Grundrecht auf informationelle Selbstbestimmung im Wege der sog. grundrechtlichen Schutzpflichten ein Anspruch auf Sicherung seiner

1001 *Kloepfer,* Gutachten 62. DJT, S. 98 f.; ein Plädoyer für eine subjektive Bestimmung des Schutzbereichs: Vgl. *ders./Schärdel,* JZ 2009, 453 (461).
1002 *Kloepfer/Schärdel,* JZ 2009, 453 (459).
1003 *Kloepfer,* DÖV 2003, 221 (223).
1004 *Ladeur,* DÖV 2009, 45 (53) (Hervorhebung im Original).
1005 *Ladeur,* DÖV 2009, 45 (54).
1006 *Ladeur,* DÖV 2009, 45 (54).
1007 *Ladeur,* DÖV 2009, 45 (54) (Hervorhebungen im Original) mit Verweis auf *Trute,* in: Roßnagel (Hrsg.), HBDSR, 2003, Kap. 2.5., Rn. 18; *Hoffmann-Riem,* in: Bäumler (Hrsg.), Der neue Datenschutz, 11 (19); *Bull,* RDV 2008, 47 (53).
1008 BVerfG, 1 BvR 256/08 = BVerfG NJW 2010, 833.

Daten vor einer unbefugten Nutzung oder Veränderung durch Dritte zu[1009]. Aus diesem Anspruch lassen sich allerdings keine detailgenauen Anforderungen an die Sicherheit der Daten und etwaige konkrete Maßnahmen ableiten[1010]. Dies zeigt aber, dass das BVerfG in der weiteren Konturierung des Schutzbereichs des Grundrechts auf informationelle Selbstbestimmung von einer wichtigen Funktion der objektiv-rechtlichen Dimension des Grundrechts auf informationelle Selbstbestimmung ausgeht. Im konkreten Fall muss der Gesetzgeber also die tatsächliche Gefährdungslage der betreffenden personenbezogenen Daten erfassen und eine datensicherheitskonforme Lösung finden.

c) Stellungnahme

Bereits hier ist klar geworden, dass die Bestimmung des Schutzbereiches des Grundrechts auf informationelle Selbstbestimmung Probleme bereitet. Eine eigentumsanaloge Interpretation wird den Anforderungen an das Grundrecht im Hinblick auf den zu gewährleistenden Schutz nicht gerecht. Der Schutzbereich ist auch nicht mit einer rein abwehrrechtlichen Konzeption zu erfassen. Nichtsdestotrotz muss das Grundrecht auf informationelle Selbstbestimmung auch Schutz gegen den Eingriff staatlicher Maßnahmen gewähren. Speziell im Bereich des E-Governments ist der Staat häufig Erbringer einer vom Bürger begehrten Leistung und daher nicht immer als Akteur auf dem Gebiet der Eingriffsverwaltung tätig. In der Informationsgesellschaft sind Informationsinhalte, Kommunikationsprozesse und die darauf bezogene Kommunikationsinfrastruktur häufig auf multipolare Interessenkollisionen bezogen[1011] und mehrere auch private Interaktionspartner in Form von Diensteanbietern beteiligt. Damit ist hier maßgeblich, dass der Staat die Kommunikationsinfrastrukturen für E-Government unter Wahrung der Datenschutz-Schutzziele wie Vertraulichkeit, Integrität und Zurechenbarkeit der Datenerhebung mit den ihm zur Verfügung stehenden Mitteln bereitstellt. Die Anforderungen gehen hier also in Richtung einer objektiv-rechtlichen Verpflichtung zur Gewährleistung des Datenschutzes in den jeweiligen Infrastrukturen.

Das Grundrecht auf informationelle Selbstbestimmung muss aber nach wie vor auch Schutz gewähren in klassischen Eingriffsszenarien, in denen der Staat in die Rechte des Bürgers eingreift[1012]. Das Grundrecht auf informationelle Selbstbestimmung ist ja gerade auch im Kontext eines klassischen staatlichen Eingriffsszenarios entstanden. Insoweit empfiehlt sich die Annahme eines zweigliedrigen Schutzbereiches, der sowohl die subjektiv-abwehrrechtliche Schutzrichtung als auch die objektiv-rechtliche Schutzrichtung des Grundrechts auf informationelle Selbstbestimmung er-

1009 *Müller-Terpitz,* in: Borges/Schwenk (Hrsg.), Daten- und Identitätsschutz in Cloud Computing, E-Government und E-Commerce, 169 (171).

1010 *Müller-Terpitz,* in: Borges/Schwenk (Hrsg.), Daten- und Identitätsschutz in Cloud Computing, E-Government und E-Commerce, 169 (171).

1011 *Hoffmann-Riem,* AöR 123 (1998), 513 (522).

1012 Zur dienenden Funktion des objektiv-rechtlichen Grundrechtsgehaltes gegenüber dem subjektiv-rechtlichen vgl. *Bechler,* Informationseingriffe durch intransparenten Umgang mit personenbezogenen Daten, 87 f.

fasst[1013], um eine umfassende grundrechtliche Absicherung von Kommunikationsprozessen zu ermöglichen. Für die weiteren Fragestellungen der Untersuchung mit Bezug zum E-Government spielt hier jedoch insbesondere die objektiv-rechtliche Seite im weiteren Verlauf eine große Rolle.

d) Konstitutionalisierung des Grundrechts auf Datenschutz?

Angesichts der vorstehend dargestellten Probleme mit der Bestimmung des Schutzbereichs des Grundrechts auf informationelle Selbstbestimmung stellt sich die Frage, ob eine Normierung eines „Grundrechts auf Datenschutz" im GG hier im Hinblick auf die Bestimmung des Schutzbereiches nützlich wäre. Der Datenschutz sieht sich durch vielfältige tatsächliche Änderungen sowie auch Gefährdungen durch Private[1014] umfangreichen Herausforderungen ausgesetzt. Auch im Bereich des E-Governments wird dies deutlich. Daher soll hier kurz skizziert werden, ob mit einer Normierung ein Gewinn an Präzisierung verbunden wäre. In den Verfassungen einiger deutscher Bundesländer ist ein Grundrecht auf Datenschutz normiert worden[1015].

Die Aufnahme eines Grundrechtes auf Datenschutz hat in jüngerer Zeit durch einen Gesetzentwurf[1016] wieder Eingang in die rechtswissenschaftliche Diskussion gefunden. Für eine Aufnahme eines Grundrechts auf Datenschutz in das GG wird vorgebracht, dass es eine Änderung zur derzeitigen Situation bewirke[1017]. Die Bindung des Gesetzgebers an die tragenden Entscheidungsgründe des BVerfG werde in Rechtsprechung und Literatur unterschiedlich beurteilt, sodass eine verfassungsrechtliche Normierung gegenüber dem vorhandenen geltenden Richterrecht einen Unterschied bewirken würde[1018].

Zunächst einmal wäre als Vorteil zu nennen, dass eine Normierung des Grundrechts auf Datenschutz im GG die Möglichkeit eröffnen würde, den Schutzbereich stärker zu konturieren und Schranken explizit zu regeln[1019]. Es könnten damit die Schwierigkeiten bei der Bestimmung des Schutzbereichs vermieden werden. Es könnte dadurch verdeutlicht werden, ob das Grundrecht neben der abwehrrechtlichen

---

1013 Hierfür spricht sich auch aus: *Bäcker*, in: Rensen/Brink (Hrsg.), Linien der Rechtsprechung des Bundesverfassungsgerichtes, 99 (122).

1014 So haben insbesondere Datenskandale bei der Deutschen Telekom und der Deutschen Bahn in den letzten Jahren öffentliche Aufmerksamkeit erregt.

1015 Vgl. Art. 33 BerlVerf, Art. 11 BbgVerf, Art. 8 M-VVerf, Art. 4 NRWVerf, Art. 4a VerfRLP, Art. 33 SächsVerf, Art. 6 Verf.LSA, Art. 2 Saarl. Verf., zu landesverfassungsrechtlichen Grundlagen näher: *Kunig*, Jura 1993, 595 (597), sowie *Stollhoff*, Datenschutzgerechtes E-Government, S. 96 f. m. w. N.

1016 In der 16. Legislaturperiode wurde ein Entwurf der Fraktion Bündnis 90/Die Grünen vorgelegt, vgl. BT-Drs. 16/9607, vgl. hierzu auch *Künast*, ZRP 2008, 201 (203).

1017 *Künast*, ZRP 2008, 201 (202).

1018 *Künast*, ZRP 2008, 201 (202 f.).

1019 Kritik an den mangelnden Konturen des Schutzbereichs des Grundrechts auf informationelle Selbstbestimmung findet sich bei: *Kloepfer/Schärdel*, JZ 2009, 453 (457); *Ladeur*, DÖV 2009, 45 (47 ff.); *ders.*, DuD 2000, 12 (13).

Funktion auch eine objektiv-rechtliche Schutzrichtung[1020] aufweist und inwieweit den Gesetzgeber Schutzpflichten treffen. Schaut man sich beispielsweise Art. 33 BerlVerf an, so wird durch den Wortlaut „Das Recht des einzelnen, grundsätzlich selbst über die Preisgabe und Verwendung seiner persönlichen Daten zu bestimmen, wird gewährleistet" eine staatliche Schutzpflicht adressiert. Im Hinblick auf die Auslegung dieser objektiv-rechtlichen Schutzrichtung hat diese landesverfassungsrechtliche Normierung jedoch kaum weiteren Nutzen gebracht, da sich die Auslegung in Rechtsprechung und Literatur primär am grundgesetzlichen Verständnis orientiert hat[1021]. Begrifflich ist anzumerken, dass ein „Grundrecht auf Datenschutz" und das Grundrecht auf informationelle Selbstbestimmung inhaltlich nicht identisch sind[1022]. Dies zeigen schon die Unterschiede zwischen dem Wortlaut der landesverfassungsrechtlichen Grundrechte und dem Inhalt des Grundrechts auf informationelle Selbstbestimmung. Eine Normierung würde praktisch dazu führen, dass ein Teilgehalt des allgemeinen Persönlichkeitsrechts gegenüber anderen privilegiert würde, was zumindest die Frage aufwirft, ob andere Teilgehalte nicht auch normierungswürdig sind und ob dies nicht zu einer gewissen Willkürlichkeit führen würde[1023]. Auch eine integrative Betrachtung unter Einbeziehung der Informationsfreiheit[1024] würde hieran nichts ändern. Die Befürworter eines verfassungsrechtlichen Bedürfnisses zur Normierung eines Grundrechtes auf Datenschutz weisen darauf hin, dass die Bindung des Gesetzgebers an die tragenden Entscheidungsgründe des BVerfG in Rechtsprechung und Literatur unterschiedlich beurteilt würden[1025]. Sicherlich ist dies zutreffend, jedoch entspricht es geübter Praxis, dass sich der Gesetzgeber an den tragenden Entscheidungsgründen des BVerfG orientiert. Grundsätzlich lässt sich sagen, dass eine Verfassung ihre Autorität und Wirkung gerade auch dadurch erhält, dass sie selten geändert wird[1026]. Das Ansinnen, politisch wünschbaren Aspekten durch ihre „Zementierung" im Verfassungsrecht mehr Autorität zu verleihen, ist dieser Aufgabe einer Verfassung abträglich. Die Autorität würde durch eine Normierung eines Grundrechtes auf Datenschutz also nicht gestärkt[1027].

Ein weiterer Aspekt liegt darin, dass sich die Schutzgehalte von Grundrechten notwendigerweise mit dem Wandel von Technik und Lebensformen fortentwickeln

---

1020 Der Entwurf der Fraktion Bündnis 90/Die Grünen, BT-Drs. 16/9607, S. 3, enthält in seinem Wortlaut Formulierungen wie „wird gewährleistet", die auch auf eine objektiv-rechtliche Funktion des Grundrechtes auf Datenschutz schließen lassen.

1021 *Schulz S. E.*, ZG 2010, 358 (361).

1022 *Simitis*, NJW 1984, 398 (399); *Kloepfer/Schärdel*, JZ 2009, 453 (457), zur Bedeutung des Begriffes Datenschutz im einfachgesetzlichen Kontext sogleich unten sowie bereits oben.

1023 *Schulz S. E.*, ZG 2010, 358 (363).

1024 Vgl. hierzu BT-Drs. 16/9607, S. 4, sowie den Formulierungsvorschlag bei *Kloepfer/Schärdel*, JZ 2009, 453 (461).

1025 *Künast*, ZRP 2008, 201 (202 f.) mit Verweis auf Ansichten für eine Bindung: BVerfGE 85, 117 (123) = NJW 1992, 816; *Maunz*, in: Maunz/Dürig, Art. 94 Rn. 32, und dagegen: BVerfGE 77, 84 (103 f.) = NJW 1988, 1195; *Korioth*, Der Staat 30 (1991), 549 (549 ff.); grundsätzlich zur Bindungswirkung: *Detterbeck*, Streitgegenstand und Entscheidungswirkungen im öffentlichen Recht, 1993.

1026 Bericht der Gemeinsamen Verfassungskommission vom 5.11.1993 BT-Drs. 12/6000, S. 60 (63).

1027 Das GG ist im Gegensatz zu anderen Verfassungen relativ häufig geändert worden.

müssen[1028]. Dazu ist auch eine gewisse Flexibilität angesichts einer wechselseitigen Beeinflussung von Realbedingungen und Verfassungsrecht notwendig[1029]. Anhand der Entscheidung des BVerfG zur Online-Durchsuchung[1030] mit der Schaffung eines Grundrechts auf Vertraulichkeit und Integrität informationstechnischer Systeme kann man sehen, wie auf eine tatsächliche Gefährdungslage im Sinne eines optimierten Grundrechtsschutzes reagiert wurde. Das BVerfG hat hier auch mittelbar den Schutzbereich des Grundrechts auf informationelle Selbstbestimmung weiter verengt. Die richterliche Rechtsfortbildung bildet im Gegensatz zu positiv normierten Grundrechten hier eine flexiblere Möglichkeit, auf derartige Gefährdungslagen mit Schutzbereichsveränderungen zu reagieren. Diese notwendige Flexibilität spricht daher gegen eine Normierung im GG.

Die Normierung eines Grundrechts auf Datenschutz hätte im Hinblick auf den einfachgesetzlichen Datenschutz wohl kaum eine Anhebung des Schutzniveaus zur Folge, da dieses schon relativ stark ist[1031]. Auch für das grundlegende durch die Einbindung Privater in Datenverarbeitungsprozesse verursachte Problem der Drittwirkung des Grundrechts auf Datenschutz dürfte durch eine Normierung im GG kaum systemkonform zu lösen sein. Grundrechte entfalten grundsätzlich keine unmittelbare Drittwirkung zwischen Privaten, und die Lösung von Konflikten Privater untereinander muss der Gesetzgeber auf der Ebene des einfachen Rechts finden[1032]. Der Gesetzgeber muss hier also im Rahmen seiner Schutzpflicht tätig werden und damit auch bestimmen, wie hoch das Schutzniveau im bereichsspezifischen Datenschutz jeweils sein soll.

Auf einfachgesetzlicher Ebene wird der Begriff „Datenschutz" sehr häufig verwendet und dementsprechend auch in dieser Arbeit[1033]. Der Begriff ist inhaltlich ungenau und kann daher zu Fehlinterpretationen führen[1034]. Im Rahmen des Datenschutzrechtes geht es nicht darum, die Daten an sich zu schützen und diese isoliert von Verwendungskontexten zu betrachten. Der Schutz der Daten an sich ist eher mit dem Begriff „Datensicherheit" zu beschreiben[1035]. Beim Datenschutz liegt der Schutz des Persönlichkeitsrechts im Mittelpunkt des Interesses[1036], sodass Gegenstand des Schutzes der einzelne Betroffene ist, der vor den Gefahren, welche die Datenverarbeitung für ihn mit sich bringt, geschützt werden muss[1037]. Das bedeutet, dass es gerade auch auf die Verwendungskontexte von Daten und die daraus resultierenden Gefah-

1028 *Bizer*, in: Schulzki-Haddouti (Hrsg.), Bürgerrechte im Netz, 21 (22).
1029 *Schulz S. E.*, ZG 2010, 358 (363).
1030 Zum Grundrecht auf Gewährleistung der Vertraulichkeit und Integrität informationstechnischer Systeme (IT-Grundrecht) sogleich unten unter: Teil 3, C., III.
1031 *Kloepfer/Schärdel*, JZ 2009, 453 (458).
1032 *Kloepfer/Schärdel*, JZ 2009, 453 (458).
1033 Vgl. hierzu bereits oben die begriffliche Präzisierung unter: Teil 2, C., IV., 3.
1034 *Schmitt Glaeser*, HBd. Staatsrechts, Band VI, § 129, R. 176; *Petersen*, Grenzen des Verrechtlichungsgebotes im Datenschutz, 2000, S. 5.
1035 *Petersen*, Grenzen des Verrechtlichungsgebotes im Datenschutz, S. 5 (Hervorhebung im Original); zur Abgrenzung der Begriffe Datenschutz und Datensicherheit auch: *Warnecke*, in: Schliesky, Technikgestütztes Identitätsmanagement, 215 (217).
1036 *Petersen*, Grenzen des Verrechtlichungsgebotes im Datenschutz, S. 5.
1037 *Gola/Klug*, § 1 BDSG, Rn. 1.

ren für die Persönlichkeit des Einzelnen ankommt. Dabei kommt es nicht allein auf den Missbrauch von Daten an. Nach § 1 Abs. 1 BDSG a. F. sind alle verarbeitungsbedingten Störungen des Persönlichkeitsrechts auszuschließen, ohne dass hier ein Missbrauch vorliegen muss[1038]. Auch unter dem Regime der DS-GVO kommt es nicht auf eine Missbrauchsabsicht an. Datenschutz ist also als Schutz des Persönlichkeitsrechts zu verstehen. Dieses Verständnis soll dieser Arbeit insgesamt zugrunde gelegt werden. Datensicherheit ist eine Bedingung, um wirksamen Datenschutz zu ermöglichen. Auf diesen Zusammenhang wird zurückzukommen sein.

Ob es also insgesamt notwendig ist, ein Grundrecht auf Datenschutz ins Grundgesetz aufzunehmen[1039], darf nach alldem bezweifelt werden. Dies dürfte keinen grundrechtsdogmatischen Nutzen für die Bestimmung des Schutzbereichs bringen.[1040] Die bisher erörterten Ansätze zur Bestimmung des Schutzbereichs adressieren die maßgeblichen Aspekte besser.

3. Folgerungen für Identitätsmanagement im E-Government

Grundsätzlich lässt sich festhalten, dass im Kontext von Identitätsmanagement-Infrastrukturen im E-Government das Grundrecht auf informationelle Selbstbestimmung in besonderem Maße in seiner objektiv-rechtlichen Schutzrichtung betroffen ist. Es handelt sich hier nicht primär um staatliche Eingriffsszenarien, in der die abwehrrechtliche Dimension eine Rolle spielt, sondern um die objektiv-rechtliche Pflicht des Staates und damit des Gesetzgebers, die multipolaren Konflikte zwischen den einzelnen Kommunikationsteilnehmern im Sinne einer größtmöglichen Verwirklichung der informationellen Selbstbestimmung zu gewährleisten. Jedoch treten auch Konstellationen mit Eingriffsszenarien zutage. Ob das Grundrecht auf informationelle Selbstbestimmung in seiner objektiv-rechtlichen Dimension einen eigenen Anwendungsbereich und einen eigenen Einfluss auf das einfache Datenschutzrecht neben den europarechtlichen Vorgaben hat[1041], kann an dieser Stelle nicht näher untersucht werden. Jedenfalls steht die objektiv-rechtliche Dimension des Grundrechts auf informationelle Selbstbestimmung im Fokus.

a) Datenverarbeitung durch die Verwaltung

Hinsichtlich der Bindung an das Grundrecht auf informationelle Selbstbestimmung ist zu differenzieren. Tritt die Verwaltung selbst in Datenverarbeitungsprozessen als Akteur auf, so ist sie sowohl unmittelbar an das Grundrecht auf informationelle Selbstbestimmung sowie an den jeweils einschlägigen einfachgesetzlichen Rechtsrahmen gebunden. Insgesamt kann für diese Fälle direkter Datenverarbeitung durch die Verwaltung gesagt werden, dass die rechtlichen Bindungen grundsätzlich einem strengeren Maßstab folgen.

1038 *Simitis*, in: Ders. (Hrsg.), § 1 BDSG, Rn. 24.
1039 *Künast*, ZRP 2008, 201 (202); BT-Drs. 16/9607, S. 4.
1040 So auch *Schulz S. E.*, ZG 2010, 358 (369 f.).
1041 Vgl. hierzu insbesondere auch *Ronellenfitsch*, DuD 2009, 451 (451 ff.).

b) Datenverarbeitung durch private Diensteanbieter

In den Konstellationen, in welchen private Diensteanbieter in die Datenverarbeitungsprozesse eingebunden sind, sieht die Situation anders aus. Diese sind nur für den Fall, dass sie durch Gesetz mit einer öffentlichen Aufgabe beliehen sind wie im Falle des § 5 Abs. 6 De-Mail-Gesetz, unmittelbar an Grundrechte gebunden[1042]. In allen anderen Fällen besteht keine unmittelbare Grundrechtsbindung, sondern nur die Bindung an den jeweils einschlägigen einfachgesetzlichen Rahmen. Es ist aber grundsätzlich zu fragen, ob das Grundrecht auf informationelle Selbstbestimmung auch gegen den Eingriff von privater Seite Schutz bietet. Hiermit stellt sich grundsätzlich die Frage der mittelbaren Drittwirkung bzw. Ausstrahlungswirkung von Grundrechten. Dogmatisch ist das „Wie" der Drittwirkung von Grundrechten noch nicht hinreichend geklärt[1043]. Die Einheit der Rechtsordnung gebietet jedoch insgesamt, dass Grundrechtsordnung und Privatrechtsordnung keine Widersprüche aufwerfen dürfen[1044] und auch nicht beziehungslos nebeneinanderstehen dürfen[1045]. Insoweit besteht auch ein Konsens darüber, dass das Privatrecht von den Grundrechten nicht unbeeinflusst bleibt[1046]. Die Rechtsprechung des BVerfG geht seit dem sog. Lüth-Urteil[1047] davon aus, dass die Grundrechte des GG auch eine „objektive Wertordnung" errichten. Gerade in dieser objektiven Wertordnung komme eine prinzipielle Verstärkung der Geltungskraft der Grundrechte zum Ausdruck[1048]. Für diese Auffassung wurden in der Literatur weitere Begründungen nachgeliefert[1049]. Die weitere Vertiefung würde hier den Rahmen der Arbeit sprengen. Die Qualifizierung der Grundrechtsordnung als Wertordnung kann insgesamt als unumstritten gelten und soll dementsprechend den weiteren Ausführungen zugrundegelegt werden[1050]. Damit ist ein Einfluss der Grundrechtsordnung auf die Privatrechtsordnung grundsätzlich anzunehmen. Zu klären ist daher, in welcher Form die Grundrechte nun Einfluss auf die Privatrechtsordnung nehmen.

In diesem Zusammenhang werden sowohl die sog. unmittelbare als auch die sog. mittelbare Drittwirkung der Grundrechte vertreten[1051]. Ein Teil der Lehre und das Bundesarbeitsgericht nehmen eine unmittelbare Drittwirkung einzelner Grundrechte

1042 *Jarass,* in: Jarass/Pieroth, Art 1, Rn. 41; *Herdegen,* in: Maunz/Dürig, Art. 1, Rn. 101; *Kunig,* in: V. Münch/ders. (Hrsg.), GG Bd. I, Art. 1, Rn. 60; *Rüfner,* HBdStR V, § 117, Rn. 9.

1043 Vgl. hierzu v. Mangoldt/Klein/Starck, Art. 1 Abs. 3, Rn. 303 ff.; *Rüfner,* Grundrechtsadressaten, in: HStR Bd. V, § 117, Rn. 58; *Schnapp/Kaltenborn,* JuS 2000, 937 (939 f.); *Volle,* Datenschutz als Drittwirkungsproblem, 2009, S. 41, jeweils m. w. N.

1044 BVerfGE 7, 198 (205).

1045 *Starck,* in: v. Mangoldt/Klein/ders., Art 1 Abs. 3 GG, Rn. 306.

1046 *Alexy,* Theorie der Grundrechte, S. 480 m. w. N.

1047 BVerfGE 7, 198 (205)

1048 BVerfGE 7, 198 (205).

1049 *Volle,* Datenschutz als Drittwirkungsproblem, S. 41 mit Verweis auf *Cremer,* Freiheitsgrundrechte, S. 220 ff.; *Alexy,* Theorie der Grundrechte, S. 125 ff.

1050 *Cremer,* Freiheitsgrundrechte, S. 191; zum Begriff der grundrechtlichen Wertfunktion: *Dolderer,* Objektive Grundrechtsgehalte, S. 122 ff.

1051 Nachweise finden sich bei *Starck,* in: v. Mangoldt/Klein/Starck, GG, Art. 1 Abs. 3, Rn. 304 ff.

auf Privatrechtsbeziehungen an[1052]. Diese Bindung wird damit begründet, dass Grundrechte die Funktion von Grundsatznormen für die gesamte Rechtsordnung hätten[1053]. Danach solle es das subjektive Grundrecht nur gegenüber dem Staat geben, den Grundrechten sei aber auch eine Funktion zuzuschreiben, die über die eines Freiheitsrechtes hinausgehe[1054]. Ein Problem entsteht im Rahmen dieser Auffassung bei der Geltung des Gleichheitssatzes aus Art. 3 GG. Dieses wird in der Weise gelöst, dass nach dieser Auffassung der allgemeine Gleichheitssatz im Privatrecht nicht gelten solle, da eine Gleichbehandlungspflicht das Privatrecht aus den Angeln heben würde[1055]. Insoweit kann von einer uneingeschränkt unmittelbaren Drittwirkung der Grundrechte keine Rede sein. Inwieweit der Begriff der Bindungswirkung von verschiedenen Vertretern unterschiedlich verstanden wird, soll hier nicht weiter vertieft werden.

Die Gegenauffassung hierzu bildet die Lehre von der mittelbaren Drittwirkung. Diese Auffassung wurde vor allem von *Dürig* vertreten und benutzt für die Einwirkung auf die Privatrechtsnormen ausfüllungsbedürftige offene Rechtsbegriffe, durch die grundrechtliche Wertungen in die Auslegung privatrechtlicher Normen einfließen[1056]. Diese Auffassung achtet die Privatautonomie als Grundsatz, der ebenfalls von der Verfassung geschützt sei und der Grundrechten wie Art. 3 GG nicht zum Opfer gebracht werden dürfe[1057]. Dieser Lehre hat sich das BVerfG mit seiner Lüth-Entscheidung angeschlossen, indem es ausführt, dass sich der Rechtsgehalt der Grundrechte als objektiver Normen im Privatrecht durch das Medium der dieses Rechtsgebiet unmittelbar beherrschenden Vorschriften entfalte[1058].

Die Diskussion um die Frage der unmittelbaren und mittelbaren Drittwirkung wird heute nicht mehr intensiv geführt. Hierfür wird angeführt, dass zum einen eine weitgehende Kongruenz zwischen Grundrechten und Privatrecht in entscheidenden Wertungsfragen bestehe und das Problem als weniger praxisrelevant anzusehen sei, sowie die Tatsache, dass die beiden genannten Auffassungen ergebnisäquivalent seien[1059].

Insoweit dürfte für das richterrechtlich geprägte Grundrecht auf informationelle Selbstbestimmung im Hinblick auf die Wirkung im Privatrecht nichts anderes gelten. Obwohl dieses in einer Konstellation zwischen Staat und Bürger seinen Ausgang hat, lässt sich an einzelnen Stellen des Volkszählungsurteils herauslesen, dass das Grundrecht auf informationelle Selbstbestimmung Geltung über das Verhältnis des Staates zu den Bürgern hinaus beansprucht[1060]. Das BVerfG spricht vom „Wissen möglicher

1052 Vgl. den Überblick bei Starck, in: v. Mangoldt/Klein/ders., Art. 1 Abs. 3 GG, Rn. 305.

1053 *Enneccerus/Nipperdey*, Allgemeiner Teil des Bürgerlichen Rechts, 1. Bd., 1. HLB BD., 15 Aufl. 1959, S. 92 ff.; *dies.*, Grundrechte und Privatrecht, 1961, S. 13 ff.

1054 *Floren*, Grundrechtsdogmatik, S. 28 m. w. N.

1055 BAGE 13, 103 (105).

1056 *Dürig*, Nawiasky-FS, 1956, 157 (157 f.); *ders.*, DÖV 1958, 194 (194 ff.).

1057 Vgl. den Nachweis bei *Starck*, in: v. Mangoldt/Klein/*ders.*, Art 1 Abs. 3 GG, Rn. 306.

1058 Lüth-Entscheidung, BVerfGE 7, 198 (204).

1059 *Volle*, Datenschutz als Drittwirkungsproblem, S. 43 f. mit Verweis auf *Alexy;* Theorie der Grundrechte, S. 481 ff. m. w. N., *Starck*, in: v. Mangoldt/Klein/Starck, Art. 1 Abs. 3 GG, Rn. 307.

1060 *Volle*, Datenschutz als Drittwirkungsproblem, S. 43 mit Verweis auf BverfGE 65, 1 (43).

Kommunikationspartner", was zunächst so offen formuliert ist, dass private Kommunikationspartner mit einbezogen sind[1061]. An anderer Stelle nimmt das BVerfG im Volkszählungsurteil wieder Einschränkungen vor, dass in der zu entscheidenden Konstellation nicht eine erschöpfende Erörterung stattfinde, sondern nur eine über die Tragweite des Rechts auf informationelle Selbstbestimmung für Eingriffe, durch welche der Staat die Angabe personenbezogener Daten vom Bürger verlangt[1062]. Das BVerfG hat jedoch in einer späteren Entscheidung die über die objektiv-rechtliche Dimension vermittelte mittelbare Drittwirkung des Rechts auf informationelle Selbstbestimmung auf das Privatrecht ausdrücklich anerkannt[1063]. Dies bedeutet dann, dass die Gesetzgebung dieser Wertentscheidung Rechnung tragen muss, wenn sie den „Fluss" personenbezogener Daten reglementieren will[1064].

Damit sind Private im Wege der mittelbaren Drittwirkung an das Grundrecht auf informationelle Selbstbestimmung gebunden. Diese mittelbare Bindung dürfte jedoch selten praktisch zur Anwendung kommen. Das „Vehikel" des einfachen Rechts ist vorhanden[1065] und der Gesetzgeber im Wege der objektiv-rechtlichen Schutzrichtung der Grundrechte gehalten, dieses auszugestalten. Wenn es einfachgesetzliche Vorschriften gibt, mit denen der effektive Schutz aller der Verfassung wesentlich erscheinenden Individualinteressen gegen andere Privatrechtssubjekte gewährleistet werden kann, bedarf es einer unmittelbaren Anwendung von Grundrechtsnormen schon deshalb nicht[1066]. Für das Identitätsmanagement im E-Government bedeutet dies, dass zunächst einmal maßgeblich für das Verhältnis zwischen Diensteanbieter und Nutzer der einschlägige einfachgesetzliche Rahmen ist. Auf diesen Aspekt wird zurückzukommen sein.

Nach den oben dargelegten Grundsätzen wirkt das Grundrecht auf informationelle Selbstbestimmung im Privatrecht im Wege der Schutzpflichtfunktion der Grundrechte[1067]. Dieses muss sich darauf konzentrieren, informationelle Machtungleichgewichte zwischen Privaten im Sinne einer größtmöglichen Verwirklichung der Schutzziele des Datenschutzes aufzulösen.

1061 BVerfGE 65, 1 (43): „Wer nicht mit hinreichender Sicherheit überschauen kann, welche ihn betreffenden Informationen in bestimmten Bereichen seiner sozialen Umwelt bekannt sind, und wer das Wissen möglicher Kommunikationspartner nicht einigermaßen abzuschätzen vermag, kann in seiner Freiheit wesentlich gehemmt werden, aus eigener Selbstbestimmung zu planen oder zu entscheiden. Mit dem Recht auf informationelle Selbstbestimmung wären eine Gesellschaftsordnung und eine diese ermöglichende Rechtsordnung nicht vereinbar, in der Bürger nicht mehr wissen können, wer was wann und bei welcher Gelegenheit über sie weiß."

1062 BVerfGE 65, 1 (44 f.)

1063 BVerfGE 84, 192 (194 f.); *Trute,* in: Roßnagel (Hrsg.), HBDSR, Kap. 2.5, Rn. 7.

1064 *Wente,* NJW 1984, 1446 (1447).

1065 *Volle,* Datenschutz als Drittwirkungsproblem, S. 44.

1066 *Rüfner,* Grundrechtsadressaten, in HStR Bd. V, § 117, Rn. 72.

1067 *Placzek,* Allgemeines Persönlichkeitsrecht und privatrechtlicher Informations- und Datenschutz, S. 155.

c) Schutzziele des Grundrechts auf informationelle Selbstbestimmung

Im Rahmen der grundrechtlichen Erwägungen im Datenschutz kommt bei der Umsetzung den Schutzzielen des Grundrechts auf informationelle Selbstbestimmung eine wichtige Rolle zu. Diese sind Maßstäbe im Rahmen der grundrechtlichen Gewährleistungen, die in das einfache Recht einfließen müssen, um die Schutzgewährleistung im Wege der objektiv-rechtlichen Schutzrichtung der Grundrechte zu verwirklichen. Zu nennen sind hier als klassische Schutzziele Verfügbarkeit, Vertraulichkeit und Integrität[1068] der verarbeiteten personenbezogenen Daten. Die Schutzziele sind normative Gebote und weisen damit Prinzipiencharakter auf[1069]. In diesen steckt ein Optimierungsgebot, welches besagt, dass ihr Wesen relativ zu den rechtlichen und tatsächlichen Möglichkeiten in größtmöglichem Maße verwirklicht sein soll[1070].

4. Verarbeitungsstadien

Die Praxis der Datenverarbeitung bringt es mit sich, dass personenbezogene Daten in unterschiedlichen Verarbeitungsstadien auftreten. Nach überwiegender Ansicht in der Literatur erstreckt sich der grundrechtliche Schutz nach Maßgabe der vom BVerfG entwickelten Grundsätze auf alle Verarbeitungsstadien der Daten[1071]. Nach dieser Ansicht wird also keine Differenzierung von Verarbeitungsstadien vorgenommen, sodass jedes personenbezogene Datum frühzeitig Schutz genießt. Dies hat in den Datenschutzgesetzen Niederschlag gefunden und zeitigt erhebliche Auswirkungen auf die praktische Rechtsanwendung. Hierauf wird noch zurückzukommen sein.

5. Eingriff in das Grundrecht auf informationelle Selbstbestimmung

Neben dem Schutzbereich stellen sich auch bei der Frage des Eingriffs in das Grundrecht auf informationelle Selbstbestimmung Probleme ein, der mit der subjektiv-abwehrrechtlichen Schutzrichtung des Grundrechts auf informationelle Selbstbestimmung korrespondiert. Ein generelles Problem, welches bei allen auf Art. 2 Abs. 1 GG basierenden Schutzbereichsausprägungen auftritt, ist der weite Schutzbereich und die Auflösung des klassischen Eingriffsbegriffs, sodass jegliche Beeinträchtigung einen Eingriff darstellt[1072]. Ein weiterer Problemkomplex liegt darin, dass beim Grundrecht auf informationelle Selbstbestimmung wie bei kaum einem anderen Grundrecht Schutzbereich und Eingriff eng miteinander korrespondieren und sich daher Probleme für die Konturierung beider Aspekte ergeben[1073].

1068 *Pfitzmann/Rost*, DuD 2009, 353 (353).

1069 *Bock/Meissner*, DuD 2012, 425 (426).

1070 *Bock/Meissner*, DuD 2012, 425 (426) m. w. N.

1071 *Di Fabio*, in: Maunz/Dürig, Art. 2 GG, Rn. 176; *Placzek*, Allgemeines Persönlichkeitsrecht und privatrechtlicher Informations- und Datenschutz, S. 74.

1072 *Pieroth/Schlink*, Grundrechte, Rn. 379.

1073 *Placzek*, Allgemeines Persönlichkeitsrecht und privatrechtlicher Informations- und Datenschutz, S. 73.

a) Eingriffe in die Privatsphäre des Bürgers vor dem Volkszählungsurteil

Es ist keineswegs erst seit dem Volkszählungsurteil des BVerfG diskutiert worden, dass staatliche Datenerhebungen einen Eingriff in die Privatsphäre des Bürgers bedeuten[1074]. Auch davor war es notwendig, den Eingriff in Persönlichkeitsrechte dogmatisch zu fassen[1075]. Diese reichen sogar bis in die Rechtslehre des 19. Jahrhunderts zurück[1076] und wurden in der Wissenschaft weiter verfolgt[1077].

In der Rechtsprechung entwickelte sich zunächst durch den BGH ein allgemeines Persönlichkeitsrecht[1078], welches er als sonstiges Recht im Sinne des § 823 Abs. 1 anerkannte. Dieses wurde aus Art. 2 Abs. 1 GG entwickelt. Hierbei ging dieser von verschiedenen Schutzsphären aus, wonach der stärkste Schutz der Geheim- und Intimsphäre zukommt, welche die Handlungen, Äußerungen und Gedanken enthält, die niemand oder nur ein beschränkter Kreis von Vertrauten erfahren soll[1079]. Das BVerfG hat diesen gedanklichen Ansatz insoweit übernommen, als dass es einen privaten Lebensbereich des Bürgers aus Art. 2 Abs. 1 i. V. m. Art. 1 Abs. 1 GG hergeleitet hat, welchen der Staat zu respektieren hat[1080]. Im sog. Mikrozensusbeschluss[1081] vom 16. Juli 1969 war der Eingriff davon abhängig, dass die erhobenen oder verwendeten Daten thematisch in den Bereich der Privat- oder gar Intimsphäre fallen[1082]. Diese Auffassungen sind auch vor dem Hintergrund zu verstehen, dass die moderne digitale

---

1074 *Bechler,* Informationseingriffe durch intransparenten Umgang mit personenbezogenen Daten, S. 29; zur historischen Entwicklung von Privatsphäre und Datenschutz vgl. *v. Lewinski,* in: Schmidt/Weichert (Hrsg.), Datenschutz, 23 (23 ff.).

1075 In der Rechtslehre des 19. Jahrhunderts gibt es Auffassungen zum staatlichen Umgang mit Daten des Bürgers, die den heutigen ähneln, indem sie von einer Rechtfertigungsbedürftigkeit ausgehen; Vgl. die Nachweise bei *Geiger,* NVwZ 1994, 662 (663 ff.).

1076 Es finden sich bereits im Zuge der im 19. Jahrhundert aufkommenden Volkszählungen Ansätze in Richtung eines Datenschutzes, wonach dem „neugierigen" Staat bei der Erhebung von Informationen Grenzen gezogen sind, bei: *v. Mohl,* Geschichte und Literatur der Staatswissenschaft, 1858, Bd. 3, S. 420 f.: *„Im Uebrigen ist es wohl an der Zeit, darauf aufmerksam zu machen, dass der Staat in seinen Nachfragen über die Privatverhältnisse seiner Bürger nicht zu weit gehen darf…"*

1077 Die Überlegungen v. Mohls wurden von Lorenz von Stein im Jahr 1866 in seinem Werk der „Verwaltungslehre" weiterentwickelt: *V. Stein,* Die Verwaltungslehre, 1-2. Aufl. (1866-1884), Teil 2, Neudr. 1962 (Scientia Verlag Aalen 1962), S. 215; *Geiger,* NVwZ 1994, 662 (663 f.). Genannt wird das Recht der Volkszählungen, welches Teil des Verwaltungsrechts ist; Volkszählungen griffen stets in die Sphäre der freien Individualität ein und enthielten die Pflicht jedes Einzelnen, über die Fragen zu den Privatverhältnissen Auskunft zu geben: *V. Stein,* Die Verwaltungslehre, 1-2. Aufl. (1866-1884), Teil 2, Neudr. 1962 (Scientia Verlag Aaalen 1962), S. 215; „Der Begriff des Rechts des Volkszählungswesens als eines Theiles des Verwaltungsrechts entsteht auch hier durch den Gegensatz der individuellen Selbständigkeit zur Thätigkeit der Verwaltung." Bemerkenswert ist die Fähigkeit v. Steins, große geschichtliche Zeiträume zu antizipieren: *E.-W. Böckenförde,* in: Forsthoff (Hrsg.), Lorenz von Stein, 513 f. Weitere Nachweise zu Eingriffen in die persönliche Rechtssphäre finden sich auch bei: *Jellinek,* Verwaltungsrecht, S. 24, und *Arndt,* NJW 1961, 897 (900).

1078 BGHZ 13, 334 (338) - Leserbrief-Entscheidung; BGHZ 26, 349 - Herrenreiter-Entscheidung; anschaulich hierzu *Leßmann,* JA 1988, 409 (410 ff.); *Degenhardt,* JuS 1992, 361 (362).

1079 *Orantek,* Datenschutz im Informationszeitalter, S. 53.

1080 BVerfGE 4, 7 (15 f.); 4, 52 (57); 6, 32 (41) – Elfes; 7, 198 (217, 220f.) – Lüth; 11, 234 (236, 238); 12, 113 (122).

1081 BVerfGE 27, 1 (6 ff.)

1082 *Luch,* Das Medienpersönlichkeitsrecht – Schranke der „vierten Gewalt", S. 123; *Orantek,* Datenschutz im Informationszeitalter, S. 55.

Datenverarbeitung noch nicht den technologischen Stand erreicht hatte, der das Gefährdungspotenzial bei Datenverarbeitungsprozessen maßgeblich beeinflusst.

b) Eingriffe in der Rechtsprechung des BVerfG

Nach der Rechtsprechung des BVerfG gibt es unter den Bedingungen der modernen Datenverarbeitung kein belangloses Datum mehr[1083]. Der Eingriff wird als die unbegrenzte Erhebung, Speicherung, Verwendung und Weitergabe personenbezogener Daten charakterisiert[1084]. Dieser Teil der Entscheidungsgründe des Urteils wurde vielfach kritisiert, da diese bezüglich des Eingriffes unergiebig seien[1085]. Neben den Problemen beim Schutzbereich des Grundrechts auf informationelle Selbstbestimmung kommt hier eine weitere Problemebene hinzu. Eine eigentumsanaloge Betrachtung des Eingriffs wird auch hier der Eigenart des Grundrechts auf informationelle Selbstbestimmung nicht gerecht. Nach dem sog. klassischen Eingriffsbegriff muss ein Eingriff final und nicht bloß unbeabsichtigte sowie unmittelbare Folge des Staatshandelns sein, rechtliche und nicht bloß tatsächliche Wirkung haben und mit Befehl und Zwang angeordnet bzw. durchgesetzt werden[1086]. Dieser klassische Eingriffsbegriff wurde vielfach als zu eng kritisiert[1087]. Probleme entstehen beim Grundrecht auf informationelle Selbstbestimmung mit der Bestimmbarkeit des Eingriffs[1088]. Die zwangsweise Datenerhebung durch den Staat stellt sich unter Zugrundelegung des klassischen Eingriffsbegriffs unproblematisch als Eingriff nach dem klassischen Eingriffsbegriff dar[1089]. Die Eigenart von Informationserhebungen führt aber dazu, dass es schwierig ist, diese allein mit dem klassischen Eingriffsbegriff zu erfassen. Datenverarbeitungsprozesse erschöpfen sich nämlich nicht in der bloßen Erhebung. Bereits die Speicherung einschließlich der Modalitäten der Löschung, vor allem aber die weitere Verarbeitung von Daten und die Weitergabe an Dritte können mit dem klassischen Eingriffsbegriff nicht richtig erfasst werden[1090]. Der sog. moderne Eingriffsbegriff weitet die Kategorien des klassischen Eingriffsbegriffes aus[1091]. Nach diesem ist ein Eingriff jedes staatliche Handeln, welches dem Einzelnen ein Verhalten, welches in den Schutzbereich eines Grundrechts fällt, ganz oder teilweise unmöglich macht[1092]. Dieses macht sich insbesondere auch bei der abweichenden Terminologie bemerkbar. Das BVerfG spricht in

1083 BVerfGE 65, 1 (45).

1084 BVerfGE 65, 1 (43).

1085 *Kunig*, Jura 1993, 595 (600); *Vogelgesang*, Grundrecht auf informationelle Selbstbestimmung, S. 52.

1086 BVerfGE 105, 279 (300).

1087 *Pieroth/Schlink*, § 6, Rn. 239.

1088 *Petersen*, Grenzen des Verrechtlichungsgebotes im Datenschutz, S. 26.

1089 *Kunig*, Jura 1993, 595 (600); *Schmitt Glaeser*, HBdStR, Band VI, § 129, Rn. 95.

1090 *Kunig*, Jura 1993, 595 (600); *Bleckmann/Eckhoff*, DVBl. 1988, 373 (373 ff.); *Krüger*, NJW 1982, 855 (856 f.) mit dem Hinweis, dass alle Kriterien des überkommenen Eingriffsbegriffes der Modifizierung bedürfen.

1091 *Pieroth/Schlink*, § 6, Rn. 240.

1092 *Bleckmann/Eckhoff*, DVBl. 1988, 373 (373); *Lübbe-Wolff*, Die Grundrechte als Eingriffsabwehrrechte, 1988, S. 26.

diesem Zusammenhang gelegentlich auch von „Beeinträchtigung“[1093]. Das Grundrecht auf informationelle Selbstbestimmung wird anders als bei der Konzeption im Mikrozensus-Beschluss unabhängig von der qualitativen Aussagekraft der betroffenen persönlichen Daten gewährt[1094]. Dies macht sich natürlich auch bei der Bestimmung des Eingriffs bemerkbar, der dadurch weitere Modalitäten des Datenumgangs erfasst. Prinzipiell ist nach dem BVerfG jede Erhebung und Verknüpfung personenbezogener Daten ein Eingriff in das Grundrecht auf informationelle Selbstbestimmung[1095]. Das Schrifttum folgt dieser Auffassung in großen Teilen.[1096] Beispielsweise greift aber eine automatisierte Kennzeichenerfassung dann, wenn das Kennzeichen unverzüglich mit dem Fahndungsbestand abgeglichen und ohne weitere Auswertung sofort wieder gelöscht wird, nicht in den Schutzbereich des Grundrechts auf informationelle Selbstbestimmung ein[1097]. Das BVerfG hat hier keine schablonenartig anzuwendende Formel parat und die Frage des Eingriffs nicht grundsätzlich behandelt[1098]. Entscheidend ist hierbei demnach die Grenzziehung zwischen den unterhalb der Eingriffsschwelle liegenden Belästigungen und den darüber hinausgehenden Eingriffen, wobei bereits hier eine Abwägung geboten ist, ob bereits die Relevanzschwelle überschritten ist oder nicht[1099]. Zu beachten ist beispielsweise, dass einzelne Arten des Informationsaustausches zwischen Bürger und Verwaltung von vornherein unter der Relevanzschwelle bleiben, so z. B. bei alltäglicher Trivialkommunikation, auch wenn dabei Daten festgehalten werden[1100]. Generell lässt sich aber in Bezug auf E-Government sagen, dass es, je anspruchsvoller die Dienstleistung ist, welche die Verwaltung dem Bürger gewährt, desto wahrscheinlicher ist, dass der dazugehörige Umgang mit personenbezogenen Daten diese Relevanzschwelle überschreitet. Von einem Eingriff lässt sich begrifflich jedoch nicht sprechen, wenn der Betroffene Kenntnis vom Datenumgang hat und er in diesen einwilligt. Welche Rolle die datenschutzrechtliche Einwilligung diesbezüglich und insgesamt im Rahmen der elektronischen Kommunikation spielt, soll unten weiter erörtert werden.

1093 BVerfGE 105, 279 (301); vgl. auch den Hinweis, dass weitere Begriffe als Synonym für den Eingriff verwendet werden, bei: *Pieroth/Schlink*, § 6 Rn. 240 und 207.

1094 *Luch*, Das Medienpersönlichkeitsrecht – Schranke der „vierten Gewalt“, S. 123.

1095 Auf den Umstand, dass das Eingriffsverständnis des BVerfG sehr weit geht, ohne dass dieses auf die Eingriffsproblematik eingeht, bei *Scholz/Pitschas*, Informationelle Selbstbestimmung und staatliche Informationsverantwortung, S. 82 ff.

1096 *Albers*, in: Hoffmann-Riem/Schmidt-Aßmann/Voßkuhle (Hrsg.), Grundlagen des Verwaltungsrechts, Bd. II, § 22, Rn. 31; *Gola/Schomerus*, § 29 BDSG, Rn. 11 (und hier auch für private „Eingriffe“); *Roßnagel/Laue*, DÖV 2007, 543 (543); sehr kritisch hierzu: *Ladeur*, DÖV 2009, 45 (47).

1097 BVerfG, Urt. v. 11.03.2008, 1 BvR 2074/05 = BVerfGE 120, 378-433 – Kfz-Kennzeichenerfassung, dies ergibt sich aus dem Gegenschluss aus Leitsatz 1.

1098 *Vogelgesang*, Informationelle Selbstbestimmung, S. 52; *Petersen*, Grenzen des Verrechtlichungsgebotes im Datenschutz, S. 26.

1099 *Kunig*, Jura 1993, 595 (600); *Petersen*, Grenzen des Verrechtlichungsgebotes im Datenschutz, S. 28.

1100 *Kunig*, Jura 1993, 595 (601); *Vogelgesang*, Grundrecht auf informationelle Selbstbestimmung, S. 52.

c) Begrenzung des Eingriffs durch eine Erheblichkeitsschwelle

In der Literatur wird die Begrenzung des Eingriffs durch eine „Erheblichkeitsschwelle" diskutiert[1101]. Danach besteht dann kein Eingriff, wenn es sich um Bagatellbeeinträchtigungen handelt[1102]. Ausgangspunkt für diese Überlegungen ist die als unbefriedigend empfundene Situation, dass jede staatliche Informationsbeschaffung als Eingriff zu qualifizieren ist. Im Urteil zur Kennzeichenerfassung hat das BVerfG eine solche Bagatellschwelle letztlich eingezogen, ohne dafür aber eine dogmatisch weiterführende Begründung zu liefern[1103]. Eine abstrakte Festlegung einer Erheblichkeitsschwelle ist jedoch auch schwierig. Wenn man mit einem unbestimmten Rechtsbegriff der Erheblichkeit arbeitet, ist für die praktische Rechtsanwendung auch nicht viel mehr Klarheit gewonnen, da auch dieser ausfüllungsbedürftig ist. Insoweit ist hier keine abstrakte Erheblichkeitsschwelle anzunehmen. Letztlich gibt nicht die „Natur" der Daten den Ausschlag, sondern es ist der Verwendungskontext, der hier maßgeblich ist[1104]. Mithin ist daher jede Datenverarbeitung rechtfertigungsbedürftig. Insoweit wirkt diese Ausgangslage in das einfache Recht in Form des datenschutzrechtlichen Verbotes mit Erlaubnisvorbehalt hinein[1105].

6. Rechtfertigungsanforderungen für den Eingriff in das Grundrecht auf informationelle Selbstbestimmung

Wie bei jedem geschriebenen Grundrecht auch muss sich ein Eingriff in das Grundrecht auf informationelle Selbstbestimmung an verfassungsrechtlichen Rechtfertigungsanforderungen messen lassen, wenn eine dem Staat zurechenbare Beeinträchtigung des Schutzbereiches vorliegt[1106].

a) Schranken des Grundrechts auf informationelle Selbstbestimmung

Das Grundrecht auf informationelle Selbstbestimmung ist nicht schrankenlos gewährleistet[1107], sondern muss Einschränkungen im überwiegenden Allgemeininteresse hinnehmen, welche ihrerseits den Grundsatz der Verhältnismäßigkeit zu beachten haben[1108]. Aufgrund der richterrechtlichen Prägung gibt es keinen geschriebenen Gesetzesvorbehalt. Das BVerfG entschied mit dem Volkszählungsurteil, dass für Beschrän-

1101 *Drallé*, Das Grundrecht auf Gewährleistung der Vertraulichkeit und Integrität informationstechnischer Systeme, S. 76 (Hervorhebung im Original) mit Verweis auf *Kloepfer/Breitkreutz*, DVBl. 1998, 1149 (1152); *Duttge*, Der Staat 36 (1997), 281 (302); kritisch dazu: *Dreier*, in: Ders. (Hrsg.), Art. 2 GG, Rn. 83 m. w. N.; dagegen steht gewissermaßen die Lehre vom informationellen Totalvorbehalt: Vgl. hierzu *Schwan*, VerwArch 66 (1975), 120 (120 ff.).

1102 *Kloepfer/Breitkreutz*, DVBl 1998, 1149 (1152); *Kloepfer*, Datenschutz als Grundrecht: Verfassungsprobleme der Einführung eines Grundrechts auf Datenschutz, 1980, S. 25.

1103 BVerfG, Urt. v. 11.03.2008, 1 BvR 2074/05 = BVerfGE 120, 378-433 – Kfz-Kennzeichenerfassung.

1104 *Simitis*, in: Ders. (Hrsg.), § 1 BDSG, Rn. 62 (Hervorhebung im Original).

1105 *Weichert*, DuD 2013, 246 (246).

1106 *Brüning*, JA 2000, 728 (731).

1107 *Lübking/Zilkens*, Datenschutz in der Kommunalverwaltung, 2. Aufl., 2008, Rn. 118.

1108 BVerfGE 65, 1 (43 und 44); *Maurer*, Allgemeines Verwaltungsrecht, § 18, Rn. 20.

kungen des Rechts auf informationelle Selbstbestimmung stets eine gesetzliche Ermächtigung erforderlich sei[1109]. Das bedeutet, dass eine solche für jeden Datenumgang der öffentlichen Verwaltung zur Verfügung stehen muss. Falls dies nicht der Fall wäre, würde die Verwaltung verfassungswidrig handeln. Die Forderung nach einem solchen umfassenden Gesetzesvorbehalt ist im Zusammenhang mit der Erweiterung des Sphärengedankens zu sehen[1110]. Anders als noch im Mikrozensusbeschluss steht hier der Sphärengedanke nicht mehr im Vordergrund, wonach den unterschiedlichen Sphären der Persönlichkeit eine unterschiedliche Schutzwürdigkeit zukommen soll[1111]. Das Kriterium des Verwendungszusammenhangs solle für die Schutzwürdigkeit des Datums ausschlaggebend sein[1112]. An dieses weitgehende Verständnis schließen sich umfangreiche Pflichten für den Gesetzgeber an. Diese haben durchaus zu einer Normierungsflut geführt, die der wirksamen Durchsetzung des einfachen Datenschutzrechts durchaus abträglich sein kann[1113]. Dieses Problem greift auch gerade bei Fragen des Datenschutzes im E-Government.

b) Schranken-Schranken

Eine Grundrechtsschranke unterliegt auch ihrerseits wieder Beschränkungen, den sog. Schranken-Schranken. Bei diesen verfassungsrechtlichen Anforderungen an die Beschränkung gibt es sowohl solche, die geschrieben sind, als auch ungeschriebene.[1114] Neben den ungeschriebenen hat das BVerfG eigens datenbezogene Grundsätze entwickelt, die auf der Ebene der Schranken-Schranken zu verorten sind. Da diese Grundsätze das einfache Datenschutzrecht maßgeblich prägen und auch in der praktischen Arbeit des Datenschutzes immer wieder auftauchen, soll hier bereits darauf eingegangen werden, um die verfassungsrechtliche Verankerung dieser Grundsätze zu verdeutlichen.

aa) Gebot der Normenklarheit

Das Gebot der Normenklarheit ist ein ungeschriebener Grundsatz und für jede Grundrechtsschranke stets zu beachten[1115]. Dieser leitet sich aus dem Rechtsstaatsprinzip ab[1116]. Dieses Gebot besagt, dass der Gesetzgeber bei der Schaffung einer einschränkenden gesetzlichen Grundlage darauf achten muss, dass die Voraussetzungen und der Umfang der Beschränkungen klar und für den Bürger erkennbar sind[1117].

1109 BVerfGE 65, 1 (44).
1110 *Petersen*, Grenzen des Verrechtlichungsgebotes im Datenschutz, S. 30.
1111 Hinweise hierzu bei: *Simitis*, in: Ders. (Hrsg.), § 1 BDSG, Rn. 65; vgl. auch *Desoi/Knierim*, DÖV 2011, 398 (401); *Benda*, DuD 1984, 86 (88). Anders: *Luch*, Das Medienpersönlichkeitsrecht – Schranke der „vierten Gewalt“, S. 123 m. w. N.: Es finde lediglich eine Erweiterung um das Kriterium des Verwendungszusammenhanges statt.
1112 *Denninger*, KJ 1985, 215 (220).
1113 *Petersen*, Grenzen des Verrechtlichungsgebotes im Datenschutz, S. 45 f.
1114 *Brüning*, JA 2000, 728 (733).
1115 *Epping*, Grundrechte, Rn. 642.
1116 BVerfGE 99, 216 (243); 103, 21 (33); 108, 1 (20); 114, 1 (53).
1117 BVerfGE 65, 1 (44 und 62).

Dieser Grundsatz gilt für alle Modalitäten von Eingriffen, die das Recht auf informationelle Selbstbestimmung beschränken[1118]. Staatliches Handeln soll für den Bürger transparent sein, wobei der Bürger nicht jedes Detail nachvollziehen können muss[1119]. Mit welchen Mitteln letztlich der Gesetzgeber das Ziel der Normenklarheit erreicht, bleibt diesem grundsätzlich überlassen[1120]. Teilweise wurde aus dieser Anforderung des BVerfG gefolgert, dass Generalklauseln und unbestimmte Rechtsbegriffe als rechtliche Grundlage nicht mehr ausreichend seien[1121]. Aus Gründen der Praktikabilität und Übersichtlichkeit werden Generalklauseln aber auch für die Bereiche, in denen nicht unbedingt eine bereichsspezifische Regelung erforderlich ist, als ausreichend erachtet[1122]. Dieses Problem zwischen Generalklauseln auf der einen Seite und einer bereichsspezifischen detaillierten Ausdifferenzierung auf der anderen Seite stellt sich im Bereich des E-Government auch beim einfachgesetzlichen Rahmen, was in den weiteren Kapiteln zu untersuchen sein wird. Eine vorrangige Funktion des Grundsatzes der Normenklarheit liegt im Kontext des Datenschutzes darin, eine Umgrenzung des Anlasses der Maßnahme und des möglichen Verwendungszweckes sicherzustellen[1123].

bb) Grundsatz der Verhältnismäßigkeit

Wenn der Gesetzgeber im oben genannten Sinne tätig wird, muss er den Grundsatz der Verhältnismäßigkeit beachten[1124], welcher ebenfalls nicht ausdrücklich schriftlich im Verfassungsrecht fixiert ist[1125]. Dieser auch Übermaßverbot genannte Grundsatz stellt für den Eingriff in ein Grundrecht nach der Rechtsprechung des BVerfG die bedeutsamste Schranken-Schranke dar[1126]. Im Rahmen des Volkszählungsurteils führt das BVerfG aus, dass eine Maßnahme zur Erreichung des angestrebten Zweckes geeignet und erforderlich sein muss, der mit ihr verbundene Eingriff nach seiner Intensität nicht außer Verhältnis zur Bedeutung der Sache und den vom Bürger hinzunehmenden Einbußen stehen darf[1127]. Dieser Grundsatz gilt jedenfalls für Regelungen, die den Staat ermächtigen, in die informationelle Selbstbestimmung des Bürgers einzugreifen. Dabei gilt dieser nicht nur für den Gesetzgeber bei Schaffung der Rechtsgrundlage, sondern auch für das konkrete Verwaltungshandeln bei Anwendung dieses Grundsatzes[1128].

1118 *V. Zezschwitz*, in: Roßnagel (Hrsg.), HBDSR, Kap. 3.1, Rn. 35.
1119 *Petersen*, Grenzen des Verrechtlichungsgebotes im Datenschutz, S. 32.
1120 *Roßnagel/Pfitzmann/Garstka*, Modernisierung des Datenschutzrechts, Gutachten im Auftrag des Bundesministeriums des Innern, 2001, S. 53
1121 *Simitis*, NJW 1984, 398 (400).
1122 *Petersen*, Grenzen des Verrechtlichungsgebotes im Datenschutz, S. 189.
1123 *Gurlit*, NJW 2010, 1035 (1038).
1124 BVerfGE 65, 1 (44).
1125 *Drallé*, Das Grundrecht auf Gewährleistung der Vertraulichkeit und Integrität informationstechnischer Systeme, S. 8.
1126 *Pieroth/Schlink*, Grundrechte, § 6 Rn. 279.
1127 BVerfGE 65, 1 (44); 27, 344 (352 f.).
1128 *Lübking/Zilkens*, Datenschutz in der Kommunalverwaltung, 2. Aufl., 2008, Rn. 119.

Die Datenverarbeitung muss für die Erreichung des angestrebten Zwecks geeignet sein[1129]. Sie muss daher einem einleuchtenden, zur Erfüllung von Staatsaufgaben angestrebten Zweck dienen[1130]. Wenn dies nicht erfüllt wäre und die Datenverarbeitung untauglich wäre, wäre sie bereits verfassungswidrig. Ein wesentlicher Aspekt im Rahmen der Verhältnismäßigkeit ist die Erforderlichkeit der Datenverarbeitung gemessen an ihrem Zweck[1131]. Diese datenschutzrechtliche Grundregel setzt gedanklich voraus, dass die erhebende Stelle zuständig ist, ein Erhebungszweck gegeben ist und die Behörde diesen ausdrücklich verfolgt[1132]. Der Begriff der Erforderlichkeit baut gedanklich auf den Kriterien der Geeignetheit und der Zweckmäßigkeit auf[1133]. Nach dem BVerfG ist eine Sammlung von nicht anonymisierten Daten auf Vorrat weder mit dem Gebot der Geeignetheit noch mit dem der Erforderlichkeit vereinbar und widerspricht damit dem Verhältnismäßigkeitsgrundsatz[1134]. Das Gebot der Erforderlichkeit ist generell und bei seiner Umsetzung im einfachen Datenschutzrecht eng auszulegen[1135]. Die Datenverarbeitung muss angemessen, also verhältnismäßig im engeren Sinne, sein[1136]. Hierbei sind die geförderten Belange und das Ausmaß des angestrebten Nutzens den beeinträchtigten Rechtspositionen und dem Gewicht ihrer Verkürzung unter Berücksichtigung aller erkennbaren Konsequenzen und unter Einbeziehung etwaiger Kompensation und Besonderheiten des Einzelfalls gegenüberzustellen[1137]. Auf der Ebene der Angemessenheit finden die oben bereits genannten Schutzziele des Datenschutzes Berücksichtigung[1138]. Die Speicherung von Daten und ihr Verwendungszweck sind der maßgebliche Zusammenhang bei der Rechtfertigung des Eingriffs in das Grundrecht auf informationelle Selbstbestimmung[1139].

Eine spezielle Ausprägung des Verhältnismäßigkeitsgrundsatzes im Bereich des Datenschutzes ist der Grundsatz der Datenvermeidung und Datensparsamkeit[1140]. Dieser hat eine feste einfachgesetzliche Verankerung in § 3 a BDSG a. F. gefunden und eine Präferenz hin zu einer anonymen und pseudonymen Datenverarbeitung und weiteren Prinzipien wie z. B. „Datenschutz durch Technik"[1141]. Der Gedanke liegt darin, Gefährdungen für das informationelle Selbstbestimmungsrecht bereits präventiv zu begegnen[1142]. Dies ist eine Reaktion auf die im Zuge des „ubiquitous

1129 *Petersen*, Grenzen des Verrechtlichungsgebotes im Datenschutz, S. 34.
1130 BVerfGE 65, 1 (54).
1131 *Lübking/Zilkens*, Datenschutz in der Kommunalverwaltung, 2. Aufl., 2008, Rn. 119.
1132 *V. Zezschwitz*, in: Roßnagel (Hrsg.), HBDSR, Kap 3.1, Rn. 32.
1133 *V. Zezschwitz*, in: Roßnagel (Hrsg.), HBDSR, Kap 3.1, Rn. 32.
1134 BVerfGE 65, 1 (46);*Yildirim*, Datenschutz im Electronic Government, S. 93; zum Erforderlichkeitsgrundsatz im Kontext der Vorratsdatenspeicherung: *Szuba*, Vorratsdatenspeicherung, S. 176.
1135 *Lübking/Zilkens*, Datenschutz in der Kommunalverwaltung, 2. Aufl., 2008, Rn. 119.
1136 *Epping*, Grundrechte, Rn. 56 f.
1137 *Sachs*, in: Ders. (Hrsg,), Art. 20, Rn. 154.
1138 *Szuba*, Vorratsdatenspeicherung, S. 224 ff.
1139 *Szuba*, Vorratsdatenspeicherung, S. 234 ff.
1140 *Lübking/Zilkens*, Datenschutz in der Kommunalverwaltung, 2. Aufl., 2008, Rn. 120.
1141 *Gola/Schomerus*, § 3a BDSG, Rn. 1 m. w. N. (Hervorhebung im Original); zu den aus diesem Grundsatz folgenden Prinzipien näher unten.
1142 *Gola/Schomerus*, § 3a BDSG, Rn. 1.

computing" oben skizzierten Gefahren für die informationelle Selbstbestimmung, die sich auch im E-Government auswirken.

Da es sich sowohl bei dem Verhältnismäßigkeitsgrundsatz als auch bei den daraus folgenden Ausprägungen aber um die gesamte Rechtsordnung prägende Grundsätze handelt, findet der Grundgedanke auch Anwendung auf die Datenverarbeitungsprozesse, die zwischen Privaten stattfinden. So haben Prinzipien wie „Datenschutz durch Technik" auch Eingang in die für private Diensteanbieter geltenden TMG und das De-Mail-Gesetz gefunden. Mittlerweile ist hier Art. 25 DS-GVO maßgeblich.

cc) Zweckbindungsgrundsatz

Während es sich bei den bereits erörterten Grundsätzen der Normenklarheit und der Verhältnismäßigkeit um allgemeingültige ungeschriebene Anforderungen an den Gesetzgeber handelt, ist der Zweckbindungsgrundsatz eigens für den Datenschutz entwickelt worden[1143], um der Eigenart der Beeinträchtigung durch Datenverarbeitungsprozesse zu begegnen. Teilweise wird dieser Grundsatz auch als weitere Ausprägung des Verhältnismäßigkeitsgrundsatzes gesehen[1144]. Nach der Rechtsprechung des BVerfG ist der Verwendungszweck personenbezogener Daten bereichsspezifisch zu bestimmen[1145] und damit eine multifunktionale Nutzung der Daten ausgeschlossen[1146]. Mit der Zweckbindung wird auch wiederum der Grundsatz der Normenklarheit zum Ausdruck gebracht[1147]. Sowohl mit dem Grundsatz der Zweckbindung als auch mit dem Grundsatz der Normenklarheit soll die Transparenz der Datenverarbeitung gewährleistet werden, sodass sich beide Grundsätze nahestehen[1148]. Im Bereich der privaten Datenverarbeitung gibt es keinen strengen Zweckbindungsgrundsatz wie im öffentlichen Recht[1149]. Dies hat im einfachen Datenschutzrecht deutliche Konsequenzen und bringt auch die unterschiedlichen Bindungen privater und öffentlicher Datenverarbeitung zum Ausdruck.

dd) Grundsatz der Amtshilfefestigkeit

Das BVerfG hat aufgrund der Gefahren der elektronischen Datenverarbeitung einen Grundsatz der Amtshilfefestigkeit angenommen[1150]. Der Wirksamkeit eines effektiven Datenschutzes wäre es abträglich, wenn die öffentliche Verwaltung als Informati-

1143 *Petersen,* Grenzen des Verrechtlichungsgebotes im Datenschutz, S. 35; *v. Zeschwitz,* in: Roßnagel, HBDSR, Kap. 3.1, Rn. 3 verortet diesen Grundsatz auf der Ebene der verfassungsunmittelbaren Schranken.

1144 So *Lübking/Zilkens,* Datenschutz in der Kommunalverwaltung, 2. Aufl., 2008, Rn. 102.

1145 BVerfGE 65, 1 (46).

1146 *Lübking/Zilkens,* Datenschutz in der Kommunalverwaltung, 2. Aufl., 2008, Rn. 102.

1147 *Petersen,* Grenzen des Verrechtlichungsgebotes im Datenschutz, S. 35.

1148 *Höfelmann,* Grundrecht auf informationelle Selbstbestimmung anhand der Ausgestaltung des Datenschutzrechts und der Grundrechtsnormen in den Landesverfassungen, S. 188.

1149 *Petersen,* Grenzen des Verrechhtlichungsgebotes im Datenschutz, S. 57.

1150 BVerfGE 65, 1 (46).

onseinheit betrachtet werden würde[1151]. Ziel dieses Grundsatzes ist es, eine zu große Informationsmacht des Staates zu verhindern und seinen Wissensvorsprung durch Dezentralisierung in Grenzen zu halten[1152]. Auch dies ist Ausfluss des Zweckbindungsgrundsatzes. Übermittlungen sind nur auf der Grundlage von präzise gefassten Gesetzen zulässig[1153]. Dieser Grundsatz nimmt es aus verfassungsrechtlichen Gründen auch in Kauf, dass die Informationsbeschaffung der Verwaltung, insgesamt betrachtet, möglicherweise etwas weniger effizient wird. Eine multifunktionelle Verwendung der Daten soll hier verhindert werden.[1154]

ee) Grundsatz der informationellen Gewaltenteilung

Das BVerfG hat im Volkszählungsurteil nicht nur Vorgaben für die zwischenbehördlichen Informationsflüsse, sondern mit dem Grundsatz der informationellen Gewaltenteilung auch Vorgaben für die innerbehördliche Organisation der Datenverarbeitung gemacht. Bei diesem Grundsatz besteht ebenfalls ein enger Zusammenhang mit dem Zweckbindungsgrundsatz[1155]. Auch hier soll die multifunktionelle Verwendung ausgeschlossen werden. Besondere Gefahren entstehen hier auch dadurch, dass es technisch sehr leicht möglich ist, Datenbestände innerhalb einer Behörde in unterschiedlichen Kontexten zu verwenden.

ff) Transparenzgebot

Ein weiterer Aspekt, der auch in Wechselwirkung mit der Frage nach dem Eingriff in das Recht auf informationelle Selbstbestimmung und der Frage nach der Intensität des Eingriffs steht, ist derjenige der Transparenz[1156]. Der Zweckbindungsgrundsatz und der Grundsatz der informationellen Gewaltenteilung dienen diesem Prinzip[1157]. Eine vollständige und aktuelle Dokumentation des Verarbeitungsvorganges ist für den Betroffenen wichtig, da er nur so seine Rechte ausüben und die Datenverarbeitung auf ihre Rechtmäßigkeit überprüfen kann[1158]. Dieser Grundsatz ist nicht nur wesentlich für die automatisierte Datenverarbeitung, sondern ist auch bei nicht automatisierten Datenverarbeitungsvorgängen äußerst wichtig[1159]. Entscheidend ist die Ausgestaltung dieses Grundsatzes im einfachen Datenschutzrecht, die in den folgenden Kapiteln näher zu untersuchen sein wird.

1151 *Mückenberger,* KJ 1984, 1 (19 ff.); *Scholz/Pitschas,* Informationelle Selbstbestimmung und staatliche Informationsverantwortung, S. 42; *Simitis,* NJW 1986, 2795 (2800).

1152 *Tinnefeld/Ehmann/Gerling,* Einführung in das Datenschutzrecht, 4. Aufl. 2005, S. 151.

1153 *Tinnefeld/Ehmann/Gerling,* Einführung in das Datenschutzrecht, 4. Aufl. 2005, S. 151.

1154 *Lübking/Zilkens,* Datenschutz in der Kommunalverwaltung, 2. Aufl., 2008, Rn. 16.

1155 *Stollhoff,* Datenschutzgerechtes E-Government, S. 102.

1156 Vgl. hierzu ausführlich: *Bechler,* Informationseingriffe durch intransparenten Umgang mit personenbezogenen Daten, S. 92 ff; zu der Gefahr einer Intransparenz der Datenverwendung insbesondere durch die technische Entwicklung: *Yildirim,* Datenschutz im Electronic Government, S. 63.

1157 *Stollhoff,* Datenschutzgerechtes E-Government, S. 105.

1158 *Schaar,* Datenschutz im Internet, Rn. 132; *Lübking/Zilkens,* Datenschutz in der Kommunalverwaltung, 2. Aufl., 2008, Rn. 122.

1159 *Lübking/Zilkens,* Datenverarbeitung in der Kommunalverwaltung, 2. Aufl., 2008, Rn. 122.

gg) Organisatorische und verfahrensrechtliche Vorkehrungen

Das BVerfG hat den Gesetzgeber im Volkszählungsurteil zum Schutz des Grundrechts auf informationelle Selbstbestimmung auf organisatorische und verfahrensrechtliche Vorkehrungen verpflichtet und dabei ausgeführt, dass der Gesetzgeber nicht alles regeln müsse, aber dafür sorgen müsse, dass das Notwendigste geschehe[1160]. Insbesondere auf dem Gebiet des E-Governments hat dieser Aspekt Bedeutung, da die Datenverarbeitungsprozesse insgesamt für den Betroffenen nicht durchschaubar und insgesamt sehr komplex sind. Die Maßnahmen, die z. B. in § 9 BDSG a. F. geregelt waren und nun insbesondere aus Art. 32 DS-GVO zu entnehmen sind, gehen weit über diesen Standard hinaus und tragen dem Wandel zur Informationsgesellschaft Rechnung[1161]. Im Volkszählungsurteil hebt das BVerfG zunächst Belehrungs-, Aufklärungs- und Auskunftspflichten hervor[1162]. Insbesondere ist dies auch ein Hinweis des BVerfG, dass es eine objektiv-rechtliche Funktion des Rechts auf informationelle Selbstbestimmung anerkennt, die mit staatlichen Schutzpflichten korrespondieren[1163].

hh) Kontrolle durch einen unabhängigen Datenschutzbeauftragten

Das BVerfG hat als spezielle Ausprägung organisatorischer und verfahrensrechtlicher Art den Schutz des Rechts auf informationelle Selbstbestimmung durch einen Datenschutzbeauftragten im Volkszählungsurteil hervorgehoben[1164]. Neben einer Hilfestellungsfunktion für den von Datenverarbeitung betroffenen Bürger soll die Institution des Datenschutzbeauftragten gerade auch dem vorbeugenden Grundrechtsschutz dienen[1165]. Da der Datenschutzbeauftragte schon im BDSG a. F.von 1977 geregelt war, ist die Erwähnung im Volkszählungsurteil kein neuer Gesichtspunkt, sondern eine Hervorhebung der Rolle desselben[1166]. Jedoch haben sich im Laufe der Zeit mit dem Wandel zur Informationsgesellschaft auch die Aufgaben des Datenschutzbeauftragten erweitert. Insbesondere im Bereich des E-Governments und auch für den Bereich der Datenverarbeitung zwischen Privaten sind dem Datenschutzbeauftragten Aufgaben zugeteilt worden, die weit über diese Grundidee hinausgehen, was in den nächsten Kapiteln zu untersuchen sein wird. Nunmehr ist die Kontrolle durch einen unabhängigen Datenschutzbeauftragten durch Art. 37, 38 und 39 DS-GVO nachhaltig gestärkt worden.

1160 BVerfGE 65, 1 (59), *Petersen*, Grenzen des Verrechtlichungsgebotes im Datenschutz, S. 37.

1161 Dazu näher unten unter: Teil 3, D., VIII., 3; Ansätze für eine Modernisierung des § 9 BDSG a. F. schon bei: *Schneider*, ZD 2011, 6 (6 ff.).

1162 BVerfGE 65, 1 (46 und 59).

1163 *Yildirim*, Datenschutz im Electronic Government, S. 97 f., erwähnt die Schutzpflichten des Gesetzgebers auch zugunsten technischer Vorkehrungen.

1164 BVerfGE 65, 1 (60).

1165 *Petersen*, Grenzen des Verrechtlichungsgebotes im Datenschutz, S. 38; näher zur Rolle des Datenschutzbeauftragten im Kontext des vorbeugenden Datenschutzes unten: Teil 5, E., III.

1166 *Petersen*, Grenzen des Verrechtlichungsgebotes im Datenschutz, S. 39.

ii) Verwendungszusammenhang als quasi Schranken-Schranke

Eine sehr wichtige Bedeutung hat das Kriterium des Verwendungszusammenhanges als eine Art Schranken-Schranke, welche nicht absolut wirkt, sondern im Falle eines Eingriffes in die Privat- oder Öffentlichkeitssphäre die Möglichkeit einer Abwägung mit entgegenstehenden Interessen ermöglicht[1167]. Der Verwendungszusammenhang wurde vom BVerfG im Volkszählungsurteil in Ergänzung der Sphärenlehre herangezogen.[1168] Von einer gleichzeitigen Aufgabe der Sphärenlehre durch das BVerfG im Volkszählungsurteil kann daher in diesem Zusammenhang nicht die Rede sein.

7. Zwischenergebnis

Als Zwischenergebnis kann festgehalten werden, dass das Grundrecht auf informationelle Selbstbestimmung eine subjektive und eine objektive Schutzrichtung hat. Ein Eingriff liegt dann vor, wenn personenbezogene Daten gegen den Willen des Betroffenen entweder durch eine staatliche Behörde oder durch ein privates Unternehmen verarbeitet werden[1169]. Durch die Rechtsprechung werden sowohl staatliche als auch private Datenverarbeitungen gegen den Willen einer Person als Grundrechtseingriff gesehen[1170]. Die objektive Schutzrichtung adressiert insbesondere die staatliche Verantwortung für die informationelle Selbstbestimmung. Da es sich aber bei der Wahrnehmung dieser Verantwortung um ein positives Tun handelt, ist der Verantwortungsbeitrag des Staates ungleich schwerer zu bestimmen im Gegensatz zum Verantwortungsbeitrag bei der subjektiv-rechtlichen Schutzrichtung des Grundrechts auf informationelle Selbstbestimmung.

Geschützt ist der Umgang mit personenbezogenen Daten und kein eigentumsähnliches Herrschaftsrecht. Informationelle Selbstbestimmung setzt auf einen verantwortungsbewussten Datenumgang des Betroffenen. Insoweit entstammt bereits hier der grundrechtlichen Gewährleistung ein Verantwortungsbeitrag des Nutzers elektronischer Kommunikation.

Ein Eingriff in das Grundrecht auf informationelle Selbstbestimmung liegt dann vor, wenn eine Datenverarbeitung ohne den Willen des Betroffenen erfolgt. Eine Erheblichkeitsschwelle bei der Frage des Eingriffs einzuführen, ist nicht zielführend. Das Grundrecht auf informationelle Selbstbestimmung ist nicht schrankenlos gewährleistet, hat aber auch, der richterrechtlichen Entstehung geschuldet, keinen geschriebenen Gesetzesvorbehalt. Auf der Ebene der Schranken-Schranken haben sich neben den allgemeinen Prinzipien insbesondere der Zweckbindungsgrundsatz, der Grundsatz der Amtshilfefestigkeit, der Grundsatz der informationellen Gewaltentei-

1167 *Luch,* Das Medienpersönlichkeitsrecht – Schranke der „vierten Gewalt“, S. 126.

1168 *Trute,* in: Roßnagel (Hrsg.), HBDSR, Kap. 2.5, Rn. 29; *Luch,* Das Medienpersönlichkeitsrecht – Schranke der „vierten Gewalt“, S. 126 mit dem Hinweis, dass das BVerfG mit dem Kriterium des Verwendungszusammenhangs nicht allein auf die Art der Angaben, sondern auch auf die Nutzbarkeit und Verwendungsmöglichkeit abstellen wolle und dies nicht notwendig eine Abkehr von der Sphärenlehre sei.

1169 *Roßnagel,* in: Hill (Hrsg.), E-Transformation, 79 (87).

1170 BVerfGE 84, 192 (195).

lung, das Transparenzgebot, verschiedene organisatorische und verfahrensrechtliche Vorkehrungen, die Kontrolle durch den unabhängigen Datenschutzbeauftragten und der Verwendungszusammenhang entwickelt, die das einfache Datenschutzrecht maßgeblich geprägt haben. Damit setzt das Grundrecht auf informationelle Selbstbestimmung einen Rahmen für die Verantwortungsbeiträge der unterschiedlichen Akteure im Rahmen der elektronischen Kommunikation, der dann auf einfachgesetzlicher Ebene weiterer Ausdifferenzierung bedarf. Der Nutzer von transaktionsbezogenen E-Government-Anwendungen ist daher nach der Grundkonzeption des Grundrechts auf informationelle Selbstbestimmung Verantwortungssubjekt.

Trotz aller Herausforderungen in der digitalen Welt ist das Grundrecht auf informationelle Selbstbestimmung mit einer objektiven und subjektiven Schutzrichtung die geeignete Konzeption, um ebendiesen Herausforderungen zu begegnen.

III. Das Grundrecht auf Gewährleistung der Vertraulichkeit und Integrität informationstechnischer Systeme

Wichtig für das Verständnis des Rechts auf informationelle Selbstbestimmung und dessen Schutzbereich sowie insgesamt das Verständnis des grundrechtlichen Kommunikationsschutzes ist das vom BVerfG in der Entscheidung zur Online-Durchsuchung[1171] geschaffene Grundrecht[1172] auf Gewährleistung der Vertraulichkeit und Integrität informationstechnischer Systeme, welches auch als IT-Grundrecht bezeichnet wird. Durch die Schaffung dieses Grundrechts hat das BVerfG den Schutzbereich des Grundrechts auf informationelle Selbstbestimmung weiter eingeengt. Für transakti-

1171 BVerfGE 120, 274 = 1 BvR 370, 595/07; dazu: *Eiermann*, DuD 2012, 452 (452); *Hoffmann*, Die Gewährleistung der Vertraulichkeit und Integrität informationstechnischer Daten- und Dokumentensafes, S. 67; *Bull*, Informationelle Selbstbestimmung – Vision oder Illusion?, S. 55; *ders.*, in: Möllers/van Ooyen (Hrsg.), Jahrbuch öffentliche Sicherheit, 317 (317 ff.); *Drallé*, Das Grundrecht auf Gewährleistung der Vertraulichkeit und Integrität informationstechnischer Systeme; *Bäcker*, in: Lepper (Hrsg.), Privatsphäre mit System – Datenschutz in einer vernetzen Welt, S. 4 ff.; *ders.*, in Rensen/Brink (Hrsg.), Leitlinien der Rechtsprechung des Bundesverfassungsgerichts, S. 99 (118 ff.); *Holzner*, Die Online-Durchsuchung: Entwicklung eines neuen Grundrechts, S. 1 ff.; *Horn*, in: Stern/Becker (Hrsg.), Grundrechte-Kommentar, Art. 2, Rn. 51; *Luch*, MMR 2011, 75 (75 ff.); *dies.*, in: Schliesky (Hrsg.), Technikgestütztes Identitätsmanagement, 137 (137 ff.); *Murswiek*, in: Sachs (Hrsg.), GG, Art 2, Rn. 73 b; *Schneider*, in: Ders. (Hrsg.), EDV-Recht, S. 62 f. = B, Rn. 131 f.; *Schröder/Schröder*, Die Online-Durchsuchung, S. 101 ff.; *Seckelmann*, in: Wirtz (Hrsg.), E-Government, 77 (77 ff.); *dies.*, in: Wirtz (Hrsg.), Rechtsfragen der Nutzung und Regulierung des Internet, 165 (165 ff.); *Adamski*, GWP 2008, 259 (262 ff.); *Hirsch*, NJOZ 2008, 1907 (1907 ff.), *Hoeren*, MMR 2008, 365 (365 ff.); *Hoffmann-Riem*, JZ 2008, 1009 (1009 ff.); *Hornung*, CR 2008, 299 (299 ff.); *Kutscha*, NJW 2008, 1042 (1042 ff.); *Leisner*, NJW 2008, 2902 (2902 ff.); *Sachs/Krings*, JuS 2008, 481 (481 ff.); *Volkmann*, DVBl. 2008, 590 (590 ff.); *Wiebe*, DuD 2008, 713 (713 ff.); *Frenz*, DVBl. 2009, 333 (337 f*Gusy*, DuD 2009, 33 (33 ff.); *Heise*, RuP 2009, 94 (94 ff.), *Wedde*, AuR 2009, 373 (376), *Gurlit*, NJW 2010, 1035 (1037); *Petri*, DuD 2010, 25 (27); *Wegener/Muth*, JURA 2010, 847 (847 ff.); zu den technischen Grundlagen der Online-Durchsuchung: *Schröder/Schröder*, Die Online-Durchsuchung, S. 47 ff.

1172 Terminologisch soll auch hier in der Diktion des BVerfG von einem Grundrecht gesprochen werden.

onsbezogene Kommunikationsprozesse im E-Government bedeutet dies, dass ein weiteres Grundrecht in die Betrachtung mit einbezogen werden muss und die Frage geklärt werden muss, in welcher Phase des Kommunikationsprozesses welches Grundrecht einschlägig ist. Auch hier stellt sich die Frage vor dem Hintergrund der allgegenwärtigen Entwicklung zur Digitalisierung, welche Schutzdimensionen dem Grundrecht entnommen werden können. Zur Präzisierung des grundrechtlichen Kommunikationsschutzes soll im Folgenden das IT-Grundrecht im Gefüge der Kommunikationsgrundrechte nach seinem Schutzbereich dargestellt werden.

1. Das Urteil des BVerfG zur Online-Durchsuchung

Das BVerfG musste im Jahr 2008 über die Verfassungsmäßigkeit von Regelungen aus dem Verfassungsschutzgesetz Nordrhein-Westfalen entscheiden, die Ermächtigungen der Verfassungsschutzbehörden zur heimlichen Datenerhebung enthielten und auch den Umgang mit den erhobenen Daten regelten[1173]. Diese Entscheidung markiert einen weiteren Meilenstein in der Ausdifferenzierung des informationsbezogenen Grundrechtsschutzes[1174]. Für Online-Durchsuchungen hat das BVerfG hier hohe Verfahrenshürden und Eingriffsschwellen gesetzt[1175] und ein neues kommunikationsbezogenes Grundrecht „kreiert". Neue Grundrechte entstehen richterrechtlich nicht ohne Weiteres. Das BVerfG hat deshalb seine Entscheidung auch maßgeblich damit begründet, dass das Recht auf informationelle Selbstbestimmung den Persönlichkeitsgefährdungen, die im digitalen Kontext auftreten können, nicht hinreichend Rechnung trage[1176].

2. Schutzbereich

Der Schutzbereich dieses neuen IT-Grundrechts ist maßgebend für einen lückenlosen kommunikationsbezogenen Grundrechtsschutz. Bisweilen wird jedoch auch konstatiert, dass die Konturen desselben noch unscharf seien[1177]. Das BVerfG hat mit dem Urteil zur Online-Durchsuchung und dem IT-Grundrecht die Grundlage der Ausübung des Grundrechts auf informationelle Selbstbestimmung gestärkt und dessen Schutzgut verdeutlicht sowie den Schutzbereich des Grundrechts auf informationelle Selbstbestimmung eingeschränkt. Maßgeblich kommen in den Urteilsgründen auch die Verantwortungssphären staatlicher Institutionen und des privaten Nutzers zum Tragen.

1173 *Drallé*, Das Grundrecht auf Gewährleistung der Vertraulichkeit und Integrität informationstechnischer Systeme, S. 5; *Stollhoff*, Datenschutzgerechtes E-Government, S. 97 f.

1174 *Britz*, DÖV 2008, 411 (411); *Hornung*, CR 2008, 299 (299), spricht von einer Neujustierung der grundrechtsdogmatischen Eckpfeiler der Informationsgesellschaft.

1175 *Heckmann/Seidl/Maisch*, Adäquates Sicherheitsniveau bei der elektronischen Kommunikation, S. 32.

1176 *Drallé*, Das Grundrecht auf Gewährleistung der Vertraulichkeit und Integrität informationstechnischer Systeme, S. 6.

1177 *Hoffmann*, Die Gewährleistung der Vertraulichkeit und Integrität elektronischer Daten- und Dokumentensafes, S. 76.

a) Informationstechnisches System

Der Schutz des Grundrechts auf Gewährleistung der Vertraulichkeit und Integrität informationstechnischer Systeme erstreckt sich auf informationstechnische Systeme als Schutzgegenstand. Nach einer Begriffsdefinition in der Informatik wird unter einem informationstechnischen System (auch IT-System) jedes Gebilde verstanden, das Daten verarbeiten kann und in einem gegebenen Kontext als Funktionseinheit betrachtet wird[1178]. Nach einer weiteren Definition ist ein IT-System ein geschlossenes oder offenes, dynamisches technisches System mit der Fähigkeit zur Speicherung und Verarbeitung von Informationen, wobei dieses eingebettet ist in gesellschaftliche, unternehmerische und auch politische Strukturen (sog. soziotechnische Systeme) und von Nutzern mit sehr unterschiedlichen Kenntnissen für unterschiedliche Zwecke bedient wird.[1179] Um den Schutzbereich des IT-Grundrechts beschreiben zu können, ist diese Definition aus dem Bereich der Informatik wenig hilfreich[1180]. Was genau ein informationstechnisches System ist, dazu liefert das BVerfG in seinem Urteil nur Anhaltspunkte, ohne diese Frage jedoch erschöpfend zu klären[1181]. Maßgebend bei der Definition ist, dass es sich um Systeme handeln muss, die in signifikantem Umfang personenbezogene Daten des Nutzers enthalten[1182]. Nach dem BVerfG sind dies Systeme „die allein oder in ihren technischen Vernetzungen personenbezogene Daten des Betroffenen in einem Umfang und in einer Vielfalt enthalten können, dass ein Zugriff auf das System es ermöglicht, einen Einblick in wesentliche Teile der Lebensgestaltung einer Person zu gewinnen oder gar ein aussagekräftiges Bild der Persönlichkeit zu enthalten“[1183]. Beispielhaft nennt das BVerfG Personal Computer (PCs) wie auch den Arbeitsspeicher und die Speichermedien eines Systems[1184] sowie Mobiltelefone und elektronische Terminkalender, die durch ihren großen Funktionsumfang in der Lage sind, personenbezogene Daten zu speichern[1185]. Es wird aber auch eine Bagatellgrenze eingezogen, sodass nicht jedes informationstechnische System, welches Daten erzeugen, verarbeiten oder speichern kann, dem besonderen Schutz dieser neuen Grundrechtsausprägung unterstellt wird[1186]. Das BVerfG klammert solche Systeme, die nach ihrer technischen Konstruktion nur Daten mit einem punktuellen Bezug zu einem bestimmten Lebensbereich enthalten, aus und nennt hier beispielhaft nicht vernetzte

1178 *Dierstein*, Definition und Erklärungen, abrufbar unter: www.bayer.in.tum.de/lehre/WS2003/ITS-dierstein/DefDV03.pdf, S. 4 (letzer Abruf: 05.08.2015); eine ähnliche Definition im Fragenkatalog zur Online-Durchsuchung, abrufbar unter: www.netzpolitik.org/wp-upload/fragen-onlinedurchsuchung-BMJ.pdf (letzter Abruf: 08.11.2015).

1179 *Eckert*, IT-Sicherheit, S. 3.

1180 So auch *Hoffmann*, Die Gewährleistung der Vertraulichkeit und Integrität elektronischer Daten- und Dokumentensafes, S. 77.

1181 BVerfGE 120, 274 (314); *Holznagel/Schumacher*, MMR 2009, 3 (3).

1182 *Wegener/Muth*, JURA 2010, 847 (849).

1183 BVerfG v. 27.2.2008 – 1 BvR 370/07, 1 BvR 595/07, BVerfGE 120, 274 (274 ff.) = CR 2008, 306 (314).

1184 BVerfG v. 27.2.2008 – 1 BvR 370/07, 1 BvR 595/07, BVerfGE 120, 274 (314 f.) = CR 2008, 306 (314).

1185 BVerfG v. 27.2.2008 – 1 BvR 370/07, 1 BvR 595/07, BVerfGE 120, 274 = CR 2008, 306 (314); *Hoffmann*, CR 2008, 514 (515).

1186 *Wegener/Muth*, JURA 2010, 847 (849).

elektronische Steuerungsanlagen der Haustechnik[1187]. Sichtbar wird daran, dass das BVerfG nicht systembezogen an den Begriff herangeht, sondern mit einem von der Schutzbedürftigkeit ausgehenden gefährdungslagenbezogenen Ansatz[1188]. Datenverarbeitung und -speicherung findet heute vielfach losgelöst von physischen Geräten „im Netz" statt, sodass ein allein gerätebezogener Ansatz keinen Sinn ergibt[1189]. Nach dem weiten Verständnis des BVerfG kann sogar das Internet als solches in den Schutzbereich des IT-Grundrechts fallen[1190]. Freilich stellt sich dann die Frage der Abgrenzung des zu schützenden privaten Teils vom übrigen öffentlichen Teil[1191].

Im Hinblick auf die Vertraulichkeitserwartung fordert das BVerfG, dass der Grundrechtsträger das informationstechnische System als sein eigenes nutzt[1192]. Der Begriff „eigenes" darf hier aber nicht im Sinne einer sachenrechtlichen Zuordnung verstanden werden[1193]. Das System muss neben den Merkmalen der Komplexität und dem Persönlichkeitsbezug der enthaltenen Daten für den Betroffenen so geartet sein, dass dieser die Datenhoheit hat[1194]. Er muss entweder allein oder mit anderen berechtigten Nutzern selbstbestimmt über das System verfügen können, oder das System ist ein fremdes, bei dem der Grundrechtsträger von einem alleinigen Zugriffsrecht unter Ausschluss nicht autorisierter Dritter ausgehen darf[1195]. Bei der Beurteilung im Einzelfall können dabei sowohl technische Kriterien wie der Standort des Systems und die Zugriffssicherungen sowie rechtliche Kriterien wie gesetzliche oder vertragliche Zugriffsbefugnisse und Abwehransprüche eine Rolle spielen[1196]. Der Schutzbereich ist also von vielen tatsächlichen und normativen Rahmensetzungen abhängig[1197]. Eine weitere Definition in der Literatur beschreibt das informationstechnische System mit einem zukunftsgerichteten Ansatz als „jede aus Hard- und Software bestehende Funktionseinheit, der allein oder aufgrund ihrer Vernetzung mit anderen Funktionseinheiten personenbezogene Daten anvertraut oder schon allein durch deren Nutzung zwangsläufig geliefert werden"[1198]. Der „normale" Personal Computer oder Laptop, mit dem der Nutzer von E-Government-Anwendungen mit der Verwaltung in Kontakt tritt, ist damit jedenfalls als eigengenutztes informationstechnisches System i. S. d. IT-Grundrechts einzuordnen, da

---

1187 BVerfG v. 27.2.2008 – 1 BvR 370/07, 1 BvR 595/07, BVerfGE 120, 274 (XX) = CR 2008, 306 (314).

1188 *Holznagel/Schumacher*, MMR 2009, 3 (3 f.); *Hoffmann*, Die Gewährleistung der Vertraulichkeit und Integrität elektronischer Daten- und Dokumentensafes, S. 102; *Böckenförde T.*, JZ 2008, 925 (929), *Hornung*, CR 2008, 299 (303); *Stögmüller*, CR 2008, 435 (436).

1189 *Wegener/Muth*, JURA 2010, 847 (849) (Hervorhebung im Original).

1190 BVerfG v. 27.2.2008 – 1 BvR 370/07, 1 BvR 595/07, BVerfGE 120, 274 (274 ff.) = CR 2008, 306 (314).

1191 *Wegener/Muth*, JURA 2010, 847 (849).

1192 BVerfG, NJW 2008, 822 (827, Abs. 206); BVerfGE 120, 274 (274); *Jäger*, jurisPR-ITR 12/2008, Anm. 2.

1193 *Heckmann/Seidl/Maisch*, Adäquates Sicherheitsniveau bei der elektronischen Kommunikation, S. 34; *Schnabel*, Datenschutz bei profilbasierten Location Based Services, S. 92; *Wegener/Muth*, JURA 2010, 847 (849 f.); *Hornung*, CR 2008, 299 (303); *Gudermann*, Online-Durchsuchung im Lichte des Verfassungsrechts, S. 132.

1194 *Luch*, MMR 2011, 75 (76); *dies.*, in: Schliesky (Hrsg.), Technikgestütztes Identitätsmanagement, 137 (146).

1195 *Luch*, MMR 2011, 75 (76).

1196 *Hornung*, CR 2008, 299 (303).

1197 *Wegener/Muth*, JURA 2010, 847 (850).

1198 *Hoffmann*, Die Gewährleistung der Vertraulichkeit und Integrität elektronischer Daten- und Dokumentensafes, S. 84.

der Nutzer hier die Datenhoheit hat und im Zuge der E-Government-Transaktionen auch Dokumente speichert. Daten- und Dokumentensafes, welche im Zusammenhang mit dem De-Mail-Konzept auch im Bereich des E-Governments vorgesehen sind[1199], sind auch als eigengenutzte informationstechnische Systeme i. S. d. IT-Grundrechts anzusehen[1200]. Zusammenfassend bleibt festzuhalten, dass die individuelle Infrastruktur des Nutzers von transaktionsbezogenen E-Government-Anwendungen jedenfalls auch als informationstechnisches System i. S. d. IT-Grundrechtes anzusehen ist.

b) Vertraulichkeit und Integrität

Das IT-Grundrecht schützt das Interesse des Nutzers an der Vertraulichkeit und Integrität des informationstechnischen Systems[1201].

aa) Vertraulichkeit

Nach dem BVerfG ist das Interesse des Nutzers, dass die von einem vom Schutzbereich erfassten informationstechnischen System erzeugten, verarbeiteten und gespeicherten Daten vertraulich bleiben[1202]. Die „Vertraulichkeit" bezieht sich damit auf die vom System erzeugten Daten und nicht auf das System selbst, wie der Wortlaut Grundrecht auf Gewährleistung der Vertraulichkeit und Integrität informationstechnischer Systeme zunächst vermuten lässt[1203]. Mit dem Begriff „Vertraulichkeit" hat das BVerfG einen Terminus aus der Informationssicherheit aufgegriffen, der auch als Schutzziel im Kontext der Datensicherheit verwendet wird[1204]. Maßgeblich ist, dass die in dem System verfügbaren Informationen nur berechtigten Personen bekannt werden[1205]. Unbefugte sollen keine Zugangsmöglichkeit zu den Daten haben[1206]. Es handelt sich bei der Vertraulichkeit insgesamt lediglich um eine subjektive Erwartungshaltung des Einzelnen[1207]. Der grundrechtliche Schutz wird mit der Einbeziehung dieser subjektiven Erwartungshaltung vorverlagert und erweitert[1208]. Teilweise wird auch vertreten, dass die Vertraulichkeit den Ist-Zustand eines informationstech-

1199 Vgl. hierzu oben Teil 2, D., II., 3.

1200 Grundlegend dazu: *Hoffmann*, Die Gewährleistung der Vertraulichkeit und Integrität elektronischer Daten- und Dokumentensafes, S. 118.

1201 Zur Erforderlichkeit einer Einbeziehung der IT-Sicherheit durch einen umfassenden Ansatz über die Begriffe der Vertraulichkeit und Integrität hinaus: *Heckmann*, in: Käfer-FS, 129 (139).

1202 BVerfG, NJW 2008, 822 (827 Rn. 204).

1203 *Drallé*, Das Grundrecht auf Gewährleistung der Vertraulichkeit und Integrität informationstechnischer Systeme, S. 38 (Hervorhebung im Original); *Hoffmann*, Die Gewährleistung der Vertraulichkeit und Integrität elektronischer Daten- und Dokumentensafes, S. 86.

1204 *Hornung*, CR 2008, 299 (303); *Eckert*, IT-Sicherheit, S. 10;
danach ist ein System vertraulich, wenn es keine unautorisierte Informationsgewinnung ermöglicht; in § 2 Abs. 2 BSIG ist der Begriff ebenfalls legaldefiniert; zum Schutzziel der Vertraulichkeit im Rahmen der Datensicherheit vgl. bereits oben unter: Teil 2, C., IV, 4 c).

1205 *Hansen/Pfitzmann*, in: Roggan (Hrsg.), Online-Durchsuchungen, 131 (132).

1206 *Hoffmann*, Die Gewährleistung der Vertraulichkeit und Integrität elektronischer Daten- und Dokumentensafes, S. 86.

1207 *Luch*, MMR 2011, 75 (75).

1208 *Hornung*, CR 2008, 299 (303).

nischen Systems darstellt[1209]. Jedenfalls handelt es sich um ein Kriterium, welches für den privaten Nutzer Funktionsvoraussetzung für eine reibungslose Kommunikation ist.

bb) Integrität

Das BVerfG zieht als weiteres Merkmal des informationstechnischen Systems die „Integrität" desselben heran[1210]. Nach dem Begriffsverständnis in der Informationstechnologie ist Integrität das Interesse des Nutzers, dass die Daten während der Verarbeitung oder Übertragung nicht beschädigt oder verändert werden können, also unversehrt bleiben[1211]. Wenn auf das System so zugegriffen werde, dass dessen Leistungen, Funktionen und Speicherinhalte durch Dritte genutzt werden könnten, dann sei die entscheidende Hürde für eine Ausspähung, Überwachung oder Manipulation des Systems genommen[1212]. Die Integrität des Systems als weiterer Bestandteil des Schutzbereichs wird vom BVerfG anhand des Eingriffsvorgangs also indirekt begründet.[1213] Im Sinne einer Vorverlagerung des Grundrechtsschutzes soll nach dem Verständnis des BVerfG die Integrität des Systems schon dann berührt sein, wenn der Zugriff gar nicht auf die Erhebung personenbezogener Daten gerichtet ist, sondern nur die Technik des Systems und damit die Funktionalität des Systems betroffen ist[1214].

cc) Verhältnis von Vertraulichkeit und Integrität

Es ist sinnvoll, die Vertraulichkeit und die Integrität als zwei selbstständige Komponenten zu betrachten, die den Schutzbereich des IT-Grundrechts ausmachen[1215]. Es handelt sich auf der semantischen Ebene um zwei unterschiedliche Begrifflichkeiten, die daher auch separat betrachtet werden sollten. Bei der Online-Durchsuchung wird das System durch Schadsoftware infiltriert und in den Datenbestand eingegriffen, sodass ein Eingriff in die Integrität vorliegt[1216]. Erst in einem zweiten Schritt, wenn Daten aus dem Zielsystem an die Ermittlungsbehörden übermittelt werden, liegt auch ein Eingriff in die

1209 *Hansen/Pfitzmann*, in: Roggan (Hrsg.), Online-Durchsuchungen, 131 (132); kritisch zu dieser begrifflichen Interpretation: *Hoffmann*, Die Gewährleistung der Vertraulichkeit und Integrität elektronischer Daten- und Dokumentensafes, S. 87.

1210 BVerfGE 120, 274 (314).

1211 *Kubicek*, in: Klumpp u. a. (Hrsg.), informationelles Vertrauen in die Informationsgesellschaft, 17 (17); *Roßnagel* (Hrsg.), Langfristige Aufbewahrung elektronischer Dokumente, S. 44.

1212 BVerfGE 120, 274 (314).

1213 BVerfGE 120, 274 (314); *Böckenförde T.*, JZ 2008, 925 (928); *Hoffmann*, Die Gewährleistung der Vertraulichkeit und Integrität elektronischer Daten- und Dokumentensafes, S. 87; *Drallé*, Das Grundrecht auf Gewährleistung der Vertraulichkeit und Integrität informationstechnischer Systeme, S. 56.

1214 *Drallé*, Das Grundrecht auf Gewährleistung der Vertraulichkeit und Integrität informationstechnischer Systeme, S. 56.

1215 So auch *Hoffmann*, Die Gewährleistung der Vertraulichkeit und Integrität elektronischer Daten- und Dokumentensafes, S. 88.

1216 *Hoffmann*, Die Gewährleistung der Vertraulichkeit und Integrität elektronischer Daten- und Dokumentensafes, S. 88.

Vertraulichkeit vor[1217]. Es sind also zwei unterschiedliche tatsächliche Vorgänge von Relevanz.

c) Subjektiv-rechtliche Schutzrichtung

Das IT-Grundrecht hat nach seinem Entstehungskontext zunächst eine subjektiv-abwehrrechtliche Schutzrichtung. Bei dem zugrunde liegenden Sachverhalt ging es um Ermächtigungen zu Online-Durchsuchungen auf Grundlage des Verfassungsschutzgesetzes NRW[1218]. Im Sinne eines lückenlosen Kommunikationsschutzes ist diese Dimension des IT-Grundrechts äußerst wichtig. Die abwehrrechtliche Funktion dieses Grundrechts ist allgemein anerkannt[1219].

d) Objektiv-rechtliche Schutzrichtung

Darüber hinaus ist die Frage im Kontext eines lückenlosen Kommunikationsschutzes im E-Government von Bedeutung, ob dem IT-Grundrecht auch eine objektiv-rechtliche Dimension zu entnehmen ist. Beeinträchtigungen und Eingriffe drohen der Kommunikation eines Nutzers nicht zuletzt auch von privater Seite[1220].

In der Literatur ist dies im Nachgang zum Urteil des BVerfG diskutiert worden. *Sick* lehnt eine objektiv-rechtliche Schutzrichtung des IT-Grundrechts im Wesentlichen durch systematische Erwägungen und grundsätzliche dogmatische Bedenken gänzlich ab[1221].

Das BVerfG legt mit dem Wortlaut seiner Entscheidung zur Online-Durchsuchung, wo von „Gewährleistung" der Vertraulichkeit und Integrität informationstechnischer Systeme die Rede ist, die Deutungsvariante nahe, dass dem neuen Grundrecht auch eine objektiv-rechtliche Dimension zu entnehmen sein kann[1222]. Viele Stimmen in der Literatur nehmen eine objektiv-rechtliche Funktion des IT-Grundrechts an[1223].

1217 *Hoffmann,* Die Gewährleistung der Vertraulichkeit und Integrität elektronischer Daten- und Dokumentensafes, S. 88.

1218 *Heckmann,* Käfer-FS, S. 129 (137).

1219 *Sick,* VBlBW 2009, 85 (85); ausschließlich diese Schutzrichtung betrachtet: *Drallé,* Das Grundrecht auf
Gewährleistung der Vertraulichkeit und Integrität informationstechnischer Systeme, S. 3.

1220 *Holznagel/Schumacher,* MMR 2009, 3 (6); mehrdimensionale Konzepte des Freiheitsschutzes, die sich nicht nur auf die abwehrrechtliche Dimension von Grundrechten beschränken, fordert auch: *Hoffmann-Riem,* in: Klumpp u. a., Netzwelt – Wege, Werte, Wandel, 165 (167).

1221 *Sick,* VBlBW 2009, 85 (88 ff.).

1222 Gurlit, NJW 2010, 1035 (1040); BVerfGE 120, 274 (313), wo in Bezug auf die Gewährleistung auf den Schutzbedarf und die lückenfüllende Funktion hingewiesen wird.

1223 Für eine objektiv-rechtliche Dimension: *Hoffmann-Riem,* in: Klumpp u. a., Netzwelt – Wege, Werte, Wandel, 165 (167); *Heckmann,* in: Käfer-FS, 129 (129 ff.); *ders.,* in: Hill/Schliesky (Hrsg.), Innovationen im und durch Recht: E-Volution des Rechts- und Verwaltungssystems II, 97 (97 ff.); *Kube,* in: Isensee/Kirchhof, HStR, Band VII, § 148, Rn. 145; *Luch,* in: Schliesky (Hrsg.), Technikgestütztes Identitätsmanagement, S. 137 (152); *Hoffmann,* Die Gewährleistung der Vertraulichkeit und Integrität elektronischer Daten- und Dokumentensafes, S. 163 ff.; Stögmüller, CR 2008, 435 (437); *Heckmann,* jurisPR-ITR 5/2008, Anm. 1. Diese Frage wurde noch offengelassen von *Böckenförde,* JZ 2008, 925 (928, dort Fn. 38;); *Schulz S. E.,* DuD 2009, 601 (605);

Bereits das BVerfG unterscheidet in seinem Urteil zur Online-Durchsuchung nicht zwischen privaten und staatlichen Gefahrenquellen, sondern spricht von einer Gefährdung durch den Zugriff „Dritter".[1224] Dies lässt in der Zusammenschau mit den anderen Kernaussagen des Urteils, die auf einen umfassenden Kommunikationsschutz gerichtet sind, den Schluss zu, dass das BVerfG auch eine Gefährdung durch Private, welche eine objektiv-rechtliche Funktion des IT-Grundrechts aktivieren würde, mit im Blick gehabt hat. Es ist in diesem Zusammenhang in Rechnung zu stellen, dass das BVerfG hier nur über den Verfahrensgegenstand zu entscheiden hatte und daher die Grenzen für Aussagen zur objektiv-rechtlichen Dimension eng waren. Für die objektiv-rechtliche Schutzrichtung spricht indes auch ein Schutzbedarf des Nutzers, der daraus resultiert, dass private Dritte sich die staatliche Infiltration des informationstechnischen Systems zunutze machen und diese ihrerseits für Ausspähungen nutzen, ohne dass der Nutzer sich schützen kann[1225].

Die objektiv-rechtliche Dimension des IT-Grundrechts hat u. a. auch bereits Eingang in verschiedene Gesetzesinitiativen im Kontext einer ausdrücklichen verfassungsrechtlichen Normierung des Datenschutzes gefunden, die aber nicht umgesetzt worden sind[1226]. Für den zu regelnden Bereich muss ein grundrechtlich erhebliches Schutzbedürfnis gesehen werden[1227]. Auch die Schaffung des De-Mail-Gesetzes wird als durch das IT-Grundrecht intendiert angesehen[1228].

e) Schutzlücken der bisherigen Kommunikationsgrundrechte

Mit dem Urteil zur Online-Durchsuchung hat das BVerfG eine aus seiner Sicht bestehende Schutzlücke geschlossen und damit auch einen integrativen Blick auf Kommunikationsprozesse bewiesen. In der Literatur haben viele Stimmen eine Fortentwicklung des Rechts auf informationelle Selbstbestimmung der Schaffung einer neuen Ausprägung des allgemeinen Persönlichkeitsrechts vorgezogen[1229]. Mangels belastbarer Vorarbeiten in der Literatur zu den Dimensionen der Gefährdung des Vertrauens in die eigenen Kommunikationsinfrastrukturen und entsprechenden Schutzbedürfnisse ist das Vorgehen des BVerfG als Reaktion hierauf zu verstehen[1230]. Das BVerfG begründet die bestehende Schutzlücke aus einer Zusammenschau der Schutzbereiche der bisher einschlägigen Grundrechte[1231] und so auch aus Lücken beim Grundrecht auf informationelle Selbstbestimmung. Darüber hinaus werden im Schutzbereich von Art. 10 GG Lücken gesehen, wonach das BVerfG ausführt, dass Art. 10 Abs. 1 GG

1224 BVerfG, Urt. v. 27.02.2008 – 1 BvR 370/07, 1 BvR 595/07, juris Rn. 182 = BVerfGE 120, 274 (306); *Heckmann*, in: Käfer-FS, 129 (136).

1225 *Hoffmann-Riem*, in: Klumpp u. a., Netzwelt – Wege, Werte, Wandel, 165 (175).

1226 Vgl. hierzu den Gesetzentwurf der Fraktion Bündnis 90/Die Grünen, BT-Drs. 16/9607.

1227 *Luch*, MMR 2011, 75 (78).

1228 *Luch*, MMR 2011, 75 (78).

1229 *Britz*, DÖV 2008, 411 (411 ff.); *Sachs/Krings*, JuS 2008, 482 (482); *Eifert*, NVwZ 2008, 521 (521); *Kutscha*, NJW 2008, 1042 (1042); Hornung, CR 2008, 299 (301); *Hoffmann-Riem*, in Klumpp u. a., Netzwelt – Wege, Werte, Wandel, 165 (172).

1230 *Hoffmann-Riem*, in: Klumpp u. a., Netzwelt – Wege, Werte, Wandel, 165 (176).

1231 BVerfGE 120, 274 (306 ff.).

nicht die gespeicherten Inhalte und Umstände der Telekommunikation erfasst, die nach Abschluss eines Telekommunikationsvorgangs im Herrschaftsbereich eines Kommunikationsteilnehmers gespeichert werden, wenn der Teilnehmer eigene Sicherungsvorkehrungen vornehmen kann[1232]. Auch hier lässt sich aus den Ausführungen herauslesen, dass das BVerfG ein erhebliches Schutzbedürfnis des Nutzers nicht nur gegenüber dem Staat, sondern auch gegenüber privaten Dritten sieht. Insofern lässt sich argumentieren, dass die Schutzlücke sowohl auf der abwehrrechtlichen Seite als auch auf der objektiv-rechtlichen und damit schutzpflichtbezogenen Seite geschlossen werden müssen[1233].

f) Stellungnahme

Angesichts der massiven Gefährdungspotenziale für Kommunikationsinfrastrukturen ist sowohl eine subjektiv-rechtliche Schutzrichtung des IT-Grundrechts sowie eine objektiv-rechtliche anzunehmen. Bei konsequenter Fortführung dieses Gedankens ist es im Sinne eines umfänglichen Kommunikationsschutzes notwendig, die Schutzlücke sowohl auf der abwehrrechtlichen als auch auf der schutzpflichtbezogenen Seite zu schließen. Die Entscheidung des BVerfG zeigt, welche Wichtigkeit das BVerfG einem lückenlosen Grundrechtsschutz in einer sich wandelnden Informationsgesellschaft beimisst[1234].

3. Eingriff in das IT-Grundrecht

Nach der Rechtsprechung des BVerfG sind Eingriffe in das IT-Grundrecht sowohl zu präventiven Zwecken als auch zu solchen der Strafverfolgung möglich, solange sie auf einer verfassungsmäßigen Grundlage beruhen[1235]. Für die Frage, wann genau ein Eingriff vorliegt, gibt das BVerfG jedoch keine weiteren Maßstäbe an die Hand[1236]. Der Kontur des Schutzbereichs folgend, kann zwischen Eingriffen in die Vertraulichkeit und solchen in die Integrität unterschieden werden. Integritätsbeeinträchtigungen können sowohl durch ein Gesetz als auch durch Einzelakte erfolgen[1237]. Der Integritätsschutz kompensiert nach der Rechtsprechung des BVerfG „informationellen Selbstschutz“, weil technische Selbstschutzmöglichkeiten für informationstechnische Systeme entweder fehlen oder unzureichend sind[1238]. Auch bei der Vertraulichkeit ei-

1232 BVerfG, NJW 2008, 822 (825) Rn. 185.

1233 *Heckmann*, in: Käfer-FS, 129 (137).

1234 So auch *Stollhoff*, Datenschutzgerechtes E-Government, S. 99.

1235 BVerfGE 120, 274 (315).

1236 *Drallé*, Das Grundrecht auf Gewährleistung der Vertraulichkeit und Integrität informationstechnischer Systeme, S. 70.

1237 *Drallé*, Das Grundrecht auf Gewährleistung der Vertraulichkeit und Integrität informationstechnischer Systeme, S. 78 ff.

1238 *Drallé*, Das Grundrecht auf Gewährleistung der Vertraulichkeit und Integrität informationstechnischer Systeme, S. 82 mit Verweis auf BVerfG, NJW 2008, 822, 830 Rn. 236, und *Böckenförde T.*, JZ 2008, 925 (938) mit Fn. 127 (Hervorhebung im Original).

nes informationstechnischen Systems kann bereits ein Gesetz, welches zu Eingriffen in die Vertraulichkeit ermächtigt, als auch ein Einzelakt einen Eingriff darstellen[1239].

4. Rechtfertigungsanforderungen für den Eingriff in das IT-Grundrecht

a) Schranken

Wie bei allen übrigen Grundrechten auch ist das IT-Grundrecht nicht schrankenlos gewährleistet[1240], sondern Eingriffe sind bei Erfüllen der Rechtfertigungsanforderungen möglich. Das BVerfG behandelt das IT-Grundrecht nach den für das Allgemeine Persönlichkeitsrecht entwickelten Regeln, wonach der Vorbehalt der verfassungsmäßigen Ordnung[1241] durchgreift[1242]. Das bedeutet, dass eine Gefahr für ein überragend wichtiges Rechtsgut bestehen muss[1243].

b) Schranken-Schranken

Einschränkungen können demnach durch jedes verfassungsmäßige Gesetz erfolgen, welches allerdings die allgemeinen Anforderungen an grundrechtsbeschränkende Gesetze erfüllen muss[1244]. Insbesondere kommen hier wieder die allgemeinen Grundsätze wie das Gebot der Normenklarheit und der Verhältnismäßigkeitsgrundsatz ins Spiel. Als weitere Schranken-Schranken sind hier verfahrensrechtliche Vorgaben im einschränkenden Gesetz wie z. B. ein Richtervorbehalt zu nennen, die den grundrechtlich geschützten Interessen des Nutzers Rechnung tragen[1245]. Darüber hinaus fordert das BVerfG, dass ein einschränkendes Gesetz einem zweistufigen Schutzkonzept folgen muss, welches in einem ersten Schritt versucht, die Datenerhebung so weit wie möglich zu unterlassen[1246]. Soweit dies nicht möglich ist, müsse durch Verfahrensvorschriften sichergestellt sein, dass bei Erhebung von Daten mit Kernbereichsrelevanz die Intensität der Kernbereichsverletzung und ihre Auswirkungen für die Persönlichkeit und Entfaltung des Betroffenen so gering wie möglich bleiben[1247]. Es muss ein Verfahren zur Durchsicht der Daten gesetzlich vorgeschrieben werden, welches eine unverzügliche Löschung der in den Bereich der privaten Lebensgestaltung fallenden Inhalte garantiert und eine Weitergabe oder Verwendung der Daten ausschließt[1248].

1239 Das BVerfG hatte über Vorschriften des VerfSchG NRW zu entscheiden.
1240 *Wegener/Muth*, JURA 2010, 847 (851); *Holznagel/Schumacher*, MMR 2009, 3 (7).
1241 BVerfGE 6, 32 (38 ff.) = NJW 1957, 297.: Seit dem Elfes-Urteil wird dieser als allgemeiner Rechtsordnungs- bzw. Gesetzesvorbehalt verstanden.
1242 *Sachs/Krings*, JuS 2008, 481 (484 f.).
1243 *Sofiotis*, VR 2008, 333 (335).
1244 *Sachs/Krings*, JuS 2008, 481 (484 f.).
1245 *Wegener/Muth*, JURA 2010, 847 (851 f.).
1246 BVerfG, 1 BvR 370/07, Rn. 280.
1247 BVerfG, 1 BvR 379/07, Rn. 282.
1248 *Wegener/Muth*, JURA 2010, 847 (852).

5. Zwischenergebnis

Das IT-Grundrecht stellt eine weitere Leitplanke des Schutzes der informationellen Selbstbestimmung dar, die es zu berücksichtigen gilt. Diese grundrechtliche Gewährleistung hat eine subjektiv-abwehrrechtliche Dimension, die bereits durch den Entstehungskontext dieses Grundrechts in der vom BVerfG zu entscheidenden Fallkonstellation deutlich wird. Der Grundrechtsschutz wird durch das IT-Grundrecht vorverlagert. Die eigengenutzten informationstechnischen Systeme bedürfen aber auch im Wege der objektiv-rechtlichen Dimension dieses Grundrechtes des staatlichen Schutzes. Der Staat ist also Verantwortungssubjekt für die informationstechnischen Systeme des Nutzers. Nicht zuletzt lässt sich die eigengenutzte individuelle Infrastruktur des privaten IT-Nutzers auch unter den Begriff des informationstechnischen Systems fassen, sodass auch dem privaten Nutzer hier eine Verantwortungssphäre zukommt, die weiter zu untersuchen ist. Das BVerfG stellt insbesondere auch die massive Bedeutung und Verletzlichkeit eigengenutzer informationstechnischer Systeme heraus und lässt zwischen den Zeilen erkennen, dass es Schutzbedarfe für diese gibt. Insbesondere der Begriff der Vertraulichkeit weist darauf hin, dass Vertrauen als Mechanismus zur Reduzierung von Komplexität im Rahmen digitaler Kommunikation besonders wichtig ist. Die Tatsache, dass das BVerfG den Selbstschutz des Nutzers in die Erwägungen mit einbezieht, verdeutlicht, dass es den privaten Nutzer nicht verantwortungslos gestellt sehen will, sondern diesem eine eigene Verantwortungssphäre im Kontext der elektronischen Kommunikation zukommen lässt. Erst wenn der private Nutzer diese Eigenverantwortung nicht mehr wahrnehmen kann, dann ist der Staat als Akteur gefordert. Der Eingriff in den Schutzbereich des IT-Grundrechts solle nach dem BVerfG ein größeres Gewicht haben, da die gewonnenen Daten ein umfangreiches Persönlichkeitsbild zeichnen würden[1249]. Dieser Ansicht ist im Ergebnis zu folgen[1250].

Auch dürften die Server der privaten Diensteanbieter im transaktionsbezogenen E-Government als informationstechnische Systeme i. S. d. IT-Grundrechts anzusehen sein und dem entsprechenden Schutz unterfallen[1251]. Das bedeutet, dass grundsätzlich auch dieser Akteursgruppe hier grundsätzlich eine Verantwortung zukommt.

IV. Das Fernmeldegeheimnis Art. 10 GG

Das Fernmeldegeheimnis aus Art. 10 Abs. 1 GG stellt einen weiteren Baustein grundrechtlichen Kommunikationsschutzes im Bereich des transaktionsbezogenen E-Go-

1249 BVerfGE 120, 274 8312); *Hoffmann*, Die Gewährleistung der Vertraulichkeit und Integrität elektronischer Daten- und Dokumentensafes, S. 70.

1250 Kritisch zu diesem Begründungsansatz: *Britz*, DÖV 2008, 411 (413); *Eifert*, NVwZ 2008, 521 (521 f.); *Volkmann*, DVBl. 2008, 590 (591).

1251 Vgl. dazu: *Stögmüller*, CR 2008, 435 (435 ff.).

vernments dar[1252]. Im Folgenden soll hier dargestellt werden, in welcher Phase eines Kommunikationsvorganges dieses Grundrecht in welcher Schutzrichtung Geltung beansprucht.

1. Schutzbereich

Art. 10 Abs. 1 GG gewährleistet das Brief-, Post- und Fernmeldegeheimnis, welches die Vertraulichkeit der individuellen Kommunikation schützen soll[1253]. Im Hinblick auf transaktionsbezogenes E-Government ist das Fernmeldegeheimnis also von besonderem Interesse.

a) Unkörperliche Übermittlung von Informationen

Das Fernmeldegeheimnis schützt die unkörperliche Übermittlung von Informationen über Fernmeldeanlagen an individuelle Empfänger[1254]. Erfasst sind hiermit alle Kommunikationsdienste des Internets[1255] und damit auch die Kommunikationsformen im transaktionsbezogenen E-Government. Der Schutzbereich umfasst vor allem den Kommunikationsinhalt, da grundsätzlich kein Dritter die Möglichkeit haben soll, sich vom Inhalt der Kommunikation Kenntnis zu verschaffen[1256]. Das Grundrecht ist grundsätzlich entwicklungsoffen, sodass nicht nur die Kommunikation mittels traditioneller Medien, sondern jede Kommunikation mittels verfügbarer Telekommunikationstechniken erfasst ist[1257]. Zu Recht wird in diesem Zusammenhang eingeräumt, dass die Entwicklungsoffenheit zur „juristischen Nacheile" führt[1258]. Insbesondere kommt dies dann bei der einfachgesetzlichen Ausgestaltung zum Tragen. Als Kommunikationstechniken fallen sowohl Telefonate über das Festnetz und Mobiltelefone sowie SMS, MMS und E-Mails unter das Fernmeldegeheimnis[1259]. Damit ist eine große Bandbreite von Kommunikationsmöglichkeiten aus dem täglichen Leben geschützt. Neben dem Kommunikationsinhalt sind auch die jeweiligen Kommunikationsumstände geschützt, d. h. auch der Bereich der Verkehrs- und Verbindungsdaten[1260]. Diese Daten fallen notwendigerweise an, wenn ein Nutzer im Internet surft

---

1252 In moderner Diktion wird anstelle des Begriffes Fernmeldegeheimnis auch der des Telekommunikationsgeheimnisses verwendet: Vgl. *Kutscha*, LKV 2008, 481(485); *Bizer*, in: Schulzki-Haddouti (Hrsg.), Bürgerrechte im Netz, 21 (26); *Hömig*, in: Ders. (Hrsg.), Art. 10 GG Rn. 5;

1253 *Hermes*, in: Dreier (Hrsg.), Art. 10 GG, Rn. 13.

1254 *Ipsen*, Grundrechte, 13. Aufl. 2010, Rn. 306; *Jarass*, in: ders./Pieroth (Hrsg.), GG, 11. Aufl. 2011, Art. 10 Rn. 5; *Pagenkopf*, in: Sachs (Hrsg.), GG, 5. Aufl. 2009, Art. 10, Rn. 15; *Pieroth/Schlink*, Grundrechte, 26. Aufl. 2010, Rn. 837.

1255 BVerfGE 120, 274 (306 ff.)

1256 *Pagenkopf*, in: Sachs (Hrsg.), GG, 5. Aufl. 2009, Art. 10, Rn. 14.

1257 BVerfGE 46, 120 (144); 115, 166 (182); *Jarass*, in: Ders./Pieroth, Art. 10 Rn. 5.

1258 *Pagenkopf*, in: Sachs (Hrsg.), GG, 5. Aufl. 2009, Art. 10 Rn. 15.

1259 BVerfGE 113, 348 (383); 120 274 (307); *Pieroth/Schlink*, Grundrechte, 26. Aufl. 2010, Rn. 837; *Gurlit*, NJW 2010, 1035 (1036); *Schenke*, in: Stern/Becker, Art. 10 GG Rn. 40; *Skrobotz*, in: Manssen, § 15 De-Mail-Gesetz Rn. 3.

1260 *Schenke*, in Stern/Becker, Art. 10 GG Rn. 42; *Pagenkopf*, in: Sachs, Art. 10 GG Rn. 9; *Gusy*, in: v. Mangoldt/Klein/Starck (Hrsg.), GG, Bd. 1, Art. 10, Rn. 24.

oder E-Mail-Dienste in Anspruch nimmt, und werden vom BVerfG ausdrücklich dem Schutzbereich zugerechnet[1261]. Hierdurch sind Rückschlüsse darauf, ob, wann und wie oft zwischen welchen Personen oder Anschlüssen Kommunikation stattgefunden hat oder versucht worden ist, möglich[1262]. Einbezogen in den Schutzbereich ist der zugangsgesicherte Kommunikationsinhalt in einem E-Mail-Postfach, auf das der Nutzer nur über eine Internetverbindung zugreifen kann[1263]. Kommunikationsteilnehmer sollen deshalb bezüglich aller Datenkategorien auf die Vertraulichkeit der Kommunikation vertrauen können[1264]. Art. 10 GG schützt damit eine formalisierte Vertraulichkeitssphäre für den Nutzer digitaler Kommunikation[1265].

b) Schutzgewährleistung nur während des Übermittlungsvorganges

Der Schutz wird nur während des Übertragungsvorgangs gewährleistet[1266]. Dieser erstreckt sich nicht auf die außerhalb eines laufenden Kommunikationsvorgangs im Herrschaftsbereich des Kommunikationsteilnehmers gespeicherten Inhalte und Umstände der Kommunikation[1267]. Bei der E-Mail-Kommunikation bedeutet das, dass der Schutz des Fernmeldegeheimnisses in dem Moment endet, in dem die E-Mail beim Empfänger angekommen und der Übertragungsvorgang beendet ist[1268]. Damit ist der Grundrechtsschutz nur auf eine eingegrenzte Phase eines möglicherweise längeren tatsächlichen Gesamtgeschehens begrenzt mit der Folge, dass sich die Frage stellt, welche grundrechtlichen Schutzgewährleistungen in den weiteren Phasen eines Kommunikationsvorgangs einschlägig sind.

Das Fernmeldegeheimnis schützt auch die Möglichkeit der Kommunikation ohne Mitteilung der eigenen Identität, gewährt diesen Schutz aber ausschließlich gegenüber den Kommunikationspartnern und nicht gegenüber den Anbietern von Anonymisierungsdiensten[1269]. Gute Argumente sprechen dafür, z. B. die Zusendung von E-Mails, die Schadprogramme ausliefern, mit vorgetäuschter Weiterleitung aus dem Schutzbereich des Art. 10 GG herauszunehmen[1270].

1261 BVerfGE 100, 313 (358); 115, 166 (183).

1262 *Frenz*, DVBl 2009, 333 (338).

1263 BVerfGE 124, 43 (54); 120, 274 (341); relevant wird dies beim strafprozessualen Zugriff auf ein E-Mail-System, vgl. Fundstelle bei *Hofmann*, in: Schmidt-Bleibtreu/Hofmann/Hopfauf, Art. 10 GG, Rn. 9; kritisch zum Zugriff auf zwischengespeicherte E-Mails: *Bär*, MMR 2000, 175 (176).

1264 *Berlit*, JurPC Web-Dok. 30/2011, Abs. 3; BVerfG, NJW 2006, 3197.

1265 *Gusy*, DuD 2009, 33 (39).

1266 *Sofiotis*, VR 2008, 331 (333); *Gerhards*, (Grund-)Recht auf Verschlüsselung?, S. 193; kritisch hierzu *Kutscha*, LKV 2008, 481 (485).

1267 BVerfGE 124, 43 (54).

1268 BVerfGE 124, 43 (54); 120, 274 (307 f.); 115, 166 (183 ff.); *Sofiotis*, VR 2008, 331 (333).

1269 *Hofmann*, in: Schmidt-Bleibtreu/Hofmann/Hopfauf, Art. 10 GG, Rn. 9; zu Möglichkeiten und Grenzen der Anonymisierung vgl. unten unter: Teil 5, C.

1270 Vgl. hierzu näher: *Soiné*, MMR 2015, 22 (24).

c) Subjektiv-rechtliche Schutzrichtung

Das Fernmeldegeheimnis schützt den Nutzer unstreitig vor staatlichen Eingriffen in die unkörperliche Übermittlung von Informationen[1271]. Das Fernmeldegeheimnis aus Art. 10 GG ist ein klassisches Abwehrrecht, welches gegen die Kenntnisnahme des Inhalts und der näheren Kommunikationsumstände durch den Staat schützt[1272]. Dieser Schutzrichtung dienen auch verfahrens- und organisationsrechtliche Sicherungen, die das BVerfG zum Teil richterrechtlich als Schranken-Schranken entwickelt hat[1273]. Von großer Relevanz ist diese Schutzrichtung des Art. 10 GG im Kontext der Vorratsdatenspeicherung[1274].

d) Objektiv-rechtliche Schutzrichtung

Art. 10 GG enthält aber auch darüber hinausgehende objektiv-rechtliche Gehalte[1275]. Im Wege der Schutzpflichtdimension ist der Staat verpflichtet, private Dritte daran zu hindern, in die Vertraulichkeit der Kommunikation von privaten Nutzern einzudringen[1276]. Daraus ergibt sich die Verpflichtung für jeden, der eine für den öffentlichen Verkehr bestimmte Fernmeldeanlage betreibt, die Vertraulichkeit der über diese Fernmeldeanlage abgewickelten Kommunikation zu gewährleisten[1277]. Eine genauere Ausgestaltung im Sinne eines staatlichen Schutzkonzeptes für die elektronische Kommunikation[1278] hat diese objektiv-rechtliche Dimension im Telekommunikationsgesetz und im Telemediengesetz gefunden und dürfte zukünftig von der E-Privacy-Verordnung überlagert werden[1279]. Es findet hier eine Orientierung am Schutzgut Kommunikationsgeheimnis statt, sodass das Fernmeldegeheimnis nicht mehr organisationsbezogen, sondern dienstleistungsbezogen definiert wird[1280]. Den grundrechtlichen Anforderungen entsprechend, sind der Inhalt der Kommunikation und ihre näheren Umstände durch den Anbieter umfassend zu schützen, sodass auch erfolglose Verbindungsversuche erfasst sind[1281].

Art. 10 GG gewährt indes keinen Anspruch des Einzelnen gegen den Staat, fernmeldetechnische Kommunikationswege zur Verfügung zu stellen, sondern eine Gewährleistung für eine ausreichende Infrastruktur in diesem Bereich ergibt sich ausschließlich aus Art. 87 f Abs. 1 GG[1282].

1271 *Schoch,* JURA 2011, 194 (197).

1272 BVerfGE 106, 28 (37); *Schenke,* in: Stern/Becker, Art. 10 GG Rn. 53.

1273 *Schenke,* in: Stern/Becker, Art. 10 GG, Rn. 53.

1274 *Szuba,* Vorratsdatenspeicherung, S. 167 ff.

1275 *Schoch,* JURA 2011, 194 (196).

1276 BVerfGE 106, 28 (37); BVerfG NJW 2007, 3055; *Zippelius/Würtenberger,* Deutsches Staatsrecht, § 28 Rn. 9; *Berlit,* JurPC Web-Dok. 39/2011, Abs. 3.

1277 *Hermes,* in: Dreier, Art. 10 GG Rn. 71.

1278 *Gerhards,* (Grund-)Recht auf Verschlüsselung?, S. 332 ff.

1279 Vgl. dazu bereits oben.

1280 *Skouris,* EuR 1998, 111 (129); *Pieroth/Schlink,* Grundrechte, Rn. 771; *Groß,* JZ 1999, 326 (332).

1281 *Löwer,* in: v. Münch/Kunig (Hrsg.), GG Bd. I, Art. 10 Rn. 22; *Groß,* in: Roßnagel (Hrsg.), HBDSR, Kap. 7.8 Rn. 19.

1282 *Hermes,* in: Dreier, Art. 10 GG Rn. 71.

2. Eingriff in das Fernmeldegeheimnis

Eingriffe in das Fernmeldegeheimnis liegen dann vor, wenn sowohl Inhalte der Kommunikation als auch deren Umstände und hierzu notwendige Daten wie Übermittlungsdaten erfasst werden[1283]. Dies gilt sowohl beim Tätigwerden staatlicher Stellen als auch bei Anordnungen gegenüber Telekommunikationsunternehmen, bestimmte Inhalte an staatliche Stellen zu übermitteln[1284]. Die Beeinträchtigung muss am Übermittlungsvorgang ansetzen[1285]. Grundsätzlich ist es den Kommunikationspartnern möglich, auf die Vertraulichkeit im Einzelfall freiwillig zu verzichten, sodass kein Eingriff vorliegt[1286].

3. Rechtfertigungsanforderungen für den Eingriff

a) Schranken

Ein Eingriff ist nach Art. 10 Abs. 2 S. 1 GG nur aufgrund eines Gesetzes zulässig. Zu denken ist in diesem Bereich sowohl an strafprozessuale sowie präventive Eingriffsnormen zur Telekommunikationsüberwachung. Besondere Prominenz haben hier die Vorschriften zur Vorratsdatenspeicherung erlangt, und dies wird wohl in Zukunft wieder der Fall sein[1287]. Im Hinblick auf die speziellen Gewährleistungsgehalte des Art. 10 GG bedürfen die Einschränkungen der Konkretisierung, wobei in Rechnung zu stellen ist, dass sich der Schutz auf das Selbstbestimmungsrecht über Informationen erstreckt und deshalb die Grundsätze heranzuziehen sind, die auch für das Grundrecht auf informationelle Selbstbestimmung gelten[1288].

b) Schranken-Schranken

Auch auf der Ebene der Schranken-Schranken greifen die allgemeinen Grundsätze. Herausragende Bedeutung für den Gesetzgeber, die Exekutive und die Rechtsprechung hat der Verhältnismäßigkeitsgrundsatz[1289]. Daneben bestehen spezielle Verfahrenspflichten wie die Kennzeichnung der gewonnenen Daten, damit nach ihrer Erfassung und Verarbeitung auch erkennbar bleibt, dass sie aus Eingriffen in Art. 10 GG stammen[1290]. Zu nennen sind hier insbesondere auch Richtervorbehalte bei Eingriffsmaßnahmen sowie weitere organisatorische Vorkehrungen.

1283 BVerfGE 110, 33 (52 f.); *Löwer*, in: v. Münch/Kunig (Hrsg.), GG Bd. I, Art. 10 Rn. 7.
1284 BVerfGE 107, 299 (313).
1285 *Jarass/Pieroth*, Art 10 Rn. 12.
1286 BVerfGE 85, 386 (398 f.); BVerwG, NJW 1982, 840; *Löwer*, in: v. Münch/Kunig, GG Bd. I, Art. 10, Rn. 7.
1287 Vgl. hierzu bereits oben unter: Teil 3, A. VIII.
1288 *Hermes*, in: Dreier, Art. 10 GG Rn. 55.
1289 BVerfGE 65, 1 (44); 67, 157 (173 ff.).
1290 BVerfGE 100, 313 (360 f.); *Jarass/Pieroth*, Art. 10 GG Rn. 19.

4. Zwischenergebnis

Das Fernmeldegeheimnis ist die grundrechtliche Gewährleistung, die während des Übermittlungsvorgangs einschlägig ist. Sie ist im Gegensatz zu den vorgenannten im geschriebenen Verfassungsrecht vorhanden. Sie hat eine subjektiv-rechtliche und eine objektiv-rechtliche Schutzrichtung und definiert insbesondere eine Verantwortungssphäre für private Diensteanbieter, die einem privaten Nutzer Telekommunikationsdienste zur Verfügung stellen. Diese unterfallen dem Regime des TKG und müssen gemäß diesem die Kommunikationsinhalte der privaten Nutzer schützen. Damit lässt sich hieran insbesondere ablesen, welchen Verantwortungsbeitrag der Gesetzgeber bei den Betreibern von Kommunikationsdiensten sieht. Der einfachgesetzliche Rahmen des TKG trifft Regelungen, die über den reinen Übermittlungsvorgang hinausgehen. Somit sind hier auch die Schutzbereiche der beiden anderen genannten kommunikationsbezogenen Grundrechte mit eingeflossen.

V. Grundrechtskonkurrenzen

Aus den vorstehenden Ausführungen bleibt festzuhalten, dass die genannten Grundrechte „im Verbund“ zu sehen sind und keines für sich allein einen umfassenden Kommunikationsschutz für transaktionsbezogenes E-Government gewährleistet. Die komplexe Struktur elektronischer Kommunikation macht Abgrenzungen erforderlich[1291]. Daher ist hier zusammenfassend auf das jeweilige Verhältnis der genannten Grundrechte untereinander einzugehen.

1. Abgrenzung nach Phasen der Kommunikation und Transaktion

Die Schutzbereiche der genannten Grundrechte entfalten ihre Wirkung in unterschiedlichen Phasen der Kommunikationsvorgänge und Transaktionen im E-Government. Bei der Betrachtung ist daher diesen unterschiedlichen Phasen, die aber in tatsächlicher Hinsicht einen Gesamtvorgang darstellen können, Rechnung zu tragen. Als erste Phase vor einem Kommunikationsvorgang kommt hier die Erstellung von Dokumenten an die Verwaltung durch den Bürger in Betracht, die mittels der individuellen Infrastruktur des Nutzers, mithin also auf seinem eigenen PC außerhalb eines laufenden Kommunikationsvorgangs, stattfindet. In dieser Phase schützt das IT-Grundrecht die informationstechnischen Systeme des Nutzers[1292] vor Eingriffen staatlicher Institutionen sowie privater Dritter durch Zugriff auf das System als solches oder mittels einer Durchsuchung der Speichermedien in diesem System. Das Grundrecht schützt hier die Vertraulichkeits- und Integritätserwartung des Nutzers an seinen PC, auf dem eine große Menge personenbezogener Daten gespeichert sind, die er ggf. auch für eine E-Government-Transaktion benötigt. In einer nächsten Pha-

1291 *Gurlit*, NJW 2010, 1035 (1036).

1292 *Bäcker*, in: Rensen/Brink (Hrsg.), Linien der Rechtsprechung des Bundesverfassungsgerichts, 99 (130).

se findet eine Transaktion im Bereich des E-Governments statt. In dieser Phase greift der Schutz des Fernmeldegeheimnisses aus Art. 10 GG für den Inhalt der Kommunikation und deren Umstände. Das bedeutet, dass sich der Schutz auch auf den Informations- und Datenverarbeitungsprozess bezieht, der sich an eine zulässige Kenntnisnahme anschließt, und auf den Gebrauch, der von erlangten Kenntnissen gemacht wird[1293]. Wenn bei einem Eingriff in dieser Phase die Erlangung personenbezogener Daten erfolgt, sind die Maßgaben des Volkszählungsurteils in Bezug auf die Schranken-Schranken zu berücksichtigen[1294]. Eine weitere Phase ist der Zeitpunkt nach dem Abschluss eines Kommunikationsvorgangs, also einer Transaktion. In dieser Situation modifiziert die Rechtsprechung des BVerfG die grundsätzliche Annahme, dass Art. 10 GG, bezogen auf den Fernmeldeverkehr, die speziellere grundrechtliche Garantie gegenüber dem Grundrecht auf informationelle Selbstbestimmung sei[1295]. Den Schutz für die nach Abschluss des Übertragungsvorgangs im Herrschaftsbereich des Kommunikationsteilnehmers gespeicherten Kommunikationsverbindungsdaten gewährleiste das Grundrecht auf informationelle Selbstbestimmung aus Art. 2 Abs. 1 i. V. m. Art. 1 Abs. 1 GG[1296]. Eine weitere Ausdifferenzierung ergibt sich beim Schutz von E-Mails, die bei einem Provider gespeichert sind. Nach dem BVerfG bleibt Art. 10 GG anwendbar, wenn der Zugriff auf Daten einer abgeschlossenen Kommunikation wie z. B. Inhalten von E-Mails nicht im alleinigen Herrschaftsbereich des Empfängers, sondern bei einem zur Übermittlung eingeschalteten Dritten, also einem Provider, erfolgt[1297]. Maßgebliches Kriterium für den grundrechtlichen Schutz ist der Herrschaftsbereich während der Transaktion, der vom Nutzer nicht beeinflusst werden kann. Auch hier wird sichtbar, dass das BVerfG nach Verantwortungssphären differenziert. In einer weiteren Phase, nachdem die Daten „in der Verwaltung angekommen" sind, werden bei der Weiterverarbeitung die personenbezogenen Daten durch das Grundrecht auf informationelle Selbstbestimmung geschützt.

2. Verhältnis des Grundrechts auf informationelle Selbstbestimmung und des Fernmeldegeheimnisses aus Art. 10 GG

Das BVerfG sieht den Zweck des Schutzes aus Art. 10 GG primär darin, vor den Risiken, die sich aus dem technischen Übermittlungsvorgang ergeben, zu schützen, da dieser im Gegensatz zu einem Gespräch unter Anwesenden nicht beherrscht werden

1293 BVerfGE 100, 313 ff.; *Sofiotis*, VR 2008, 333 (333).

1294 *Sofiotis*, VR 2008, 333 (333).

1295 *Sofiotis*, VR 2008, 333 (333).

1296 BVerfGE, Beschluss vom 27.2.2008 – 1 BvR 370/07; BVerfGE 115, 166 (183 f.).

1297 BVerfG, NJW 2009, 2431 Rn. 42 ff; *Klein*, NJW 2009, 2996 (2996); kritisch zu dieser Entscheidung: *Krüger*, MMR 2009, 680 (681); *Durner*, JA 2010, 238 (240); zu der ähnlich gelagerten Frage des Schutzes beim Zugriff auf einen Dokumentensafe: *Hoffmann*, Die Gewährleistung der Vertraulichkeit und Integrität elektronischer Daten-und Dokumentensafes, S. 140 ff.

kann[1298]. Damit wird hier an die jeweilige Herrschaftssphäre angeknüpft[1299]. Art. 10 GG enthält nach der Rechtsprechung des BVerfG eine spezielle Garantie im Zusammenhang mit dem Fernmeldeverkehr und damit auch mit der elektronischen Kommunikation, die das Grundrecht auf informationelle Selbstbestimmung verdrängt[1300]. In der Phase nach der Beendigung eines Übermittlungsvorgangs kommt es dann darauf an, wie die Zugriffsmöglichkeiten auf die übermittelten Inhalte sind. Wenn diese einen Übertragungsvorgang über das Internet erfordern, bleibt Art. 10 GG einschlägig. Für die Situation eines Übertragungsvorgangs stellt Art. 10 GG gegenüber dem Grundrecht auf informationelle Selbstbestimmung das speziellere Grundrecht dar[1301]. Das Grundrecht auf informationelle Selbstbestimmung ist v. a. in der Phase einschlägig, in der die personenbezogenen Inhaltsdaten „in der Verwaltung angekommen“ sind und für dortige Geschäftsprozesse[1302] verwendet werden.

3. Verhältnis des Grundrechts auf informationelle Selbstbestimmung, des IT-Grundrechts und des Fernmeldegeheimnisses

a) Systembezogenheit als Abgrenzungskriterium

In der Literatur ist die Schaffung des IT-Grundrechts kritisiert worden mit dem Hinweis, dass auch eine Präzisierung des Schutzbereichs des Rechts auf informationelle Selbstbestimmung möglich gewesen wäre[1303]. Beide Grundrechte sind als Teilausprägungen des allgemeinen Persönlichkeitsrechts zu qualifizieren. Bei der Betrachtung des Konkurrenzverhältnisses des IT-Grundrechts und des Grundrechts auf informationelle Selbstbestimmung ist festzustellen, dass beide auf unterschiedliche Bereiche zielen. Anknüpfungspunkt für den Grundrechtsschutz ist beim IT-Grundrecht das gesamte eigengenutzte informationstechnische System und nicht nur das einzelne gespeicherte Datum[1304]. Das BVerfG hat hier erkannt, dass informationstechnische Systeme heute eine große Menge und Vielfalt personenbezogener Daten enthalten und dass deren Infiltration eine massiv gesteigerte Persönlichkeitsgefährdung mit sich bringt[1305]. Der Schutz wird auf die einem potenziellen Kommunikationsvorgang vor-

---

1298 BVerfGE 85, 386 (396) = NJW 1992, 1875; BVerfGE 106, 28 (36) = NJW 2002, 3619; BVerfGE 107, 299 (313) = NJW 2003, 1787; BVerfGE 115, 166 (184) = NJW 2006, 976; *Hoffmann*, Die der Vertraulichkeit und Integrität elektronischer Daten-und Dokumentensafes, S. 140 ff.; *Gurlit*, NJW 2010, 1035 (1036).

1299 Kritisch hierzu *Frenz*, NVwZ 2007, 631 (632); *Kutscha*, LKV 2008, 481 (485); *Gurlit*, NJW 2010, 1035 (1037).

1300 BVerfG NJW 2010, 833 Rn. 191; BVerfGE 113, 348 (364) = NJW 2005, 2603; BVerfGE 107, 299 (312); = NJW 2003, 1787; BVerfGE 100, 313 (358); BVerfGE 67, 157 (171) = NJW 1985, 121; *Tinnefeld/Ehmann/Gerling*, Einführung in das Datenschutzrecht, S. 234.

1301 *Dürig*, in: Maunz/Dürig (Hrsg.), GG-Kommentar, Art. 10 Rn. 29.

1302 Zu Geschäftsprozessen vgl. oben: Teil 2., B. I. 4.

1303 Statt vieler: *Britz*, DÖV 2008, 411 (411 ff.).

1304 *Papier*, in: Schmidt/Weichert, Datenschutz 2012, 67 (73); *Bäcker*, in: Uerpmann/Wittzack (Hrsg.), Das neue Computergrundrecht, S. 1 (9); *Roßnagel/Skistims*, ZD 2012, 3 (5); *Hoffmann*, CR 2010, 514 (517); kritisch zu dieser Differenzierung des BVerfG: *Britz*, DÖV 2008, 411 (413).

1305 Insoweit ist es aufgrund der Systembezogenheit schwierig, den Weg über die Anpassung des Schutzbereichs des Rechts auf Informationelle Selbstbestimmung zu wählen; so auch *Hoffmann*-

geschaltete Situation der Nutzung eines informationstechnischen Systems erstreckt. Damit schafft das BVerfG vorverlagerten Grundrechtsschutz und damit auch Grundrechtsvoraussetzungsschutz. Geschützt wird damit gerade auch eine subjektive Erwartungshaltung des Nutzers[1306], die auch Grundvoraussetzung für weitere Kommunikationsprozesse ist. Diese systembezogene Abgrenzung hat nicht nur in Bezug auf den subjektiv-abwehrrechtlichen Gehalt Auswirkungen, sondern auch auf die objektiv-rechtlichen Gehalten beider Grundrechte. Dem IT-Grundrecht geht es vor allem um Eingriffe in die Vertraulichkeit des Systems und nicht nur um die personenbezogenen Daten als solche, die durch das Grundrecht auf informationelle Selbstbestimmung geschützt sind[1307]. Auch unterscheiden sich die Schutzbereiche des IT-Grundrechtes und des Grundrechtes auf informationelle Selbstbestimmung dadurch, dass ein Eingriff in das IT-Grundrecht dann vorliegt, wenn der Zugriff durch eine technische Manipulation eines Gerätes, also durch Infiltration mittels einer Spähsoftware, stattfindet, und ein Eingriff in das Grundrecht auf informationelle Selbstbestimmung dann vorliegt, wenn ein Angreifer weitere Datenerhebungsmaßnahmen wie das Befragen des Betroffenen oder die unbefugte Ansammlung von Daten vornehmen muss[1308].

Das IT-Grundrecht nimmt an der Auffangfunktion des Art. 2 Abs. 1 GG teil und greift damit erst dann ein, wenn das Grundrecht auf informationelle Selbstbestimmung und Art. 10 GG nicht eingreifen[1309]. Man könnte also sagen, dass das Grundrecht auf informationelle Selbstbestimmung seinen Schutz im Rahmen von Datenverarbeitungsprozessen entfaltet, während das IT-Grundrecht seinen Schutz bei den Vertraulichkeitserwartungen des Nutzers an ein System entfaltet.

b) Weitere Schutzbereichsausprägung des allgemeinen Persönlichkeitsrechts

Das IT-Grundrecht stellt eine weitere Schutzbereichsausprägung des allgemeinen Persönlichkeitsrechts neben dem Recht auf informationelle Selbstbestimmung dar[1310]. Entgegen dem Wortlaut handelt es sich also um kein eigenständiges Grundrecht[1311]. Dies hat insoweit auch Konsequenzen für das Verhältnis zu den anderen kommunikationsbezogenen Grundrechten.

c) Subsidiarität des IT-Grundrechts

Grundsätzlich tritt das IT-Grundrecht als Ausprägung des allgemeinen Persönlichkeitsrechts hinter das spezielle Persönlichkeitsrecht aus Art. 10 GG zurück, wenn es

Riem, in: Klumpp u. a. (Hrsg.), Netzwelt – Wege, Werte, Wandel, 165 (177); *Bäcker*, in: Rensen/Brink (Hrsg.), Linien der Rechtsprechung des Bundesverfassungsgerichts, 99 (120).

1306 *Luch*, MMR 2011, 75 (75).

1307 *Luch*, MMR 2011, 75 (76 und 78).

1308 *Hoffmann-Riem*, JZ 2008, 1009 (1019).

1309 *Luch*, MMR 2011, 75 (76).

1310 *Hoffmann*, CR 2008, 514 (516); *Luch*, in: Schliesky (Hrsg.), Technikgestütztes Identitätsmanagement, 137 (146).

1311 *Luch*, MMR 2011, 75 (76).

eine Überschneidung im Schutzbereich gibt[1312]. Nach dem BVerfG kommt das IT-Grundrecht nur zur Anwendung, soweit der Schutz nicht durch andere Grundrechte gewährleistet ist[1313]. In der Literatur wird hieraus überwiegend die Subsidiariät des IT-Grundrechts sowohl gegenüber anderen Grundrechten als auch gegenüber dem Grundrecht auf informationelle Selbstbestimmung gefolgert[1314]. Teilweise wird aber diesbezüglich nicht von Subsidiarität gesprochen, sondern vertreten, dass das IT-Grundrecht, soweit sein formaler Anknüpfungspunkt reicht, andere Ausprägungen des Grundrechtes auf Schutz der Persönlichkeit bündelt und diesen gegenüber vorgeht[1315].

Diese Subsidiarität des IT-Grundrechts hat Auswirkungen im Bereich der E-Mail-Kommunikation. Nach dem Urteil des BVerfG[1316] soll Art. 10 GG beim Zugriff auf E-Mail-Postfächer, der über das Internet erfolgen muss, auch beim Zugriff auf diese Postfächer anwendbar bleiben[1317]. Die Anforderungen des IT-Grundrechts gehen bei besonders intensiven Eingriffen über diejenigen des Art. 10 GG hinaus[1318]. Damit bleibt Nutzern in den Konstellationen online gespeicherter Mails der erhöhte Schutz des IT-Grundrechts verwehrt[1319].

4. Gemeinsame Grundrechtsschranken

In allen genannten Kommunikationsphasen bei Anwendungen im transaktionsbezogenen E-Government stehen personenbezogene Daten im Vordergrund. Die drei genannten Kommunikationsgrundrechte[1320] bezwecken jedenfalls im Ergebnis alle den Schutz der informationellen Selbstbestimmung. Wenn also bei einem Eingriff in einen Kommunikationsvorgang, der durch Art. 10 GG geschützt ist, die personenbezogenen Daten erlangt werden, dann sind hierbei die Maßgaben des Grundrechts auf informationelle Selbstbestimmung[1321] im Hinblick auf die Schranken anzuwenden[1322]. Der Gesetzgeber muss hier also bei der Normierung die kommunikationsbezogenen Grundrechte übergreifend und nicht isoliert betrachten. Das bedeutet dann auch, dass er bei der einfachgesetzlichen Konkretisierung alle kommunikationsbezo-

1312 BVerfGE 100, 313 (358); 110, 33 (55); 113, 348 (364); *Bäcker,* in: Rensen/Brink (Hrsg.), Linien der Rechtsprechung des Bundesverfassungsgerichts, 99 (131).

1313 BVerfG v. 27.2.2008 – 1 BvR 370/07, 1 BvR 595/07, BVerfGE 120, 274 = CR 2008, 302 (306).

1314 *Britz,* DÖV 2008, 411 (414); *Eifert,* NVwZ 2008, 521 (522); *Hirsch,* NJOZ 2008 1907 (1909); *Petri,* DuD 2008, 443 (444); *Volkmann,* DVBl. 2008, 590 (591); *Hoffmann,* CR 2010, 514 (516); andere Ansicht: *Hoffmann-Riem,* JZ 2008, 1009 (1019), insbesondere dort Fn. 91; *Bäcker,* in: Rensen/Brink (Hrsg.), Linien der Rechtsprechung des Bundesverfassungsgerichts, 99 (132).

1315 *Bäcker,* in: Rensen/Brink (Hrsg.), Linien der Rechtsprechung des Bundesverfassungsgerichts, 99 (132) m. w. N.

1316 BVerfGE 124, 43 (57).

1317 Kritisch hierzu *Krüger,* MMR 2009, 680 (681); *Durner,* JA 2010, 238 (240).

1318 *Bäcker,* in: Rensen/Brink, Linien der Rechtsprechung des Bundesverfassungsgerichts, 99 (136).

1319 *Hoffmann,* Die Gewährleistung der Vertraulichkeit und Integrität elektronischer Daten- und Dokumentensafes, S. 140.

1320 Den Begriff Kommunikationsgrundrechte benutzt *Hoffmann-Riem,* HBVerfR, § 7, 191 (191); *Gusy,* KritV 2000, 52 (53).

1321 *Sofiotis,* VR 2008, 333 (335).

1322 *Gurlit,* NJW 2010, 1035 (1037 ff.).

genen Grundrechte einbeziehen und die dadurch determinierten Verantwortungssphären der Akteure Staat, privater Diensteanbieter und privater Nutzer berücksichtigen muss.

5. Zwischenergebnis

Die Schutzbereiche des Grundrechts auf informationelle Selbstbestimmung, des Grundrechts auf Schutz der Vertraulichkeit und Integrität von informationstechnischen Systemen sowie des Fernmeldegeheimnisses aus Art. 10 GG erfassen in einer Zusammenschau alle grundrechtlich schutzwürdigen Aspekte der digitalen Kommunikation[1323] und damit auch des transaktionsbezogenen E-Governments. Unverzichtbar ist auch die Einbeziehung des Grundrechts auf Schutz der Vertraulichkeit und Integrität informationstechnischer Systeme mit subjektiv-rechtlicher und objektivrechtlicher Schutzrichtung, dessen Schutzbereich im Wesentlichen die individuelle Infrastruktur des Nutzers von transaktionsbezogenen E-Government-Anwendungen schützt[1324]. Maßgeblich ist daher auch, was aus den jeweiligen Gewährleistungsgehalten dieser Grundrechte in ihrer Gesamtheit folgt. Jedenfalls lassen sich aus den drei Grundrechten Verantwortungssphären für alle drei Akteure ableiten. Art. 10 GG ist auf den „Transportweg" elektronischer Nachrichten anwendbar und das Grundrecht auf informationelle Selbstbestimmung für die Datenverarbeitung in Fachverfahren in der Verwaltung, wenn die Daten dort angekommen sind. Für das IT-Grundrecht gibt es einen speziellen eigenen Anwendungsbereich bei der individuellen Infrastruktur[1325] des privaten Nutzers. Diese als informationstechnisches System zu qualifizierende Infrastruktur im Herrschaftsbereich des privaten Nutzers darf nicht unterschätzt werden. In einem gesetzgeberischen Konzept für die einfachgesetzliche Ausgestaltung sind alle drei Grundrechtsgewährleistungen in die Erwägungen einzubeziehen.

D. Einfachgesetzliche Vorgaben

Der einfachgesetzliche Rahmen für transaktionsbezogenes E-Government zeichnet sich dadurch aus, dass er „organisch gewachsen" ist[1326]. Das ist entwicklungsbedingt notwendig, erleichtert jedoch die Rechtsanwendung nicht. Im Folgenden sollen die Anforderungen des einfachgesetzlichen Rahmens für transaktionsbezogenes E-Go-

1323 So auch *Sofiotis*, VR 2008, 333 (335).

1324 Die Bedeutung des Grundrechts auf Schutz der Vertraulichkeit und Integrität informationstechnischer Systeme für datenschutzgerechtes E-Government wird im Vergleich zum Recht auf informationelle Selbstbestimmung als geringer eingeschätzt von: *Stollhoff*, Datenschutzgerechtes E-Government, S. 99.

1325 Zu diesem Begriff: *Schulz*, in: Hill/Schliesky (Hrsg.), Die Vermessung des virtuellen Raumes, 265 (286 ff.).

1326 Zu Recht erfolgt der Hinweis, dass ein gestufter Einführungsprozess für technische Innovationen üblich ist und deshalb ein schrittweises Vorgehen kein Argument gegen die Sinnhaftigkeit eines gesamten Vorhabens ist, bei: *Roßnagel/ Hornung/Knopp/Wilke*, DuD 2009, 728 (734).

vernment in einem Überblick dargestellt werden. Dabei soll der Fokus der Darstellung auf den Regelungen liegen, die transaktionsbezogenes E-Government maßgeblich determinieren, da ansonsten der Rahmen dieser Arbeit gesprengt werden würde.

I. Anforderungen des Verwaltungsverfahrensrechts

Für die Ermöglichung von transaktionsbezogenem E-Government sind seit jeher grundsätzlich Vorgaben aus dem Verwaltungsverfahrensrecht zu beachten. Diese regeln Rahmenvorgaben für die Kommunikation von Verwaltung und Bürger, die sich beim Datenschutz auswirken, sodass diese hier analysiert werden sollen.

1. Grundsatz der Nichtförmlichkeit des Verwaltungsverfahrens § 10 VwVfG

In § 10 S. 1 VwVfG ist der Grundsatz der Nichtförmlichkeit des Verwaltungsverfahrens geregelt. Dieser besagt, dass das Verwaltungsverfahren an bestimmte Formen nicht gebunden ist, soweit keine besonderen Rechtsvorschriften für die Form des Verfahrens bestehen. Aus der Stellung dieser Vorschrift im VwVfG wird ersichtlich, dass der Grundsatz der Nichtförmlichkeit ein tragendes übergeordnetes Prinzip des gesamten Verwaltungsverfahrensrechts ist[1327]. Das Verwaltungsverfahren soll zum einen rechtsstaatlichen Anforderungen genügen, zum anderen aber auch effizient durchgeführt werden[1328]. Dieser Grundsatz räumt dem bereits vor dem Inkrafttreten des VwVfG anerkannten Verfahrensermessen der Verwaltung Gesetzesrang ein[1329]. Die Verwaltungsbehörde hat hiernach grundsätzlich die Möglichkeit, das Verwaltungsverfahren auf die Art und Weise zu führen, die sie als am zweckmäßigsten beurteilt[1330]. Von der Seite des Bürgers aus gedacht, bedeutet das grundsätzlich auch, dass dieser jede Form elektronischer Kommunikation verwenden kann[1331]. Die Grundsätze der Nichtförmlichkeit und der Verfahrenseffizienz haben gerade auch für die elektronische Abwicklung von Verwaltungsverfahren, also transaktionsbezogenes E-Government, eine große Bedeutung[1332]. Aus der übergeordneten Bedeutung des Grundsatzes der Nichtförmlichkeit wird eine Vermutung zugunsten der Formfreiheit entnommen[1333]. Nach § 10

1327 *Kopp/Ramsauer,* VwVfG, § 10 VwVfG, Rn. 1; *Gerstner-Heck,* in: Bader/Ronellenfitsch, VwVfG, 1. Aufl., § 10 Rn. 1; *Ziekow,* VwVfG, § 10 VwVfG, Rn. 1; *Ritgen,* in: Knack/Henneke, § 10 VwVfG, Rn. 4; *Stollhoff,* Datenschutzgerechtes E-Government, S. 264.

1328 *Schmitz,* in: Stelkens/Bonk/Sachs (Hrsg.), § 10 VwVfG, Rn. 1; *Preuß,* in: Bauer u. a. (Hrsg.), Verwaltungsverfahrensgesetz mit rechtlichen Aspekten des E-Government, 1. Aufl. 2012, § 10 VwVfG, Rn. 2.

1329 *Hill,* NVwZ 1985, 449 (450); *ders.,* DÖV 1987, 885 (891); *Ziekow,* § 10 VwVfG, Rn. 1; zur Anerkennung des Verfahrensermessens vor dem Inkrafttreten des VwVfG: BVerwGE 24, 23 (27).

1330 *Kopp/Ramsauer,* § 10 VwVfG, Rn. 7.

1331 *Schmitz/Schlatmann,* NVwZ 2002, 1281 (1284).

1332 *Preuß,* in: Bauer u. a. (Hrsg.), Verwaltungsverfahrensgesetz mit rechtlichen Aspekten des E-Government, 1. Aufl. 2012, § 10 VwVfG, Rn. 3; zur Überlagerung dieses Grundsatzes durch das E-Government-Gesetz des Bundes siehe unten.

1333 *Kopp/Ramsauer,* § 10 VwVfG, Rn. 7; *Schmitz,* in: Stelkens/Bonk/Sachs (Hrsg.), VwVfG, § 10, Rn. 3; *Hoffmann u. a.,* Der E-Postbrief in der öffentlichen Verwaltung, S. 32.

S. 1 2. HS VwVfG ergibt sich, dass der Grundsatz der Nichtförmlichkeit nur gilt, soweit keine besonderen Rechtsvorschriften für die Form des Verfahrens bestehen. Das nicht förmliche und das förmliche Verwaltungsverfahren stehen daher in einem Regel-Ausnahme-Verhältnis[1334].

2. Schriftformerfordernis im Verwaltungsverfahren als Ausnahme

Hier kommt insbesondere die Anordnung von gesetzlichen Schriftformerfordernissen in Betracht, die im gesamten Besonderen Verwaltungsrecht geregelt sind[1335]. Im jeweiligen Fachrecht ordnen jeweils eigene Vorschriften die Schriftform an, sodass diesem nach wie vor auch eine maßgebliche Bedeutung zukommt[1336]. Für die elektronische medienbruchfreie Kommunikation bei Transaktionen im E-Government stellt dieses Erfordernis die größte Herausforderung dar. Im öffentlichen Recht gibt es im Vergleich zu anderen Rechtsgebieten eigene Maßstäbe für die Schriftform[1337]. Es gibt keinen einheitlichen Schriftformbegriff im öffentlichen Recht, da es unterschiedliche Anforderungen im jeweiligen Gebiet des Besonderen Verwaltungsrechts gibt[1338]. Zur Bewertung und Einordnung der Möglichkeiten, wie Sinn und Zweck der Schriftform anders erfüllt werden können, ist es angesichts der Modifizierungen bzw. Privilegierungen[1339], die durch das E-Government-Gesetz des Bundes erfolgt sind, notwendig, sich die einzelnen Funktionen der Schriftform im öffentlichen Recht und deren Verhältnis untereinander zu vergegenwärtigen. Den folgenden Funktionen dient die Schriftform im öffentlichen Recht:

1334 *Hoffmann u. a.*, Der E-Postbrief in der öffentlichen Verwaltung, S. 32.

1335 Zu der umfangreichen Anzahl der Schriftformerfordernisse im öffentlichen Recht gibt es unterschiedliche Angaben: *Müller-Terpitz/Rauchhaus*, JurPC Web-Dok. 96/2012, Abs. 2 in Fn. 6: ca. 3.500 Schriftformerfordernisse; *Roßnagel*, in: Hoffmann-Riem/Schmidt-Aßmann, Verwaltungsrecht in der Informationsgesellschaft, 2000, S. 257 (319): 3.900 Schriftformerfordernisse; diese Zahl wird in der Literatur als zu hoch gegriffen kritisiert, da bei ihrer Erhebung auch Vorschriften einbezogen wurden, welche die Schriftform nur als eine von mehreren möglichen Formen der Kommunikation vorsehen, so *Eifert*, Electronic Government, S. 97, Fn. 313; vgl. auch den Hinweis bei *Hoffmann u. a.*, Der E-Postbrief in der öffentlichen Verwaltung, S. 32 Fn. 118; der Referentenentwurf der Bundesregierung für ein E-Government-Gesetz spricht von „mehreren tausend“ Schriftformerfordernissen; Das BMI hat ein Projekt „Digitale Erklärungen“ (Normenscreening) gestartet mit dem Ziel, entbehrliche Schriftformerfordernisse in verwaltungsrechtlichen Vorschriften des Bundes zu streichen: Vgl. NLT-Rundschreiben Nr. 550/2015, S. 1.

1336 *Schulz S. E.*, in: Mann/Sennekamp/Uechtritz (Hrsg.), § 3a VwVfG, Rn. 10.

1337 Zur Rolle und den Maßstäben der Schriftform bzw. Textform im Zivilrecht: *Stollhoff*, Datenschutzgerechtes E-Government, S. 266 ff; gegen jegliche Analogiefähigkeit bzw. Anerkennung der zivilrechtlichen Maßstäbe als allgemeiner Rechtsgrundsatz: *Eifert/Schreiber*, MMR 2000, 340 (342 f.); zur Einordnung des Einsatzes von Signaturpads als Unterschriftersatz: *Schmitz*, NVwZ 2013, 410 (410 ff.).

1338 *Hoffmann u. a.*, Der E-Postbrief in der öffentlichen Verwaltung, S. 32.

1339 Dazu sogleich unten unter: Teil 3, D., III, 4. und 5.

a) Identitätsfunktion

Die Identitätsfunktion dient der Identifizierung des Autors eines Dokuments[1340]. Damit entspricht diese dem dieser Arbeit zugrunde liegenden Verständnis von numerischer Identität im Sinne von Identifizierung. Bei einer Unterschrift erfolgt regelmäßig eine gleiche Gestaltung des Namenszuges, sodass sie sich eindeutig mit der unterschreibenden Person in Verbindung bringen lässt und ein biometrisches Merkmal darstellt[1341]. Diese Funktion der Schriftform ist insbesondere im elektronischen Kontakt mit der Verwaltung, also auch im transaktionsbezogenen E-Government, relevant, weil ein schutzwürdiges Interesse sowohl des privaten Nutzers als auch der Verwaltung besteht, die elektronische Identifizierung und Authentifizierung des Kommunikationspartners sowie die Überprüfung der Integrität der übermittelten Daten vornehmen zu können[1342]. In der analogen papierbasierten Welt erfüllt diese Funktion der Schriftform ebenfalls eine zentrale Aufgabe. Die Preisgabe eines Mindestmaßes von Daten, nämlich Identitätsdaten zu Identifizierungszwecken[1343], ist in vielen Rechtsgebieten systemimmanent notwendig, da eintretende Rechtsfolgen individuell zurechenbar sein müssen. Die notwendige Preisgabe ist jedenfalls eine Einschränkung der freien Gestaltbarkeit der Identität.

b) Echtheitsfunktion

Durch die Echtheitsfunktion der Schriftform wird die inhaltliche Zuordnung einer Erklärung zum Erklärenden gewährleistet[1344]. Diese Funktion ist neben der Identitätsfunktion sowohl für den Bürger als auch für die Verwaltung wichtig.

c) Verifikationsfunktion

Eng mit der Echtheitsfunktion verbunden ist die Verifikationsfunktion, welche der Überprüfbarkeit der Echtheit der Erklärung dient[1345]. Diese wird teilweise auch als Garantiefunktion bezeichnet[1346]. In der analogen Welt begründet diese Funktion die Möglichkeit, dass der Empfänger eines Dokuments die Möglichkeit hat, zu überprüfen, ob die grundsätzlich unverwechselbare Unterschrift echt ist[1347], entweder durch einen

---

1340 Bundesministerium des Innern, Bericht der Bundesregierung nach Art. 5 des Gesetzes zur Regelung von De-Mail-Diensten und zur Änderung weiterer Vorschriften, S. 6, abrufbar unter: https://www.bmi.bund.de/SharedDocs/Downloads/DE/Gesetzestexte/Berichte/bericht_de-mail.pdf?__blob=publicationFile (letzter Abruf: 08.11.2015); *Schreiber*, Elektronisches Verwalten, S. 85.

1341 *Hammer/Bizer*, DuD 1993, 689 (690); *Bizer*, DuD 1992, 169 (171 f.); *Schreiber*, Elektronisches Verwalten, S. 85.

1342 *Stollhoff*, Datenschutzgerechtes E-Government, S. 266; *Schmitz/Schlatmann*, NVwZ 2002, 1281 (1283).

1343 *Brackmann u. a.*, Der E-Postbrief in der Kommunalverwaltung, S. 39 f.

1344 *Hoffmann u. a.*, Der E-Postbrief in der öffentlichen Verwaltung, S. 37.

1345 *Stollhoff*, Datenschutzgerechtes E-Government, S. 265; *Schmitz*, in: Stelkens/Bonk/Sachs (Hrsg.), § 3a VwVfG, Rn. 17.

1346 *Schreiber*, Elektronisches Verwalten, 85.

1347 *Stollhoff*, Datenschutzgerechtes E-Government, S. 265.

schlichten Vergleich oder gar durch ein grafologisches Gutachten. Die Identitäts-, Echtheits- und Verifikationsfunktion ergänzen sich gegenseitig und sind wechselseitig voneinander abhängig[1348].

d) Perpetuierungsfunktion

Mit der Perpetuierungsfunktion der Schriftform gewährleistet die Schriftform die fortdauernde Wiedergabe der Erklärung in einer Urkunde mit der Möglichkeit einer Überprüfung[1349]. Diese Funktion ist auf die sachliche Verkörperung einer Erklärung gerichtet. Dies ist ein Spezifikum der papierbasierten analogen Welt. In der elektronischen Welt stellen sich im Hinblick auf die Perpetuierung von Urkunden neue Herausforderungen.

e) Beweisfunktion

In engem Zusammenhang mit der Verkörperung von Dokumenten steht die Beweisfunktion der Schriftform[1350]. Diese Begrifflichkeit suggeriert, dass die Schriftform ohne Weiteres Beweis über die Echtheit einer Urkunde erbringen kann. Bei genauerer Betrachtung wird klar, dass die Schriftform dem Beweispflichtigen lediglich die Beweisführung erleichtert, im Falle des Bestreitens durch die Gegenseite aber keine Beweiserleichterungen gewährt[1351].

f) Warnfunktion

Die Warnfunktion der Schriftform soll den Erklärenden darauf hinweisen, dass seine Erklärung rechtlich verbindlich ist, und er soll vor Übereilung geschützt werden[1352]. Das tatsächliche Leisten einer Unterschrift soll bei dem Erklärenden einen Bewusstseinsprozess im Hinblick auf die Rechtsfolgen seiner Erklärung in Gang setzen.

g) Abschlussfunktion

Eng mit der Warnfunktion hängt auch die Abschlussfunktion der Schriftform zusammen, die nach außen sichtbar dokumentieren soll, dass eine Erklärung räumlich abgeschlossen ist[1353] und in den Rechtsverkehr gegeben werden soll. Diese grenzt ein

---

1348 *Schreiber*, Elektronisches Verwalten, 86.

1349 *Schmitz*, in: Stelkens/Bonk/Sachs (Hrsg.), § 3a VwVfG, Rn. 17.

1350 Kritisch zum Begriff Beweisfunktion: *Schreiber*, Elektronisches Verwalten, S. 88; die Bezeichnung „Beweisfunktion der Schriftform" sei irreführend, da die Schriftform selbst keinen Beweis erbringen könne, sondern lediglich eine Beweisführung unterstütze oder ermögliche (Hervorhebung im Original).

1351 So auch *Stollhoff*, Datenschutzgerechtes E-Government, S. 265.

1352 *Schmitz*, in: Stelkens/Bonk/Sachs (Hrsg.), § 3a VwVfG, Rn. 17.

1353 Bericht der Bundesregierung nach Art. 5 des Gesetzes zur Regelung von De-Mail-Diensten und zur Änderung weiterer Vorschriften, BT-Drs. 17/10720, S. 4.

endgültiges Dokument von einem Entwurf ab[1354]. Damit bringt die Schriftform zugleich zum Ausdruck, dass eine Willenserklärung rechtlich bindend sein soll[1355].

h) Verhältnis der Schriftformfunktionen zueinander

Bei dieser Analyse wird deutlich, dass diese verschiedenen Funktionen der Schriftform eng miteinander verzahnt sind und ihre Schutzwirkung für beide beteiligten Seiten entfalten sollen. Eine Gewichtung der Funktionen zueinander ist nicht abstrakt möglich, sondern individuell daran zu messen, welchen Sinn und Zweck die Vorschrift hat, die ein Schriftformerfordernis aufstellt[1356]. Damit lässt sich auch nicht abstrakt sagen, ob mit Blick auf die elektronische Kommunikation ggf. auch eine dieser Funktionen verzichtbar sein kann. Auch über die Art und Weise, wie diese Funktionen mit gleicher Leistungsfähigkeit in der elektronischen Kommunikation abgebildet werden können, ist hier noch keine Aussage getroffen.

3. Ersetzung der Schriftform nach § 3a VwVfG

In der Generalklausel zur elektronischen Kommunikation § 3a VwVfG ist als Äquivalent zur Schriftform die qualifizierte elektronische Signatur (QES) vorgesehen[1357]. Die einzelnen Schriftformfunktionen werden durch die Technik der qualifizierten elektronischen Signatur vollständig elektronisch abgebildet[1358]. Diese gilt nicht nur für das eigentliche Verwaltungsverfahren i. S. d. §§ 9 ff. VwVfG, sondern auch entsprechend der systematischen Stellung für die sonstige öffentlich-rechtliche Verwaltungstätigkeit i. S. d. § 1 Abs. 1 VwVfG, sodass sie auch im gesamten Besonderen Verwaltungsrecht[1359] und für sämtliche Konstellationen des transaktionsbezogenen E-Governments Bedeutung hat. Die Vorschrift war ein erster gesetzgeberischer Schritt, um überhaupt die elektronische Durchführung bisher papierbasierter Verwaltungsverfahren zu ermöglichen. In der bisherigen Entwicklung hat sich das Erfordernis einer qualifizierten elektronischen

1354 *Schreiber*, Elektronisches Verwalten, S. 87.

1355 *Bizer*, DuD 1992, 169 (171 f.).

1356 So auch *Stollhoff*, Datenschutzgerechtes E-Government, S. 266.

1357 Zu den unterschiedlichen Ausgestaltungen in den einzelnen Bundesländern und den Konsequenzen für transaktionsbezogenes E-Government *Hanken*, JurPC Web-Dok. 24/2006, Abs. 6 ff.; vgl. hierzu auch *Schmitz*, DÖV 2005, 885 (885 ff.).

1358 *Stollhoff*, Datenschutzgerechtes E-Government, S. 266 mit Verweis auf BT-Drs. 14/4987, S. 16 f., wo eine ausführliche Analyse der Funktionsäquivalenz stattfindet; vgl. hierzu auch den Bericht der Bundesregierung nach Art. 5 des Gesetzes zur Regelung von De-Mail-Diensten und zur Änderung weiterer Vorschriften durch das BMI, abrufbar unter https://www.bmi.bund.de/SharedDocs/Downloads/DE/Gesetzestexte/Berichte/bericht_de-mail.pdf?__blob=publicationFile (letzter Abruf: 08.11.2015) Der Bericht zu De-Mail, S. 5, spricht davon, dass die De-Mail und die Online-Ausweisfunktion des nPA „im Wesentlichen die gleichen Anforderungen erfüllen muss wie die herkömmliche Schriftform"; vgl. BT-Drs. 17/10720, S. 4 (Abdruck desselben Berichts als BT-Drs.).

1359 *Eifert/Püschel*, in: Kröger/Hoffmann (Hrsg.),Rechts-Handbuch zum E-Government, 106 (108) = Rn. 5; *Schliesky*, NVwZ 2003, 1322 (1323); *Hoffmann u. a.*, Der E-Postbrief in der öffentlichen Verwaltung, S. 39.

Signatur jedoch als ein Hindernis für transaktionsbezogenes E-Government dargestellt und die Weiterentwicklung zehn Jahre verzögert[1360].

4. Zugangseröffnung nach § 3a VwVfG

Eine Grundvoraussetzung für transaktionsbezogenes E-Government ist die Eröffnung eines Zuganges sowohl auf Bürgerseite als auch auf Behördenseite nach § 3a Abs. 1 VwVfG[1361].

a) Zugangseröffnung auf Nutzerseite

Dieses Merkmal der Zugangseröffnung erfordert auf Bürgerseite als objektives Element das Vorliegen der technischen Voraussetzungen für die elektronische Kommunikation und zum anderen als subjektives Element die konkrete Nutzungsbestimmung durch den Nutzer für die Kommunikation mit der Verwaltung[1362]. Hinsichtlich der technischen Möglichkeiten der Zugangseröffnung ist die Vorschrift entwicklungsoffen, sodass zukünftige Kommunikationsinfrastrukturen für transaktionsbezogenes E-Government nicht ausgeschlossen sind[1363]. Bei der Bewertung der Frage der Zugangseröffnung ist zwischen privaten, geschäftlichen und behördlichen Nutzern zu differenzieren[1364]. Die entscheidende Frage stellt sich hier beim subjektiven Element der Zugangseröffnung. Bei Privatpersonen wird diskutiert, ob die Angabe einer E-Mail-Adresse auf dem Briefkopf bereits eine Zugangseröffnung darstellt. Nach einer Ansicht könne von einer Zugangseröffnung nicht bei einer bloßen Nennung einer E-Mail-Adresse ausgegangen werden, sondern nur dann, wenn eine Privatperson gegenüber der Behörde ausdrücklich erkläre oder durch einen elektronischen Antrag zum Ausdruck gebracht habe, dass sie elektronisch kommunizieren wolle[1365]. Diese Ansicht stellt darauf ab, dass es „heute" noch nicht der Verkehrsanschauung entspreche, dass Privatpersonen täglich ihre E-Mails lesen[1366]. Eine andere Ansicht geht davon aus, dass rechtsverbindliches Handeln

1360 Eine Stellungnahme des ISPRAT e. V. spricht davon, dass die einseitige Fixierung auf die QES dem Deutschen E-Government einen „Bärendienst" erwiesen habe; vgl. Stellungnahme des ISPRAT e. V., S. 2.

1361 *Eifert/Püschel,* in: Kröger/Hoffmann (Hrsg.), Rechts-Handbuch zum E-Government, 106 (108) = Rn. 5; *Schmitz/Schlatmann,* NVwZ 2002, 1281 (1285).

1362 *Heckmann/Albrecht,* in: Bauer u. a. (Hrsg.), Verwaltungsverfahrensgesetz mit rechtlichen Aspekten des E-Government, 2. Aufl. 2014, § 3a VwVfG, Rn. 54 f.; *Eifert/Püschel,* in: Kröger/Hoffmann (Hrsg.), Rechts-Handbuch zum E-Government, 106 (109) = Rn. 6; *Roßnagel,* NJW 2003, 469 (472); *Schmitz/Schlatmann,* NVwZ 2002, 1281 (1285).

1363 *Kopp/Ramsauer,* § 3a VwVfG, Rn. 6; *Warnecke,* MMR 2010, 227 (228).

1364 *Heckmann/Albrecht,* in: Bauer u. a. (Hrsg.), Verwaltungsverfahrensgesetz mit rechtlichen Aspekten des E-Government, 2. Aufl. 2014, § 3a VwVfG, Rn. 55;

1365 *Ernst, in:* Hoeren/Sieber (Hrsg.), Handbuch Multimedia Recht, Nr. 28.1, Rn. 12; *Schlatmann,* DVBl 2002, 1005 (1009); *Schmitz,* in: Stelkens/Bonk/Sachs (Hrsg.), § 3a VwVfG, Rn. 12.

1366 *Schmitz/Schlatmann,* NVwZ 2002, 1281 (1285); *Schmitz,* in: Stelkens/Bonk/Sachs (Hrsg.), § 3a VwVfG, Rn. 12; *Schliesky,* in: Knack/Henneke (Hrsg.), § 3a VwVfG, Rn. 39 in Fn. 71; vgl. den Hinweis, dass die Belege für die genannte Ansicht bezeichnenderweise überwiegend aus den Jahren vor der Einfügung des § 3a VwVfG stammen und mit der Formulierung „heute" eine überholte Verkehrsanschauung darstellten.

über das Internet auch bei Privatpersonen gängige Praxis geworden sei und sich die Verkehrsanschauung dementsprechend gewandelt habe[1367]. Die Angabe der E-Mail-Adresse verfolge gerade den Zweck, dass dem Empfänger eine zusätzliche Kommunikationsmöglichkeit gegeben werden solle, aus tatsächlichen Gründen sei nicht mehr davon auszugehen, dass Privatpersonen unregelmäßig ihre E-Mails abriefen, und dieser Aspekt betreffe den Zugangszeitpunkt und nicht die Widmung[1368]. Auch der Hinweis auf die fehlende Verbreitung von Signaturtechnik[1369] könne hier nicht überzeugen, da die Privatperson aufgrund der Verfügbarkeit des öffentlichen Schlüssels über das Internet die Möglichkeit habe, rechtsverbindliche Erklärungen seitens der Behörde zu verifizieren und eine mangelnde Verbreitung dem nicht entgegenstünde[1370]. Darüber hinaus sind mittlerweile verschiedene niedrigschwelligere Basisinfrastrukturkomponenten verfügbar, sodass es auf die Verbreitung der Signaturtechnik allein nicht ankommt. Dieser Ansicht ist hier zu folgen, da dem Nutzer hier auch ein Stück Selbstverantwortung abzuverlangen ist.

Eine Konkretisierung bzw. Ergänzung erfährt die Zugangseröffnung durch die Regelungen des E-Government-Gesetzes i. V. m. den Vorgaben des § 7 des De-Mail-Gesetzes sowie der Möglichkeit der Zugangseröffnung über den Verzeichnisdienst der De-Mail-Infrastruktur[1371]. Jedenfalls enthält die Vorschrift des § 3a VwVfG den Grundsatz, dass die Zugangseröffnung seitens einer Privatperson freiwillig erfolgen muss, der auch weiterhin Geltung beanspruchen wird und auch bei der „schriftformlosen" Kommunikation gilt. Die Zugangseröffnung für Behördenkommunikation über den Verzeichnisdienst ist damit eine ergänzende, aber keineswegs die einzige Möglichkeit und tritt neben die bisherigen[1372].

Bei geschäftlichen Nutzern greift ein anderer Maßstab als bei Privatpersonen, sodass in der Nennung einer E-Mail-Adresse auf einer Homepage, dem Briefpapier oder einer Visitenkarte von einer Zugangseröffnung ausgegangen werden kann[1373]. Bei dieser Nutzergruppe ist eine Zugangseröffnung bereits früh anzunehmen, da hier die geschäftliche bzw. dienstliche Kommunikation im Vordergrund steht[1374]. Wichtig ist festzuhalten, dass für den Bürger auch nach wie vor trotz der Modifizierungen durch das EGovG das Freiwilligkeitsprinzip aus § 3a Abs. 1 VwVfG gilt, sodass er auch noch die papierschriftliche Kommunikation wählen kann[1375]. Der Referentenentwurf bildet in

---

1367 *Schliesky*, in: Knack/Henneke (Hrsg.), § 3a VwVfG, Rn. 40.

1368 *Schliesky*, in: Knack/Henneke (Hrsg.), § 3a VwVfG, Rn. 40.

1369 *Schmitz*, in: Stelkens/Bonk/Sachs (Hrsg.), § 3a VwVfG, Rn. 12.

1370 *Schliesky*, in: Knack/Henneke (Hrsg.), § 3a VwVfG, Rn. 40.

1371 BR-Drs. 557/12, S. 73 ff.

1372 So ausdrücklich BR-Drs. 557/12, S. 74.

1373 *Heckmann/Albrecht*, in: Bauer u. a. (Hrsg.), Verwaltungsverfahrensgesetz mit rechtlichen Aspekten des E-Government, 2. Aufl. 2014, § 3a VwVfG, Rn. 55; *Schliesky*, in: Knack/Henneke, § 3a VwVfG, Rn. 38; *Ziekow*, § 3a VwVfG, Rn. 3; *Skrobotz*, VR 2003, 397 (398); a. A. *Roßnagel*, NJW 2003, 469 (473), BT-Drs. 14/9259, S. 1.

1374 *Kopp/Ramsauer*, § 3a VwVfG, Rn. 12; *Heckmann/Albrecht*, in: Bauer u. a. (Hrsg.), Verwaltungsverfahrensgesetz mit rechtlichen Aspekten des E-Government, 2. Aufl. 2014, § 3a VwVfG, Rn. 55;

1375 *Heckmann*, in: Bauer u. a. (Hrsg.), Verwaltungsverfahrensgesetz mit rechtlichen Aspekten des E-Government, 1. Aufl. 2012, Einführung, Rn. 80;

§ 2 Abs. 1 Satz 1 EGovG das sog. Multikanalprinzip ab, sodass die Behörde sich nicht auf die elektronische Form beschränken kann[1376].

b) Zugangseröffnung auf Behördenseite

Nach der Regelung in § 3a VwVfG ist bei einer Behörde genauso wie bei externen oder internen Nutzern eine Zugangseröffnung erforderlich[1377]. Nach dieser Regelung ist die Verwaltung bisher grundsätzlich nicht verpflichtet, elektronische Angebote einzurichten, sondern es herrscht wie beim Bürger auch für die Behörde ein Freiwilligkeitsprinzip[1378]. Begründet wurde dieses mit der notwendigen Handlungsfreiheit im Hinblick auf die Haushaltsflexibilität bei der Bereitstellung von E-Government-Angeboten[1379].

Eine weitgehende Modifizierung erfährt das Freiwilligkeitsprinzip für Behörden durch das EGovG. Die Bundesverwaltung wird durch § 2 Abs. 1 Satz 1 EGovG explizit zur Eröffnung eines elektronischen Zugangs i. S. d. § 3a Abs. 1 VwVfG verpflichtet[1380]. Nach § 2 Abs. 1 Satz 2 EGovG ist jede Behörde des Bundes verpflichtet, den elektronischen Zugang zusätzlich mittels De-Mail-Adresse i. S. d. De-Mail-Gesetzes zu eröffnen[1381]. Damit hebt der Gesetzgeber das Freiwilligkeitsprinzip für den Bereich der Bundesbehörden auf[1382], um die weitere Verbreitung von transaktionsbezogenen E-Government-Anwendungen zu fördern, und setzt darauf, dass die Länder im Wege der Simultangesetzgebung folgen.

c) Zugangsschließung auf Nutzerseite als Ausdruck des Freiwilligkeitsprinzips

Mit der Möglichkeit einer Privatperson, einen Zugang zu eröffnen, korrespondiert auch die Möglichkeit, diesen wieder zu schließen. Diese stellt einen actus contrarius zur Zugangseröffnung dar[1383]. Praktisch muss dies seitens des Bürgers ausdrücklich gegenüber der Behörde erfolgen, der gegenüber der Zugang erklärt worden ist. Im Hinblick auf die Eröffnung durch ein De-Mail-Konto gibt es diesbezüglich spezielle Regelungen im De-Mail-Gesetz sowie eine Informationspflicht des De-Mail-Dienste-

---

1376 Vgl. im Referentenentwurf die Begründung zu § 2 EGovG, S. 32; generell zum Multikanalprinzip bzw. Mehrkanalansatz: *v. Lucke*, Hochleistungsportale für die öffentliche Verwaltung, S. 63 ff.

1377 *Kröger*, in: Wind/Kröger, Handbuch IT in der Verwaltung, 315 (323).

1378 *Roßnagel*, NJW 2003, 469 (472); *Storr*, MMR 2002, 579 (581); *Eifert/Püschel*, in: Kröger/Hoffmann (Hrsg.) Rechts-Handbuch zum E-Government, 106 (110) = Rn. 8.

1379 *Eifert/Schreiber*, MMR 2000, 340 (345 f.), weisen auf diesen Umstand bei der Interpretation der Europäischen Signaturrichtlinie hin; *Eifert/Püschel*, in: Kröger/Hoffmann (Hrsg.), Rechts-Handbuch zum E-Government, 106 (110) = Rn. 8.

1380 *Müller-Terpitz/Rauchhaus*, JurPC Web. Dok 96/2012, Abs. 10.

1381 Dazu sogleich unten unter: Teil 3., D., III., 3 b).

1382 *Heckmann*, in: Bauer u. a. (Hrsg.), Verwaltungsverfahrensgesetz mit rechtlichen Aspekten des E-Government, 1. Aufl. 2012, Einführung, Rn. 80; *Müller-Terpitz/Rauchhaus*, JurPC Web. Dok 96/2012, Abs. 10.

1383 *Heckmann/Albrecht*, in: Bauer u. a. (Hrsg.), Verwaltungsverfahrensgesetz mit rechtlichen Aspekten des E-Government, 2. Aufl. 2014, § 3a, Rn. 78.

anbieters nach § 9 De-Mail-Gesetz gegenüber dem Nutzer über die Zugangseröffnung[1384].

5. Identifizierbarkeit im Rahmen der elektronischen Kommunikation

Nach § 3a Abs. 2 Satz 3 VwVfG ist im Rahmen des Einsatzes der elektronischen Kommunikation die Signierung mit einem Pseudonym, das die Identifizierung der Person des Signaturschlüsselinhabers nicht ermöglicht, nicht zulässig. Hierdurch soll präventiv verhindert werden, dass rechtsmissbräuchlich unter einem Pseudonym die Verwaltung in Anspruch genommen wird[1385]. In diesem Zusammenhang bestand die Frage, ob die Möglichkeit, nach § 7 Abs. 1 Nr. 1 SigG a. F. einer Person Signaturschlüssel unter Pseudonym zuzuordnen, für das Verwaltungsverfahren durch § 3 a Abs. 2 Satz 3 VwVfG eingeschränkt wird. Nach einer Ansicht finde eine Einschränkung statt[1386]. Eine andere Ansicht geht davon aus, dass eine Beschränkung nicht gegeben sei, weil eine jederzeit gewährleistete Identifizierung des pseudonymen Versenders über die Dokumentation des Zertifizierungsdiensteanbieters bestehe[1387]. Diese Fragestellung zeigt, dass insbesondere im E-Government die Frage der Identifizierbarkeit einer natürlichen Person von herausgehobener Bedeutung ist.

6. Einleitung des Verwaltungsverfahrens mittels Antrag § 22 VwVfG

Bei vielen Verwaltungskontakten ist der Bürger der Initiator. Ein massenhaftes Anwendungsszenario für transaktionsbezogenes E-Government ist daher ein mittels Antrag i. S. d. § 22 VwVfG eingeleitetes Verwaltungsverfahren. Die Form des Antrages hat maßgebliche Bedeutung für die Umsetzung von E-Government-Anwendungen[1388]. Grundsätzlich gilt für die Stellung des Antrages als Äußerung eines Begehrens durch den Bürger der Grundsatz der Nichtförmlichkeit aus § 10 VwVfG, soweit gesetzlich nichts anderes normiert ist[1389]. Beim allgemeinen Verfahren regelt das VwVfG nichts Weiteres zum Antrag[1390]. Für das förmliche Verwaltungsverfahren ist § 64 VwVfG zu beachten, der explizit regelt, dass ein Antrag schriftlich oder zur Niederschrift bei der Behörde gestellt werden muss, wenn das förmliche Verwaltungsver-

---

1384 Dazu sogleich unten unter: Teil 3, D., III, 3.

1385 BT-Drs. 14/9000, S. 31; *Kopp/Ramsauer,* § 3a VwVfG, Rn. 24; *Heckmann/Albrecht,* in: Bauer u. a. (Hrsg.), Verwaltungsverfahrensgesetz mit rechtlichen Aspekten des E-Government, 2. Aufl. 2014, § 3a, Rn. 115.

1386 *Albrecht/Heckmann,* in: Bauer u. a. (Hrsg.), Verwaltungsverfahrensgesetz mit rechtlichen Aspekten des E-Government, 1. Aufl. 2012, § 3a VwVfG, Rn. 115.

1387 *Schliesky,* in: Knack/Henneke (Hrsg.), § 3a VwVfG, Rn. 47 mit Verweis auf *Roßnagel,* NJW 2003, 469 (473).

1388 *Skrobotz,* in: Bauer u. a. (Hrsg.), Verwaltungsverfahrensgesetz mit rechtlichen Aspekten des E-Government, 1. Aufl. 2012, § 22 VwVfG, Rn. 5; *ders.,* Das elektronische Verwaltungsverfahren, 2005, S. 154 ff.

1389 *Skrobotz,* in: Bauer u. a. (Hrsg.), Verwaltungsverfahrensgesetz mit rechtlichen Aspekten des E-Government, 1. Aufl. 2012, § 22 VwVfG, Rn. 18; *Hoffmann u. a.,* Der E-Postbrief in der öffentlichen Verwaltung, S. 43.

1390 *Hoffmann u. a.,* Der E-Postbrief in der öffentlichen Verwaltung, S. 43.

fahren einen Antrag voraussetzt. Außerhalb dieser fachrechtlichen Formerfordernisse ist ein Antrag formlos möglich[1391]. Einhelligkeit besteht beim Antrag darüber, dass im Gegensatz zu sonstigen Schriftformerfordernissen im öffentlichen Recht die Maßstäbe des § 126 BGB zur Textform herangezogen werden können[1392].

Ebenfalls große Relevanz für die Umsetzung von transaktionsbezogenem E-Government hat die Verwendung von Formularen zur Antragstellung[1393]. Die Formularverwendung kann gesetzlich vorgeschrieben sein und ein Verstoß gegen deren Benutzung zur Unzulässigkeit des Antrags führen[1394]. Zahlreiche Modifizierungen der Antragstellung entstehen durch § 13 E-GovG, der Vorgaben für die Verwendung elektronischer Formulare vorsieht.

7. Elektronischer Verwaltungsakt § 37 VwVfG

Für den Erfolg von transaktionsbezogenem E-Government wesentlich ist die Möglichkeit, Verwaltungsakte elektronisch erlassen zu können, da diese eine massenhafte Handlungsform der Verwaltung darstellen. In diesem Bereich liegen die Wirtschaftlichkeitsreserven[1395] für die Verwaltung und die Möglichkeit der schnelleren Verfügbarkeit für den Bürger. Die Regelung des § 37 Abs. 2 VwVfG ermöglicht den Erlass von elektronischen Verwaltungsakten. Der elektronischen Form kommt hinsichtlich des Leitbildes eines ganzheitlichen E-Government bzw. einer digitalen Verwaltung ohne Medienbrüche in den Prozessen eine zentrale Bedeutung zu[1396]. „Elektronisch" ist jeder textlich perpetuierte Verwaltungsakt, der nicht schriftlich verkörpert ist, sondern nur elektronisch gespeichert und damit nicht unmittelbar wahrnehmbar ist, wobei das Zustandekommen des Verwaltungsaktes hierbei als bloßes Verwaltungsinternum irrelevant ist[1397]. Entscheidend sei der Zeitpunkt des Erlasses, weil die Behörde hier ihren Ermessensspielraum für die Art und Weise des Erlasses nutzt[1398]. Auf elektronischem Wege darf die Behörde einen Verwaltungsakt nur an einen Bürger übermitteln, wenn dieser gemäß § 3a VwVfG einen Zugang eröffnet hat[1399]. Die Regelung des § 37 Abs. 1 VwVfG erfordert die zweifelsfreie Identifizierung des Adressaten eines Verwaltungsaktes, sodass Verwechselungen ausgeschlossen sind[1400]. In diesem Zusammenhang soll es dem Adressaten auch möglich sein, im Sinne der Datensparsamkeit im elektronischen

1391 *Kopp/Ramsauer*, § 22 VwVfG, Rn. 51 m. w. N; *Ziekow*, § 22 VwVfG, Rn. 9.

1392 *Hoffmann u. a.*, Der E-Postbrief in der öffentlichen Verwaltung, S. 44 m. w. N.

1393 *Hoffmann u. a.*, Der E-Postbrief in der öffentlichen Verwaltung, S. 45.

1394 *Kopp/Ramsauer*, § 22 VwVfG, Rn. 55.

1395 Eine Einschätzung der Einsparpotentiale für die Verwaltung bei einer konsequenten Umsetzung des E-GovG findet sich in BR-Drs. 557/12, S. 35.

1396 *Skrobotz*, Das elektronische Verwaltungsverfahren, S. 290; *Heckmann/Albrecht*, in: Bauer u. a. (Hrsg.), Verwaltungsverfahrensgesetz mit rechtlichen Aspekten des E-Government, 1. Aufl., 2012, § 37 VwVfG, Rn. 13.

1397 *Skrobotz*, Das elektronische Verwaltungsverfahren, S. 290 (Hervorhebung im Original).

1398 *Schmitz/Schlatmann*, NVwZ 2002, 1281 (1286).

1399 Siehe bereits oben unter: Teil 3,D., I., 4 a).

1400 *U. Stelkens*, in: Stelkens/Bonk/Sachs (Hrsg.), § 37 VwVfG, Rn. 10 ff.; *Yildirim*, Datenschutz im Electronic Government, S. 238.

Verwaltungsverfahren Pseudonyme zu verwenden[1401]. In § 37 Abs. 3 VwVfG ist geregelt, dass ein elektronischer Verwaltungsakt die erlassende Behörde erkennen lassen muss und die Unterschrift oder die Namenswiedergabe des Behördenleiters, seines Vertreters oder seines Beauftragten enthalten muss. Für die Namenswiedergabe als gleichwertigen Ersatz für die Unterschrift reicht eine maschinengeschriebene Wiedergabe des Namens[1402]. Elektronische Verwaltungsakte sollen der Schriftform gleichwertige Verfahrensmöglichkeiten geben, wozu gehört, dass diese nach der Regelung in § 37 Abs. 4 VwVfG dauerhaft in vollem Umfang überprüft werden können[1403]. Diese Vorschrift stellt bei elektronischen Verwaltungsakten Anforderungen an die qualifizierte elektronische Signatur und geht über die Erfordernisse des § 3a Abs. 2 VwVfG hinaus[1404]. Der Hintergrund hierfür liegt darin, dass gesichert werden soll, dass Verwaltungsakte mit besonderer Bedeutung über einen längeren Zeitraum hinweg eine gesicherte Beweiskraft zugesprochen werden soll[1405], was insbesondere bei Dauer-Verwaltungsakten bedeutsam ist, die auch nach vielen Jahren noch in vollem Umfang überprüfbar sein müssen[1406]. In diesem Zusammenhang werden Rechtssicherheit und technische Sicherheit miteinander verknüpft[1407], was angesichts einer Orientierung am jeweiligen Stand der Technik sowie mangelnder Einflussmöglichkeiten eines Signaturverwenders kritisch gesehen wird[1408].

Die Regelung des § 3a Abs. 2 VwVfG sieht vor, dass neben Anträgen und Anzeigen auch elektronische Verwaltungsakte mit einer De-Mail in der Form „absenderbestätigt"[1409] gemäß § 5 De-Mail-Gesetz schriftformersetzend versendet werden können[1410]. In diesem Zusammenhang wird die De-Mail, die den Verwaltungsakt enthält, im Regelfall mit einer Transportverschlüsselung auf dem Weg vom Sender zu seinem De-Mail-Diensteanbieter versehen, dort kurz automatisiert entschlüsselt und auf Schadsoftware überprüft, für den Versand zum Diensteanbieter des Empfängers er-

1401 So *Yildirim*, Datenschutz im Electronic Government, S. 238.

1402 *Hoffmann u. a.*, Der E-Postbrief in der öffentlichen Verwaltung, S. 37; *Ruffert*, in: Knack/Henneke (Hrsg.), § 37 VwVfG, Rn. 57.

1403 *Schmitz/Schlatmann*, NVwZ 2002, 1281 (1286).

1404 *Heckmann/Albrecht*, in: Bauer u. a. (Hrsg.), Verwaltungsverfahrensgesetz mit rechtlichen Aspekten des E-Government, 1. Aufl. 2012, § 37 VwVfG, Rn. 93.

1405 *Guckelberger*, VerwArch 2006, 62 (70); *Kopp/Ramsauer*, § 37 VwVfG, Rn. 37 a, *Ruffert*, in: Knack/Henneke, § 37 VwVfG, Rn. 62 f.; *Heckmann/Albrecht*, in: Bauer u. a. (Hrsg.), Verwaltungsverfahrensgesetz mit rechtlichen Aspekten des E-Government, 1. Aufl. 2012, § 37 VwVfG, Rn. 93.

1406 *Schliesky*, NVwZ 2003, 1322 (1325); *Ruffert*, in: Knack/Henneke, § 37 VwVfG, Rn. 62; *Heckmann*, Kap. 5, Rn. 440.

1407 *Heckmann/Albrecht*, in: Bauer u. a. (Hrsg.), Verwaltungsverfahrensgesetz mit rechtlichen Aspekten des E-Government, 1. Aufl., 2012, § 37 VwVfG, Rn. 95.

1408 *Schliesky*, NVwZ 2003, 1322 (1325); *Eifert*, Electronic Government, S. 107; *Heckmann/Albrecht*, in: Bauer u. a. (Hrsg.), Verwaltungsverfahrensgesetz mit rechtlichen Aspekten des E-Government, 1. Aufl. 2012, § 37 VwVfG, Rn. 95.

1409 Diese Formulierung wählt die BSI TR 01201 Teil 3.1 Version 1.1.1. zur Postfach- und Versanddienst Funktionalitätsspezifikation bei De-Mail, zu finden unter: https://www.bsi.bund.de/SharedDocs/Downloads/DE/BSI/Publikationen/TechnischeRichtlinien/De_Mail/TR_De_Mail_PVD_FU.pdf;jsessionid=A8150D98A04CC6D64486D144D5704C0B.2_cid286?__blob=publicationFile (letzter Abruf: 08.11.2015).

1410 BR-Drs. 557/12, S. 10 und 72 ff.

neut verschlüsselt, bei diesem Diensteanbieter wieder kurz zur Erkennung von Schadsoftware entschlüsselt und dann verschlüsselt an den Empfänger gesendet[1411].

Neben der elektronischen Zustellung eines Verwaltungsaktes ist im Sinne einer medienbruchfreien Kommunikation auch die Ebene der möglichen Rechtsbehelfe und Rechtsmittel relevant, auf deren Einlegung in elektronischer Form in einer Rechtsbehelfsbelehrung hinzuweisen ist[1412].

II. Anforderungen des Verwaltungszustellungsrechts

Insbesondere bei der massenhaften elektronischen Übermittlung von Verwaltungsakten ist die Frage der Zustellung von besonderer Bedeutung[1413], da diese in der Sphäre des Bürgers als Nutzer von transaktionsbezogenem E-Government Wirkungen entfaltet. Deshalb ist hier auf die verwaltungszustellungsrechtlichen Rahmenbedingungen einzugehen.

1. Grundsatz: Wirksamkeit mit Bekanntgabe

In § 43 Abs. 1 VwVfG ist geregelt, dass ein Verwaltungsakt erst mit der Bekanntgabe an den Adressaten wirksam wird. Grundsätzlich gilt für die Verwaltungsbehörde bei der Frage der Bekanntgabe auch der Grundsatz der Nichtförmlichkeit aus § 10 VwVfG, soweit gesetzlich nichts anderes geregelt ist[1414]. Die erlassende Behörde muss einen Entäußerungswillen haben, also wissentlich und willentlich handeln, und der Verwaltungsakt muss in den Herrschafts- und Wahrnehmungsbereich des Empfängers gelangen[1415]. Bei einem Verwaltungsakt handelt es sich um eine empfangsbedürftige öffentlich-rechtliche Willenserklärung[1416]. Wenn die Bekanntgabe fehlt, erlangt der Verwaltungsakt keine rechtliche Existenz[1417]. Die Art und Weise der Bekanntgabe eines Verwaltungsaktes hängt auch davon ab, für welche Form des Erlasses sich die Behörde nach § 37 Abs. 2 Satz 1 VwVfG entschieden hat. Darüber hinaus kann die Behörde grundsätzlich zwischen der nicht förmlichen Bekanntgabe oder der förmlichen Zustellung unterscheiden, wobei die Zustellung eine streng formalisierte

1411 BR-Drs- 557/12, S. 72; zur Gebotenheit der Verschlüsselung speziell bei elektronischen Verwaltungsakten als notwendige Sicherheitsvorkehrung: *Heckmann/Albrecht*, in: Bauer u.a. (Hrsg.),Verwaltungsverfahrensgesetz mit rechtlichen Aspekten des E-Government, 1. Aufl., 2012, § 37 VwVfG, Rn. 95 mit Verweis auf *Schmitz*, DÖV 2005, 885 (892).

1412 *Starke*, LKV 2010, 358 (360).

1413 Vom Zeitpunkt der Zustellung als „Dreh- und Angelpunkt" bei der Diskussion um rechtssichere E-Mail-Kommunikation spricht *Mertes*, DuD 2010, 633 (635); zum Verhältnis des VwZG und den Landeszustellungsgesetzen: *Weidemann*, DVP 2011, 406 (407).

1414 Zur Frage des Zugangs von Willenserklärungen und Textform im E-Mailverkehr näher: *Thalmair*, NJW 2011, 14 (14 ff.).

1415 *Weidemann*, DVP 2011, 406 (406); *Weidemann/Barthel*, DVP 2010, 486 (486).

1416 *Schoch*, JURA 2011, 23 (24).

1417 *Weidemann*, DVP 2011, 406 (406).

Form der Bekanntgabe darstellt[1418]. Dies gilt selbstverständlich auch bei der elektronischen Übermittlung eines Verwaltungsaktes. In § 2 Abs. 1 VwZG ist geregelt, dass die Zustellung die Bekanntgabe eines schriftlichen oder elektronischen Dokuments in der im VwZG bestimmten Form ist.

2. Elektronische Zustellung gegen Empfangsbekenntnis

In § 5 Abs. 5 S. 1 VwZG ist die elektronische Zustellung eines Dokuments gegen Empfangsbekenntnis geregelt. Diese ermöglicht die Zustellung auf elektronischem Wege an jedermann, soweit der Empfänger hierfür einen Zugang eröffnet hat[1419]. Nach § 5 Abs. 5 S. 3 VwZG muss das Dokument für die Übermittlung mit einer qualifizierten elektronischen Signatur versehen sein und gegen unbefugte Kenntnisnahme Dritter geschützt sein. Die elektronische Zustellung ist durch diese Vorschriften der schriftlichen gleichgestellt[1420]. Das Zustellungsrecht stellt in § 5 Abs. 5 S. 2 VwZG die Anforderung im Sinne der Datensicherheit, dass die unbefugte Kenntnisnahme durch Dritte bei dieser Form der Zustellung nicht möglich ist. Ein wichtiges Element, welches den Ablauf aus der analogen Welt abbildet, ist das mit Datum und Unterschrift versehene Empfangsbekenntnis nach § 5 Abs. 7 S. 1 VwZG, welches an die Behörde postalisch oder elektronisch zurückzusenden ist[1421].

Ergänzend gibt es nach § 5 Abs. 5 S. 2 eine obligatorische elektronische Zustellung, die eingreift, wenn aufgrund einer Rechtsvorschrift ein Verfahren auf Verlangen des Empfängers in elektronischer Form abgewickelt wird[1422]. Diese Vorschrift wurde im Zuge der Umsetzung der EU-Dienstleistungsrichtlinie eingefügt und korrespondiert mit der Vorschrift zur Ermöglichung der elektronischen Kommunikation nach § 71e VwVfG[1423].

3. Elektronische Zustellung gegen Abholbestätigung mittels De-Mail

Als neues Verfahren ist durch das De-Mail-Gesetz die elektronische Zustellung gegen Abholbestätigung mittels De-Mail eingeführt worden[1424]. Im Zuge der Schaffung neuer leistungsfähiger Infrastrukturen für transaktionsbezogenes E-Government war

---

1418 *Weidemann*, DVP 2011, 406 (406); *Weidemann/Barthel*, DVP 2010, 486 (486), *Herwig*, MMR 2001, 145 (147 ff.).

1419 *Engelhardt/App*, VwZG, § 5 Rn. 11; zu den Anforderungen an eine Rechtsbehelfsbelehrung im Rahmen der elektronischen Kommunikation: *Weidemann*, DVP 2013, 367 (367 ff.).

1420 *Sadler*, VwZG, § 5 Rn. 60.

1421 Zur förmlichen Zustellung vgl. auch: *Schulz S. E./Brackmann*, KommJur 2013, 81 (84).

1422 *Engelhardt/App*, VwZG, § 5 Rn. 11.

1423 *Hoffmann u. a.*, Der E-Postbrief in der öffentlichen Verwaltung, S. 84; zum elektronischen Verfahren auf Verlangen des Nutzers nach § 71 e VwVfG: *Schulz*, DVBl 2009, 12 (12 ff.); *ders.*, VM 2009, 3 (3 ff.); *ders.*, NdsVBl 2009, 97 (97 ff.); *ders.*, Die Gemeinde SH 2010, 98 (98 ff.).

1424 Hierzu *Weidemann*, DVP 2013, 232 233 f.); BT-Drs. 17/3630, S. 47 ff; im Land Nordrhein-Westfalen passt der Gesetzgeber auch das Landeszustellungsrecht an das De-Mail-Gesetz an: Vgl. hierzu LT-Drs. 16/58, S. 1ff; ein Überblick über die Möglichkeiten der elektronischen Zustellung in anderen europäischen Ländern findet sich bei: *Tauber*, DuD 2011, 774 (775 ff.), sowie mit Fokus auf Österreich bei: *Reichstädter/Tauber*, eGovernment Review 2010, 18 (18 f.).

zwingend auch eine Ergänzung des Verwaltungszustellungsrechts notwendig geworden. Nach den Vorgaben des neu eingefügten § 5a VwZG werden die Möglichkeiten der elektronischen Zustellung nach § 5 Abs. 4 und 5 VwZG ergänzt[1425]. Der Empfänger muss nach § 5a Abs. 1 VwZG ein De-Mail-Postfach eröffnet haben, damit die Behörde diese Art der Zustellung wählen kann[1426]. Ein wesentliches Unterscheidungsmerkmal dieser ergänzenden Möglichkeit gegenüber der elektronischen Zustellung gegen Empfangsbekenntnis ist die beweissichere elektronische Abholbestätigung bei der Zustellung über De-Mail-Dienste nach § 5a Abs. 2 VwZG, die der akkreditierte De-Mail-Diensteanbieter elektronisch erzeugt, sodass die Beweismöglichkeiten über den Zugang und die Möglichkeit der Kenntnisnahme erheblich verbessert werden[1427]. Diese elektronische Abholbestätigung enthält nach § 5 Abs. 9 S. 4 De-Mail-Gesetz die De-Mail-Adressen des Absenders und Empfängers, das Datum und die Uhrzeit des Eingangs der Nachricht im De-Mail-Postfach des Empfängers, das Datum und die Uhrzeit der konkreten sicheren Anmeldung des Empfängers an seinem De-Mail-Konto und den Namen des akkreditierten De-Mail-Anbieters, der die Abholbestätigung erzeugt, und die Prüfsumme der zu bestätigenden Nachricht. Bei der Prüfsumme wird es sich i. d. R. um den sog. Hashwert handeln, sodass es dem Sender der Nachricht ermöglicht wird, im Streitfall zu beweisen, dass der Inhalt der Nachricht so, wie er versandt wurde, zugegangen ist[1428]. Nach § 9 Abs. 5 S. 5 De-Mail-Gesetz muss der akkreditierte De-Mail-Diensteanbieter die Abholbestätigung mit einer qualifizierten elektronischen Signatur nach dem SigG versehen. Der De-Mail-Diensteanbieter handelt bei der Erzeugung der elektronischen Abholbestätigung in Ausübung hoheitlicher Befugnisse, da die Feststellungen in der elektronischen Abholbestätigung über § 5a Abs. 3 S. 2 VwZG, der auf die §§ 371 Abs. 1 S. 2, 371a Abs. 2 ZPO verweist, gegenüber dem Richter Bindungswirkung entfalten[1429]. Die Abholbestätigung erbringt den Beweis für die förmliche Zustellung durch die absendende Behörde und hat volle Beweiskraft einer öffentlichen Urkunde nach § 418 ZPO[1430]. Einer einfachen E-Mail kommt eine derartige Beweiswirkung nach der Entscheidung des Gesetzgebers gerade nicht zu[1431]. Insoweit erhöht die Abholbestätigung im Falle des Einsatzes einer De-Mail als Kommunikationsinfrastruktur die Rechtssicherheit erheblich[1432].

1425 BT-Drs. 17/3630, S. 48; *Hoffmann u. a.*, Der E-Postbrief in der öffentlichen Verwaltung, S. 109; *Schlatmann*, in: Engelhardt/App, VwZG, 9. Aufl. 2011, § 5a Rn. 1; *Weidemann*, DVP 2011, 406 (410).

1426 *Weidemann*, DVP 2011, 406 (411).

1427 *Sadler*, VwZG, 8. Aufl. 2011, § 5a Rn. 3; *Schlatmann*, in: Engelhardt/App, VwZG, 9. Aufl. 2011, § 5a Rn. 1; BT-Drs. 17/3630, 48.

1428 *Keller-Herder*, in: Bauer u. a. (Hrsg.), Verwaltungsverfahrensgesetz mit rechtlichen Aspekten des E-Government, 1. Aufl. 2012, § 5 De-Mail-Gesetz, Rn 21; *Roßnagel/ Hornung/Knopp/Wilke*, DuD 2009, 728 (732 f.); zur Rolle der Prüfsumme bei der Integritätssicherung einer Nachricht: *Lechtenbörger*, DuD 2011, 268 (269).

1429 *Schlatmann*, in: Engelhardt/App, VwZG, 9. Aufl. 2011, § 5a Rn. 3.

1430 *Sadler*, VwZG, 8. Aufl. 2011, § 5a Rn. 12; generell zum Beweiswert von Eingangsbestätigungen bei einfachen E-Mails und der Möglichkeit eines Anscheinsbeweises: *Mankowski*, NJW 2004, 1901 (1906) m. w. N.

1431 *Schmidt/Pruß/Kast*, CR 2008, 267 (271); *Bisges*, MMR Fokus 9/2010, VIII (X).

1432 So auch *Roßnagel/ Hornung/Knopp/Wilke*, DuD 2009, 728 (732).

Eine Neuerung durch den § 5a VwZG ist die Möglichkeit einer sog. „konfrontativen Zustellung" ohne Kooperation des Empfängers[1433]. Nach § 5 Abs. 7 S. 2 VwZG greift in den Fällen des § 5 Abs. 5 S. 2 VwZG, wo auf Verlangen des Empfängers die elektronische Form gewählt wird, eine Drei-Tages-Fiktion. Durch die Neuregelung in § 5 Abs. 7 S. 3 VwZG kann der Nachweis einer nicht erfolgten oder verspäteten Zustellung nicht mehr durch Glaubhaftmachung, sondern nur durch den Vollbeweis seitens des Adressaten erfolgen.[1434] Die Beweisanforderungen werden damit gegenüber dem bisherigen Recht angehoben, sodass in diesem speziellen Fall der Empfänger die Beweislast trägt[1435]. Auf diese Weise soll der missbräuchlichen Widerlegung der Zustellungsfiktion durch den Empfänger, um beispielsweise das Wirksamwerden eines belastenden Bescheides zu verhindern, entgegengewirkt werden.[1436] Über die Rechtsfolge des Eintritts der Zustellungsfiktion muss der Empfänger vor Übermittlung des elektronischen Dokuments belehrt werden[1437]. Dieses als „Zustellungsfalle"[1438] zu qualifizieren, geht erkennbar zu weit. Die Verwaltungszustellung über De-Mail-Dienste knüpft zum einen an eine freie Entscheidung der Nutzer an[1439]. Zum anderen findet eine Belehrung gemäß § 5 Abs. 7 S. 4 VwZG statt. Darüber hinaus erlaubt auch in der analogen Welt die Regelung des § 3 VwZG i. V. m. § 180 ZPO bereits die Zustellung durch Ablegen der Nachricht in den Briefkasten, wenn niemand angetroffen wird[1440]. Insoweit kann insgesamt nicht davon gesprochen werden, dass hier für den Nutzer von transaktionsbezogenem E-Government neue, völlig sachfremde Anforderungen gestellt werden.

Insgesamt ermöglicht die elektronische Zustellung gegen Abholbestätigung mittels De-Mail eine für den Nutzer freundlichere Möglichkeit als die elektronische Zustellung gegen Empfangsbekenntnis.

III. Anforderungen des E-Government-Gesetzes des Bundes

1. Integrierter Ansatz für E-Government

Für die Nutzung von transaktionsbezogenen E-Government-Anwendungen von herausragender Bedeutung sind die Regelungen des „Gesetzes zur Förderung der elektronischen Verwaltung sowie zur Änderung weiterer Vorschriften" vom 25.07.2013[1441],

1433 *Roßnagel*, CR 2011, 23 (29); *ders./Hornung/Knopp/Wilke*, DuD 2009, 728 (732); *Hoffmann u. a.*, Der E-Postbrief in der öffentlichen Verwaltung, S. 110.

1434 BT-Drs. 17/3630, S. 48.

1435 *Schlatmann*, in: Engelhardt/App, VwZG, 9. Aufl. 2011, § 5 Rn. 28.

1436 BT-Drs. 17/3630, S. 48.

1437 *Sadler*, VwZG, 8. Aufl. 2011, § 5 Rn. 138.

1438 So *Steppling*, NJW Editorial 18/2009; kritisch auch in diesem Zusammenhang: *Lapp*, DuD 2009, 651 (652).

1439 BT-Drs. 17/3630, S. 48; *Schlatmann*, in: Engelhardt/App, VwZG, 9. Aufl. 2011, § 5a Rn. 2; *Hoffmann u. a.*, Der E-Postbrief in der öffentlichen Verwaltung, S. 110.

1440 *Roßnagel/Hornung/Knopp/Wilke*, DuD 2009, 728 (733).

1441 BGBl. I, 2749; vgl. hierzu: *Albrecht/Schmid*, K&R 2013, 529 (529 ff.); *Roßnagel*, NJW 2013, 2710 (2710 ff.); *Habammer/Denkhaus*, MMR 2013, 359 (359 ff.); zu den Folgen der unterlassenen Notifi-

das ab dem 01.08.2013 stufenweise in Kraft getreten ist. Dieses Artikelgesetz hat keine eigene Kurzbezeichnung und es wird teilweise als E-Government-Gesetz bezeichnet, was eigentlich nur für das mit dem Artikel 1 eingeführte „Gesetz zur Förderung der elektronischen Verwaltung" (E-Government-Gesetz – EGovG) richtig ist[1442]. Diese Neuregelungen sind im Verbund mit den vorhandenen Vorschriften, namentlich dem De-Mail-Gesetz und VwVfG und VwZG, entscheidend für die Weiterentwicklung von E-Government in Deutschland. Der entsprechende Gesetzentwurf[1443] ist am 19.09.2012 vom Bundeskabinett beschlossen worden[1444]. Dieser ist ein weiterer Schritt bei der Schaffung eines Rechtsrahmens im E-Government, der dem Trend und der Notwendigkeit zur Verrechtlichung[1445] in diesem Bereich folgt. Dieses Gesetz, das seine politische Grundlage u. a. im Koalitionsvertrag „Wachstum, Bildung, Zusammenhalt" der 17. Legislaturperiode zwischen CDU, CSU und FDP findet, ist als Zustimmungsgesetz konzipiert[1446]. Das Gesetz enthält als Artikelgesetz 25 Regelungsbereiche und greift sowohl Aspekte der Interaktionsstufe Information als auch der Stufen Kommunikation sowie Transaktion auf. In Art. 1 ist das E-Government-Gesetz (EGovG) als Stammgesetz enthalten, welches als Kodifikation in Kraft treten soll, die anderen Änderungsartikel betreffen bestehende Gesetze, die für die elektronische Verwaltung angepasst werden sollen[1447]. Dementsprechend wird es in Zukunft entscheidend auf das „Zusammenspiel" der verschiedenen Vorschriften ankommen. Ziel des Gesetzes ist es, die elektronische Kommunikation des Bürgers und von Unternehmen mit der Verwaltung zu erleichtern, diese medienbruchfrei vom Antrag bis zur Archivierung und nutzerfreundlich zu gestalten sowie diese an den Lebenslagen der Bürger und den Bedarfslagen der Unternehmen zu orientieren[1448]. Entsprechend dieser Zielsetzung hat der Gesetzentwurf diese drei Schwerpunkte gehabt: die Zulassung hinreichend sicherer technischer Verfahren zur Ersetzung der Schriftform neben der qeS in § 3a VwVfG und den entsprechenden Parallelnormen, die Implementierung sog. Motornormen zur Weiterentwicklung von E-Government, z. B. solche zur elektronischen Aktenführung und zum „ersetzenden Scannen", sowie Anpassun-

---

zierung des EGovG: *Habammer/Denkhaus*, MMR 2014, 14 (14 ff.); *Heckmann*, MMR 2013, 561 (561 ff.); zu der Frage der Technikneutralität: *Heckmann/Albrecht*, ZRP 2013, 42 (42 ff.); darüber hinaus gibt es weitere Änderungen des VwVfG wie z. B. in § 27 a VwVfG, der nunmehr die öffentliche Bekanntmachung im Internet regelt: Vgl. *Schmitz/Prell*, NVwZ 2013, 745 (749).

1442 *Prell*, NVwZ 2013, 1514 (1514); die Abkürzung EGovG wird hier daher richtigerweise nur im Zusammenhang mit den Regelungen des neuen Stammgesetzes verwendet.

1443 BR-Drs. 557/12.

1444 Vgl. die Übersicht unter: http://www.cr-online.de/28960.htm (letzter Abruf: 08.11.2015).

1445 *Heckmann*, in: Bauer u. a. (Hrsg.), Verwaltungsverfahrensgesetz mit rechtlichen Aspekten des E-Government, 1. Aufl. 2012, Einführung, Rn. 68; *ders.*, MMR 2006, 3 (3); *Schulz S. E.*, eGovernment Review 2010, 22 (23); die Verrechtlichung als zwingende Konsequenz aus der technischen Entwicklung sieht *Schulz S. E.*, DÖV 2010, 225 (227).

1446 *Müller-Terpitz/Rauchhaus*, JurPC Web-Dok. 96/2012, Abs. 1; zur Zustimmung im Bundesrat unten: Teil 3, D, III, 11.

1447 Hintergrundinformationen des BMI zum Entwurf eines Gesetzes zur Förderung der elektronischen Verwaltung, S. 1, abrufbar unter: www.bmi.bund.de (letzter Abruf: 08.11.2015).

1448 BR-Drs. 557/12, S. 2.

gen der Formerfordernisse in verschiedenen Rechtsgebieten[1449]. Als hinreichend sichere technische Verfahren zur Ersetzung der Schriftform werden hier die De-Mail und der neue Personalausweis privilegiert, was der Erkenntnis geschuldet ist, dass sich die qeS in der Breite nicht hat durchsetzen können[1450]. Das Gesetz berücksichtigt in § 9 darüber hinaus auch einzelne Regelungen zu der im Kontext des E-Governments wichtigen Prozessoptimierung sowie zum öffentlich verfügbaren Bereitstellen von Datenbeständen der öffentlichen Hand, sog. Open Data, in § 12 und versucht daher ganzheitlich anzusetzen und zu verknüpfen. Die weitere Darstellung beschränkt sich auf die Aspekte des Entwurfs, die für transaktionsbezogenes E-Government von Relevanz sind, da ansonsten der Rahmen dieser Arbeit gesprengt werden würde.

2. Geltungsbereich

Nach § 1 EGovG gilt das Gesetz für die öffentlich-rechtliche Verwaltungstätigkeit der Behörden des Bundes einschließlich der bundesunmittelbaren Körperschaften, Anstalten und Stiftungen des öffentlichen Rechts. Das Gesetz gilt nach § 1 Abs. 2 S. 1 EGovG auch für die öffentlich-rechtliche Verwaltungstätigkeit der Behörden der Länder einschließlich der ihrer Aufsicht unterstehenden juristischen Personen des öffentlichen Rechts, wenn sie Bundesrecht ausführen. Der Begriff der Behörde lehnt sich jeweils an die weite Definition des § 1 Abs. 4 VwVfG an[1451]. Mit dem Ausführen von Bundesrecht ist entweder das Ausführen als eigene Angelegenheit des Landes nach Art. 84 GG oder das Ausführen im Auftrag des Bundes nach Artt. 85, 108 Abs. 3 GG gemeint[1452]. Das Gesetz gilt nach § 1 Abs. 2 S. 2 EGovG auch, wenn die Aufgaben den Gemeinden und Gemeindeverbänden durch Landesrecht übertragen worden sind. Diese Erstreckung der Regelungen auf die Behörden der Länder und der Kommunen ist für die Durchschlagskraft des EGovG höchst bedeutsam, weil Bundesgesetze ganz überwiegend durch Landesbehörden und Kommunen vollzogen werden[1453]. Im Bereich der Justiz gilt das EGovG in genau demselben eingeschränkten Umfang wie das VwVfG[1454]. Auch wenn das EGovG damit aus kompetenzrechtlichen Gründen nicht die gesamte deutsche Verwaltungslandschaft erfasst, soll dieses über die föderalen Ebenen hinweg Wirkung entfalten[1455]. Das Gesetz soll eine „Vorbildfunktion" für die Landesgesetzgebung entfalten und wird deshalb auch als „Ermöglichungsgesetz" qua-

---

1449 Hintergrundinformationen des BMI zum Entwurf eines Gesetzes zur Förderung der elektronischen Verwaltung, S. 1, abrufbar unter: http://www.bmi.bund.de/SharedDocs/Downloads/DE/Gesetzestexte/Entwuerfe/hintergrundpapier_egovg.pdf?__blob=publicationFile (letzter Abruf: 08.11.2015).

1450 *Heckmann,* in: Bauer u. a. (Hrsg.), Verwaltungsverfahrensgesetz mit rechtlichen Aspekten des E-Government, 1. Aufl., 2012, Einführung, Rn. 96.

1451 BR-Drs. 557/12, S. 46.

1452 BR-Drs. 557/12, S. 47.

1453 *Müller-Terpitz/Rauchhaus,* JurPC Web-Dok. 96/2012, Abs. 4.

1454 BR-Drs. 557/12, 47.

1455 *Heckmann,* in: Bauer u. a. (Hrsg.), Verwaltungsverfahrensgesetz mit rechtlichen Aspekten des E-Government, 1. Aufl. 2012, Einführung, Rn. 78 u.71.

lifiziert[1456]. Mittlerweile wird in einigen Bundesländern die Erarbeitung von Landes-E-Government-Gesetzen angekündigt[1457].

3. Elektronischer Zugang zur Verwaltung

a) Freiwilligkeit für den Nutzer

Für den Nutzer von transaktionsbezogenem E-Government bleibt es bei der freiwilligen Entscheidung als Leitbild bei der Frage der Zugangseröffnung für die elektronische Kommunikation und es findet kein aufgedrängtes E-Government statt[1458]. Damit erhält das Freiwilligkeitsprinzip für den Bürger ergänzend zu § 3a VwVfG eine gesetzliche Absicherung. Die Frage des „Ob" für transaktionsbezogenes E-Government kann und muss der Nutzer eigenverantwortlich für sich entscheiden. Eine Modifizierung erfährt die Zugangseröffnung seitens des Bürgers durch Art. 2 des „Gesetzes zur Förderung der elektronischen Verwaltung sowie zur Änderung weiterer Vorschriften", der den § 7 Abs. 3 De-Mail-Gesetz ergänzt[1459]. Der in der De-Mail-Infrastruktur vorgesehene Verzeichnisdienst, der nur für De-Mail-Nutzer eingesehen werden kann, soll als Informationsquelle für die Zugangseröffnung für Verwaltungskommunikation dienen, damit die Unsicherheiten[1460] in diesem Bereich behoben werden[1461]. Die Wirkung der Zugangseröffnung soll dadurch gegenüber jeder Behörde und für jedes Verwaltungsverfahren sowie alle anderen Kommunikationspartner wie z. B. Unternehmen gleichermaßen erfolgen[1462]. Der Nutzer ist nach § 9 De-Mail-Gesetz durch seinen De-Mail-Diensteanbieter auf diesen Umstand mit weitreichender Wirkung hinzuweisen[1463]. Die Möglichkeit einer Beschränkung der Zugangseröffnung nur für bestimmte Verfahren ist im EGovG nicht vorgesehen[1464]. Explizit ist aber eine Regelung vorgesehen, wonach die Entscheidung des Nutzers, die Zugangseröffnung zu-

---

1456 *Müller-Terpitz/Rauchhaus*, JurPC Web-Dok. 96/2012, Abs. 6; zum Verhältnis des EGovG-E zum EGovG-E des Landes Schleswig-Holstein: *Dies.*, JurPC Web-Dok. 96/2012, Abs. 42 ff.; zu den Möglichkeiten der Bundesregierung durch Rechtsverordnung: *Schulz S. E./Tischer*, NVwZ 2014, 1049 (1049 ff.).

1457 Vgl. die Übersicht des IT-Planungsrates mit Stand 31.10.2016; abrufbar unter: https://www.it-planungsrat.de/SharedDocs/Downloads/DE/Projekte/Stand_E-GovG-Gesetzgebung_Laender.pdf?__blob=publicationFile&v=5 (letzter Abruf: 30.09.2018); Speziell in Niedersachsen integriert der entsprechende Gesetzentwurf neben dem verfahrensrechtlichen Teil in einem eigenen Teil des Gesetzes Vorgaben zur Informationssicherheit: LT-Drs. 18/1598.

1458 *Albrecht/Heckmann*, in: Bauer u. a. (Hrsg.), Verwaltungsverfahrensgesetz mit rechtlichen Aspekten des E-Government, 1. Aufl.2012, § 3a VwVfG, Rn. 48; *Brackmann u. a.*, Der E-Postbrief in der Kommunalverwaltung, S. 26.

1459 Das De-Mail-Gesetz ging bereits von einer grundsätzlich freiwilligen Nutzung der De-Mail-Dienste aus: Vgl. BT-Drs. 17/3630, S. 1.

1460 Vgl. hierzu bereits oben.

1461 BR-Drs. 557/12, S. 73 f.

1462 BR-Drs. 557/12, S. 74.

1463 BR-Drs. 557/12, S. 74 m. w. N.; der Gesetzgeber geht anders als in der früheren Begründung zu § 7 Abs. 3 De-Mail-Gesetz davon aus, dass der Hinweis auf die weitreichende Wirkung der Veröffentlichung im Verzeichnisdienst die Akzeptanz der De-Mail-Dienste bei den Bürgern schmälert.

1464 Für die verfahrensbeschränkte und/oder befristete Zulassung einer Zugangseröffnung kraft Verfahrenseintrags mit dem Argument, dass gerade dies zu einer Akzeptanzsteigerung solcher Ver-

rückzunehmen, gewährleistet ist und diese ebenfalls im Verzeichnisdienst zu veröffentlichen ist[1465].

b) Gesetzliche Verpflichtung der Behörde

Im Gegensatz zur Situation beim privaten Nutzer von transaktionsbezogenem E-Government sieht das EGovG ausdrücklich die Aufhebung des Freiwilligkeitsprinzips für die Behörden im Geltungsbereich des Gesetzes bei der Zugangseröffnung vor[1466]. Diese Regelung verhindert, dass der Bürger, der gerne elektronisch kommunizieren möchte, auf den papierbasierten Weg verwiesen wird[1467]. Für die Durchschlagskraft des Gesetzes und die Impulse für transaktionsbezogenes E-Government in der Zukunft in der Praxis ist dies von entscheidender Bedeutung.

c) Gesetzliche Absicherung des Multikanalprinzips

Diese Grundentscheidungen flankiert § 2 Abs. 1 Satz 1 EGovG durch eine gesetzliche Fixierung des sog. Multikanalprinzips[1468]. Das bedeutet, dass die Kommunikation über den elektronischen Kanal als eine gleichberechtigte Form neben dem papierschriftlichen, dem telefonischen[1469] und dem direkten Zugangskanal besteht. Durch das Wort „auch" in der Vorschrift wird sichergestellt, dass eine Behörde nicht ausschließlich elektronisch erreichbar sein darf, sondern den Zugang über die anderen Kanäle offenhalten muss[1470]. Elektronische Eingänge dürfen gegenüber denen in Papierform grundsätzlich nicht bevorzugt werden, sondern sollen in Umsetzung des Zieles A.4 der Nationalen E-Government-Strategie gleichberechtigt nebeneinanderstehen, wobei Vorzüge, die sich aus der elektronischen Bearbeitung ergeben, berücksichtigt werden dürfen[1471].

---

zeichnisdienste beitrage, weil der Nutzer dann nicht von Behördenkommunikation überrascht werden könne: *Müller-Terpitz/Rauchhaus,* JurPC Web-Dok. 96/2012, Abs. 13.

1465 BR-Drs. 557/12, S. 74.

1466 BR-Drs. 557/12, S. 48; Hintergrundinformationen des BMI zum Entwurf eines Gesetzes zur Förderung der elektronischen Verwaltung, S. 2, abrufbar unter: http://www.bmi.bund.de/SharedDocs/Downloads/DE/Gesetzestexte/Entwuerfe/hintergrundpapier_egovg.pdf?__blob=publicationFile (letzter Abruf: 08.11.2015).

1467 *Heckmann,* in: Bauer u. a. (Hrsg.), Verwaltungsverfahrensgesetz mit rechtlichen Aspekten des E-Government, 1. Aufl. 2012, Einführung, Rn. 80.

1468 *Ramsauer/Frische,* NVwZ 2013, 1505 (1508); zu den konzeptionellen Aspekten eines Multikanalprinzips bzw. Mehrkanalansatzes: *von Lucke,* Hochleistungsportale für die öffentliche Verwaltung, S. 63 ff.

1469 Zur Einbindung des telefonischen Zugangskanals in einen Multikanalansatz am Beispiel der Einheitlichen Behördenrufnummer 115: *Warnecke,* in: Schliesky/Schulz (Hrsg.), Web 2.0 in der öffentlichen Verwaltung, 57 (57 ff.).

1470 BR-Drs. 557/12, S. 49; *Heckmann,* in: Bauer u. a. (Hrsg.), Verwaltungsverfahrensgesetz mit rechtlichen Aspekten des E-Government, 1. Aufl. 2012, Einführung, Rn. 80.

1471 BR-Drs. 557/12, S. 49.

4. Einsatz der De-Mail als Schriftformersatz

Ein wesentlicher Baustein in der Infrastruktur für transaktionsbezogenes E-Government soll nach Art. 3 des „Gesetzes zur Förderung der elektronischen Verwaltung sowie zur Änderung weiterer Vorschriften" die De-Mail sein. In einer Neufassung des § 3a Abs. 2 VwVfG ist abschließend geregelt, dass eine durch Rechtsvorschrift angeordnete Schriftform durch die elektronische Form ersetzt werden kann. Als Schriftformersatz wird sowohl für Anzeigen und Anträge an die Behörde als auch bei elektronischen Verwaltungsakten und sonstigen elektronischen Dokumenten die Versendung einer De-Mail-Nachricht in der Versandart „absenderbestätigt" nach § 5 Abs. 5 De-Mail-Gesetz ausdrücklich zugelassen[1472]. In dieser Neudefinition des Schriftformerfordernisses liegt die wichtigste und tiefgreifendste Veränderung der Neuregelungen[1473]. Im Zuge des Gesetzgebungsverfahrens ist die Schriftformfunktion in ihren einzelnen Elementen analysiert worden mit dem Ziel weitere nutzerfreundliche Möglichkeiten zur Ersetzung zu implementieren. Die De-Mail erfüllt demnach die Perpetuierungsfunktion, da eine in einer De-Mail enthaltene Erklärung wie eine in einer Urkunde verkörperte Erklärung für eine ausreichende Dauer lesbar und überprüfbar ist, wenn diese auf einem Datenträger gespeichert wird[1474]. Diese erfüllt auch in der Versandart „absenderbestätigt" mit Versandbestätigung mit qeS durch den Provider die Abschluss- und Echtheitsfunktion wie eine eigenhändig unterzeichnete Urkunde, da durch die Generierung einer Prüfsumme, des sog. Hashwertes, eine Überprüfung möglich ist, wenn die Nachricht als Ganzes erhalten bleibt[1475]. Für das Vorhandensein einer nachprüfbaren De-Mail-Nachricht als Ganzes inklusive Metadaten wird die Verantwortung beim Nutzer gesehen[1476]. Somit sieht das De-Mail-Gesetz den Nutzer grundsätzlich auch als Verantwortungssubjekt. Im Hinblick auf die Warnfunktion, die dem Nutzer vor Augen führen soll, dass er eine rechtserhebliche Erklärung abgibt, soll nicht auf die sichere Erstregistrierung und die sichere Anmeldung am De-Mail-Konto abgestellt werden, sondern durch einen besonderen Button in der Benutzeroberfläche, mit welchem dem Nutzer verdeutlicht werden soll, dass er die schriftformwahrende absenderbestätigte Versandart nutzt[1477]. Bei Versendung einer De-Mail durch eine Person, die sich mit hohem Authentifizierungsniveau an ihrem De-Mail-Konto anmeldet, ist diese durch die Erstidentifikation und die sichere Anmeldung identifizierbar und durch die Erstellung einer qeS des De-Mail-Diensteanbieters, welche die sichere Anmeldung dokumentiert, verifizierbar, sodass die De-Mail-Dienste auch die Identitäts- und Verifikationsfunktion der Schriftform ersetzen können[1478]. Für den Fall, dass eine Behörde De-Mail nutzt, um schriftformbedürftige Erklärungen zu versenden, werde die Zurechenbarkeit zu der jeweiligen Stelle als ausreichend angesehen. Wenn die Identifizierung der handelnden natürlichen

1472 BR-Drs. 557/12, S. 76.

1473 So zu Recht *Viefhues*, in: Hoeren/Sieber (Hrsg.), Handbuch Multimediarecht, Nr. 24, Rn. 106.

1474 Vgl. den Bericht der Bundesregierung nach Art. 5 des Gesetzes zur Regelung von De-Mail-Diensten und zur Änderung weiterer Vorschriften durch das BMI: BT-Drs. 17/10720, S. 6.

1475 BT-Drs. 17/10720, S. 6 f.

1476 BT-Drs. 17/10720, S. 7.

1477 *Müller-Terpitz/Rauchhaus*, JurPC Web-Dok. 96/2012, Abs. 26.

1478 BT-Drs. 17/10720, S. 7; insbesondere hierzu kritisch: *Gabriel*, DuD 2012, 395 (400).

Person erforderlich ist, müsse die Behörde durch die Ausgestaltung der Verbindung zwischen Arbeitsplatzrechner und Gateway oder sonstige interne Maßnahmen im Rahmen der Vorgangsbearbeitung und Aktenführung sicherstellen, dass eine sichere Identifikation der natürlichen Person möglich ist[1479]. Der Gesetzgeber will diesen Bereich bewusst nicht regeln, damit aufseiten der Behörden eine einfache und kostengünstige Einbindung der De-Mail in die vorhandene E-Mail-Infrastruktur möglich bleibt, was auch für die Infrastruktur bei De-Mail nutzenden Unternehmen gelte und im Hinblick auf das Handeln einer natürlichen Person im Rahmen der Beweisfunktion wichtig sei[1480]. Um für die De-Mail die gleichen Beweiswirkungen zu schaffen wie für ein qualifiziert elektronisch signiertes Dokument, ist eine Erweiterung der zivilprozessualen Vorschriften wie § 371a ZPO notwendig[1481]. Das „Gesetz zur Förderung der elektronischen Verwaltung sowie zur Änderung weiterer Vorschriften" soll durch eine entsprechende Regelung zur Beweiswerterhöhung der De-Mail durch Änderung einschlägiger zivilprozessualer Vorschriften flankiert werden, was in einem Gesetzentwurf für den Bereich der Justiz vorliegt[1482]. Dies ist für die Vollständigkeit der Erfüllung der einzelnen Schriftformfunktionen durch die De-Mail wichtig. Der Gesetzgeber verpflichtet sich, dass diese beweisrechtliche Privilegierung der De-Mail im Gesetzgebungsverfahren zeitgleich erfolgt, sodass die Schriftformfunktionen entsprechend erfüllt werden können. Nach Erfüllung dieser Anforderungen geht der Gesetzgeber von einer Funktionsäquivalenz der De-Mail mit der qeS aus.

Der Einsatz der De-Mail als privilegierter Infrastruktur für transaktionsbezogenes E-Government soll damit jedenfalls bei einer Gesamtbetrachtung des EGovG und des weiteren Rechtsrahmens der „Regelfall" für die elektronische Kommunikation werden[1483].

5. Einsatz des neuen Personalausweises anstelle der Schriftform

Parallel zur Privilegierung der De-Mail als Schriftformersatz sieht das „Gesetz zur Förderung der elektronischen Verwaltung sowie zur Änderung weiterer Vorschriften" den Einsatz der eID-Funktion des neuen Personalausweises anstelle der Schriftform für bestimmte Kommunikationskonstellationen als Kernaspekt vor. Nach § 3a Abs. 2 S. 4 Nr. 1 VwVfG soll die Schriftform auch durch unmittelbare Abgabe der Erklärung in einem elektronischen Formular, das von der Behörde in einem Eingabegerät oder über öffentlich zugängliche Netze zur Verfügung gestellt wird und ein sicherer Identitätsnachweis nach § 18 PAuswG ist, also über die eID-Funktion des neuen Personalausweises oder über den elektronischen Aufenthaltstitel, erfolgen. Auf diese Weise soll es auch

1479 BT-Drs. 17/10720, S. 8.

1480 BT-Drs. 17/10720, S. 8.

1481 BR-Drs. 557/12, S. 76; BT-Drs. 17/10720, S. 9.

1482 Zu den Gesetzesinitiativen: http://www.edvgt.de/pages/gesetzesinitiativen-zum-erv.php (letzter Abruf: 08.11.2015); näher auch zu den weiteren Einzelheiten, die hauptsächlich die Justizkommunikation betreffen: *Viefhues*, in: Hoeren/Sieber (Hrsg.), Handbuch Multimediarecht, Nr. 24, Rn. 109;

1483 Kritisch gesehen wird dies im Hinblick auf das Wettbewerbsrecht und die Technikneutralität; dies kann hier nicht vertieft werden, da ansonsten der Rahmen der Arbeit gesprengt werden würde.

möglich sein, elektronische Web-Anwendungen der Verwaltung durch Bereitstellen elektronischer Formulare in Verbindung mit dem nPA zur Ersetzung der Schriftform einzusetzen[1484]. Dabei lässt das Verfahren nur eine unmittelbare Eingabe in ein vom Verwender im Übrigen nicht veränderbares Formular mit „Direktausfüllung" zu[1485]. Die eID-Funktion des nPA bildet hauptsächlich die Identitätsfunktion der Schriftform ab[1486]. Die Warnfunktion der Schriftform kann mit einer Einbettung der eID-Funktion in die jeweilige E-Government-Anwendung integriert werden, sodass der Nutzer informiert wird, wenn das Stadium der Vorbereitung in die Abgabe rechtsverbindlicher Erklärungen gegenüber der Behörde übergeht[1487]. Die übrigen Funktionen der Schriftform kann die eID-Funktion des nPA nicht abbilden. Die Behörde muss hierbei für eine sichere und nachvollziehbare Verknüpfung der Erklärung des Nutzers mit dem elektronischen Identitätsnachweis des Erklärenden sorgen, wobei der Gesetzgeber die konkrete technische und organisatorische Ausgestaltung nicht vorgibt, um der Verwaltung den erforderlichen Gestaltungsspielraum zu geben[1488].

6. Sichere behördeninterne Prozesse zur Ersetzung der restlichen Funktionen der Schriftform

Eine Abbildung der verbleibenden Funktionen der Schriftform (Abschluss-, Perpetuierungs-, Echtheits-, Verifikations- und Beweisfunktion) kann erforderlichenfalls durch technisch-organisatorische Maßnahmen innerhalb der beteiligten staatlichen Stelle unter Wahrung angemessener Sicherheitsanforderungen umgesetzt werden[1489]. Die Frage, welche Schriftformfunktion in welchem konkreten Geschäftsprozess benötigt werde, müsse die Verwaltung beantworten[1490]. Die potenziellen Angebote, welche die Verwaltung über dieses Verfahren anbieten könne, seien sehr heterogen und angebotsgesteuert, sodass auch aus diesem Grund die Behörde ggf. mit verwaltungsinternen Vorschriften festlegen solle, welches Sicherheitsniveau für das jeweilige Verfahren festgelegt werden solle[1491]. Die Behörde hat im Rahmen des Einsatz- und Ausgestaltungsermessens auch die Verantwortung für das Sicherheitsniveau der Anwendung[1492]. Der Gesetzgeber empfiehlt hier den Behörden in der Gesetzesbegründung das Vorgehen mit einem „Baukastenmodell" nach Vorbild des IT-Grundschutzes des BSI[1493], an das angeknüpft werden könne und welches u. a. auch für die Behörden der Länder durch den IT-Planungsrat für verbindlich erklärt werden könne[1494]. Damit

---

1484 Hintergrundinformationen des BMI zum Entwurf eines Gesetzes zur Förderung der elektronischen Verwaltung, S. 2, abrufbar unter: http://www.bmi.bund.de/SharedDocs/Downloads/DE/Gesetzestexte/Entwuerfe/hintergrundpapier_egovg.pdf?__blob=publicationFile (letzter Abruf: 08.11.2015).

1485 BR-Drs. 557/12, S. 75.

1486 BT-Drs. 17/10720, S. 10.

1487 BT-Drs. 17/10720, S. 10.

1488 BR 557/12, S. 75.

1489 BT-Drs. 17/10720, S. 10.

1490 BT-Drs. 17/10720, S. 10, kritisch insbesondere zu diesem Aspekt: *Schulz G.*, DuD 2012, 395 (400).

1491 BR 557/12, S. 75.

1492 *Johannes*, MMR 2013, 694 (699).

1493 Vgl. hierzu https://www.bsi.bund.de/DE/Themen/ITGrundschutz/ITGrundschutzKataloge/itgrundschutzkataloge_node.html (letzter Abruf: 08.11.2015).

1494 BR-Drs. 557/12, S. 75.

sind hier für den Fall des Einsatzes der eID-Funktion im Rahmen von transaktionsbezogenen E-Government-Anwendungen maßgebliche Aspekte im Hinblick auf die Datensicherheit und die Sicherheit des gesamten Verfahrens auf die einzelnen Behörden verlagert. Daher kommt hier den untergesetzlichen IT-Standards besondere Bedeutung zu. Insgesamt liefert der Einsatz der eID-Funktion die notwendige Flexibilität bei der Gestaltung von transaktionsbezogenen E-Government-Anwendungen in der Praxis.

7. Modifizierung bestehender Schriftformerfordernisse

Der Gesetzgeber differenziert im Rahmen der Neuregelungen grundsätzlich zwischen der Schriftform im materiellen Recht und im Prozessrecht, wonach im Prozessrecht ein spezieller Schriftformbegriff gelte, auf den § 130 a ZPO Bezug nehme[1495]. Das „Gesetz zur Förderung der elektronischen Verwaltung sowie zur Änderung weiterer Vorschriften" hat auch die weitere Modifizierung bestehender Schriftformerfordernisse in den Blick genommen. Das Gesetz sieht in Art. 14 eine Ergänzung des § 70 Abs. 1 VWGO vor, sodass der Widerspruch neben der schriftlichen Einlegung und der Niederschrift bei der Behörde auch elektronisch eingelegt werden kann. Entsprechende Regelungen sind für § 357 AO sowie § 84 Abs. 1 SGG vorgesehen. Für das allgemeine und das sozialrechtliche Verwaltungsverfahren wird daher die Möglichkeit der Widerspruchseinlegung erweitert und für das Steuerrecht Rechtsklarheit geschaffen[1496].

Darüber hinaus soll drei Jahre nach Inkrafttreten des EGovG eine Überprüfung des gesamten Normenbestandes dahin gehend erfolgen, welche der zahlreichen öffentlichrechtlichen Schriftformerfordernisse, die über das gesamte Besondere Verwaltungsrecht verteilt sind, entbehrlich sind und daher abgeschafft werden können, wofür Art. 29 des „Gesetzes zur Förderung der elektronischen Verwaltung sowie zur Änderung weiterer Vorschriften" eine Berichtspflicht an den Deutschen Bundestag vorsieht[1497].

8. Elektronische Aktenführung und ersetzendes Scannen

a) Elektronische Aktenführung

Mit § 6 Abs. 1 EGovG soll das Prinzip der elektronischen Aktenführung für Behörden des Bundes eingeführt werden[1498]. Dabei geht es nicht nur allein um Fragen der Wirtschaftlichkeit bei der Aktenführung in der Verwaltung. Diese Regelung ist wichtig, um die verwaltungsinternen Geschäftsprozesse für transaktionsbezogenes E-Government anschlussfähig zu machen und den bisweilen in der Verwaltungspraxis bestehen-

1495 BT-Drs. 17/10720, S. 5.

1496 *Müller-Terpitz/Rauchhaus,* JurPC Web-Dok. 96/2012, Abs. 27.

1497 Hintergrundinformationen des BMI zum Entwurf eines Gesetzes zur Förderung der elektronischen Verwaltung, S. 2, abrufbar unter: www.bmi.bund.de (letzter Abruf: 20.11.2012).

1498 Auch wenn dieses zunächst nur für die Bundesverwaltung gilt, soll die Vorbildwirkung des EGovG dazu führen, dass Länder und Gemeinden dem Beispiel folgen.

den Rechtsunsicherheiten[1499] zu begegnen. Sie verfolgt das Ziel, die in vielen politischen E-Government-Initiativen angestrebte Medienbruchfreiheit von der elektronischen Antragstellung bis zur elektronischen Archivierung zu ermöglichen bzw. zu unterstützen[1500]. Eine elektronische Akte ist nach der Gesetzesbegründung „eine logische Zusammenfassung sachlich zusammengehöriger oder verfahrensgleicher Vorgänge und/oder Dokumente, die alle bearbeitungs- und aktenrelevanten E-Mails, sonstigen elektronisch erstellten Unterlagen sowie gescannten Papierdokumente umfasst und so eine vollständige Information über die Geschäftsvorfälle eines Sachverhalts ermöglicht“[1501]. Der Gesetzgeber sieht daher auch neben der Medienbruchfreiheit die Vorteile einer elektronischen Akte im schnelleren Auffinden bearbeitungsrelevanter Informationen, im ortsunabhängigen, kontinuierlichen Zugriff auf Informationen und in der Verbesserung der Transparenz[1502]. Der gesetzlich nicht normierte Grundsatz ordnungsgemäßer Aktenführung gilt demnach auch uneingeschränkt für die E-Akte, wobei insbesondere den Anforderungen an Aktenmäßigkeit, Vollständigkeit, Nachvollziehbarkeit, Wahrheitsmäßigkeit, Authentizität und Integrität, Vertraulichkeit, ggf. Löschbarkeit, Verkehrsfähigkeit, Verfügbarkeit und Lesbarkeit der Daten eine besondere Bedeutung zukommen soll[1503]. Hiermit sind also die Grundsätze ordnungsgemäßer Aktenführung im Verhältnis zu den Datenschutz-Schutzzielen angesprochen[1504]. In § 6 Abs. 1 S. 1 E-GovG ist zum einen vorgesehen, dass die Daten auf dauerhaften Datenträgern zu führen sind. In einem bewusst flexiblen Verweis wird in Abs. 2 zum anderen angeordnet, dass die Integrität und Authentizität der Daten in der elektronischen Akte durch geeignete technisch-organisatorische Maßnahmen nach dem Stand der Technik sicherzustellen sind, wodurch eine dynamische Anpassung an die sich stetig wandelnde Technik ermöglicht wird[1505]. Damit sind hier auch explizite Anforderungen an Datenschutz und Datensicherheit gestellt, wie es beispielsweise auch in § 3a BDSG a. F. der Fall war bzw. nunmehr in Art 32 DS-GVO der Fall ist. Der Gesetzentwurf empfiehlt hier die TR-03125 (TR-ESOR) des BSI, ohne ihren Einsatz explizit vorzuschreiben[1506].

1499 Grundsätzlich geht der Gesetzentwurf vom Organisationsermessen der Behörde aus; eine gesetzliche Klarstellung soll aber Rechtsunsicherheiten in der Praxis begegnen, BR-Drs. 557/12, S. 57.

1500 *Heckmann*, in: Bauer u. a. (Hrsg.), Verwaltungsverfahrensgesetz mit rechtlichen Aspekten des E-Government, 1. Aufl. 2012, Einführung, Rn. 86; dieser nennt die Regelung zur elektronischen Aktenführung daher auch ein „Herzstück“ des Gesetzentwurfs; kritisch aber hierzu bereits: *ders.*, K&R 2003, 425 (432).

1501 BR-Drs. 557/12, S. 56.

1502 BR-Drs. 557/12, S. 56.

1503 Hintergrundinformationen des BMI zum Entwurf eines Gesetzes zur Förderung der elektronischen Verwaltung, S. 4, abrufbar unter: http://www.bmi.bund.de/SharedDocs/Downloads/DE/Gesetzestexte/Entwuerfe/hintergrundpapier_egovg.pdf?__blob=publicationFile (letzter Abruf: 08.11.2015).

1504 Vgl. hierzu auch *Karg*, DuD 2013, 702 (706 ff.).

1505 *Müller-Terpitz/Rauchhaus*, JurPC Web-Dok. 96/2012, Abs. 21.

1506 BR-Drs. 557/12, S. 56; ob diese Regelung für besonders sensible Datenkategorien (Steuer- oder Gesundheitsdaten, Betriebs- und Geschäftsgeheimnisse etc.) ausreicht, bezweifeln: *Müller-Terpitz/Rauchhaus*, JurPC Web-Dok. 96/2012, Abs. 50.

b) Ersetzendes Scannen

Korrespondierend mit dem Prinzip der elektronischen Aktenführung, enthält § 7 EGovG eine Regelung zum sog. „Ersetzenden Scannen" für die Behörden des Bundes, die gelten soll, soweit spezialgesetzlich nichts anderes eingreift[1507]. Damit sollen Papierdokumente eingescannt und somit für einen elektronischen Workflow medienbruchfrei weiterverwendet werden können[1508]. Diese Regelung trägt dem Umstand Rechnung, dass derzeit die Aktenführung noch in starkem Maße papierbasiert stattfindet und Transformationsmechanismen benötigt werden, um eine wirtschaftlich, organisatorisch und beweisrechtlich fragwürdige parallele Führung von Papier- und elektronischen Akten zu vermeiden[1509]. Da dies für eine konsequente Einführung von transaktionsbezogenem E-Government und anschlussfähigen Geschäftsprozessen innerhalb der Verwaltung entscheidend ist, ist auch ein Bedürfnis über diese Regelung hinaus erkennbar, das ersetzende Scannen für die Landes- und Kommunalverwaltung auf eine gesetzliche Grundlage zu stellen[1510]. Nach § 7 Abs. 1 S. 2 EGovG muss bei der Übertragung in elektronische Dokumente nach dem Stand der Technik sichergestellt werden, dass die elektronischen Dokumente mit den Papierdokumenten bildlich und inhaltlich übereinstimmen, wenn sie lesbar gemacht werden. Als Beispiel für den Stand der Technik weist der Gesetzentwurf im Sinne einer widerlegbaren Vermutung auf die Technische Richtlinie „Rechtssicheres ersetzendes Scannen" (TR-RESISCAN) des BSI[1511] hin, wonach Anforderungen technisch-organisatorischer Art an Scanprozesse entwickelt worden sind, deren Einhaltung das Erstellen und die Anwendung möglichst rechtssicherer Scanlösungen ermöglicht[1512]. Die Regelung enthält in Abs. 3 eine Generalklausel für den Fall, dass das Übertragen des Originals einen technisch unvertretbar hohen Aufwand verursacht. Für die Umsetzung in der Praxis ist wichtig, dass sich die Regelung nicht auf „Altbestände" von Papierakten bezieht und damit die Frage, ob deren Umwandlung erfolgen soll, in das Ermessen der jeweiligen Behörde gestellt ist[1513]. In Abs. 2 ist die Vernichtung des Papieroriginals nach der Übertragung in elektronische Dokumente geregelt. Diese soll regelmäßig stattfinden, sobald eine

---

1507 BR-Drs. 557/12, S. 57; *Heckmann*, in: Bauer u. a. (Hrsg.), Verwaltungsverfahrensgesetz mit rechtlichen Aspekten des E-Government, 1. Aufl., 2012, Einführung, Rn. 88; *Müller-Terpitz/Rauchhaus*, JurPC Web-Dok. 96/2012, Abs. 22.

1508 Grundsätzlich hierzu: *Roßnagel/Nebel*, NJW 2014, 886 (886 ff.); *Hüsch*, CR 2014, 206 (206 ff.); *Jandt/Wilke*, K&R 2009, 96 (96 ff.).

1509 *Heckmann*, in: Bauer u. a. (Hrsg.), Verwaltungsverfahrensgesetz mit rechtlichen Aspekten des E-Government, 1. Aufl. 2012, Einführung, Rn. 88; BR-Drs. 557/12, S. 58: Die elektronische Akte soll grundsätzlich die „führende" sein, wobei es keine ausnahmslose Vernichtung von Papieroriginalen aufgrund des Rechts auf effektiven Rechtsschutz nach Art. 19 Abs. 4 GG sowie aufgrund des im Rechtsstaatsprinzip verbürgten Justizgewähranspruchs geben darf.

1510 So *Brackmann u. a.*, Der E-Postbrief in der Kommunalverwaltung, S. 28 m. w. N.

1511 TR-RESISCAN: abrufbar unter: https://www.bsi.bund.de/DE/Publikationen/TechnischeRichtlinien/tr03138/index_htm.html (letzter Abruf: 08.11.2015); die Anforderungen dieser technischen Richtlinie sollen sicherstellen, dass die Sicherung des Beweiswertes so gering wie möglich ausfällt.

1512 *Müller-Terpitz/Rauchhaus*, JurPC Web-Dok. 96/2012, Abs. 22.

1513 BR-Drs. 557/12, S. 58.

weitere Aufbewahrung des Papieroriginals nicht mehr aus rechtlichen Gründen oder zur Qualitätssicherung des Übertragungsvorganges erforderlich ist[1514].

9. Elektronische Akteneinsicht, Vorlage von Nachweisen und Abfrage des Verfahrensstandes

a) Elektronische Akteneinsicht

In § 8 EGovG findet sich eine Regelung zur elektronischen Akteneinsicht, die im transaktionsbezogenen E-Government massive Bedeutung erlangt. Danach gilt diese Vorschrift für die Behörden des Bundes, wonach diese bei Bestehen eines gesetzlichen Anspruchs Akteneinsicht dadurch gewähren, dass sie einen Aktenausdruck zur Verfügung stellen, die elektronischen Dokumente auf einem Bildschirm wiedergeben, elektronische Dokumente übermitteln oder den elektronischen Zugriff auf den Inhalt der Akten gestatten. Die Vorschrift regelt die Art und Weise der Einsicht in elektronisch geführte Akten, ohne dass sie einen eigenen Anspruch auf Akteneinsicht begründet[1515]. Der Anspruch ergibt sich nach wie vor z. B. aus Normen wie § 29 VwVfG oder dem IFG. Dieses Akteneinsichtsrecht gehört zu den zentralen Rechten in einem Verwaltungsverfahren und statuiert mittelbar für die Behörden die Verpflichtung zu ordnungsgemäßer Aktenführung[1516]. Damit muss dies auch im Kontext elektronischer Behördenakten notwendigerweise gewährleistet sein[1517]. Da sich der Gesetzgeber dem Multikanalprinzip verschrieben hat, muss konsequenterweise auch die Möglichkeit eines Aktenausdrucks vorgesehen sein. Bei den Möglichkeiten der Wiedergabe auf einem Bildschirm, der Übermittlung elektronischer Dokumente sowie dem elektronischen Zugriff auf den Inhalt einer Maßnahme sind die notwendigen technisch-organisatorischen Maßnahmen des § 9 BDSG a. F. bzw. nunmehr des Art. 32 DS-GVO zu ergreifen, sodass die Integrität und Authentizität der Daten sichergestellt, deren Inhalte nicht unbefugt zur Kenntnis genommen und nicht missbräuchlich verwendet werden können[1518]. Da es sich hier um elektronische Transaktionen handelt, dürfte u. a. die Verschlüsselung der Daten notwendig sein[1519].

b) Vorlage von Nachweisen

Eine weitere Regelung, die für medienbruchfreie Prozesse besondere Bedeutung hat, findet sich in § 5 Abs. 1 EGovG, wonach im Falle eines elektronisch geführten Verwal-

1514 BR-Drs. 557/12, S. 58: Die elektronische Akte soll grundsätzlich die „führende" sein, wobei es keine ausnahmslose Vernichtung von Papieroriginalen aufgrund des Rechts auf effektiven Rechtsschutz nach Art. 19 Abs. 4 GG sowie aufgrund des im Rechtsstaatsprinzip verbürgten Justizgewähranspruchs geben darf.

1515 BR-Drs. 557/12, S. 59; *Müller-Terpitz/Rauchhaus*, JurPC Web-Dok. 96/2012, Abs. 23: Mit dem Hinweis, dass § 1 Abs. 2 IFG als Regelungsstandort in Betracht gekommen wäre.

1516 *Kopp/Ramsauer*, § 29 VwVfG, Rn. 1 f.

1517 Zur Fortgeltung bestehender Grundsätze auch bei elektronischen Akten: *Bachmann/Pavlitschko*, MMR 2004, 370, (371 ff.).

1518 BR-Drs. 557/12, S. 59.

1519 Zur Notwendigkeit von Verschlüsselung: *Thomsen*, in: Schmidt/Weichert, Datenschutz – Grundlagen, Entwicklungen und Kontroversen, 381 (381 ff.).

tungsverfahrens die vorzulegenden Nachweise auch elektronisch eingereicht werden, es sei denn, durch Rechtsvorschrift ist etwas anderes bestimmt oder durch die Behörde wird die Vorlage eines Originals verlangt. Nach Abs. 2 entscheidet die Behörde nach pflichtgemäßem Ermessen, welche Art der elektronischen Einreichung zur Ermittlung eines Sachverhalts zulässig ist. Durch diese Vorschrift will der Gesetzgeber ein bedeutendes Hindernis für die Etablierung durchgehend elektronischer Verfahrensabwicklung beseitigen, das im Erfordernis der Vorlage von Nachweisen und Bescheiden im Original besteht, und setzt damit das Ziel B.6 der Nationalen E-Government-Strategie (NEGS) („Prozessketten sind ebenenübergreifend und kundenorientiert optimiert sowie durchgängig digitalisiert") in einer technikoffenen Vorschrift um[1520]. Die Behörde kann nach pflichtgemäßem Ermessen entscheiden, welche Art der elektronischen Einreichung zur Ermittlung des Sachverhalts zulässig ist[1521]. In Abs. 2 ist eine bereichsspezifische Ausnahme von dem in § 4 Abs. 2 S. 1 BDSG a. F. normierten Grundsatz der Direkterhebung geregelt, welche es einer Behörde als Verfahrenserleichterung ermöglicht, erforderliche Nachweise, die von einer deutschen öffentlichen Stelle stammen, direkt bei der ausstellenden Behörde elektronisch einzuholen, wenn der betroffene Verfahrensbeteiligte zugestimmt hat[1522]. Zu diesem Zweck dürfen die anfordernde Behörde und die abgebende öffentliche Stelle die erforderlichen personenbezogenen Daten erheben, verarbeiten und nutzen. Die elektronische Einwilligung sollte in Anknüpfung an § 13 Abs. 2 TMG nach § 5 Abs. 3 EGovG möglich sein, wobei der Nutzer bzw. Verfahrensbeteiligte seine Einwilligung bewusst und eindeutig erteilen muss, den Inhalt seiner Einwilligung jederzeit abrufen können muss, die Einwilligung jederzeit mit Wirkung für die Zukunft widerrufen können muss und die Einwilligung protokolliert werden muss[1523]. Nunmehr dürfte gemäß der Positionsbestimmung der Datenschutzkonferenz (DSK) der Art. 6 Abs. 1 Lit. a DS-GVO maßgeblich sein[1524].

c) Prozessoptimierung und elektronische Abfrage des Verfahrensstandes

Der § 9 Abs. 1 E-GovG greift den im E-Government wichtigen Kernaspekt der Prozessoptimierung[1525] auf und regelt für die Behörden des Bundes, dass sie vor Einführung entsprechender informationstechnischer Systeme unter Nutzung gängiger Methoden Verwaltungsabläufe dokumentieren, analysieren und optimieren. Damit wird die Erkenntnis, dass das Wirtschaftlichkeitspotenzial im Rahmen des E-Governments in der Ablauforganisation steckt und es zur Prozessanalyse und Prozessoptimierung

1520 BR-Drs. 557/12, S. 54; zur Nationalen E-Government-Strategie vgl. oben unter: Teil 2, B, III.

1521 *Müller-Terpitz/Rauchhaus*, JurPC Web-Dok. 96/2012, Abs. 19.

1522 BR-Drs. 557/12, S. 55; eine verbindliche Regelung zu einer darüber hinausgehenden elektronischen Verwaltungszusammenarbeit über alle föderalen Ebenen hinweg bleibt der Entwurf aber schuldig: Vgl. Stellungnahme des ISPRAT e.V., S. 3, abrufbar unter: www.isprat.net (letzter Abruf: 18.08.2015).

1523 BR-Drs. 557/12, S. 55.

1524 Positionsbestimmung der Konferenz der unabhängigen Datenschutzbehörden des Bundes und der Länder (DSK), 26.04.2018, S. 3, Ziff. 6.

1525 Zu den Verwaltungsprozessen als zentralem Baustein im E-Government: *Scheer/Kruppke/Heib*, E-Government, S. 7 ff.

zwingt[1526], aufgenommen und ein Gebot der „Selbstreflexion" für die Verwaltung statuiert. Bei der Optimierung von Verwaltungsabläufen mit Außenwirkung soll auch eine Orientierung an den Bedürfnissen der beteiligten Bürgerinnen und Bürger stattfinden und übergreifendes Ziel der Prozessanalyse soll es sein, Schwachstellen in den bestehenden Abläufen aufzuzeigen und Optimierungspotenziale zu erkennen[1527]. Dies schließt bei einem ganzheitlich gedachten transaktionsbezogenen E-Government auch Datenschutz und Datensicherheit mit ein.

Die Verwaltungsabläufe sollen nach § 9 Abs. 1 S. 2 EGovG so gestaltet werden, dass Informationen zum Verfahrensstand[1528] und zum weiteren Verfahren sowie die Kontaktinformationen der zum Zeitpunkt der Anfrage zuständigen Ansprechstelle auf elektronischem Wege abgerufen werden können. Die Regelung dient der Umsetzung des Ziels A.4 der Nationalen E-Government Strategie („Alle geeigneten Verwaltungsangelegenheiten lassen sich über das Internet abschließend elektronisch erledigen")[1529]. Damit wird eine elektronische Informationsmöglichkeit in transaktionsbezogenen Verfahren gewährt, die neben der Verfahrenserleichterung und vollelektronischen Abwicklung auch dem Ziel der Transparenz des Verwaltungshandelns dienen soll. Auch hier werden Daten elektronisch übermittelt mit den entsprechenden Anforderungen an Datenschutz und Datensicherheit. In Abs. 2 sind Ausnahmen geregelt, die sich sowohl auf die Prozessorientierung als auch die Abfrage des Verfahrensstandes beziehen. Danach kann jeweils von beiden Maßnahmen abgesehen werden, wenn diese einen wirtschaftlich nicht vertretbaren Mehraufwand bedeuten würden, zwingende Gründe entgegenstehen, die Maßnahmen dem Zweck des Verfahrens entgegenstehen oder eine gesetzliche Schutznorm verletzen.

10. Regelungsstandort

Im Rahmen des Gesetzgebungsverfahrens ist die systematische Verortung des EGovG, das den Kernbestandteil des gesamten Artikelgesetzes ausmacht, kritisiert worden. Beim EGovG-E handelt es sich insgesamt um ein recht kurzes Gesetz, welches sich insgesamt in einen Abschnitt mit Vorgaben zur elektronischen Kommunikation, einen weiteren zur elektronischen Bundesverwaltung und einen dritten Abschnitt zur Verwirklichung des sog. Open-Data-Ansatzes untergliedert[1530]. Das Konzept des jetzigen Entwurfs führt dazu, dass der Rechtsanwender ein Konglomerat aus Vorschriften aus dem VwVfG, dem De-Mail-Gesetz und dem EGovG „zusammenlesen" muss. Da insbesondere der erste Abschnitt Reglungen enthält, die das Verwaltungsverfahren betreffen, stellt sich die Frage, ob diese nicht auch im Verwaltungsverfahrensrecht hätten verortet werden können. So gab es auch Stellungnahmen im Rahmen des Gesetzgebungsverfahrens, die dafür plädierten, eine Übernahme der Rege-

1526 *Schliesky*, DVBl. 2007, 1453 (1460) m. w. N.

1527 BR 557/12, S. 60.

1528 Zu Verfahrensstandabfragen und dem hierzu bestehenden gesetzgeberischen Handlungsbedarf bereits: *Warnecke*, in: Schliesky/Schulz (Hrsg.), Web 2.0 in der öffentlichen Verwaltung, 57 (61).

1529 BR 557/12, S. 61.

1530 *Müller-Terpitz/Rauchhaus*, JurPC Web-Dok. 96/2012, Abs. 7.

lungen des Art. 1 (EGovG) ins Verwaltungsverfahrensrecht zu prüfen, da die bestehenden Verwaltungsverfahren auf E-Government ausgerichtet werden sollen und jenes nicht neben der bisherigen Verwaltung stehen solle und das Verwaltungsverfahrensrecht ohnehin schon zahlreiche Vorschriften zur elektronischen Kommunikation enthalte[1531]. Aufgrund des Regelungsgegenstandes handelt es sich bei der Vorschrift über den elektronischen Zugang in § 2 Abs. 1 S. 1 EGovG, der Übersendung von elektronischen Nachweisen nach Abs. 5, dem ersetzenden Scannen nach § 7 EGovG und der Akteneinsicht nach § 8 EGovG um verfahrensrechtliche Vorschriften, deren Verankerung im Verwaltungsverfahrensrecht sachgerecht gewesen wäre[1532].

Das EGovG selbst enthält auch einige datenschutzrechtliche Vorschriften wie z. B. die bereichsspezifische Ausnahme vom Grundsatz der Direkterhebung in § 5 Abs. 2. Diese sind zwingend aus systematischen Gründen an Ort und Stelle zu regeln, unabhängig von der Frage, ob die transaktionsbezogenes E-Government betreffenden Normen im Verwaltungsverfahrensrecht geregelt werden sollten oder nicht.

11. Änderungswünsche im Bundesrat

Im Rahmen des Gesetzgebungsverfahrens wurde, da es sich um ein Zustimmungsgesetz handelt, der Entwurf dem Bundesrat zugeleitet und dort beraten. Der Bundesrat hat in einem Beschluss zahlreiche Änderungswünsche für den Gesetzentwurf formuliert, zu denen sich die Bundesregierung äußern musste[1533]. Diese Änderungen betrafen vor allem auch die Regelungen zu transaktionsbezogenem E-Government. So wird bei der elektronischen Kommunikation eindringlich auf die Notwendigkeit der beweisrechtlichen Gleichstellung von papiergebundener und elektronischer Kommunikation hingewiesen[1534]. Darüber hinaus wird eine Kostenschätzung von der Bundesregierung verlangt, weil insbesondere durch dynamische Verweisungen die verwaltungsverfahrensrechtlichen Bestimmungen des Bundes und der Länder eng aneinander gekoppelt sind und darüber hinaus erhebliche faktische Auswirkungen auf die Verwaltungsverfahren der Länder entstehen und diese einem hohen Erwartungsdruck seitens der Nutzer von transaktionsgebundenen E-Government-Anwendungen ausgesetzt sind[1535]. Darüber hinaus wird das Vorhalten von teuren parallelen Doppelstrukturen für papiergebundene und elektronische Kommunikation befürchtet, sodass alle Bestimmungen, welche die Behörden der Länder und der Kommunen verpflichten, in „Kann-Bestimmungen" umgewandelt werden sollen[1536]. Dem Gesetzentwurf liegt das Multikanalprinzip zugrunde, welches bei entsprechender Umsetzung keine aufwendigen Doppelstrukturen erfordert[1537]. Die Änderung in Kann-Bestim-

1531 So die Stellungnahme des BITKOM zum Referentenentwurf der Bundesregierung, S. 3, abrufbar unter: www.bitkom.org (letzter Abruf: 18.08.2015).

1532 So auch *Brackmann u. a.*, Der E-Postbrief in der Kommunalverwaltung, S. 25 ff.

1533 BR-Drs. 557/12 (Beschluss) vom 02.11.2012.

1534 BR-Drs. 557/12 (Beschluss), S. 2.

1535 BR-Drs. 557/12 (Beschluss), S. 3.

1536 BR-Drs. 557/12 (Beschluss), S. 6.

1537 Zum Multikanalprinzp bzw. Mehrkanalansatz: *von Lucke,* Hochleistungsportale für die öffentliche Verwaltung, S. 63 ff.

mungen hätte massive Auswirkungen auf die faktische Verwirklichung von transaktionsbezogenem E-Government in der Breite.

III. Anforderungen des Online-Zugangsgesetzes (OZG)

Zur weiteren Förderung des E-Governments in Deutschland hat der Bund ein Gesetz zur Verbesserung des Onlinezugangs zu Verwaltungsleistungen (OZG) erlassen[1538]. Nach § 1 Abs. 1 OZG sind Bund und Länder verpflichtet, bis 2022 ihre Verwaltungsleistungen auch elektronisch über Verwaltungsportale anzubieten, und nach § 1 Abs. 2 OZG greift die Verpflichtung, dass sie ihre Verwaltungsportale zu einem Verbund verknüpfen. Das Ziel des Portalverbunds ist nach § 3 Abs. 1 OZG ein barriere- und medienbruchfreier Zugang zu elektronischen Verwaltungsleistungen. Die Zielrichtung des Gesetzes ist also, die durch den Föderalismus bedingten Hemmnisse für die Digitalisierung der Verwaltung zu überwinden[1539]. Dabei liegt der Fokus sowohl auf der Zusammenführung vorhandener Online-Angebote als auch auf der Integration neuer[1540]. Die Einbeziehung der kommunalen Ebene in die Umsetzungsverpflichtung wurde kritisch diskutiert[1541], ist allerdings auf der praktischen Ebene wegen der großen Fülle an Verwaltungsleistungen schlichtweg notwendig, um eine Stärkung des E-Governments in Deutschland zu erreichen. In § 8 Abs. 4 S. 2 OZG wird die Möglichkeit der einmaligen Erfassung von Identitätsdaten (sog. Once only Prinzip) nach vorheriger Einwilligung des Nutzers ermöglicht, um dem Bürger als Nutzer der Portale das mehrfache Eingeben dieser Daten zu ersparen[1542]. In § 8 Abs. 1 und 2 OZG werden Datenverarbeitungen bereichsspezifisch im Zuge der Nutzeridentifizierung geregelt, welche die eID-Funktion und die De-Mail einbeziehen. Insgesamt knüpft das Gesetz damit an die bisher für E-Government geschaffenen Basisinfrastrukturen wie De-Mail und den nPA an und bündelt die Eintrittspunkte zu transaktionsbezogenen E-Government-Anwendungen mittels der Logik von Portalen. Im Zuge der Schaffung der Portale und des Portalverbunds wäre die datenschutzrechtliche Verantwortlichkeit der jeweils beteiligten Verantwortlichen durch das Rechtsinstrument eines sog. gemeinsamen Verfahrens nach Art. 26 DS-GVO zu regeln[1543].

1538 BGBl. I 2017, S. 3122 (3138).

1539 *Rüscher*, DVBl 2017, 1530 (1531).

1540 *Siegel*, DÖV 2018, 185 (186).

1541 *Rüscher*, DVBl 2017, 1530 (1531 ff.); *Martini/Wiesner*, ZG 2017, 193 (219).

1542 *Rüscher*, DVBl 2017, 1530 (1534); *Schliesky/Hoffmann*, DÖV 2018, 193 (196); zum Spannungsverhältnis des Once-only-Prinzips mit dem datenschutzrechtlichen Zweckbindungsgrundsatz: *Martini/Wenzel*, DVBl 2017, 749 (749 ff.).

1543 *Schliesky/Hoffmann*, DÖV 2018, 193 (197); zum sog. Gemeinsamen Verfahren nach Art. 26 DS-GVO bereits oben unter: Teil 3, IX., 7.

IV. Anforderungen des De-Mail-Gesetzes

Nachdem im Kontext des EGovG die De-Mail als Infrastruktur für transaktionsbezogenes E-Government genannt worden ist, sollen hier nachfolgend die Verantwortungssphären bei der De-Mail anhand der einschlägigen Regelungen des De-Mail-Gesetzes dargestellt werden. Im Zentrum steht ein De-Mail-Vertragsverhältnis zwischen dem privaten Nutzer und dem De-Mail-Diensteanbieter, welches erst die Grundlage für eine Nutzung im transaktionsbezogenen E-Government bildet.

1. Nutzerbegriff im Sinne des De-Mail-Gesetzes

Der Begriff des Nutzers taucht im De-Mail-Gesetz an verschiedenen Stellen wie etwa in § 3 Abs. 1 auf. Vom Begriff des Nutzers sind sowohl private Nutzer als auch Unternehmen und Verwaltungsbehörden und damit alle potenziell Beteiligten an einem Verwaltungsverfahren umfasst, wenn sie einen Account anlegen[1544]. Damit regelt das Gesetz die potenzielle Nutzung der Basisinfrastruktur De-Mail durch die verschiedenen genannten Akteure. In dieser Arbeit soll jedoch dann, wenn vom Nutzer die Rede ist, hauptsächlich der private Nutzer von transaktionsbezogenen E-Government-Anwendungen im Vordergrund stehen. In Fällen, in denen die Verwaltung De-Mail-Nutzer ist, sind ohnehin sog. Gatewaylösungen, welche die bereits bestehenden verwaltungsinternen E-Mail-Infrastrukturen mit einbeziehen und die Verwaltungsbehörde dann als einen großen Nutzer erscheinen lassen, viel wahrscheinlicher.

2. Akkreditierung der Diensteanbieter als präventive Maßnahme für Datenschutz und Datensicherheit

Im Konzept der De-Mail sollen die Anforderungen an Datenschutz und Datensicherheit im Wege einer präventiven Überprüfung des jeweiligen Diensteanbieters auf Einhaltung gesetzter Standards vorab in einem Akkreditierungsverfahren festgestellt werden[1545]. Es wird also staatlicherseits die Einhaltung von technischen und rechtlichen Mindestvorgaben überprüft und dann ein Zertifikat erteilt. Außer dem prüfenden BSI zieht sich der Staat hier auf eine Art Notarfunktion zurück[1546]. Mit dem Akkreditierungsverfahren schränkt der Gesetzgeber regelmäßig die Berufsfreiheit aus Art. 12 GG der Diensteanbieter ein, was aber verfassungsmäßig mit dem Sicherheitsbedürfnis in diesem Bereich zu rechtfertigen ist[1547]. Die Akkreditierung des De-Mail-Diensteanbieters kann auch wieder entzogen werden, sodass staatlicherseits ein Druckmittel bei Verletzung von Verantwortlichkeiten und Pflichten des De-Mail-Diensteanbieters besteht. Generell lässt sich sagen, dass der De-Mail-Diensteanbieter für nahezu die gesamte technische

1544 *Schallbruch/Keller-Herder*, in: Bauer u.a.(Hrsg.),Verwaltungsverfahrensgesetz mit rechtlichen Aspekten des E-Government, 1. Aufl., 2012, Einl. De-Mail-Gesetz, Rn. 8.

1545 *Schulz S. E./Tischer*, NZS 2012, 254 (254).

1546 So *Spindler*, CR 2011, 309 (311).

1547 Diese Frage kann hier nicht näher beleuchtet werden, da ansonsten der Rahmen der Arbeit gesprengt werden würde.

Sicherheit der elektronischen Kommunikation der De-Mail-Dienste verantwortlich ist, sodass der Gesetzgeber bei ihm das größte „Pflichtenprogramm" angesiedelt hat. Die Entwicklung der Dienste wird auch insgesamt in der Verantwortung der Privatwirtschaft gesehen[1548]. Der De-Mail-Diensteanbieter hat einen Datenschutz-Nachweis als Form einer technischen Präventivkontrolle zu erbringen[1549]. Gesetzgeberischer Leitgedanke ist das Erreichen der Datensicherheits-Schutzziele Vertraulichkeit, Authentizität und Nachweisbarkeit mit einer sicheren Umgebung auf der gesamten Kommunikationsstrecke einer elektronischen Nachricht vom Absender bis zum Empfänger[1550]. In den §§ 3 bis 8 De-Mail-Gesetz sind die für den De-Mail-Diensteanbieter verpflichtenden Vorgaben zur Sicherheit der De-Mail-Dienste enthalten, im Übrigen besteht kein Kontrahierungszwang im Anbieter-Nutzer-Verhältnis[1551], sodass jegliche vertraglichen Vereinbarungen, die nicht den §§ 3 bis 8 De-Mail-Gesetz zuwiderlaufen, möglich wären. Die Akkreditierung auf Antrag ist für den Diensteanbieter freiwillig, stellt aber letztlich eine Obliegenheit des Diensteanbieters dar, weil der Nachweis der geprüften IT-Sicherheit nur bei erfolgter Akkreditierung dem Diensteanbieter die Vertrauenswürdigkeit gegenüber dem privaten Nutzer verleiht[1552].

Als wichtigste Aspekte des De-Mail-Konzeptes werden die Vertrauenswürdigkeit der De-Mail-Diensteanbieter im Hinblick auf Datenschutz und Datensicherheit und das daraus abgeleitete berechtigte Vertrauen der Nutzer gesehen[1553]. Das Vertrauen in den Kommunikationspartner und in die Kommunikationsinfrastruktur ist insbesondere für transaktionsbezogenes E-Government der wichtigste Erfolgsfaktor[1554]. Insoweit hat der Gesetzgeber auch die De-Mail als vertrauenswürdig eingestuft und durch das EGovG mit der qeS und der Schriftform gleichgestellt[1555].

Die Akkreditierung wird nach § 2 De-Mail-Gesetz durch das Bundesamt für Sicherheit in der Informationstechnik (BSI) erteilt. Der De-Mail-Diensteanbieter hat die Anforderungen für ein Sicherheitszertifikat nach § 9 BSIG zu erfüllen. Nach § 18 Abs. 3 Nr. 4 De-Mail-Gesetz muss er einen Datenschutz-Nachweis der Bundesbeauftragten für den Datenschutz und die Informationsfreiheit (BfDI) erfüllen. Als Nachweise müssen auf der Grundlage der BSI TR 01201 Zertifikate zur Funktionalität (Basisinfrastruktur, Accountmanagement, Postfach- und Versanddienst sowie evtl. Identifizierungsdienst und Dokumentensafe) sowie weitere Zertifikate zur Interoperabilität und Sicherheit erbracht werden[1556]. Den Datenschutz-Nachweis des BfDI stellt

1548 *Dietrich/Keller-Herder*, DuD 2010, 299 (300).

1549 *Gelzhäuser*, DuD 2010, 646 (646).

1550 *Rose*, K&R 2011, 439 (440); *Spindler*, CR 2011, 309 (310).

1551 *Roßnagel*, NJW 2011, 1473 (1474).

1552 *Schuhmacher*, DuD 2010, 302 (302 f.).

1553 *Roßnagel*, CR 2011, 23 (24); *Roßnagel/Hornung/Knopp/Wilke*, DuD 2009, 728 (731); *Probst*, DSB 2009, 16 (16 ff.).

1554 Vgl. hierzu bereits oben unter: Teil 2, C., III., 6.

1555 Dazu bereits oben unter: Teil 3., D, III., 4.

1556 *Schuhmacher*, DuD 2010, 302 (304); die TR 01201 ist zu finden unter: BSI TR 01201 Teil 2.1, Version 1.1.1, abrufbar unter: https://www.bsi.bund.de/SharedDocs/Downloads/DE/BSI/Publikationen /TechnischeRichtlinien/De_Mail/TR_De_Mail_ACM_FU.pdf?__blob=publicationFile (letzter Abruf: 08.11.2015).

dieser auf der Grundlage eines Gutachtens einer anerkannten sachverständigen Stelle aus[1557].

3. Identitätssicherung durch Kontoeröffnung und sicheren Login

In § 3 De-Mail-Gesetz wird der Begriff der Identität genannt, aber nicht definiert. In dieser Norm ist der Begriff i. S. d. numerischen Identität nach dem Verständnis dieser Arbeit gemeint. Die Sicherung der numerischen Identität des privaten Nutzers wird durch eine Identitätsüberprüfung bei Eröffnung eines De-Mail-Kontos sowie durch den sicheren Login bei Nutzung des Kontos erreicht. Damit wurde den Risiken bisheriger E-Mail-Kommunikation begegnet[1558], welche vor allem auch in der mangelnden Sicherheit über den Kommunikationspartner bestanden. Die numerische Identität des privaten Nutzers und die Identität der handelnden Behörde, die sich abgeleitet in der Identität der für diese handelnden Bediensteten darstellt, ist Dreh- und Angelpunkt in der elektronischen Kommunikation im transaktionsbezogenen E-Government. Die sichere Erstregistrierung bei den De-Mail-Diensten ist daher auch „notwendiges Kernstück" des Konzeptes und unabweisbar notwendig für den Einsatz der De-Mail im transaktionsbezogenen E-Government[1559].

Die Norm des § 3 De-Mail-Gesetz schafft eine gesetzliche Identifizierungspflicht, die auf parallele, schon vorher bestehende Vorschriften im Geldwäschegesetz verweist, welches den Begriff der Identifizierung definiert[1560]. Die Vorschrift des § 4 Abs. 2 GwG regelt, dass eine weitere Identifizierung entbehrlich ist, wenn diese einmal erfolgt ist. Die Vorschriften des GwG billigen auch juristischen Personen oder Personengesellschaften eine Identität zu.

4. Zwei verschiedene Schutzniveaus bei der Anmeldung und Absenderbestätigung

Bei den De-Mail-Diensten hat der Nutzer die Wahl zwischen zwei verschiedenen Schutzniveaus bei der Anmeldung. Es gibt die Möglichkeit einer niedrigen Authentisierung mit Benutzername und Passwort sowie die einer hohen mittels des nPA oder des mobilen TAN-Verfahrens[1561]. Bei der niedrigen Authentisierung mit Benutzername und Passwort wird die Sicherheit gegenüber bisherigen Verfahren nicht erhöht und auch bei der hohen Authentisierung ist ein sog. man-in-the-middle-Angriff nicht gänzlich ausgeschlossen[1562]. Die einfache Anmeldung mittels Benutzername und Passwort ist nach § 4 Abs. 1 S. 6 De-Mail-Gesetz auf Verlangen des Nutzers zu gewähren und mit einer Belehrungspflicht für den De-Mail-Diensteanbieter verbunden, dass diese Form der Anmeldung nicht den gleichen Schutz wie die hohe Authentisie-

1557 *Roßnagel*, CR 2011, 23 (25).

1558 *Weidemann*, DVP 2011, 406 (412).

1559 Das Gleiche gilt im Prinzip auch für den Einsatz der De-Mail im E-Commerce und E-Business.

1560 BT-Drs. 17/3630, S. 17 mit dem Verweis auf § 4 GwG vom 13. August 2008 (BGBl I S. 1690) und die dazugehörige Gesetzesbegründung in BT-Drs. 16/9038, S. 36.

1561 BT-Drs. 17/10720, S. 5 ff.

1562 So bereits zum alten Entwurf des Bürgerportalgesetzes: *Werner/Wegener*, CR 2009, 310 (311).

rung bildet[1563]. In diesem Zusammenhang wäre eine Belehrung des Nutzers zusätzlich notwendig, sodass bei dieser Form der Anmeldung der Anscheinsbeweis für die Identität auch entfallen kann[1564]. Nach § 5 Abs. 5 De-Mail-Gesetz kann der Absender einer De-Mail-Nachricht veranlassen, dass der Empfänger eine qualifiziert signierte Bestätigung des De-Mail-Diensteanbieters über die sichere Anmeldung des Absenders erhält. Durch diese Versandform „absenderbestätigt" kann der per De-Mail versandte Erklärungsinhalt dem Erklärenden zugeordnet werden[1565]. Damit ist eine weitere Obliegenheit bei der faktischen Nutzung der De-Mail-Dienste in die Hände des Nutzers gelegt. Eine Protokollierung jedes Anmeldevorganges durch den De-Mail-Diensteanbieter findet nicht statt[1566]. Der Anmeldevorgang am De-Mail-Konto schützt den Nutzer im Gegensatz zu den meisten Anmeldungen bei Anbietern herkömmlicher E-Mails vor Angriffen beim Login-Vorgang und solchen auf die Web-Sitzung (sog. Session-Hijacking)[1567].

Für den mündigen Nutzer bedeutet dies, dass er sich Gedanken über das Anmeldeverfahren am De-Mail-Konto machen und beim Versenden von Nachrichten die Absenderbestätigung initiieren muss. Der Hinweis, dass das unsichere Anmelde-Schutzniveau rechtliche Nachteile für den Nutzer in Form eines Entfallens des Anscheinsbeweises hat, wird praktisch nicht erfolgen. Damit sind Verhaltensmaßregeln und Informationen über Rechtsfolgen, die in den Bereich der Obliegenheiten gehören, in die Verantwortungssphäre des Nutzers gelegt.

5. Keine gesetzlich verpflichtende Ende-zu-Ende-Verschlüsselung

Das De-Mail-Gesetz regelt keine Pflicht für den Diensteanbieter, dem De-Mail-Nutzer eine Ende-zu-Ende-Verschlüsselung zu gewährleisten. Momentan kann diese optional angeboten werden. Sie bleibt aber letztlich den beiden Vertragspartnern überlassen[1568]. Maßgeblich ist die Option davon abhängig, dass der De-Mail-Diensteanbieter diese überhaupt anbietet. Die Tatsache, dass diese nicht flächendeckend vorgesehen ist, wird stark kritisiert. In diesem Zusammenhang wird wegen des Ignorierens des Ende-zu-Ende-Arguments der Sicherheitsgewinn der De-Mail insgesamt infrage gestellt[1569]. Zurzeit ist gesetzlich nur eine Transportverschlüsselung vorgeschrieben, die nach anderer Auffassung bereits als Sicherheitsgewinn gegenüber der einfachen E-Mail betrachtet wird[1570]. Momentan muss der De-Mail-Diensteanbieter für den Zeitpunkt, in dem die De-Mail-Nachricht unverschlüsselt bei ihm vorliegt, lediglich darlegen, dass er

1563 *Roßnagel*, CR 2011, 23 (26).
1564 So zu Recht *Spindler*, CR 2011, 309 (312).
1565 BT-Drs. 17/10720, S. 6.
1566 *Roßnagel*, CR 2011, 23 (26).
1567 *Seidl/Maisch/Albrecht*, JurPC Web-Dok. 101/2012, Abs. 90.
1568 BT-Drs. 17/10720, S. 6; auch bereits beim Bürgerportal als Vorläufer von De-Mail wurde der Impuls für die Ende-zu-Ende-Verschlüsselung beim Nutzer gesehen: *Roßnagel*, in: Klumpp u. a. (Hrsg.), Netzwelt – Wege, Werte, Wandel, 221 (225).
1569 In diese Richtung: *Lechtenbörger*, DuD 2011, 268 (268 ff.); *Schulz G.*, DuD 2012, 395 (397 f.).
1570 *Seidl/Maisch/Albrecht*, JurPC Web-Dok. 101/2012, Abs. 91.

Datenschutz und Datensicherheit gewährleisten kann[1571]. Dies schützt aber nicht vor potenziellen Manipulationen. Bei einer echten gesetzlich vorgeschriebenen Ende-zu-Ende-Verschlüsselung wäre bereits technisch eine manipulative Kenntnisnahme vom Inhalt der De-Mail-Nachricht ausgeschlossen. Gerade diese offene Flanke im De-Mail-Konzept wurde während des Gesetzgebungsverfahrens vom Bundesrat kritisiert.[1572] Die Bundesregierung sprach sich erneut mit Blick auf den hohen Aufwand für den Nutzer und das Konzept, die De-Mail-Dienste für den Nutzer einfach zu halten, gegen eine Ende-zu-Ende-Verschlüsselung aus[1573], stimmte dann aber dem Gesetzentwurf doch ohne Änderungen zu. Aktuell ist das Thema Ende-zu-Ende-Verschlüsselung wieder auf die politische Agenda gerückt[1574].

6. Nutzerverantwortlichkeiten bei De-Mail-Diensten

Die Nutzerverantwortlichkeiten bei den De-Mail-Diensten sind dadurch gekennzeichnet, dass das De-Mail-Gesetz keinerlei Nutzerpflichten vorsieht, sondern ausschließlich Pflichten an die De-Mail-Diensteanbieter richtet[1575]. Insbesondere besteht keine gesetzliche Verpflichtung für den Nutzer, auf seinem eigenen informationstechnischen System, also seiner individuellen Infrastruktur, spezielle Software zu installieren[1576]. Die für den privaten Nutzer als zu schwierig angesehenen bereits bestehenden Sicherheitsmechanismen für elektronische Kommunikation sollten in die Regie der professionellen Diensteanbieter gelegt werden[1577]. Dies ist das grundsätzliche Leitbild bei der Entstehung des De-Mail-Gesetzes gewesen. Der Bundesrat hat im Rahmen des Gesetzgebungsverfahrens zwar angeregt, dass zur Erhaltung des Kernstücks des Konzeptes der gesicherten numerischen Identitäten eine gesetzliche Pflicht des Nutzers zu regeln, eine Änderung von Identitätsdaten dem De-Mail-Diensteanbieter mitzuteilen, was die Bundesregierung wohl auch mit Blick auf die praktische Handhabbarkeit abgelehnt hat[1578]. Dies bedeutet aber nicht, dass es nicht eventuell im Vertragsverhältnis zwischen privatem Nutzer und De-Mail-Diensteanbieter geregelt werden kann. Eine Auferlegung der Pflicht für den privaten Nutzer zur Aktualisierung der Identitätsdaten mittels AGB

1571 *Roßnagel*, NJW 2011, 1473 (1475).

1572 Vgl. Hierzu BR-Drs. 645/10 (Beschluss).

1573 BT-Drs. 17/4145, S. 9.

1574 Vgl. hierzu den Koalitionsvertrag zwischen CDU, CSU und SPD: „Deutschlands Zukunft gestalten", S. 104, zu finden unter: http://www.bundesregierung.de/Content/DE/_Anlagen/2013/2013-12-17-koalitionsvertrag.pdf?__blob=publicationFile (letzter Abruf: 08.11.2015), sowie das Interview mit den Staatssekretären Gerd Billen und Ulrich Kelber aus dem Bundesministerium für Justiz und Verbraucherschutz mit iRights.info, zu finden unter: http://irights.info/artikel/wir-muessen-bei-jeder-regelung-mit-bedenken-ob-sie-auch-im-digitalen-raum-passt/23367 (letzter Abruf: 08.11.2015); zu einem möglichen Anspruch des Bürgers auf Verschlüsselung: *Petersen*, Die Rechtsprobleme des Eelctronic Government, S. 94 ff.

1575 *Rose*, K&R 2011, 439 (441); zum Beweis und der Beweislastverteilung beim Zugang einer De-Mail: *Willems*, MMR 2013, 551 (554 ff.).

1576 BT-Drs. 17/3630, S. 29, und BT-Drs. 17/4145, S. 9; *Roßnagel*, NJW 2011, 1473 (1475).

1577 *Schallbruch/Keller-Herder*, in: Bauer u.a.(Hrsg.),Verwaltungsverfahrensgesetz mit rechtlichen Aspekten des E-Government, 1. Aufl. 2012, Einl. De-Mail-Gesetz, Rn. 2.

1578 BT-Drs. 17/4145, S. 4 und 10.

wird als zulässig angesehen[1579]. Grundsätzlich liegt es also in der Verantwortungssphäre des De-Mail-Diensteanbieters, die Aktualität der Identitätsdaten der De-Mail-Nutzer zu gewährleisten[1580]. Der Nutzer hat zum Schutz seiner informationellen Selbstbestimmung die Möglichkeit, eine pseudonyme De-Mail-Adresse einzurichten[1581]. Dies entspricht den im Datenschutzrecht praktizierten Möglichkeiten der Pseudonymisierung, wie sie auch in anderen Bereichen möglich ist. Grundsätzlich ergibt sich auch bei den De-Mail-Diensten das klassische Spannungsverhältnis zwischen der Nutzerfreundlichkeit auf der einen Seite und der Sicherheit der Anwendung auf der anderen Seite. Der Gesetzgeber hat mit dem De-Mail-Gesetz das Ziel gehabt, die Hürden durch Sicherheitsanforderungen für die Nutzung der De-Mail-Dienste durch den privaten Nutzer so gering wie möglich zu halten. Eine Verpflichtung des Nutzers zur Verwendung von Antivirensoftware oder anderen Schutzmaßnahmen regelt das Gesetz nicht.

Bei der Nutzung der De-Mail-Dienste hat sich der private Nutzer den Vorgaben der §§ 9 bis 16 De-Mail-Gesetz zu unterwerfen. Diese enthalten für den Nutzer Verhaltensmaßregeln zur Sicherung der numerischen Identität als Kernstück des Konzeptes. Der De-Mail-Diensteanbieter muss den privaten Nutzer vor der erstmaligen Nutzung nach § 9 De-Mail-Gesetz über die sichere Anmeldung, über die Verschlüsselung, den Umgang mit Schadsoftware und mögliche Rechtsfolgen informieren. Fasst man diese Aspekte zusammen, so klärt der De-Mail-Diensteanbieter den Nutzer über seine Obliegenheiten, die aus dem De-Mail-Gesetz sowie aus dem De-Mail-Nutzungsvertrag entspringen, auf. Das De-Mail-Gesetz enthält daher also Regelungen zur Verantwortungsteilung zwischen einem professionellen Diensteanbieter und einem digital mündigen Bürger. Darüber hinaus müsste der Nutzer die Entscheidung treffen, ob er die Ende-zu-Ende-Verschlüsselung der Kommunikation in Anspruch nehmen möchte, wenn der Diensteanbieter diese optional anbietet[1582]. Auch die Auswahl des Schutzniveaus bei der Anmeldung und die Anforderung der Absenderbestätigung fallen in den Verantwortungsbereich des Nutzers.

Damit stellt sich darüber hinaus die Frage, was außerhalb des De-Mail-Gesetzes an rechtlichen Verantwortlichkeiten des Nutzers besteht und sich auf das Vertragsverhältnis mit dem De-Mail-Diensteanbieter auswirkt. Nach inzwischen h. M. wird davon ausgegangen, dass der Nutzer eines Rechners mit Internetanschluss verpflichtet ist, einen Virenscanner zu benutzen[1583]. Wenn der Nutzer die Änderung seiner Identitätsdaten nicht mitteilt, so kann grundsätzlich ein getäuschter Dritter aufgrund der aus dem De-Mail-Gesetz folgenden Pflichten Schadensersatz verlangen, der letztlich auch nach allgemeinem Zivilrecht aus culpa in contrahendo gegeben wäre[1584]. Als am

1579 *Spindler*, CR 2011, 309 (312).

1580 *Lapp*, DuD 2009, 651 (653); *Roßnagel*, NJW 2011, 1473 (1474).

1581 *Roßnagel*, NJW 2011, 1473 (1475).

1582 Vgl. hierzu Kommune 21, 6/2015, S. 6, wonach die De-Mail-Anbieter Deutsche Telekom, Francotyp-Postalia sowie United Internet (1&1, Web.de und GMX) ein vereinfachtes Ende-zu-Ende-Verschlüsselungsverfahren für De-Mails anbieten, welches für Nutzer ohne besondere Vorkenntnisse handhabbar sei.

1583 *Borges*, Rechtsfragen der Haftung im Zusammenhang mit dem elektronischen Identitätsnachweis, S. 144 f.

1584 *Spindler*, CR 2011, 309 (318).

wichtigsten wird in haftungsrechtlicher Hinsicht die Pflicht des Nutzers angesehen, das De-Mail-Konto und die Legitimationsmedien für die sichere Anmeldung zur Vorbeugung von Missbrauch zu überwachen[1585]. Diese Pflicht würde im Übrigen auch jeden Nutzer eines herkömmlichen E-Mail-Accounts treffen.

7. Verantwortlichkeiten des De-Mail-Diensteanbieters

Die genannten umfassenden Informationspflichten des De-Mail-Diensteanbieters gegenüber dem privaten Nutzer[1586] sind Maßnahmen, die in ihrer Art stark an das Verbraucherschutzrecht erinnern und einen großen Teil der Verantwortlichkeit beim faktisch mächtigen privaten Akteur lokalisieren. In § 14 De-Mail-Gesetz ist ein Verweis auf die Belange des Verbraucherschutzes enthalten. Insgesamt ist das De-Mail-Vertragsverhältnis auch mit Konstellationen aus dem Verbraucherschutz vergleichbar. Dem De-Mail-Diensteanbieter kommt für die Verwirklichung der informationellen Selbstbestimmung und des Fernmeldegeheimnisses neben dem eigenen Verantwortungsbeitrag des privaten Nutzers selbst ein entscheidender Verantwortungsbeitrag zu. Das De-Mail-Gesetz statuiert hauptsächlich Pflichten für den Diensteanbieter, die zugunsten des privaten Nutzers wirken. Diese dienen sowohl Datenschutz als auch Datensicherheit im jeweiligen Sinne, der dieser Arbeit zugrunde liegt.

8. Verantwortlichkeiten von Verwaltungsbehörden und Gateway-Lösungen

Bei Verwaltungsbehörden stellt sich generell die Frage, in welcher Form sie die Nutzung der De-Mail-Dienste organisieren. Die Bundesverwaltung favorisiert hier sog. Gateway-Lösungen, die eine Integration der bisherigen Kommunikationslandschaft ermöglichen[1587]. Maßgeblich ist hier, dass in einem Vergabeverfahren ein Anbieter ausgewählt wird, der die Dienste dann für alle erfassten Bundesbehörden bereitstellt. Auf der kommunalen Ebene sehen die Entscheidungswege zur Nutzung von De-Mail-Diensten anders aus. Nicht selten besteht ein Interesse aufseiten der Kommunalverwaltungen, den jeweiligen kommunalen IT-Dienstleister mit in den Prozess einzubeziehen. Dieser müsste dann seinerseits mit dem De-Mail-Diensteanbieter und mit der jeweiligen kommunalen Gebietskörperschaft einen Vertrag abschließen. Fraglich ist an der Stelle aber, wer im Rahmen der De-Mail-Dienste dann dem Bürger gegenübertritt. Der IT-Dienstleister ist dann, wenn er eine Organisationsform mit rechtlicher Selbstständigkeit hat, nicht Träger der Verwaltungsaufgabe im jeweiligen Kommunikationskontext, sondern eigentlich ein weiterer zwischengeschalteter Dienstleister. In solchen Konstellationen treten in der Praxis Probleme auf.

1585 *Spindler*, CR 2011, 309 (318).

1586 Vgl. hierzu BT-Drs. 17/10720, S. 7.

1587 *Schallbruch/Keller-Herder*, in: Bauer u. a. (Hrsg.), Verwaltungsverfahrensgesetz mit rechtlichen Aspekten des E-Government, 1. Aufl. 2012, Einl. De-Mail-Gesetz, Rn. 11 und § 4 De-Mail-Gesetz, Rn. 9; ein Gateway für die Bundesverwaltung soll noch im Jahr 2014 zur Verfügung gestellt werden: *Schulz S. E./Brackmann*, NdsVBl. 2014, 303 (305).

Für die Gateway-Lösungen ist in § 4 De-Mail-Gesetz keine eigenständige Regelung getroffen worden, wie sich die Mitarbeiter einer mittels Gateway an De-Mail angeschlossenen Behörde anmelden[1588]. Die Behörde muss für sich durch verbindliches Innenrecht wie z. B. Dienstanweisungen regeln, welcher Mitarbeiter sich wann anmelden kann[1589].

9. Strenge Zweckbindung nach § 15 De-Mail-Gesetz

In § 15 De-Mail-Gesetz ist eine strenge Zweckbindung für die personenbezogenen Daten der Nutzer geregelt worden. Danach dürfen diese Daten nur für die Durchführung des Vertragsverhältnisses verwendet werden. Diese Regelung stellt eine Verbesserung gegenüber dem vorherigen Gesetzentwurf dar und vermeidet Profilbildungen oder Verknüpfungen von personenbezogenen Daten beim De-Mail-Diensteanbieter[1590]. Die informationelle Selbstbestimmung des Nutzers ist dadurch gestärkt worden. Insbesondere wären ohne diese Regelung die Identitätsdaten der De-Mail-Nutzer schnell in den Mittelpunkt des Interesses gerückt. Vor dem Hintergrund, dass die bisher akkreditierten De-Mail-Anbieter auch andere kommerzielle Angebote haben, wären hier schnell Begehrlichkeiten entstanden.

10. Verweis in § 15 De-Mail-Gesetz auf TKG, TMG und BDSG

Die Zweckbindungsvorschrift in § 15 De-Mail-Gesetz gilt in ihrer jetzigen Fassung unbeschadet der Regelungen des TMG, des TKG und des BDSG bezogen auf die a. F. Das bedeutet, dass die gesamte Regelung des § 15 De-Mail-Gesetz Auffangcharakter hat und vorrangig die allgemeinen Datenschutzvorschriften, insbesondere des TMG, des TKG und des BDSG, gelten[1591]. Insbesondere macht das De-Mail-Gesetz auch keine Vorgaben zu besonders sensiblen Daten wie z. B. Sozialdaten[1592]. Eine explizite Einordnung der De-Mail-Dienste nach den genannten Fachgesetzen erfolgt im De-Mail-Gesetz nicht. Im Zuge der Anpassung des De-Mail-Gesetzes an die DS-GVO liegt derzeit eine Regelung i. E. vor, wonach der § 15 De-Mail-Gesetz ergänzend zur DS-GVO gilt[1593].

11. Beendigung der Account-Nutzung und digitaler Nachlass

Neben der Eröffnung eines De-Mail-Accounts ist mit Blick auf die Grundrechte des Account-Inhabers die Frage der Beendigung der Account-Nutzung und auch die Frage des Umgangs mit dem digitalen Nachlass relevant. In § 10 De-Mail-Gesetz ist ein

1588 *Keller-Herder,* in: Bauer u. a. (Hrsg.), Verwaltungsverfahrensgesetz mit rechtlichen Aspekten des E-Government, 2. Aufl. 2014, § 4 De-Mail-Gesetz, Rn. 9.

1589 Vgl. zur Pflicht der Verwaltungsbehörde, Dienstanweisungen zu erlassen, auch unten: Teil 4, E., 9 c).

1590 Stellungnahme Bundesrat, BT-Drs. 17/4145, 10 Nr. 14; *Spindler,* CR 2011, 309 (316).

1591 BT-Drs. 17/3630, S. 36.

1592 *Schulz S. E./Brackmann,* DuD 2014, 186 (186 ff.); *Schulz S. E./Tischer,* NZS 2012, 254 (254).

1593 Vgl. Art. 12 des sog. „Omnibus-Gesetzes"; Referentenentwurf des BMI vom 21.06.2018, S. 31.

Auflösungs- und Sperrmanagement für den De-Mail-Account geregelt[1594]. Der Account kann nach § 10 Abs. 1 De-Mail-Gesetz gesperrt werden, wenn der Nutzer es verlangt oder wenn die eindeutige Identifizierung des Nutzers Mängel aufweist, mithin Zweifel an der numerischen Identität des Nutzers bestehen. Ausdrücklich werden hier auch Gründe anerkannt, die im Vertragsverhältnis zwischen De-Mail-Diensteanbieter und dem Nutzer begründet liegen. Eine Sperrung kann nach § 10 Abs. 2 De-Mail-Gesetz bei Zweifeln über die numerische Identität eines Nutzers auch durch die zuständige Behörde, das Bundesamt für Sicherheit in der Informationstechnik (BSI), erfolgen. Nach § 10 Abs. 4 De-Mail-Gesetz kann ein De-Mail-Account aufgelöst werden, wenn der Nutzer es explizit verlangt oder der zuständigen Behörde die Sperrung des Accounts nicht ausreichend erscheint. Weitere Auflösungsgründe, die im Innenverhältnis zwischen De-Mail-Diensteanbieter und Nutzer vereinbart werden könnten, sind nach § 10 Abs. 4 S. 3 De-Mail-Gesetz unwirksam.

Eine Regelung für den Fall des Todes eines De-Mail-Account-Inhabers gibt es nicht. Die Problematik des „digitalen Nachlasses" ist bisher wenig thematisiert worden[1595]. Unter den Begriff werden die Gesamtheit des digitalen Vermögens des Erblassers, sämtliche gespeicherten Daten sowie die Hard- und Software und die Zugänge zum World Wide Web gefasst[1596]. Brisant ist die Frage deswegen, weil ein De-Mail-Account eine große Menge personenbezogener Daten enthält und damit großes Verletzungspotenzial bietet[1597]. Bei den Anbietern herkömmlicher E-Mail-Accounts und anderer Dienste gibt es für solche Konstellationen sehr uneinheitliche Reaktionsmuster[1598]. In Rede steht die Frage, ob und wie die Erben Zugang zu dem Account bekommen. Die Zugangssicherung eines De-Mail-Accounts und das besondere Sicherheits- und Identitätsniveau sind ein wesentliches Element des De-Mail-Konzeptes. Speziell bei der De-Mail besteht grundsätzlich ein Spannungsverhältnis zwischen der Ermöglichung des Zugriffs des Erben auf den De-Mail-Account zur Nachlassabwicklung und dem hohen Sicherheits- und Identitätsniveau der De-Mail[1599]. Ein vollständiger Zugriff des Erben auf den Account ist mit dem Zweck des De-Mail-Gesetzes nicht vereinbar[1600] und begegnet auch generellen Bedenken, es sei denn, der Erblasser hat etwas anderes verfügt[1601]. Es stellt sich aber in jedem Fall in dieser Konstellation auch die Frage des Identitätsmissbrauchs. Als Kompromiss wird vorgeschlagen, dass der Erbe einen reinen Lesezugriff bekommen solle, um die mit dem Nachlass verbundenen Angelegenheiten

1594 Kritisch zur Systematik und sprachlichen Schärfe dieser Vorschriften: *Skrobotz*, in: Manssen, § 10 De-Mail-Gesetz Rn. 16 ff.

1595 *Herzog*, NJW 2013, 3745 (3745); zur Frage, ob das Grundrecht auf informationelle Selbstbestimmung eine postmortale Reflexwirkung hat, woraus sich eine staatliche postmortale Schutzpflicht gegen die Erhebung und Verwertung von Daten Verstorbener ergibt: *Spilker*, DÖV 2015, 54 (54).

1596 *Herzog*, NJW 2013, 3745 (3745).

1597 *Solmecke/Köbrich/Schmitt*, MMR 2015, 291 (292).

1598 *Martini*, JZ 2012, 1145 (1146 f.).

1599 *Brisch/Müller-ter Jung*, CR 2013, 446 (452).

1600 *Brisch/Müller-ter Jung*, CR 2013, 446 (452).

1601 *Martini*, JZ 2012, 1145 (1153).

zu erledigen[1602]. Diese Lösung erscheint pragmatisch. Eine gesetzgeberische Antwort auf die gesamte Thematik wäre wünschenswert.

V. Datenschutzrechtliche Einordnung der De-Mail-Dienste

1. De-Mail-Dienste als Telemedien

Es stellt sich die Frage, ob die De-Mail-Dienste als Telemediendienste i. s. d. TMG einzustufen sind. Nach § 1 Abs. 1 S. 1 TMG handelt es sich bei Telemediendiensten um alle elektronischen Informations- und Kommunikationsdienste, soweit sie nicht Telekommunikationsdienste nach § 3 Nr. 24 des TKG sind, die ganz in der Übertragung von Signalen über Telekommunikationsnetze bestehen, telekommunikationsgestützte Dienste nach § 3 Nr. 25 des TKG oder Rundfunk nach § 2 des Rundfunkstaatsvertrages sind. Bei den De-Mail-Diensten wie dem Postfach- und Versanddienst handelt es sich um elektronische Informations- und Kommunikationsdienste i. S. d. § 1 Abs. 1 S. 1 TMG. Damit bieten die De-Mail-Diensteanbieter regelmäßig Telemedien an[1603]. Wegen § 11 Abs. 3 TMG gelten für die De-Mail-Dienste nicht die Datenschutzvorschriften des TMG. Die De-Mail-Dienste sind als Telemedien einzustufen, und es gelten mit Ausnahme der Datenschutzvorschriften auch das Herkunftslandprinzip und die Haftungsprivilegierungen für Telemedienanbieter[1604]. Zu prüfen ist daher in einem weiteren Schritt, ob es sich bei den De-Mail-Diensten auch um Telekommunikationsdienste handelt und die Datenschutzvorschriften der §§ 91 ff. TKG gelten. Das Telemediendatenschutzrecht der §§ 11 ff. TMG kann für bestimmte E-Government-Anwendungen durchaus hinderlich sein und findet auf öffentliche Stellen keine Anwendung[1605].

2. De-Mail-Dienste als Telekommunikation im Sinne des TKG

Nach § 3 Nr. 6 TKG ist Diensteanbieter jeder, der ganz oder teilweise geschäftsmäßig entweder Telekommunikationsdienste erbringt oder an der Erbringung solcher Dienste mitwirkt. Nach § 3 Nr. 24 TKG sind Telekommunikationsdienste in der Regel gegen Entgelt erbrachte Dienste, die ganz oder überwiegend in der Übertragung von Signalen über Telekommunikationsnetze bestehen, einschließlich Übertragungsdienste in Rundfunknetzen. Bei den De-Mail-Diensten handelt es sich um gegen Entgelt erbrachte Dienste, die überwiegend in der Übertragung von Signalen über Telekommunikationsnetze bestehen i. S. v. § 3 Nr. 24 TKG[1606]. Für die De-Mail-Dienste sind die §§ 112 ff. TKG anwendbar[1607]. Insbesondere kommen für De-Mail-Dienste die Datenschutzvorschriften der §§ 91 ff. TKG zur Anwendung sowie subsidiär das allgemeine Daten-

1602 *Brisch/Müller-ter Jung*, CR 2013, 446 (453).
1603 *Roßnagel*, CR 2011, 23 (24); *Spindler*, CR 2011, 309 (311); zur gemeinschaftsrechtlichen Prägung des Telemedienrechts: *Stelkens*, in: Hill/Schliesky (Hrsg.), Herausforderung e-Government, 149 (156 ff.).
1604 BT-Drs. 17/3630, S. 3.
1605 *Stelkens*, in: Wirtz (Hrsg.), E-Government – Grundlagen, Instrumente, Strategien, 51 (63) m. w. N.
1606 BT-Drs. 17/3630, S. 3.
1607 *Spindler*, CR 2011, 309 (316).

schutzrecht zukünftig mit DSGVO und BDSG. Das TKG setzt die Schutzpflichtdimension aus Art. 10 GG um und schützt das Fernmeldegeheimnis, geht aber tendenziell darüber hinaus[1608]. Die Einschlägigkeit des Datenschutzes aus dem TKG hat zur Folge, dass der De-Mail-Diensteanbieter die für Telekommunikationsdienste notwendigen technisch-organisato-rischen Maßnahmen umsetzen muss[1609].

a) Verpflichtung der Diensteanbieter zur Wahrung des Fernmeldegeheimnisses

Nach § 88 TKG unterliegen dem Fernmeldegeheimnis der Inhalt der Telekommunikation und ihre näheren Umstände, insbesondere die Tatsache, ob jemand an einem Telekommunikationsvorgang beteiligt ist oder war. Die Regelung des § 88 TKG wird als einfachgesetzliche Ausprägung des Fernmeldegeheimnisses aus Art. 10 GG gesehen und verpflichtet denjenigen, der den Diensteanbieterbegriff erfüllt, wohingegen Behörden und andere staatliche Institutionen unmittelbar an Art. 10 GG gebunden sind[1610]. Geschützt werden müssen alle näheren Umstände der Telekommunikation. Neben den Kommunikationsinhalten gehören alle Verkehrsdaten und die Umstände, die einen Telekommunikationsvorgang individualisierbar machen, zu den zu schützenden Belangen[1611]. Diese Maßstäbe für den Kommunikationsschutz haben den Hintergrund, dass die Diensteanbieter die Telekommunikationssicherheit besonders leicht beeinträchtigen können, da sie faktische Zugriffsmöglichkeiten auf Kommunikationsinhalte und -umstände haben.

b) Weitere Vorgaben des TKG

In § 91 ff. TKG ist ein eigenes telekommunikationsrechtliches Datenschutzregime geregelt, welches dem allgemeinen Datenschutzrecht als Spezialgesetz vorgeht[1612]. Nach § 109 Abs. 1 TKG trifft Telekommunikationsdiensteanbieter die Pflicht, angemessene technisch-organisatorische und sonstige Maßnahmen zum Schutz des Fernmeldegeheimnisses und personenbezogener Daten vorzunehmen. Bei der Umsetzung dieser Maßnahmen kommen regelmäßig Standards des BSI in Betracht. Als technische Maßnahmen sind insbesondere Zutrittskontrollen durch automatische Kartenlesegeräte, das Aufrechterhalten funktionierender Firewalls und Intrusion-Detection Systeme geeignet[1613]. Ein Verstoß gegen diese spezialgesetzlichen IT-Sicherheitspflichten bei Betreibern öffentlicher TK-Netze ist nach § 149 Nr. 21 TKG sanktionsbewehrt.

1608 Von einer Eigenständigkeit des § 88 TKG gegenüber dem Art. 10 GG geht aus: *Sander*, CR 2014, 176 (176 ff.).

1609 Zu den Pflichten des Telekommunikationsdiensteanbieters auch: *Bizer*, in: Schulzki-Haddouti (Hrsg.), Grundrechte im Netz, 21 (23).

1610 *Bock*, in: Geppert/Schütz (Hrsg.), § 88 TKG, Rn. 1.

1611 BVerfGE 67, 157 (172).

1612 *Heckmann/Seidl/Maisch*, Sicherheitsniveau bei der elektronischen Kommunikation, S. 39.

1613 *Heckmann/Seidl/Maisch*, Sicherheitsniveau bei der elektronischen Kommunikation, S. 39.

3. Zwischenergebnis

Die De-Mail-Dienste sind sowohl als Telemediendienste i. S. d. TMG als auch als Telekommunikationsdienste i. S. d. TKG einzuordnen. Im Wesentlichen sind für die De-Mail-Dienste die Datenschutzvorschriften des TKG maßgeblich, die den Schutz des Fernmeldegeheimnisses bezwecken. Das bedeutet, dass für die De-Mail-Dienste speziell das telekommunikationsrechtliche Datenschutzregime einschlägig ist. Im Zwischenzeitraum bis zum Inkrafttreten der E-Privacy-Verordnung besteht allerdings bezüglich der einschlägigen telemedienrechtlichen Regelungen die unter Teil 3, XII geschilderte Problematik rund um die Nichtanwendbarkeit[1614]. Die Novellierung des De-Mail-Gesetzes im sog. „Omnibus-Gesetz" und die DSK-Position stellen die DS-GVO in den Vordergrund. Diese Problematik kann hier nicht weiter vertieft werden, da ansonsten der Rahmen der Arbeit gesprengt werden würde.

VI. Anforderungen des PAuswG

Maßgeblich für transaktionsbezogenes E-Government ist auch die rechtliche Einhegung der Basisinfrastruktur eID-Funktion des nPA durch das PAuswG. Die Anwendung dieser Basisinfrastruktur liegt unmittelbar in den Händen des Nutzers, sodass der Rechtsrahmen auch eine Aussage zur Nutzerverantwortung treffen muss.

1. Die eID-Funktion als Mittel zur Datenhoheit des Nutzers

Die eID-Funktion des nPA kann als Mittel zur Sicherung der Datenhoheit des Nutzers angesehen werden. Über das „Ob" der Nutzung entscheidet jeder Personalausweisinhaber selbst bei der Ausstellung des nPA in der Personalausweisbehörde. Maßgeblich sind hierzu die Regelungen in § 18 PAuswG. Der elektronische Identitätsnachweis gewährleistet in der digitalen Welt medienbruchfrei im Einzelnen funktional das Anfordern und Vorweisen des Ausweises, die Echtheitsprüfung, den Abgleich des Verwenders mit den Merkmalen des Ausweisinhabers und die Kenntnisnahme der zugeordneten Attribute[1615]. Insbesondere bietet die eID-Funktion die Möglichkeit eines datensparsamen Nachweises an Identitätsattributen[1616], was die Datenhoheit des Nutzers stärkt. Die Datenhoheit, wie sie in dieser Arbeit verstanden wird, ermöglicht es dem Nutzer hier als über seine personenbezogenen Daten Verfügungsbefugter, Kontrolle über die Datenverarbeitungsprozesse zu behalten. Gleichwohl ist die selbstbestimmte Preisgabe von Daten in der digitalen Welt mit großen Herausforderungen verbunden[1617]. In der praktischen Umsetzung ist bei der Nutzung der eID-

1614 Positionsbestimmung der Konferenz der unabhängigen Datenschutzbehörden des Bundes und der Länder (DSK), 26.04.2018, S. 2 Ziff. 4; von einer weiterhin bestehenden Anwendbarkeit des 4. Abschnitts des TMG für öffentliche Stellen, begründet durch Art. 6 Abs. 2 und 3 DS-GVO, geht aus: *Breyer*, ZD 2018, 302 (302).

1615 *Möller*, in: Hornung/Ders. (Hrsg.), § 18 PAuswG, Rn. 3.

1616 *Polenz*, MMR 2010, 671 (673) mit dem Beispiel der Altersverifikation.

1617 *Heckmann*, DuD 2009, 656 (658).

Funktion nach § 18 Abs. 4 PAuswG die Eingabe einer PIN über ein Lesegerät erforderlich. Das Konzept sieht also den nPA als Identifikator-Lösung und das Wissen der PIN als weiteres Element vor. Der Nutzer kann den nPA als praktisch gelebte informationelle Selbstbestimmung in unterschiedlichen Kontexten einsetzen[1618].

2. Die Vergabe von Berechtigungszertifikaten als Präventivkontrolle

Dem Konzept des nPA liegt ähnlich wie dem De-Mail-Konzept eine Präventivkontrolle zugrunde. Es werden Berechtigungszertifikate nach § 21 PAuswG an die Institutionen vergeben, die Personalausweisdaten auslesen wollen, wodurch die staatliche Pflicht, Datensicherheit herzustellen und dem Nutzer die Kontrolle über seine personenbezogenen Daten zu ermöglichen, gewährleistet wird[1619]. Wenn der nPA also im transaktionsbezogenen E-Government eingesetzt werden soll, muss die Behörde oder Institution, die diesen einsetzen möchte, ein Berechtigungszertifikat beantragen. Durch das zuständige Bundesverwaltungsamt werden dann auf Antrag per Verwaltungsakt die Berechtigungen erteilt[1620]. Rücknahme und Widerruf können durch die zuständige Datenschutzaufsichtsbehörde initiiert werden, wenn gemäß § 21 Abs. 5 PAuswG angenommen werden muss, dass ein Diensteanbieter die Daten in unzulässiger Weise nutzt[1621]. Damit kommt neben dem Schritt der Präventivkontrolle bei der Erteilung des Berechtigungszertifikats eine repressive Kontrolle durch die Datenschutzaufsichtsbehörde dazu.

3. Rolle des Nutzers bei der IT-Sicherheit des nPA

Den nPA wird perspektivisch irgendwann jeder Bundesbürger haben. Die Frage der Verantwortung des Nutzers bei der Nutzung des nPA und insbesondere der eID-Funktion stellt sich insbesondere auch vor dem Hintergrund des Einsatzes durch technische Laien[1622], wie bereits oben erwähnt, eine unterschiedliche Selbsteinschätzung im Hinblick auf ihre Fähigkeiten in der digitalen Welt aufweisen. Der § 27 PAuswG ist explizit mit „Pflichten des Ausweisinhabers“ überschrieben. Als Nutzerpflichten sind explizit in § 27 Abs. 1 Nr. 3 PAuswG die Pflicht zur Anzeige bei Verlust des Personalausweises, in § 27 Abs. 2 S. 1 PAuswG die Pflicht zur Geheimhaltung der Geheimnummer geregelt. Die Pflicht zur Verlustanzeige ist eine Konkretisierung der Verhaltenspflichten des Ausweisinhabers und begründet bei Vertragsverhältnissen eine vertragliche Nebenpflicht und somit eine vertragliche Haftung[1623]. Damit treffen den Nutzer der eID-Funktion des nPA im Rahmen der ihm verliehenen Datenhoheit

---

1618 Zur Zulässigkeit des Einsatzes von Personalausweisdaten gegenüber Privaten am Beispiel des Automaten-Check-In im Flugreiseverkehr: *Hoeren*, NVwZ 2010, 1123 (1126 f.).

1619 *Leven*, VR 2012, 3 (4).

1620 *Polenz*, MMR, 671 (672).

1621 *Polenz*, MMR, 671 (672).

1622 *Heckmann*, DuD 2009, 656 (658); vgl. auch den Hinweis auf die staatliche Unterstützung durch Aufklärung bei: *Borges*, Identitätsdiebstahl und Identitätsmissbrauch im Internet, S. 288.

1623 *Borges*, NJW 2010, 3334 (3338 f.); *ders.*, Identitätsdiebstahl und Identitätsmissbrauch im Internet, S. 285 ff.

bereits haftungsbewährte Pflichten. Die Geheimhaltung der Geheimnummer des nPA durch den jeweiligen Ausweisinhaber ist wesentliche Voraussetzung für das Vertrauensmodell des elektronischen Identitätsnachweises[1624]. Dieses Element des Konzeptes des nPA liegt rein faktisch in der Sphäre des Nutzers. Der Nutzer ist hier Verantwortungssubjekt für datenbezogene IT-Sicherheitspflichten, die angesichts der notwendigen Identifizierungserfordernisse im transaktionsbezogenen E-Government eine große Rolle spielen. In § 27 Abs. 2 S. 2 PAuswG wird dem Ausweisinhaber die Verhaltensmaßregel aufgegeben, die Geheimnummer nicht zusammen mit dem nPA aufzubewahren. Der Gesetzgeber gestattet allerdings die separate Notiz der Geheimnummer und zieht hier die Anforderungen heran, die auch für EC-Karten gelten[1625]. Die Erfüllung dieser Verhaltensmaßregel ist jedem Ausweisinhaber zumutbar, da aufgrund der weiten Verbreitung von EC-Karten den Nutzer dort gleiche Pflichten treffen.

Nach § 27 Abs. 3 PAuswG soll der Nutzer den nPA in einer sicheren technischen Umgebung einsetzen und Komponenten einsetzen, die vom Bundesamt für Sicherheit in der Informationstechnik (BSI) nach dem jeweiligen Stand der Technik als sicher eingestuft wurden. Die Regelung ist als Soll-Vorschrift formuliert und auslegungsbedürftig. Hier ist teilweise umstritten, ob es sich auch um eine Pflicht oder um eine bloße Obliegenheit des Nutzers handelt. Mit der Bezugnahme auf den Stand der Technik setzt der Gesetzgeber einen hohen Standard, den der Nutzer erfüllen muss[1626]. Bei historischer Auslegung der Gesetzgebungsgeschichte spricht hier mehr dafür, dass es sich bei § 27 Abs. 3 um eine sanktionslose Norm und nicht um eine sanktionsbewehrte gesetzliche Pflicht handelt[1627]. Hier ist davon auszugehen, dass es sich um eine Obliegenheit handelt. Auch die Begründung von Nutzerobliegenheiten wird jedoch an dieser Stelle kritisch gesehen, da der Nutzer die Obliegenheiten vielfach nicht erfüllen kann[1628]. Maßgeblich bei einer rechtlichen Verantwortung des Nutzers ist grundsätzlich seine Einwirkungsmöglichkeit[1629]. Auch die Argumentation des BVerfG im Urteil zum IT-Grundrecht geht davon aus, dass Selbstschutz des Nutzers in technischer Hinsicht teilweise unmöglich ist[1630]. Zwischen dieser gesetzlichen Statuierung von Obliegenheiten auf der einen Seite und staatlichen Schutz- und Förderpflichten auf der anderen Seite wird ein Widerspruch gesehen[1631]. Grundsätzlich wird man sagen müssen, dass der Nutzer auf den nPA als Basisinfrastruktur weitreichendere Einflussmöglichkeiten hat als auf die Modalitäten des Versandes einer De-Mail. Das Element von Besitz der Karte als Identifikator und Wissen der Geheimnummer bezieht den Nutzer in sehr starker Weise mit ein. Praktisch bedeutsam wird

1624 *Möller*, in: Hornung/Ders. (Hrsg.), § 27 PAuswG, Rn. 6.
1625 *Borges*, Identitätsdiebstahl und Identitätsmissbrauch im Internet, S. 287.
1626 *Borges*, Identitätsdiebstahl und Identitätsmissbrauch im Internet, S. 287.
1627 Vgl. *Borges*, Identitätsdiebstahl und Identitätsmissbrauch im Internet, S. 288 mit Verweis auf die Gesetzgebungsgeschichte: BR-Drs. 550/1/08, S. 18, sowie BT-Drs. 16/10489, S. 55.
1628 *Heckmann*, DuD 2009, 656 (659).
1629 *Möller*, in: Hornung/Ders. (Hrsg.), § 27 PAuswG, Rn. 10.
1630 BVerfGE 120, 274 (306).
1631 *Heckmann*, DuD 2009, 656 (659).

die Vorschrift des § 27 Abs. 3 PAuswG auch bei der Beschaffung des Kartenlesers als Teil der individuellen Infrastruktur des Nutzers. Die Entscheidung muss jeder Nutzer eigenverantwortlich treffen. Er hat grundsätzlich einen Basisleser ohne Sicherheitsfunktionen, einen Standardleser mit integriertem PIN-Pad oder einen Komfort-Leser mit PIN-Pad und Display zur Auswahl[1632]. Insoweit ist der Nutzer bereits bei der Auswahl und „Zusammenstellung" seiner individuellen Infrastruktur gefordert.

Eine abstrakte Betrachtung von Nutzerverantwortlichkeiten und der Haftung des Nutzers kann nicht ausblenden, dass es bei einer Frage der Verantwortlichkeit im konkreten Einzelfall auf eine Vielzahl von Faktoren ankommt[1633]. Das PAuswG stellt im Gegensatz zur qeS kein eigenes Haftungsregime auf, sondern es gelten in haftungsrechtlicher Hinsicht die allgemeinen Vorschriften[1634]. In § 27 Abs. 3 PAuswG ist von der individuellen Infrastruktur des Nutzers als „Umgebung" die Rede, welche als informationstechnisches System i. S. d. IT-Grundrechts einzuordnen ist[1635].

Eine wesentliche Bedeutung kommt dieser vom Nutzer eingesetzten individuellen Infrastruktur und deren Konformität zum Stand der Technik nach Maßgabe der einschlägigen BSI-Standards zu[1636]. Die IT-Sicherheit der jeweiligen Hard- und Softwareumgebung des Nutzers ist für eine Beurteilung insbesondere haftungsrechtlicher Verantwortlichkeiten mit entscheidend[1637]. Weitere Nutzerverantwortlichkeiten über die Regelungen des § 27 PAuswG hinaus gibt es im PAuswG nicht[1638], sodass im Übrigen die allgemeinen Vorschriften greifen.

4. Änderungen des PAuswG im Zuge des EGovG

Das PAuswG hat durch das „Gesetz zur Förderung der elektronischen Verwaltung sowie zur Änderung weiterer Vorschriften" Änderungen im Rahmen der Beratung erfahren. Für die Nutzerverantwortlichkeit am wichtigsten ist die Änderung, dass die Aufklärung des Personalausweisinhabers über die eID-Funktion durch die Personalausweisbehörde künftig nicht nur mit einer Papierbroschüre, sondern auch mit einer De-Mail mit einer Eingangsbestätigung nach § 5 Abs. 8 De-Mail-Gesetz erfolgen kann[1639]. Auch im PAuswG selbst sollen die Neuregelungen bei § 10 Abs. 1 und 11 Abs. 4 PAuswG n. F. Schriftformerfordernisse abbauen und die Medienbruchfreiheit fördern sowie das Antragsverfahren beschleunigen, indem die antragstellende Person nicht mehr wie bislang die Entscheidung über die Nutzung der Online-Ausweisfunktion sowie den Erhalt von Informationen schriftlich bestätigen muss[1640]. Darüber hinaus wurde die eID-Funktion des nPA durch das Gesetz zur Förderung der elektronischen Verwaltung und Änderung weiterer Vorschriften durch § 3a Abs. 2 S. 4 Nr. 1

1632 *Bender u. a.*, DuD 2010, 761 (762).
1633 *Möller*, in: Hornung/Ders. (Hrsg.), § 18 PAuswG, Rn. 38.
1634 *Möller*, in: Hornung/Ders. (Hrsg.), § 18 PAuswG, Rn. 38.
1635 *Neidert*, in: Schliesky (Hrsg.) § 27 PAuswG, Rn. 12.
1636 *Möller*, in: Hornung/Ders. (Hrsg.), § 18 PAuswG, Rn. 43.
1637 *Borges*, NJW 2010, 3334 (3338 f.).
1638 *Borges*, Identitätsdiebstahl und Identitätsmissbrauch im Internet, S. 286.
1639 BR-Drs. 557/12, S. 81.
1640 BR-Drs. 557/12 (Beschluss), S. 16.

VwVfG im Zusammenhang mit weiteren Infrastrukturkomponenten als Schriftformersatz anerkannt[1641].

5. Zwischenergebnis

Durch die Regelungen im PAuswG, welche die eID-Funktion des nPA betreffen, werden Nutzerverantwortlichkeiten in Form von Pflichten und Obliegenheiten statuiert. Diese Fragen haben angesichts der Bedeutung des nPA als Identifizierungsinfrastruktur insbesondere auch im transaktionsbezogenen E-Government massive praktische Bedeutung. Hier stehen sich Nutzerverantwortung und staatliche Verantwortung gegenüber. Das Verhältnis der beiden Pole Nutzerverantwortlichkeit und staatliche Schutz- und Förderpflichten wird in dieser Arbeit weiter zu untersuchen sein.

VII. Anforderungen des TMG und TKG

Im Wege der Umsetzung der objektiv-rechtlichen Gehalte aus Art. 10 GG hat der Gesetzgeber ein Arrangement von miteinander verknüpften verwaltungs-, zivil- und strafrechtlichen Normen geschaffen, die dem Schutzgut des Kommunikationsgeheimnisses dienen sollen[1642]. Diese Vorschriften weisen sowohl Verantwortlichkeiten für Kommunikationsinhalte als auch für die verschiedenen Phasen des Datenverarbeitungsprozesses zu. Je nach Verwaltungsträger und Art der E-Government-Anwendung können unterschiedliche datenschutzrechtliche Regelungen einschlägig sein[1643]. Im Zuge der Neuregelungen für transaktionsbezogenes E-Government wird auf die Vorschriften von TKG, TMG und BDSG a. F. wie z. B. in § 15 De-Mail-Gesetz im Übrigen verweisen, sodass diese auch maßgeblich sind. Für den Postfach- und Versanddienst bei De-Mail dürfte das TKG einschlägig sein, beim De-Mail-Identitätsbestätigungsdienst, dem Verzeichnisdienst und dem Dokumentensafe handelt es sich um Telemediendienste, für die die §§ 11 ff. TMG maßgeblich sind[1644]. Das Datenschutzrecht regelt eine rechtliche Verantwortlichkeit für Daten, die aber nicht so geartet ist wie Ausschließlichkeitsrechte an einzelnen Datensätzen, wie sie ein Eigentümer einer Sache hätte[1645]. Das Datenschutzrecht muss für den Umgang von Staat und Verwaltung, privaten Diensteanbietern und dem privaten Nutzer ein Verantwortungskonzept vorhalten. Daher ist hier das Verhältnis dieser einfachgesetzlichen Ausprägungen der kommunikationsbezogenen Grundrechte unter Berücksichtigung der Verantwortungsbeiträge der einzelnen Akteure notwendigerweise darzustellen. Dabei erfolgt auch hier der Hinweis, dass das TMG und TKG in ihrer jetzigen Form formal noch in Kraft sind, allerdings bei der Anwendung einzelner Vorschriften im Zwischenzeit-

1641 Siehe oben unter: Teil 3, D., III., 5.
1642 *Groß*, JZ 1999, 326 (329).
1643 *Moos*, in: Kröger/Hoffmann, Rechtshandbuch zum E-Government, 328 (329 ff.) = Rn. 4 ff.
1644 *Skrobotz*, in: Manssen (Hrsg.), § 15 De-Mail-Gesetz, Rn. 9.
1645 *Hoeren*, in: Conrad/Grützmacher (Hrsg.), Recht der Daten und Datenbanken im Unternehmen – Festschrift für Jochen Schneider, 303 (305).

raum bis zum Inkrafttreten der E-Privacy-Verordnung die oben bereits geschilderten Abgrenzungsprobleme mit der DS-GVO bestehen.

1. Schichtenmodell

Bereits oben konnte gezeigt werden, dass in verschiedenen Phasen elektronischer Kommunikation unterschiedliche grundrechtliche Gewährleistungen greifen. Auf der Ebene der einfachgesetzlichen Ausgestaltung ergibt sich auch die Notwendigkeit, verschiedene Ebenen des Kommunikationsprozesses und verschiedene Regelungsintentionen auseinanderzuhalten. Insofern wird ein enger Zusammenhang der Betrachtung der Kommunikationsphasen auf verfassungsrechtlicher und auf einfachgesetzlicher Ebene sichtbar[1646]. Insbesondere für die funktionelle Abgrenzung der einfachgesetzlichen Datenschutzvorschriften bei elektronischer Kommunikation hat sich das Schichtenmodell bewährt, welches zwischen der Inhaltsebene, der Interaktionsebene und der Transportebene unterscheidet[1647]. Es ist demnach maßgeblich, ob es um die Übertragung von Inhalten oder um das Angebot und die Verantwortung für diese Inhalte geht[1648]. Auch die Daten, welche die Übertragung dokumentieren, können bei umfangreicher Auswertung die Möglichkeit bieten, in die Intimsphäre hineinreichende Rückschlüsse zu gewinnen[1649].

a) Inhaltsebene

Auf einer oberen Schicht wird die Ebene der Daten, die beim rechtlichen Verhältnis zwischen Diensteanbieter und Nutzer anfallen, betrachtet. In diese Schicht würden die zu erhebenden Identitätsdaten, die ein privater Nutzer offenbaren muss, wenn er mit einem De-Mail-Diensteanbieter einen Vertrag schließt, fallen.

b) Interaktionsebene

Neben der Inhaltsebene betrachtet das Schichtenmodell die Interaktionsebene. Diese erfasst die Interaktion zwischen Nutzer und dem Angebot des Diensteanbieters. In dieser Schicht ist im Wesentlichen das TMG anwendbar. Dieses hat ein eigenes Datenschutzregime und weist insbesondere auch in den §§ 7 bis 10 eine Inhaltsverantwortlichkeit zu.

c) Transportebene

Das Schichtenmodell betrachtet als weitere Ebene die Transportebene. Hier wird der elektronische Transport einer Nachricht betrachtet, und in Ausprägung des Fernmel-

1646 Vgl. hierzu auch: *Hoffmann u. a.*, Der E-Postbrief in der öffentlichen Verwaltung, S. 62 ff.
1647 *Heckmann/Seidl/Maisch*, Sicherheitsniveau bei der elektronischen Kommunikation, S. 37 ff.; *Schaar*, Datenschutz im Internet, Rn. 247 ff.
1648 *Hoffmann*, Datenschutzrechtliche Zulässigkeit der Nutzung des E-Postbriefes der Deutschen Post AG, S. 9.
1649 *Szuba*, Vorratsdatenspeicherung, S. 225.

degeheimnisses aus Art. 10 GG ist hier auf der einfachgesetzlichen Ebene das TKG einschlägig mit einem eigenen Datenschutzregime und einer massiven Verantwortungszuweisung an den Telekommunikationsdiensteanbieter. Dieses Rechtsregime ist über das des De-Mail-Gesetzes hinaus auch für De-Mail-Diensteanbieter einschlägig.

2. Differenzierung von Bestands-, Nutzungs- und Inhaltsdaten

Klassischerweise unterscheidet man im Kontext der Erhebung, Speicherung und Verarbeitung von personenbezogenen Daten bei Kommunikationsvorgängen zwischen Bestands-, Nutzungs- und Inhaltsdaten[1650]. Bestandsdaten sind solche, die als Basisdaten ein Vertragsverhältnis zwischen dem Nutzer und dem Diensteanbieter ermöglichen[1651], was in § 3 Nr. 3 TKG definiert ist. Verkehrsdaten sind nach § 3 Nr. 30 TKG Daten, die bei der Erbringung eines Telekommunikationsdienstes erhoben, verarbeitet oder genutzt werden. Teilweise wird auch von Nutzungsdaten gesprochen. Der Begriff folgt dem früheren Begriff Verbindungsdaten und enthält wesentliche Angaben wie Zeitpunkt, Dauer und Kommunikationspartner, sodass die Daten wesentlich sensibler als Bestandsdaten sind[1652]. Näher definiert sind die Verkehrsdaten, die der Diensteanbieter erheben darf, in § 96 Abs. 1 TKG. Über § 88 TKG werden die sog. Inhaltsdaten geschützt. Unter diesem Begriff wird alles geschützt, was während eines Telekommunikationsvorgangs ausgesendet, übermittelt oder empfangen wird[1653]. Diese Inhaltsdaten werden beim De-Mail-Diensteanbieter ausschließlich in verschlüsseltem Zustand gespeichert[1654]. Inhaltsdaten werden rechtlich teilweise als Nutzungsdaten nach § 15 TMG analog eingeordnet und teilweise wird für einen Rückgriff auf die Regelungen des BDSG a. F. plädiert[1655]. Letzterer Ansicht ist der Vorzug zu geben.

3. Vorgaben des TMG

Im TMG sind allgemeine Regelungen des Datenumgangs im Internet für Diensteanbieter enthalten, die aber so weite Spielräume lassen, dass der Umfang der Datenverarbeitung maßgeblich von der konkreten Vereinbarung der Dienstleistung abhängt[1656]. Die Inhaltsverantwortlichkeit der privaten Diensteanbieter auch für das Verhalten Dritter bewegt sich in einem Spannungsfeld[1657]. Über das TMG sind als Telemedien alle Dienste erfasst, die elektronische Text-, Bild- oder Toninhalte umfassen[1658]. Damit fallen auch

1650 *Hoffmann u. a.*, Der E-Postbrief in der öffentlichen Verwaltung, S. 64; zum Zugriff von Ermittlungsbehörden auf Nutzungsdaten bei der Strafverfolgung: *Karg*, DuD 2015, 85 (85 ff.).

1651 *Hoffmann u. a.*, Der E-Postbrief in der öffentlichen Verwaltung, S. 64.

1652 *Säcker*, in: Säcker (Hrsg.), § 3 TKG, Rn. 89 f.

1653 *Eckhardt*, in: Spindler/Schuster (Hrsg.), Recht der elektronischen Medien, § 88 TKG, Rn. 10.

1654 BR-Drs. 557/12, S. 72.

1655 *Buchner*, DuD 2012, 767 (767).

1656 *Roßnagel*, in: Hill (Hrsg.), E-Transformation, 79 (94).

1657 Vgl. hierzu *Breyer*, MMR 2009, 14 (16 ff.).

1658 *Schmitz*, in: Spindler/Schuster (Hrsg.), Recht der elektronischen Medien, § 1 TMG, Rn. 11; *Roßnagel*, NVwZ 2007, 743 (744).

die De-Mail-Dienste Identitätsbestätigungsdienst, Verzeichnisdienst sowie der Dokumentensafe unter diesen Begriff[1659]. Andere Angebote auf anderen Transaktionsstufen des E-Governments dürften auch unter das TMG fallen[1660], sodass die Nutzerdaten auch hier telemedienrechtlichen Schutz genießen. Neben dem großen Anwendungsbereich für E-Commerce-Anwendungen, bei dem der Anspruch an den Datenschutz und die Realität häufig auseinanderklaffen[1661], findet das TMG grundsätzlich also auch als Fachgesetz im E-Government Anwendung. Das TMG gilt auch für öffentliche Stellen[1662]. Bietet eine Behörde also selbst entsprechende E-Government-Angebote an, ist diese an das TMG mit dem entsprechenden Verantwortungskonzept und den speziellen Datenschutzvorschriften der §§ 11 ff. TMG gebunden. In § 13 TMG ist ein umfangreiches Pflichtenregime des Diensteanbieters geregelt. In § 13 Abs. 1 TMG ist eine umfassende Aufklärungspflicht des Diensteanbieters gegenüber dem Nutzer geregelt. Der Diensteanbieter hat den Nutzer zu Beginn eines Datenverarbeitungsvorgangs über Art, Umfang und Zweck des Datenverarbeitungsvorgangs zu unterrichten[1663]. Die Regelung in § 9 De-Mail-Gesetz dürfte insoweit bei den De-Mail-Diensten als lex specialis vorgehen. In § 13 Abs. 2 TMG sind zur Vermeidung eines Medienbruches die Anforderungen an eine elektronische Einwilligung in die Datenverarbeitung geregelt. Insbesondere im Kontext des EGovG wurde der Maßstab dieser Vorschrift herangezogen, um die elektronische Einwilligung so einfach wie das Akzeptieren von AGB bei Internet-Verkäufen zu machen[1664]. In § 12 Abs. 1 TMG ist die Datenverarbeitung wie in § 4 Abs. 1 BDSG a. F. auch unter einen präventiven Erlaubnisvorbehalt gestellt[1665]. Das bedeutet, dass im Kontext von Telemedien jegliche Datenverarbeitung erst einmal verboten ist, soweit sie nicht durch das TMG oder die Einwilligung des Nutzers gerechtfertigt ist. Elemente des Selbstschutzes des Nutzers finden sich in § 13 Abs. 6 TMG, indem er dem Diensteanbieter die Pflicht aufgibt, die Nutzung von Telemediendiensten anonym oder unter Pseudonym zu ermöglichen.

Darüber hinaus regeln die §§ 7 bis 10 TMG umfangreich die weiteren Verantwortlichkeiten der Diensteanbieter. Hier wird ein umfangreiches Pflichtenregime für die Diensteanbieter aufgestellt, welches Spezialregelungen zum Straf-, Zivil-, Verwaltungs- und Jugendschutzrecht darstellt[1666]. Auch der Nutzer wird hier in die Verantwortung genommen. So ist der Diensteanbieter nach § 10 TMG nicht für fremde Informationen verantwortlich, die sie für einen Nutzer speichern, sofern sie keine

1659 *Skrobotz*, in: Manssen (Hrsg.), § 15 De-Mail-Gesetz, Rn. 9; zu diesen Diensten siehe oben unter: Teil 2, D., II.

1660 *Stollhoff*, Datenschutzgerechtes E-Government, S. 169 m. w. N.; *Moos*, in: Kröger/Hoffmann, Rechtshandbuch zum E-Government, 328 (329 ff.) = Rn. 4 ff. mit Verweis auf das TDDSG als Vorgänger des TMG.

1661 *Becker/Becker*, MMR 2012, 351 (351 ff.) am Beispiel der Google-Datenschutzerklärung.

1662 *Schmitz*, in: Spindler/Schuster (Hrsg.), Recht der elektronischen Medien, § 1 TMG, Rn. 14; *Stelkens*, in: Wirtz (Hrsg.), 51 (63); *Roßnagel*, NVwZ 2007, 743 (745).

1663 *Laue*, Vorgangsbearbeitungssysteme in der öffentlichen Verwaltung, S. 365.

1664 BR-Drs. 557/12, S. 55.

1665 *Schneider*, in: Ders. (Hrsg.), Handbuch des EDV-Rechts, S. 212 f. = B, Rn. 675; *Roßnagel*, NVwZ 2007, 743 (747).

1666 *Roßnagel*, NVwZ 2007, 743 (747).

Kenntnis von der rechtswidrigen Handlung hatten oder sie bei Kenntnis unverzüglich tätig geworden sind.

4. Vorgaben des TKG

Das TKG enthält Vorgaben zum Schutz des Fernmeldegeheimnisses aus Art. 10 GG. Die Struktur des TKG erklärt sich vor allem auch als Form der „Privatisierungsfolgenverantwortung", die eine Schutzpflicht begründet, dass der Gesetzgeber durch geeignete Vorschriften ein adäquates Schutzniveau wie bei der staatlichen Post auch gegenüber privaten Dienstleistern gewähren müsse[1667]. Das TKG ist Teil eines staatlichen Schutzkoneptes für das Fernmeldegeheimnis[1668]. Zentral ist an dieser Stelle die Regelung in § 88 TKG. Nach § 88 Abs. 2 TKG ist jeder Diensteanbieter zur Wahrung des Fernmeldegeheimnisses verpflichtet. Hier wird die Verantwortung für die grundrechtliche Gewährleistung an den Diensteanbieter adressiert. Dieser Schutz für den Inhalt der Kommunikation gilt auch für De-Mail-Diensteanbieter[1669].

5. Erstreckung des Fernmeldegeheimnisses auf Private nach § 88 TKG

In Umsetzung der staatlichen Schutzpflicht für das Fernmeldegeheimnis wird hier für die Diensteanbieter ein spezielles Rechtsregime geschaffen[1670]. Für die Diensteanbieter ist die Erstreckung des Fernmeldegeheimnisses mit hohen Anforderungen an die IT-Sicherheit verbunden, welche sie in ihren Geschäftsmodellen abbilden müssen. Diese sind aufgrund ihrer Nähe und Beherrschbarkeit der Kommunikationsinfrastrukturen die maßgeblichen Verantwortungssubjekte.

6. Nutzerverantwortlichkeiten nach TMG

Nach § 2 Nr. 3 TMG ist Nutzer jede natürliche oder juristische Person, die Telemedien nutzt, insbesondere um Informationen zu erlangen oder zugänglich zu machen. Das Grundkonzept der Haftungsregelungen in den §§ 7 bis 10 TMG bezieht den Nutzer mit ein. Der Begriff „Verantwortlichkeit" wird wie in der Überschrift zum 3. Abschnitt des TMG selten verwendet und bezieht sich hier auf das Einstehenmüssen für eigenes Verschulden[1671]. Das Leitbild des TMG hat einen Nutzer vor Augen, der eigenverantwortlich Telemedien nutzt. Das Agieren des Nutzers im digitalen Umfeld führt teilweise auch dazu, dass der einzelne Nutzer als „Datenverarbeiter" tätig wird und ihm daher auch ein Verantwortungsbeitrag zukommt[1672].

1667 *Groß*, JZ 1999, 326 (327) m. w. N. (Hervorhebung im Original).
1668 *Gerhards*, (Grund-)Recht auf Verschlüsselung?, S. 332.
1669 *Skrobotz*, in: Manssen (Hrsg.), § 15 De-Mail-Gesetz, Rn. 4.
1670 *Gurlit*, NJW 2010, 1035 (1040).
1671 *Hoffmann*, in: Spindler/Schuster (Hrsg.), Recht der elektronischen Medien, Vorb. §§ 7 ff. TMG, Rn. 24.
1672 *Knabe*, in: Schünemann/Weiler (Hrsg.), E-Government und Netzpolitik im europäischen Vergleich, 277 (296) m. w. N. (Hervorhebung im Original).

7. Verantwortlichkeiten der Diensteanbieter

Auf der Ebene der Verantwortlichkeiten der Diensteanbieter sind hier die Meldepflichten bei Sicherheitsvorfällen nach § 42 a BDSG a. F., 15 a TMG und § 93 Abs. 3 TMG zu nennen. In diesen Normen werden Pflichten für den Fall von Datenpannen geregelt[1673]. Diese Regelungen haben in der Vergangenheit relativ wenig Schutzwirkung für den privaten Nutzer hervorgebracht. Sie werden durch die Vorschriften des jüngst in Kraft getretenen IT-Sicherheitsgesetzes überlagert[1674].

VIII. Ergänzungsfunktion der Regelungen des BDSG

Anders als vorher haben die Vorschriften des BDSG n. F. und der Landesdatenschutzgesetze nicht mehr den Charakter eines Vollgesetzes, sondern erfüllen nur noch eine Ergänzungsfunktion in Ausfüllung der Öffnungsklauseln der DS-GVO. Insoweit ist hier eine vertiefte Darstellung vor dem Hintergrund der Rechtsentwicklung entbehrlich.

IX. IT-Sicherheitsgesetz

Ein weiterer wichtiger Bestandteil des einfachen Rechtsrahmens ist das sog. IT-Sicherheitsgesetz. Dieses ist am 25.07.2015 in Kraft getreten[1675]. Der Gesetzgeber adressiert mit diesem Artikelgesetz, welches insbesondere auch Änderungen im TMG und TKG neben Änderungen im Gesetz über das Bundesamt in der Informationstechnik (BSIG) mit sich bringt, die Betreiber Kritischer Infrastrukturen. Nach einem vorherigen Entwurf im Jahr 2013[1676] gab es einen erneuten Entwurf im Jahr 2014[1677]. Dieser ist am 12.06.2015 vom Bundestag beschlossen worden. Dieser Entwurf ist einer der ersten in Angriff genomenen Kernpunkte der „Digitalen Agenda 2014-2017"[1678]. Der Gesetzgeber adressiert ausschließlich mit diesem Gesetz nicht den privaten Nutzer mit seiner individuellen Infrastruktur und auch die öffentliche Verwaltung ist in die Neuregelungen nicht explizit einbezogen[1679]. In § 2 Abs. 10 BSIG n. F. regelt der Entwurf, dass kritische Infrastrukturen im Sinne des Gesetzes Einrichtungen, Anlagen oder Teile davon sind, die den Sektoren Informationstechnik und Telekommunikati-

1673 *Hornung*, NJW 2010, 1841 (1841 ff.).
1674 Zum IT-Sicherheitsgesetz sogleich unten unter: Teil 3, D., IX.
1675 BGBl., Jahrgang 2015 Teil I Nr. 31, S. 1324; ein Vergleich von öffentlich-rechtlichen und zivilrechtlichen Regulierungsmodellen für IT-Sicherheit und kritische Infrastrukturen findet sich bei: *Spindler*, in: Kloepfer (Hrsg.), Schutz kritischer Infrastrukturen, 85 (85 ff.).
1676 Zu diesem ersten Entwurf des BMI vom 5.3.2013: *Roos*, K&R 2013, 769 (769 ff.); *Beucher/Utzerath*, MMR 2013, 362 (363 ff.); *Klett/Ammann*, CR 2014, 93 (96 ff.), sowie *Schulz S. E./Tischer*, ZG 2013, 339 (352 ff.).
1677 BT-Drs 18/4096.
1678 *Roos*, MMR 2014, 723 (724); zur Digitalen Agenda 2014-2017 vgl. oben: Teil 2, B., IV.
1679 *Hornung*, NJW 2015, 3334 (3335) m. w. N. in Fn. 20.

on angehören. Nach § 8a BSIG n. F. sind Betreiber Kritischer Infrastrukturen verpflichtet, spätestens zwei Jahre nach Inkrafttreten einer Rechtsverordnung nach § 10 Abs. 1 BSIG angemessene organisatorische und technische Vorkehrungen zur Vermeidung von Störungen der Verfügbarkeit, Integrität, Authentizität und Vertraulichkeit ihrer informationstechnischen Systeme, Komponenten oder Prozesse zu treffen, die für die Funktionsfähigkeit der von ihnen betriebenen Kritischen Infrastrukturen maßgeblich sind. Zu berücksichtigen ist dabei der Stand der Technik. Nach § 8a Abs. 2 BSIG n. F. können Betreiber Kritischer Infrastrukturen mit ihren Branchenverbänden eigene Standards festlegen, deren Geeignetheit das BSI auf Antrag feststellt. Nach § 8a Abs. 3 BSIG n. F. müssen die Betreiber Kritischer Infrastrukturen mindestens alle zwei Jahre die Erfüllung der Sicherheitsanforderungen auf geeignete Weise z. B. mit Sicherheitsaudits, Prüfungen oder Zertifizierungen nachweisen.

Die Regelungen in § 8a BSIG n. F. sind nicht anzuwenden auf die Betreiber Kritischer Infrastrukturen, soweit sie ein öffentliches Telekommunikationsnetz betreiben oder öffentlich zugängliche Telekommunikationsdienste erbringen. Für diese Betreiber Kritischer Infrastrukturen sind in Artikel 5 des Entwurfes Änderungen in § 109 TKG vorgesehen. Der Referentenentwurf beabsichtigt wie auch der vorherige Entwurf aus dem Jahr 2013, das Schutzniveau insoweit zu erhöhen, als der Betreiber einer entsprechenden Kritischen Infrastruktur in Zukunft bei Schutzmaßnahmen nach § 109 Abs. 2 S. 2 TKG den „Stand der Technik" zu berücksichtigen hat, wobei eigentlich bereits jetzt angenommen wird, dass dieses Schutzniveau über den Kriterienkatalog der BNetzA erreicht wird[1680]. Nach § 109 Abs. 5 TKG n. F. müssen der Betreiber eines öffentlichen Telekommunikationsnetzes oder der Erbringer öffentlich zugänglicher Telekommunikationsdienste der Bundesnetzagentur (BNetzA) unverzüglich Beeinträchtigungen von Telekommunikationsnetzen und -diensten mitteilen, die zu beträchtlichen Sicherheitsverletzungen führen oder zu solchen führen können. Nach der Begründung des Entwurfs gebe es bisher nur technische Schutzmaßnahmen mit erhöhten Anforderungen nach dem „Stand der Technik" bei Maßnahmen zum Schutz der Vertraulichkeit (Fernmeldegeheimnis) und für den Schutz personenbezogener Daten[1681]. Bei der IT-Sicherheit werden nur „angemessene technische Vorkehrungen und Maßnahmen" verlangt, was aufgrund der Unbestimmtheit des Begriffes auch dazu führen kann, dass die Intensität der Vorkehrungen von allgemeinen Wirtschaftlichkeitserwägungen abhängig gemacht werden kann[1682]. Die Meldepflichten der Telekommunikationsdiensteanbieter gegenüber der BNetzA werden durch diesen Gesetzentwurf von den bisher bestehenden Meldepflichten bei tatsächlich aufgetretenen Störungen auf den Vorfeldbereich potenzieller Störungen ausgeweitet, um eine Verbesserung des Lagebildes der IT-Sicherheit zu erhalten[1683]. Der Entwurf sieht in § 109a Abs. 4 S. 1 TKG n. F. vor, die Internet-Service-Provider dazu zu verpflichten, die Nutzerinnen und Nutzer bei entsprechender Kenntnis über die Infizierung mit

1680 *Roos*, MMR 2014, 723 (727); *Eckhardt*, in: Geppert/Schütz, § 109 TKG, Rn. 48.
1681 BT-Drs. 18/4096, S. 35.
1682 BT-Drs. 18/4096, S. 35 (Hervorhebungen im Original).
1683 BT-Drs. 18/4096, S. 36.

Schadsoftware zu informieren, was die ohnehin gängige Praxis der meisten Provider ist und den Empfehlungen der Allianz für Cybersicherheit entspricht[1684]. Durch diese gesetzlichen Neuregelungen sind die Nutzer mittelbar angesprochen. Ihnen wird jedoch kein unmittelbarer Beitrag zur Cybersicherheit abverlangt. Über § 149 Nr. 21 a TKG n. F. werden Pflichtverstöße der Diensteanbieter punktuell sanktioniert.

Der Gesetzentwurf sieht in Artikel 4 auch Änderungen im TMG vor. Nach § 13 Abs. 7 TMG n. F. haben Diensteanbieter, soweit dies technisch möglich und wirtschaftlich zumutbar ist, im Rahmen ihrer jeweiligen Verantwortlichkeit für geschäftsmäßig angebotene Telemedien durch technische und organisatorische Vorkehrungen sicherzustellen, dass kein unerlaubter Zugriff auf die für ihre Telemedienangebote genutzten technischen Einrichtungen möglich ist und diese gegen Verletzungen des Schutzes personenbezogener Daten und gegen Störungen, auch soweit sie durch äußere Angriffe bedingt sind, gesichert sind. Der Gesetzgeber ergänzt hier die Pflichten für Telemediendiensteanbieter aufgrund der zunehmenden Verbreitung von Schadsoftware über Telemediendienste[1685]. Angeknüpft wird hierbei an die ohnehin bei den Telemediendiensteanbietern bestehende Verantwortlichkeit. Angesprochen sind insbesondere kommerzielle Content- und Host-Provider i. S. v. § 7 Abs. 1 TMG bzw. § 10 Abs. 1 TMG, um den häufigen Verbreitungsweg von Schadsoftware über manipulierte Webseiten (Drive-by-Download) zu bekämpfen. Diese Pflichten des Diensteanbieters sind über die Neufassung des § 16 Abs. 2 Nr. 3 TMG n. F. bußgeldbewehrt[1686]. Damit verleiht der Gesetzgeber dieser Pflicht eine starke Bedeutung und unterstreicht die Verantwortung, die er bei den Diensteanbietern sieht. Systematisch handelt es sich bei diesen Diensteanbietern, die geschäftsmäßig Telemediendienste erbringen, vielfach eigentlich nicht um Betreiber Kritischer Infrastrukturen, sodass hier insgesamt der Pflichtenkreis z. B. für Verschlüsselungstechniken angehoben wird[1687]. Erfasst sind hier damit auch die Homepages kommunaler Gebietskörperschaften, sodass über diese Änderungen der Maßstab für die E-Government anbietende Verwaltung gesteigert wird.

Die Änderungen des IT-Sicherheitsgesetzes sind neben den bestehenden Datenschutzgesetzen[1688] ein weiteres Element des Rechts der IT-Sicherheit. Der vorliegende Entwurf enthält Konkurrenzfragen zum geltenden Datenschutzrecht, und es besteht weiterhin die Notwendigkeit, Datenschutzrecht und Vorschriften mit Bezug zur IT-Sicherheit miteinander zu verzahnen[1689]. Die Analyse hat ergeben, dass insbesondere an die Diensteanbieter Pflichten adressiert werden und an die Nutzer nur Informationen über Sicherheitsvorfälle. Damit weist das dahinter liegende Verantwortungskonzept den Diensteanbietern einen wichtigen Verantwortungsbeitrag zugunsten der Nutzer zu. Die Nutzer sind aufgerufen, die Informationen aufzunehmen und sich aufklären zu lassen.

1684 *Roos*, MMR 2014, 723 (727).

1685 BT-Drs. 18/4096, S. 34.

1686 BT-Drs. 18/4096, S. 35.

1687 *Hornung*, NJW 2015, 3334 (3338).

1688 Die Datenschutzgesetze werden als Teil des Rechts der IT-Sicherheit aufgefasst: *Schmidl*, NJW 2010, 476 (478) mit Verweis auf *Simitis*, in: Ders. (Hrsg.) § 9 BDSG, Rn. 2.

1689 *Roos*, MMR 2014, 723 (729).

Die Zielsetzung des IT-Sicherheitsgesetzes ist insgesamt neben der Verbesserung der „IT-Sicherheit von Unternehmen" auch der „Schutz der Bürgerinnen und Bürger"[1690].

X. Strafvorschriften im Bereich der elektronischen Kommunikation

Der Vollständigkeit halber ist hier noch kurz auf einschlägige Strafvorschriften einzugehen, da diese ex post in den oben skizzierten Gefährdungslagen eingreifen. Es gibt in Deutschland kaum eine Verfolgung direkter Datenschutzverstöße[1691]. Vielfach bleiben diese nicht geahndet. Es gibt allerdings eine Reihe von Straftatbeständen, die jedenfalls auch dem Schutz personenbezogener Daten dienen.

In der Strafvorschrift des § 206 StGB ist eine Verletzung des Fernmeldegeheimnisses geregelt. Erfasst sind die Inhaber und die Beschäftigten eines Unternehmens, das geschäftsmäßig Telekommunikationsdienste erbringt[1692]. Nach dieser Vorschrift würde sich auch ein Mitarbeiter eines De-Mail-Diensteanbieters strafbar machen. Diese Pönalisierung zeigt, dass der Gesetzgeber es für notwendig hält, das Fernmeldegeheimnis mit einer Strafnorm als Ultima Ratio zu sichern.

Das rechtswidrige Erlangen von nicht allgemein zugänglichen Identifikationsdaten wie z. B. Name, Anschrift oder Passwörter ist bei entsprechender Bereicherungs- oder Schädigungsabsicht nach § 44 Abs. 1 i. V. m. § 43 Abs. 2 Nr. 1, 3 oder 4 BDSG a. F. strafbar, wenn ein Strafantrag vorliegt[1693]. Darüber hinaus können bei dem rechtswidrigen Erlangen einer fremden Identität weitere Straftatbestände einschlägig sein[1694]. Eine weitere Darstellung dieser Normen soll hier unterbleiben, weil ansonsten der Rahmen der Arbeit gesprengt werden würde.

E. Zusammenfassung Teil 3

Die europäische Rechtsentwicklung hat den Rechtsrahmen für das Identitätsmanagement mitgeprägt und hat auch für transaktionsbezogenes E-Government Auswirkungen. Dabei wird die Entwicklung ständig von europäischer Rechtsetzung und von Rechtsprechung beeinflusst. Das „Safe-Harbor-Urteil" des EuGH hat als jüngste Entscheidung maßgebende Bedeutung für die europäische Datenschutzentwicklung, die in ihrer Tragweite noch gar nicht absehbar ist. Deutlich wird an diesem Urteil auch, dass es entscheidend auf die Verantwortungsarchitektur des Datenschutzrechts ankommt. Darüber hinaus hat die DS-GVO einen maßgeblichen Impuls mit starken Be-

1690 *Roßnagel*, DVBl 2015, 1206 (1207).

1691 *Sieber*, Straftaten und Strafverfolgung im Internet; Gutachten C zum 69. Deutschen Juristentag; München 2012, S. 29, der auf die amtliche Kriminalstatistik hinweist; zur Entwicklung der Cybercrime im Jahr 2014: *Köppen*, DuD 2015, 759 (759 ff.).

1692 *K. Lau*, in: Manssen (Hrsg.), § 88 TKG, Rn. 87.

1693 *Borges u. a.*, Identitätsdiebstahl und Identitätsmissbrauch im Internet, S. 233.

1694 Vgl. hierz u im Einzelnen: *Borges u. a.*, Identitätsdiebstahl und Identitätsmissbrauch im Internet, S. 233.

troffenenrechten und Transparenzpflichten und weiteren Pflichten des Verantwortlichen gesetzt.

Im nationalen Verfassungsrecht sind bei Vorgängen im transaktionsbezogenen E-Government das Grundrecht auf informationelle Selbstbestimmung, das IT-Grundrecht und das Fernmeldegeheimnis aus Art. 10 GG sowohl in ihrer subjektiv-abwehrrechtlichen als auch in ihrer objektiv-rechtlichen Dimension betroffen.

Der gegenwärtige Rechtsrahmen ermöglicht sowohl Lösungen unter Einschaltung von Diensteanbietern als auch solche durch die Verwaltung selbst. Mit De-Mail und dem EGovG ist eine Tendenz zu den tripolaren Verhältnissen bei transaktionsbezogenen E-Government-Anwendungen erkennbar, die den grundrechtlichen Kommunikationsschutz komplexer machen und zu einer Verantwortungsteilung der Akteure zwingen.

Der gegenwärtige Rechtsrahmen bezieht alle Akteure für die Verantwortung für eine datenschutzgerechte elektronische Kommunikation mit ein. Für den privaten Nutzer gibt es eher rudimentäre Verantwortlichkeiten, die sich in punktuellen Pflichten wie in § 27 PAuswG sowie Obliegenheiten darstellen. Das größere Pflichtenprogramm ist bei den Diensteanbietern angesiedelt, aber auch Staat und Verwaltung haben einen größeren Kreis von Pflichten als der private Nutzer.

Die objektiv-rechtliche Dimension des Grundrechts auf informationelle Selbstbestimmung, des IT-Grundrechts und von Art. 10 GG sind jeweils einschlägig bei transaktionsbezogenen E-Government-Anwendungen. Es gibt ein ausdifferenziertes System von Verantwortlichkeiten im einfachen Recht, welches nicht frei von Widersprüchen und Problemlagen ist.

In vielen Bereichen gibt es Verweisungen auf die bereits seit Längerem bestehenden Vorschriften wie in § 15 De-Mail-Gesetz. Das führt dazu, dass die anzuwendenden einfachgesetzlichen Vorschriften sehr unübersichtlich verteilt sind. Die notwendige Verrechtlichung und die Entwicklung im Bereich des E-Governments ist nicht für eine Anpassung des dazugehörigen Datenschutzrechts genutzt worden. Ein kohärentes Konzept von Verantwortungsteilung zwischen Staat und Verwaltung, Diensteanbieter und Nutzer ist speziell im E-Government nicht entworfen worden.

Eine Zuweisung von Verantwortung i. S. v. Gesamtverantwortung gibt es nicht. Allerdings gibt es bisher nicht bekannte Instrumente wie das sog. „Gemeinsame Verfahren“ nach Art. 26 DS-GVO. Die Verantwortung teilt sich nach dem geltenden Rechtsrahmen bereits auf die verschiedenen Akteure auf. Die Grenzlinie der Verantwortlichkeiten zwischen Staat und Verwaltung, den Diensteanbietern und dem privaten Nutzer und ein Ausblick auf die zukünftigen Möglichkeiten bedarf im Folgenden genauerer Analyse.

Teil 4: Schutz der informationellen Selbstbestimmung des Nutzers und Verteilung der Verantwortlichkeiten

Ausgehend von dem in Teil 2 gefundenen Ergebnis zur tatsächlichen Ausgangslage und dem in Teil 3 im gegenwärtigen Entwicklungsschritt dargestellten Rechtsrahmen, soll hier die Schutzpflichtdimension der einschlägigen informationsbezogenen Grundrechte im Hinblick auf transaktionsbezogene E-Government-Anwendungen und ihr Verhältnis zur Aufteilung der Verantwortlichkeiten[1695] von Nutzer, Diensteanbieter und der Verwaltung in Bezug auf Datenschutz und Datensicherheit näher untersucht werden. Die Schutzpflichtdimension der Grundrechte ist ein zentraler Anknüpfungspunkt staatlicher Verantwortung. Dabei soll hier im Fokus stehen, was die Schutzpflicht für den Gesetzgeber als deren Adressat bedeutet, und die Frage gestellt werden, wie ihre Reichweite ist und wie der Rechtsrahmen die Verantwortlichkeit jedes einzelnen Nutzers im Zusammenhang mit der Nutzung von transaktionsbezogenem E-Government bewertet. Ebenfalls soll die E-Government anbietende Verwaltung als Adressat einer Schutzpflicht in den Blick genommen werden. Dabei ist in tatsächlicher Hinsicht zu berücksichtigen, dass es sich vielfach und unter Berücksichtigung des De-Mail-Gesetzes um Dreiparteienkonstellationen aus dem Staat bzw. der Verwaltung, dem Diensteanbieter und dem Nutzer handelt, die verschiedene Verantwortungssphären begründen. Nicht zuletzt soll auch die Rolle der Eigenverantwortung des Nutzers genauer betrachtet werden. Dabei soll untersucht werden, ob die rechtliche Ausgestaltung der Verantwortungssphären nach Maßgabe der Kommunikationsgrundrechte ein bestimmtes Verantwortungskonzept zwingend vorsieht[1696]. Mit Blick auf die in Teil 2 gefundenen Ergebnisse einer unterschiedlich ausgeprägten digitalen Verantwortungsbereitschaft soll insbesondere ein Vorschlag bzw. ein Ausblick auf die Weiterentwicklung der rechtlichen Verantwortlichkeit des Nutzers für Datenschutz und Datensicherheit gegeben werden.

Denkbar sind aber nach wie vor auch Konstellationen, in denen der Nutzer direkt auf Angebote der Verwaltung zurückgreift, ohne dass ein Diensteanbieter zwischen-

1695 Dabei soll es um rechtlich begründete Verantwortung gehen; daneben kann Verantwortung auch anders als durch Recht begründet werden und geht dabei weit über den Begriff der Haftung hinaus: Vgl. *Kreutzer*, Verantwortung im Internet, S. 2, abrufbar unter: https://www.divsi.de/wp-content/uploads/2013/08/Themenpapier_Verantwortung-im-Internet_final_2013_06_18.pdf (letzter Abruf: 08.11.2015); zu den netzpolitischen Diskussionen auch über das Thema der Verantwortung im Netz geben einen Überblick: *Völz/Janda*, Thesen zur Netzpolitik.

1696 Nicht eingangen werden soll hier darauf, ob für den privaten Nutzer mögliche Leistungsansprüche auf die Bereitstellung von Infrastruktur zur Fernkommunikation aus der Gewährleistungspflicht des Art. 87 f. GG bestehen.

geschaltet ist. Dies hat dementsprechend auch Auswirkungen auf die Verteilung von Verantwortlichkeiten.

Zunächst soll hier untersucht werden, wie sich die Verantwortung des Nutzers für sein Handeln in der digitalen Welt verfassungsrechtlich verorten lässt.

A. Grundrechtlicher Freiheits- und Verantwortungsbereich des Nutzers von E-Government für das „Ob" der Nutzung

Ausgangspunkt der Überlegungen soll hier, wie es das oben dargestellte Leitbild des EGovG vorsieht, sein, dass die Nutzung von transaktionsbezogenen E-Government-Anwendungen grundsätzlich der freiwilligen Entscheidung eines Nutzers obliegt[1697]. Deshalb soll hier zunächst der grundrechtliche Freiheitsbereich des Nutzers im E-Government für das „Ob" der Nutzung näher erläutert werden, um unter Einbeziehung der Schutzpflichtdimension der kommunikationsbezogenen Grundrechte zu einer Bewertung der Verantwortlichkeiten für Datenschutz und Datensicherheit zu kommen, die in multipolaren Konstellationen stattfinden[1698]. Die speziellen Grundrechte des GG haben jeweils eine eigene Bedeutung im Zusammenhang mit dem Internet[1699]. Diese Konstellationen werden neben der Rahmensetzung durch die bereits in Teil 3 skizzierten kommunikationsbezogenen Grundrechte auch durch weitere Grundrechtsgewährleistungen gekennzeichnet.

I. Menschenwürdegarantie Art. 1 GG

Der private Nutzer einer transaktionsbezogenen E-Government-Anwendung tritt der Verwaltung als natürliche Person gegenüber. Als solcher ist er Träger des Grundrechts der Menschenwürde aus Art. 1 GG. In dieser Arbeit soll hier daher angesichts der fundamentalen Bedeutung der Menschenwürdegarantie untersucht werden, ob hieraus etwas für die Reichweite einer Verantwortlichkeit des Nutzers im virtuellen Raum abzuleiten ist.

1. Absolutheit der Menschenwürde

Nach Art. 1 Abs. 1 GG ist die Würde des Menschen unantastbar. Die Vorschrift ist die Fundamentalnorm der Verfassung und gilt absolut[1700]. Sie stellt entsprechend den Beweggründen der Schaffung des Art. 1 Abs. 1 GG den „obersten Verfassungswert" des

1697 Die Frage, ob ein sog. „Zwangs-E-Government" eingeführt werden könnte, kann hier nicht thematisiert werden, da ansonsten der Rahmen der Arbeit gesprengt werden würde.

1698 *Groß*, JZ 1999, 326 (334).

1699 Hierzu grundlegend: *Luch/Schulz*, MMR 2013, 88 (88 ff.).

1700 Kritisch zur Absolutheit der Menschenwürdegarantie mit Verweis auf die Rechtsprechung des BVerfG: *Baldus*, AöR 136 (2011), 529 (529 ff.).

GG dar[1701]. Die Rolle als „tragendes Konstitutionsprinzip"[1702], als Grund- und Leitnorm sowie als wichtigste Wertentscheidung des GG wird durch die „Ewigkeitsgarantie" in Art. 79 Abs. 3 GG unterstrichen, wonach die Einschränkung des Grundsatzes des Art. 1 Abs. 1 GG auch bei Verfassungsänderung verboten ist[1703]. Damit wird deutlich gemacht, dass es sich nicht nur um eine reine Proklamation ohne rechtliche Folge handelt[1704]. Das GG verpflichtet die Bundesrepublik Deutschland auf die Menschenwürde als Quelle und Endzweck deutscher Staatsgewalt, sodass dieser Staat insgesamt einen anthropozentrischen Charakter aufweist[1705]. Über Art. 1 Abs. 1 S. 2 GG ist die öffentliche Verwaltung damit verpflichtet, die Menschenwürdegarantie auch dann einzuhalten, wenn sie transaktionsbezogenes E-Government anbietet.

2. Konkretisierungsproblem beim Schutzbereich der Menschenwürde

Die Menschenwürdegarantie hat fundamentale Bedeutung, die Konkretisierung ihres Schutzbereiches und insbesondere eine Definition des Menschenwürdebegriffes bereitet jedoch Schwierigkeiten[1706]. Grundsätzlich gibt es zum einen den Ansatz, die Menschenwürde positiv zu bestimmen, sowie zum anderen den Ansatz, diese von der Verletzungsseite her zu bestimmen. In die erste Kategorie der positiven Bestimmungsversuche fallen die Wert- oder Mitgifttheorien, welche unter Würde eine bestimmte menschliche Eigenschaft verstehen, die den Menschen auszeichnet[1707]. Ebenfalls in diese Kategorie fallen die Leistungstheorien, wonach Menschenwürde etwas ist, was man als Mensch nicht schon hat, sondern erst erlangen muss[1708]. Würde muss nach diesen Theorien in einem gelingenden Prozess der Identitätsbildung und Selbstdarstellung erst gewonnen werden, wobei hier gerade das Moment eigener Hervorbringung der personalen Identität und tatsächlicher Selbstbestimmung stark betont wird[1709]. Diese Theorien sind aber letztlich bei leistungsunfähigen Menschen unzureichend, denen jedenfalls auch Würde zukommt[1710]. Schließlich gibt es eine neuere Kommunikationstheorie, die Menschenwürde als Relations- und Kommunikationsbegriff sieht, wonach sich Würde in sozialer Anerkennung durch positive Bewer-

1701 BVerfGE 109, 279 (311); 96, 375 (398); 102, 370 (389); 117, 71 (89); *Jarass*, in: Ders./Pieroth, Art. 1 Rn. 1; *Herdegen*, in: Maunz/Dürig, Art. 1 Rn. 4; *Kunig*, in: MüKo, Art. 1 Rn. 4.

1702 BVerfGE 87, 209 (228); 109, 133 (149); BVerwGE 115, 189 (199).

1703 *Jarass*, in: Ders./Pieroth, Art. 1 Rn. 1.

1704 *Dreier*, in: Ders., Art 1 I Rn. 42; *Hesse*, Grundzüge des Verfassungsrechts der Bundesrepublik Deutschland, 1999, § 4 Rn. 116; *Pieroth/Schlink*, Rn. 349; *Laue*, Vorgangsbearbeitungssysteme in der öffentlichen Verwaltung, S. 131; die Frage, ob es sich bei Art. 1 Abs. 1 GG überhaupt um ein Grundrecht handelt, soll hier nicht weiter thematisiert werden, da ansonsten der Rahmen dieser Arbeit gesprengt werden würde.

1705 *Schaefer*, AöR 135 (2010), 404 (421).

1706 *Hufen*, JuS 2010, 1 (2).

1707 *Dreier*, in: Ders., Art. 1 I Rn. 41.

1708 *Luhmann*, Grundrechte als Institution, 1965, S. 60; *Krawietz*, Gewährt Art. 1 Abs. 1 GG dem Menschen ein Grundrecht auf Achtung und Schutz seiner Würde?; in: Gedächtnisschrift für Friedrich Klein, 1977, S. 245 ff.

1709 *Dreier*, in: Ders., Art. 1 I Rn. 42.

1710 Zu diesen Unzulänglichkeiten bei leistungsunfähigen Menschen: *Pieroth/Schlink*, Rn. 385; *Epping*, Grundrechte, Rn. 593; *Rekittke*, DVP 2008, 51 (51).

tung von sozialen Achtungsansprüchen und somit in mitmenschlicher Solidarität konstituiere[1711].

In die Kategorie, welche die Menschenwürde von der Verletzungsseite aus bestimmen will, fällt die sog. Objektformel[1712]. Diese sieht die Würde des Menschen dann als verletzt an, wenn dieser zum Objekt, zu einem bloßen Mittel, zu einer vertretbaren Größe herabgewürdigt wird[1713] und seine Subjektsqualität grundsätzlich infrage gestellt wird[1714]. Zur Feststellung von Menschenwürdeverletzungen greift das BVerfG diese Formel auf[1715]. Sie ist für den Nachweis evidenter Verstöße gegen die Menschenwürde geeignet, weist ansonsten aber Identifikationsschwächen auf[1716]. Gerade im Kontakt mit der öffentlichen Verwaltung gibt es Konstellationen, in denen ein Mensch augenscheinlich „Objekt" staatlichen Handelns in einem Massenverfahren ist, aber seine Subjektsqualität keinesfalls grundsätzlich infrage gestellt wird[1717]. Grundsätzlich enthalten alle Theorien zur Bestimmung der Menschenwürde wichtige Aspekte. Es ist auch nicht davon auszugehen, dass diese Bestimmungsversuche zueinander oder untereinander im Verhältnis strenger Alternativität stehen[1718]. Bei allen Unterschieden im Detail finden sich in allen Theorien Begriffe wie „freier Wille", „Selbstbestimmung", „Subjektivität" und „individuelle Eigenart"[1719]. Die dargestellten Schwierigkeiten bei der Bestimmung der Menschenwürde und den zu vagen Bestimmungsversuchen haben jedoch dazu geführt, dass es eine Überfrachtung derselben gibt und damit einhergehend eine Banalisierung stattgefunden hat, sodass ihr inflationärer Gebrauch in der Diskussion kritisiert wird[1720]. Um dem Begriff der Menschenwürde als oberstem Verfassungsprinzip den Stellenwert zu geben, der angemessen ist, wird eine hinreichende Begriffsbestimmung angemahnt[1721]. Die genaue Begriffsbestimmung kann hier nicht weiter verfolgt werden, da ansonsten der Rahmen der Arbeit gesprengt werden würde.

Interessant erscheint unabhängig von diesen Schwierigkeiten der Begriffsbestimmung für die Frage der Verantwortlichkeit eines Nutzers im transaktionsbezogenen E-Government jedenfalls das aus der Menschenwürde abgeleitete und in allen Bestimmungsversuchen enthaltene Prinzip der Selbstbestimmung des Menschen. Diese von der Menschenwürde umfasste Selbstbestimmung des Einzelnen bezieht sich auf die Eigenverantwortlichkeit in Lebensentscheidungen und den Kern individueller

1711 *Hofmann*, AöR 118 (1993), 353 (368).

1712 *Vitzthum*, JZ 1985, 201 (202).

1713 *Dürig*, AöR 81 (1956), 117 (127); *ders.*, in: Maunz/Dürig (1958), Art. 1 Rn. 28; *Herdegen*, in: Maunz/Dürig (2012), Art. 1 Abs. 1 Rn. 36.

1714 BVerfGE 96, 375 (399)(Kind als Schaden); 115, 118 (152)(Luftsicherheitsgesetz); *Epping*, Grundrechte, Rn. 594.

1715 BVerfGE 9, 89 (95); 27, 1 (6); 28, 386 (391); 45, 187 (228); 50, 166 (175); 50, 205 (215); 57, 250 (275); 72, 105 (116); 87, 209 (228).

1716 *Dreier*, in: ders., Art. 1 I Rn. 39.

1717 *Laue*, Vorgangsbearbeitungssysteme in der öffentlichen Verwaltung, S. 133.

1718 *Dreier*, in: ders., Art. 1 I Rn. 44.

1719 *Bautze*, JURA 2011, 647 (648).

1720 *Tiedemann*, DÖV 2009, 606 (607 ff.).

1721 *Tiedemann*, DÖV 2009, 606 (612).

Selbstdarstellung des Einzelnen nach außen[1722]. Hiermit sind also die autonomen und eigenverantwortlichen Entscheidungen des Nutzers von Informationstechnologie in der digitalen Welt angesprochen[1723].

3. Allgemeines Prinzip der Selbstbestimmung und Selbstverantwortung

Das Prinzip der Selbstbestimmung stellt einen wichtigen Aspekt der Menschenwürdegarantie dar, der in verschiedenen weiteren Bereichen Bedeutung erlangt. Grundlage für dieses Prinzip ist die auf Kant[1724] zurückgehende Vorstellung vom Menschen als einem zu freier[1725], zugleich aber auch verantwortungsbewusster[1726] Selbstbestimmung befähigten Wesen, das aufgrund der damit bestehenden Identität einen Zweck an sich selbst darstellt[1727] und dem deswegen auch ein besonderer Achtungsanspruch zukommt[1728]. Der Mensch wird als ein vernunftbegabtes Wesen gesehen, welches in der Lage ist, durch Selbstbestimmung Verantwortung für sein eigenes Handeln zu übernehmen[1729]. Dieses Leitbild prägt die Rechtsordnung und erlangt in allen Bereichen derselben Bedeutung. Dies ist gewissermaßen die logische Konsequenz der Menschenwürde und ihrer Absolutheit. In der Lebenswirklichkeit gibt es selbstverständlich Fälle, in denen ein Mensch nicht zur Selbstbestimmung und damit auch nicht zur Selbstverantwortung fähig ist, die aber einen Ausnahmefall von diesem Leitbild darstellen[1730]. Ebenfalls gibt es in der Lebenswirklichkeit auch Fälle, in denen ein Mensch zur Selbstbestimmung und Selbstverantwortung fähig ist, diese Selbstbestimmung aber nach allgemeinen Maßstäben „unvernünftig" ausübt.

4. Schutz des Grundrechtsträgers „vor sich selbst"?

In derartigen Konstellationen findet vielfach eine Verletzungshandlung der Menschenwürde seitens privater Dritter statt, nachdem der Grundrechtsträger in diese eingewilligt hat. Die Frage, die sich in solchen Konstellationen immer wieder gestellt hat, war, ob es hier staatlicherseits einen Schutz des Menschen „vor sich selbst" geben muss, und letztlich damit auch, wie weit die Selbstbestimmung und Selbstverantwortung des Einzelnen reicht und wo ggf. staatlicherseits durch Verbote interveniert werden muss. Bekanntheit hat in dieser Frage die Rechtsprechung des BVerwG erlangt,

---

1722 *Herdegen*, in: Maunz/Dürig, Art. 1 Abs. 1 GG Rn. 84.

1723 *Orantek*, Datenschutz im Informationszeitalter, S. 3.

1724 *Enders*, Die Menschenwürde in der Verfassungsordnung, 189 ff.; *Geddert-Steinacher*, Menschenwürde als Verfassungsbegriff, S. 31 ff.

1725 BVerfGE 45, 187 (227); *Dürig*, in: MD, GG, 53. Aufl. 2009, Art. 1 Abs. 1 Rn. 18 (Erstbearbeitung); *Hufen*, JZ 2004, 313 (316); *Enders*, Die Menschenwürde in der Verfassungsordnung, 1997, S. 11, 88 ff.; *Nettesheim*, AöR 130 (2005), 71 (103 ff.)

1726 BVerfGE 57, 250 (275); *Geddert-Steinacher*, Menschenwürde als Verfassungsbegriff, S. 32 m. w. N.

1727 BVerfGE 88, 203 (252); *Böckenförde*, JZ 2003, 809 (811); *Isensee*, AöR 131 (2006), 174 (215); *Nettesheim*, AöR 130 (2005), 71 (100 ff.).

1728 BVerfGE 30, 1 (26; 109, 279 (313); *Ipsen*, Staatsrecht, Bd. II: Grundrechte, 11. Aufl. 2008, Rn. 232; *Classen*, DÖV 2009, 689 (692) m. w. N.

1729 *Isensee*, AöR 131 (2006), 174 (215 ff.).

1730 Zu denken ist hier z. B. an die Fälle der Betreuung: § 1896 BGB.

wonach in der sog. „Peepshow-Entscheidung“ die entpersonifizierende Vermarktung der Frau als Würdeverstoß angesehen wurde, und ausgeführt, dass die Menschenwürde ein objektiver unverfügbarer Wert sei, auf dessen Beachtung der Einzelne nicht wirksam verzichten könne[1731]. Diese Entscheidung hat der Selbstbestimmung Grenzen gezogen. In der Literatur wurde diese Entscheidung als Ausdruck eines Wertabsolutismus heftig kritisiert und darauf hingewiesen, dass es keinen Grundrechtsschutz „vor sich selbst“ geben könne[1732]. In dieselbe Richtung ging die Entscheidung zum sog. „Zwergenweitwurf“, bei dem Kleinwüchsige durch andere Personen nach vorheriger Einwilligung durch die Luft geworfen wurden und ihnen danach eine objektartige Rolle zukomme[1733]. Ähnlich hat das BVerwG auch in der sog. „Laserdrome-Entscheidung“ entschieden, wonach die Tötungsspiele wegen ihrer tendenziellen Gewaltverharmlosung und der damit verbundenen Vorstellung der Verfügbarkeit des Menschen als Objekt, in dessen Leben und körperliche Integrität nach Belieben eingegriffen werden könne, für unvereinbar mit der Menschenwürde gehalten[1734]. In allen genannten Konstellationen handelt es sich um solche, in denen der Grundrechtsträger in die Verletzung seiner Würde eingewilligt hat. Insgesamt gibt es eine gesellschaftliche Entwicklung, dass Menschen ihre Grundrechte und insbesondere ihre Menschenwürde nicht ernst nehmen und zugunsten eines vermeintlichen Vergnügens zur Disposition stellen[1735]. Maßgeblich ist hier die Einwilligung des Betroffenen, die weder unter materiellem noch physischem oder psychischem Druck zustande gekommen sein darf, sondern strikt freiwillig sein muss[1736]. Häufig wird die Einwilligung mit monetären Anreizen oder kurzem Ruhm erkauft. Für die Frage der Menschenwürdegarantie ist aufgrund ihrer Absolutheit jedenfalls auch unerheblich, ob sich ihr Träger dieser bewusst ist und sie selbst zu wahren weiß[1737]. Eine Menschenwürdeverletzung bleibt trotz Einwilligung durch den Grundrechtsträger eine solche. Eine Rechtsordnung muss jedenfalls aber auch damit rechnen, dass ein Grundrechtsträger unvernünftig mit seiner grundrechtlichen Freiheit umgeht - und sogar in die Verletzung einwilligt. Insoweit ist der Selbstbestimmung und Selbstverantwortung mehr Raum zu gewähren als einer paternalistischen Interpretation der Menschenwürde[1738].

5. Zwischenergebnis

Aus der Menschenwürdegarantie und den genannten Bestimmungsversuchen lässt sich das Prinzip der Selbstbestimmung ableiten. Dieses hat auch für den Bereich der Nutzung von transaktionsbezogenen E-Government-Angeboten Bedeutung. Für den

1731 BVerwGE 64, 274 (279) (Peepshow-Entscheidung).
1732 *V. Olshausen*, NJW 1982, 2221 (2223/2224); *Scheidler*, JURA 2009, 575 (578).
1733 VG Neustadt, NVwZ 1993, 98 ff. (Zwergenweitwurf); *Epping*, Grundrechte, Rn. 606.
1734 BVerwGE 115, 189 (200 ff.); *Bautze*, JURA 2011, 647 (648); näher zu den verschiedenen Arten von Tötungsspielen und kritisch zum Verbot: *Scheidler*, JURA 2009, 575 (577 ff.).
1735 Vgl. etwa die Nachweise zu verschiedenen Fernsehformaten: *Bautze*, JURA 2011, 647 (648 ff.); *Rihaczek*, DuD 2009, 717 (717).
1736 *Dreier*, in: Ders., Art. 1 Abs. 1 GG Rn. 153; *Bautze*, JURA 2011, 647 (649).
1737 *Jarass*, in: Jarass/Pieroth, Art. 1 GG Rn. 8; BVerfGE 39, 1 (41).
1738 *Hufen*, JuS 2010, 1 (4).

Nutzer ist damit grundsätzlich nach seiner freiwilligen Entscheidung über das „Ob" der Nutzung Eigenverantwortung für sein Handeln verbunden. Dieser ist bei der Frage der Nutzung von transaktionsbezogenem E-Government Subjekt. Da es hier auf die Selbstbestimmung und Selbstverantwortung ankommt, ist es wichtig, dass diese durch einen mündigen und informierten Nutzer stattfindet. Die Selbstbestimmung des Nutzers charakterisiert das Verhältnis zu den Diensteanbietern und zur Verwaltung gleichermaßen. Insgesamt kann der Menschenwürdegarantie und dem aus ihr folgenden allgemeinen Prinzip der Selbstbestimmung aber nichts im Hinblick auf die konkrete Reichweite und möglichen Grenzen der Selbstbestimmung in unterschiedlichen Kontexten und Konstellationen gegenüber den anderen Akteuren entnommen werden. Für den weiteren Verlauf der Untersuchung ist das Prinzip der Selbstbestimmung und Selbstverantwortung jedenfalls aber von entscheidender Bedeutung. Angesichts der „Ausstrahlung" der Menschenwürde auf die gesamte Grundrechtsordnung und die Gesamtrechtsordnung sind daher weitere einschlägige Gewährleistungen und ihre Ausprägungen zu untersuchen.

II. Allgemeine Handlungsfreiheit aus Art. 2 I GG

Deswegen soll hier als weitere relevante grundrechtliche Gewährleistung die allgemeine Handlungsfreiheit aus Art. 2 Abs. 1 GG näher in den Blick genommen werden. Aus diesem Grundrecht lassen sich verschiedene Gewährleistungsgehalte ableiten.

1. Privatautonomie und Selbstbestimmung als Grundvoraussetzung

Aus Art. 2 Abs. 1 GG wird der Gewährleistungsgehalt der Privatautonomie abgleitet[1739]. Sie ist Teil des allgemeinen Prinzips der Selbstbestimmung[1740] aus Art. 1 GG und charakterisiert die Selbstbestimmung des Einzelnen im Rechtsleben[1741]. Diese Grundrechtsgewährleistung korrespondiert also mit dem Menschenbild des GG[1742], welches im Grundsatz von der Fähigkeit des Menschen zur Selbstverantwortung ausgeht. Der Grundsatz der Privatautonomie prägt die Privatrechtsordnung, welche es dem Einzelnen überlässt, seine Lebensverhältnisse durch Rechtsgeschäfte eigenverantwortlich zu gestalten[1743]. Hierbei gilt es für den Gesetzgeber, den grundrechtlichen Schutz der Privatautonomie bei der näheren Ausgestaltung der Privatrechtsordnung zu berücksichtigen[1744]. Grundsätzlich ist im Prinzip der Selbstbestimmung also auch Selbstverantwortung enthalten und Erstere ohne Letztere nicht denkbar[1745]. Dabei hat

1739 *Jarass*, in: Jarass/Pieroth, Art. 2 Rn. 4.
1740 BVerfGE 70, 123; 72, 170.
1741 BVerfGE 114, 1 (34); 89, 214 (231); 115, 51 (52 f.); *Stern*, Staatsrecht, Band IV/1, 903 f.); *Jarass*, in: Jarass/Pieroth, Art. 2, Rn. 4.
1742 *Di Fabio*, in: Maunz/Dürig, Art. 2 Rn. 105.
1743 Palandt/*Heinrichs/Ellenberger*, Überbl. § 104 Rn. 1.
1744 *Di Fabio*, in: Maunz/Dürig, Art. 2 Rn. 105.
1745 *Hillgruber*, Der Schutz des Menschen vor sich selbst, S. 153 f. mit Verweis auf BVerfGE 6, 32 (40); *Singer*, JZ 1995, 1133 (1139).

der Gesetzgeber sicherzustellen, dass die Bedingungen der Selbstbestimmung des Einzelnen auch tatsächlich gegeben sind[1746]. Beim Handeln von Privaten ist die Privatautonomie des einen die Grenze für die Privatautonomie des anderen[1747]. In der Privatautonomie ist daher auch die Einhaltung von Pflichten gegenüber einem anderen Rechtssubjekt angelegt. Die Grundrechte des GG im Allgemeinen und die Privatautonomie im Besonderen gelten für Anbieter und Nutzer von Information und Kommunikation im Internet gleichermaßen[1748]. Das Grundrecht des Art. 2 Abs. 1 GG schützt vor Eingriffen in die Privatautonomie von staatlicher Seite. Das bedeutet, dass der Staat die rechtlich wirksame Selbstbindung von Privatrechtssubjekten anerkennen muss[1749]. Die Privatautonomie bedarf aber auch einer ihre Durchsetzung gewährleistenden, sie „umhegenden" Rechtsordnung, welche ihren Schutz bezweckt[1750]. Da es sich bei der Nutzung von transaktionsbezogenem E-Government um eine freiwillige Entscheidung eines jeden Nutzers handelt, ist hier dessen Privatautonomie tangiert[1751]. Nach der Konzeption des De-Mail-Gesetzes und des EGovG sind im Rahmen des Angebotes von Diensten private Diensteanbieter eingebunden, sodass auch deren Privatautonomie hier eine Rolle spielt.

a) Vertragsfreiheit als „Hauptfall" der Privatautonomie

Den praktisch bedeutsamsten Hauptfall der Privatautonomie stellt neben den anderen Haupterscheinungsformen[1752] die Vertragsfreiheit dar[1753], welche im Verhältnis des Diensteanbieters zum Nutzer von transaktionsgbezogenen E-Government-Anwendungen eine große Rolle spielt. Die Vertragsfreiheit gewährt Privatrechtssubjekten untereinander das Vehikel eines Vertrages zur privatautonomen Rechtsetzung. Sie ist grundsätzlich in Art. 2 Abs. 1 GG als Ausprägung der Privatautonomie zu verorten, wobei sie auch in anderen grundrechtlichen Gewährleistungen enthalten ist[1754]. Eine nähere Erörterung dieser weiteren grundrechtlichen Verortungen soll hier unterbleiben, da ansonsten der Rahmen der Arbeit gesprengt werden würde. Festzuhalten bleibt aber, dass die Vertragsfreiheit ein durch Grundrechte gewährleistetes Rechtsin-

1746 BVerfGE 103, 89 (100) – Unterhaltsverzicht; BVerfG NJW 2005, 2363 (2365); 2376 (2377 ff.) – Lebensversicherung; BVerfG (K) NJW 2006, 596 (598) – Künstlervertrag; *Murswiek*, in: Sachs, Art. 2 R. 55a.

1747 *Paulus/Zenker*, JuS 2001, 1 (2).

1748 *Bizer*, in: Schulzki-Haddouti (Hrsg.), Bürgerrechte im Netz, 21 (21).

1749 *Höfling*, Vertragsfreiheit, S. 20 ff.

1750 *Hillgruber*, in: Umbach/Clemens (Hrsg.), Art. 2 I, Rn. 98 (Hervorhebung im Originaltext).

1751 *Schweighofer*, in: Benedek/Pekari (Hrsg.), Menschenrechte in der Informationsgesellschaft, 257 (271), spricht von „e-Privatautonomie".

1752 Weitere Erscheinungsformen sind die Vereinigungsfreiheit, die Testierfreiheit und die Freiheit des Eigentums: Vgl. Palandt/*Heinrichs/Ellenberger*, Überbl. § 104 Rn. 1; zur systematischen Einordnung in die Rechtsordnung und der Rolle der Rechtssubjekte: *Achterberg*, Die Rechtsordnung als Rechtsverhältnisordnung, S. 40 ff.

1753 BVerfGE 8, 274 (328); 12, 341 (347); 65, 196 (210); 70, 115 (123); 74, 129 (151 f.); 88, 384 (403); 89, 48 (61); 89, 214 (231); 103, 197 (215); 114, 1 (34); 115, 51 (52 f.); *Di Fabio*, in: Maunz/Dürig, Art. 2 Abs. 1 Rn. 101 ff.; *Hillgruber*, in: Umbach/Clemens, Art. 2 I Rn. 94 ff.; *Murswiek*, in: Sachs, Art. 2 R. 55a ff.; *Stern*, Staatsrecht IV/1, S. 901 ff; *Berg*, Die Verwaltung 21 (1988), 319 (323).

1754 Hierzu näher: *Höfling*, Vertragsfreiheit, S. 9 ff.

stitut zur privatautonomen Gestaltung von Rechtsbeziehungen im Gleichordnungsverhältnis ist[1755]. Damit schützt die Vertragsfreiheit nicht bloß ein tatsächliches Handeln, sondern eine rechtliche Verpflichtungsfähigkeit[1756]. Durch diese grundrechtliche Garantie wird ein Bestand an privatrechtlichen Kompetenznormen, die zur Wahrnehmung der Vertragsfreiheit unerlässlich sind, gesichert[1757], was der Gesetzgeber bei der Ausgestaltung der Privatrechtsordnung berücksichtigen muss. Jedenfalls ist hier die Vertragsfreiheit als eine wesentliche grundrechtliche Gewährleistung für die Rechtsbeziehungen der Akteure im transaktionsbezogenen E-Government einschlägig. Im transaktionsbezogenen E-Government schließt der Nutzer nach der gegenwärtigen Konzeption in einer Vielzahl von Fällen einen Vertrag mit seinem De-Mail-Diensteanbieter. Die Verwaltung wird sich, soweit sie sich nicht für eine interne sog. Gateway-Lösung über einen internen Dienstleister entscheidet, auch einen De-Mail-Diensteanbieter suchen, mit dem sie einen Vertrag schließt[1758].

b) Privatautonome Entscheidung über das „Ob" der Nutzung von transaktionsbezogenem E-Government

Die Entscheidung über das „Ob" der Nutzung von transaktionsbezogenem E-Government ist immer eine freiwillige Entscheidung des Nutzers, die damit in den grundrechtlichen Gewährleistungsbereich der Privatautonomie fällt, egal ob die Nutzung über einen Diensteanbieter oder mit der Verwaltung direkt abgewickelt wird. Die einfachgesetzlichen Regelungen des De-Mail-Gesetzes[1759] und des EGovG sind so ausgestaltet, dass sie vom Leitbild der freiwilligen, auf einer privatautonomen Entscheidung beruhenden Nutzung ausgehen. Konsequenz dieses Leitbildes ist, dass den Nutzer bei der Frage des „Ob" bereits auch die mit der Selbstbestimmung korrespondierende Eigenverantwortlichkeit trifft. Der Nutzer muss die Konsequenzen, die sich für ihn aus der Entscheidung für den digitalen Kommunikationskanal ergeben, selber tragen.

c) Selbstverantwortung des Nutzers als Konsequenz der Privatautonomie beim „Wie" der Nutzung

Die Gewährleistung der Privatautonomie und die den Nutzer treffende Verantwortlichkeit spielen in gleichem Maße beim „Wie" der Nutzung von transaktionsbezogenem E-Government eine Rolle. Der Nutzer schließt einen Vertrag mit einem Diensteanbieter und wird in diesem Kontext dann beispielsweise mit gesetzlich zwingenden Regelungen und ggf. den AGB des Diensteanbieters konfrontiert. Den Nutzer treffen

---

1755 *Höfling*, Vertragsfreiheit, 1991, S. 28.

1756 *Leisner*, Grundrechte und Privatrecht, S. 327 f.

1757 *Alexy*, Theorie der Grundrechte, S. 442 ff.; *Steinbeiß-Winkelmann*, Grundrechtliche Freiheit und staatliche Freiheitsordnung, 1986, S. 116 f., 119 f.; *Schmidt-Salzer*, NJW 1970, 8 (14); *Höfling*, Vertragsfreiheit, S. 28.

1758 Hierbei kann es sich auch um sog. Multi-Channel-Service-Verträge handeln, die auch das ersetzende Scannen und eine Zustellung über den papierschriftlichen Kanal ermöglichen: Vgl. www.mentana-claimsoft.de.

1759 *Spindler*, CR 2011, 309 (317).

also u. a. auch rechtliche Pflichten und Haftungsrisiken[1760]. Bei der Frage des „Wie" der Nutzung ist also ebenfalls die Selbstverantwortung des Nutzers beispielsweise im Hinblick auf die Frage der Datensicherheit und den Umgang mit Identitätsdaten von großer Bedeutung.

d) Abwägung des Nutzers

Wie bei anderen Entscheidungen über die Nutzung von elektronischen Diensten auch ist daher bei der Frage der Nutzung von transaktionsbezogenen E-Government-Anwendungen konkret eine Abwägungsentscheidung des Nutzers notwendig. Er muss überlegen, welchen individuellen Nutzen ihm das jeweilige Angebot bringt, wie einfach die Handhabung für ihn ist und welche Gefahren ggf. für ihn damit im Hinblick auf die Datenhoheit und Datensicherheit verbunden sein können. Diese Abwägungsentscheidung ist Teil seiner Selbstbestimmung und damit Ausübung von Freiheit[1761]. Sie setzt somit aber auch Selbstverantwortungsfähigkeit und Selbstverantwortungsbereitschaft voraus. Beim „Wie" der Nutzung muss sich der Nutzer die Frage stellen, welche Schutzmöglichkeiten er selbst einbezieht und welchen Aufwand diese für ihn konkret bedeuten. So überlässt beispielsweise das De-Mail-Gesetz die Entscheidung der Nutzung einer Ende-zu-Ende-Verschlüsselung dem Vertragsverhältnis zwischen Nutzer und De-Mail-Diensteanbieter und ordnet diese nicht gesetzlich zwingend an[1762]. Er muss sich einem Regime aus allgemeinen Geschäftsbedingungen des Diensteanbieters unterwerfen, die seine eigene Selbstbestimmung einschränken und Pflichten statuieren können[1763]. Dies verdeutlicht, dass beim „Ob" und beim „Wie" der Nutzung von transaktionsbezogenem E-Government der Nutzer, der Idee der Selbstbestimmung folgend, komplexe und weitreichende Abwägungsentscheidungen treffen muss, die diesem grundsätzlich zugetraut werden[1764]. Dies impliziert eine grundsätzliche „Waffengleichheit" von Diensteanbieter und Nutzer sowie Gestaltungsfreiheit innerhalb der Vertragsfreiheit. Diese Prämisse erscheint für sich genommen idealtypisch und angesichts der oben dargestellten Nutzergruppen und deren unterschiedlicher digitaler Verantwortungsbereitschaft[1765] nicht in jeder Hinsicht lebensnah.

e) Beschränkung der Vertragsfreiheit oder bloße Ausgestaltung?

Insoweit stellt sich die Frage, ob diese durch die Vertragsfreiheit gewährte Gestaltungsfreiheit auch Grenzen finden kann oder ob es ohnehin Sache des Gesetzgebers ist, einen normgeprägten Schutzbereich auszugestalten. Damit verbunden ist der Aspekt, ob die aus der Selbstbestimmung folgende Selbstverantwortung, die im Rahmen

1760 *Spindler*, CR 2011, 309 (318).
1761 *Worms/Gusy*, DuD 2012, 92 (97).
1762 Dazu später unten unter Teil 4, C., 9 c).
1763 Vgl. hierzu bereits die Nachweise bei *Höfling*, Vertragsfreiheit, S. 2.
1764 *Worms/Gusy*, DuD 2012, 92 (97).
1765 Teilweise wird auch von digitaler Souveränität gesprochen: Studie Zukunftspfade digitales Deutschland 2020, S. 34.

der Vertragsfreiheit gilt, dadurch auch Grenzen findet. Da es sich bei der Vertragsfreiheit um eine grundrechtliche Gewährleistung handelt, die für beide Vertragspartner gilt, stellt sich bei einer möglichen Einschränkbarkeit die Frage nach einer verfassungsrechtlichen Rechtfertigung.

Bei der grundrechtlichen Gewährleistung der Vertragsfreiheit handelt es sich um einen normgeprägten Schutzbereich[1766]. Geschützt ist nicht wie bei anderen Grundrechten ein tatsächliches Verhalten, sondern eine rechtliche Verpflichtungsfähigkeit[1767]. Es scheint zunächst paradox zu sein, dass diese grundrechtlich gewährleistete Freiheit aus Gründen der Grundrechtsverwirklichung wieder eingeschränkt werden soll[1768]. Die Konturen erhält diese erst durch einfachgesetzliche Ausgestaltung. In der Literatur gibt es daher Auffassungen, dass die Beschränkung der Vertragsfreiheit nicht durch nachträgliche Grenzziehung entstehe, sondern von einer von vornherein begrenzten Zulassung auszugehen sei[1769]. Bei der Organisation der Verwirklichung dieser grundrechtlichen Gewährleistung bestehe ein atypischer Sachverhalt, sodass auch die Vertragsfreiheit atypische Bedeutung erlange[1770]. Bei den sog. Institutsgarantien ist ein Einsatz des traditionellen Eingriffs- und Schrankendenkens zumindest schwierig[1771].

Weitere Stimmen in der Literatur konstatieren, dass die Ausgestaltung und die Beschränkung der Vertragsfreiheit eng beieinander liegen[1772]. Relevanz kann die Unterscheidung zwischen bloßer Ausgestaltung und Einschränkung bei der Geltung des verfassungsrechtlichen Übermaßverbotes erlangen.

aa) Rechtsprechung des BVerfG

Das BVerfG geht in einer frühen Entscheidung grundsätzlich davon aus, dass die Vertragsfreiheit dort gesetzlich eingeschränkt werden kann, wo es aus gesamtwirtschaftlichen und sozialen Gründen zum Nutzen des allgemeinen Wohls geboten ist[1773]. Diese Formel ist sehr allgemein und weitreichend und setzt nicht bei den unterschiedlichen Machtverhältnissen der Vertragspartner an[1774]. In einer weiteren wegweisenden Entscheidung hat das BVerfG aus Art. 12 GG einen Schutzauftrag der Verfassung zur Begrenzung der Vertragsfreiheit abgeleitet, wenn einer der Vertragspartner ein so starkes Übergewicht hat, dass dieser vertragliche Regelungen faktisch einseitig bestimmen kann[1775]. Mit diesem Ansatz werden die faktisch bestehenden

1766 *Volle*, Datenschutz als Drittwirkungsproblem, S. 185.
1767 *Höfling*, Vertragsfreiheit, S. 3.
1768 *Ramm*, JZ 1988, 489 (489).
1769 *Schmidt-Salzer*, NJW 1970, 8 (14).
1770 *Schmidt-Salzer*, NJW 1970, 8 (15).
1771 Vgl. die Kritik bei *Häberle*, Die Wesensgehaltsgarantie des Art. 19 Abs. 2 Grundgesetz, S. 180 ff., insbesondere S. 185.
1772 *Canaris*, JZ 1988, 494 (496).
1773 BVerfGE 8, 274 (329);
1774 Kritisch insoweit: *Höfling*, Vertragsfreiheit, S. 41.
1775 Sog. Handelsvertreter-Urteil vom 7. Februar 1990: BVerfGE 81, 242 (256) = JZ 1990, 691; *Tettinger*, DVBl. 1999, 679 (683); *Singer*, JZ 1995, 1133 (1136 f.); auch in Art. 12 GG entfaltet die Vertragsfreiheit Wirkungen.

Machtkonstellationen der Vertragspartner und damit die Seite der tatsächlichen Voraussetzungen der Selbstbestimmung in den Blick genommen. Diese Herangehensweise ist in weiteren Entscheidungen des BVerfG zum Ausdruck gekommen. Danach sieht das BVerfG auch die Zivilgerichte in der verfassungsrechtlichen Pflicht, darauf zu achten, dass Verträge nicht als Mittel der Fremdbestimmung eingesetzt werden[1776]. Durch diese Rechtsprechung wird deutlich, dass es auf die Ausgangslage der Verwirklichungsbedingungen für Selbstbestimmung ankommt und das Vehikel des Vertrages durchaus störungsanfällig sein kann, wenn die Voraussetzungen freier Selbstbestimmung faktisch nicht gegeben sind.

bb) Konstellationen von Machtungleichgewichten als Anknüpfungspunkt

Anknüpfungspunkt für eine Beschränkung der Vertragsfreiheit sind Machtungleichgewichte der Vertragspartner, bei denen die Fähigkeit eines Vertragspartners zu selbstbestimmtem und eigenverantwortlichem Handeln nicht gegeben ist. Das reale Vertragsgeschehen entspricht nicht dem Idealbild, dass sich zwei gleich starke Partner gegenüberstehen, sondern es gibt hier wirtschaftliche oder soziale Zwänge vielfältiger Art und die Freiheit zur Selbstbestimmung wird erheblich eingeschränkt[1777]. In der Regel ist es ein Unternehmen, welches einer Privatperson gegenübersteht. In diesen Konstellationen „gestörter Vertragsparität“[1778] muss die faktische Macht des übermächtigen Vertragspartners eingeschränkt werden. Andererseits bestünde die Gefahr, dass sich für einen Vertragsteil die Selbstbestimmung in Fremdbestimmung umkehrt[1779]. Die üblicherweise als Einbruchstelle für die Grundrechte im Privatrecht genutzten Generalklauseln der §§ 138, 242 und 315 BGB reichen nach einer Auffassung als Korrektiv nicht aus[1780].

(1) Typisierbare Ungleichgewichtslagen

Ungleichgewichtslagen sind also etwas Faktisches, was es rechtlich einzufangen gilt. Dementsprechend lässt sich nicht unmittelbar aus der Verfassung entnehmen, wann diese so schwer wiegen, dass die Vertragsfreiheit durch zwingendes Gesetzesrecht begrenzt oder ergänzt werden muss[1781]. Die typische Gefahrenlage, die von Privaten

---

1776 BVerfGE 89, 214 (229 ff.); BVerfG NJW 1994, 411 (412).

1777 *Singer,* JZ 1995, 1133 (1137); zur Frage von Ungleichgewichtslagen unter dem Gesichtspunkt der Privatautonomie und der datenschutzrechtlichen Einwilligung: *Kamp/Rost,* DuD 2013, 80 (82).

1778 *Di Fabio,* in: Maunz/Dürig, Art. 2 Rn. 107; vgl. auch *Weichert,* DuD 2013, 246 (246) m. w. N., wonach in solchen Machtkonstellationen das datenschutzrechtliche Verbot mit Erlaubnisvorbehalt logische Konsequenz sei.

1779 BVerfGE 89, 214 (232); BVerfG, Urt. v. 6.2.2001, NJW 2001, 957 (958); *Di Fabio,* in: Maunz/Dürig, Art. 2 Rn. 107.

1780 *Wiedemann,* JZ 1990, 691 (697); kritisch zur Terminologie in diesem Zusammenhang: *Schwabe,* DVBl. 1990, 474 (479).

1781 BVerfG JZ 1990, 474 (475).

ausgeht, ergibt sich aus einer Asymmetrie der Kräfteverhältnisse[1782]. Die Merkmale, an denen erforderliche Schutzvorschriften ansetzen können, lassen sich nur typisierend erfassen, wobei dem Gesetzgeber hier ein besonders weiter Gestaltungs- und Beurteilungsspielraum zur Verfügung steht[1783]. Dieser Anknüpfungspunkt soll Schwächen des formalen Freiheitsbegriffes der Privatautonomie korrigieren[1784]. Eine solche typische Ungleichgewichtslage liegt auch im Verhältnis zwischen E-Government-Nutzer und De-Mail-Diensteanbieter vor, da der Anbieter wesentliche Teile der notwendigen technischen Basisinfrastruktur beherrscht und wirtschaftlich ganz anders aufgestellt ist als ein Privatnutzer.

(2) Nicht typisierbare Ungleichgewichtslagen

In Konstellationen außerhalb typisierbarer Ungleichgewichtslagen soll ein strengerer Maßstab für die Beschränkung der Privatautonomie im Wege des Eingreifens staatlicher Schutzpflichten gelten[1785]. In diesen Fällen sollen aber die schwächeren Vertragspartner nicht völlig schutzlos gestellt werden. In diesem Bereich soll nach zivilgerichtlicher Rechtsprechung lediglich die Einhaltung von Minimalstandards geboten sein[1786].

(3) Kritik am Anknüpfungspunkt der gestörten Vertragsparität

Der Ansatzpunkt der gestörten Vertragsparität wird in der Literatur teilweise heftig kritisiert[1787]. Diese sei schwer festzustellen und nicht justiziabel[1788]. In der tatbestandsmäßigen Erfassung von typischer Schutzbedürftigkeit liege immer auch eine Abgrenzung, die für ähnliche Bereiche durch Analogie überwunden werden könnte, ansonsten aber den Gegenschluss nahelege[1789]. Ins Uferlose führe das Merkmal der Paritätstheorie, dass der Vertrag „das Ergebnis strukturell ungleicher Verhandlungsstärke"[1790] sein müsse, wodurch Vertragsverhandlungen an Größen gemessen würden, die kaum feststellbar seien und daher keinen brauchbaren Maßstab hergeben würden[1791]. Wertungen in einzelnen Spezialgebieten des Vertragsrechts lassen sich auch nicht verallgemeinern[1792].

1782 *Grimm*, JZ 2013, 585 (587).
1783 BVerfG JZ 1990, 474 (475).
1784 *Singer*, JZ 1995, 1133 (1139).
1785 *Singer*, JZ 1995, 1133 (1139).
1786 *Singer*, JZ 1995, 1133 (1139) m. w. N.
1787 Hierzu *Adomeit*, NJW 1994, 2467 (2467 ff.): Dieser ist der Ansicht, dass es sich bei der Figur der gestörten Vertragsparität um ein „Trugbild" handelt.
1788 *Wiedemann*, JZ 1990, 691 (697).
1789 *Adomeit*, NJW 1994, 2467 (2468).
1790 Dieses Merkmal findet sich in BVerfG NJW 1994, 36.
1791 *Adomeit*, NJW 1994, 2467 (2468).
1792 *Wiedemann*, JZ 1990, 691 (697).

(4) Stellungnahme

Legt man zugrunde, dass die freie Selbstbestimmung und Selbstverantwortung Wirksamkeitsvoraussetzung für echte Vertragsfreiheit ist, so muss der Fokus auf diesen faktischen Voraussetzungen liegen. Eine gesetzgeberische typisierende Bewertung der wirtschaftlichen Stärke und der Verhandlungsstärke scheint hier als Anknüpfungspunkt daher entgegen der vorstehend genannten Kritik als adäquat. Das Argument, dass in der tatbestandsmäßigen Erfassung der Schutzbedürftigkeit eine Abgrenzung liege, die außerhalb von Ungleichgewichtslagen zu keinem Schutzbedarf führe[1793], kann mit Analogie überwunden werden. Die Paritätstheorie ist ein geeignetes Mittel, den verfassungsrechtlichen Anforderungen zu genügen. Die Fragen können hier in grundrechtssystematischer Hinsicht nicht weiter vertieft werden, da ansonsten der Rahmen der Arbeit gesprengt werden würde. Maßgeblich ist jedenfalls, dass es verfassungsrechtlich zulässig ist, dass der Gesetzgeber auch zwingendes Vertragsrecht schaffen kann. Terminologisch soll in dieser Arbeit daher, wie es das BVerfG auch tut, von einer Beschränkung ausgegangen werden.

cc) Privatautonomie und Vertragsfreiheit als Gegenstand einer staatlichen Schutzpflicht

Die Privatautonomie erlangt neben Konstellationen der klassischen abwehrrechtlichen Dimension daher auch als Gegenstand einer staatlichen Schutzpflicht bei gestörter Vertragsparität Bedeutung[1794]. Durch die grundrechtliche Gewährleistung von freier Selbstbestimmung des Einzelnen zur Regelung seiner Rechtsbeziehungen kann den Staat – sowohl als Gesetzgeber als auch als Rechtsanwender des einfachen Gesetzesrechts – die Pflicht treffen, zu verhindern, dass es zwischen Vertragspartnern zu einer Fremdbestimmung des „Stärkeren“ über den „Schwächeren“ kommt[1795]. Bei Fremdbestimmung sind Selbstbestimmung und Selbstverantwortung, welche Kern der grundrechtlichen Gewährleistung sind, nicht möglich. In diesen Konstellationen kommt es daher maßgeblich darauf an, dass eine Basis für Selbstbestimmung und Selbstverantwortung des Einzelnen geschaffen wird.

(1) Eingriffe in die Privatautonomie und Vertragsfreiheit

Grundrechtsdogmatisch ist eine Differenzierung zwischen einschränkender und nicht einschränkender Rechtsetzung durch den Gesetzgeber erforderlich, da nur so den verfassungsrechtlichen Anforderungen genügt werden kann[1796]. Die Ausgestaltung der Privatrechtsordnung durch den Gesetzgeber stellt, grundrechtsdogmatisch betrachtet, jedenfalls bei Konstellationen gestörter Vertragsparität Eingriffe in die grundrechtlich garantierte Privatautonomie des Stärkeren zugunsten des Schwäche-

---

1793 *Adomeit*, NJW 1994, 2467 (2468).
1794 *Di Fabio*, in: Maunz/Dürig, Art. 2 I, Rn. 107.
1795 *Di Fabio*, in: Maunz/Dürig, Art. 2 I, Rn. 107(Hervorhebung im Original).
1796 *Höfling*, Vertragsfreiheit, S. 36.

ren dar, die der Erreichung eines verfassungsrechtlich zulässigen Gemeinwohlzwecks dienen und den Grundsatz der Verhältnismäßigkeit wahren müssen, um verfassungsrechtlich gerechtfertigt zu sein[1797]. Der Gesetzgeber muss also im Rahmen seines Tätigwerdens bei Eingriffen die Wirkungskraft der verfassungsrechtlich geschützten Privatautonomie angemessen berücksichtigen.[1798] Die rechtsgeschäftliche Privatautonomie soll kein Selbstzweck sein, sondern nur Mittel zum Zweck und ihre Einschränkung durch die Freiheitsrechte die Freiheit bewahren[1799].

Dies bedeutet, bezogen auf die Tätigkeit des Gesetzgebers im Bereich des transaktionsbezogenen E-Governments, dass der Gesetzgeber auch die Grundrechtspositionen der Diensteanbieter aus Art. 12 GG berücksichtigen muss.

(2) Kollision von Grundrechtspositionen

In dieser Konstellation besteht eine Kollision von Grundrechtspositionen Privater, welche durch die herrschende weite Auslegung des Art. 2 Abs. 1 GG verstärkt wird[1800]. Wenn der Gesetzgeber seiner Schutzpflicht zugunsten des schwachen Vertragspartners nachkommt, schränkt er Grundrechte des stärkeren Vertragspartners ein. Es besteht also ein deutlicher Drittbezug bei der Umsetzung von Schutzpflichten[1801]. Der Staat ist hier mehr Schiedsrichter in der Position des neutralen Dritten als selbst ein potenziell freiheitsbedrohender Akteur[1802]. Jedenfalls können hier nicht beide Grundrechtspositionen in maximalem Ausmaß verwirklicht werden. Es ist in jedem Fall ein angemessenes Verhältnis zwischen Freiheitsschutz und Freiheitsbeschränkung zu finden[1803].

(3) Praktische Konkordanz

Der Gesetzgeber muss bei derartigen Kollisionslagen den schonendsten Ausgleich im Wege der praktischen Konkordanz finden, wenn er seiner Schutzpflicht nachkommt[1804]. Im Zweifel muss dann durch verfassungsgerichtliche Überprüfung festgestellt werden, wie der schonendste Ausgleich zu finden ist.

1797 *Hillgruber*, in: Umbach/Clemens (Hrsg.), Art. 2 I Rn. 99.
1798 BVerfGE 65, 196 (215); 73, 261 (271 ff.); 81, 242 (255).
1799 *Ramm*, JZ 1988, 489 (490).
1800 *Di Fabio*, in: Maunz/Dürig, Art. 2 I Rn. 109.
1801 *Siekmann/Duttge*, Staatsrecht I, Rn. 988.
1802 *Di Fabio*, in: Maunz/Dürig, Art. 2 I Rn. 109.
1803 *Wiedemann*, JZ 1990, 691 (697).
1804 *Singer*, JZ 1995, 1133 (1135 f.); kritisch hierzu *Starck*, in: v. Mangoldt/Klein/Ders., Art. 1 Abs. 3 Rn. 280..

dd) Schutz des Nutzers vor sich selbst?

Im Kontext der Beschränkung der Privatautonomie stellt sich die Frage, ob der staatliche Schutz so weit reichen darf, dass er auch gegen den Willen des Grundrechtsträgers gerichtet sein kann. Grundrechtlicher Schutz „gegen sich selbst" bedarf der Rechtfertigung und er trägt grundsätzlich das Risiko staatlicher Bevormundung in sich[1805].

Es gibt Auffassungen, die einer liberalen Grundrechtstheorie folgen und Grundrechtsschutz gegen sich selbst gänzlich ablehnen[1806]. Die Privatautonomie begründe Eigenverantwortung für die Selbstbeschränkung der Freiheit, welche die vertragliche Bindung bewirke[1807]. Als zentrale Schwäche dieser liberalen Grundrechtstheorie wird kritisiert, dass diese gegenüber den sozialen Voraussetzungen freiheitlichen Handelns „blind" sei[1808]. Gerade diese Voraussetzungen sind aber nicht bei allen Privatrechtssubjekten in gleicher Weise vorhanden. In diesem Sinne wird daher auch argumentiert, dass der liberale Glaube an die Vernunftfähigkeit des Menschen und die daraus resultierende Entscheidungsfreiheit Erschütterungen erfahren habe und dass man diese nicht verabsolutieren dürfe[1809]. Wenn Selbstverantwortung als Bestandteil der Freiheit über alles andere hinweg, abgekoppelt von der Frage nach der Selbstverantwortungsfähigkeit, überhöht wird, ist dies Ausdruck eines einseitigen Grundrechtsverständnisses. Ein Fokus auf die Möglichkeit des Grundrechtsträgers, Selbstverantwortung zu tragen, soll einer staatlichen Bevormundung nicht das Wort reden. Es soll lediglich den Blick auf die vielfach relevanten Realbedingungen richten, die Selbstbestimmung und Selbstverantwortung erst ermöglichen. Was bedeutet das nun für den Gebrauch von Informationstechnologie durch einen Nutzer? Eine Form absoluter Selbstverantwortung des E-Government-Nutzers, wie es eine liberale Grundrechtstheorie nahelegen würde, erscheint wenig zielführend. Die Lebenswirklichkeit ist komplexer, als es eine solche Theorie annimmt, und es bestehen Zweifel an einer absolut zu setzenden Selbstverantwortungsfähigkeit des Nutzers. In der Diskussion um den Schutz eines Menschen „gegen sich selbst" haben Entscheidungen zur Gurt- und Helmpflicht Bedeutung erlangt[1810]. Die Rechtsprechung des BVerfG hält hier eine Bußgeldbewehrung eines eigenverantwortlichen potenziell selbstschädigenden Verhaltens für zulässig, da allein Appelle an das Verantwortungsbewusstsein und bloße zivilrechtliche Folgen nicht ausgereicht haben, um die Einhaltung dieser Pflichten zu erreichen[1811]. Weiter wird darauf abgestellt, dass der eigenverantwortlich Handelnde keinesfalls nur sich selbst schadet und dass der Straßenverkehr ein Bereich sei, der für die Allgemeinheit wichtig sei, für die der Staat eine besondere Verantwortung ha-

1805 *Singer,* JZ 1995, 1133 (1135).

1806 *Hillgruber,* Der Schutz des Menschen vor sich selbst, S. 153 ff.

1807 *Hillgruber,* Der Schutz des Menschen vor sich selbst, S. 153.

1808 *Singer,* JZ 1995, 1133 (1140) mit Verweis auf *Böckenförde,* NJW 1974, 1529 (1531); *Schlink,* EuGRZ 1984, 457 (465); *Jeand'Heur,* JZ 1995, 161 (161 f.) m. w. N. (Hervorhebung im Original).

1809 *Singer,* JZ 1995, 1133 (1140).

1810 Vgl. BVerfGE 59, 275 ff.; *Murswiek,* in: Sachs, Art. 2 Rn. 109.

1811 BVerfGE 59, 275 (278).

be[1812]. Parallelen ergeben sich beim Umgang eines Nutzers mit Informationstechnologie im Hinblick auf den Aspekt der Datensicherheit. So können z. B. Botnetze[1813], Viren oder Trojaner nicht nur die individuelle Infrastruktur des Nutzers, sondern auch Dritte schädigen. Insoweit handelt es sich bei der Informationstechnologie und dem Internet um einen für die Allgemeinheit wichtigen „Raum", bei dem das eigenverantwortliche Handeln Einzelner Dritte schädigen kann. Zweifel bestehen hierbei auch an einer uneingeschränkten Selbstverantwortungsfähigkeit des Nutzers, da für diesen Gefahrenlagen in ihrer Wirkung nicht abschätzbar sind. Ob der Vergleich zwischen Straßenverkehr und Informationstechnologie gänzlich trägt, darauf wird später zurückzukommen sein. Festzuhalten bleibt hier, dass es grundsätzlich Konstellationen gibt, in denen an der tatsächlichen Entscheidungsfreiheit und damit auch an der Selbstverantwortungsfähigkeit Zweifel bestehen. In diesen Konstellationen ermöglicht die objektiv-rechtliche Dimension der Grundrechte, hier im Speziellen die aus Art. 2 Abs. 1 GG abgeleitete Privatautonomie in Form der Vertragsfreiheit, einen Schutz des Nutzers „vor sich selbst"[1814].

ee) Grenzen der Selbstverantwortung des Nutzers?

Da aus der Privatautonomie auch die Selbstverantwortung eines Menschen abgeleitet wird und es, wie vorstehend erörtert, partiell einen Schutz „vor sich selbst" geben kann, stellt sich die Frage, ob in Konstellationen gestörter Vertragsparität im Rahmen des gesetzgeberischen Tätigwerdens das Maß an zumutbarer Selbstverantwortung für den schwächeren Vertragspartner nur zurückgefahren wird oder ob ihm diese gewissermaßen „wiedergegeben" wird. In diesem Kontext besteht nämlich die Gefahr, dass eine Reduzierung von Selbstverantwortung in staatliche Bevormundung ausarten kann. Grundsätzlich ist die Selbstverantwortung schon als Aspekt im Leitbild der Menschenwürdegarantie angelegt[1815]. Damit hat diese einen hohen verfassungsrechtlichen Stellenwert. Ein Eingreifen wird daher auf Konstellationen beschränkt, in denen Zweifel an der tatsächlichen Entscheidungsfreiheit und Selbstverantwortungsfähigkeit bestehen[1816]. Privatautonomer Selbstschutz und Selbstverantwortungsfähigkeit sind grundsätzlich zumutbar, wenn die Funktionsvoraussetzungen der Privatautonomie zu funktionieren scheinen[1817]. Das freiheitliche Selbstbestimmungskonzept ist aber durchaus störanfällig und es besteht eine „latente Fragilität der Begriffe Freiheit und Selbstverantwortung", die Schutzbedürfnisse hervorruft[1818]. Es sind Konstellationen denkbar, wo die emanzipatorische Kraft der Vertragsfreiheit sich nicht mehr zu entfalten vermag[1819]. In diesen Konstellationen wird dem zu Schützenden im Rah-

1812 BVerfGE 59, 275 (278).
1813 Zu den Auswirkungen von Botnetzen: *Roos/Schumacher*, MMR 2014, 377 (377 ff.).
1814 So auch *Singer*, JZ 1995, 1133 (1141).
1815 Vgl. hierzu oben unter: Teil 4, A. I., 3.
1816 *Singer*, JZ 1995, 1133 (1139).
1817 *Singer*, JZ 1995, 1133 (1137).
1818 *Singer*, JZ 1995, 1133 (1139/1140).
1819 *Höfling*, Vertragsfreiheit, S. 2, am Beispiel des Siegeszuges von AGB, denen sich ein Vertragspartner „unterwirft" (Hervorhebung im Original).

men der Umsetzung staatlicher Schutzpflichten geholfen. In der Regel geschieht dies durch die Schaffung zwingenden Vertragsrechts und einer gesetzgeberischen Entscheidung, welche Verantwortungsbeiträge welchen Vertragsteil treffen. Insoweit muss der Gesetzgeber auch ein Verantwortungskonzept entwerfen. Dabei wird dem schwächeren Teil der eigene Verantwortungsbeitrag nicht gänzlich genommen, sondern im Wege zwingenden Vertragsrechts wird ihm die grundsätzliche Selbstverantwortungsfähigkeit „wiedergegeben" und gleichzeitig deren Reichweite bestimmt. Damit gibt es grundsätzlich Grenzen der Selbstverantwortung eines Vertragspartners, jedoch keine völlige Aufhebung der Selbstverantwortung.

2. Subjektstellung des Nutzers und korrespondierende Eigenverantwortung

Die Subjektstellung einer natürlichen Person und die damit korrespondierende Eigenverantwortung sind also im verfassungsrechtlichen Leitbild angelegt. Der Grundsatz der Selbstbestimmung ist ein zentrales Paradigma der Rechtsordnung, welchem in unterschiedlichen Zusammenhängen Rechnung getragen wird[1820]. „Das Restriktionskriterium des möglichen und zumutbaren Selbstschutzes ist Ausdruck des allgemeinen Rechtsgedankens, dass es keine Freiheit ohne korrespondierende Verantwortlichkeit gibt"[1821]. In Konstellationen gestörter Vertragsparität ist davon auszugehen, dass durch gesetzgeberisches Tätigwerden die Gefahr der Fremdbestimmung minimiert wird und daher dem Nutzer Selbst- bzw. Eigenverantwortung zuzumuten ist. Dies gilt bei der Frage des „Ob" der Nutzung von transaktionsbezogenem E-Government genauso wie bei der Frage des „Wie", also im Verhältnis zum Diensteanbieter, mit dem er eine vertragliche Vereinbarung getroffen hat.

3. Der Nutzer als Vertragspartner und im Verwaltungsverfahren bzw. Verwaltungsrechtsverhältnis

Der Nutzer von transaktionsbezogenem E-Government wird sich in der Regel bei einem De-Mail-Diensteanbieter anmelden, um mit der Verwaltung zu kommunizieren. Damit bedient er sich des Vehikels einer vertraglichen Vereinbarung für die De-Mail-Dienste. Gleichzeitig ist er Beteiligter in einem Verwaltungsverfahren oder zumindest in einem Verwaltungsrechtsverhältnis [1822]. Insoweit bestehen hier unterschiedliche Ebenen von Rechtsverhältnissen, die sich gewissermaßen überlagern und für alle beteiligten Akteure Anknüpfungspunkte für Verantwortlichkeiten bieten können. Fraglich ist, wie die Verantwortlichkeit des Nutzers im Verhältnis zur Verwaltung zu qualifizieren ist. Es können sich Konstellationen ergeben, in denen der Nutzer im transaktionsbezogenen E-Government direkt mit der Verwaltung in Kontakt tritt, beispielsweise über ein Portal. Darüber hinaus gibt es Konstellationen, in denen der Nutzer rund um eine Dienstleis-

1820 *Kutscha*, in: Kutscha/Thomé, Grundrechtsschutz im Internet, S. 44.

1821 *Hoffmann-Riem*, AöR 123 (1998), 514 (532).

1822 Vgl. § 13 VwVfG zum Verwaltungsverfahren; als Anknüpfungspunkt für rechtliche Verantwortlichkeit dürfte das Verwaltungsrechtsverhältnis ungeeignet sein: So auch *Schliesky*, NVwZ 2003, 1322 (1325).

tung der Verwaltung unterschiedliche Diensteanbieter in Anspruch nimmt, mit denen er vertragliche Verbindungen eingeht.

4. Zwischenergebnis

Aus der Menschenwürdegarantie lässt sich das Prinzip der Selbstbestimmung und Selbstverantwortung als übergeordnetes Prinzip grundrechtlicher Freiheit ableiten. Dieser Grundsatz hat für die gesamte Rechtsordnung Bedeutung und schlägt in unterschiedlicher Weise durch. Das bedeutet für einen Nutzer im digitalen Kontext, dass ihm grundsätzlich ein Maß an rechtlicher Verantwortung bei Kommunikationsvorgängen zukommt[1823]. Im Rahmen der Nutzung von transaktionsbezogenen E-Government-Anwendungen wird sich der Nutzer in der Mehrzahl der Fälle vertraglich an einen Diensteanbieter binden. Daher ist auch die Vertragsfreiheit als Grundrechtsgewährleistung relevant, in der das Prinzip der Selbstbestimmung und Selbstverantwortung enthalten ist. Der Nutzer hat eine eigene Rechtsetzungsmacht, die er gegenüber dem Diensteanbieter, mit dem er einen Vertrag schließt, einsetzt. Es konnte jedoch gezeigt werden, dass bereits das Prinzip der Selbstbestimmung in Form der Vertragsfreiheit in der Rechtsordnung immer wieder Störungen und Gefährdungen ausgesetzt ist. Dies fordert den Gesetzgeber und auch die Rechtsprechung zum Handeln auf. Für die Frage des Maßes der Eigenverantwortung des Nutzers bedeutet dies, dass jedenfalls auch eine Abhängigkeit dazu besteht, wie wirksam der Nutzer seine Vertragsfreiheit gestalten kann.

Durch diese privatautonome Rechtsgestaltung ist also im Grundsatz die Selbstverantwortung des Nutzers aktiviert. Verantwortlichkeit trifft den Nutzer damit sowohl auf der instrumentellen Ebene des Vertragsabschlusses als auch bei dessen Durchführung. Die Selbstverantwortung des Nutzers ist also stets sowohl auf der Ebene des „Ob" der Nutzung[1824] als auch auf der des „Wie", also im Rahmen der positiven und negativen Vertragsfreiheit, ein wichtiger Aspekt. Grundsätzlich trifft den Nutzer eine Selbstverantwortung im digitalen Raum im Verhältnis zu den Akteuren Verwaltung und privater Diensteanbieter[1825]. Hiervon sind auch Aspekte des Datenschutzes und der Datensicherheit umfasst. Auch Initiativen zur Förderung von E-Government gehen vom Leitbild eines mündigen, zu Selbstverantwortung fähigen Nutzers aus, der mit Medienkompetenz ausgestattet ist[1826].

Bei Vorliegen von typisierbaren Ungleichgewichtslagen von Vertragspartnern spricht ein überwiegendes Interesse dafür, zwingendes Vertragsrecht zu schaffen, um damit die Privatautonomie einzuschränken und die strukturelle Unterlegenheit eines

1823 *Hoeren/Jakopp*, ZRP 2014, 72 (73), sprechen im Kontext der WLAN-Haftung von einer Ausstrahlungswirkung des Grundgesetzes, welche zur Einbeziehung der Grundsätze des Vertrauens und der Eigenverantwortlichkeit verpflichte.

1824 So auch *Schliesky*, in: Knack/Henneke (Hrsg.), § 3a VwVfG, Rn. 19; *Schulz S. E./Brackmann*, NdsVBl. 2014, 303 (307) mit Verweis auf die Gesetzesbegründung des EGovG.

1825 *Singer*, JZ 1985, 209 (209), mit dem Hinweis, dass an einer Verantwortung des handelnden Bürgers kein Zweifel besteht, er also nicht verantwortungslos gestellt werden kann.

1826 Vgl. Nationale E-Government-Strategie, S. 8.: Im Zielbereich A wird als Ziel 1 die Verbesserung der Medienkompetenz der Nutzer genannt.

Vertragspartners aufzulösen. Grundsätzlich kann daher im Rahmen elektronischer Kommunikation nicht allein auf das Prinzip der Selbstbestimmung und Selbstverantwortung vertraut werden.

Im Folgenden soll herausgearbeitet werden, welches Maß an Selbstverantwortung dem Nutzer im transaktionsbezogenen E-Government zukommen kann und wo staatliche Schutzpflichten für die informationelle Selbstbestimmung eingreifen, die diese Verantwortung ggf. modifizieren.

B. Staatliche Schutzpflichten für die informationelle Selbstbestimmung des Nutzers im transaktionsbezogenen E-Government

Das soeben gefundene Ergebnis und die tatsächliche Ausgangslage vor Augen, soll hier nun die Möglichkeit des Eingreifens staatlicher Schutzpflichten zum Schutz der informationellen Selbstbestimmung des Nutzers näher beleuchtet werden. Da im Allgemeinen das Bestehen staatlicher Schutzpflichten[1827] durchaus umstritten ist, ist es geboten, dies vorab zu diskutieren, um danach zu einer Bewertung der Schutzpflichten des Staates für die informationelle Selbstbestimmung zu kommen.

I. Einleitung

Nach dem Ergebnis in Teil 1 gibt es für die digitale Kommunikation privater Nutzer vielfältige Gefährdungen und Bedrohungslagen. Die klassische E-Mail als Kommunikationsmittel ist nicht sicher, sondern höchst anfällig. Es finden massenhaft Identitätstäuschungen im Internet statt, die massiven Schaden anrichten können[1828]. Unter dem Gesichtspunkt rechtlicher Verantwortung stellen sich hier verschiedene Fragen. Muss der Staat dafür sorgen, dass es geeignete Kommunikationsinfrastrukturen gibt? Muss er diese Infrastrukturen lediglich gesetzlich regeln? Muss er ggf. auch faktisch etwas tun, indem er Impulse für die Errichtung dieser Infrastrukturen setzt? Welche Verantwortung trifft den Staat?

Wenn das Bestehen dieser Schutzpflichten bejaht wird, stellt sich die Frage, wie weit diese reichen. Was muss der Staat dem Nutzer konkret zur Verfügung stellen. An welcher Stelle fängt die aus der Menschenwürde folgende Selbstverantwortung des privaten Nutzers an? An welcher Stelle muss der Selbstschutz des Nutzers ansetzen? Muss der Staat den Nutzer zu effektivem Selbstschutz befähigen? Besteht die Gefahr, dass eine gestiegene staatliche Verantwortung den Bürger durch Befreiung von etwaigen Sorgfaltspflichten verantwortungsloser macht[1829]?

1827 Verwendet werden in der Diskussion sowohl der Begriff staatliche Schutzpflicht, der auf den Adressaten Abstellt, als auch der Begriff grundrechtliche Schutzpflicht, der das Objekt und den Rechtsgrund des Schutzes meint, vgl. *Isensee*, in: ders./Kirchhof, Handbuch des Staatsrechts, Band IX, 3. Aufl. 2011, § 191, Rn. 3; *Schliesky u.a.*, Schutzpflichten und Drittwirkung im Internet, S. 47 f.

1828 Vgl. dazu oben unter: Teil 2, C, III, 1 b), cc).

1829 Vgl. auch *Pietzcker*, JZ 1985, 209 (210).

Nicht zuletzt ist bei der Umsetzung staatlicher Schutzpflichten im Bereich elektronischer Kommunikation zu fragen, ob hier Regelungs- und Vollstreckungslücken bestehen, die Defizite bei der Umsetzung der Schutzpflicht durch den Staat gegenüber seinen Bürgern bedeuten[1830]

II. Die Rechtsprechung des BVerfG zu Schutzpflichten

1. Anwendungsfälle staatlicher Schutzpflichten

Bereits in Teil 1 konnte dargestellt werden, dass dem Grundrecht auf informationelle Selbstbestimmung, dem IT-Grundrecht und dem Fernmeldegeheimnis neben einer subjektiv-abwehrrechtlichen auch eine objektiv-rechtliche Wirkung zukommt. Damit ist die Schutzpflichtdimension der Grundrechte angesprochen. Die Herleitung grundrechtlicher Schutzpflichten, ihr Gegenstand und ihre Reichweite sind im Einzelnen noch nicht abschließend von Literatur und Rechtsprechung geklärt[1831], sodass es hier zwingend geboten ist, die wesentlichen Linien darzustellen. Grundrechtliche Schutzpflichten sind Pflichten des Staates, grundrechtsbewehrte Rechtsgüter seiner Bürger zu schützen[1832]. In dieser Wirkungsdimension der Grundrechte stellt sich die Frage, ob diese einschlägig sind und den Gesetzgeber zum Handeln zwingen und sich gleichzeitig auch an die Exekutive richten, welche die Schutzgesetze zu vollziehen hat[1833], und der Judikative als Kontrollnormen dienen[1834]. Das BVerfG hat in seiner Rechtsprechung grundrechtliche Schutzpflichten anerkannt, die es gebieten, rechtliche Regelungen so auszugestalten, dass auch die Gefahr von Grundrechtsverletzungen eingedämmt bleibt[1835] und dieses wird daher auch als Motor für die Genese und Entwicklung dieser Grundrechtsfunktion gesehen[1836]. Das Eingreifen dieses verfassungsrechtlichen Gebotes hängt von der Art, der Nähe und dem Ausmaß möglicher Gefahren, der Art und dem Rang des verfassungsrechtlich geschützten Rechtsgutes sowie von den schon vorhandenen Regelungen ab[1837]. Die Rechtsprechung des BVerfG sieht das Eingreifen staatlicher Schutzpflichten in mehreren Zusammenhängen als notwendig an[1838]. Neben den Konstellationen, wo menschliches Leben und menschliche Gesundheit bedroht sind, wo staatliche Einrichtungen nach außen wichtige gesellschaftliche Funktionen erfüllen, gesellschaftliche Einrichtungen aus eigener

1830 *Schweighofer*, in: Benedek/Pekari (Hrsg.), Menschenrechte in der Informationsgesellschaft, 257 (269); ein Plädoyer für eine Anpassung der Grundrechte in einer digitalen Zivilisation: *Saeltzer*, DuD 2015, 103 (103 ff.).

1831 *Pagenkopf*, in: Sachs, Art. 10 GG, Rn. 21 mit Verweis auf *Dietlein*, Die Lehre von den grundrechtlichen Schutzpflichten, S. 77 ff.; vgl. auch *Brüning/Helios*, JURA 2001, 155 (156) m. w. N.

1832 *Unruh*, Zur Dogmatik der grundrechtlichen Schutzpflichten, S. 20.

1833 *Unruh*, Zur Dogmatik der grundrechtlichen Schutzpflichten, S. 20.

1834 *Dietlein*, Die Lehre von den grundrechtlichen Schutzpflichten, S. 72.

1835 BVerfGE 49, 89 (142) – Kalkar: Hier wurde eine Schutzpflicht aufgrund der technischen Entwicklung der Atomenergie angenommen.

1836 *Unruh*, Zur Dogmatik der grundrechtlichen Schutzpflichten, S. 18.

1837 BVerfGE 49, 89 (142).

1838 *Pieroth/Schlink*, Grundrechte, Rn. 94.

Kraft nicht mehr bestehen können, wo privatrechtliche Konflikte ungleich sind und eine Seite Schutz bedarf, sieht das BVerfG auch die Fallgestaltungen, in denen die technische Entwicklung mit neuen Produkten und Prozessen neue Gefahren schafft, die ebenso außer Kontrolle geraten können wie die Entwicklung selbst, als Anwendungsfall staatlicher Schutzpflichten[1839]. Wenn in diesen Konstellationen technischer Entwicklungen die Gefährlichkeit derselben eine Rolle spielt, die Technologie aber unverzichtbar ist, führt dies dazu, dass bei der Nutzung dieser Technik gewisse Restrisiken in Kauf genommen werden müssen, die unterhalb einer sachverständig festzustellenden Gefahrenschwelle liegen[1840]. Die dogmatische Herleitung der staatlichen Schutzpflichten durch das BVerfG erfolgt nicht einheitlich, sondern stützt sich auf die objektiv-rechtliche Funktion der Grundrechte und die Menschenwürde als zwei vermeintlich divergierende Begründungsmuster[1841].

2. Untermaßverbot

Das BVerfG hat bei der Begründung staatlicher Schutzpflichten das sog. Untermaßverbot als Rechtsfigur bemüht, wonach Schutzvorkehrungen, die der Gesetzgeber in Erfüllung seiner grundrechtlichen Leistungspflicht treffe, für einen angemessenen und wirksamen Schutz ausreichend sein müssten und zudem auf sorgfältigen Tatsachenermittlungen und vertretbaren Einschätzungen beruhen müssten, damit dieses nicht verletzt sei[1842]. Diese Figur löste die in der Rechtsprechung des BVerfG lange praktizierte Evidenzkontrolle ab, wonach Defizite in der Umsetzung verfassungsrechtlicher Gesetzgebungsaufträge dann als justiziabel und gerichtlicher Sanktion zugänglich galten, wenn diese Aufträge „evident" verletzt wurden[1843]. Das Untermaßverbot wurde, bevor das BVerfG dieses verwendete, bereits in der Literatur entwickelt. Nach *Canaris* etwa hingen die Postulate des Untermaßverbotes wesentlich von der Art des betroffenen Rechtsgutes und den Möglichkeiten privatautonomen Selbstschutzes ab, sodass es keine generelle Aussage geben könne, wann das Untermaßverbot eingreife[1844]. Auf diese Verknüpfung mit der Frage des privatautonomen Rechtsschutzes wird zurückzukommen sein. Ein Gebot, zu handeln, ergibt sich aus dem Untermaßverbot erst dann, wenn dieses verletzt ist[1845]. Das BVerfG führt hierzu aus, dass eine Schutzpflicht dann verletzt ist, wenn „die öffentliche Gewalt Schutzvorkehrungen überhaupt nicht getroffen hat oder die getroffenen Maßnahmen gänzlich ungeeignet oder völlig unzulänglich sind, das gebotene Schutzziel zu erreichen, oder erheblich dahinter zurückbleiben[1846]. Verglichen mit dem in der abwehrrechtlichen Wirkungsdimension der Grundrechte wichtigen Prinzip des Übermaßverbotes und

1839 *Pieroth/Schlink*, Grundrechte, Rn. 94.
1840 BVerfGE 56, 54 (80 ff.); *Pieroth/Schlink*, Grundrechte, Rn. 94.
1841 *Unruh*, Zur Dogmatik der grundrechtlichen Schutzpflichten, S. 31.
1842 BVerfGE 88, 203 (254 ff.), *Dietlein*, ZG 1995, 131 (132).
1843 *Dietlein*, ZG 1995, 131 (132) (Hervorhebung im Original).
1844 *Canaris*, AcP Bd. 184 (1984), 201 (228); *ders.*, Grundrechte und Privatrecht.
1845 *Schliesky u. a.*, Schutzpflichten und Drittwirkung im Internet, S. 51.
1846 BVerfGE 88, 203 (263).

der Verhältnismäßigkeitsprüfung, ist das Untermaßverbot damit weniger stark umrissen[1847] und damit auch schwerer handhabbar. Mit anderen Worten bedeutet dies, dass es klarer ist, was der Staat in der abwehrrechtlichen Dimension der Grundrechte nicht darf, als das, was er im Rahmen der objektiv-rechtlichen Wirkungsdimension tun soll.

3. Wertordnungsrechtsprechung

In der Rechtsprechung des BVerfG ist auch ein weiterer Anknüpfungspunkt für die Anerkennung einer Schutzpflichtfunktion der Grundrechte erkennbar. Die Grundrechte sind Teil einer Wertordnung, die grundlegende Werte verkörpert, die einer Rechtsordnung vorausliegen[1848]. Relativ früh hat das BVerfG dies im sog. Lüth-Urteil[1849] zum Ausdruck gebracht. Das BVerfG hat damit in seiner weiteren Rechtsprechung die Grundrechte objektiv-rechtlich nicht nur auf die Auslegung und Anwendung des einfachen Rechts, sondern auch auf dessen Gestaltung bezogen[1850]. In dieser Rechtsprechung kommt eine objektive Funktion der Grundrechte zum Tragen, die als Grundlage für die Schutzpflichtdimension der Grundrechte gesehen werden kann. Die ständige Rechtsprechung des BVerfG betont stets, dass diese Wertordnungsfunktion dem Grundgesetz immanent sei und sie unmittelbar in der mittelbaren Drittwirkung der Grundrechte zum Ausdruck komme[1851]. Der Staat ist somit aus dieser grundlegenden Wertordnung auch Träger von zusätzlicher Verantwortung gegenüber dem Bürger, die über die abwehrrechtliche Funktion der Grundrechte hinausgeht[1852]. Die Wertordnung bildet einen übergeordneten verfassungsrechtlichen Maßstab und einen Gewährleistungsanspruch für alle Teile der Rechtsordnung und der staatlichen Handlungsträger[1853].

III. Dogmatische Herleitung in der Literatur

In der Literatur finden sich unterschiedliche Begründungsansätze für staatliche Schutzpflichten. Im Kontext von Problemen des Umweltschutzes und den Gefahren der modernen Technik hat sich ein Begründungsansatz entwickelt, der als „abwehrrechtliche" Lösung bezeichnet wird[1854]. Nach dieser Ansicht sei die Annahme von staatlichen Schutzpflichten und damit auch von korrespondierenden Schutzrechten des Einzelnen weitgehend überflüssig und irreführend[1855]. Zur Begründung wird her-

1847 *Voßkuhle/Kaiser*, JuS 2011, 411 (412).
1848 BVerfGE 1, 14 (32); 6, 32 (41); 49, 24 (56).
1849 BVerfGE 7, 198.
1850 *Pieroth/Schlink*, Staatsrecht II, Rn. 99.
1851 *Schliesky u. a.*, Schutzpflichten und Drittwirkung im Internet, S. 38.
1852 *Pieroth/Schlink*, Staatsrecht II, Rn. 99.
1853 *Heckmann/Seidl/Maisch*, Sicherheitsniveau bei der elektronischen Kommunikation, S. 35.
1854 *Unruh*, Zur Dogmatik der grundrechtlichen Schutzpflichten, S. 44 m. w. N. (Hervorhebung im Original).
1855 *Schwabe*, Probleme der Grundrechtsdogmatik, S. 213 ff. mit verdeutlichenden Beispielen.

vorgebracht, dass der Staat Eingriffe in Rechte erlaube und damit Duldungspflichten fordere, wenn er Privaten den Eingriff in die Rechte anderer Privater nicht verbiete[1856]. Durch Untätigbleiben beteilige sich der Staat an dem Verletzungsvorgang und der Eingriff werde dadurch zu einem solchen der Abwehr zwar privat bewirkter, aber letztlich doch staatlicher Eingriffe, wodurch die abwehrrechtliche Wirkungsdimension der Grundrechte einschlägig sei und für das Eingreifen von Schutzpflichten kaum Raum bleibe[1857]. Die in dieser Ansicht zum Ausdruck kommende Zurechnung privater Eingriffe zum Staat ist kritisch zu sehen. Diese gedanklich vorgenommene „Verantwortungsverschiebung" wirkt künstlich und lebensfremd. Staatliche Mitverantwortung für Grundrechtsbeeinträchtigungen Privater würde den ohnehin großen staatlichen Verantwortungsbereich unübersichtlich ausweiten. Die bloße Tatsache, dass Handlungen nicht verboten und damit erlaubt sind, kann logisch keine Beteiligung des Staates am Vollzug dieser Handlung oder eine Verantwortung des Staates für den Vollzug rechtfertigen[1858]. Plausibel kann eine Verantwortung des Staates in Konstellationen von Handlungen Privater untereinander nur darin bestehen, dass er bestimmte Eingriffe Dritter in grundrechtliche Schutzgüter unterbindet[1859]. Diese abwehrrechtliche Lösung ist auch deswegen abzulehnen, weil sie mit dem allgemeinen Nichtschädigungsgebot, wonach Duldungspflichten gegenüber von Privaten verursachten Rechtsgutsverletzungen nicht existieren oder allenfalls Ausnahmefälle sein können, nicht vereinbar ist[1860].

Grundrechtliche Schutzpflichten bestehen im Interesse des Einzelnen und es ist ihr Zweck, die freie Entfaltung des Individuums sicherzustellen[1861]. Im Rahmen einer grundrechtsfunktionalen Begründung einer Schutzpflicht ist anerkannt, dass nicht nur Schutzpflichten bestehen, die sich aus dem Gesetzeswortlaut entnehmen lassen, sondern dass diese auch aus dem Wirkungszusammenhang der Grundrechte interpretiert werden können[1862]. Allerdings ist eine alleinige Herleitung der Schutzpflichtdimension der Grundrechte aus dem Begriff „unantastbar" in Art. 1 Abs. 1 Satz 1 sowie „unverletzbar" wie z. B. in Art. 10 GG in weiteren Grundrechten[1863] zu weit. Aus dem bloßen Wortlaut der Grundrechte ist ohne die Hinzunahme von weiteren Auslegungsinstrumenten eine Schutzpflichtdimension nicht ohne Weiteres herzuleiten[1864].

Eine weitere Ansicht zur Herleitung grundrechtlicher Schutzpflichten nennt als Anknüpfungspunkt den Art. 1 Abs. 2 Satz 2 GG, wo das GG ausdrücklich von „schützen" spreche und der Schutzauftrag der einzelnen Grundrechte auf den „Würdeschutz

1856 *Schwabe,* Probleme der Grundrechtsdogmatik, S. 216.
1857 *Schwabe,* Probleme der Grundrechtsdogmatik, S. 217.
1858 *Alexy,* Theorie der Grundrechte, S. 417.
1859 *Alexy,* Theorie der Grundrechte, S. 417.
1860 *Dietlein,* Die Lehre von den grundrechtlichen Schutzpflichten, S. 46 f.
1861 *Alexy,* Theorie der Grundrechte, S. 414 f.; *Klein,* NJW 1989, 1633 (1637).
1862 *Dolderer,* Objektive Grundrechtsgehalte, S. 182 f.
1863 *Bleckmann,* DVBl 1988, 938 (941 f.) (Hervorhebungen vom Verfasser).
1864 *Unruh,* Die Lehre von den grundrechtlichen Schutzpflichten, S. 42 m. w. N.

i. e. S." beschränkt sei und insofern der Würdekern der Grundrechte betrachtet werden müsse[1865].

Grundrechte entfalten insbesondere auch bei internetspezifischen Sachverhalten durch ihre objektiv-rechtliche Funktion in Form einer Schutzpflicht des Staates oder der mittelbaren Drittwirkung eine Schutzwirkung, die allerdings nicht das Schutzniveau der abwehrrechtlichen Wirkungsdimension erreicht[1866].

IV. Stellungnahme

Die dargestellten Literaturansichten zur Herleitung grundrechtlicher Schutzpflichten können die Herangehensweise des BVerfG nicht infrage stellen. Die Dogmatik staatlicher Schutzpflichten kann grundsätzlich als flexibel genug angesehen werden, technische Entwicklungen grundrechtsverträglich zu gestalten. Grundrechtliche Schutzpflichten sind der Ausgangspunkt staatlicher Verantwortung. So gilt dies auch für die Entwicklung der digitalen Kommunikation allgemein und die des transaktionsgebundenen E-Governments im Besonderen. Im Rahmen der digitalen Kommunikation ist der Staat sowohl dritter Akteur als auch selbst direkt handelnder Akteur, sodass die staatlichen Gewährleistungs- und Schutzaufgaben ein differenziertes System von Verantwortungsteilung notwendig machen. Was dies konkret bedeutet, ist weiter zu untersuchen.

V. Inhalt staatlicher Schutzpflichten

Es ist allgemein festzustellen, dass die Justiziabilität von Rechten aus der abwehrrechtlichen Wirkungsdimension der Grundrechte unproblematischer ist als diejenige der Schutzpflichtdimension[1867]. Die Umsetzung von Schutzpflichten soll Grundrechtsgefährdungen verhindern, steht ihrerseits aber wiederum in der Gefahr, andere Grundrechte einzuschränken[1868]. Daher ist das Maß an staatlicher Intervention in jedem Bereich, in dem sich das Spannungsverhältnis zwischen dem Sicherheitsbedürfnis des einen und dem Freiheitsbedürfnis des anderen auftut, sorgfältig abzuwägen[1869]. Nach der Rechtsprechung des BVerfG muss der Gesetzgeber eine Abschätzung der Gefährlichkeit eines technischen Verfahrens vornehmen und ist dabei im Wesentlichen auf Schlüsse aus der Beobachtung vergangener tatsächlicher Geschehnisse, auf die relative Häufigkeit des Eintritts und den Verlauf gleichartiger Geschehnisse in der Zukunft

1865 *Starck*, Grundrechtliche Schutzpflichten (1993), in: ders., Praxis der Verfassungsauslegungen, S. 71; (Hervorhebungen im Original).

1866 *Schliesky u. a.*, Schutzpflichten und Drittwirkung im Internet, S. 119.

1867 *Alexy*, Theorie der Grundrechte, 2. Aufl. 1994, S. 420.

1868 Die Diensteanbieter mit Datenmacht können sich ihrerseits wieder auf Grundrechte berufen: *Greve*, K&R 2013, 87 (88).

1869 *Schliesky u. a.*, Schutzpflichten und Drittwirkung im Internet, S. 114.

angewiesen[1870]. Sollten solche Erfahrungswerte fehlen, so ist er auf simulierte Verläufe beschränkt[1871]. Der Schutz des Staates kann durch Strafrechtsnormen, durch Normen des Deliktsrechts, durch Normen des Verfahrensrechts, durch Verwaltungsakte und durch faktisches Handeln umgesetzt werden[1872]. Eine Umsetzung der staatlichen Schutzpflicht ohne eine sorgfältige Analyse der Realbedingungen ist damit nicht möglich. Jedenfalls können staatliche Reaktionsmöglichkeiten rechtlicher und tatsächlicher Natur sein[1873].

Schutzpflichten haben Prinzipiencharakter und fordern einen möglichst weitgehenden Schutz, bezogen auf die tatsächlichen und rechtlichen Möglichkeiten, sodass sie auch eventuell mit anderen Prinzipien kollidieren können[1874]. Schutzpflichten bestehen nach der Rechtsprechung des BVerfG grundsätzlich nicht nur gegenüber dem Einzelnen, sondern auch gegenüber der Gesamtheit aller Bürger[1875]. Dieser in der Schleyer-Entscheidung[1876] des BVerfG verdeutlichte Doppelcharakter zwingt den Gesetzgeber bzw. den Staat zu teilweise schwierigen Abwägungsprozessen[1877]. Beispielsweise erlegt der Grundsatz der Privatautonomie dem Gesetzgeber für das Verhältnis der Privatrechtssubjekte zueinander eine sehr weitgehende Neutralitätspflicht auf[1878]. Diese hat Verfassungsrang und darf nur in Konstellationen gestörter Vertragsparität eingeschränkt werden[1879]. Im Rahmen der digitalen Entwicklung muss der Staat sich im Wege seiner Schutzpflicht dem durch gesellschaftliche Entwicklungen vorangetriebenen Innovationsdruck stellen und diese Entwicklungen stetig auf ihre Verfassungsverträglichkeit überprüfen und gegebenenfalls anpassen[1880]. Die Erfüllung staatlicher Schutzpflichten hat in jedem Fall auch eine fiskalische Komponente. Die Erfüllung von Schutzpflichten durch den Staat ist mit finanziellem Aufwand verbunden, der ins Verhältnis zur Effektivität einer Maßnahme gesetzt werden muss[1881]. Handelt es sich um tatsächliche Maßnahmen des Staates im Rahmen von Förderpflichten, so ist der finanzielle Aufwand direkt messbar. Bei Erfüllung des Schutzauftrages durch Gesetzgebung entsteht für die Regelungen ein Vollzugsaufwand. Auch insoweit lässt sich sagen, dass sich die Schutzpflichtfunktion der Grundrechte beweisen muss[1882]. Bei der Um-

1870 BVerfGE 49, 89 (142 f.).
1871 BVerfGE 49, 89 (142 f.).
1872 *Alexy*, Theorie der Grundrechte, 2. Aufl. 1994, S. 410.
1873 *Hoffmann/Schulz S. E./Borchers*, MMR 2014, 89 (91).
1874 *Alexy*, Theorie der Grundrechte, 2. Aufl. 1994, S. 422.
1875 BVerfGE 46, 160 (165); Schleyer-Urteil; *Klein*, NJW 1989, 1633 (1634).
1876 BVerfGE 46, 160 (165).
1877 Zur Rolle von verschiedenen Verfassungsprinzipien bei Abwägungsprozessen: *Sieckmann*, in: Ders., Die Prinzipientheorie der Grundrechte, 17 (31); vgl. auch *Mayer*, Untermaß, Übermaß und Wesensgehaltsgarantie, S. 29 f.
1878 *Volle*, Datenschutz als Drittwirkungsproblem, S. 52 m. w. N.
1879 Vgl. hierzu bereits oben.
1880 *Kleine-Voßbeck*, Electronic Mail und Verfassungsrecht, S. 3 f.; *Roßnagel u. a.*, Digitalisierung der Grundrechte, S. 5 ff.; *Bösing*, Authentifizierung und Autorisierung im elektronischen Rechtsverkehr, S. 52.
1881 *Placzek*, Allgemeines Persönlichkeitsrecht und privatrechtlicher Informations- und Datenschutz, S. 131.
1882 *Placzek*, Allgemeines Persönlichkeitsrecht und privatrechtlicher Informations- und Datenschutz, S. 122 ff., 155 ff. mit Verweis auf *Isensee*, HBdStR V, § 111, Rn. 18.

setzung der Schutzpflicht in gesetzgeberischer Hinsicht ist darauf hinzuweisen, dass dies auch zu einem Anwachsen des Normenbestandes führen kann, der beispielsweise im Datenschutzrecht bewirken kann, dass die einschlägigen Vorschriften unübersichtlich werden[1883].

VI. Differenzierung von Schutzpflichten und Förderpflichten

Im Kontext der objektiv-rechtlichen Dimension der Grundrechte kann bei einem notwendigen Tätigwerden des Staates terminologisch zwischen Schutzpflichten und Förderpflichten differenziert werden. Wenn und soweit der Bürger auf Leistungen öffentlicher Träger angewiesen ist, um von seinen Grundrechten Gebrauch zu machen, sind Förderungspflichten aus diesen Grundrechten einschlägig[1884]. Während Förderpflichten also auf die Gewährung staatlicher Leistungen im Schutz- und Anwendungsbereich des jeweiligen Grundrechts ausgerichtet sind, folgen Schutzpflichten einem abstrakten Pflichtenprogramm[1885]. Bei Förderpflichten kann es sich um Leistungen in tatsächlicher, rechtlicher und unter Umständen auch finanzieller Hinsicht handeln[1886]. Jedenfalls berühren und ergänzen sich Schutzpflichten und Förderpflichten zum Teil gegenseitig[1887]. Im Kontext von Sachverhalten digitaler Kommunikation sind sowohl Schutzhandlungen des Staates, die einem abstrakten Pflichtenprogramm folgen, als auch solche, die Leistungen in tatsächlicher Hinsicht erfordern, notwendig, sodass hier beide Begriffe eine Rolle spielen.

VII. Tatbestand und Rechtsfolge einer Schutzpflicht

1. Tatbestand einer Schutzpflicht

Grundrechtliche Schutzpflichten lassen sich in Tatbestand und Rechtsfolge gliedern. Der Tatbestand, welcher die Schutzpflicht auslöst, ist der rechtswidrige Eingriff eines Privatrechtssubjekts in das grundrechtliche Schutzgut eines anderen Privatrechtssubjekts[1888]. Ausgangspunkt und damit tatbestandliches Element bei der Betrachtung muss daher das jeweils einschlägige Grundrecht sein, wobei dies ausnahmslos für alle Grundrechte gilt und sich eine Beschränkung auf bestimmte Grundrechte oder gar nur den Menschenwürdekern[1889] eines Grundrechts verbietet[1890]. Maßgeblich ist,

---

1883 Kritisch hierzu: *Petersen*, Grenzen des Verrechtlichungsgebotes im Datenschutz, S. 153 ff.; *Duttge*, Der Staat 1997, 281 (283) m. w. N.
1884 *Kopp*, NJW 1994, 1753 (1753 ff.).
1885 *Heckmann*, in: Käfer-FS, 129 (143).
1886 *Kopp*, NJW 1994, 1753 (1756).
1887 *Kopp*, NJW 1994, 1753 (1755).
1888 *Volle*, Datenschutz als Drittwirkungsproblem, S. 50.
1889 *Starck*, Grundrechtliche Schutzpflichten (1993), in: ders., Praxis der Verfassungsauslegung, S. 71.
1890 So auch *Cremer*, Freiheitsgrundrechte, S. 266; *Unruh*, Zur Dogmatik der grundrechtlichen Schutzpflichten, S. 75 .

dass die entsprechende grundrechtliche Freiheitsgewährleistung einer Schutzdimension wesensmäßig zugänglich ist[1891]. Ein weiteres tatbestandliches Element ist die Gefahrenquelle, wobei hier nur nicht staatliches Handeln in Betracht kommen kann[1892]. Es muss sich also um die Handlung eines Privaten handeln. Probleme können da entstehen, wo es sich um Gefahren handelt, die von ausländischen öffentlichen oder privaten Gewalten, von Umsetzungen staatlicher Genehmigungen oder Steuerungsmaßnahmen durch inländische Private oder von natürlichen Gefahren ausgehen, die keinen personalen Eingriffsbezug haben[1893]. Die Grenzziehung kann insbesondere auch durch die unterschiedlichen Erscheinungsformen staatlicher Beteiligung an privatem Handeln erschwert werden[1894]. Gerade im Kontext des transaktionsbezogenen E-Governments im Besonderen und im digitalen Raum im Allgemeinen gewinnen solche Konstellationen mit unterschiedlich gearteter staatlicher Beteiligung oder der Beteiligung mehrerer Privater an Bedeutung. Es würde den Rahmen dieser Arbeit sprengen, diese genannten Konstellationen hier im Einzelnen weiter zu untersuchen. Im Ergebnis sind diese aber in die Schutzpflichtenlehre einzubeziehen[1895]. Ein entscheidendes tatbestandliches Element liegt in der Frage, wann ein Gefahrenniveau bzw. eine Gefahrenschwelle für das Schutzgut erreicht ist, das den Staat zum Handeln zwingt. In der Literatur gab es Ansätze, dieses mit dem polizeirechtlichen Gefahrbegriff zu konkretisieren[1896] oder diesen anzupassen[1897]. Dies begegnet aber methodologischen Bedenken, da die Situation einer staatlichen Schutzpflicht nicht mit einer polizeirechtlichen Gefahrenlage vergleichbar ist[1898]. Die Frage, ob der Gesetzgeber zum Handeln gezwungen ist, ist von der Frage, ob dieser die potenziellen Gefahren aufgrund der ihm obliegenden Schutzpflicht zu überwachen hat bzw. ob er diesen im Rahmen seiner Einschätzungsprärogative begegnen muss, zu differenzieren[1899]. Grundrechtliche Schutzpflichten sind Prinzipien[1900], die als Optimierungsgebote aufzufassen sind, woraus die Forderung nach dem größtmöglichen Schutz der entsprechenden grundrechtlichen Schutzgüter folgt[1901], welcher nur durch die Kriterien des tatsächlich und rechtlich Möglichen begrenzt werden kann und nicht durch eine Anleihe zur Tatbestandsverengung im Polizeirecht bestimmt werden kann[1902].

1891 BVerfGE 49, 89 (141); *Steinberg*, NJW 1996, 1985 (1987); *Heckmann/Seidl/Maisch*, Sicherheitsniveau bei der elektronischen Kommunikation, S. 35.

1892 *Isensee*, in: Isensee/Kirchhof (Hrsg.), HdBStR Bd. V, 194 ff.

1893 *Dietlein*, Die Lehre von den grundrechtlichen Schutzpflichten, S. 87 ff.; *Unruh*, Zur Dogmatik der grundrechtlichen Schutzpflichten, S. 76.

1894 *Dietlein*, Die Lehre von den grundrechtlichen Schutzpflichten, S. 88.

1895 So auch *Unruh*, Zur Dogmatik der grundrechtlichen Schutzpflichten, S. 76.

1896 *Murswiek*, Die staatliche Verantwortung, Fn. 95, S. 80; *Hermes*, Das Grundrecht auf Schutz von Leben und Gesundheit. Schutzpflicht und Schutzanspruch aus Art. 2 Absatz 2 Satz 1 GG, S. 236; *Kloepfer*, DVBl. 1988, 305 (311).

1897 *Stern*, Das Staatsrecht der Bundesrepublik Deutschland, Bd. III/1, S. 949.

1898 *Dietlein*, Die Lehre von den grundrechtlichen Schutzpflichten, S. 107 f.

1899 *Dietlein*, Die Lehre von den grundrechtlichen Schutzpflichten, S. 108.

1900 Zum Begriff der Prinzipien näher: *Sieckmann*, in: *Ders.*, Die Prinzipientheorie der Grundrechte, 17 (17 ff.).

1901 *Alexy*, Theorie der Grundrechte, S. 414; *Seewald*, Zum Verfassungsrecht auf Gesundheit, S. 216.

1902 *Unruh*, Zur Dogmatik der grundrechtlichen Schutzpflichten, S. 78.

Die Schutzpflichtenlehre ist insgesamt auf präventiven Schutz des grundrechtlichen Schutzgutes ausgelegt[1903]. Dies zeigt sich insbesondere auch am IT-Grundrecht, welches einer faktischen Grundrechtsverletzung vorbeugen soll, sodass es bereits genügen soll, dass die Gefahr einer Rechtsverletzung droht[1904]. Der Gesetzgeber als Adressat der Schutzpflicht muss also auch diese drohende Rechtsverletzung erkennen können. Eine Beschränkung der grundrechtlichen Schutzpflicht quasi auf das Spiegelbild der abwehrrechtlichen Grundrechtsdimension ist daher nicht zielführend und es bedarf eines umfassenden Blickes auf zukünftige Gefahren[1905]. Für den Bereich des transaktionsbezogenen E-Governments bedeutet dies, dass der Staat die Entwicklung der Kommunikationsinfrastrukturen mit Blick auf die potenziellen Gefährdungslagen grundsätzlich beobachten muss.

2. Rechtsfolge einer Schutzpflicht

Liegen die oben skizzierten tatbestandlichen Elemente einer Schutzpflicht vor, so stellt sich die Frage, welche Rechtsfolge sich hieraus ergibt. Grundsätzlich ist festzustellen, dass grundrechtliche Schutzpflichten im konkreten Fall durch eine Vielzahl verschiedener Maßnahmen erfüllt werden können[1906]. Grundrechtliche Schutzpflichten können für sich genommen niemals staatliche Eingriffsbefugnisse legitimieren, sondern sie bedürfen der Umsetzung in einem Gesetz[1907]. Eine Schwierigkeit ergibt sich bei der Schutzpflichtdimension der Grundrechte dadurch, dass im Gegensatz zur abwehrrechtlichen Dimension mehrere Möglichkeiten mit einem unterschiedlichen Grad an Pflichterfüllung zur Verfügung stehen[1908]. Zwar greift auf der Rechtsfolgenseite das dem grundrechtlichen Schutzgut entsprechende Optimierungsgebot[1909]. Dieses ist aber in der Umsetzung schwer operationalisierbar. Aus der Schutzpflichtdimension können u. U. auch subjektive Ansprüche hergeleitet werden[1910]. In vielen Bereichen, in denen eine grundrechtliche Schutzpflicht besteht, ist deren Umsetzung allein durch gesetzliche Vorgaben nicht ausreichend. Für den Bereich des transaktionsbezogenen E-Governments lässt sich sagen, dass der Staat hier auch tatsächliche Maßnahmen zur Umsetzung der Schutzpflicht vornehmen muss. Als Impulsgeber für transaktionsbezogenes E-Government muss dieser E-Government-Projekte aktiv initiieren und dieses dann in notwendigem Maße gesetzlich flankieren. Es kommt in diesem Zusammenhang auf ein staatliches Gesamtkonzept an, welches im Rahmen

---

1903 *Hoffmann*, Die Gewährleistung der Vertraulichkeit und Integrität elektronischer Daten- und Dokumentensafes, S. 173.

1904 BVerfGE 53, 30 (51).

1905 *Hoffmann*, Die Gewährleistung der Vertraulichkeit und Integrität elektronischer Daten- und Dokumentensafes, S. 173.

1906 *Wahl/Masing*, JZ 1990, 553 (558); *Placzek*, Allgemeines Persönlichkeitsrecht und privatrechtlicher Informations- und Datenschutz, S. 125; *Petersen*, Grenzen des Verrechtlichungsgebotes im Datenschutz, S. 158; *Unruh*, Zur Dogmatik der grundrechtlichen Schutzpflichten, S. 79.

1907 *Heckmann*, in: Käfer-FS, 129 (152 ff.).

1908 *Alexy*, Theorie der Grundrechte, S. 420.

1909 *Unruh*, Zur Dogmatik der grundrechtlichen Schutzpflichten, S. 75.

1910 *Heckmann*, in: Käfer-FS, 129 (149).

des bestehenden Ermessensspielraumes entstehen muss. Zu Recht ist aber im Zusammenhang mit der Entwicklung der digitalen Welt eine inhaltliche Weiterentwicklung der grundrechtlichen Schutzpflichten aufgrund der schwierigen Operationalisierbarkeit und Justiziabilität angemahnt worden[1911].

VIII. Adressat der Schutzpflicht

Der Adressat einer grundrechtlichen Schutzpflicht ist mit Blick auf Art. 1 Abs. 3 GG die grundrechtsgebundene Staatsgewalt in allen Erscheinungsformen[1912]. Das bedeutet, dass nicht nur der Gesetzgeber in Form des Parlaments, sondern auch die Exekutive bei all ihren Handlungen Adressatin der Schutzpflicht ist. Für das transaktionsbezogene E-Government bedeutet dies, dass der öffentlichen Verwaltung damit im Alltagsgeschäft eine permanente Schutzaufgabe und Verantwortung gegenüber dem Bürger, mit dem sie kommuniziert, übertragen ist, die sie in unterschiedlicher Form wie z. B. der datenschutzrechtlichen Vorabkontrolle bzw. nunmehr der Datenschutz-Folgenabschätzung bei E-Government-Anwendungen nachkommen kann. Im Zusammenhang mit der Sicherung staatlicher IT-Systeme vor Beeinträchtigungen durch Dritte zum Schutz der Bürger kann der Staat hier niemals selbst Grundrechtsträger sein, sondern es kann immer nur um die Rolle des Staates als Verpflichteten für die informationelle Selbstbestimmung des Bürgers gehen[1913].

Bei der Frage des Adressaten der Schutzpflicht besteht ein Konflikt im Hinblick auf das Demokratieprinzip. Wenn grundsätzlich alle drei Staatsgewalten Adressat einer Schutzpflicht sind, dann stellt sich die Frage, ob die von ihnen zu ergreifenden Maßnahmen mit dem Demokratieprinzip vereinbar sind. Im Zuge der Rechtsfolge einer Schutzpflicht wird kritisiert, dass im Rahmen des Optimierungsgebotes zu stark auf die Bedeutung der Effektivität von Schutzmaßnahmen abgestellt werde und weniger auf den Konflikt zwischen dem Demokratieprinzip und den Grundrechten im Rahmen der Schutzpflicht[1914]. Dieser Frage kann hier nicht näher nachgegangen werden, da ansonsten der Rahmen dieser Arbeit gesprengt werden würde. Maßgeblich ist, hier festzustellen, dass jedenfalls nicht nur der Gesetzgeber als Teil der staatlichen Gewalt eine Schutzaufgabe zu erfüllen hat, sondern gerade auch die Verwaltung selbst, die E-Government anbietet. Hier ist z. B. an Vorabkontrollen bzw. nunmehr Datenschutz-Folgenabschätzungen der E-Government-Anwendungen, Eintragungen ins Verzeichnis der Verarbeitungstätigkeiten, Schulung der betrauten Mitarbeiter, Integration der Schutzanforderungen in Verträge mit Drittanbietern und Regelungen zur Auftragsdatenverarbeitung zu denken.

1911 *Schliesky u. a.*, Schutzpflichten und Drittwirkung im Internet, S. 155 f.

1912 *Lindner*, Theorie der Grundrechtsdogmatik, 368 ff.; *Hermes*, NJW 1990, 1764 (1764 ff.).

1913 *Heckmann*, in: Käfer-FS, 129 (140).

1914 *Placzek*, Allgemeines Persönlichkeitsrecht und privatrechtlicher Informations- und Datenschutz, S. 131 mit Verweis auf *Alexy*, Theorie der Grundrechte, S. 407 f. und 410 ff.

IX. Kein allgemeiner Vorrang staatlicher Schutzpflichten

Die staatliche Schutzpflichtenlehre muss sich auch in die übrige Grundrechtsdogmatik einfügen. Es gibt keinen allgemeinen Vorrang staatlicher Schutzpflichten, der andere verfassungsrechtliche Prinzipien verdrängt[1915]. Wenn eine grundrechtliche Schutzpflicht als ein Optimierungsgebot begriffen wird, so bedeutet dies, dass sie relativ auf die rechtlichen und tatsächlichen Möglichkeiten in möglichst hohem Maße realisiert werden müssen[1916]. Das bedeutet, dass der Grundrechtsadressat, dem - wie oben gezeigt werden konnte - als Grundrechtsträger eine Selbstverantwortung zukommt, bei der Frage der Umsetzung einer Schutzpflicht mitzuberücksichtigen ist. Für den Bereich der digitalen Kommunikation ist daher zunächst festzuhalten, dass die grundrechtlichen Schutzpflichten als dynamische und final programmierte Optimierungsgebote greifen, gleichzeitig aber auch ein informationeller Selbstschutz des Nutzers in die Betrachtung einbezogen werden muss[1917].

X. Vorbehalt des Möglichen

Die Umsetzung staatlicher Schutzpflichten steht unter dem Vorbehalt des rechtlich und tatsächlich Möglichen[1918]. Insoweit gilt auch hier der Satz „impossibilium nulla est obligatio“[1919]. Dieser Grundsatz ist dem Gebot der effektiven Grundrechtsverwirklichung gegenüberzustellen[1920]. Zwischen diesen beiden Polen dürfte sich der richtige Punkt für die staatliche Intervention nach Maßgabe des Untermaßverbotes bewegen. Es gibt jedenfalls keinen absoluten Schutz gegen Gefährdungen Privater in der digitalen Welt[1921]. Insbesondere im Bereich der digitalen globalisierten Kommunikation, verbunden mit der Ubiquität der Datenverarbeitung, sind der Steuerungsfähigkeit des Nationalstaats Grenzen gesetzt[1922]. Der Vorbehalt des Möglichen greift insbesondere auch insoweit, als der Staat im Rahmen der Umsetzung seiner Schutzpflicht die individuelle Infrastruktur des Einzelnen nur so weit, wie es ihm möglich ist, schützt. Der Staat hat im Regelfall keine tatsächliche Einwirkungsmöglichkeit auf die individuelle Infrastruktur des Einzelnen, sondern diese liegt in der Sphäre des Nutzers, sodass dessen Selbstverantwortung adressiert ist. Zusammengefasst bedeutet dies, dass im Rahmen der Schutzpflichtdimension der kommunikationsbezogenen

1915 *Heckmann,* in: Käfer-FS, 129 (141).

1916 *Alexy,* Theorie der Grundrechte, S. 75 ff.; *Unruh,* Zur Dogmatik der grundrechtlichen Schutzpflichten, S. 88.

1917 *Heckmann,* in: Käfer-FS, 129 (142 u. 143).

1918 *Alexy,* Theorie der Grundrechte, S. 420 ff.; *Roßnagel,* ZRP 1997, 26 (30); BVerfGE 33, 303 (333).

1919 *Heckmann/Seidl/Maisch,* Sicherheitsniveau bei der elektronischen Kommunikation, S. 63 f.; *Heckmann,* in: Käfer-FS, 129 (141); *Schliesky u. a.,* Schutzpflichten und Drittwirkung im Internet, S. 180 mit weiteren Beispielen zur Unmöglichkeit.

1920 *Heckmann,* in: Käfer-FS, 129 (161).

1921 BVerfGE 49, 89 (143); 56, 54 (79 f.); *Petersen,* Grenzen des Verrechtlichungsgebotes im Datenschutz, S. 158.

1922 *Schliesky u. a.,* Schutzpflichten und Drittwirkung im Internet, S. 181.

Grundrechte kein vollumfänglicher Schutz erreicht werden kann. Auch unter diesem Aspekt ist die Rolle des Selbstschutzes des Nutzers und dessen Verantwortungsbeitrag zu sehen. Dies ist im Weiteren zu untersuchen.

XI. Grundrechtliche Schutzpflicht aus dem Grundrecht auf informationelle Selbstbestimmung

Nachdem das generelle Bestehen staatlicher Schutzpflichten bejaht wurde und der Spielraum für den Adressaten der Schutzpflicht sowie der Vorbehalt des Möglichen skizziert wurde, ist zu diskutieren, was die Schutzpflicht aus dem Grundrecht auf informationelle Selbstbestimmung konkret bedeutet. Da dieses Grundrecht richterrechtlich geprägt ist, ist zuvörderst das BVerfG berufen, auch bezüglich der Schutzpflichtdimension dieses Grundrechts Maßstäbe festzulegen. Jedenfalls ist aber eine Schutzpflichtdimension dieses Grundrechts als Ausprägung des allgemeinen Persönlichkeitsrechts anerkannt[1923]. Für den Fall, dass staatliche Institutionen zur Datenerhebung, -verarbeitung, -weitergabe und -nutzung ermächtigt werden, erwächst dem Einzelnen im Wege der grundrechtlichen Schutzpflicht aus dem Grundrecht auf informationelle Selbstbestimmung ein Anspruch gegen den Staat auf Sicherung seiner Daten vor einer unbefugten Nutzung oder Veränderung seitens Dritter[1924]. Diesen Anspruch des Bürgers auf Datensicherheit hat das BVerfG in seinem Urteil zur Vorratsdatenspeicherung[1925] 2010 anerkannt, aber auch festgehalten, dass sich aus dem Grundrecht auf informationelle Selbstbestimmung keine detailgenauen Sicherheitsvorgaben zum Schutz von Daten herleiten lassen[1926]. Jedenfalls müsse zumindest ein Datensicherheitsstandard gewährleistet werden, der die spezifischen Besonderheiten des Datenbestandes einbeziehe und sich am jeweiligen Stand der Technik orientiere, was erfordere, dass neue Einsichten und Erkenntnisse einbezogen werden[1927]. Darüber hinaus sei es auch geboten, eine für die Öffentlichkeit transparente Kontrolle der datenverarbeitenden Stellen unter Einbeziehung des Datenschutzbeauftragten zu schaffen[1928]. Im IT-Kontext bedeutet dies jedenfalls auch, dass der Staat der normativen Kraft des Faktischen überall dort begegnen muss, wo schutzwürdige Interessen

---

1923 *Thomé*, in: Kutscha/Thomé, Grundrechtsschutz im Internet, S. 108; *Bäcker*, Der Staat 51 (2012), 91 (99); *Gurlit*, NJW 2010, 1035 (1040 f.); *Hoffmann-Riem*, AöR 134 (2009), 513 (533); *Masing*, NJW 2012, 2305 (2307); anders: *Ladeur*, Der Staat 2011, 493 (510), bei dem dagegen die Selbstregulierung der Gesellschaft im Mittelpunkt steht. *Di Fabio*, in: Maunz/Dürig (Hrsg.), GG, 60. Lfrg. 2010, Art. 2 Abs. 1 Rn. 189.

1924 *Drechsler*, DuD 2013, 696 (698); Müller-Terpitz, in: Borges/Schwenk (Hrsg.), Daten- und Identitätsschutz in Cloud Computing, E-Government und E-Commerce, 169 (171); *Müller-Terpitz/Rauchhaus*, JurPC WebDok. 96/2012 Abs. 45 mit Verweis auf BVerfGE 65, 1 (43); 84, 192 (194) st. Rspr.

1925 BVerfG, 2.3.2010, MMR 2010, S. 356 Rn. 224.

1926 *Müller-Terpitz*, in: Borges/Schwenk (Hrsg.), Daten- und Identitätsschutz in Cloud Computing, E-Government und E-Commerce, 169 (171).

1927 BVerfG, 2.3.2010, MMR 2010, S. 356 Rn. 224.

1928 BVerfG, 2.3.2010, MMR 2010, S. 356 Rn. 224; BVerfGE 65, 1 (46); zur Rolle des Datenschutzbeauftragten näher unten unter: Teil 5, E., III.

Einzelner verletzt werden können[1929]. Dabei muss es verfassungsgerichtliche Mindestbedingungen der Kommunikationsfähigkeit geben[1930].

Die grundrechtliche Schutzpflicht hat neben der Frage der Datensicherheit während des Transports von Daten auch eine infrastrukturelle Komponente, um Kommunikation überhaupt erst zu ermöglichen. Der Staat hat im Rahmen seiner Schutzpflicht eine Pflicht zur Weiterentwicklung der elektronischen Zugangsinfrastruktur im Sinne einer E-Daseinsvorsorge[1931]. Der Staat muss also nicht nur in den Prozessen Datensicherheit gewährleisten, sondern er muss auch rechtliche Rahmenbedingungen für digitale Handlungsräume schaffen, was sich auch als Schutzauftrag aus der grundrechtlichen Schutzpflicht für die informationelle Selbstbestimmung des Nutzers herleiten lässt[1932]. Hier sind grundsätzlich Vorschriften denkbar, die die Privatautonomie der Nutzer einschränken, sowie auch solche, die sanktionsbewehrte Pflichten enthalten. Insbesondere sind hier auch Vorgaben für den Umgang mit Identitätsdaten denkbar, da diese eine Schlüsselrolle in Kommunikationsprozessen einnehmen. Das Schutzrecht muss heute also insgesamt mehr sein als nur der Schutz des Persönlichkeitsrechts des Nutzers, sondern es muss die Nutzungsermöglichung für den Nutzer erfassen, den Ausbau von Selbstschutzmöglichkeiten in rechtlicher und tatsächlicher Hinsicht, die Abwehr von ungerechtfertigten Beeinträchtigungen auch von privater Seite sowie die Sicherung der Kommunikationsinfrastruktur auch in globaler Hinsicht[1933]. Besonders für den Bereich des E-Governments bedeutet dies, dass der Staat, wenn er auf diesen Kommunikationskanal zum Bürger setzt, Datenschutz-Schutzziele verwirklicht, leistungsfähige Infrastrukturen einrichtet und diese auch vertrauenswürdig sind[1934].

XII. Schutzpflicht aus „Ingerenz" bzw. E-Government-Förderungsabsicht?

Der Staat ist Impulsgeber und Initiator von E-Government und hat bei der Schaffung von Basisinfrastrukturen für die Kommunikation eine tragende Rolle. Neben der grundrechtlichen Herleitung staatlicher Schutzpflichten spricht daher auch die tatsächliche Entwicklung für eine Schutzpflicht aus „vorangegangenem Tun" durch den Staat[1935]. Die staatliche Schutzaufgabe erstreckt sich also auch auf den Bereich, in welchem der Staat selbst auf informationstechnische Systeme zugreifen muss wie bei der Aufgabenerfüllung durch E-Government[1936]. Die Entwicklung des E-Governments findet in der Einflusssphäre des Staates statt, sodass er hierbei besondere Maß-

1929 Heckmann, K&R 2010, 770 (775).
1930 *Simitis*, in: Ders.(Hrsg.), § 1 BDSG, Rn. 53.
1931 *Luch/Schulz S. E.*, in: Schliesky, Technikgestütztes Identitätsmanagement, 1 (10 ff.).
1932 *Bösing*, Authentifizierung und Autorisierung im elektronischen Rechtsverkehr, S. 53.
1933 *Hoffmann-Riem*, AöR 134, 2009, 513 (537).
1934 *Hoffmann-Riem*, AöR 134, 2009, 513 (537); insbesondere verlangen dies auch Datenschutz-Schutzziele.
1935 *Hoffmann*, Die Gewährleistung der Vertraulichkeit und Integrität elektronischer Daten- und Dokumentensafes, S. 171, der diese Frage auch aufwirft.
1936 *Hoffmann-Riem*, AöR 134, 2009, 513 (534); *Berlit*, JurPC Web-Dok. 39/2011, Abs. 5.

stäbe erfüllen muss, um seiner Vorbildwirkung gerecht zu werden. Dieser hat eine Verpflichtung zur Weiterentwicklung der Zugangsinfrastruktur zu transaktionsbezogenem E-Government im Sinne der E-Daseins-vorsorge[1937]. Die datenschutzgerechte Ausgestaltung dieser Zugangsinfrastrukturen ist ein Annex zur Förderungsabsicht bezüglich des E-Governments[1938]. Insbesondere auch dann, wenn bestimmte Kommunikationswege im Bereich des E-Governments gesetzlich vorgeschrieben sind, müssen diese hinreichend sicher sein[1939]. Dies betrifft insbesondere auch die E-Government anbietende Verwaltung. Das bedeutet, dass es gesteigerte Schutzpflichten bei einer E-Government-Förderungsabsicht gibt[1940]. Sowohl der Gesetzgeber als auch die E-Government umsetzende Verwaltung haben gesteigerte Schutzpflichten, wenn sie E-Government fördern bzw. anbieten wollen.

XIII. Schutzpflichten und Selbstverantwortung

Oben wurde gezeigt, dass den Nutzer von transaktionsbezogenem E-Government grundsätzlich auch eine Selbstverantwortung trifft. Vor diesem Hintergrund stellt sich die Frage, wo die Grenzlinie zwischen der staatlichen Verantwortung im Wege von grundrechtlichen Schutzpflichten und der Selbstverantwortung eines Nutzers verläuft. Beide Institute sind darauf angelegt, Verantwortung an einen Verantwortungsträger zuzuweisen. Die Rechtsprechung des BVerfG betont, dass das Ausmaß des Eingreifens staatlicher Schutzpflichten von der Möglichkeit legitimer und zumutbarer Abhilfe durch den betroffenen Grundrechtsträger selbst abhängen wird[1941], was insbesondere auch für den informationellen Selbstschutz eines IT-Nutzers gilt[1942]. Keinesfalls darf die Schutzpflicht als verfassungsrechtliche Einladung zur Bevormundung des Einzelnen durch den Staat missverstanden werden[1943]. Das bedeutet, dass verfassungssystematisch die grundlegende Prämisse einer Verantwortungsteilung zwischen Grundrechtsträger und dem Staat in Bezug auf das grundrechtlich geschützte Rechtsgut besteht. So weit wie möglich soll sich der Grundrechtsträger, also der private Nutzer, selber schützen. Erst dann, wenn Selbstschutz nicht mehr möglich ist, greift die staatliche Schutzpflicht ein. Die Umsetzung von Schutzpflichten ist auch vor dem Hintergrund der gesamtstaatlichen Aufgabenverantwortung zu sehen[1944].

1937 *Luch/Schulz S. E.*, in: Schliesky, Technikgestütztes Identitätsmanagement, 1 (10 ff.); zur programmatischen Aufforderung an den sozialen Rechtsstaat, Verantwortung für Kommunikationsinfrastrukturen zu übernehmen: *Hoffmann-Riem*, AöR 134, 2009, 513 (534) m. w. N.

1938 In diese Richtung wohl: *Eifert*, Electronic Government, S. 59; das Vertrauen in die Datenauthentizität betont: *Bösing*, Authentifizierung und Autorisierung im elektronischen Rechtsverkehr, S. 59.

1939 *Berlit*, JurPC Web-Dok. 39/2011, Abs. 5.

1940 So auch *Hoffmann*, Die Gewährleistung der Vertraulichkeit und Integrität elektronischer Daten- und Dokumentensafes, S. 171.

1941 BVerfGE 77, 170 (224); 79, 174 (201 f.), 85, 191 (212).

1942 *Hoffmann*, Die Gewährleistung der Vertraulichkeit und Integrität elektronischer Daten- und Dokumentensafes, S. 175.

1943 *Kutscha*, in: Kutscha/Thomé, Grundrechtsschutz im Internet, S. 47.

1944 *Heckmann*, in Käfer-FS, 129 (155).

Der bereits genannte Maßstab des Untermaßverbotes greift und eine Grenzlinie für die Umsetzung der Schutzpflicht sind bestehende Restrisiken[1945].

Die sich aus dieser Grundprämisse ergebenden Fragen müssen daher im Folgenden weiter beleuchtet werden.

1. Berücksichtigung der digital Schwachen

Die grundsätzliche Selbstverantwortung des Nutzers von transaktionsbezogenem E-Government kann hier somit als Prämisse festgehalten werden. Bereits oben wurde gezeigt, dass es eine differenzierte Nutzertypologie gibt und die jeweiligen Nutzergruppen eine sehr stark unterschiedlich ausgeprägte digitale Verantwortungsbereitschaft haben. Darüber hinaus ist der sog. digital divide im Sinne einer totalen Abgeschiedenheit bezüglich digitaler Kommunikation von Teilen der Gesellschaft ein Problem, also der nicht vorhandene technische Zugang. Die besonders internetaffinen Nutzergruppen stellen quantitativ betrachtet nicht die Mehrheit der Internetnutzer dar. Es gibt nach wie vor eine Gruppe von Nutzern, denen der „kognitive Zugang" zum Medium Internet und seinen Möglichkeiten fehlt[1946]. Auch im Bereich des transaktionsbezogenen E-Governments wie z. B. beim De-Mail-Konzept richten sich die Anforderungen an die digitalen Kompetenzen zumindest teilweise auch an einen Personenkreis, der nicht durchweg in der Lage ist, Risiken im digitalen Raum zu erkennen und erforderliche Selbstschutzvorkehrungen zu treffen[1947]. Der Staat hat diese unterschiedlich verteilte Medienkompetenz zu berücksichtigen. Grundsätzlich ist es sowohl in der analogen als auch in der digitalen Welt die Aufgabe des Rechts, die Schwächeren in der Gesellschaft zu schützen[1948]. Will der Staat nun seine staatliche Schutzpflicht erfüllen und dabei der grundsätzlichen Selbstverantwortung des Nutzers Rechnung tragen, so darf er sich nicht an der „digitalen Avantgarde" orientieren, die, was die Sicherheitsvorkehrungen betrifft, besonders affin ist. Gleichzeitig dürfen staatliche Schutzmaßnahmen auch nicht die Wirkung haben, dass sie den Bürger durch eine Befreiung von etwaigen Sorgfaltspflichten verantwortungsloser macht[1949]. Eine verfassungsgemäße Umsetzung des rechtlichen Schutzes auch der Schwächeren im Internet sollte auch ein Stück edukatorisch im Sinne eines mündigen Bürgers sein, weil der Internetnutzer auf lange Sicht befähigt werden muss, seine Interessen im digitalen Raum auch ohne staatliche Hilfe durchzusetzen[1950]. Das bedeutet aber auch, dass die digital Schwachen in der Gesellschaft mit einer nicht stark ausgeprägten digitalen Verantwortungsbereitschaft in einem staatlichen Gesamtkonzept eine Rolle spielen müssen. Bereits hier wird deutlich, dass es zwischen den Polen der Umsetzung einer staatlichen Schutzpflicht und der Eigenverantwortung des Einzelnen ein Spannungsverhältnis gibt. Komplizierter wird die Frage dadurch, dass häufig noch weitere

1945 *Heckmann/Seidl/Maisch*, Sicherheitsniveau bei der elektronischen Kommunikation, S. 71.
1946 *Heckmann*, K&R 2010, 770 (774), spricht von digital Schwachen (Hervorhebung im Original).
1947 *Berlit*, JurPC Web-Dok. 39/2011, Abs. 40.
1948 *Heckmann*, K&R 2010, 770 (774).
1949 Vgl. *Pietzcker*, JZ 1985, 209 (210).
1950 *Heckmann*, K&R 2010, 770 (776).

Akteure an Kommunikationsvorgängen beteiligt sind. Die Frage der Eigenverantwortung des privaten Nutzers stellt sich damit zum einen auf der Ebene gegenüber dem Diensteanbieter, mit dem der Nutzer in der Regel vertraglich verbunden ist, und zum anderen auf der Ebene gegenüber der E-Government anbietenden Verwaltung.

2. Verkehrspflichten des Nutzers

Vor dem Hintergrund des Verhältnisses von Schutzpflichten des Staates und Selbstverantwortung des Nutzers sind auch Verkehrspflichten relevant, deren Verletzung eine Haftung auslösen kann. Den Nutzer treffen auf zivilrechtlicher Grundlage verschiedene echte Rechtspflichten. Diskutiert wird dies für verschiedene Zusammenhänge und Aspekte der Internetnutzung. Ein wichtiger Bereich sind die Verkehrspflichten privater Internetnutzer in Bezug auf die Verbreitung von Schadprogrammen[1951]. Verkehrspflichten spielen in der Rechtsordnung insbesondere dann eine Rolle, wenn eine Gefahrenquelle besteht, und derjenige, der diese geschaffen hat, wird für die Beherrschung derselben herangezogen. Grundsätzlich kommt es aber bei Nutzerverantwortlichkeiten und Fragen der Haftung auf eine Vielzahl von Umständen des Einzelfalls an[1952], sodass einer abstrakten Betrachtung auch Grenzen gesetzt sein können. Die Frage der Selbstverantwortung ist immer auch eine Frage des Maßes und der Maßstäblichkeit. Im Rahmen eines staatlichen Schutzpflichtenkonzeptes muss der Staat zumindest immer mitberücksichtigen, was der private Nutzer selbst leisten kann. An dieser Stelle besteht dann die Frage, ob er sich an dem „digital Schwächsten" oder an einer irgendwie gearteten mittleren Bezugsgröße orientiert.

3. Schutzpflichten für Kommunikationsinfrastrukturen

Die Kommunikationsinfrastrukturen für transaktionsbezogenes E-Government liegen im Wesentlichen in der Sphäre der Diensteanbieter. Es findet eine präventive Überprüfung von Datenschutz und Datensicherheit statt. Auf diese Kommunikationsinfrastrukturen hat der Nutzer relativ geringe faktische Einwirkungsmöglichkeiten. Die Risikobeherrschungssphäre liegt im Wesentlichen beim Diensteanbieter. Das Vertragsverhältnis zwischen privatem Nutzer und Diensteanbieter muss durch zwingendes, nicht abdingbares Privatrecht geregelt sein, welches im Wege der Einschränkung der Privatautonomie eine einseitige Risikozuweisung an den privaten Nutzer verhindert[1953]. Die Ableitung der Schutzaufgabe und des Schutzauftrages zwischen der Verwirklichung grundrechtlichen Persönlichkeitsschutzes, der Sicherung unternehmerischer Entfaltungsmöglichkeiten, der staatlichen Aufgabenerfüllung unter Nutzung elektronischer Kommunikation ist rechtsdogmatisch komplex[1954]. Grundsätzlich lässt sich aber sagen, dass im Zusammenhang mit den Kommunikationsin-

1951 Vgl. hierzu grundlegend: *Werner*, Verkehrspflichten privater IT-Nutzer in Bezug auf die Verbreitung von Schadsoftware, 2010.

1952 Vgl. den Hinweis am Beispiel des PAuswG bei *Möller*, in: Hornung/Ders. (Hrsg.), § 18 PAuswG, Rn. 38.

1953 Hierzu näher *Groß*, JZ 1999, 326 (331).

1954 *Hoffmann-Riem*, AöR 134, 2009, 513 (535).

frastrukturen für transaktionsbezogenes E-Government die Diensteanbieter einen Verantwortungsbeitrag zu erfüllen haben.

a) Umsetzung der Schutzpflichten durch das De-Mail-Gesetz

Wenn der Staat die Schutzbedarfe im Zusammenhang mit digitaler Kommunikation nicht erkennt oder diese rechtlich nicht befriedigend gelöst werden können, besteht das Risiko von Funktionsdefiziten und des Verlustes von Vertrauen in die informationstechnischen Systeme, sodass sich eventuelle Chancen nicht verwirklichen lassen[1955]. Funktionierende Kommunikationinfrastrukturen, denen der Nutzer vertraut, sind aber essenzielle Voraussetzungen für transaktionsbezogenes E-Government. Die Umsetzung der Schutzpflicht aus dem Grundrecht auf informationelle Selbstbestimmung bedeutet nach der Rechtsprechung des BVerfG, dass in der Rechtsordnung ggf. die Bedingungen geschaffen und erhalten werden, unter denen der Einzelne selbstbestimmt an Kommunikationsprozessen teilnehmen und so seine Persönlichkeit entfalten kann, und die Schutzpflicht gebietet den zuständigen staatlichen Stellen, die rechtlichen Voraussetzungen eines wirkungsvollen informationellen Selbstschutzes bereitzustellen[1956]. Die Schaffung der De-Mail-Dienste und die Entstehung des De-Mail-Gesetzes lassen sich vor dem Hintergrund staatlicher Schutzpflichten sehen. Tangiert sind die Schutzbereiche sowohl des Grundrechts auf informationelle Selbstbestimmung, des IT-Grundrechts sowie des Art. 10 Abs. 1 GG. Die Schaffung des De-Mail-Gesetzes ist durch die Schutzpflichtdimension dieser drei Grundrechte begründet[1957]. Das De-Mail-Gesetz statuiert bewusst keine Pflichten für den Nutzer, sondern nimmt ausschließlich den Diensteanbieter in die Pflicht. Das De-Mail-Gesetz schränkt die Privatautonomie auch gerade deswegen auf der Ebene des „Wie" ein, weil Datenschutz und Datensicherheit sowie die Vertraulichkeit der Kommunikation sichergestellt werden sollen. Ein Kontrahierungszwang ist bei den De-Mail-Diensten nicht vorgesehen, sondern es ist die freiwillige Entscheidung des Nutzers[1958].

b) Umsetzung der Schutzpflichten durch das TKG

Die aus dem Fernmeldegeheimnis erwachsenden Schutzpflichten werden insbesondere auch durch das TKG umgesetzt. Die Vorschriften der §§ 88 ff. TKG sind als Privatisierungsfolgenrecht zu verstehen[1959]. Diese nehmen den Telekommunikationsdiensteanbieter in die Pflicht, das Fernmeldegeheimnis der Nutzer von Telekommunikationsdiensten zu schützen. Letztlich sind diese zwingenden Vorschriften ein Eingriff in

1955 *Hoffmann-Riem,* AöR 134, 2009, 513 (535).

1956 BVerfG-K, DVBl. 2007, 111 (112); *Spindler,* Persönlichkeitsschutz im Internet – Anforderungen und Grenzen einer Regulierung, S. 100; *Kutscha,* in: Kutscha/Thomé, Grundrechtsschutz im Internet, S. 47 f.

1957 Insbesondere auch für das IT-Grundrecht nennen dieses: *Schulz G.,* DuD 2012, 395 (397 f.); *Luch,* MMR 2011, 75 (78).

1958 Vgl. hierzu BT-Drs. 17/3639.

1959 *Sander,* CR 2014, 176 (176 ff.), weist darauf hin, dass das TKG über die bloße Umsetzung der Schutzpflicht aus Art. 10 GG hinausgeht.

die für das Vertragsverhältnis zwischen dem Telekommunikationsdiensteanbieter und dem privaten Nutzer geltende Vertragsfreiheit, indem sie zwingende Pflichten des Anbieters schaffen. Nutzerpflichten sind im TKG direkt nicht zu finden.

c) Umsetzung der Schutzpflichten durch die Bereitstellung einer Kommunikationsinfrastruktur

Der Staat und die Verwaltung sind auch gehalten, die aus den kommunikationsbezogenen Grundrechten folgenden Schutzpflichten umzusetzen. Dies ist bei jedem konkreten transaktionsbezogenen E-Government-Angebot der Fall. Eine Kommunalverwaltung kann in diesem Zusammenhang auch, sofern keine generelle gesetzliche Pflicht z. B. durch Landesrecht besteht, die Zugangseröffnung mit De-Mail unterlassen und dies mit der nicht durchgängigen Ende-zu-Ende-Verschlüsselung begründen. Auch auf der Ebene der tatsächlichen Bereitstellung kann also die Schutzpflichtdimension der kommunikationsbezogenen Grundrechte durchschlagen.

4. Zwischenergebnis

Die Umsetzung staatlicher Schutzpflichten und die Eigenverantwortung des Einzelnen stehen in einem Spannungsverhältnis. Die Grenzlinie zwischen der Umsetzung staatlicher Schutzpflichten und der Eigenverantwortung des Einzelnen kann grundsätzlich nicht abstrakt gezogen werden. Insoweit ist dies auch bei der Frage der Verantwortung für Kommunikationsinfrastrukturen im transaktionsbezogenen E-Government nicht möglich. Notwendig ist eine spezifische Betrachtung unter Würdigung aller Umstände des Einzelfalles.

C. Selbstschutz des Nutzers

Wie vorstehend dargelegt werden konnte, steht die Umsetzung staatlicher Schutzpflichten unter dem Vorbehalt des Möglichen. Das Bestehen staatlicher Schutzpflichten in typisierbaren Ungleichgewichtslagen entlässt den Nutzer von transaktionsbezogenem E-Government nicht gänzlich aus seiner Selbstverantwortung. Staatliche Schutzpflichten und Selbstverantwortung stehen unauflösbar in einem Verhältnis zueinander und sind in einem staatlichen Schutzkonzept z. B. durch Schaffung von Anonymisierungsmöglichkeiten zu berücksichtigen[1960]. Daher kommt auch im Kontext des Schutzes personenbezogener Daten und der Datensicherheit der Selbstschutz des Nutzers notwendigerweise in Betracht[1961]. Im Rahmen der multipolaren Konstellationen ist eine Verantwortungsteilung zwischen den handelnden Akteuren unvermeidbar. Die Möglichkeit des informationellen Selbstschutzes war ein Argumentationstopos des BVerfG bei der Entscheidung zum IT-Grundrecht[1962]. Die staatliche Schutz-

1960 *Trute*, JZ 1998, 822 (829).
1961 *Yildirim*, Datenschutz im Electronic Government, S. 203.
1962 BVerfGE 120, 274 (323 ff.).

gewährleistung muss veränderte Gefährdungslagen einbeziehen und sollte durch Ermöglichung von Selbstverantwortung entsprechend grundrechtsfreundlich umgesetzt werden[1963]. Diese Möglichkeit des informationellen Selbstschutzes als notwendige Folgefrage soll hier im Folgenden näher erörtert werden.

I. Selbstschutzmöglichkeiten

Die Rechtsprechung des BVerfG geht davon aus, dass eine staatliche Verantwortung zur Gewährleistung einer selbstbestimmten Kommunikationsteilhabe dann eingreift, wenn dem Nutzer wirksamer Selbstschutz nicht mehr möglich ist[1964], was darauf hinweist, dass ein grundsätzlicher Vorrang des informationellen Selbstschutzes des Bürgers greift[1965]. Vor dem Hintergrund multipolarer Kommunikationskontexte gewinnt der Selbstschutz des Nutzers besondere Bedeutung[1966]. Inhalt der staatlichen Schutzpflicht wäre dann die Institutionalisierung von Selbstschutzmöglichkeiten, wo der Staat anders die informationelle Selbstbestimmung nicht garantieren kann[1967]. Auch für den Nutzer transaktionsbezogener E-Government-Anwendungen stellt sich damit die Frage, inwieweit er informationellen Selbstschutz leisten muss. Sicherlich handelt es sich bei den Selbstschutzmöglichkeiten in erster Linie um ein tatsächliches Handeln, sodass die rechtliche Einhegung von diesen allein hier nicht maßgeblich ist. Sie sind gerade in der Diskussion um das IT-Grundrecht und den Schutz der eigengenutzten individuellen Infrastruktur des Nutzers ein tragender Aspekt. Der Selbstschutz fordert, dass seine Funktionsvoraussetzungen erfüllt sind. Im Gegensatz zu staatlichen regulierenden Eingriffen ist der Selbstschutz des Nutzers grundsätzlich als milderes Mittel anzusehen[1968], um das Ziel eines hinreichenden Schutzniveaus elektronischer Kommunikation zu erreichen.

II. Verantwortlichkeit des Nutzers im Rahmen des Selbstschutzes

Im Rahmen der vorstehend gefundenen Ergebnisse gilt weiterhin das allgemeine Prinzip der Selbstbestimmung für einen Nutzer beim Zugang zu transaktionsbezogenen E-Government-Anwendungen und damit korrespondierend die Selbstverantwortung des Nutzers. Ihm steht als Kommunikationspartner grundsätzlich die verfassungsrechtlich garantierte Wahlfreiheit über das Kommunikationsmittel und damit auch über das entsprechende Sicherheitsniveau der Kommunikation zu[1969]. Durch das oben dargestellte einschlägige Fachrecht sind dieser Wahlfreiheit im transaktions-

1963 *Trute*, in: Roßnagel (Hrsg.), HBDSR, Kap. 2.5, Rn. 51.
1964 BVerfG, Urt. v. 23.10.2006 – 1 BvR 2027/02, juris Rn. 29 und Orientierungssatz 2 c.
1965 *Heckmann*, in: Käfer-FS, 129 (143).
1966 *Groß*, JZ 1999, 326 (334).
1967 *Trute*, JZ 1998, 822 (829).
1968 *Heckmann*, in: Käfer-FS, 129 (143).
1969 *Heckmann/Seidl/Maisch*, Sicherheitsniveau bei der elektronischen Kommunikation, S. 49.

bezogenen E-Government wiederum Grenzen gesetzt. So ist nach geltender Rechtslage eine Kommunikation mit der öffentlichen Verwaltung mittels einfacher E-Mail im Falle eines Schriftformerfordernisses nicht mehr möglich, sondern Surrogate der Schriftform sind erforderlich. Die Verantwortlichkeit des Nutzers kann rechtlich in unterschiedlicher Intensität ausgestaltet sein. Weder das GG noch einfachgesetzliche Normen haben im Rahmen elektronischer Kommunikation das Erfordernis, dass absolute Sicherheit erreicht werden muss, da diese eine relative Größe ist und den bestehenden Restrisiken mit einer Vorsorge begegnet werde sollte[1970]. Im Bereich des Restrisikos ist ein Bewusstsein des Nutzers gefragt. Das Restriktionskriterium eines zumutbaren Selbstschutzes lässt sich auf den allgemeinen Rechtsgedanken zurückführen, dass es keine Freiheit ohne eine damit korrespondierende Verantwortung gibt[1971]. Selbstschutz befähigt den mündigen Bürger auch, sich aus einem etwaigen Abhängigkeitsverhältnis zum Staat zu befreien, wobei dies dann auch voraussetzt, dass alle an der Kommunikation beteiligten Akteure informationelle Chancengleichheit haben[1972]. Der Selbstschutz ist nicht nur aus technischen Gründen für den Nutzer empfehlenswert, er wird auch normativ begünstigt und stärkt die Grundrechtsverwirklichung[1973].

Hier soll daher näher betrachtet werden, wie diese Verantwortlichkeit des Nutzers für den Selbstschutz im Verhältnis zu den weiteren Akteuren rechtlich abgebildet wird.

1. Systematisierung von Rechtspflichten und Obliegenheiten in der Rechtsordnung

Verantwortung wird in der Rechtsordnung in vielerlei Hinsicht zugewiesen. Sie stellt gewissermaßen einen Metabegriff dar. Diese wird einfachgesetzlich geregelt und einem Adressaten in unterschiedlicher Art und Intensität zugewiesen. Wesentlich ist die Unterscheidung zwischen Rechtspflichten und Obliegenheiten. Diese sollen hier im Folgenden kurz definiert werden.

a) Rechtspflichten

Rechtspflichten im weitesten Sinne liegen dann vor, wenn eine Vorschrift (des Gesetzes-, Gewohnheits- oder Vertragsrechts) für den Fall eines bestimmten Verhaltens einen rechtlichen Nachteil androht und damit das Verhalten derjenigen Person beeinflusst, der bei einem entsprechenden Verhalten eine Anwendung dieser Vorschrift droht[1974]. Rechtspflichten enthalten als Element einen Befehl zum Handeln. Es besteht also eine starke Zwangsintensität und eine hohe Durchschlagskraft bei der Er-

1970 *Heckmann/Seidl/Maisch*, Sicherheitsniveau bei der elektronischen Kommunikation, S. 63.

1971 *Petersen*, Grenzen des Verrechtlichungsgebotes im Datenschutz, S. 156 mit Verweis auf *Hoffmann-Riem*, in: Bäumler (Hrsg.), Der neue Datenschutz, 11 (21).

1972 *Petersen*, Grenzen des Verrechtlichungsgebotes im Datenschutz, S. 156 f.

1973 *Bäcker*, in: Rensen/Brink (Hrsg.), Linien der Rechtsprechung des Bundesverfassungsgerichts, 99 (114) m. w. N.

1974 *Schmidt*, Die Obliegenheiten, S. 313.

reichung von Zielen. Sie unterscheiden sich insoweit auch von anderen Rechtsinstituten mit geringerer Zwangsintensität. Rechtspflichten begründen für den jeweiligen Adressaten eine rechtliche Verantwortlichkeit[1975] gegenüber einer anderen juristischen oder natürlichen Person, die an der Pflichterfüllung ein Interesse hat. Sie können aber auch zum Schutz Dritter wirken. Rechtspflichten erfordern einen wirksamen Durchsetzungsmechanismus. In einem Verantwortungskonzept, in dem unterschiedlichen Akteuren Verantwortungsbeiträge zugemessen werden müssen, stellen sie ein effektives Mittel dar. Sie gestalten Rechtsverhältnisse durch das höchste Maß an Verbindlichkeit. Der Terminus „Verbindlichkeit" wird auch für Rechtspflichten quasi als Synonym verwendet. Dieser weist auf die Justiziabilität derselben hin. Rechtspflichten stellen den Nutzer elektronischer Kommunikation vor ein anspruchsvolles Pflichtenprogramm, welches er in vielen Fällen nicht ohne Hilfestellung versteht und bei dem er auf Hilfe angewiesen ist[1976].

b) Obliegenheiten

Von den vollkommenen und unvollkommenen Verbindlichkeiten sind Obliegenheiten zu unterscheiden[1977]. Für Obliegenheiten ist kennzeichnend, dass diese in einem rechtlichen Verhältnis auf eine abgeschwächte Form der Pflichtigkeit gerichtet sind[1978]. Für Obliegenheitstatbestände ist eine mindere Zwangsintensität typisch und sie bilden eine uneinheitliche Sammelgruppe[1979]. Der „Zwang" bzw. der Impuls zum Handeln entsteht hier psychologisch dadurch, dass der Adressat einer Obliegenheit Rechtsnachteilen entgehen will. Das konkrete Handeln des Adressaten liegt insbesondere auch in seinem eigenen Interesse. Sie sind daher Verhaltensanforderungen mit geringerer Intensität als Rechtspflichten[1980]. Für den Berechtigten als Gegenüber des Adressaten einer Obliegenheit begründen diese weder einen Erfüllungsanspruch noch bei Verletzung eine Schadensersatzforderung[1981]. Obliegenheiten stellen aber trotzdem für denjenigen, den sie treffen, eine Form von rechtlicher Verantwortlichkeit dar. Er muss im Rahmen seiner Selbstverantwortung die Entscheidung treffen, ob er sie erfüllt oder nicht. Obliegenheiten haben objektive und subjektive Seiten und können im Interesse eines Dritten oder der Allgemeinheit und zugleich im Interesse des Belasteten bestehen[1982]. Der Gedanke einer Obliegenheit kommt auch in § 254 BGB beim Mitverschulden zum Ausdruck. Unter dem Gesichtspunkt der Selbstverantwortung sind Obliegenheiten in einem Verantwortungskonzept mit verschiedenen

---

1975 *Kreutzer*, Themenpapier „Verantwortung im Internet", S. 2, abrufbar unter: https://www.divsi.de/wp-content/uploads/2013/08/Themenpapier_Verantwortung-im-Internet_final_2013_06_18.pdf (letzter Abruf: 08.11.2015); So gibt es für Unternehmen Rechtspflichten zur Gewährleistung von IT-Sicherheit: *Heckmann*, MMR 2006, 280 (280 ff.).

1976 *Borges u. a.*, Identitätsdiebstahl und Identitätsmissbrauch im Internet, S. 288.

1977 Palandt/*Heinrichs*, Vor § 241 BGB, Rn. 13.

1978 *Schmidt*, Die Obliegenheiten, S. 104.

1979 *Schmidt*, Die Obliegenheiten, S. 317.

1980 *Brox*, Allg. Teil des BGB, Rn. 567.

1981 BGHZ 24, 382 = NJW 1995, 402; Palandt/*Heinrichs*, vor § 241 BGB, Rn. 13.

1982 *Schmidt*, Die Obliegenheiten, S. 109.

Akteuren als Verantwortungsträgern gegenüber Rechtspflichten das mildere Mittel. Sie greifen nicht mit starker Zwangsintensität in den Rechtskreis des Adressaten ein und belassen diesem einen eigenen Entscheidungsspielraum. Er kann sich auch dafür entscheiden, diesen nicht nachzukommen, und muss dann eventuelle Rechtsnachteile in Kauf nehmen. Ein wichtiger Anwendungsfall sind Schadensfernhaltungsobliegenheiten. Diese Form von Selbstschutzobliegenheiten kann auch zugunsten der Allgemeinheit bestehen. Obliegenheiten können sich auch aufgrund von speziellen Gefahrenlagen entwickeln. Während Rechtspflichten in der Regel gesetzlich oder vertraglich geregelt sein müssen, können sich Obliegenheiten auch im Zuge der Auslegung von Normen entwickeln. Selbstschutzobliegenheiten im Rahmen der elektronischen Kommunikation können grundsätzlich auch zugunsten der Allgemeinheit auferlegt werden, um Datensicherheit zu erlangen. Den Rechtspflichten und den Obliegenheiten ist gemein, dass sie die Verantwortlichkeit eines Subjekts adressieren[1983].

2. Datenbezogene Rechtspflichten des Nutzers im Vertragsverhältnis

Hier sollen nun die Rechtspflichten, die den Nutzer von transaktionsbezogenen E-Government-Anwendungen im Hinblick auf seine personenbezogenen Daten treffen, näher betrachtet werden. Grundsätzlich besteht bei den Rechtspflichten im Zusammenhang mit den Infrastrukturen elektronischer Kommunikation das Problem, dass sie schwierige Vollzugsprobleme aufwerfen und die Akzeptanz der Kommunikationsinfrastruktur beim Nutzer gefährden können[1984]. Nichtsdestotrotz bestehen im Rahmen von elektronischer Kommunikation auch Verkehrspflichten der Nutzer[1985]. Diese konkretisieren sich zu bestimmten Verhaltenspflichten beim Umgang mit elektronischer Kommunikation.

a) Beispiel: Aktualisierung der Identitätsdaten

Identitätsdaten haben eine Schlüsselfunktion bei Kommunikationsvorgängen. Ihre Aktualität ist im Interesse aller an einem Kommunikationsvorgang beteiligten Akteure. Der Nutzer ist mittelbar aus § 3 Abs. 5 De-Mail-Gesetz dazu verpflichtet, die Identitätsdaten aktuell zu halten. Er ist der Einzige, der die Aktualität gewährleisten kann. Der De-Mail-Diensteanbieter wird dem Nutzer im Innenverhältnis mittels AGB regelmäßig die Pflicht zur Aktualisierung aufgeben[1986]. Angesichts der Schlüsselfunktion von Identitätsdaten ist es gerechtfertigt, hier im Innenverhältnis eine Rechtspflicht anzunehmen.

1983 Zu Verantwortungssubjekten im Internet: *Kreutzer*, Verantwortung im Internet, S. 6, abrufbar unter: https://www.divsi.de/wp-content/uploads/2013/08/Themenpapier_Verantwortung-im-Internet_final_2013_06_18.pdf (letzter Abruf: 08.11.2015).

1984 *Roßnagel*, in: Ders. (Hrsg.), Recht der Telemediendienste, § 6 SigG, Rn. 56 für den Fall einer qualifizierten elektronischen Signatur.

1985 *Borges u. a.*, Identitätsdiebstahl und Identitätsmissbrauch im Internet, S. 272.

1986 *Spindler*, CR 2011, 309 (312); *Rose*, K&R 2011, 439 (441).

b) Beispiel: Überwachung der Legitimationsmedien

Auch bezüglich der Überwachung der Legitimationsmedien des Nutzers ist eine Rechtspflicht anzunehmen[1987]. Die Legitimationsmedien wie Benutzername und Passwort oder der nPA befinden sich in der Verantwortungssphäre des Nutzers und sind Teil der individuellen Infrastruktur des Nutzers. Die Überwachung der in dieser Sphäre liegenden Komponenten ist dem Nutzer aufgegeben. Die eindeutige Identifizierung einer natürlichen Person liegt im Interesse der Allgemeinheit, sodass die Pflicht auch im Interesse der Allgemeinheit besteht.

3. Rechtspflichten des Nutzers im Verwaltungsrechtsverhältnis?

Neben dem Innenverhältnis zwischen dem privaten Nutzer und dem Diensteanbieter stellt sich im Verhältnis zwischen dem Nutzer und der Verwaltung, mithin im Verwaltungsrechtsverhältnis die Frage, ob der Nutzer hier spezifische datenbezogene Rechtspflichten hat. Beispielsweise können sich je nach Fallgestaltung Abgrenzungsfragen zum Datenverlustrisiko stellen[1988]. Maßgeblich dürften die jeweilige Risikosphäre und die Beherrschbarkeit der jeweiligen Infrastruktur sein. Die Einzelheiten zur Lehre vom Verwaltungsrechtsverhältnis können hier nicht nachgezeichnet werden, da ansonsten der Rahmen der Arbeit gesprengt werden würde. Maßgeblich ist jedenfalls die Beherrschbarkeit der genutzten Infrastruktur.

4. Differenzierung nach individuellen und „öffentlichen" Infrastrukturen

Zur Systematisierung der Verantwortlichkeiten der einzelnen Akteure ist eine Differenzierung zwischen den individuellen Infrastrukturen des Nutzers und öffentlich zugänglichen Infrastrukturen der Diensteanbieter sowie der Verwaltung notwendig. Aus der Beherrschbarkeit über diese Infrastrukturen ergibt sich die Zuweisung von Verantwortungssphären und Verantwortungsbeiträgen. So kann der Staat auf die individuelle Infrastruktur des Nutzers nur begrenzt einwirken. Im Wesentlichen kann er diesbezüglich den Nutzer zum Selbstschutz befähigen. Hinsichtlich der öffentlich zugänglichen Infrastrukturen sind jedenfalls geringere Anforderungen an den Selbstschutz des Nutzers zu stellen als bei seiner individuellen Infrastruktur.

III. Selbstschutzpflichten und Selbstschutzobliegenheiten des Nutzers

Vor dem Hintergrund der Differenzierung von Rechtspflichten und Obliegenheiten ist nun zu fragen, ob sich der informationelle Selbstschutz des Nutzers von transaktionsbezogenen E-Government-Anwendungen im Rahmen seiner Verantwortlichkeit in eine der beiden Kategorien fassen lässt. Aus dem Bereich des E-Commerce sind bereits

1987 *Spindler,* CR 2011, 309 (318).
1988 *Ernst,* in: Hoeren/Sieber, Kap. 28.1, Rn. 12.

Selbstschutzpflichten der Nutzer bekannt[1989]. Für den Bereich des E-Governments ist als gesetzgeberisches Leitbild zu erkennen, dass keine Rechtspflichten statuiert werden. Die Leitbilder des De-Mail- und des E-Government-Gesetzes regeln keine direkten Nutzerpflichten. Wenn der Gesetzgeber massiv Sorgfaltspflichten auf den privaten Nutzer verlagern würde, so würde dies nicht nur unter Akzeptanzgesichtspunkten problematisch, sondern auch grundrechtlich problematisch, da er damit die bestehende Selbstverantwortung des Nutzers weiter einschränkt. Ein nicht zu vernachlässigender Faktor ist die drohende Überforderung des Nutzers bei nicht erfüllbaren Pflichten. Selbstschutz hat in jedem Fall etwas mit dem Bewusstsein des Nutzers zu tun. Selbstschutzobliegenheiten adressieren den Nutzer kognitiv. Sie führen dazu, dass der Nutzer sich mit den Konsequenzen ihrer Verletzung auseinandersetzen muss. Selbstschutzpflichten erfordern einen wirksamen Sanktionsmechanismus, der auch tatsächlich und nicht nur rechtlich wirken muss.

1. Grundsätzliche Selbstschutzobliegenheit des Nutzers?

Angesichts eines subsidiären Eingreifens staatlicher Schutzpflichten stellt sich die Frage, wie der Selbstschutz des privaten IT-Nutzers ausgestaltet sein muss. Von *Heckmann* wird die Auffassung vertreten, dass auf einer ersten Ebene den privaten IT-Nutzer mindestens eine Obliegenheit zum informationellen Selbstschutz treffe, auf einer weiteren Stufe der Staat dem Nutzer Hilfe zur Selbsthilfe gewähren müsse und erst als Ultima Ratio auf einer dritten Stufe Maßnahmen denkbar seien, wenn auf der ersten und zweiten Stufe kein Schutz bewirkt werden könne[1990]. Diese Ansicht nimmt die von der Rechtsprechung des BVerfG hervorgehobene Rolle des Selbstschutzes im Verhältnis zum Eingreifen staatlicher Schutzpflichten auf. Konsequent ist an dieser Ansicht, dass der grundsätzlichen Selbstverantwortung eines Nutzers Raum gegeben wird. Bedeuten würde dies, dass jeder Nutzer das Risiko, das er beherrschen kann, auch beherrschen muss. Kritisch gesehen wird in diesem Kontext, dass Selbstschutzobliegenheiten generelle Probleme der digitalen Kommunikation an einen falschen Ort verlagern würden, da viele Nutzer ersichtlich nicht in der Lage seien, die Obliegenheiten zu erfüllen[1991]. Auch eine generelle Abhängigkeit grundrechtlichen Schutzes vom jeweiligen Selbstschutz wird durchaus kritisch gesehen[1992]. Der Idee einer grundsätzlichen Selbstschutzobliegenheit, die sich auf die individuelle Infrastruktur des Nutzers und damit seine Beherrschungssphäre bezieht, ist grundsätzlich zuzustimmen. Sie kommt dem verfassungsrechtlichen Leitbild eines Nutzers mit Selbstverantwortung am nächsten und beugt der Entwicklung vor, dass eine Überbetonung der Schutzpflicht den Nutzer letztlich verantwortungslos stellt. Rechtssystematisch sind grundsätzlich bestehende Obliegenheiten in gefahrgeneigten Bereichen

1989 *Spindler,* Verantwortlichkeiten von IT-Herstellern, Nutzern und Intermediären, BSI-Gutachten 2007, S. 139 f.
1990 *Heckmann,* Käfer-FS, 129 (144); zu den Möglichkeiten bei Telemedienangeboten: *Schnabel/Freund,* CR 2010, 718 (718 ff.).
1991 *Berlit,* JurPC Web-Dok. 39/2011, Abs. 39 f.
1992 *Hoffmann-Riem,* AöR 134 (2009), 513 (528).

der Rechtsordnung nicht unbekannt. Zu nennen sind insbesondere Schadensfernhaltungsobliegenheiten, die v. a. aus dem Versicherungsrecht bekannt sind[1993]. Daher ist dieser Grundgedanke auch aus rechtssystematischer Sicht begrüßenswert. Er korrespondiert insgesamt auch mit dem Leitbild vom medienkompetenten, mündigen und zur digitalen Selbstverantwortung fähigen Nutzers, wie ihn die Nationale E-Government-Strategie vorsieht. Eine grundsätzliche Selbstschutzobliegenheit kann darüber hinaus eine wichtige Reservefunktion in Fällen erfüllen, in denen den Nutzer keine ggf. gesetzlich geregelte Verantwortlichkeit mit stärkerer Zwangsintensität trifft.

2. Selbstschutzpflichten des Nutzers

Über diese grundsätzlich bestehende Selbstschutzobliegenheit hinaus ist zu fragen, ob den Nutzer auch Selbstschutzpflichten treffen, also für den Nutzer Lasten von stärkerer Zwangsintensität bestehen. Im Allgemeinen treffen den privaten IT-Nutzer grundsätzlich Verkehrspflichten im Rahmen deliktischer Haftung[1994]. Es ist bei Verkehrspflichten in jedem Fall eine gesonderte Begründung erforderlich, da es keine allgemeine Rechtspflicht gibt, andere vor Schäden zu bewahren[1995]. Anknüpfungspunkt für eine Zurechnung ist bei Verkehrspflichten die Beherrschung einer besonderen Gefahrenquelle oder vorangegangenes Tun[1996]. Einigkeit besteht darüber, dass der private IT-Nutzer mit der Nutzung seines Computers eine derartige Gefahrenquelle schafft und ihn damit Verkehrspflichten treffen[1997]. Diese Form der Verantwortlichkeit des privaten IT-Nutzers kann durch Vorschriften insbesondere auch des öffentlichen Rechts, die Verhaltensanforderungen statuieren, konkretisiert werden. Für den Nutzer im transaktionsbezogenen E-Government sind hier beispielsweise als Konkretisierung im Sinne eines einzuhaltenden Mindeststandards § 27 Abs. 1 Nr. 3 PAuswG für die Sicherung des Ausweises und § 27 Abs. 2 PAuswG für die Sicherung der PIN zu nennen[1998]. Der Gesetzgeber hat also grundsätzlich auch Selbstschutzpflichten des privaten IT-Nutzers im Auge. Grundsätzlich können hier nicht alle haftungsrechtlich relevanten Konstellationen Erwähnung finden, in denen einen privaten IT-Nutzer Verkehrspflichten treffen, da ansonsten der Rahmen der Arbeit gesprengt werden würde. Es konnte aber gezeigt werden, dass den privaten IT-Nutzer bereits echte Rechtspflichten zum Handeln treffen und ansonsten daneben Obliegenheiten einschlägig sind. Dies deutet grundsätzlich auf ein abgestuftes System von Verantwort-

1993 *Schmidt*, Die Obliegenheiten, S. 105 ff.

1994 *Spindler u. a.*, Verantwortlichkeiten von IT-Herstellern, Nutzern und Intermediären, BSI-Gutachten 2007, S. 118, Rn. 277;

1995 BGH NJW 1987, 2510; Palandt/*Sprau*, § 823 BGB, Rn. 46; Bamberger/Roth-*Spindler*, § 823, Rn. 227; *Koch*, NJW 2004, 801 (803); *Libertus*, MMR 2005, 507 (508).

1996 *Koch*, NJW 2004, 801 (803); *Libertus*, MMR 2005, 507 (508).

1997 *Borges*, Rechtsfragen der Haftung im Zusammenhang mit dem elektronischen Identitätsnachweis, S. 144; *Werner*, Verkehrspflichten privater IT-Nutzer in Bezug auf die Verbreitung von Schadsoftware, S. 140 ff., *Koch*, NJW 2004, 801 (803); *Libertus*, MMR 2005, 507 (509); *Mantz*, K&R 2007, 566 (567).

1998 *Borges*, Rechtsfragen der Haftung im Zusammenhang mit dem elektronischen Identitätsnachweis, S. 144.

lichkeiten des privaten IT-Nutzers hin. Fasst man dies zusammen, so trifft den privaten IT-Nutzer de lege lata bereits ein nicht unerhebliches Programm von Verantwortlichkeiten, welches eine erhebliche kognitive Anforderungsdimension enthält. Eine abstrakte Betrachtung von Nutzerverantwortlichkeiten und der Haftung des Nutzers kann aber nicht ausblenden, dass es bei der Frage der Verantwortlichkeit im konkreten Einzelfall auf eine Vielzahl von Faktoren ankommt[1999].

3. Überforderung des Nutzers

Vor dem Hintergrund dieser anspruchsvollen Verantwortlichkeiten stellt sich die Frage, ob der idealtypisch gedachte Durchschnitts-IT-Nutzer alle die Anforderungen, die an ihn gestellt werden, erfüllen kann. Angesichts der oben unter Teil 2 skizzierten Ausgangslage und der empirischen Ergebnisse zu Nutzertypologien kann hieran durchaus Zweifel bestehen. So sieht beispielsweise auch der Gesetzgeber im Entwurf des De-Mail-Gesetzes den privaten IT-Nutzer als „schwächstes Glied in der Sicherheitskette“ im Bereich der elektronischen Kommunikation[2000]. Auch das BVerfG geht im Urteil zum IT-Grundrecht im Hinblick auf einen wirkungsvollen sozialen und technischen Selbstschutz von einer Überforderungssituation des privaten Nutzers aus[2001]. Der Gesetzgeber hat in diesem Zusammenhang das Problem der Überforderung des privaten Nutzers erkannt und daher ein größeres Pflichtenprogramm für den Diensteanbieter statuiert[2002]. Die Überforderung des Nutzers entsteht nicht nur aus einer kognitiven Überforderung. Vor vielen Angriffsmöglichkeiten auf Kommunikationsvorgänge in der digitalen Welt wie beispielsweise man-in-the-middle-Angriffe kann sich ein Nutzer nicht wirksam schützen[2003], da er diese im Zweifel gar nicht bemerkt. So kann er drohenden Schadensszenarien nicht begegnen. Auch das BVerfG führt im Urteil zur Online-Durchsuchung aus, dass informationstechnische Systeme mittlerweile einen derart hohen Komplexitätsgrad erreicht haben, dass ein wirkungsvoller sozialer und technischer Selbstschutz Schwierigkeiten bereitet und jedenfalls den Durchschnittsnutzer überfordern kann[2004]. Sicherlich gibt es technikaffine Nutzergruppen, für die der hohe Komplexitätsgrad der Systeme und die Gewährleistung von Selbstschutz kein Problem darstellt. Für eine Gesamtbeurteilung ist jedenfalls aber auf einen Durchschnitts-Nutzer abzustellen. Der Staat muss daher seinen Blick auch auf die Schwächeren im Internet richten und darf die Kluft zwischen der Technikaffinität unterschiedlicher Nutzergruppen nicht ignorieren[2005].

1999 *Möller*, in: Hornung/ders. (Hrsg.), § 18 PAuswG, Rn. 38 am Beispiel der Nutzerverantwortlichkeiten beim nPA.

2000 BT-Drs. 17/3630, S. 26.

2001 BVerfGE 120, 274 (306); *Luch*, MMR 2011, 75 (79).

2002 BT-Drs. 17/3630, S. 21.

2003 *Borges u. a.*, Identitätsdiebstahl und Identitätsmissbrauch im Internet, S. 50.

2004 *Schröder/Schröder*, Die Online-Durchsuchung, S. 103 mit Verweis auf BVerfG 1 BvR 370/07, 1 BvR 595/07, Rn. 180.

2005 *Heckmann*, K&R 2010, 770 (774).

4. Zumutbarkeit des Selbstschutzes

a) „Digitale Verantwortungsfähigkeit"

Unter Berücksichtigung der Entwicklung des Internets und des Wandels zur Informationsgesellschaft, welcher weite Kreise der Bevölkerung erfasst hat, wird man daher zurückhaltend sein müssen, an einen vermeintlich „typischen Internetnutzer" überspannte Sorgfaltsanforderungen zu stellen, weil das Wissen um Einstellungen, Softwareverwendung und Risiken bei privaten Nutzern zwischen den unterschiedlichen Nutzergruppen zum Teil erheblich variiert[2006]. Verantwortung kann ein Nutzer nur für etwas übernehmen, was er auch durchschaut. Darüber hinaus muss sich das zu beherrschende Risiko im Einwirkungsbereich des Nutzers befinden. Unter digitaler Verantwortungsfähigkeit ist zu verstehen, dass ein Nutzer in der Lage ist, Risiken im Rahmen der digitalen Kommunikation zu erkennen[2007] und Maßnahmen zur Abwehr zu ergreifen. Insoweit ist das Maß der digitalen Verantwortungsfähigkeit auch unterschiedlich ausgeprägt. Gleichwohl ist der Nutzer digitaler Kommunikation als Träger von Grundrechten auch zum Tragen eines gewissen Mindestmaßes an Verantwortung berufen, da ihm ebendieses von der Rechtsordnung abgefordert wird. Der Staat kann bei der Umsetzung seiner Schutzpflicht auch faktisch nicht jeden Nutzer individuell betreuen. Das dem Nutzer abzuverlangende Maß an Verantwortung ist aber auch nicht statisch zu bestimmen, sondern kann sich wandeln. Verkehrserwartungen können sich nämlich mit zunehmender Verbreitung eines Risikobewusstseins und der Kenntnis möglicher Gegenmaßnahmen im IT-Bereich auch wandeln[2008]. Momentan geht der Gesetzgeber für den Bereich des transaktionsbezogenen E-Governments im Kontext von De-Mail davon aus, dass die digitale Verantwortungsfähigkeit z. B. bei der Frage der Zugangseröffnung noch nicht stark ausgeprägt ist und ein Schwerpunkt bei den Aufklärungspflichten liegt[2009]. In der Diskussion um die Verantwortung des Nutzers digitaler Kommunikation wird auch der Begriff der digitalen Souveränität häufig verwendet. Nach der Studie „Zukunftspfade digitales Deutschland 2020" bedeutet digitale Souveränität, Informations- und Kommunikationstechnologien bzw. digitale Medien sinnvoll bei der Suche, Beurteilung und Verwendung von Daten und Informationen im Internet einsetzen zu können, kompetent mit den eigenen Daten umgehen zu können, Chancen und Vorteile der Digitalisierung zu erkennen und zu nutzen, aber auch, sich möglicher Gefahren bei der Internetnutzung bewusst zu sein – sowohl im Hinblick auf den technischen als auch auf den organisatorischen Umgang[2010]. Auch hier wird ähnlich wie in der Nationalen E-Government-Strategie vom Leitbild eines mündigen, digital souveränen Bürgers ausgegangen[2011]. Diese digitale Souveränität setzt aber auch eine Verantwortungsfähigkeit des Nutzers voraus, die

2006 *Spindler,* Verantwortlichkeiten von IT-Herstellern, Nutzern und Intermediären, BSI-Gutachten 2007, S. 121, Rn. 284; *ders.,* JZ 2004, 1128 (1129).

2007 Insoweit kritisch zum De-Mail-Konzept: *Berlit,* JurPC Web-Dok. 39/2011, Abs. 40.

2008 *Spindler,* JZ 2004, 1128 (1129).

2009 BR-Drs. 557/12 (Beschluss), S. 12.

2010 Studie Zukunftspfade digitales Deutschland 2020, S. 34.

2011 Studie Zukunftspfade digitales Deutschland 2020, S. 34.

von verschiedenen Faktoren wie Wissen über Risiken abhängt. Diese Form von Verantwortungsfähigkeit muss der Nutzer erst erlangen, bevor er digital souverän sein kann.

b) Sorgfaltsmaßstab für den Nutzer

So wie die technische Entwicklung auch ist der den Nutzer treffende Sorgfaltsmaßstab einer steten Veränderung unterworfen[2012]. Angesichts der vielen Gefahren im Bereich der elektronischen Kommunikation und der für den Nutzer begrenzten Möglichkeiten zu reagieren, stellt sich die Frage, welcher Sorgfaltsmaßstab von einem Nutzer verlangt werden kann. Auch diese Frage kann nicht abstrakt und losgelöst vom Einzelfall beantwortet werden. Maßgeblich sind Faktoren wie die Erkennbarkeit des Schadens, die Beherrschbarkeit der Risikosphäre, der Aufwand für Gegenmaßnahmen und der kognitive Zugang.

c) „Digitale Verantwortungsbereitschaft"

Neben der digitalen Verantwortungsfähigkeit eines privaten Nutzers ist auch dessen digitale Verantwortungsbereitschaft entscheidend. Diese Frage ist eng mit derjenigen verknüpft, welches Restrisiko zu tragen ist. Einem privaten Nutzer ist es nicht zumutbar, dass er sich den ganzen Tag mit dem Schutz seiner personenbezogenen Daten beschäftigt[2013]. Der von einem privaten Nutzer zu erwartende Beitrag muss stattdessen auch im Verhältnis zu den Möglichkeiten stehen, die er hat. Besteht eine Sicherheitslücke im Bereich des Servers eines Diensteanbieters[2014], ist dies eine Risikosphäre, die ein privater Nutzer gar nicht beherrschen kann. Es steht damit die Frage im Raum, wie viel Risiko der Gesetzgeber dem einzelnen Bürger im Rahmen seiner Lebensführung zumuten darf[2015] und wo die staatliche Schutzpflicht es gebietet, dieses Risiko zu minimieren. Jedenfalls darf der private Nutzer nur für eine Risikosphäre verantwortlich gemacht werden, auf die dieser auch Einfluss hat. Insbesondere dürften hier die individuelle Infrastruktur wie das private WLAN, der PC, ein mögliches Lesegerät für den nPA sowie der Umgang mit den eigenen Identitätsdaten und z. B. Legitimationsmedien im Vordergrund stehen. In diesem Zusammenhang können sich aber staatlicherseits Aufklärungspflichten ergeben. Ein bloßer Hinweis auf die Notwendigkeit zu vorbeugendem Selbstschutz kann aber ggf. auch unzureichend sein[2016]. Das entscheidende Kriterium im Rahmen der digitalen Verantwortungsbereitschaft eines privaten Nutzers ist also die Zumutbarkeit im Hinblick auf die Verantwortung. Darüber hinaus ist es praktisch bedeutsam, dass der Nutzer informationellen Selbstschutz wie

2012 *Spindler u. a.*, Verantwortlichkeiten von IT-Herstellern, Nutzern und Intermediären, BSI-Gutachten 2007, S. 123, Rn. 284; *ders.*, JZ 2004, 1128 (1129); *Kind/Werner*, CR 2006, 353 (355).

2013 *Lüke*, in: Schmidt/Weichert (Hrsg.), Datenschutz, 154 (163).

2014 Vgl. hierzu die Mitteilung des BSI unter: https://www.bsi.bund.de/DE/Presse/Pressemitteilungen/Presse2014/Neuer_Fall_von_Identitaetsdiebstahl_07042014.html (letzter Abruf: 08.11.2015)

2015 *Placzek*, Allgemeines Persönlichkeitsrecht und privatrechtlicher Informations- und Datenschutz, S. 132.

2016 *Hoffmann-Riem*, in: Klumpp u. a. (Hrsg.), Netzwelt – Wege, Werte, Wandel, 165 (174).

beispielsweise technische und organisatorische Maßnahmen gegen Schadensereignisse als Angelegenheiten im eigenen Interesse wahrnimmt[2017]. Je größer der kognitive Zugang eines Nutzers zu den Risiken und Nebenwirkungen digitaler Kommunikation und je klarer das individuelle Restrisiko abschätzbar ist, desto größer dürfte auch seine digitale Verantwortungsbereitschaft und damit auch die erzielte Schutzwirkung sein[2018]. Das bedeutet: Je größer die digitale Verantwortungsfähigkeit ist, desto größer ist auch die digitale Verantwortungsbereitschaft. Auch in diesem Zusammenhang gilt für den Nutzer der Wahlspruch der Aufklärung: „Wage, zu wissen" („sapere aude")[2019], da er gehalten ist, informationelle Kontexte auf Gefahren und seine Verantwortung hin zu hinterfragen. Für den Gesetzgeber, der die grundrechtliche Schutzpflicht umsetzen muss, ist dieser Zusammenhang von Bedeutung.

5. Selbstschutzmaßnahmen

Nachdem geklärt wurde, dass ein Mindestmaß an Verantwortungsbereitschaft den Nutzer von transaktionsbezogenen E-Government-Anwendungen trifft, sollen nun einzelne konkrete Selbstschutzmaßnahmen kurz diskutiert werden, die im Einwirkungsbereich des Nutzers liegen.

a) Einsatz von Virenscannern

Sehr häufig wird der Einsatz von Virenscannern durch den Nutzer als Maßnahme in der Diskussion genannt. Sehr häufig verbreiten sich Viren durch befallene Datenträger und den Versand von E-Mails. Mit Virenschutzsystemen ist es möglich, das Wirksamwerden eingedrungener Schadenssoftware durch frühzeitige Erkennung und Unschädlichmachung zu verhindern[2020]. Ist ein Computer befallen, so ist dieser als besondere Gefahrenquelle einzustufen, die die Zurechnung einer Verkehrspflicht rechtfertigt[2021]. Die zentrale Frage in diesem Kontext ist, ob der Nutzer rechtlich zum Einsatz von Virenscannern verpflichtet ist oder nicht. Die inzwischen herrschende Meinung geht davon aus, dass der Nutzer eines Rechners mit Internetanschluss verpflichtet ist, ein Virenschutzprogramm zu installieren[2022]. Damit ist grundsätzlich auch jeder Nutzer von transaktionsbezogenen E-Government-Anwendungen erfasst. Unterschiedliche Auffassungen werden zur Aktualität des Virenschutzes vertreten. Hier finden sich sowohl Ansichten, die von einer wöchentlichen[2023], als auch solche, die von

2017 *Heibey*, in: Roßnagel (Hrsg.), HBDSR, Kap 4.5, Rn. 144.

2018 *Pohlmann*, DuD 2014, 714 (714).

2019 *Ullrich*, DuD 2014, 696 (700).

2020 *Heibey*, in: Roßnagel (Hrsg.), HBDSR, Kap 4.5, Rn. 131; hierzu grundlegend: *Hossenfelder*, Pflichten von Internetnutzern zur Abwehr von Malware und Phishing in Sonderverbindungen.

2021 *Koch*, NJW 2004, 801 (803); *Libertus*, MMR 2005, 507 (509).

2022 *Borges*, Rechtsfragen der Haftung im Zusammenhang mit dem elektronischen Identitätsnachweis, S. 144 f.

2023 *Libertus*, MMR 2005, 507 (510).

einer monatlichen Aktualisierungspflicht[2024] sowie von einer Anforderung des „aktuellen" oder „neusten" Virenschutzprogrammes[2025] ausgehen. Da viele Virenschutzprogramme ohnehin automatisch eine tagesgenaue Aktualisierung umfassen und es kostenlose Virenschutzprogramme gibt, die mit überschaubarem Aufwand auf einem privaten Rechner zu installieren sind, wird man entgegen den vorher genannten Ansichten eine Pflicht zur Verwendung eines aktuellen Virenschutzes in Form des zuletzt verfügbaren Updates als für den privaten Nutzer zumutbar bejahen können[2026].

b) Einsatz von Firewalls

Eine maßgebliche praktische Bedeutung haben Firewalls. Sie ermöglichen eine vollständige Kontrolle des Datenverkehrs und können Angriffe aus dem Internet oder Netzwerken mit anderem Schutzbedarf abwehren[2027]. Eine Firewall lässt gezielt und kontrolliert Übergänge zwischen einzelnen Netzen zu[2028]. Die Pflicht für den privaten Nutzer, eine Firewall einzusetzen, wird zum Teil ohne Begründung bejaht[2029]. Eine weitere Ansicht stellt darauf ab, dass eine vorinstallierte Firewall zumindest nicht abgeschaltet werden darf[2030]. Eine weitere Ansicht lehnt die grundsätzliche Pflicht für den Einsatz von Firewalls zumindest für den Privatnutzer ab, da es an der Bekanntheit fehle, die Benutzung kompliziert sei und daher dem Durchschnittsnutzer nicht zuzumuten sei[2031]. Es lässt sich aber festhalten, dass es integrierte Systeme gibt, die sowohl einen Virenscanner als auch eine Firewall als Bestandteil der Grundeinstellungen enthalten. Damit ist die Bedienung im Einzelfall aber trotzdem noch nicht unbedingt dem Durschnittsnutzer zuzumuten. Firewalls arbeiten aufgrund eines bestimmten Regelsatzes und stellen Anfragen an den Nutzer[2032]. Dieser muss die Anfragen dann mit seinem Kenntnisstand beantworten. So kann es sein, dass der Nutzer beispielsweise auch einem gefährlichen Programm entsprechenden Zugriff gewährt. Aufgrund der Kompliziertheit der Bedienung von Firewalls ist hier davon auszugehen, dass für den privaten Nutzer keine Pflicht zum Einsatz derselben besteht.

2024 *Spindler u. a.*, Verantwortlichkeiten von IT-Herstellern, Nutzern und Intermediären, BSI-Gutachten 2007, S. 124, hält aber auf S. 126 eine wöchentliche Aktualisierung für erforderlich.

2025 *Leible/Sosnitza*, K&R 2002, 51 (51); *Schneider/Günther*, CR 1997, 389 (349).

2026 So auch *Borges*, Rechtsfragen der Haftung im Zusammenhang mit dem elektronischen Identitätsnachweis, S. 145.

2027 *Lubnow*, in: Bieler/Schwarting (Hrsg.), e-Government, 637 (655) = Rn. 492.

2028 *Eckert*, IT-Sicherheit, S. 728.

2029 Vgl. etwa: LG Köln, 05.12.2007, 9 S 195/07, MMR 2008, 259 (261); *Libertus*, MMR 2005, 507 (510); *Meder/Blissenbach*, EWiR 2008, 243 (244), *Mühlenbrock/Dienstbach*,MMR 2008, 630 (631).

2030 *Werner*, Verkehrspflichten privater IT-Nutzer in Bezug auf die Verbreitung von Schadsoftware S. 163; AG Wiesloch, 20.6.2008, 4 C 57/08, MMR 2008, 626 (627).

2031 *Spindler u. a.*, Verantwortlichkeiten von IT-Herstellern, Nutzern und Intermediären, BSI-Gutachten 2007, S. 128, Rn. 301.

2032 *Lubnow*, in: Bieler/Schwarting (Hrsg.), e-Government, 637 (655) = Rn. 492.

c) Verhalten im E-Mail-Verkehr

Neben dem Einsatz der technischen Systeme zum Schutz vor Schäden der individuellen Infrastruktur des privaten Nutzers ist auch das Verhalten des Nutzers maßgeblich. Dieses betrifft insbesondere auch das Verhalten des Nutzers im E-Mail-Verkehr. Ein besonderes Gefahrenpotenzial bergen E-Mail-Anhänge in sich. Der private Nutzer ist verpflichtet, unbekannte und verdächtige Anhänge von E-Mails im Zweifelsfall ungeöffnet zu löschen bzw. nur nach Verifizierung des Absenders zu öffnen[2033]. Es darf heute zum allgemeinen Kenntnisstand eines durchschnittlichen Internetnutzers gehören, dass E-Mail-Anhänge potenziell gefährlich sind[2034]. Daher ist eine bestimmte Verhaltensobliegenheit des Nutzers anzunehmen, verdächtige Anhänge einer E-Mail nicht zu öffnen. Eine haftungsbewährte Pflicht ist in diesem Zusammenhang auf abstrakter Ebene jedenfalls schwierig anzunehmen.

d) Ende-zu-Ende-Verschlüsselung der E-Mail-Kommunikation?

Im Rahmen der elektronischen Kommunikation wird häufig die Ende-zu-Ende-Sicherheit mittels Verschlüsselung diskutiert[2035]. Insbesondere das Schutzziel der Integrität der Kommunikation kann im Kontext der digitalen Kommunikation mittels einer Ende-zu-Ende-Verschlüsselung erreicht werden. Bei einer Ende-zu-Ende-Verschlüsselung werden die Nutzdaten eines Datenpakets vom Absender verschlüsselt und erst vom Empfänger wieder entschlüsselt[2036]. Im Zuge der Beratungen des De-Mail-Gesetzes wurde dies vielfach diskutiert, eine gesetzliche Pflicht wurde aber nicht in das De-Mail-Gesetz aufgenommen[2037]. Die Ende-zu-Ende-Verschlüsselung gilt unter dem Gesichtspunkt der Datensicherheit und im Hinblick auf die Integrität der Kommunikationsinhalte als sicherste Variante, die aber zugleich einen höheren technischen und organisatorischen Aufwand für den Nutzer bedeutet. Fraglich ist, ob die-

2033 *Spindler u. a.*, Verantwortlichkeiten von IT-Herstellern, Nutzern und Intermediären, BSI-Gutachten 2007, S. 132, Rn. 312.

2034 *Spindler u. a.*, Verantwortlichkeiten von IT-Herstellern, Nutzern und Intermediären, BSI-Gutachten 2007, S. 132, Rn. 312.

2035 Vgl. hierzu den Koalitionsvertrag zwischen CDU, CSU und SPD: „Deutschlands Zukunft gestalten", S. 104, zu finden unter: http://www.bundesregierung.de/Content/DE/_Anlagen/2013/2013-12-17-koalitionsvertrag.pdf?__blob=publicationFile (letzter Abruf: 08.11.2015), sowie auch das Interview mit den Staatssekretären Gerd Billen und Ulrich Kelber aus dem Bundesministerium für Justiz und Verbraucherschutz mit iRights.info, zu finden unter: http://irights.info/artikel/wir-muessen-bei-jeder-regelung-mit-bedenken-ob-sie-auch-im-digitalen-raum-passt/23367 (letzter Abruf: 08.11.2015); zu einem möglichen Anspruch des Bürgers auf Verschlüsselung: *Petersen,* Die Rechtsprobleme des Electronic Government, S. 94 ff.

2036 *Eckert,* IT-Sicherheit, S. 773; zur datenschutzrechtlichen Wirkung von Verschlüsselung: *Hartung/Stiemerling,* CR 2012, 60 (62 ff.).

2037 Vgl. zu den freiwilligen Angeboten der Diensteanbieter: Kommune 21, 6/2015, S. 6, wonach die De-Mail-Anbieter Deutsche Telekom, Francotyp-Postalia sowie United Internet (1&1, Web.de und GMX) ein vereinfachtes Ende-zu-Ende-Verschlüsselungsverfahren für De-Mails anbieten, welches für Nutzer ohne besondere Vorkenntnisse handhabbar sei; eine weitere freiwillige Möglichkeit für den Privatnutzer findet sich unter: https://volksverschluesselung.sit.fraunhofer.de/ (letzter Abruf: 25.11.2015).

se sich unter die Kategorien von Nutzerpflichten und Nutzerobliegenheiten fassen lässt. Nutzerpflichten scheiden aus, da es keine entsprechende gesetzliche Regelung gibt. Auch der gesetzliche Rahmen für elektronische Kommunikation überlässt den Einsatz einer Ende-zu-Ende-Verschlüsselung der Entscheidung von Diensteanbieter und Nutzer. Das EGovG des Bundes regelt hierfür keine Vorgaben. Nach dem EGovG des Freistaates Sachsen sind nach § 2 Abs. 1 S. 3 für die elektronische Kommunikation durch die Verwaltung Verschlüsselungsverfahren anzubieten und diese auch im Regelfall anzuwenden, ohne dass das Gesetz diese Verfahren spezifiziert. Für den Bürger und für Unternehmen besteht dagegen die Wahl, ob sie Verschlüsselungsverfahren nutzen wollen oder nicht[2038]. Das bedeutet, dass sie auch die unsichere Variante der einfachen E-Mail wählen können. Das „Ob" einer Ende-zu-Ende-Verschlüsselung ist momentan also der freiwilligen Entscheidung des Nutzers überlassen. Da diese aber bisher beim privaten Nutzer nicht weit verbreitet ist, kommt den Anstrengungen zur Stärkung einer „gewohnheitsmäßigen Verschlüsselung" z. B. durch Öffentlichkeitskampagnen besondere Bedeutung zu[2039]. Grundsätzlich wird man sagen müssen, dass die staatliche Schutzpflicht für die informationelle Selbstbestimmung nicht so konkret bestimmbar ist, dass hieraus eine Ende-zu-Ende-Verschlüsselung ableitbar ist. Es ist somit verfassungsrechtlich zulässig, die Frage über das „Ob" einer Ende-zu-Ende-Verschlüsselung in die Sphäre des privaten Nutzers zu verlagern und diesen eigenverantwortlich entscheiden zu lassen. Damit ist aber noch nicht gesagt, dass es nicht sinnvoll wäre, eine Ende-zu-Ende-Verschlüsselung gesetzlich vorzuschreiben. Insbesondere weil an anderer Stelle in Konkretisierung gesetzlicher Vorschriften eine Ende-zu-Ende-Verschlüsselung stattfindet, ist es schwer, zu erklären, warum dies im Bereich des transaktionsbezogenen E-Governments nicht gelten sollte.

e) Pflicht zur Sicherung der technischen Umgebung des nPA?

Auch für den Einsatz des nPA gibt es gesetzliche Maßgaben, die den Nutzer adressieren. Nach § 27 Abs. 3 PAuswG soll der Personalausweisinhaber durch technische und organisatorische Maßnahmen gewährleisten, dass der elektronische Identitätsnachweis gemäß § 18 PAuswG nur in einer Umgebung eingesetzt wird, die nach dem jeweiligen Stand der Technik als sicher anzusehen ist. Orientieren soll er sich insbesondere an Systemen und Bestandteilen, die vom BSI als für diesen Einsatz sicher bewertet wurden. Fraglich ist, ob es sich bei dieser Verhaltensanforderung um eine Nutzerobliegenheit oder eine Nutzerpflicht handelt. Der nPA muss für die Nutzung des elektronischen Identitätsnachweises zusätzlich mit einem Lesegerät und zugehöriger Software betrieben werden, sodass dieses Gesamtsystem als „Informationstechnisches System" im Sinne des IT-Grundrechts aufgefasst werden kann[2040]. In der Formulierung verwendet das Gesetz das Wort „soll", was in der Tendenz im Duktus verwal-

2038 Vgl. hierzu LT-Drs. 5/13651, S. 33.

2039 So zu Recht *Kiometzis*, DuD 2014 709 (712), der dieses als wirksamer ansieht, als das, was die Initiative „E-Mail made in Germany" suggeriert.

2040 *Neidert*, in: Schliesky (Hrsg.), Gesetz über Personalausweise und den elektronischen Identitätsnachweis, § 27 Rn. 12.

tungsrechtlicher Vorschriften für eine Nutzerpflicht spricht[2041]. Es fehlt aber ein Sanktionsmechanismus für den Fall der Nichtbefolgung dieser Verhaltensmaßregel[2042], was gegen das Vorliegen einer Rechtspflicht spricht. Nach der Gesetzgebungsgeschichte handelt es sich um eine sanktionslose Norm[2043]. Im Rahmen des Gesetzgebungsverfahrens ging der Bundesrat davon aus, dass es sich bei den Regelungen in § 27 Abs. 2 und 3 PAuswG um Obliegenheiten und keine Rechtspflichten handele, da Verstöße kaum nachweisbar seien und nicht sanktioniert würden[2044]. Es hätte einer gesetzlichen Regelung nicht unbedingt bedurft, da diese Obliegenheiten für den mündigen Bürger, der auf die elektronische Identifikation mittels nPA zurückgreife, ohnehin gelten[2045]. Würde man hier das Vorliegen einer echten Rechtspflicht des Nutzers annehmen, so würde der Nutzer vor ein anspruchsvolles Pflichtenprogramm gestellt, das ein nicht unerheblicher Teil der Nutzer kaum erfüllen könnte. Der Nutzer hat bereits nach § 27 Abs. 1 Nr. 3 PAuswG den Verlust seines nPA anzuzeigen und das Unterlassen stellt eine Ordnungswidrigkeit nach § 32 Abs. 1 Nr. 9 PAuswG dar[2046]. Für diesen Fall besteht also ein Sanktionsmechanismus, was für das Vorliegen einer echten Rechtspflicht zur Verlustanzeige spricht. Um den Nutzer mit Pflichten in der Summe nicht zu überfordern, ist es angezeigt, für die Sicherung der technischen Umgebung nicht von einer Rechtspflicht auszugehen. Es spricht hier insgesamt mehr dafür, dass es sich um eine Obliegenheit des Nutzers handelt[2047].

f) Restrisiko für den Nutzer

Trotz aller Selbstschutzmaßnahmen bei der elektronischen Kommunikation bleibt ein gewisses Restrisiko, welches aus der Vielgestaltigkeit der skizzierten Gefahrenlagen resultiert. Restrisiken treten in vielen Lebensbereichen wie z. B. auch im Straßenverkehr auf. Im digitalen Umfeld treten auch bei installierten Virenprogrammen durchaus noch Restrisiken auf[2048]. Fraglich ist, wie die Rechtsordnung damit umgeht. In vielen Lebensbereichen trägt der Bürger Restrisiken. Es ist auch anerkannt, dass staatliche Schutzpflichten nicht vor jeglichem Restrisiko schützen können[2049]. Ob das Tragen von Restrisiken bei der Nutzung von transaktionsbezogenen E-Government-An-

2041 *Borges,* Rechtsfragen der Haftung im Zusammenhang mit dem elektronischen Identitätsnachweis, S. 141.

2042 *Neidert,* in: Schliesky (Hrsg.), Gesetz über Personalausweise und den elektronischen Identitätsnachweis, § 27 Rn. 12.

2043 *Borges u. a.,* Identitätsdiebstahl und Identitätsmissbrauch im Internet, S. 289.

2044 Beschluss des Bundesrates vom 19.08.2008 aufgrund der Beschlussempfehlung der Ausschüsse für Innere Angelegenheiten, des Finanzausschusses und des Rechtsausschusses zu § 27 PAuswG, BT-Drs. 550/1/08, S. 18 sowie BT-Drs. 16/10489, S. 59.

2045 BT-Drs. 550/1/08, S. 18, sowie BT-Drs. 16/10489, S. 59.

2046 *Borges,* Rechtsfragen der Haftung im Zusammenhang mit dem elektronischen Identitätsnachweis, S. 140.

2047 *Borges,* Rechtsfragen der Haftung im Zusammenhang mit dem elektronischen Identitätsnachweis, S. 141, spricht von einem rechtlichen Hinweis.

2048 *Spindler u. a.,* Verantwortlichkeiten von IT-Herstellern, Nutzern und Intermediären, BSI-Gutachten 2007, S. 129.

2049 *Heckmann/Seidl/Maisch,* Sicherheitsniveau bei der elektronischen Kommunikation, S. 71.

wendungen sachgerecht ist, wie die Verantwortung aufzuteilen ist sowie die Frage, was die E-Government anbietende Verwaltung in Umsetzung der auch ihr zukommenden staatlichen Schutzpflicht in diesem Kontext erfüllen muss, soll im Folgenden weiter erörtert werden.

6. Befähigung zum Selbstschutz im Rahmen der Schutzpflicht

Zunächst bleibt festzuhalten, dass der Selbstschutz des Nutzers ein wichtiges Element ist. Die Befähigung des Nutzers zum Selbstschutz stellt ein wichtiges Element im Rahmen der Umsetzung der staatlichen Schutzpflicht durch alle drei staatlichen Gewalten dar. Selbstschutz kann in Form von Selbstschutzpflichten oder in Form von Selbstschutzobliegenheiten auftauchen. Der Schutzpflichten umsetzende Staat muss die Art des Selbstschutzes genau vorher analysieren und dann konzeptionell vorsehen, wie er den Nutzer zum Selbstschutz befähigt. Es gibt Konstellationen, in denen Selbstschutz praktisch wirkungslos ist, und solche, in denen Selbstschutz mit überschaubarem Aufwand zu bewältigen ist. Alles das muss im Rahmen der Schutzpflicht gegeneinander abgewogen werden.

IV. Zulässige Selbstgefährdung als autonome Entscheidung?

Der Selbstschutz des Nutzers setzt voraus, dass dieser Verantwortung für sein Handeln im Rahmen der elektronischen Kommunikation übernimmt. Daher ist hier insgesamt auch die Frage zu stellen, ob die elektronische Kommunikation ein Anwendungsraum für Gedanken der Autonomie und der zulässigen Selbstgefährdung sein kann oder ob Maßstäbe, die dem Verbraucherschutzrecht ähneln, anzuwenden sind[2050]. Zwar kommt dem einzelnen Nutzer grundsätzlich Verantwortung zu und es ist bei der Schutzgewährung sicherzustellen, dass diesem die Verantwortung nicht ganz abgenommen wird. Es ist aber festzustellen, dass die Handlung des einzelnen Nutzers Ausstrahlungswirkung auf andere Nutzer hat, was im Sinne eines effektiven Schutzes dafür spricht, dass der sich selbst gefährdende Nutzer Restriktionen unterliegen muss[2051]. Gerade im IT-Kontext kann das verantwortungslose Verhalten Einzelner sehr viele andere Nutzer treffen und zu großen Schäden führen. Ein Beispiel hierfür sind sog. Botnetze[2052]. Insoweit spricht hier viel dafür, dass der Selbstgefährdung der Nutzer aufgrund autonomer Entscheidung auch Grenzen gesetzt sein müssen. Die oben genannte Studie zur Nutzertypologie weist aus, dass es durchaus Nutzer mit der Tendenz zur autonomen Selbstgefährdung gibt. Diese müssen sich im Zweifel Obliegenheitsverletzungen zurechnen lassen. In jedem Fall gebietet es die staatliche Schutzpflicht, der autonomen Selbstgefährdung einzelner Nutzer im Rahmen der digitalen Kommunikation zumindest Grenzen zu setzen.

2050 Diese Frage wird zu Recht aufgeworfen von: *Heckmann*, K&R 2010, 770 (772); zur möglichen Vorbildfunktion der Maßstäbe des Verbraucherschutzrechts siehe unten unter: Teil IV, D., 2.

2051 So zu Recht *Schulz S. E.*, in: Schliesky (Hrsg.), Die Vermessung des virtuellen Raumes, 265 (302).

2052 Vgl. hierzu *Roos/Schumacher*, MMR 2014, 377 (377 ff.).

V. Zwischenergebnis

Informationeller Selbstschutz des Nutzers ist im Rahmen der aus der verfassungsrechtlich garantierten Freiheit resultierenden Verantwortung ein wichtiges Element, welches bei der Umsetzung staatlicher Schutzpflichten Berücksichtigung finden muss. Dieser tritt vereinzelt in Form von gesetzlich geregelten Selbstschutzpflichten, verstärkt aber in Form von Selbstschutzobliegenheiten auf. Neben dem spezifischen E-Government-Rechtsrahmen sind hier insbesondere auch allgemeine haftungsrechtliche Vorschriften einschlägig. Auch wenn es kaum direkte Rechtspflichten gibt, kann hier festgehalten werden, dass das Anforderungsprogramm an den Nutzer von transaktionsbezogenen E-Government-Anwendungen steigt. Die Selbstschutzobliegenheiten des Nutzers sind zwar Lasten mit minderer Zwangsintensität, adressieren jedoch auch die digitale Verantwortungsfähigkeit und -bereitschaft des Nutzers.

Eine grundsätzliche Obliegenheit zum informationellen Selbstschutz besteht für jeden Nutzer als Korrelat seiner grundrechtlichen Freiheit. Obliegenheiten haben den Vorteil, dass sie flexibler einsetzbar sind, weil sie keinen Sanktionsmechanismus erfordern und sich auch ohne gesetzliche Regelung in Vertragsverhältnissen ergeben können.

Es gibt jedoch Gefahrenkonstellationen, in denen informationeller Selbstschutz wirkungslos ist. Insbesondere in diesen Konstellationen ist der Staat im Rahmen seiner staatlichen Schutzpflicht gefragt, Abhilfe zu schaffen. Selbstdatenschutz ist insgesamt ein notwendiges und unverzichtbares Konzept zum Schutz der informationellen Selbstbestimmung.

D. Reichweite staatlicher Schutzpflichten an ausgewählten Beispielen

In den vorstehenden Abschnitten konnte deutlich gemacht werden, dass es ein Zusammenspiel zwischen der Umsetzung staatlicher Schutzpflichten für die digitale Kommunikation und der Verantwortung des einzelnen Nutzers für den digitalen Selbstschutz gibt. Zu untersuchen ist, wie beide Elemente zueinander im Verhältnis stehen. Zu starker Schutz kann zu staatlicher Bevormundung führen und zu wenig Schutz zu einer Hilflosigkeit des privaten Nutzers. Daher soll im Folgenden analysiert werden, ob aus dem Verhältnis von staatlicher Schutzpflicht und Eigenverantwortung des Einzelnen in anderen Lebensbereichen Erkenntnisse für den Bereich der elektronischen Kommunikation gezogen werden können.

I. Vergleich mit dem Straßenverkehr?

Der Vergleich der Internetnutzung mit dem Straßenverkehr hat eine gewisse Tradition, sodass insbesondere in den Neunzigerjahren von der „Datenautobahn“ die Rede war[2053]. Zu fragen ist daher, ob es hier Parallelitäten mit der IT-Nutzung geben kann. Zunächst gibt es im Straßenverkehr einen Kanon von gesetzlich geregelten Verhaltenspflichten, die jedermann beachten muss. Diese sind im Wege eines Bußgeldes und ggf. anderer Maßnahmen sanktioniert. Das Schutzgut hinter diesen Verhaltensregeln ist die körperliche Unversehrtheit jedes einzelnen Verkehrsteilnehmers. Innerhalb dieser Regeln sind auch klare gesetzliche Handlungspflichten wie die Gurtpflicht statuiert[2054]. Hier hat der Gesetzgeber die Frage der Umsetzung der Schutzpflicht nach intensiver öffentlicher Diskussion[2055] ziemlich konsequent behandelt und der Eigenverantwortung des einzelnen Fahrzeugführers wenig Raum gelassen. Im Hinblick auf die Fahrzeugsicherheit hat der Gesetzgeber mit den TÜV-Hauptuntersuchungen eine intensive Form der Vorabkontrolle geschaffen, die wiederum wenig Raum für Eigenverantwortung lässt. Darüber hinaus gibt es eine Haftpflichtversicherung, um eventuelle Schäden abzudecken. Wenn man den Straßenverkehr nun mit dem IT-Bereich vergleichen möchte, dann fällt auf, dass der Horizont beim Straßenverkehr eher im nationalstaatlichen Kontext liegt und nicht im globalen. Risiken im Straßenverkehr können sehr schnell die körperliche Unversehrtheit eines Menschen und die Dritter betreffen, wohingegen die IT-Gefährdungen tendenziell eher auf Vermögens- oder immaterielle Schäden des Nutzers oder Dritter gerichtet sind. Risiken im Straßenverkehr sind ebenfalls für den Einzelnen meistens direkt erkennbar. Im IT-Bereich lauern oft versteckte Gefährdungen, die der Betroffene im Zweifel gar nicht bemerkt wie z. B. Botnetze, die ganze Staaten lahmlegen können[2056]. Betrachtet man die Selbstschutzmöglichkeiten des Einzelnen, so sind diese im Straßenverkehr leichter umsetzbar als bei IT-Risiken. Es mangelt bei IT-Risiken oft schon an der Erkennbarkeit. Aus diesem Befund lässt sich folgern, dass der oft vorgenommene Vergleich zwischen IT-Bereich und Straßenverkehr nicht besonders tragfähig ist. Daher ist auch auf der Ebene der Umsetzung staatlicher Schutzpflichten nicht primär auf parallele Maßnahmen bzw. Instrumente zurückzugreifen. Für den privaten IT-Nutzer wäre z. B. ein Computer-TÜV, der die individuelle IT-Infrastruktur des Nutzers prüft, nicht umsetzbar. Auch über bußgeldbewehrte Selbstschutzpflichten kann man den Risiken der IT nicht Herr werden. Insgesamt wird hier deutlich, dass das Verhältnis von Umsetzung der staatlichen Schutzpflicht und der Eigenverantwortung des Einzelnen immer kontextspezifisch bestimmt werden muss. Maßgeblich sind auch die in Rede stehenden Schutzgüter und die Gefährdungsszenarien. Darüber hinaus ist die Straßeninfrastruktur eine i. d. R. staatlich betriebene Infrastruktur, die öffentlich zugänglich ist. Das Internet hingegen ist privat organisiert, aber es ist öffentlich zugänglich. Auch insoweit besteht nur eine eingeschränkte Vergleichbarkeit.

2053 *Gapski*, in: Sokol (Hrsg.), Persönlichkeit im Netz, 74 (74).

2054 Zur jüngsten Abschaffung der Ausnahme für Taxifahrer vgl. http://www.bundesrat.de/DE/plenum/plenum-kompakt/14/925/057a.html?cms_selectedTab=section-2 (letzter Abruf: 08.11.2015).

2055 Die Gurtpflicht war bei ihrer Einführung in der Öffentlichkeit umstritten.

2056 So gab es im Jahr 2007 einen Botnetzangriff auf Estland: Vgl. BSI, Die Lage der IT-Sicherheit in Deutschland 2009, S. 25, zu finden unter: https://www.bsi.bund.de/SharedDocs/Downloads/DE/BSI/Publikationen/Lageberichte/Lagebericht2009_pdf.pdf?__blob=publicationFile (letzter Abruf: 08.11.2015).

II. Vergleich mit dem Verbraucherschutzrecht

Ein weiteres paralleles Feld, in dem das Spannungsverhältnis zwischen Eigenverantwortung auf der einen Seite und staatlicher Schutzpflicht auf der anderen Seite zutage tritt, ist das Verbraucherschutzrecht. Dem Verbraucherschutzrecht liegt grundsätzlich ein durch Eigenverantwortung und Privatautonomie gekennzeichnetes Verbraucherverständnis zugrunde[2057]. Diese Grundgedanken des Verbraucherschutzes stellen durchaus ein gegenläufiges Prinzip zur Vertragsfreiheit dar[2058]. Wichtige Elemente im Verbraucherschutzrecht in Form von zwingendem Vertragsrecht sind Formerfordernisse, Informationspflichten und Widerrufsrechte[2059]. Das Gebiet des Verbraucherschutzrechts ist ein Referenzgebiet für eine Begrenzung von Privatautonomie und Vertragsfreiheit. Auch in diesem Rechtsbereich stellt sich die Frage, wie weit staatliche Schutzpflichten reichen und wo die Eigenverantwortung des Einzelnen anfängt. In diesem Bereich ist die Umsetzung der Schutzpflicht in Form von gesetzlichen Instrumenten weit fortgeschritten. Trotzdem werden immer wieder Defizite im Verbraucherschutz gesehen, und der Grund hierfür wird in der mangelnden Kenntnis der Verbraucherrechte durch die Verbraucher selbst gesehen[2060]. Die Lösung sei in Information und Aufklärung als Hilfe zur Selbsthilfe zu finden, die wiederum in die Verantwortung des Staates als Adressaten einer Schutzpflicht fällt[2061]. Diese Maßstäbe im Verbraucherschutzrecht können grundsätzlich auch auf andere Bereiche übertragen werden. So kann grundsätzlich gefragt werden, ob im IT-Bereich die verbraucherschutzrechtlichen Maßstäbe herangezogen werden sollen oder ob der Gedanke der Autonomie und der zulässigen Selbstgefährdung eine Rolle spielen soll[2062]. Es spricht vieles dafür, die Maßstäbe des Verbraucherschutzrechts auch sinngemäß im Bereich des transaktionsbezogenen E-Governments anzuwenden. Diese Maßstäbe gelten auch für den Bereich des E-Commerce. Da die Gefährdungs- und Bedrohungslagen im E-Government und E-Commerce sehr ähnlich sind, spricht vieles dafür, auch ähnliche rechtliche Wertungen zur Anwendung kommen zu lassen. Sichtbar wird dies auch innerhalb des De-Mail-Konzeptes, da diese Infrastruktur nicht nur für E-Government, sondern auch für E-Commerce und E-Business genutzt werden können soll und viele explizite Regelungen zu zwingendem Vertragsrecht enthält. Da der Nutzer beim „Ob" der Nutzung von De-Mail schon einen Vertrag mit dem Anbieter schließt und damit eigenverantwortlich wie ein Verbraucher handeln muss, ist die Anwendung von Maßstäben des Verbraucherschutzrechts von einer gewissen Zwangsläufigkeit geprägt[2063]. Das De-Mail-Gesetz schafft auch Raum für die eigen-

2057 *Reuß/Vollath*, ZRP 2013, 228 (230); eine ähnliche Aufgabe wie dem Verbraucherschutzrecht wird auch dem Datenschutzrecht zugeschrieben: *Schneider/Härting*, CR 2014, 306 (308); insoweit ist hier die Selbstbestimmung des Verbrauchers zentral: Vgl. hierzu grundlegend: *Sedlmeier*, Rechtsgeschäftliche Selbstbestimmung im Verbrauchervertrag, 2012.

2058 *Höfling*, Vertragsfreiheit, S. 41.

2059 *Paulus/Zenker*, JuS 2001, 1 (5).

2060 *Reuß/Vollath*, ZRP 2013, 228 (229).

2061 *Reuß/Vollath*, ZRP 2013, 228 (232).

2062 *Heckmann*, K&R 2010, 770 (772).

2063 Vgl. auch hierzu die Gesetzesbegründung BT-Drs. 17/3630, S. 16.

verantwortliche Führung des De-Mail-Accounts durch den Nutzer, indem freiwillige Vereinbarungen mit dem Diensteanbieter möglich sind, sofern das De-Mail-Gesetz keine speziellen Anforderungen stellt[2064]. Auch im De-Mail-Gesetz selbst gibt es Instrumentarien, die an das Verbraucherschutzrecht erinnern. So regelt § 9 De-Mail-Gesetz eine Informationspflicht des Diensteanbieters gegenüber dem Nutzer. Die Maßstäbe des Verbraucherschutzrechts werden aber nicht in die Phase der Akkreditierung des Diensteanbieters einbezogen[2065]. Generell lässt sich aber aus der Parallelität der Fragen im transaktionsbezogenen E-Government zu denen des Verbraucherschutzrechts folgern, dass es auch in anderen Gebieten ein Wechselverhältnis von Umsetzung staatlicher Schutzpflichten und der Eigenverantwortung jedes Einzelnen gibt. Dieses Verhältnis kann nie statisch bestimmt werden und ist auch Wandlungen unterworfen.

III. Spezifika der Informationstechnologie

Im IT-Bereich sind bei der Umsetzung staatlicher Schutzpflichten die weltweite Dimension und die Ubiquität der Datenverarbeitung zu berücksichtigen, die im Vergleich zu den vorher genannten Lebensbereichen erschwerend hinzukommen. Die Auswirkungen von verwirklichten Gefahrenpotenzialen können weltweit auftreten. Die Umsetzung der staatlichen Schutzpflicht kann vor dem Hintergrund dieser globalen Dimensionen daher niemals bedeuten, dass der Staat den privaten Nutzer individuell betreut[2066]. Auch die Virtualität des Raumes der elektronischen Kommunikation macht die Erfassung von Gefahren und die Umsetzung von Schutzmaßnahmen bisweilen schwierig. Das bedeutet auch, dass verfassungsrechtlich nichts Unmögliches vom Schutzpflichten umsetzenden Staat gefordert werden kann.

IV. Beispiel der WLAN-Haftung

In kaum einem anderen Bereich wird die Frage der Eigenverantwortung des privaten IT-Nutzers so deutlich gestellt wie bei der Frage der WLAN-Haftung. Das WLAN ist Teil der individuellen Infrastruktur des Nutzers und vielfach aufgrund der weiten Verbreitung notwendige Voraussetzung für die Nutzung von transaktionsbezogenen E-Government-Anwendungen. Eine höchstrichterliche Klärung der individuellen Verantwortlichkeitsmaßstäbe, die dem privaten Nutzer genau aufzeigen, was er zu tun hat, gibt es bisher nicht[2067]. Bisher gibt es in diesem Bereich nur Ansätze, sodass nur begrenzt generelle Ableitungen erfolgen können. Bei privaten WLANs wird regel-

2064 BT-Drs. 17/3630, S. 16.

2065 *Spindler*, CR 2011, 309 (311).

2066 *Heckmann*, in: Käfer-FS, 129 (149).

2067 Vgl. die Hinweise bei: *Hoeren/Jakopp*, ZRP 2014, 72 (73); vgl. zur letzten BGH-Entscheidung: *Borges*, NJW 2010, 2624 (2624 ff.) („Sommer unseres Lebens“); zur Situation davor: *Witte*, ITRB 2007, 87 (89).

mäßig als zumutbare Sicherungsmaßnahme ein Passwortschutz gefordert[2068]. Eine Entscheidung des BGH zur Störerhaftung des WLAN-Inhabers besagt, dass der Inhaber eines WLAN-Anschlusses, der es unterlässt, die im Kaufzeitpunkt des WLAN-Routers marktüblichen Sicherungen ihrem Zweck entsprechend anzuwenden, als Störer auf Unterlassung haftet, wenn Dritte diesen Anschluss missbräuchlich nutzen[2069]. Die Entscheidung stellt bei der Unterlassung von notwendigen Sicherungsmaßnahmen darauf ab, dass diese auch auf dem Willen des Anschlussinhabers beruhen[2070], mithin also ein kognitives Element beim Nutzer angesprochen wird. Die Zumutbarkeit von angemessenen Sicherungsmaßnahmen folgert der BGH daraus, dass es regelmäßig im Eigeninteresse des Anschlussinhabers liege, seine Daten vor unberechtigtem Zugriff von außen zu schützen[2071]. Der Anschlussinhaber haftet nach dieser Entscheidung aber nicht auf Schadenersatz, sondern kann nur als Störer in Anspruch genommen werden[2072]. An dieser Entscheidung wird kritisiert, dass der BGH eine Pflicht eines WLAN-Betreibers schafft, Rechtsverstöße bzw. Straftaten eines Dritten zu verhindern[2073]. Die Ausstrahlungswirkung des GG auf zivilrechtliche Sachverhalte führt, wie bereits oben beschrieben, zu den Grundsätzen des Vertrauens und der Eigenverantwortlichkeit[2074]. Die Eigenverantwortlichkeit des Einzelnen bezieht sich hier somit nach dem BGH auch auf das potenzielle Verhalten Dritter. Haftungsrechtlich betrachtet ist damit die Verschlüsselung eines privaten WLANs eine Nutzerpflicht. Als den Sicherheitsanforderungen genügend gilt das WPA2-Verfahren[2075]. Der Zugang Dritter zum WLAN des Anschlussinhabers ist von diesem zu kontrollieren[2076]. Dieses Erfordernis dürfte als Selbstschutzobliegenheit des Anschlussinhabers zu betrachten sein. Bei den Schutzpflichten des Internetnutzers ist für den BGH der Maßstab offenbar gewesen, Schutzpflichten zu statuieren, die der durchschnittliche Internetnutzer auch erfüllen kann[2077]. Insoweit wird hier auch durch die einschlägige BGH-Rechtsprechung deutlich, dass der Nutzer weder überfordert werden soll noch verantwortungslos gestellt werden soll, sondern ein Mittelweg im Hinblick auf dessen Verantwortungsbeitrag gesucht wird.

Im Koalitionsvertrag des Jahres 2013 wurde das Potenzial insbesondere von öffentlichem WLAN in deutschen Städten herausgehoben sowie die Frage der WLAN-Haftung aufgenommen und konstatiert, dass Rechtssicherheit für den WLAN-Betreiber dringend geboten sei[2078]. Insbesondere die von der Rechtsprechung herangezogene Figur der Störerhaftung und die daraus folgenden haftungsrechtlichen Konsequen-

2068 *Borges*, NJW 2014, 2305 (2308).
2069 BGH NJW 2010, 2061 (2061), 2. Leitsatz („Sommer unseres Lebens“).
2070 BGH NJW 2010, 2061 (2061), Rn. 21 („Sommer unseres Lebens“).
2071 BGH NJW 2010, 2061 (2061), Rn. 22 („Sommer unseres Lebens“).
2072 *Nenninger*, NJW 2010, 2061 (2064).
2073 *Hoeren/Jakopp*, ZRP 2014, 72 (73).
2074 So auch *Hoeren/Jakopp*, ZRP 2014, 72 (73).
2075 *Borges*, NJW 2010, 2624 (2624).
2076 *Borges*, NJW 2010, 2624 (2625).
2077 *Borges*, NJW 2010, 2624 (2625).
2078 Vgl. Deutschlands Zukunft gestalten, Koalitionsvertrag zwischen CDU, CSU und SPD für die 18. Legislaturperiode, S. 48, abrufbar unter: http://www.bundesregierung.de/Content/DE/_Anlagen/

zen werden als Problem für die weitere Verbreitung von WLAN gesehen. Ein Gesetzentwurf nimmt das Problem der Störerhaftung auf und schlägt Änderungen in § 8 TMG in Form einer Ausweitung des Providerprivilegs vor[2079]. Hier ist eine Tendenz erkennbar, die Verantwortlichkeitsmaßstäbe für den privaten WLAN-Betreiber zu lockern. Da hier insbesondere auch der private Nutzer erfasst ist, der sein WLAN als individuelle Infrastruktur für die Teilnahme an der elektronischen Kommunikation betreibt, korrespondiert dieser Gesetzentwurf mit weiteren gesetzgeberischen Aktivitäten wie dem De-Mail-Gesetz, dem IT-Sicherheitsgesetz und z. B. dem PAuswG, die einen milden Verantwortlichkeitsmaßstab für den privaten Nutzer vorsehen. Vor dem Hintergrund des Bereichs der WLAN-Haftung wird auch deutlich, dass übersteigerte Verantwortlichkeitsmaßstäbe des Nutzers in der digitalen Welt eher die Entwicklung digitaler Kommunikation verhindern als fördern können.

In diesem Bereich gab es am 11.03.2015 einen Referentenentwurf[2080] des Bundesministeriums für Wirtschaft und Technologie (BMWi), der die Neuregelung der Störerhaftung für öffentliche WLANs im TMG zum Gegenstand hat. Die Verschlüsselung der WLANs wird durch den Entwurf in § 8 Abs. 4 und 5 TMG Ref-E zur Pflicht für alle Betreiber von WLANs. Dieser Gesetzentwurf hebt die Verantwortlichkeitsmaßstäbe sowohl für die WLANs im Privathaushalt als auch für öffentliche auf die gleiche Stufe. Aufgrund der starken Orientierung des Entwurfs an der BGH-Rechtsprechung wird bei privaten WLANs teilweise keine Rechtsunsicherheit bei den Prüfpflichten des privaten WLAN-Betreibers gesehen[2081]. Der Entwurf knüpft relativ stark an der letzten größeren BGH-Entscheidung an[2082]. Kritisiert wurde an diesem Gesetzentwurf insbesondere, dass er die Verantwortlichkeit im digitalen Umfeld mit Fragen der IT-Sicherheit vermischt[2083]. Grundsätzlich hat beides erst einmal noch nichts miteinander zu tun[2084]. Auf Unverständnis trifft in der Fachwelt auch die Regelung, dass nach § 8 Abs. 4 Nr. 1 TMG-Ref-E für den WLAN-Anschluss im Privathaushalt genau dasselbe gelten soll wie für Hotels, Gaststätten, Flughäfen, Behörden und Anwaltskanzleien, indem „angemessene Sicherheitsmaßnahmen“ zur Pflicht werden[2085]. Hierbei wird stark auf Verschlüsselung abgestellt. Der Referentenentwurf legt in der Begründung dieser Sicherheitsmaßnahmen den Fokus auch auf das Eigeninteresse des Betreibers eines WLAN, da mit

---

2013/2013-12-17-koalitionsvertrag.pdf?__blob=publicationFile sowie abrufbar unter: www.cdu.de , dort S. 35 (letzter Abruf: 08.11.2015); zu den vertraglichen Möglichkeiten einer Einschränkung des Angbotes aus Haftungsgründen durch den Betreiber öffentlicher WLANs gegenüber dem Nutzer: *Mantz/Sassenberg*, CR 2015, 29 (29 ff.).

2079 Vgl. den Gesetzentwurf der Fraktion Bündnis 90/Die Grünen sowie die Fraktion DIE LINKE: BT-Drs. 18/3047, S. 1.

2080 Fundstelle für den Entwurf mit dem Bearbeitungsstand 15.06.2015, zu finden unter: http://www.cr-online.de/blog/2015/06/17/neuer-wlan-gesetzentwurf-haftung-der-verbraucher-soll-verschaerft-werden/ (letzter Abruf: 08.11.2015).

2081 *Sesing*, MMR 2015, 423 (424).

2082 BGH NJW 2010, 2061 (2061), („Sommer unseres Lebens“).

2083 *Mantz/Sassenberg*, CR 2015, 298 (301).

2084 *Mantz/Sassenberg*, CR 2015, 298 (301).

2085 Vgl. Niko Härting im CR-Online-Blog, S. 1, zu finden unter: http://www.cr-online.de/blog/2015/06/17/neuer-wlan-gesetzentwurf-haftung-der-verbraucher-soll-verschaerft-werden/ (letzter Abruf: 25.11.2015).

der Verschlüsselung auch gewährleistet werde, dass die Daten des WLAN-Betreibers und auch die der weiteren Nutzer so weit wie möglich gegen den Zugriff durch Unbefugte geschützt würden[2086]. Das primäre Ziel der Verschlüsselung eines WLANs sei aber nicht der Schutz der Daten des Betreibers des WLANs, sondern es diene der Begrenzung des Personenkreises, der Zugang zu dem WLAN bekommen soll[2087].

Es bleibt hier festzuhalten, dass aus dem Bereich der WLAN-Haftung derzeit punktuelle Nutzerpflichten abzuleiten sind, jedoch kein generalisierbarer Maßstab für die Nutzerverantwortlichkeit bei transaktionsbezogenen E-Government-Anwendungen. Durch die gesetzgeberische Aktivität in diesem Bereich ist die Entwicklung hier nicht absehbar.

V. Generelles Problem der Statuierung von materiellen Verhaltenspflichten im Recht

Es wird sichtbar, dass die Statuierung von materiellen Verhaltenspflichten im Recht Schwierigkeiten bereitet und auch stark vom jeweils zu regelnden Bereich abhängt. Diese Verhaltenspflichten müssen i. d. R. mit einem Sanktionsmechanismus versehen werden[2088]. Aus grundrechtlicher Perspektive nimmt die Entscheidung des Gesetzgebers, eine materielle Verhaltenspflicht einzuführen, dem privaten Internetnutzer ein Stück Eigenverantwortung ab und greift in seine Sphäre ein. Die Verankerung von Verhaltenspflichten für Nutzer von elektronischer Kommunikation im Datenschutzrecht erscheint nicht sinnvoll, da die Nutzer keine personenbezogenen Daten Dritter verwenden und daher nicht Regelungsadressaten der Datenschutzgesetze sind[2089]. Nutzerpflichten müssten, wenn man diese statuieren wollte, in einem allgemeinen Gesetz definiert werden, wobei diese aufgrund der häufigen Änderung des Pflichtenstandards kaum in einem Parlamentsgesetz geregelt werden könnten[2090]. Von der Systematik her könnte sich grundsätzlich das TMG anbieten[2091]. Im Verhältnis des Bürgers zum Staat ist die Regelung von Verhaltenspflichten immer ein Grundrechtseingriff, der rechtfertigungsbedürftig ist. Eine Umsetzung der staatlichen Schutzpflicht durch eine einfachgesetzlich geregelte materielle Verhaltenspflicht ist nicht die grundrechtsschonendste Variante. Vor dem Hintergrund der Zumutbarkeit und Erfüllbarkeit von Rechtspflichten stellt sich dann die Frage der praktischen Umsetzbarkeit. An dieser Stelle besteht auch keine Vergleichbarkeit mit dem Straßenverkehr. Dieser findet im öffentlichen Verkehrsraum statt. In der praktischen Umsetzung der Kontrolle und Sanktionierung von materiellen Verhaltenspflichten des Verkehrsteilnehmers haben Polizei und Ordnungsbehörden einen direkten Zugang zu den Verkehrsteilneh-

2086 Referentenentwurf mit Stand vom 15.6.2015, S. 15.

2087 *Mantz/Sassenberg*, CR 2015, 298 (301).

2088 *Roßnagel*, in: Ders. (Hrsg.), Recht der Telemediendienste, § 6 SigG, Rn. 56 für den Fall einer qualifizierten elektronischen Signatur; zur generellen Steuerungsschwäche des materiellen Datenschutzrechts: *Eifert*, Electronic Government, S. 286.

2089 *Borges u. a.*, Identitätsdiebstahl und Identitätsmissbrauch im Internet, S. 380.

2090 *Borges u. a.*, Identitätsdiebstahl und Identitätsmissbrauch im Internet, S. 381.

2091 *Borges u. a.*, Identitätsdiebstahl und Identitätsmissbrauch im Internet, S. 381.

mern. Bei der Internetnutzung befindet sich der private Nutzer i. d. R. zu Hause und in einem abgegrenzten virtuellen Raum, in dem die Sanktionierung von Pflichtverstößen von außen kaum möglich ist. Materielle Verhaltenspflichten zwischen privatem Nutzer und Diensteanbieter dürften allerdings leichter zu kontrollieren und in diesem Innenverhältnis zu sanktionieren sein. Aber auch hier stellt sich die Frage der Zumutbarkeit dieser Pflichten für den privaten Nutzer im Vertragsverhältnis und diese müssen sich mindestens an den §§ 307 ff. BGB messen lassen.

VI. Zwischenergebnis

Der Vergleich mit anderen Gebieten, in denen sich die Umsetzung einer staatlichen Schutzpflicht zugunsten des Bürgers sowie die Eigenverantwortung des Einzelnen gegenüberstehen, zeigt, dass die Frage nach der Reichweite staatlicher Schutzpflichten und der Beginn der Eigenverantwortung des Einzelnen nicht ein für alle Mal pauschal beantwortet werden kann. Vielmehr muss dies einzelfallabhängig beantwortet werden. Der Inhalt staatlicher Schutzpflichten ist durchaus einem Wandel unterworfen. Auch das Maß an Eigenverantwortung, welches dem Einzelnen zukommt, kann sich wandeln. So entwickelt sich auch weiter, was von einem Durchschnitts-IT-Nutzer billigerweise erwartet werden kann. Wichtig erscheint in den anderen genannten Referenzfeldern auch, dass der Staat den Einzelnen tatsächlich befähigt, seine Eigenverantwortung wahrzunehmen. So sind Aufklärungs-, Informations- und Bildungsmaßnahmen sowohl im Straßenverkehr als auch im Verbraucherschutzrecht sowie auch im IT-Bereich neben gesetzlichen Maßnahmen unerlässlich. Es gibt Unterschiede zwischen dem Bereich der elektronischen Kommunikation und dem Straßenverkehr sowie dem Verbraucherschutz. Die weltweite Dimension der Informationstechnologie und ihrer Gefahrenpotenziale stellt sich anders dar als in den vorgenannten Bereichen. Dies muss auch dann im Verhältnis zwischen der Umsetzung staatlicher Schutzpflichten und der Eigenverantwortung des Einzelnen Berücksichtigung finden. Die Statuierung materieller Pflichten weist aufgrund der Grundrechtsrelevanz nicht nur generelle Probleme auf, sondern ist auch aufgrund der Spezifika der Informationstechnologie und aufgrund der Probleme bei der Sanktionierung ein kaum geeignetes Mittel.

E. Handlungsspielraum des Staates bei der Umsetzung staatlicher Schutzpflichten

Im Folgenden soll näher darauf eingegangen werden, wie die gesetzgeberische Umsetzung staatlicher Schutzpflichten aus den kommunikationsbezogenen Grundrechten im Bereich von transaktionsbezogenem datenschutzgerechtem E-Government erfolgt. Hier handelt es sich um eine staatliche ex ante Verantwortung, die eine Handlungsverantwortung mit ordnungsgestaltendem Inhalt darstellt[2092]. Im Rahmen der Umsetzung der staatlichen Schutzpflichten für die informationelle Selbstbestimmung muss der Gesetzgeber ein Verantwortungskonzept für alle Beteiligten Akteure entwickeln und dabei auch die grundsätzliche Selbstverantwortung des Nutzers einbeziehen. Nicht zuletzt besteht hier immer auch ein Spannungsverhältnis zwischen dem, was vielleicht politisch wünschenswert ist, jedoch verfassungsrechtlich nicht zwingend geboten ist.

I. „Schutzpflichtenkonzept" des Staates aus den kommunikationsbezogenen Grundrechten

Im Bereich der Schutzpflichten verbleibt dem Gesetzgeber grundsätzlich ein weiter Gestaltungs- und Ermessensspielraum, der eine genaue Festlegung von konkreten Anspruchsinhalten erschwert[2093]. Die staatlichen Organe haben in diesem Zusammenhang die Aufgabe, eine Abwägung zwischen sich gegenüberstehenden Grundrechten vorzunehmen und die negativen Folgen zu berücksichtigen, die eine bestimmte Form der Erfüllung der Schutzpflicht für andere Grundrechtsträger und auch andere Güter von Verfassungsrang wie die öffentliche Sicherheit bedeutet[2094]. Es sind in jedem Fall verschiedene Grundrechtssphären zu berücksichtigen und voneinander abzugrenzen[2095]. In den obigen Ausführungen konnte gezeigt werden, dass für den tatsächlichen Lebensbereich der elektronischen Kommunikation je nach Kommunikationsphase verschiedene kommunikationsbezogene Grundrechte in Betracht kommen, aus denen sich staatliche Schutzpflichten ergeben. Bezüglich der in Rede stehenden kommunikationsbezogenen Grundrechte hat der Staat ein ganzheitliches, angemessenes „Schutzpflichtenkonzept", insbesondere gegen unbeherrschbare, irreparable und nicht autonom regulierbare Gefahrenpotenziale zu entwerfen[2096]. Dabei können sich auch Schutzpflichten aus mehreren Grundrechten in Vorschriften des einfachen Rechts niederschlagen [2097]. So geht es beispielsweise nicht nur um die Schaffung eines einfachen Datenschutzrechts, sondern über die Orientierung am Persönlichkeitsschutz hinaus muss es auch um ein Kommunikations- und Diensteschutzrecht gehen[2098]. Ein Schutzpflichtenkonzept gewinnt insbesondere Konturen,

2092 *Kreutzer*, Verantwortung im Internet, S. 3, abrufbar unter: https://www.divsi.de/wp-content/uploads/2013/08/Themenpapier_Verantwortung-im-Internet_final_2013_06_18.pdf (letzter Abruf: 08.11.2015).

2093 BVerfGE 77, 170 (214 f.); 79, 174 (202); 88, 203 (262); *Schliesky u. a.*, Schutzpflichten und Drittwirkung im Internet, S. 49.

2094 BVerfGE 96, 56 (64); *Schliesky u.a.*, Schutzpflichten und Drittwirkung im Internet, S. 50.

2095 *Roßnagel*, in: Hill (Hrsg.), E-Transformation, 79 (87).

2096 *Heckmann/Seidl/Maisch*, Sicherheitsniveau bei der elektronischen Kommunikation, S. 36; *Katz*, Staatsrecht, S. 295 mit Verweis auf BVerfGE 31, 314 (326); 33, 303 (331); 39, 1 (412).

2097 *Sander*, CR 2014, 176 (177 ff.), weist dies anhand der Eigenständigkeit des § 88 TKG gegenüber Art. 10 GG nach; ein Hinweis auf die einfachgesetzliche Ausgestaltung der Privatrechtsordnung im Rahmen der Schutzpflichtdimension findet sich bei: *Petersen C.*, Die Rechtsprobleme des Electronic Government, S. 109.

2098 *Hoffmann-Riem*, AöR 134 (2009), 513 (538).

wenn es auf die klassische Kernfunktion der Grundrechte, Verletzungen abzuwehren, zurückbezogen wird[2099]. Jedenfalls handelt es sich aber bei der Umsetzung eines Schutzpflichtenkonzeptes um eine sehr komplexe Konkretisierungsaufgabe[2100]. Nicht zuletzt auch deswegen, weil häufig ein einheitlicher Lebensvorgang aus rechtlicher Perspektive mehrere rechtliche Dimensionen anspricht. Im Hinblick auf die Kommunikationsbeziehungen im transaktionsbezogenen E-Government sind mit dem Grundrecht auf informationelle Selbstbestimmung, dem IT-Grundrecht und dem Fernmeldegeheimnis drei unterschiedliche Grundrechte gleichzeitig betroffen. Die jeweiligen Schutzgüter sind daher am Workflow orientiert zu betrachten. Das Pflichtenprogramm ist daher gesamtheitlich zu entwickeln.

1. Ermessen des Gesetzgebers

Das Ermessen des Gesetzgebers bezieht sich bei der Umsetzung staatlicher Schutzpflichten grundsätzlich auf das „Ob" und auf das „Wie". Die Umsetzung der Schutzpflichten ist immer auch im Verhältnis zu den staatlichen Aufgaben zu sehen. Wenn der Gesetzgeber E-Government fördern möchte, so muss er zunächst die Frage beantworten, ob bestehende Infrastrukturen für den Bürger ausreichend vorhanden sind. Das erfordert, dass die Erfordernisse aus den kommunikationsbezogenen Grundrechten analysiert werden. Wenn diese Infrastrukturen nicht in adäquater Weise zur Verfügung stehen, muss im Rahmen des Ermessens geprüft werden, in welcher Weise Abhilfe zu schaffen ist. Am Anfang steht die Einschätzung einer Bedarfslage unter Berücksichtigung der Schutzbedürftigkeit des Bürgers. Die staatliche Schutzpflicht verdichtet sich schrittweise im Zuge der Ermessenserwägungen. Das De-Mail-Konzept mit dem De-Mail-Gesetz kann als Umsetzung der staatlichen Schutzpflichten für die informationelle Selbstbestimmung im E-Government gesehen werden[2101]. Jedoch kann am Beispiel des De-Mail-Gesetzes auch gezeigt werden, dass die Umsetzung der staatlichen Schutzpflicht nicht so konkret bestimmbar ist, dass nur ein Gesetz wie das De-Mail-Gesetz verfassungsrechtlich geboten ist und damit allein zur informationstechnischen Grundversorgung infrage kommt[2102]. Der Gesetzgeber muss bei seinen Ermessenserwägungen auch berücksichtigen, dass es digital stärkere und schwächere Nutzer gibt[2103].

Darüber hinaus hat der Staat neben dem gesetzgeberischen Tätigwerden auch im Rahmen der Umsetzung seiner Schutzpflicht das Umfeld der Informationsgesellschaft in tatsächlicher Hinsicht förderlich zu gestalten[2104]. Der Gesetzgeber hat einen weiten Ermessensspielraum, sodass keine konkret zu bezeichnenden Maßnahmen von ihm

2099 *Pieroth/Schlink*, Grundrechte, Rn. 97; speziell zu einem staatlichen Schutzkonzept für Verschlüsselung: *Gerhards*, (Grund-)Recht auf Verschlüsselung?, S. 332 ff.
2100 *Höfling*, Vertragsfreiheit, S. 54 mit Verweis auf *Stern*, Staatsrecht III/1, S. 1576.
2101 *Schulz G.*, DuD 2012, 395 (397 f.).
2102 *Berlit*, JurPC Web-Dok. 39/2011, Abs. 7.
2103 *Heckmann*, K&R 2010, 770 (774).
2104 *Schweighofer*, in: Benedek/Pekari (Hrsg.), Menschenrechte in der Informationsgesellschaft, 257 (277).

verlangt werden können[2105]. Der Gesetzgeber muss dabei auch berücksichtigen, dass der Nutzer sich teilweise auch bewusst im Rahmen seiner persönlichen, möglicherweise eigennützigen Abwägungen für oder gegen ein digitales Angebot entscheiden wird[2106]. Umfang und Reichweite staatlicher Schutzpflichten stehen immer in einem Spannungsverhältnis zum übrigen Verfassungsrecht[2107]. Der Gesetzgeber muss insgesamt zwischen den einzubeziehenden Belangen einen Kompromiss finden. Dies setzt eine Gesamtschau aller erheblichen Belange voraus.

2. Konfliktlösungs- und Schutzfunktion des Rechts

Die Umsetzung staatlicher Schutzpflichten ist auch in Bezug zu setzen zu den Kernfunktionen des Rechts. Hierzu werden die Konfliktlösungs- und Schutzfunktion gezählt. Es ist in jedem Fall eine generelle Aufgabe des Rechts, die Schwachen zu schützen[2108]. Dies gilt umso mehr im digitalen Umfeld, wo der Schwache schnell völlig hilflos ist und sich schnell die Frage stellt, wer sich seiner annimmt[2109]. Darüber hinaus hat insbesondere das Datenschutzrecht auch die Aufgabe, Diskriminierungsschutz zu gewährleisten und die Autonomie persönlicher Entscheidungen durch Verhindern von manipulativer Datenverarbeitung zu sichern[2110]. Das Recht hat daneben auch die Aufgabe, Verantwortlichkeiten zu definieren. Das bedeutet, dass auf Grundlage der verfassungsrechtlichen Grundsätze eine Ausdifferenzierung von Verantwortlichkeiten auf einfachgesetzlicher Ebene erfolgen muss. Im Kontext des Untersuchungsgegenstandes dieser Arbeit bedeutet dies, dass das einfache Recht die Aufgabe hat, die Grenzlinie zwischen der Selbstverantwortung des privaten Nutzers und der Umsetzung staatlicher Schutzpflichten zu ziehen.

3. Typisierende Fallgruppen

Im Rahmen seines Tätigwerdens kann der Gesetzgeber typisierende Fallgruppen bilden. Dabei ist insbesondere auch die oben bereits erwähnte Ermittlung und Erfassung von typisierbaren Ungleichgewichtslagen zwischen zwei Akteuren wie z. B. Diensteanbieter und privatem Nutzer relevant. Diese Methodik kommt üblicherweise sehr häufig aufseiten des Gesetzgebers zum Einsatz.

4. Prinzip der Selbstbestimmung und Selbstverantwortung

Es wurde in dieser Arbeit bereits oben analysiert, dass das grundsätzliche Prinzip der Selbstbestimmung und Selbstverantwortung für den Nutzer im digitalen Kontext gilt. Der Gesetzgeber muss grundsätzlich die Voraussetzungen für Selbstbestimmung und

2105 *Hornung*, CR 2008, 299 (305).
2106 *Roßnagel*, in: Hill (Hrsg.), E-Transformation, 79 (82).
2107 *Heckmann*, in Käfer-FS, 129 (141).
2108 *Hermes*, NJW 1990, 1764 (1765).
2109 *Heckmann*, K&R 2010, 771 (774).
2110 *Schneider/Härting*, CR 2014, 306 (308).

Selbstverantwortung schaffen. Dieses bedarf in jedem Fall auch einer Einschätzung, in welchen Konstellationen dem privaten Nutzer ein selbstbestimmtes und selbstverantwortetes Handeln zugemutet werden kann und in welcher Konstellation der private Nutzer stark schutzbedürftig ist. Mithin ist zu entscheiden, in welchem Maß die Verantwortung geteilt werden kann und muss.

5. Verantwortungsteilung zwischen Staat, Diensteanbieter und Nutzer

Grundsätzlich sind Konstellationen der Verantwortungsteilung in der Rechtsordnung nichts Ungewöhnliches, juristisch aber von erheblicher Brisanz[2111], geht es doch um die Frage, welcher Verantwortungsbeitrag welchem Akteur zukommt und was das für diesen zur Konsequenz hat. So hat das BVerfG bereits im sog. Mühlheim-Kärlich-Beschluss am Beispiel der Atomenergie eine Mitverantwortung des Staates für gesellschaftliche Risiken anerkannt[2112]. Die Frage der Verantwortungsteilung betrifft das Staat-Bürger-Verhältnis auf der Gesetzgebungsebene und insbesondere auch auf der staatlichen Ebene der Verwaltung als Träger von Verantwortung[2113]. Eine stärkere Verantwortung des Staates im digitalen Raum wünscht sich ein nicht unerheblicher Teil der Nutzer[2114]. Bei der E-Government umsetzenden Verwaltung stellt sich teilweise die Frage bereits auf der Ebene der Auswahl der Basisinfrastruktur. Sie muss sich vergegenwärtigen, welche Arten von personenbezogenen Daten über diese Basisinfrastrukturen übertragen werden und welchen IT-Sicherheitsrisiken die Kommunikationsprozesse ausgesetzt sind. Dadurch, dass im Rahmen der elektronischen Kommunikation weder bei De-Mail noch anderswo eine Ende-zu-Ende-Verschlüsselung aus Gründen der niedrigschwelligen Benutzbarkeit von Basisinfrastrukturen vorgeschrieben ist, wird die Grundentscheidung darüber in die Sphäre der Akteure und insbesondere die des Nutzers verlagert. Ein Verantwortungszuwachs auf der einen Seite geht aber nicht notwendig mit einer Verantwortungsabnahme auf der anderen Seite einher[2115]. Das Beispiel der nicht vorhandenen Ende-zu-Ende-Verschlüsselung als eines sehr wirksamen Schutzmechanismus zeigt, dass es Konstellationen gibt, in denen eine wirksame Schutzmaßnahme besteht, aber es mangels gesetzlicher Regelung grundsätzlich an allen Akteuren liegt, diese wirksame Schutzmaßnahme zum Einsatz zu bringen. Die Frage der Verantwortung der handelnden Akteure stellt sich auf der Ebene der spezifischen Risiken der elektronischen Kommunikation, aber gerade auch auf der Ebene der trotz Sicherheitsmaßnahmen noch bestehenden Restrisiken. Da dem Nutzer ein gewisses Maß an Eigenverantwortung als Korrelat zur grundrechtlichen Freiheit zukommt, der Staat die ihn treffenden Schutzpflichten umsetzen muss und der Diensteanbieter aufgrund seiner Sachnähe und technischen Einwirkungsmöglichkeit eine Art „Garantenstellung" hat, kann nur von einer Verantwortungsteilung ausgegangen werden und allen Akteuren eine Mitverantwortung zukom-

2111 *Pietzcker,* JZ 1985, 209 (209).
2112 BVerfGE 53, 30 (58) = JZ 1980, 307 (Mühlheim-Kärlich-Beschluss).
2113 *Pietzcker,* JZ 1985, 209 (210).
2114 Vgl. oben zu Nutzertypologien unter: Teil 2, C., 3, a).
2115 *Pietzcker,* JZ 1985, 209 (210).

men. Kein Akteur kann sich hier von der Verantwortung generell freizeichnen. Nicht ganz zu Unrecht wird eingewendet, dass geteilte Verantwortung unklare Verantwortung ist, da insoweit streitig sein kann, welches Maß jeweils einem einzelnen Akteur zukommt, und beispielsweise im Verwaltungsrecht keine brauchbaren Zuweisungen von Verantwortung erfolgten, sondern nur generalklauselartige Schleusenbegriffe[2116].

6. Zwischenergebnis

Ein Schutzpflichtenkonzept des Staates aus den kommunikationsbezogenen Grundrechten liegt im Ermessen der jeweiligen staatlichen Institution. Die Berücksichtigung des Prinzips der Selbstbestimmung und Selbstverantwortung des Einzelnen führt dazu, dass es sich im Ergebnis um ein Konzept der Verantwortungsteilung zwischen Staat, Diensteanbieter und privatem Nutzer handeln muss.

II. Untermaßverbot als untere Grenze des gesetzgeberischen Handelns

Bei der Frage, welche Pflicht für den Gesetzgeber zum Handeln besteht, ist das sog. Untermaßverbot[2117] von entscheidender Bedeutung. Die grundrechtliche Minimalpflicht des Staates zur Gewährleistung von IT-Sicherheit richtet sich auf eine „Hilfe zur Selbsthilfe“, eine vorherbestimmte Auswahl bestimmter Maßnahmen verbietet sich jedoch, da den grundrechtlichen Schutzpflichten ein einzelfallbezogenes Abwägungsmodell zugrunde liegt[2118]. Eine abstrakte Grenzziehung zwischen staatlicher Schutzpflicht und der Eigenverantwortung des Einzelnen lässt sich nicht vornehmen. Es ist immer vom Einzelfall abhängig, ob der Gesetzgeber ein Tätigwerden für notwendig hält oder der Ansicht ist, dass der private Nutzer sich selbst helfen kann. Eine genaue Festlegung von Anspruchsinhalten an den Gesetzgeber ist durch dessen weiten Ermessensspielraum nur schwer möglich[2119].

III. Keine verfassungsunmittelbare Gewährleistung von Leistungsansprüchen

Im Zuge der staatlichen Schutzpflichten kann der Einzelne keinen direkten Anspruch gegen den Staat geltend machen. So verhält es sich auch bei Datenschutz und Datensicherheit. Es gibt keinen konkreten Anspruch, aber denkbare Maßnahmen[2120]. Dies dürfte grundsätzlich auch für den vom BVerfG im Urteil zur Vorratsdatenspeiche-

---

2116 *Singer,* JZ 1985, 209 (209 ff.).

2117 Zum Begriff des Untermaßverbots: *Mayer,* Untermaß, Übermaß und Wesensgehaltsgarantie, S. 63 ff.; *Gurlit,* NJW 2010, 1035 (1040).

2118 *Heckmann/Seidl/Maisch,* Sicherheitsniveau bei der elektronischen Kommunikation, S. 35 ff.; *Heckmann,* Käfer-FS, 129 (149).

2119 *Luch,* in: Schliesky (Hrsg.), Technikgestütztes Identitätsmanagement, 137 (153).

2120 *Hornung,* CR 2008, 299 (305).

rung anerkannten Anspruch auf Datensicherheit gelten[2121]. Notwendig sind explizite Vorgaben zur Datensicherheit[2122], die nur auf einfachgesetzlicher Ebene erfolgen können. Der Staat hat grundsätzlich Förderpflichten für die Datensicherheit des Nutzers im transaktionsbezogenen E-Government[2123]. Aufgrund der Grenzen der Leistungsfähigkeit des Staates kann diesen keine Pflicht zur „individuellen Betreuung" eines jeden Bürgers treffen[2124].

IV. Anpassungs- und Erfahrungsspielräume für den Gesetzgeber

Auch im Rahmen der Umsetzung staatlicher Schutzpflichten ist es so wie generell beim gesetzgeberischen Tätigwerden, dass der Gesetzgeber gehalten ist, sich Anpassungs- und Erfahrungsspielräume vorzubehalten. Gerade im Bereich elektronischer Kommunikation ist dies aufgrund der rasanten Innovations- und Entwicklungszyklen von besonderer Bedeutung. Grundsätzlich sollten Gesetze daher technikoffen formuliert sein[2125]. Darüber hinaus besteht die Möglichkeit, Experimentierklauseln zu schaffen und Regelungen zeitlich zu befristen und dann ggf. zu evaluieren[2126]. Gerade die schnelle Entwicklung im IT-Bereich und die langwierigen Verfahren eines Gesetzgebungsprozesses zwingen dazu, sich auf diese Weise ein Stück Flexibilität zu verschaffen. Grundsätzlich ist ein Schutzpflichtenkonzept des Gesetzgebers nicht statisch, sondern es bedarf der Weiterentwicklung[2127]. Insbesondere im Bereich der elektronischen Kommunikation fehlt es bisher an einem eigenen Regime an Fehlerfolgenregelungen[2128], sodass es keine „Regulierungsreserve" gibt. Unter das Stichwort Anpassungs- und Erfahrungsspielräume ist auch eine gewisse Fehlertoleranz zu fassen, die der Gesetzgeber abbilden müsste. Stattdessen werden bei Fehlerfolgenregelungen meistens die allgemeinen, schon bestehenden Regelungen herangezogen.

V. Bloße gerichtliche Evidenzkontrolle

Da die Spielräume des Gesetzgebers im Rahmen seines Ermessens notwendigerweise entsprechend groß sind, beschränkt sich die Justiziabilität von staatlichen Schutzpflichten auf eine bloße Evidenzkontrolle, sodass sich zwangsläufig eine Zukunftsgerichtetheit und eine Offenheit der Erfüllung staatlicher Schutzpflichten ergeben[2129].

2121 *Müller-Terpitz/Rauchhaus*, MMR 2013, 10 (14 f.).

2122 *Müller-Terpitz/Rauchhaus*, MMR 2013, 10 (15) mit Verweis auf *Szuba*, Vorratsdatenspeicherung, S. 250.

2123 *Heckmann*, in: Käfer-FS, 129 (160).

2124 *Heckmann*, in: Käfer-FS, 129 (149) (Hervorhebung im Original).

2125 Für das EGovG des Bundes nach Einwirkung des Bundesrates erfolgt zu Recht der Hinweis von: *Müller-Terpitz/Rauchhaus*, MMR 2013, 10 (14).

2126 Vgl. hierzu auch *Brüning/Helios*, JURA 2001, 155 (162).

2127 *Heckmann*, in: Käfer-FS, 129 (163).

2128 *Heckmann*, DuD 2009, 656 (660) zu Recht für das Beispiel des nPA.

2129 *Brüning/Helios*, JURA 2001, 155 (162).

Letztlich ist diese gerichtliche Evidenzkontrolle dem Untermaßverbot insoweit ähnlich[2130], als dieses auch bei evidenter Untätigkeit des Gesetzgebers eingreift. Gerade deswegen hat der Gesetzgeber im Bereich der elektronischen Kommunikation die tatsächliche Entwicklung unter Einbeziehung der jeweiligen Gefährdungslagen zu beobachten.

VI. De-Mail-Konzept als datenschutzgerechter Zugang zu transaktionsbezogenem E-Government?

Maßgebliche Bedeutung auf der Ebene der Umsetzung der gesetzgeberischen Schutzpflicht und der Ausgestaltung zumutbaren Selbstschutzes kommt dem De-Mail-Gesetz zu. Deshalb soll hier darauf eingegangen werden, welche Rolle dem De-Mail-Konzept im Kontext eines staatlichen Schutzpflichtenkonzeptes zukommt.

1. Generelle Erforderlichkeit des De-Mail-Gesetzes

Wie gezeigt werden konnte, besteht im Rahmen der Umsetzung staatlicher Schutzpflichten ein Ermessensspielraum des Gesetzgebers. In vielen Fällen wird durch die Umsetzung staatlicher Schutzpflichten insbesondere auch die Privatautonomie beschränkt[2131]. Dies ist auch bei den Regelungen des De-Mail-Gesetzes der Fall. Im Rahmen dieses Ermessens hätte der Gesetzgeber auch zu dem Ergebnis kommen können, dass die Regelungen in § 3a VwVfG im Zusammenhang mit den Vorschriften des SigG ausreichend sind. Verfassungsrechtlich direkt geboten ist das De-Mail-Gesetz jedenfalls nicht[2132]. Der Gesetzgeber wäre damit nicht unmittelbar zum Erlass dieses Gesetzes verpflichtet gewesen.

2. Der Diensteanbieter als Verantwortungssubjekt

Die De-Mail-Diensteanbieter sind Teil eines komplexen Beziehungsgeflechts aus sich überschneidenden Verantwortungsbereichen[2133]. Das De-Mail-Gesetz nimmt das Gefüge von informationellem Selbstschutz und staatlichen Schutzpflichten für die drei kommunikationsbezogenen Grundrechte auf und ordnet diese in der multipolaren Konstellation zwischen Nutzer, Verwaltung und Diensteanbieter. Die staatliche Schutzpflicht für die informationelle Selbstbestimmung des Einzelnen wird durch die Präventivkontrolle der Anbieter sowie die dauerhafte Einbeziehung z. B. des Bundesbeauftragten für den Datenschutz und die Informationsfreiheit (BfDI) umgesetzt. Dies ist vor dem Hintergrund einer effektiven Grundrechtsverwirklichung des Nut-

2130 *Dietlein*, ZG 1995, 131 (132).
2131 *Pagenkopf*, in: Sachs, Art. 10 GG, Rn. 22.
2132 *Berlit*, JurPC Web-Dok. 39/2011, Abs. 7.
2133 Zur Komplexität von Beziehungsgeflechten von Verantwortungsbereichen: *Kreutzer*, Verantwortung im Internet, S. 6, abrufbar unter: https://www.divsi.de/wp-content/uploads/2013/08/Themenpapier_Verantwortung-im-Internet_final_2013_06_18.pdf (letzter Abruf: 08.11.2015).

zers und unter dem Vorbehalt des Möglichen eine gangbare Lösung. Maßgebliches Verantwortungssubjekt für die De-Mail-Dienste als Infrastruktur ist der Diensteanbieter. Der Gesetzgeber trägt hier der stärkeren Machtposition des Diensteanbieters Rechnung. Dem Nutzer hingegen sind durch das De-Mail-Gesetz keine Selbstschutzpflichten auferlegt worden, sondern allenfalls Obliegenheiten.

3. Gesetzgeberische Nachsteuerungspflicht

Das De-Mail-Gesetz ist insbesondere auch als Basisinfrastruktur für transaktionsbezogenes E-Government gedacht. Das Umfeld der Informationstechnologie ist hochdynamisch und verlangt vielfach nach Anpassung auch des einschlägigen Rechtsrahmens[2134]. Bezogen auf das De-Mail-Konzept, bedeutet dies, dass der Gesetzgeber die zukünftige Entwicklung beobachten muss, um entsprechend reagieren zu können. Zur Dokumentation der Entwicklung gibt es im De-Mail-Gesetz z. B. eine Berichtspflicht[2135]. Unter dem Gesichtspunkt der gesetzgeberischen Nachsteuerung drängt sich auch die Bewertung der Frage einer verpflichtenden Ende-zu-Ende-Verschlüsselung im De-Mail-Gesetz auf. Diese ist zunächst bewusst vom Gesetzgeber nicht in das De-Mail-Gesetz aufgenommen worden. Hier bedarf es einer weiteren Beobachtung, ob die Begründungen, die diese Grundentscheidung getragen haben, weiterhin bestehen.

VII. Potenzielle Entwicklung zu IT-Sicherheitspflichten des Nutzers?

Wie oben bereits nachgewiesen werden konnte, besteht im Rahmen der elektronischen Kommunikation eine Verantwortungsteilung zwischen Staat und Verwaltung, privaten Diensteanbietern sowie dem Bürger als Nutzer. In der einfachgesetzlichen Umsetzung sind viele Rechtspflichten für die Diensteanbieter statuiert worden. Dies zeigt sich am Beispiel des De-Mail-Gesetzes sehr deutlich. Für den Nutzer sind nur rudimentäre Pflichten im Vertragsverhältnis zu seinem Diensteanbieter ersichtlich, ansonsten nur Obliegenheiten. Vor diesem Hintergrund stellt sich die Frage, ob es sachgerecht wäre, weiter gehende IT-Sicherheitspflichten des Nutzers zu regeln. Im Rahmen des gesetzgeberischen Ermessens wäre eine Weiterentwicklung von Regelungen mit IT-Sicherheitspflichten des Nutzers möglich. Der Gesetzgeber muss aber im Rahmen des ihm zustehenden Ermessens eine sachlich ausgewogene Entscheidung treffen, bei der er verschiedene Gegebenheiten berücksichtigen muss. Maßgeblich sind hier auch die tatsächlichen Gefährdungslagen, die Zumutbarkeit für den Nutzer und die Frage, ob es mildere, gleich wirksame Mittel gibt. Vorschläge wie eine Haftpflichtversicherung für Internetnutzung oder ein verpflichtender PC-Führerschein wären grundsätzlich denkbar[2136]. Die Überforderung des Nutzers ist aber in jedem

2134 *Heckmann*, in Käfer-FS, 129 (145).

2135 BT-Drs. 17/3630, S. 47.

2136 Vgl. hierzu: *Schulz S. E.*, in: Hill/Schliesky (Hrsg.), Die Vermessung des virtuellen Raumes, 265 (297 und 304).

Fall zu berücksichtigen. Angesichts der oben skizzierten unterschiedlichen Nutzertypologie kann der Gesetzgeber sich nicht an der digitalen Avantgarde orientieren. Da die Nutzertypologie eine große Bandbreite aufweist, bieten sich echte Rechtspflichten nicht an. Ein milderer Maßstab, der mit der Sorgfalt in eigenen Angelegenheiten vergleichbar ist (diligentia quam in suis), wäre hier angemessener.

VIII. Eigener Vorschlag: Sukzessive Weiterentwicklung des einfachen Rechts durch Obliegenheiten des Nutzers und Pflichten des Diensteanbieters

Die vorangegangene Analyse der Verantwortlichkeiten soll nun im Folgenden für die Weiterentwicklung des Rechtsrahmens bewertet werden. Im Kontext der Verantwortung für einen datenschutzgerechten Zugang zu transaktionsbezogenen E-Government-Anwendungen stehen sich die staatliche Schutzpflicht und die Eigenverantwortung des privaten Nutzers gegenüber. Der bisherige Rechtsrahmen folgt einer Verantwortungsteilung, die dem privaten Nutzer nur eine rudimentäre Verantwortung zuweist. Die Frage der konkreten Verantwortung ist immer von einer Vielzahl von einzelnen Faktoren abhängig und lässt sich nicht abstrakt beschreiben. Kein Akteur wird sich völlig von Verantwortung bei der elektronischen Kommunikation freizeichnen können. Vor dem Hintergrund stellt sich die Frage, welche Form der Verantwortung für den Nutzer am adäquatesten wäre. Für echte Rechtspflichten fehlt ein belastbarer Sanktionsmechanismus im digitalen Raum, der auch perspektivisch nur schwer herzustellen wäre. Echte Rechtspflichten sind auch aus grundrechtlicher Perspektive als Eingriff in die Sphäre des privaten Nutzers zu qualifizieren.

Obliegenheiten des Nutzers zugunsten des Datenschutzes und der Datensicherheit könnten hier zielführender sein. Dabei stellt sich grundsätzlich die Frage, in welcher Sphäre dem Nutzer Obliegenheiten zumutbar wären. Maßgeblich muss hierfür sein, dass der Nutzer die jeweilige Sphäre auch beherrschen kann. In Betracht kommt hier deswegen die individuelle Infrastruktur des Nutzers. Hiervon sind z. B. der eigene Laptop sowie die Lesegeräte für den nPA etc. erfasst. Obliegenheiten sind grundsätzlich als Instrument der Mitverantwortung sinnvoll. Dem Nutzer soll im Kontext der elektronischen Kommunikation eine Mitverantwortung neben den Verantwortungsbeiträgen der anderen Akteure zukommen. Obliegenheiten sind aus grundrechtlicher Perspektive schonender, da diese Lasten minderer Zwangsintensität sind, die der Einzelne aufgrund eines Willensentschlusses im Rahmen seiner Eigenverantwortung erfüllen sollte. Damit wird der Eigenverantwortung des Einzelnen anders als bei den Pflichten mehr Raum gegeben. Die Diensteanbieter spielen im Bereich des transaktionsbezogenen E-Governments im Rahmen der Umsetzung der staatlichen Schutzpflicht für die informationelle Selbstbestimmung des Einzelnen eine Rolle. Der Staat macht diese zu Verantwortungssubjekten, indem er ihnen entsprechende Pflichten für die Gewährleistung von Datenschutz und Datensicherheit der Infrastrukturen aufgibt. Dies ist sachgerecht, da die Diensteanbieter die Infrastrukturen faktisch beherrschen und bei ihnen auch die Einwirkungsmöglichkeiten liegen. Sie haben eine stärkere wirtschaftliche Machtposition als der private Nutzer, sodass sie auch grundsätzlich mehr Verantwortung als der private Nutzer tragen können. Der private Nutzer hat auf ihre Sphäre keinen Einfluss, sodass ihm diesbezüglich auch keine Verantwortung zukommen kann. Die TK-Netze, die Server eines Diensteanbieters, die dafür erforderliche Software müssen in der Verantwortung des Diensteanbieters liegen. Für den Nutzer sind Obliegenheiten für die Sphäre seiner individuellen Infrastruktur denkbar, da er hier eine Beherrschungsmöglichkeit hat und der Staat sowie der Diensteanbieter hierauf kaum Einfluss haben. Für die Entwicklung eines zukünftigen Rechtsrahmens im transaktionsbezogenen E-Government sollte daher Folgendes gelten:

- Den privaten Nutzer trifft für seine individuelle Infrastruktur in seiner Einflusssphäre die Verantwortung: Das ist der eigene PC inklusive Virenschutz, aber auch der eigene Internetanschluss.
- Der Gesetzgeber sollte den Selbstschutz durch entsprechende Obliegenheiten des privaten Nutzers fördern.
- Die Nutzerverantwortung ist durch Obliegenheiten auszugestalten.
- Echte Rechtspflichten sind gleichzeitig auch ein Grundrechtseingriff und erfordern einen Sanktionsmechanismus und schreiben dem privaten Nutzer die Selbstverantwortung sanktionsbewehrt vor.
- Obliegenheiten als Lasten minderer Zwangswirkung bewahren mehr Selbstverantwortung des Nutzers und stellen damit das mildere Mittel dar.
- Auch vor dem Hintergrund, dass die Schutzpflicht des Staates unter dem Vorbehalt des Möglichen steht und daher der Beitrag des Nutzers ein Stück weit für grundrechtskonforme Zustände erforderlich ist, stellen Obliegenheiten eine sinnvolle Variante dar.

Auch die Nutzer der Basisinfrastrukturen im Bereich des transaktionsbezogenen E-Governments sind gefordert, nach wie vor sehr sorgsam mit ihren personenbezogenen, schutzbedürftigen Daten umzugehen und für die IT-Sicherheit ihrer individuellen Infrastruktur wie PC, Laptop oder Smartphone zu sorgen[2137]. Insbesondere kommt die Selbstverantwortung des Nutzers bei den Identitätsdaten als Schlüsseldaten heute und in Zukunft zum Tragen, da diese auch essenzieller Bestandteil von transaktionsbezogenem E-Government sind. In multipolaren Konstellationen zwischen den Akteuren Staat, Diensteanbieter und Nutzer muss es eine Verantwortungsteilung geben, die sich nach den Einflusssphären bestimmt, um unter dem Aspekt des Grundrechtsschutzes das Optimum zu erreichen, sodass in jedem Fall die Selbstverantwortung des Einzelnen miteinbezogen werden muss. Ein entsprechendes Verantwortungsbewusstsein der Nutzer muss im Wege der Vermittlung von Medienkompetenz im oben verstandenen Sinne entstehen. Durch die Kombination von staatlich regulierter Infrastruktur, Vertrauen des Nutzers in den Kommunikationspartner Verwaltung, permanente Aufklärung über Risiken und medienkompetente, mündige Bürger als Nutzer wird sich ein hohes Schutzniveau für die informationelle Selbstbestimmung der Nutzer etablieren können. Diese Kombination gelingt nur, wenn die

2137 So auch *Schulz G.*, DuD 2012, 395 (400).

Anforderungen an den Nutzer nicht mit zu intensiven Nutzerpflichten überzogen sind. Neben diesem System von Verantwortungsteilung muss der Staat sich auch vergegenwärtigen, dass es einen Teil der Bürger gibt, den er mit seinem Schutzpflichtenkonzept nicht erreicht. Insbesondere die Digital Outsiders und die funktionalen Analphabeten werden die kognitiven Anforderungen der Eigenverantwortung eines durchschnittlichen IT-Nutzers nicht erfüllen können. Für diese Gruppen sind die konventionellen Wege zur Verwaltung stets offen zu halten.

Das wesentlich größere Maß an Pflichten ist an die Diensteanbieter zu adressieren. Durch Regelungen zu Pflichten der Diensteanbieter werden zwar auch die Grundrechte der Diensteanbieter eingeschränkt. Dies ist aber verfassungsrechtlich aufgrund ihrer insgesamt stärkeren Machtposition zu rechtfertigen.

Festzuhalten bleibt, dass für den privaten Nutzer im transaktionsbezogenen E-Government als Mittelweg zwischen dem Pol der Eigenverantwortung des Nutzers und dem Pol der staatlichen Schutzpflicht die Statuierung von Selbstschutzobliegenheiten der gangbarste Weg ist.

IX. IT-Sicherheit als Teil der Organisationsverantwortung der Verwaltung

Die für transaktionsbezogenes E-Government notwendige IT-Sicherheit ist wesentlicher Bestandteil der Organisationsverantwortung der Verwaltung. Auch die Verwaltung ist auf dieser Ebene zur Umsetzung staatlicher Schutzpflichten verpflichtet.

1. Auswahl der Kommunikationsinfrastrukturen

Für transaktionsbezogenes E-Government ist maßgeblich, welche Basisinfrastruktur für die Kommunikation gewählt wird. Ist dieses gesetzlich detailliert vorgeschrieben, kann die Verwaltung nicht wählen. Besteht keine explizite Regelung, kann die Verwaltung eigene Erwägungen anstellen. So kann eine Kommune, sofern es keine landesrechtliche Regelung gibt, außerhalb des Geltungsbereiches des EGovG des Bundes die Nutzung von De-Mail als Basisinfrastruktur mit der Begründung ablehnen, dass die De-Mail aufgrund der nicht verpflichtend gesetzlich vorgeschriebenen Ende-zu-Ende-Verschlüsselung kein hinreichendes Sicherheitsniveau aufweist. Das bedeutet auch, dass die Verwaltung eine direkte Antwort auf eine Anfrage per einfacher E-Mail durch den Bürger ablehnen und dem Bürger ggf. postalisch antworten kann. In diese Entscheidung ist von der innerhalb der Verwaltung zuständigen Organisationseinheit der behördliche Datenschutzbeauftragte einzubinden.

2. Verwaltungsinterne IT-Sicherheit

Neben der Sicherheit der Basisinfrastrukturen der elektronischen Kommunikation auf der Teilstrecke zum Bürger sind insbesondere auch die IT-Sicherheit und die Sicherheit der Kommunikationswege innerhalb der Verwaltung in den Blick zu nehmen. Auch dies hat Relevanz Dritten gegenüber. Wenn die personenbezogenen Daten des

Bürgers verwaltungsintern nicht hinreichend sicher übertragen und aufbewahrt werden, verletzt die Verwaltung die ihr obliegende Schutzpflicht. Die verwaltungsinterne IT-Sicherheit muss also durch die Verwaltung personell hinreichend aufgestellt werden und darüber hinaus wirksam gesteuert werden.

3. Steuerung über Dienstanweisungen

Die Steuerung der Sicherheit der elektronischen Kommunikation und des Schutzes personenbezogener Daten muss innerhalb der öffentlichen Verwaltung über Dienstanweisungen und Dienstvereinbarungen erfolgen[2138]. Nur über Dienstanweisungen wird verbindliches Innenrecht in der Verwaltung geschaffen, welches eine hinreichende Steuerungswirkung hat und alle Mitarbeiter erreicht. Da transaktionsbezogenes E-Government in jedem Fall mit der Verarbeitung von verschiedenen personenbezogenen Daten verbunden ist, muss es durch Dienstanweisungen erfasst werden. Die Realisierung von Datenschutz hängt nicht zuletzt auch sehr stark vom Wissen und Verhalten der Beschäftigten ab[2139]. Die Verwaltung muss in diesem Zusammenhang die Schutzpflicht gegenüber dem E-Government nutzenden Bürger umsetzen. Das betrifft zunächst die Verwaltungsbeschäftigten, die explizit mit den Themen Datenschutz und Datensicherheit betraut sind. Darüber hinaus sind aber auch alle anderen Verwaltungsbeschäftigten adressiert, die in Fachverfahren mit personenbezogenen Daten des Bürgers umgehen. Letztlich sind mit einer Dienstanweisung[2140] alle Verwaltungsbediensteten zu adressieren. Eine Dienstanweisung muss alle potenziell genutzten Kommunikationsinfrastrukturen erfassen. Das bedeutet, dass i. d. R. der einfache, formlose E-Mail-Verkehr von der formgebundenen Kommunikation über bestimmte Basisinfrastrukturen wie EGVP, De-Mail etc. abzugrenzen ist, damit grundsätzlich Missverständnisse bei den Beschäftigten im Hinblick auf die Nutzung der Kommunikationsinfrastrukturen ausgeschlossen werden können. Darüber hinaus sollte im Fokus der Dienstanweisungen auch der Schutz der Beschäftigtendaten liegen. Wenn Verwaltungsbedienstete an Kommunikationsvorgängen im transaktionsbezogenen E-Government teilnehmen, dann werden i. d. R. auch personenbezogene Daten von diesen verarbeitet. Deshalb unterliegen derartige Dienstanweisungen auch der Mitbestimmung der zuständigen Personalvertretung. Deswegen ist die Steuerung der IT-Sicherheit bei der elektronischen Kommunikation als Teil der Organisationsverantwortung der Verwaltung so wichtig. Nur mit verbindlichen Dienstanweisungen können alle Beschäftigten im notwendigen Umfang rechtsverbindlich einbezogen werden.

2138 Hierbei sind Dienstanweisungen zur elektronischen Kommunikation, zum ersetzenden Scannen und allgemein zum Datenschutz etc. denkbar; insbesondere zu einer Dienstvereinbarung für E-Government: *Biewer*, PersR 2014, 10 (10 ff.).

2139 *Heckmann*, K&R 2003, 425 (425 ff.).

2140 Die Frage, ob eine Dienstanweisung in diesem Kontext drittschützend ist, kann hier nicht näher diskutiert werden, da ansonsten der Rahmen der Arbeit gesprengt werden würde.

F. Zusammenfassung Teil 4

Die Ergebnisse aus Teil 4 lassen sich wie folgt zusammenfassen:

Dem privaten Nutzer transaktionsbezogener E-Government-Anwendungen kommt von dem aus der Menschenwürdegarantie abgeleiteten Prinzip der Selbstbestimmung und Selbstverantwortung eine Eigenverantwortung beim „Ob“ und beim „Wie“ der Nutzung zu. Dies gilt zum einen als allgemeines Prinzip für die gesamte Rechtsordnung. Zum anderen gibt es spezielle grundrechtliche Gewährleistungen, die dieses Prinzip weiter konkretisieren. So ist die aus der allgemeinen Handlungsfreiheit aus Art. 2 I GG abgeleitete Privatautonomie mit der Vertragsfreiheit als wichtiger Ausprägung zu nennen. Diese gewinnt vor dem Hintergrund multipolarer Konstellationen im Rahmen elektronischer Kommunikation besondere Bedeutung. Der private Nutzer ist häufig darauf angewiesen, dass er Verträge mit dem privaten Diensteanbieter schließt. In diesen Konstellationen ist es notwendig, aufgrund der gestörten Vertragsparität seitens des Gesetzgebers zwingendes Vertragsrecht zu schaffen, um die Ungleichgewichte zwischen beiden Vertragspartnern zu verringern.

Die Eigenverantwortung des Einzelnen steht grundsätzlich in einem Spannungsverhältnis zur Umsetzung staatlicher Schutzpflichten. Die Grenzlinie zwischen diesen beiden Polen kann grundsätzlich nicht abstrakt gezogen werden. Daher ist dies auch bei Kommunikationsinfrastrukturen für transaktionsbezogenes E-Government nicht möglich. Dies kann jeweils nur für den Einzelfall bestimmt werden.

Informationeller Selbstschutz ist ein wichtiges Element im Rahmen der dem Nutzer grundsätzlich zukommenden Eigenverantwortung. Es gibt jedoch Gefährdungssituationen, in denen informationeller Selbstschutz quasi wirkungslos ist und daher auch nicht in Betracht gezogen werden kann. Insbesondere in diesen Konstellationen muss der Staat im Rahmen seiner Schutzpflicht Abhilfe schaffen.

Selbstschutzobliegenheiten des Nutzers sind grundsätzlich auch geeignet, Vollzugsdefizite im Datenschutz zumindest teilweise zu kompensieren. Die Selbstverantwortung des Nutzers muss die Umsetzung staatlicher Schutzpflichten grundsätzlich konstruktiv begleiten. Selbstschutzobliegenheiten kommen dort in Betracht, wo der private Nutzer Einwirkungsmöglichkeiten hat. Dies ist insbesondere die individuelle Infrastruktur. Es kann somit nicht darum gehen, nur Risiken auf den privaten Nutzer abzuwälzen. Informationeller Selbstschutz ist der Teil eines Ganzen.

Auch der Vergleich mit anderen Lebensbereichen, in denen sich staatliche Schutzpflichten und die Eigenverantwortung des Einzelnen gegenüberstehen, zeigt, dass es keine pauschale Grenzlinie zwischen beiden Polen geben kann. Insbesondere staatliche Schutzpflichten können im Laufe der Entwicklung einem Wandel unterworfen sein. Im Bereich der Informationstechnologie gibt es Spezifika wie die Virtualität und die weltweiten Auswirkungen, die es in den anderen genannten Bereichen so nicht gibt. Daher können hier nur sehr begrenzt Schlussfolgerungen aus diesen Bereichen entnommen werden.

Der Gesetzgeber muss die drei einschlägigen kommunikationsbezogenen Grundrechte wie das Grundrecht auf informationelle Selbstbestimmung, das IT-Grundrecht und Art. 10 GG in sein „Schutzpflichtenkonzept“ einbeziehen und überlegen, wie er den gebotenen Schutz möglichst effektiv umsetzt. Der Gesetzgeber hat hierbei ein sehr weites Ermessen. Er muss die Umsetzung der Schutzpflicht in Abhängigkeit von der staatlichen Aufgabenerfüllung betrachten. Dabei ist dies mit der generellen Konfliktlösungs- und Schutzfunktion des Rechts in Einklang zu bringen. Durch das Prinzip der Selbstbestimmung und Selbstverantwortung darf er den privaten Nutzer nicht gänzlich verantwortungslos stellen. Er muss für einen datenschutzgerechten Zugang zu transaktionsbezogenen E-Government-Anwendungen eine Verantwortungsteilung zwischen Staat, Diensteanbieter und privatem Nutzer finden. Der Gesetzgeber ist gehalten, sich Anpassungs- und Erfahrungsspielräume vorzubehalten.

Der zukünftige Rechtsrahmen für transaktionsbezogenes E-Government sollte für den Nutzer keine Pflichten, sondern allenfalls Obliegenheiten statuieren. Für die Diensteanbieter sind echte Rechtspflichten das richtige Instrument.

Auch die Verwaltung, die E-Government anbietet, hat die Schutzpflicht für die informationelle Selbstbestimmung umzusetzen. Dies betrifft neben der Auswahl geeigneter Basisinfrastrukturen die verwaltungsinterne IT-Sicherheit sowie die Steuerung derselben über rechtsverbindliche Dienstanweisungen.

Teil 5: Ausgewählte Fragestellungen

In diesem Teil sollen nun mit den oben gefundenen Ergebnissen ausgewählte Fragestellungen untersucht werden, die sich auf die Umsetzung eines datenschutzgerechten Zugangs zu transaktionsbezogenen E-Government-Anwendungen beziehen. Ein wichtiger Bereich ist in diesem Zusammenhang das De-Mail-Konzept. Es können hier aber nicht alle erdenklichen Einzelprobleme angesprochen werden, da dies den Rahmen dieser Arbeit sprengen würde. Jedenfalls sollen hier auch infrastrukturelle Bedingungen wie Datensicherheit erwähnt werden, die zur Verwirklichung eines effektiven Datenschutzes beitragen.

A. Regelung einer Ende-zu-Ende Verschlüsselung im De-Mail-Gesetz oder separat?

In der bisherigen Arbeit wurde bereits erwähnt, dass eine verpflichtende Ende-zu-Ende-Verschlüsselung im De-Mail-Gesetz nicht erfolgt ist. Der Gesetzgeber hat sich bei der Frage des Sicherheitsstandards aus Gründen der simplen Handhabbarkeit des Dienstes für den Nutzer dagegen entscheiden[2141]. Dies ist im Rahmen der Ermessenserwägungen der Umsetzung der staatlichen Schutzpflicht auch zulässig. Kritisch wurde es insbesondere auch im Hinblick auf die zu erreichenden Schutzziele der IT-Sicherheit gesehen[2142]. Die Ende-zu-Ende-Verschlüsselung ist gegenwärtig wieder stärker in den rechtspolitischen Fokus gerückt[2143]. Insbesondere der Schutz gegen ein Mitlesen elektronischer Kommunikation durch Dritte ist im Zuge der Enthüllungen von Edward Snowden aktuell geworden. Fraglich ist, an welcher Stelle möglicherweise eine Ende-zu-Ende-Verschlüsselung gesetzlich geregelt werden kann. Adressaten einer solchen Regelung müssten in jedem Fall die Diensteanbieter sein, weil diese die technischen Voraussetzungen hierfür schaffen müssen, die sie dem Nutzer zur Verfü-

2141 BT-Drs. 17/3630, S. 21; *Heckmann/Seidl/Maisch*, Sicherheitsniveau bei der elektronischen Kommunikation, S. 71; für das sächsiche E-Government-Gesetz gibt es eine Verschlüsslungspflicht: Vgl. *Albrecht/Schmid*, AnwZert ITR 11/2014 Anm. 3; zum Verhältnis von Datenschutz und Verschlüsselung: *Stiemerling/Hartung*, CR 2012, 60 (60 ff.).

2142 *Lechtenbörger*, DuD 2011, 268 (268) mit Verweis auf *Bedner/Ackermann*, DuD 2010, 323 (323); kritisch auch *Roßnagel*, NJW 2011, 1473 (1475).

2143 Vgl. hierzu den Koalitionsvertrag zwischen CDU, CSU und SPD: „Deutschlands Zukunft gestalten", S. 104, zu finden unter: http://www.bundesregierung.de/Content/DE/_Anlagen/2013/2013-12-17-koalitionsvertrag.pdf?__blob=publicationFile (letzter Abruf: 08.11.2015), sowie das Interview mit den Staatssekretären Gerd Billen und Ulrich Kelber aus dem Bundesministerium für Justiz und Verbraucherschutz mit iRights.info, zu finden unter: http://irights.info/artikel/wir-muessen-bei-jeder-regelung-mit-bedenken-ob-sie-auch-im-digitalen-raum-passt/23367 (letzter Abruf: 08.11.2015); zu einem möglichen Anspruch des Bürgers auf Verschlüsselung: *Petersen*, Die Rechtsprobleme des Electronic Government, S. 94 ff.

gung stellen. Auch der Nutzer müsste sich technisch auf diese Form der Verschlüsselung einstellen. Für die Sicherheit der elektronischen Kommunikation in der Breite wäre es sinnvoll und notwendig, wenn die Ende-zu-Ende-Verschlüsselung nicht nur im De-Mail-Gesetz, sondern an anderer Stelle mit weiterem Geltungsbereich geregelt werden würde. Im transaktionsbezogenen E-Government kommt nicht nur De-Mail als Infrastruktur in Betracht.

B. Praxisbeispiel: E-Government-Anwendung iKfz

Auf der Ebene der Umsetzung von transaktionsbezogenem E-Government soll nun im Folgenden eine bereits angebotene Anwendung als Praxisbeispiel vorgestellt werden, um die zuvor in dieser Arbeit erörterten Fragen bei der praktischen Umsetzung zu illustrieren.

I. Das Projekt iKfz

Das Projekt internetbasierte Kfz-Anmeldung (iKfz) stellt ein Beispiel der föderalen Zusammenarbeit im E-Government dar. Dieses Projekt dient dazu, die analoge Zulassung von Kraftfahrzeugen an der Kfz-Zulassungsstelle medienbruchfrei in die Online-Welt zu transferieren. Grundsätzlich sind Träger der Zulassungsstellen in Deutschland im Wesentlichen die Kreise und kreisfreien Städte. Das Projekt iKfz wird vom Bundesministerium für Verkehr und digitale Infrastruktur in der projektbezogenen Aufbauphase geleitet. Für den Wirkbetrieb ist eine föderale Zusammenarbeit zwischen dem Kraftfahrtbundesamt (KBA), u. a. dem Land Niedersachsen, der kommunalen Gebietskörperschaften mit Kfz-Zulassungsstelle sowie IT- und anderen Dienstleistern eingeplant. Das Projekt ist also durch eine Multi-Stakeholder-Struktur mit einer Vielzahl von Akteuren gekennzeichnet. Das Projekt besitzt mehrere Ausbaustufen: 1. Stufe: internetbasierte Außerbetriebsetzung, 2. Stufe: internetbasierte Wiederzulassung, 3. Stufe: Konzeption eines Gesamtverfahrens zur internetbasierten Fahrzeugzulassung und 4. Stufe: Realisierung dieses Gesamtverfahrens[2144]. Bisher befindet sich dieses in der ersten Ausbaustufe, der internetbasierten Außerbetriebsetzung auf Basis des Projektes DOL Kfz-Wesen. Bei iKfz handelt es sich um eine gesetzlich verpflichtende E-Government-Anwendung, die jede Kfz-Zulassungsstelle in Deutschland umsetzen muss und die somit dem Trend der Steuerung des E-Governments durch Recht folgt[2145].

2144 Bundesministerium des Innern (Hrsg.), E-Government-Initiative für De-Mail und den Personalausweis, S. 25.

2145 Die Prozess-, Ablauf- und Organisationsveränderungen durch E-Government müssen zwangsläufig ein rechtliches Thema sein: Vgl. *Schliesky*, DVP 2013, 420 (420).

II. Das NAVO-Portal mit dem nPA als Identitätsmanagement-Infrastruktur

In Niedersachsen hat das Land mit dem sog. NAVO-Portal eine Single-Sign-On-Lösung als Identitätsmanagement-Infrastruktur geschaffen. NAVO steht für niedersächsische Antragsverwaltung online und bietet ein Bürgerkonto an, welches von Landesbehörden und von Kommunen für ihre Verfahren genutzt werden kann[2146]. Als Basisfunktionalitäten stehen hier eine Identifizierungskomponente, eine Postfach-Funktionalität und ein temporärer Dokumentensafe zur Verfügung[2147]. Das NAVO bietet auch die Möglichkeit von Schnittstellen zur Verfahrenssoftware, um Daten für eine medienbruchfreie Bearbeitung einfach und automatisch übernehmen zu können[2148]. Für die kommunalen Gebietskörperschaften in Niedersachsen, die Träger von Kfz-Zulassungsstellen sind, besteht die Möglichkeit, sich dort anzumelden und das Portal als Identitätsmanagement-Infrastruktur gegenüber dem Bürger zu nutzen. Der Bürger kann sich ebenfalls dort anmelden, um die Funktionalitäten der Single-Sign-On-Lösung zu nutzen.

III. Nutzerverantwortlichkeit

Auch in dieser E-Government-Anwendung stellt sich die Frage der Reichweite der Eigenverantwortung des privaten Nutzers in einem Umfeld mit vielen verschiedenen Akteuren. Grundsätzlich greift auch hier, dass den Nutzer bezüglich seiner individuellen Infrastruktur Selbstschutzobliegenheiten treffen. Im Zuge der Einführung von iKfz waren die kommunalen Gebietskörperschaften, die Träger von Kfz-Zulassungsstellen sind, gezwungen, Nutzungsbedingungen für diese E-Government-Anwendung zu definieren. Für die Nutzung der Anwendung muss der private Nutzer einen Vertrag zur Nutzung des NAVO-Portals schließen. Angesichts der Vielzahl von Akteuren, der föderalen Zusammenarbeit und auch unterschiedlicher Herrschaftssphären ist dies nicht trivial. Beispielhaft sollen hier die Nutzungsbedingungen des Landkreises Osterode herausgegriffen werden[2149]. Die Ziffer 5 ist überschrieben mit „Pflichten des Nutzers" und regelt, dass der Nutzer dafür Sorge zu tragen hat, dass sein Kartenlesegerät und das Endgerät gegen Benutzung durch Unbefugte und Beeinflussung durch Schadsoftware geschützt sind. Der Nutzer hat die ordnungsgemäße Funktion seines Systems zu überprüfen. Darüber hinaus wird der Nutzer auf die Einhaltung der rechtlichen Vorschriften und die Unterlassung von Beeinträchtigungen der Anwendung verpflichtet. Die Formulierung zum Kartenlesegerät nimmt die Regelungen aus § 27 Abs. 3 PAuswG auf und statuiert sie im Binnenverhältnis zwischen Nutzer und Ver-

2146 Vgl. hierzu www.navo.de.

2147 IT-Planungsrat (Hrsg.), Erfahrunsgberichte zum Einsatz von Bürgerkonten, S. 27.

2148 Bundesministerium des Innern (Hrsg.), E-Government-Initiative für De-Mail und den Personalausweis, S. 6.

2149 Vgl. hierzu die Nutzungsbedingungen des Landkreises Osterode am Harz : http://www.landkreis-osterode.de/media/custom/103_18554_1.PDF?1424940957&La=1 (letzter Abruf: 08.11.2015).

waltung. Die Formulierung in den Nutzungsbedingungen könnte als Obliegenheit für die individuelle Infrastruktur aufgefasst werden.

IV. Penetrationstests der Anwendung durch die Verwaltung und Audits als Umsetzung der Schutzpflicht

Für das Projekt iKfz sind im weiteren Verlauf auch verwaltungsseitig durchgeführte Penetrationstests für die Anwendung geplant, um die Datensicherheit zu testen. Verwaltungsseitig durchgeführte Penetrationstests können als faktische Umsetzung der staatlichen Schutzpflicht für die informationelle Selbstbestimmung des Nutzers eingeordnet werden. Sie stellen eine Schwachstellenanalyse dar und folgen der Grundprämisse, dass es keine absolute Sicherheit in der IT geben kann. Dies setzt voraus, dass diese Tests nicht nur einmal stattfinden, sondern institutionalisiert werden, damit fortlaufend Schwachstellen aufgedeckt werden. Wie sehr solche Tests notwendig sind, zeigt ein Angriff von Cyberkriminellen auf Kfz-Zulassungsstellen in Hessen und Rheinland-Pfalz am 22.06.2015[2150].

V. De-Mail als Rückkanal für Bescheide

Im Zusammenhang mit iKfz ist an den Einsatz der De-Mail als Rückkanal für den Bescheid an den Bürger gedacht. Maßgeblich hierfür ist § 14 Abs. 4 Fahrzeugzulassungsverordnung (FZV). Bei den beteiligten Akteuren war in diesem Zusammenhang streitig, ob die kommunalen Gebietskörperschaften, die Träger einer Kfz-Zulassungsstelle sind, aus § 14 Abs. 4 FZV verpflichtet sind, dem Bürger den Rückkanal über De-Mail zu ermöglichen[2151]. Maßgeblich ist in diesem Kontext, dass nach § 2 Abs. 1 S. 2 des Bundes-EGovG Bundesbehörden De-Mail verpflichtend anbieten müssen, kommunale Gebietskörperschaften nur dann, wenn dies explizit landesgesetzlich geregelt ist[2152]. Das bedeutet, dass Kfz-Zulassungsstellen in Niedersachsen Bescheide nach wie vor auf papierschriftlichem Wege zustellen können. Damit wären nicht alle Transaktionen rund um die Kfz-Zulassung vollelektronisch medienbruchfrei abzuwickeln.

VI. Verantwortliche Stelle

Die komplexe Multi-Stakeholder-Struktur in dieser E-Government-Anwendung und die nicht minder komplexen Interaktionsbeziehungen der Akteure führen zu der Fra-

2150 Vgl. http://www.swr.de/landesschau-aktuell/rp/cyberangriff-in-rheinland-pfalz-hacker-legen-zulassungsstellen-lahm/-/id=1682/did=15712540/nid=1682/1butqwn/index.html (letzter Abruf: 08.11.2015).

2151 Vgl. hierzu das Rundschreiben des Niedersächsischen Landkreistages Nr. 376/2015.

2152 Das ist in Niedersachsen derzeit noch nicht der Fall; vgl. aber § 4 NDiG-E, LT-Drs 18/1598, S. 6.

ge, wer hier eigentlich die verantwortliche Stelle ist. Dies hat unter anderem auch deswegen Relevanz, weil sich danach bestimmt, ob weitere datenschutzrechtliche Erfordernisse wie z. B. die Erstellung einer Verfahrensbeschreibung erfüllt werden müssen. Die zuständigen Fachbereiche der kommunalen Gebietskörperschaften bleiben Herr der Fachaufgabe. Jedoch werden mit der NAVO-Lösung in Niedersachsen und der zentralen Serverkomponente beim KBA auch in verschiedenen anderen Herrschaftssphären personenbezogene Daten verarbeitet. Gegenwärtig ist dies noch unklar.

VII. Besondere Bedeutung von Bezahldiensten

Besondere Bedeutung erlangen bei dieser E-Government-Anwendung Bezahldienst-Komponenten, die meistens von externen Dienstleistern erbracht werden. Das Schadenspotenzial ist in diesem Bereich auch für den Nutzer der Anwendung besonders groß. Die Verwaltung muss bei den Bezahldienst-Komponenten insbesondere die Anschlussfähigkeit an ihre Finanzbuchhaltungs-Systeme im Blick behalten. In den meisten Fällen haben die Dienstleister von Bezahldiensten eigene umfangreiche AGB, denen sich auf der einen Seite die Verwaltung und auf der anderen Seite gerade auch der private Nutzer unterwerfen muss. Dies führt dazu, dass der Nutzer ein weiteres vertragliches Konstrukt wählen und dieses auch kognitiv durchdringen muss. Insoweit steigen auch hier wieder die Anforderungen an die Eigenverantwortung des Nutzers. Bei gewerblichen Nutzern von iKfz wie Autohäusern ist hier ein großzügiger Maßstab möglich.

VIII. Fazit: Komplexe Vertragslandschaft für den Nutzer

Als Fazit aus dem Praxisbeispiel iKfz lässt sich festhalten, dass die Anforderungen an den Nutzer hoch sind, da er zur Nutzung dieser Anwendung mehrere Verträge abschließen muss, die ihm datenbezogene Selbstschutzobliegenheiten abverlangen. Deutlich wird auch, dass in so komplexen transaktionsbezogenen E-Government-Anwendungen wie iKfz die Frage, welcher Akteur mit welchem anderen vertragliche Verbindungen eingeht, nicht leicht zu klären ist. Darüber hinaus besteht die Frage nach Verantwortlichkeitssphären und die Frage, welcher Akteur nun genau datenverarbeitende Stelle ist. Auch hier dürfen die Anforderungen an den privaten Nutzer durch AGB und Nutzungsbedingungen nicht überspannt werden. Wichtig ist auch hier das Leitbild eines mündigen, medienkompetenten Nutzers.

C. Anonyme und pseudonyme Nutzung von Diensten

Im Zusammenhang mit der Frage der Eigenverantwortung des Nutzers und unter dem Stichwort Selbstdatenschutz ist vielfach die anonyme und die pseudonyme Nutzung von Diensten diskutiert worden. In vielen Zusammenhängen wird bei der Nutzung von Webdiensten deutlich, dass die klassische datenschutzrechtliche Rollenaufteilung zwischen den beteiligten Akteuren an ihre Grenzen stößt[2153]. Anonymisierung und Pseudonymisierung werden als Bestandteile des Selbstdatenschutzes und als Kennzeichen einer sinnvollen rechtlichen Einhegung der Nutzung von Identitäten gesehen[2154]. Diese dienen dem Persönlichkeitsschutz[2155] und sind auch Manifestation der Eigenverantwortung des Nutzers, der zugunsten seiner informationellen Selbstbestimmung handelt. Es beruht nämlich in der Regel auf einem Willensentschluss des Nutzers, ob er Dienste anonym oder unter Pseudonym nutzt. Elemente des Selbstschutzes des Nutzers finden sich, wie bereits erwähnt, in § 13 Abs. 6 TMG, indem diese Regelung dem Diensteanbieter die Pflicht aufgibt, die Nutzung von Telemediendiensten anonym oder unter Pseudonym zu ermöglichen[2156].

Bereits das BVerfG hat im Volkszählungsurteil am Beispiel der Statistik einen grundsätzlichen Anspruch auf Anonymisierung, verbunden mit Vorkehrungen gegen die Deanonymisierung, angenommen[2157]. Nach § 3 Abs. 6 BDSG a. F. war Anonymisieren das Verändern personenbezogener Daten derart, dass die Einzelangaben über persönliche oder sachliche Verhältnisse nicht mehr oder nur mit einem unverhältnismäßig großen Aufwand an Zeit, Kosten und Arbeitskraft einer bestimmten oder bestimmbaren Person zugeordnet werden können. In dieser Vorschrift wurden die Fälle der tatsächlichen Anonymisierung geregelt, die gegeben ist, wenn der Personenbezug nicht mehr hergestellt werden kann, und der faktischen Anonymisierung, die vorliegt, wenn der Personenbezug nur mit einem unverhältnismäßig großen Aufwand wiederhergestellt werden könnte und daher nicht zu erwarten ist[2158].

Nach § 3 Abs. 6a BDSG a. F. war Pseudonymisieren das Ersetzen des Namens und anderer Identifikationsmerkmale durch ein Kennzeichen zu dem Zweck, die Bestimmung des Betroffenen auszuschließen oder wesentlich zu erschweren. Dieses Kennzeichen kann durch den Betroffenen selbst, einen vertrauenswürdigen Dritten oder die für die Datenverarbeitung verantwortliche Stelle vergeben werden[2159]. Bei der Pseudonymisierung kann derjenige, der das Pseudonym vergibt, den Personenbezug wiederherstellen (relative Bestimmbarkeit)[2160]. Nunmehr definiert Art. 4 Nr. 5 DS-GVO den Begriff der Pseudonymisierung und die Erwägungsgründe 26 ff. der DS-GVO treffen Aussagen zur Pseudonymisierung.

2153 *Schaar*, in: Schmidt/Weichert (Hrsg.), Datenschutz, 363 (364).

2154 *Schneider*, in: Borges/Schwenk, Daten- und Identitätsschutz in Cloud Computing, E-Government und E-Commerce, 21 (32); *Schweighofer*, in: Benedek/Pekari (Hrsg.), 257 (268); ein allgemeines Recht auf Anonymität wird abgelehnt: Vgl. *Brunst*, Anonymität im Internet – rechtliche und tatsächliche Rahmenbedingungen, S. 197; zum Verhältnis von Personenbezug und Anonymität: *Kühling/Klar*, NJW 2013, 3611 (3613 ff.).

2155 *Rose*, K&R 2011, 439 (444).

2156 In diesem Kontext ist immer wieder die Klarnamenpflicht in den Nutzungsbedingungen von Facebook in der Diskussion, die den einschlägigen Vorschriften des TMG widerspricht.

2157 BVerfGE 65, 1; Az BvR 209/83 u. a.; Rn 49; *Schaar*, in: Schmidt/Weichert (Hrsg.), Datenschutz, 363 (368 f.).

2158 *Eßer*, in: Auernhammer, § 3 BDSG, Rn. 67.

2159 *Eßer*, in: Auernhammer, § 3 BDSG, Rn. 68.

2160 *Eßer*, in: Auernhammer, § 3 BDSG, Rn. 68 (Hervorhebung im Original).

Anonymisierung und Pseudonymisierung unterscheiden sich dadurch, dass bei einer Anonymisierung die Daten zumindest für eine logische Sekunde personenbezogen sind, dieser Zustand aber sofort im System geändert wird, sodass dann kein Personenbezug mehr möglich ist[2161]. Es gibt kritische Stimmen in der Literatur, die darauf hinweisen, dass die Möglichkeiten für Pseudonymisierung und Anonymisierung im geltenden Datenschutzrecht defizitär sind und es zur weiteren Förderung einer Abkehr vom Verbotsprinzip im Datenschutzrecht bedürfe[2162]. Dies kann hier nicht weiter erörtert werden. Beide Verfahren sind jedenfalls nur Teilelemente des Selbstdatenschutzes.

In § 5 Abs. 2 De-Mail-Gesetz ist eine Regelung enthalten, wonach der akkreditierte Diensteanbieter Nutzern auch auf Verlangen pseudonyme E-Mail-Adressen zur Verfügung stellen kann, wenn es sich beim Nutzer um eine natürliche Person handelt. Die Inanspruchnahme eines Dienstes unter Pseudonym durch den Nutzer muss Dritten gegenüber erkennbar sein. Diese Kennzeichnung in der De-Mail-Adresse durch die Buchstabenkombination „pn" soll der Verhinderung von Identitätsmissbrauch dienen[2163]. Über diese Möglichkeit kann der Nutzer von De-Mail frei entscheiden. Im Bereich des transaktionsbezogenen E-Governments sind den Möglichkeiten der Anonymisierung und Pseudonymisierung aber auch Grenzen gesetzt. Sollen im transaktionsbezogenen E-Government Fachverfahren vollelektronisch abgewickelt werden, so sind z. B. die Identitätsdaten des Antragstellers erforderlich. Hier ist der Begriff der numerischen Identität i. S. e. Identifizierbarkeit einer natürlichen Person, der dieser Arbeit zugrunde liegt, heranzuziehen. Bei transaktionsbezogenen E-Government-Anwendungen kommt es im Gegensatz zu E-Government-Anwendungen auf den Interaktionsebenen Information und Kommunikation eben gerade darauf an, dass die Identifizierbarkeit der natürlichen Person erhalten bleibt. Zur Sicherheit im elektronischen Rechtsverkehr ist die Identifizierbarkeit hier erforderlich. Insoweit kann die anonyme und pseudonyme Nutzung als Manifestation der Eigenverantwortung des Nutzers nur begrenzt eingesetzt werden.

D. Die Rolle der datenschutzrechtlichen Einwilligung im E-Government

Die datenschutzrechtliche Einwilligung ist eine weitere fundamentale Manifestation der informationellen Selbstbestimmung des Nutzers und markiert die Eigenverantwortung des Nutzers[2164]. Sie macht den Kern des Inhalts des Grundrechts auf informationelle Selbstbestimmung aus und ist gelebte Grundrechtsausübung und kein

2161 *Schaar*, in: Schmidt/Weichert (Hrsg.), Datenschutz, 363 (368).

2162 *Härting*, NJW 2013, 2065 (2069).

2163 BT-Drs. 17/3630, S. 29.

2164 Für eine wirksamere Ausgestaltung der Einwilligung zum Schutz des „Kernbereichs der Persönlichkeit" im Rahmen der Datenschutz-Grundverordnung: *Schneider/Härting*, CR 2014 306 (309) (Hervorhebung im Original); in der Praxis fallen Lesen, Verstehen und Handeln bei der Einwilligung häufig auseinander: Vgl. *Arnold/Hillebrand/Waldburger*, DuD 2015, 730 (730 ff.).

Grundrechtsverzicht[2165]. Jeder soll grundsätzlich selbst über die Verwendung und Preisgabe seiner persönlichen Daten bestimmen können[2166]. Bei der Einwilligung wird also die Eigenverantwortung des privaten Nutzers am deutlichsten. Die Einwilligung soll auf einfachgesetzlicher Ebene „genuiner Ausdruck" des Grundrechts auf informationelle Selbstbestimmung des Betroffenen sein[2167]. Deswegen kommt es gerade auch auf die freiheits- und selbstbestimmungskonforme Ausgestaltung elektronischer Kommunikation an[2168]. Die Regelungen zur Einwilligung werden als Schlüssel zur Datensouveränität gesehen, die den bisherigen Zustand der im Wege der Einwilligung nur simulierten Selbstbestimmung verbessern soll[2169].

Grundsätzlich ist das Datenschutzrecht durch das Verbotsprinzip bzw. das präventive Verbot mit Erlaubnisvorbehalt gekennzeichnet[2170]. Die Ausnahme davon ist ein gesetzlicher Erlaubnistatbestand oder die Einwilligung des von der Datenverarbeitung Betroffenen. Bei der Datenverarbeitung öffentlicher Stellen sind die meisten Datenverarbeitungskontexte durch formellgesetzliche Rechtsgrundlagen legitimiert, dennoch kann es Konstellationen geben, in denen öffentliche Stellen auf die Einwilligung zurückgreifen müssen.

Nach der nunmehr geltenden Regelung in Art. 7 Abs. 4 DS-GVO ist die Einwilligung nur wirksam, wenn sie auf der freiwilligen Entscheidung des Betroffenen beruht, und sie ist nach Art. 7 Abs. 3 DS-GVO frei widerruflich. Das bedeutet, dass an die Begleitumstände der Einwilligung entsprechende Anforderungen zu stellen sind. Häufig wird dem Nutzer ein bestimmter Kontext zur Verarbeitung seiner Daten vorgegaukelt, der bei verschiedenen Diensten die dahinter stehende tiefere Geschäftsidee verschleiert und den Nutzer glauben lässt, er habe eine bewusste, verantwortungsvolle Entscheidung getroffen[2171]. Problematisch unter dem Gesichtspunkt der Kenntnis des Ausmaßes der Einwilligung sind sog. Blankoeinwilligungen[2172]. Ein grundsätzliches Dilemma für den Datenschutz überhaupt besteht darin, dass der Nutzer als juristischer Laie die Einwilligungserklärungen in ihrer Reichweite nicht versteht, sie aber vielfach formaljuristisch betrachtet korrekt sind[2173]. Rechtsdogmatisch betrachtet schließt die Einwilligung nur dann den Eingriff in das Grundrecht auf informationelle Selbstbestimmung aus, wenn der Einwilligende die Tragweite seiner Entscheidung absehen kann[2174]. Vielfach agieren aber kommerzielle Anbieter so, dass sie das Ver-

---

2165 BVerfG, 1 BvR 2027/02 – 23.10.2006; *Simitis*, in: Ders. (Hrsg.), § 4a BDSG, Rn. 2.

2166 BVerfGE 65, 1 (Volkszählungsurteil 1. Leitsatz).

2167 *Roßnagel/Pfitzmann/Garstka*, Modernisierung des Datenschutzrechts, S. 72.

2168 *Gusy*, DuD 2009, 33 (35).

2169 *Maas*, DuD 2015, 579 (579).

2170 Hierzu grundlegend: *Karg*, DuD 2013, 75 (75 ff.); den Hinweis, dass das Verbot mit Erlaubnisvorbehalt von der Einwilligung unterlaufen werde, geben: *Kamp/Rost*, DuD 2013, 80 (83). Für eine generelle Aufgabe des Verbotes mit Erlaubnisvorbehalt und stattdessen für explizit geregelte Verbote plädiert: *Petersen*, Grenzen des Verrechtlichungsgebotes im Datenschutz, S. 155.

2171 *Heckmann*, K&R 2010, 770 (772).

2172 *Becker/Becker*, MMR 2012, 351 (354).

2173 *Heckmann*, in: Schmidt/Weichert (Hrsg.), Datenschutz, 265 (270); *ders.*, NJW 2012, 2631 (2631 ff.); von „asymmetrischer Erwartungssicherung" spricht: *Knabe*, in: Schünemann/Weiler (Hrsg.), E-Government und Netzpolitik im europäischen Vergleich, 277 (292).

2174 *Kunig*, JURA 1993,595 (601).

trauen der Nutzer missbrauchen[2175]. Die Einwilligung ist daher ein problematisches Instrument.

Die Einwilligung muss durch den Betroffenen grundsätzlich freiwillig erfolgen[2176]. Dies wird bei wirtschaftlich ungleichen Machtpositionen, bei übermäßigen Anreizen oder dann, wenn eine echte Wahlfreiheit nicht gegeben ist, verneint[2177]. Es besteht eine jederzeitige Widerrufsmöglichkeit bei der Einwilligung, die von jetzt an für die Zukunft gilt[2178]. Eine elektronisch erteilte Einwilligung muss eindeutig dem Betroffenen zuzuordnen sein, sie darf nicht verändert werden können und muss protokolliert werden, sodass sie grundsätzlich vom Betroffenen jederzeit nachvollzogen werden kann[2179]. Diese Voraussetzungen beabsichtigen grundsätzlich, dass sie für den Betroffenen eine kalkulierbare Schutzwirkung vermitteln[2180]. Fraglich ist aber häufig, ob diese Schutzwirkung in der Realität besteht.

Die Einwilligung des privaten Nutzers in verschiedenste Datenverarbeitungsvorgänge spielt auch im transaktionsbezogenen E-Government eine große Rolle. E-Government-Anwendungen sind dadurch gekennzeichnet, dass die Kommunikationsprozesse in vielerlei Hinsicht durch private Diensteanbieter abgewickelt werden, sodass sich die Notwendigkeit für die Einwilligung des Nutzers ergibt. Bei der Einwilligung im Kontext elektronischer Angebote werden sog. Opt-in- und Opt-out-Lösungen unterschieden[2181]. Bei Opt-in-Lösungen muss der private Nutzer durch aktives Tun, z. B. durch Setzen eines Häkchens in einer Bildschirmmaske, seine Einwilligung in die Datenverarbeitung kundtun. Bei Opt-out-Lösungen gehen die Grundeinstellungen von einer Einwilligung des Nutzers aus, und er kann erst durch aktives Tätigwerden verhindern, dass eine Datenverarbeitung stattfindet. Das Opt-out-Verfahren ist datenschutzrechtlich problematisch, weil es von einer falschen Grundvoraussetzung ausgeht. Beim Opt-in-Verfahren wird die Einwilligung des Nutzers häufig durch das sog. Double-Opt-in-Verfahren eingeholt, bei dem der Nutzer eine Bestätigungs-E-Mail erhält, die einen Link enthält, den der Nutzer dann noch einmal bestätigen muss[2182]. Diese Art der Lösung schafft insgesamt für den Nutzer mehr Sicherheit.

Ein Beispiel für die Einwilligung im E-Government ist die Ausnahme vom datenschutzrechtlichen Grundsatz der Direkterhebung in § 5 EGovG bei der Einreichung elektronischer Nachweise[2183]. Die Einwilligung soll hier durch eine einfache E-Mail erfolgen können, was dem Nutzer zusätzlichen Aufwand ersparen soll[2184]. Darüber hinaus gibt es im transaktionsbezogenen E-Government die unterschiedlichsten Kon-

---

2175 *Heckmann*, K&R 2010, 770 (772).

2176 *Volle*, Datenschutz als Drittwirkungsproblem, S. 62 f.

2177 *Kramer*, in: Auernhammer, § 4a BDSG, Rn. 3 m. w. N.

2178 *Hartge*, in: Schmidt/Weichert (Hrsg.) Datenschutz, 280 (282).

2179 *Hartge*, in: Schmidt/Weichert (Hrsg.) Datenschutz, 280 (282); *Petersen*, Grenzen des Verrechtlichungsgebotes im Datenschutz, S. 191 ff.

2180 *Kamp/Rost*, DuD 2013, 80 (82).

2181 *Lindhorst*, Sanktionsdefizite im Datenschutzrecht, S. 58 ff; *Lübking/Zilkens*, Datenschutz in der Kommunalverwaltung, 2. Aufl., 2008, Rn. 166 ff.; *Hanloser*, CR 2008, 713 (715).

2182 *Schreibauer*, in: Auernhammer, § 13 TMG, Rn. 36.

2183 *Müller-Terpitz/Rauchhaus*, JurPC Web-Dok. 96/2012, Abs. 19.

2184 Hintergrundpapier des BMI zum EGovG-E, S. 4; BR-Drs. 557/12, S. 55.

texte, in denen der Nutzer in die Datenverarbeitung einwilligen muss. Auch hier ist auf die Umstände, unter denen die Einwilligung erteilt wird, zu achten.

Die Einwilligung ist insgesamt ein Instrument, welches anfällig ist für fremdbestimmende Einflüsse. Die Effektivität der Einwilligung als Instrument zur Gewährleistung der informationellen Selbstbestimmung ist daher vielfach in Zweifel gezogen worden[2185]. Das, was heute als Einwilligung eines Nutzers im digitalen Umfeld stattfindet, wird deswegen auch nur als die Anwendung von „Vertrauen" im Sinne eines Mechanismus zur Reduktion von Komplexität bezeichnet, weil der Nutzer das Ausmaß nicht mehr durchschaut[2186]. Es wird vielfach eine nur noch untergeordnete Rolle der datenschutzrechtlichen Einwilligung angenommen, da diese im Rahmen elektronischer Datenverarbeitung ihre Steuerungswirkung verliert[2187]. Vielfach sind, wie in dieser Arbeit bereits skizziert wurde, Konstellationen von Machtasymmetrien vorhanden, bei denen die Einwilligung nicht das beste Mittel zum Schutz der informationellen Selbstbestimmung ist, da die Macht der Institutionen, welche die Einwilligung beim Nutzer einholen, verschleiert wird[2188]. Die Einwilligung wird teilweise auch als Datenschutzrisiko für den Betroffenen und die Allgemeinheit gesehen[2189]. Die Einwilligung kann vielfach ihre rechtfertigende Wirkung nicht erfüllen[2190].

Das datenschutzrechtliche Instrument der Einwilligung ist insbesondere auch im transaktionsbezogenen E-Government dennoch wichtig. Für den Schutz der informationellen Selbstbestimmung des Nutzers reicht es aber nicht aus, sich auf dieses Instrument allein zu verlassen, weil es faktische Entwicklungen gibt, welche die Steuerungskraft der Einwilligung mindern. Auch hier ist wieder die Grenzlinie zwischen der Eigenverantwortung des privaten Nutzers und der Umsetzung der staatlichen Schutzpflicht betroffen. Bei der Umsetzung von transaktionsbezogenem E-Government sollte der Einwilligung des privaten Nutzers ein Höchstmaß an Transparenz seitens der E-Government anbietenden Verwaltung und der Diensteanbieter vorausgehen. Die oben genannten Transparenzpflichten des Verantwortlichen gegenüber dem Betroffenen gehen diesbezüglich in die richtige Richtung. Daneben können andere datenschutzrechtliche Grundsätze wie der Zweckbindungsgrundsatz auf anderer Ebene bei konsequenter Umsetzung bereits eine stärkere Steuerungswirkung entfalten als die Einwilligung[2191]. Die Einwilligung ermöglicht zwar die Eigenverantwortung des Nutzers, ist jedoch kein Allheilmittel für den optimalen Schutz der informationellen Selbstbestimmung des Nutzers. Im Umfeld der Einwilligung sind Informationen des Nutzers und die Kenntnisnahme der Reichweite der Einwilligung notwendig. Das bedeutet, der Einwilligung muss etwas vorausgehen, was den mündigen Nutzer ent-

---

2185 *Buchner*, DuD 2010, 39 (39 ff.); *ders.*, Informationelle Selbstbestimmung im Privatrecht, S. 231 ff; *Schaar*, Datenschutz im Internet, Rn. 552 ff.; *Iraschko-Luscher*, DuD 2006, 706 (706 ff.).

2186 *Heckmann*, K&R 2010, 770 (776) mit Verweis auf *Luhmann*, Vertrauen, 4. Aufl. 2000, S. 27 ff. (Hervorhebung im Original).

2187 *Roßnagel*, APuZ 5-6/2006, 9 (12).

2188 *Rost*, DuD 2013, 85 (86).

2189 *Kamp/Rost*, DuD 2013, 80 (83).

2190 *Heckmann*, K&R 2010, 770 (776).

2191 *Forgó/Krügel/Rapp*, Zwecksetzung und informationelle Gewaltenteilung, S. 110.

scheidungsfähig macht, und es darf nicht ausschließlich auf die Einwilligung allein gesetzt werden.

E. Datenschutzakteure im E-Government

Bei der praktischen Umsetzung von datenschutzgerechtem transaktionsbezogenem E-Government kommt einigen Akteuren eine entscheidende Rolle zu. Hier haben diese Akteure wie z. B. der Datenschutzbeauftragte die Rolle, auf die Umsetzung der Schutzpflichtdimension der kommunikationsbezogenen Grundrechte zu achten und neben der Überwachung der Einhaltung des Datenschutzrechts auch faktische Maßnahmen zum Schutz der informationellen Selbstbestimmung anzustoßen. Im Zuge der Entwicklung im Bereich des transaktionsbezogenen E-Governments haben sich die Aufgaben der Akteure auch ausgeweitet.

I. Ausschuss De-Mail-Standardisierung

In § 22 De-Mail-Gesetz ist ein Ausschuss De-Mail-Standardisierung geregelt worden, der die Aufgabe hat, die technischen und organisatorischen Anforderungen an die Pflichten nach den §§ 3 bis 13 De-Mail-Gesetz unter Beteiligung der akkreditierten Diensteanbieter weiterzuentwickeln. Diesem Ausschuss gehören alle akkreditierten De-Mail-Diensteanbieter, das Bundesamt für Sicherheit in der Informationstechnik (BSI), die Bundesbeauftragte für den Datenschutz und die Informationsfreiheit (BfDI), ein vom IT-Planungsrat beauftragter Vertreter der Länder sowie ein Vertreter des Rates der IT-Beauftragten der Bundesregierung an. Dieses Gremium folgt der Logik, dass es in Sachen Datenschutz und Datensicherheit einer stetigen Weiterentwicklung bedarf, um die Schutzpflichtdimension der kommunikationsbezogenen Grundrechte zu erfüllen. Das Zusammenwirken der Akteure in diesem Gremium dient letztlich der informationellen Selbstbestimmung des privaten Nutzers. Neben Datenschutz und Datensicherheit soll das Gremium auch prospektiv die Interoperabilität sichern.

II. Weiterentwicklung technischer und organisatorischer Anforderungen

Die Weiterentwicklung technischer und organisatorischer Anforderungen ist in einem dynamischen Handlungsfeld wie der IT besonders wichtig, um Datenschutz und Datensicherheit sicherstellen zu können[2192]. Diese Anforderungen müssen in tatsächlicher Hinsicht entwickelt werden und konkretisieren dann das Datenschutzrecht wie z. B. § 9 BDSG a. F. bzw. nunmehr Art. 32 DS-GVO, der die technischen und organisatorischen Maßnahmen regelt. Die hierfür einschlägigen Regelwerke müssen

2192 *Petersen*, Grenzen des Verrechtlichungsgebotes im Datenschutz, S. 181 ff.

ständig aktualisiert werden. Darüber hinaus ist auch eine Orientierung in der Praxis an den sog. Best Practices geboten[2193]. Die Informationssicherheit ist nach Art. 5 Abs. 2 DS-GVO von der Rechenschaftspflicht umfasst, sodass hier insbesondere auch das neu gefasste BSI-Grundschutz-Kompendium besondere Bedeutung erlangt[2194].

III. Grundrechtsschutz durch den Datenschutzbeauftragten

Bei der Umsetzung der Schutzpflichten für die informationelle Selbstbestimmung sowie bei der Befähigung des Nutzers zum informationellen Selbstschutz haben die Datenschutzbeauftragten in Bund und Ländern eine besondere Bedeutung. Die Institution des Datenschutzbeauftragten ist als Schranken-Schranke für den Eingriff in das Grundrecht auf informationelle Selbstbestimmung zu sehen[2195] und bewirkt damit Grundrechtsschutz[2196]. Die Aufgaben und Befugnisse sind nun in den Regelungen der Art. 37, 38 und 39 DS-GVO unter Entwicklung der Hinwirkungspflicht zu einer Überwachungspflicht geregelt worden. Primär war die dessen Kontrollfunktion des Datenschutzbeauftragten insbesondere auch im Volkszählungsurteil[2197] eigentlich für den Bereich öffentlicher Stellen genannt. Angesichts der multipolaren Kommunikationskontexte mit verschiedenen Akteuren und der deshalb notwendigen Verantwortungsteilung der Akteure ist es aber zu rechtfertigen, dass die Datenschutzbeauftragten auch auf gesetzlicher Grundlage Zuständigkeiten für den nicht öffentlichen Bereich haben. Der Gesetzgeber muss im Rahmen seiner Schutzpflicht neue organisationsrechtliche Strukturen schaffen, um den entstehenden Grundrechtsgefährdungen auf angemessene Art und Weise entgegenzutreten[2198]. Diese Schutzpflicht ist bei der Kontrolle des nicht öffentlichen Bereiches gerade angesprochen.

Die Bundesbeauftragte für den Datenschutz und die Informationsfreiheit (BfDI) soll durch gesetzliche Änderung eine eigenständige Behörde und politisch unabhängiger werden und ausschließlich parlamentarischer und gerichtlicher Kontrolle unterstehen[2199]. Neben den Sanktionsbefugnissen der Datenschutzaufsichtsbehörden bei Verstößen gegen das Datenschutzrecht[2200], die nunmehr nach Art. 58 DS-GVO massiv ausgeweitet worden sind, gewinnt im Bereich des E-Governments die frühzeitige Einbindung der Datenschutzbeauftragten immer mehr an Bedeutung. Der oben genannte Ausschuss De-Mail-Standardisierung und die vielfaltigen Stellungnahmen zu E-Government-Projekten machen dies deutlich. Die Rolle, die der Datenschutzbeauftragte nach deutschem Verständnis bis heute erreicht hat, wird durch die Entwicklun-

2193 Vgl. hierzu: *Lensdorf/Mayer-Wegelin*, CR 2009, 545 (552).
2194 Vgl. hierzu: https://www.bsi.bund.de/DE/Themen/ITGrundschutz/ITGrundschutzKompendium/itgrundschutzKompendium_node.html (Letzter Abruf: 30.09.2018).
2195 Siehe oben unter: Teil 3, C., II., 6 b), hh).
2196 *Fraenkel/Hammer*, DuD 2011, 887 (889).
2197 BVerfGE 65, 1 (60).
2198 *Thomé*, in: Kutscha/Thomé, Grundrechtsschutz im Internet, S. 116.
2199 Deutscher Bundestag, Innenausschuss, DuD 2015, 70; DuD 2014, 797; zum Äußerungsrecht der Datenschutzaufsichtsbehörden: *Weichert*, DuD 2015, 323 (323 ff.), *ders.*, DuD 2015, 397 (397 ff.).
2200 Vgl. hierzu *Kamp/Thomé*, in: Schmidt/Weichert (Hrsg.), Datenschutz, 298 (306).

gen in der Rechtsprechung des EuGH und der DS-GVO gefährdet bzw. infrage gestellt[2201]. Dennoch ist das Aufgabenportfolio des Datenschutzbeauftragten groß. Dieser kann repressiv tätig werden. Wenn technisch-organisatorische Maßnahmen nicht vorhanden waren, lieferte der § 44 Abs. 1 Nr. 7 BDSG a. F. Möglichkeiten zur Sanktionierung[2202]. Unter dem Regime der DS-GVO steht vor allem das Berichtswesen an die sog. „höchste Managementebene" nach Art. 38 Abs. 3 S. 3 DS-GVO im Vordergrund. Auch im Bereich der IT-Sicherheit kommt dem Datenschutzbeauftragten eine Rolle zu[2203].

Im Zusammenhang mit dem nPA können z. B. auch die entsprechenden Berechtigungszertifikate durch Intervention der Datenschutzaufsichtsbehörde entzogen werden[2204]. Daneben gibt es aber auch ein präventives Tätigwerden des Datenschutzbeauftragten. So gibt es eine Handreichung des BfDI zum datenschutzgerechten Umgang mit besonders schützenswerten Daten beim Versand mittels De-Mail[2205]. Damit ist der Nutzer von De-Mail als Versender sensibler personenbezogener Daten auch Adressat der Beratungsfunktion der Datenschutzaufsichtsbehörden. Insoweit ist der Datenschutzbeauftragte auch Berater des mündigen Nutzers zur Erlangung des notwendigen Datenschutzbewusstseins und von Medienkompetenz.

Die E-Government umsetzende Verwaltung ist die natürliche Zielgruppe der Datenschutzaufsichtsbehörden[2206]. Hier sind insbesondere die technisch-organisatorischen Vorkehrungen in der Verwaltung sowie datenschutzrechtliche Instrumente wie die Vorabkontrolle sowie Verfahrensbeschreibungen von Anwendungen besonders relevant. Hier gewinnen die behördlichen Datenschutzbeauftragten eine starke Rolle zur Einhaltung dieser Vorgaben. Bei groben Verstößen kann der Datenschutzbeauftragte auch zum Mittel der Beanstandung greifen. Datenschutzaufsichtsbehörden führen als Stellvertreter für den Nutzer sachkundige Prüfungen durch und veröffentlichen ihre Ergebnisse, sodass das Vertrauen des Betroffenen in die Organisation, die Kompetenz, Transparenz und Integrität der Aufsichtsbehörden besondere Bedeutung hat[2207].

Die unabhängige Datenschutzaufsicht ist neben weiteren Institutionen eine wichtige Instanz bei der Beratung des Nutzers von transaktionsbezogenem E-Government und bei dessen Befähigung zum Selbstschutz. Insoweit kann auf der Ebene der Umsetzung der Selbstschutzobliegenheiten des Nutzers die Stärkung der unabhängigen Datenschutzaufsichtsbehörden als eine wichtige Voraussetzung betrachtet werden[2208].

2201 *Ziebarth*, CR 2013, 60 (60 ff.)
2202 Hierzu *Schaar*, in: Bäumler (Hrsg.), E-Privacy, 69 (71).
2203 *Lensdorf/Mayer-Wegelin*, CR 2009, 545 (551).
2204 *Roßnagel/Hornung*, DÖV 2009, 301 (304).
2205 Zu finden unter: http://www.bfdi.bund.de/SharedDocs/Publikationen/Sachthemen/DEMail/DeMailHandreichung.pdf?__blob=publicationFile (letzter Abruf: 08.11.2015).
2206 *Reinermann* (Hrsg.), Datenschutz im Internet – Internet im Datenschutz, S. 14.
2207 *Kamp/Rost*, DuD 2013, 80 (83).
2208 Zu dem Konkurrenzverhältnis der „Stiftung Datenschutz" zu den Datenschutzaufsichtsbehörden: *Wagner*, DuD 2012, 825 (828 ff.).

IV. Systemdatenschutz als Aufgabe der Gremien

Besondere Bedeutung auf der Ebene der Umsetzung des Datenschutzes hat der Systemdatenschutz. Dieser hat einen Blickwinkel auf die technische Seite des Datenschutzes. Der Systemdatenschutz kommt dem mündigen Nutzer elektronischer Kommunikation zugute. Die Entwicklung des Systemdatenschutzes kann aber logischerweise nicht dem privaten Nutzer aufgebürdet werden. Hierzu sind Gremien berufen wie z. B. der Ausschuss De-Mail-Standardisierung und weitere Institutionen. Adressiert werden müssen hierbei insbesondere Telekommunikations- und Telemediendiensteanbieter. Systemdatenschutz bedeutet auch, dass die Infrastrukturen und Dienste, die zur Kommunikation eingesetzt werden, die technischen Voraussetzungen für die Ausübung von Betroffenenrechten aufweisen[2209]. Auch beim Systemdatenschutz sind Datenvermeidung und Datensparsamkeit wichtige Systemkomponenten, die technisch umgesetzt werden sollten[2210]. Eine herausragende Bedeutung hat hier das bereits oben erwähnte Standard-Datenschutzmodell (SDM).

V. Wirksame Durchsetzung datenschutzrechtlicher Bestimmungen

Für ein hohes Datenschutzniveau bei der elektronischen Kommunikation ist eine wirksame Durchsetzung des Datenschutzrechts notwendig. Materielle Verhaltensnormen, die an die handelnden Akteure gerichtet sind, bedürfen wirksamer Durchsetzungsmechanismen[2211]. Die Befugnisse der Aufsichtsbehörden insbesondere in Art. 58 Abs. 2 DS-GVO sind neben der strengeren Haftung des Verantwortlichen ein wichtiger Pfeiler bei der wirksamen Umsetzung des Datenschutzrechts. Die Datenschutzaufsichtsbehörden sollen die wirksame Durchsetzung datenschutzrechtlicher Bestimmungen sicherstellen. Da aber Vollzugsdefizite auch im Bereich des Datenschutzrechts nicht auszuschließen sind, bedarf es ergänzender Anstrengungen zur Vollzugsoptimierung des Datenschutzrechts.

VI. Das Bundesamt für Sicherheit (BSI) in der Informationstechnik als „Warnungs- und Beratungsinstanz"

1. Aufgaben des BSI nach dem BSIG

Im Bereich der praktischen Umsetzung von IT-Sicherheit gewinnt das Bundesamt für Sicherheit in der Informationstechnik (BSI) besondere Bedeutung. Das BSI kann als Beratungs- und Warnungsinstanz zu Fragen der IT-Sicherheit bezeichnet werden, welche wiederum Voraussetzung für einen wirksamen Datenschutz ist. Die Kompe-

2209 *Dix*, in: Schmidt/Weichert (Hrsg.), Datenschutz, 290 (296).
2210 *Schaar*, in: Schmidt/Weichert (Hrsg.), Datenschutz, 363 (366).
2211 *Gurlit*, NJW 2010, 1035 (1040).

tenzen des BSI sind im Laufe der Zeit stetig erweitert worden. Auf der Ebene der Umsetzung staatlicher Schutzpflichten lässt sich die Tätigkeit des BSI in den Bereich von Informations- und Beratungspflichten an die handelnden Akteure einordnen[2212]. Von großer Bedeutung in der Praxis bei der Umsetzung von IT-Sicherheit sind die BSI-Grundschutzkataloge und die BSI-Standards[2213]. Im aktuellen Entwurf eines IT-Sicherheitsgesetzes ist das BSI in § 1 BSIG als Behörde für die Informationssicherheit auf nationaler Ebene der Bundesrepublik Deutschland benannt[2214]. Durch das IT-Sicherheitsgesetz wurde dem BSI eine Zuständigkeit für die Anerkennung und Überprüfung der Einhaltung der Mindeststandards durch die Betreiber Kritischer Infrastrukturen, die Aufgabe der Sammlung, Auswertung und Analyse der Meldungen von Sicherheitsvorfällen gegeben, um ein IT-Lagebild fortzuschreiben und die Betreiber hierüber zu unterrichten[2215]. Darüber hinaus soll das BSI an das Bundesministerium des Innern (BMI) über die laufende Tätigkeit berichten, was der Sensibilisierung der Öffentlichkeit für das Thema IT-Sicherheit dienen soll, indem der Bericht die fachlichen Informationsangebote des BSI ergänzt[2216]. Insbesondere sieht der Gesetzgeber diese Sensibilisierung der Öffentlichkeit als wichtig an, weil ein großer Teil von Cyberangriffen bereits durch Basismaßnahmen abgewehrt werden könnte[2217]. Somit ist der mündige private IT-Nutzer als Teil der zu sensibilisierenden Öffentlichkeit auch Adressat dieses Berichtes des BSI. Das BSI prüft und bewertet auch technische Systeme auf ihre IT-Sicherheit, die als individuelle Infrastruktur des Nutzers eingesetzt werden können. So soll sich z. B. der Nutzer des nPA nach § 27 Abs. 3 PAuswG beim Kauf von Lesegeräten und weiterer individueller Infrastruktur an BSI-Zertifizierungen orientieren[2218]. Das BSI kann daher als Institution angesehen werden, die dem mündigen Nutzer von transaktionsbezogenem E-Government hilft, seine digitale Verantwortung wahrzunehmen. Darüber hinaus ist das BSI auch Berater der E-Government umsetzenden insbesondere auch kommunalen Praxis. Diese ist Adressat sowohl des BSI-Grundschutzes als auch der bestimmten Standards und Technischen Richtlinien. Vor diesem Hintergrund wird auch eine bisher nicht stattfindende formale, institutionalisierte und strukturierte Einbindung der Kommunen und Länder in die Erarbeitung der Regelwerke des BSI gefordert[2219].

2. Das Nationale Cyber-Abwehrzentrum beim BSI

Zur behördenübergreifenden Abwehr von Gefahren für die IT-Sicherheit ist am 16.06.2011 das Nationale Cyber-Abwehrzentrum (NCAZ) beim BSI gegründet worden[2220]. Die Einrichtung dieses Zentrums ist Bestandteil der Cyber-Sicherheitsstrate-

2212 *Heckmann*, in: Käfer-FS, 129 (151).
2213 *Warnecke*, in: Schliesky (Hrsg.), Technikgestütztes Identitätsmanagement, 215 (221).
2214 BT-Drs. 18/4096, S. 9.
2215 *Roos*, MMR 2014, 723 (728).
2216 BT-Drs. 18/4096, S. 32.
2217 BT-Drs. 18/4096, S. 32.
2218 *Borges u. a.*, Identitätsdiebstahl und Identitätsmissbrauch im Internet, S. 287.
2219 Vgl. hierzu das Rundschreiben des Niedersächsischen Landkreistages Nr. 600/2015, S. 2.
2220 *Linke*, DÖV 2015, 128 (129).

gie der Bundesregierung[2221]. Im Cyber-Abwehrzentrum arbeiten Mitarbeiter des BSI mit Mitarbeitern der Bundesämter für Bevölkerungsschutz und Katastrophenhilfe (BBK) und für Verfassungsschutz (BfV) zusammen und sind mit Mitarbeitern von Bundeskriminalamt (BKA), Bundespolizei (BPol), Zollkriminalamt (ZKA), Bundesnachrichtendienst (BND) sowie Bundeswehr einschließlich des Militärischen Abschirmdienstes (MAD) assoziiert, um einen Informationsaustausch über Sicherheitslücken in Hard- und Software, abstrakte Täterbilder und sonstige Risiken für die IT und für die Vertraulichkeit von Daten zu gewährleisten[2222]. Alle genannten Behörden arbeiten im NCAZ unter Wahrung ihrer jeweiligen Aufgaben und Befugnisse kooperativ zusammen[2223]. Nach eigenen Angaben hat das NCAZ in der Zeit zwischen April 2011 bis März 2013 ca. 900 nationale und internationale IT-Sicherheitsvorfälle bewertet, von denen viele kriminell motiviert waren[2224]. Das NCAZ ist damit eine Institution, die hauptsächlich Informationen zur IT-Sicherheitslage sammelt und diese entsprechend weitergibt. Operative Kompetenzen hat es dagegen nicht. Im aktuellen Koalitionsvertrag wird die Absicht geäußert, das NCAZ weiter zu stärken[2225]. Eine aktive Beratungstätigkeit gegenüber dem privaten Nutzer hat das NCAZ nicht. Nichtsdestoweniger wirkt sich eine auch durch das NCAZ gestärkte IT-Sicherheitslage auch positiv für den privaten Nutzer aus.

F. Vollzugsoptimierung und -ergänzung durch Datenschutzaudits

Wie bereits bei der Einwilligung gezeigt werden konnte, ist die Steuerungswirkung der klassischen datenschutzrechtlichen Elemente sehr unterschiedlich ausgeprägt. Daher geht der Blick in die Richtung von Maßnahmen, die den Vollzug des Datenschutzrechts ergänzen können. In der Praxis des Datenschutzes können Datenschutzaudits als Vollzugsoptimierung und -ergänzung für den Datenschutz gesehen werden[2226]. Ein Audit ist ein Untersuchungsverfahren für einen vorher genau festgelegten Untersuchungsgegenstand, der auf das Vorliegen vorher bestimmter Voraussetzungen überprüft wird[2227]. Hierbei kann eine auditierende Stelle einer anderen Stelle die Datenschutzkonformität einer Anwendung bescheinigen. In Schleswig-Holstein führt das Unabhängige Landeszentrum für Datenschutz (ULD) ein Datenschutzauditverfahren

2221 Vgl. BT-Drs. 17/6793, S. 7.

2222 *Linke*, DÖV 2015, 128 (129).

2223 Vgl.: http://www.bmi.bund.de/DE/Themen/IT-Netzpolitik/IT-Cybersicherheit/Cybersicherheitsstrategie/Cyberabwehrzentrum/cyberabwehrzentrum_node.html (letzter Abruf: 08.11.2015).

2224 Vgl.: http://www.bmi.bund.de/DE/Themen/IT-Netzpolitik/IT-Cybersicherheit/Cybersicherheitsstrategie/Cyberabwehrzentrum/cyberabwehrzentrum_node.html (letzter Abruf: 08.11.2015).

2225 Koalitionsvertrag „Deutschlands Zukunft Gestalten" zwischen CDU, CSU und SPD, 2013, S. 103; zu finden unter: http://www.bundesregierung.de/Content/DE/_Anlagen/2013/2013-12-17-koalitionsvertrag.pdf?__blob=publicationFile (letzter Abruf: 08.11.2015).

2226 *Kühling*, Die Verwaltung 44 (2011), 525 (558 ff.); teilweise werden Datenschutzaudits auch als Alternative zur Verrechtlichung im Datenschutz gesehen: *Petersen*, Grenzen des Verrechtlichungsgebotes im Datenschutz, S. 174 f.

2227 *Bock*, in: Schmidt/Weichert (Hrsg.), Datenschutz, 310 (315); zu den einzelnen Schritten: *Bizer*, DuD 2006, 5 (5 ff.).

ausschließlich für öffentliche Stellen nach dem Landesdatenschutzgesetz SH durch[2228]. Datenschutzaudits sollen nach außen hin die Datenschutzkonformität einer Anwendung dokumentieren. Dabei soll das Audit-Zertifikat einen Qualitätsstandard verbriefen und damit Vertrauen schaffen[2229]. Die Notwendigkeit, Vertrauen in die Datenschutzkonformität von Anwendungen und Verfahren zu schaffen, wurde oben bereits erörtert. Diese Rolle der Datenschutzaudits passt grundsätzlich zum Leitbild eines medienkompetenten Nutzers mit einem Datenschutzbewusstsein, der im Rahmen seiner Eigenverantwortung eine Auswahl bezüglich seiner Infrastrukturen trifft. Dieser kann das Vorhandensein eines Datenschutzaudits im Rahmen seiner eigenen Erwägungen zu den ihn treffenden Selbstschutzobliegenheiten einbeziehen. Darüber hinaus kann ein Datenschutzaudit das notwendige Vertrauen der Nutzer in Datenschutz und Datensicherheit einer Anwendung schaffen. Datenschutzaudits helfen dabei, die staatliche Schutzpflicht für die informationelle Selbstbestimmung an den Stellen umzusetzen, an denen andere Umsetzungsmöglichkeiten nicht funktionieren[2230]. Datenschutzaudits können bei der Erreichung von Datenschutz-Schutzzielen helfen[2231]. Unterschieden werden kann zwischen Prozess- und Verfahrensaudits, die bestätigen, ob eine Institution ein Verfahren so, wie in der Verfahrensbeschreibung angegeben, durchführt und Datenschutz-Gütesiegeln, welche die Qualität eines Produktes bestätigen[2232]. Wenn sowohl Prozess- und Verfahrensaudits für transaktionsbezogene E-Government-Anwendungen durchgeführt werden als auch Datenschutz-Gütesiegel für eingesetzte Komponenten vergeben werden, hat der private Nutzer einen Vertrauensanker bei der Auswahl der Anwendung.

Eine Regelung zum Datenschutzaudit gab es bisher in § 9a BDSG a. F. Es handelt sich aber hier letztlich nur um eine politische Absichtserklärung ohne normativen Inhalt[2233]. Es gab in früherer Zeit einen Entwurf für ein Datenschutzauditgesetz, welches dann aber nicht in Kraft getreten ist[2234]. Stattdessen ist die Idee, eine „Stiftung Datenschutz" zu schaffen, weiter vorangetrieben worden. Zum Januar 2013 wurde die Stiftung Datenschutz durch den Bund als rechtsfähige Stiftung bürgerlichen Rechts in Leipzig eingerichtet[2235]. Kritisch wurde diese insbesondere im Hinblick auf das institutionelle Gefüge des Datenschutzes gesehen[2236]. Nennenswerte Beiträge zur Förderung der Eigenverantwortung des privaten Nutzers sind aber bisher von der Stiftung Datenschutz nicht bekannt. Als Zweck nennt § 2 Abs. 1 S. 1 der Satzung die Entwick-

2228 Vgl. § 4 Abs. 2 LDSG SH; zu den Leitüberlegungen und zum Konzept: *Bäumler*, DuD 2004, 80 (80 ff.); zu den praktischen Erfahrungen eines unabhängigen Gutachters: *Schläger*, DuD 2004, 459 (459 ff.); zur Einbettung in das Projekt EuroPriSe: *Bock*, DuD 2007, 419 (410).

2229 *Bock*, in: Schmidt/Weichert (Hrsg.), Datenschutz, 310 (315); *Roßnagel*, in: Hill (Hrsg.) E-Transformation, 79 (92).

2230 *Lindhorst*, Sanktionsdefizite im Datenschutzrecht, S. 113 ff.; ein Hinweis auf staatlich erleichterte oder unterstützte Selbstregulierungsmodelle bei: *Schweighofer*, in: Benedek/Pekari (Hrsg.), Menschenrechte in der Informationsgesellschaft, 257 (263).

2231 *Rost/Pfitzmann*, DuD 2009, 353 (357).

2232 *Bock*, in: Schmidt/Weichert (Hrsg.), Datenschutz, 310 (316).

2233 *Hornung*, in: Auernhammer, § 9 a BDSG, Rn. 2.

2234 Vgl. hierzu BT-Drs. 16/12011.

2235 *Hornung*, in: Auernhammer, § 9 a BDSG, Rn. 20.

2236 Vgl. hierzu die Kritik von *Wagner*, DuD 2012, 825 (827 ff.).

lung des Datenschutzaudits sowie eines Datenschutzauditverfahrens. Damit ist das Schicksal der Entwicklung eines Datenschutzaudits i. S. d. § 9a BDSG a. F. in die Hände der Stiftung gelegt worden. Nach dem Koalitionsvertrag von CDU/CSU und SPD aus dem Jahr 2013 soll die Stiftung Datenschutz in die Stiftung Warentest integriert werden[2237].

Insgesamt bleibt festzuhalten, dass Datenschutzaudits eine sinnvolle Vollzugsoptimierung und -ergänzung des Datenschutzrechts bieten. Daneben ist es aber ebenfalls wichtig, dass die klassischen datenschutzrechtlichen Instrumente ihre Wirksamkeit behalten.

G. Vollzugsoptimierung durch Aufklärung

Wichtig für den selbstverantwortlichen Nutzer ist die Aufklärung, die in den rechtlichen Grundlagen enthalten ist und die diesen sensibilisieren soll[2238]. Eine Aufklärung über IT-Sicherheitsrisiken kann helfen, die informationelle Selbstbestimmung des Nutzers zu stärken[2239]. Eine systematische und möglichst flächendeckende Aufklärung der privaten Nutzer muss ein Element staatlicher Anstrengungen bei der Umsetzung der staatlichen Schutzpflicht sein. Insoweit können hier die staatliche Schutzpflicht und die Eigenverantwortung des Einzelnen ineinandergreifen. Für die Aufgabe der Aufklärung der Nutzer sind neben den Datenschutzaufsichtsbehörden die Schulen und auch andere öffentliche Institutionen gefragt. Auch das Informationsangebot des BSI fällt in den Bereich der Aufklärung des Nutzers. Im schulischen Bereich ist vor allem die Initiative „Datenschutz geht zur Schule" bekannt[2240].

2237 CDU/CSU und SPD, Koalitionsvertrag „Deutschlands Zukunft gestalten", 2013, S. 88; zu finden unter: http://www.bundesregierung.de/Content/DE/_Anlagen/2013/2013-12-17-koalitionsvertrag.pdf?__blob=publicationFile (letzter Abruf: 08.11.2015).

2238 Vgl. hierzu die Aufklärung durch öffentliche Stellen wie bei: www.hannover-botfrei.de (letzter Abruf: 08.11.2015).

2239 *Petersen*, Grenzen des Verrechtlichungsgebotes im Datenschutz, S. 178 ff.

2240 *Spaeing/Spaeing*, in: Schmidt/Weichert (Hrsg.), Datenschutz, 249 (249).

Teil 6: Zusammenfassung der Ergebnisse von Teil 2 bis 5 in Thesen

Ergebnisse Teil 2

1. Im transaktionsbezogenen E-Government ist die numerische Identität des Nutzers maßgeblich. Es kommt auf die Identifizierbarkeit anhand der Identitätsattribute an. Die digital handelnde Person muss mit einer natürlichen Person übereinstimmen.
2. Zur Erfassung gegenwärtiger und zukünftiger Anwendungsfälle im transaktionsbezogenen E-Government ist ein weiter Begriff des Identitätsmanagements geboten.
3. Das Grunddilemma im Verhältnis von Identitätsmanagement und Datenschutz liegt darin, dass die freie Gestaltbarkeit der numerischen Identität in Kommunikationsprozessen Bestandteil des Grundrechts auf informationelle Selbstbestimmung ist, gleichzeitig aber die Identifizierung und Preisgabe von Identitätsdaten zur erfolgreichen, rechtssicheren Durchführung von Transaktionen im E-Government notwendig ist.
4. E-Government stellt auf der Interaktionsebene der Transaktion die größten Herausforderungen rechtlicher und tatsächlicher Art. Im Zuge einer stetigen Entwicklung sind gesetzlich flankiert umfangreiche Basisinfrastrukturen für transaktionsbezogenes E-Government geschaffen worden.
5. Die Vielzahl der parallelen Basisinfrastrukturen für transaktionsbezogenes E-Government erschwert auch die Weiterentwicklung.
6. Die Bedrohungslagen für personenbezogene Daten privater Nutzer sind massiv und steigen stetig, sodass sich die Frage der Verantwortung für das Handeln im digitalen Raum ständig erneut stellt.
7. Bei der Entwicklung der Informationstechnologie und der elektronischen Kommunikation ist der öffentliche Sektor maßgeblich auf den privaten Sektor angewiesen.
8. Es gibt unterschiedliche Internet-Nutzertypen und dementsprechend auch eine unterschiedlich ausgeprägte digitale Verantwortungsbereitschaft.
9. Es besteht ein Widerspruch zwischen den Veröffentlichungsgewohnheiten in der virtuellen und der analogen Welt. In diesem Kontext ist eine Grenzverschiebung zwischen Öffentlichkeit und Privatheit festzustellen.
10. Daher muss der Nutzer stetig sensibilisert werden. Datenschutz ist als Bildungsaufgabe zu verstehen. Der mündige Nutzer muss mit Datenschutzbewusstsein und Medienkompetenz ausgestattet werden, um sich im digitalen Umfeld sicher zu bewegen.

11. Der Nutzer muss die Datenhoheit innehaben, verstanden im Sinne einer jederzeitigen Verfügbarkeit, einer Verfügungsbefugnis, einer vertraulichen Behandlung der Daten im jeweiligen Datenverarbeitungssystem, welches selbst auch integer ist.
12. Vertrauen in den Kommunikationspartner, den Kommunikationsmittler und die Kommunikationsinfrastruktur ist für den Erfolg von transaktionsbezogenem E-Government besonders wichtig und ein wesentlicher Akzeptanzfaktor. Vertrauen dient der Reduktion von Komplexität. Vertrauensbildung gegenüber dem Nutzer gewinnt daher eine besondere Bedeutung.
13. Die Konvergenz von Diensten und Infrastrukturen führt zu begrifflichen Schwierigkeiten. Das Internet ist mit klassischen Infrastrukturen kaum vergleichbar.
14. Transaktionsbezogenes E-Government ist durch das Multikanalprinzip gekennzeichnet. Maßgeblich kommt es auch auf die Anschlussfähigkeit der IT-Systeme in der Verwaltung an.
15. In der Ablauforganisation stecken für die Verwaltung Wirtschaftlichkeitsreserven, sodass eine Prozessanalyse und eine Prozessoptimierung notwendig sind. E-Government bedeutet damit auch ein Gebot der Selbstreflexion für die Verwaltung.
16. Das Recht hat in der Entwicklung des digitalen Umfeldes an Steuerungskraft eingebüßt. Die fehlende Steuerungskraft rechtlicher Instrumente muss durch einen eigenverantwortlich handelnden mündigen Nutzer kompensiert werden.
17. Insbesondere das Datenschutzrecht sollte als „konstruktiver Begleiter" des E-Governments dienen.

Ergebnisse Teil 3

1. Der europarechtliche Rahmen beeinflusst auch die Rechtsentwicklung im Bereich des Datenschutzes bei elektronischer Kommunikation. Dabei geraten die hohen Standards nach deutschem Datenschutzrecht unter Druck.
2. Der Schutzbereich des Grundrechts auf informationelle Selbstbestimmung erfasst ein nicht ausschließliches Datenumgangsrecht und kein eigentumsähnliches Herrschaftsrecht. Dieser Erkenntnis muss ein Verantwortungskonzept im einfachen Datenschutzrecht Rechnung tragen. Entwicklungen wie Big Data stellen die Frage danach, wem Daten „gehören", derzeit wieder neu.
3. Das Grundrecht auf informationelle Selbstbestimmung hat eine subjektiv-abwehrrechtliche und eine objektiv-rechtliche Dimension. Da die objektiv-rechtliche Dimension ein positives Tun darstellt, kann sie schwerer als die subjektiv-abwehrrechtliche, die ein Unterlassen fordert, skizziert werden.
4. Der Eingriff in das Grundrecht auf informationelle Selbstbestimmung ist schwer zu bestimmen. Ein Eingriff liegt jedenfalls dann vor, wenn personenbezogene Daten durch den Staat oder einen Privaten gegen den Willen des Betroffenen erhoben werden. Jeder Umgang mit personenbezogenen Daten ist rechtfertigungsbedürftig.
5. Auf der Ebene der Schranken-Schranken sind beim Grundrecht auf informationelle Selbstbestimmung das Gebot der Normenklarheit, der Grundsatz der Ver-

hältnismäßigkeit, der Zweckbindungsgrundsatz, der Grundsatz der Amtshilfefestigkeit, der Grundsatz der informationellen Gewaltenteilung, das Transparenzgebot, organisatorische und verfahrensrechtliche Vorkehrungen und die Kontrolle durch einen unabhängigen Datenschutzbeauftragten sowie der Verwendungszusammenhang als quasi Schranken-Schranke zu beachten.

6. Der Nutzer von transaktionsbezogenen E-Government-Anwendungen ist nach der Grundkonzeption des Grundrechts auf informationelle Selbstbestimmung Verantwortungssubjekt.
7. Auch das IT-Grundrecht hat eine subjektiv-abwehrrechtliche und eine objektiv-rechtliche Dimension. Es stellt eine weitere Leitplanke des Kommunikationsschutzes für den Nutzer elektronischer Kommunikation dar.
8. Die individuelle Infrastruktur des Nutzers transaktionsbezogener E-Government-Anwendungen ist als informationstechnisches System i. S. d. IT-Grundrechts aufzufassen.
9. Das Fernmeldegeheimnis hat für die Übertragung elektronischer Kommunikation besondere Bedeutung, da es die grundrechtliche Schutzgewährleistung während des Übertragungsvorganges sicherstellt. Es hat eine subjektiv-abwehrrechtliche und eine objektiv-rechtliche Dimension.
10. Ein adäquater Kommunikationsschutz muss sowohl die objektiv-rechtlichen als auch die subjektiv-abwehrrechtlichen Dimensionen der einschlägigen Kommunikationsgrundrechte einbeziehen.
11. Der Gesetzgeber hat insbesondere mit dem TKG einen Rechtsrahmen geschaffen, der den Verantwortungsbeitrag der Telekommunikationsdiensteanbieter konkretisiert.
12. Die Schutzbereiche des Grundrechts auf informationelle Selbstbestimmung, des IT-Grundrechts und des Fernmeldegeheimnisses aus Art. 10 GG erfassen alle schutzwürdigen Aspekte der elektronischen Kommunikation.
13. Das Schriftformerfordernis im Verwaltungsverfahren ist nach dem Grundsatz der Formfreiheit aus § 10 VwVfG eigentlich eine Ausnahme. Aufgrund der vielfach entstandenen Schriftformerfordernisse im Besonderen Verwaltungsrecht bestehen für transaktionsbezogenes E-Government bei vielen Verwaltungsdienstleistungen noch Hemmnisse.
14. Das Freiwilligkeitsprinzip bei der Nutzung von E-Government bleibt für den Nutzer bestehen. Für die Verwaltung wurde dieses durch das EGovG und einige Landes-EGovG aufgehoben, sodass nunmehr die Eröffnung eines elektronischen Zugangs verpflichtend ist.
15. Mit dem De-Mail-Gesetz ist ein wesentlicher gesetzgeberischer Schritt zur rechtlichen Einhegung des Identitätsmanagements getan worden. Der Gesetzgeber hat sich gegenwärtig gegen eine gesetzliche Pflicht zur Ende-zu-Ende-Verschlüsselung ausgesprochen und überlässt dies den Akteuren privater Nutzer und Diensteanbieter.
16. Die De-Mail-Dienste sind sowohl Telemediendienste i. S. d. TMG als auch Telekommunikationsdienste nach dem TKG mit den entsprechenden rechtlichen Konsequenzen für die Diensteanbieter.

17. Durch die Regelungen des PAuswG zur e-ID-Funktion des nPA werden durch den Gesetzgeber Nutzerverantwortlichkeiten in Form von Pflichten und Obliegenheiten statuiert.
18. Die gesetzlichen Instrumentarien des BDSG a. F. und der LDSGe a. F. weisen im Wesentlichen der datenverarbeitenden Stelle die Verantwortlichkeit für Datenverarbeitungsvorgänge zu. Als Träger des Grundrechts auf informationelle Selbsbestimmung ist auch der Betroffene Verantwortungssubjekt, was sich insbesondere bei der datenschutzrechtlichen Einwilligung in einen Datenverarbeitungsvorgang manifestiert.
19. Das IT-Sicherheitsgesetz verpflichtet ausschließlich Adressaten der Privatwirtschaft und nicht den Nutzer. Der private Nutzer profitiert von diesem Gesetz nur mittelbar durch die Informationen über IT-Sicherheitsvorfälle.
20. Nach dem gegenwärtigen Rechtsrahmen für elektronische Kommunikation gibt es eine Verantwortungsteilung zwischen den Akteuren Staat bzw. Verwaltung, Diensteanbieter und privatem Nutzer. Es fällt auf, dass die Verantwortlichkeiten des Nutzers am schwächsten ausgeprägt sind.

Ergebnisse Teil 4

1. Aus der Menschenwürdegarantie lässt sich das Prinzip der Selbstbestimmung und Selbstverantwortung ableiten, welches umfassend für die gesamte Rechtsordnung gilt. Notwendige Folge der grundrechtlichen Freiheit ist die damit korrespondierende Verantwortung.
2. Diese Verantwortung kennzeichnet grundsätzlich auch das Handeln des Nutzers im digitalen Umfeld. Der Nutzer ist also grundsätzlich nicht verantwortungslos gestellt, wenn er elektronisch kommuniziert.
3. Das Anforderungsprogramm an den E-Government-Nutzer ist insgesamt gestiegen. Der Nutzer muss in großem Maße seine individuelle Infrastruktur einbringen und für deren ordnungsgemäße Funktion Sorge tragen.
4. In vielen Konstellationen ist der Nutzer elektronischer Kommunikation überfordert und es greifen staatliche Schutzpflichten ein.
5. Diese Schutzpflichten haben eine bestimmte Reichweite, und der Nutzer muss zum Selbstschutz befähigt werden. Für die Umsetzung staatlicher Schutzpflichten greift ein Vorbehalt des Möglichen.
6. Die Reichweite staatlicher Schutzplfichten und die der Eigenverantwortung des Einzelnen lassen sich nicht abstrakt im Sinne einer Grenzlinie bestimmen und sind immer vom Einzelfall abhängig.
7. Jedenfalls gilt bei der Umsetzung staatlicher Schutzpflichten für die Kommunikation des privaten Nutzers ein Vorbehalt des Möglichen im Sinne des Rechtsgrundsatzes „impossibilum nulla est obligatio“.
8. Angesichts einer grundsätzlichen Eigenverantwortung des privaten Nutzers sind Selbstschutzobliegenheiten die sinnvollste Möglichkeit, das Recht weiterzuentwickeln.

9. Die Statuierung von umfangreichen Rechtspflichten für den privaten Nutzer im digitalen Raum stellt keine Alternative dar, weil es hierbei zu einer Überforderung des Nutzers kommen dürfte.
10. Insgesamt ist den Risiken der Informationsgesellschaft insbesondere auch im Hinblick auf transaktionsbezogenes E-Government mit einer gestuften Verantwortung, bei der jeder Akteur seinen Teil beiträgt, zu begegnen.

Ergebnisse Teil 5

1. Die aktuell eingeführte transaktionsbezogene E-Government-Anwendung internetbasierte Kfz-Anmeldung (iKfz) setzt in starkem Maße auf die Eigenverantwortung des Nutzers bei der Anwendung selbst und das dazu notwendige Identitätsmanagement z. B. über das NAVO-Portal in Niedersachsen.
2. Die Anforderungen an den Nutzer sind hoch, weil er mehrere Verträge mit datenbezogenen Selbstschutzobliegenheiten mit unterschiedlichen Akteuren schließen muss, bevor er die Anwendung nutzen kann.
3. Für die datenschutzrechtlichen Instrumente der anonymen und pseudonymen Nutzung von Anwendungen bleibt bei anspruchsvollen transaktionsbezogenen E-Government-Anwendungen wenig Raum.
4. Das datenschutzrechtliche Instrument der Einwilligung ist die Manifestation der informationellen Selbstbestimmung eines jeden Nutzers elektronischer Kommunikation. Es ist insbesondere auch im transaktionsbezogenen E-Government besonders wichtig.
5. Für den Schutz der informationellen Selbstbestimmung des Nutzers im transaktionsbezogenen E-Government reicht es nicht aus, sich auf dieses Instrument allein zu verlassen, weil es an Steuerungskraft eingebüßt hat.
6. Auch bei diesem datenschutzrechtlichen Instrument ist wieder die Grenzlinie zwischen staatlicher Schutzpflicht und der Eigenverantwortung des Einzelnen betroffen.
7. Bei der Umsetzung von transaktionsbezogenem E-Government muss daher der Einwilligung des privaten Nutzers ein Höchtsmaß an Transparenz durch die Verwaltung und die Diensteanbieter vorausgehen. Der Nutzer muss im Zeitpunkt der Einwilligung so viele Informationen haben, dass er entscheidungsfähig ist.
8. Der Ausschuss De-Mail-Standardisierung folgt der Logik, dass es in Sachen Datenschutz und Datensicherheit einer stetigen Weiterentwicklung der Kommunikationsinfrastrukturen bedarf.
9. Der Datenschutzbeauftragte erfüllt eine wichtige Kontrollfunktion auch im transaktionsbezogenen E-Government. Er kann präventiv-beratend und repressiv-aufsichtsbehördlich tätig werden.
10. Insbesondere bei der präventiv-beratenden Funktion sind auch die privaten Nutzer die Zielgruppe des Datenschutzbeauftragten, um sie zum Selbstschutz zu befähigen.

11. Bei der repressiv-beratenden Funktion ist die klassische Zielgruppe für den Datenschutzbeauftragten die Verwaltung.
12. Eine besondere Rolle bei der Umsetzung staatlicher Schutzpflichten hat das Bundesamt für Sicherheit in der Informationstechnik (BSI) inne. In der umsetzenden Praxis werden die BSI-Grundschutzkataloge, die BSI-Standards und diverse Technische Richtlinien für unterschiedliche Anwendungskontexte als Maßstab herangezogen.
13. Durch das IT-Sicherheitsgesetz hat das BSI neue Aufgaben bekommen, die mittelbar auch dem privaten Nutzer nützen.
14. Das Nationale Cyber-Abwehrzentrum (NCAZ) hat vor allem die Aufgabe, Informationen über die IT-Sicherheitslage zu sammeln. Operative Kompetenzen hat es nicht.
15. Datenschutzaudits können die klassischen datenschutzrechtlichen Elemente im Wege der Vollzugsoptimierung ergänzen.
16. Der private mündige Nutzer kann das entsprechend auditierte Verfahren als Vertrauensanker betrachten.

Literaturverzeichnis

Achterberg, Norbert Die Rechtsordnung als Rechtsverhältnisordnung: Grundlegung der Rechtsverhältnistheorie; 1. Aufl., Berlin 1982.

Adamski, Heiner Informationelle Selbstbestimmung Entscheidungen des Bundesverfassungsgerichts zur Online-Durchsuchung, Vorratsdatenspeicherung und automatischen Erfassung von Kfz-Kennzeichen; in: GWP 2008, S. 259-268.

Adomeit, Klaus Die gestörte Vertragsparität – ein Trugbild; in: NJW 1994, S. 2467-2469.

Albers, Marion Umgang mit personenbezogenen Informationen und Daten; in: Hoffmann-Riem/Schmidt-Aßmann/Voßkuhle (Hrsg.), Grundlagen des Verwaltungsrechts, Bd. II, 2. Aufl., München 2012, § 22.

Albers, Marion Informationelle Selbstbestimmung; 1. Aufl., Baden-Baden 2005; zugl.: Univ., Habil.-Schr. Berlin 2001/2002.

Albers, Marion Die Determination polizeilicher Tätigkeit in den Bereichen der Strafverhütung und der Verfolgungsvorsorge, Berlin 2001; zugl.: Univ. Diss. Bielefeld 1999.

Albers, Marion Zur Neukonzeption des grundrechtlichen „Datenschutzes“, in: Haratsch /Kugelmann/Repkewitz (Hrsg.), Herausforderungen an das Recht der Informationsgesellschaft. 36. Tagung der Wissenschaftlichen Mitarbeiterinnen und Mitarbeiter der Fachrichtung „Öffentliches Recht“, Stuttgart u. a. 1996, S. 113-139.

Albers, Marion Faktische Grundrechtsbeeinträchtigungen als Schutzbereichsproblem; in: DVBl. 1996, S. 233-242.

Albrecht, Florian/ Schmid, Alexander | Die Pflicht zur Verschlüsselung der elektronischen Verwaltungskommunikation nach dem Entwurf für ein Sächsisches E-Government-Gesetz; in: AnwZert ITR 11/2014 Anm 3.

Albrecht, Florian/ Schmid, Alexander | Das E-Government-Gesetz des Bundes. Auf dem Weg zur „Verwaltung 2.0"?; in: K&R 2013, S. 529-535.

Albrecht, Jan Philipp | Grundlinien der EU-Datenschutzverordnung Was dem Europäischen Parlament beim EU-Datenschutz wichtig ist; in: ITRB 2014, S. 119-120.

Alexy, Robert | Theorie der Grundrechte; 2. Aufl., Baden-Baden 1994.

Appel, Ivo | Technische Standards und Software: Ermöglichung oder Präjudizierung von Entscheidung und Zusammenarbeit; in: Hill/Schliesky (Hrsg.), Herausforderung e-Government E-Volution des Rechts- und Verwaltungssystems; 1. Aufl., Baden-Baden 2009, S. 113-130.

Arlt, Ute | Rechtliche Rahmenbedingungen bei eGovernment; in: DVP 2008, S. 97-99.

Arndt, Adolf | Der Rechtsstaat und sein polizeilicher Verfassungsschutz. Ein Beitrag zu dem Thema: „Der Einzelne im Rechtsstaat"; in: NJW 1961, S. 897-902.

Arnold, René/ Hillebrand, Annette/ Waldburger, Martin | Informed Consent in Theorie und Praxis. Warum Lesen, Verstehen und Handeln auseinanderfallen; in: DuD 2015, S. 730-734.

Ashkar, Daniel | Durchsetzung und Sanktionierung des Datenschutzrechts nach den Entwürfen der Datenschutz-Grundverordnung; in: DuD 2015, S. 796-800.

Auernhammer, Herbert | BDSG: Bundesdatenschutzgesetz und Nebengesetze; 4. Aufl., Köln 2014.

Auer-Reinsdorff, Astrid	Passwörter – Sicherheitslücke par excellence!; in: MMR 2014, S. 281-282.
Augsberg, Steffen	Der Staat als Informationsmittler - Robin Hood oder Parasit der Wissensgesellschaft?; in: DVBl. 2007, S. 733-741.
Bachmann, Peter/ Pavlitschko, Martin	Akteneinsicht in elektronische Behördenakten; in: MMR 2004, S. 370-374.
Bäcker, Matthias	Grundrechtlicher Informationsschutz gegen Private; in: Der Staat 51 (2012), S. 91-116.
Bäcker, Matthias	Das IT-Grundrecht – Bestandsaufnahme und Entwicklungsperspektiven, in: Lepper (Hrsg.), Privatsphäre mit System – Datenschutz in einer vernetzten Welt, Düsseldorf 2010, S. 4-21.
Bäcker, Matthias	Das IT-Grundrecht: Funktion, Schutzgehalt, Auswirkungen auf staatliche Ermittlungen; in: Uerpmann-Wittzack (Hrsg.), Das neue Computergrundrecht, Berlin 2009, S. 1-30.
Bäcker, Matthias	Die Vertraulichkeit der Internetkommunikation; in: Rensen/Brink (Hrsg.), Linien der Rechtsprechung des Bundesverfassungsgerichtes, Berlin 2009, S. 99-136.
Bär, Wolfgang	Anmerkung zu LG Hanau, Beschluss vom 23.9.1999 – 3 Qs 149/99; in: MMR 2000, S. 175-177.
Bader, Johann/ Ronellenfitsch, Michael	Verwaltungsverfahrensgesetz-Kommentar; 1. Aufl., München 2010.
Baier, Tobias	Persönliches digitales Identitätsmanagement; Univ. Diss. Hamburg 2006; abrufbar unter: www.sub.uni-hamburg.de/opus/volltexte/2006/2746 (letzter Abruf: 18.08.2015).
Baldus, Manfred	Menschenwürdegarantie und Absolutheitsthese Zwischenbericht zu einer zukunftsweisenden Debatte; in: AöR 136 (2011), S. 529-552.
Ballhausen, Miriam	IT-Einsatz in der Justiz. Technik, Einsatz, Realisierung; Stuttgart 2012.

Bamberger, Heinz Georg/ Roth, Herbert — Kommentar zum Bürgerlichen Gesetzbuch, Bd. 1-3, München 2003 Zit.: Bamberger/Roth-*Bearbeiter.*

Bartels, Karsten U./ Backer, Merlin — Die Berücksichtigung des Stands der Technik in der DSGVO; in: DuD 2018, S. 214-219.

Basedow, Sebastian — Medienkompetenz im Dialog; in: Move 2011, S. 34-35.

Bauer, Rainer/ Heckmann, Dirk/ Ruge, Kay/ Schallbruch, Martin/ Schulz, Sönke E. — Verwaltungsverfahrensgesetz mit rechtlichen Aspekten des E-Government Kommentar; 2. Aufl. Wiesbaden 2014.

Bauer, Rainer/ Heckmann, Dirk/ Ruge, Kay/ Schallbruch, Martin/ Schulz, Sönke E. — Verwaltungsverfahrensgesetz mit rechtlichen Aspekten des E-Government Kommentar; 1. Aufl., Wiesbaden 2012.

Bautze, Kristina — Die Menschenwürde als Ware - Grenzen des selbstbestimmten Umgangs mit Art. 1 I GG; in: JURA 2011, S. 647-650.

Bäumler, Helmut — Ein Gütesiegel auf den Datenschutz Made in Schleswig-Holstein; in: DuD 2004, S. 80-84.

Bechler, Lars — Informationseingriffe durch intransparenten Umgang mit personenbezogenen Daten, Halle 2010, zugl.: Univ. Diss. Halle-Wittenberg.

Becker, Maximilian/ Becker, Felix — Die neue Google-Datenschutzerklärung und das Nutzer-Metaprofil. Vereinbarkeit mit nationalen und gemeinschaftsrechtlichen Vorgaben; in: MMR 2012, S. 351-355.

Bedner, Mark/ Ackermann, Tobias — Schutzziele der IT-Sicherheit; in: DuD 2010, S. 323-328.

Benda, Ernst — Das Recht auf informationelle Selbstbestimmung und die Rechtsprechung des Bundesverfassungsgerichts zum Datenschutz; in: DuD 1984, S. 86-90.

Bender, Jens/ Kügler, Dennis/ Margraf, Marian/ Naumann, Ingo
Kartenleser für den neuen deutschen Personalausweis Vor- und Nachteile unterschiedlicher Lesertypen; in: DuD 2010, S. 761-765.

Bender, Jens/ Kügler, Dennis/ Margraf, Marian/ Naumann, Ingo
Das Sperrmanagement im neuen deutschen Personalausweis; in: DuD 2010, S. 295-298.

Berg, Wilfried
Zum Einfluss des öffentlichen Rechts auf das Privatrecht Möglichkeiten und Grenzen staatlicher Einwirkungen auf den Grundstücksverkehr unter besonderer Berücksichtigung des Rechts der Flurbereinigung; in: Die Verwaltung 21 (1988), S. 319-333.

Bergfelder, Martin
Was ändert das 1. Signaturänderungsgesetz?; in: CR 2005, S. 148-153.

Bergmann, Ralf
Verpflichtung zur Umsetzung des digitalen Rechnungsverkehrs Rahmenbedingungen der elektronischen Rechnungsstellung im öffentlichen Sektor; in: innovative Verwaltung 6/2014, S. 38-40.

Bergmann, Lutz/ Möhrle, Roland/ Herb, Armin
Datenschutzrecht – Kommentar Bundesdatenschutzgesetz, Datenschutzgesetze der Länder und Kirchen, bereichsspezifischer Datenschutz; Stuttgart, 45. Ergänzungslieferung, Stand: Juli 2012.

Bergt, Matthias
Sanktionierung von Verstößen gegen die Datenschutz-Grundverordnung; in: DuD 2017, S. 555-561.

Berlit, Uwe
Staatliche Infrastrukturverantwortung für rechtssichere Kommunikation im Netz – rechtliche Rahmenbedingungen und Probleme; in: JurPC Web-Dok. 39/2011, Abs. 1-45; abrufbar unter: www.jurpc.de.

Berlit, Uwe
Das Elektronische Gerichts- und Verwaltungspostfach bei Bundesfinanzhof und Bundesverwaltungsgericht; in: JurPC Web-Dok. 13/2006, Abs. 1-54; abrufbar unter: www.jurpc.de.

Bernhardt, Wilfried	Auf elektronischen Wegen in die Zukunft: Bürgernähe und Kundenorientierung beginnen verwaltungsintern; in: VM 2011, S. 226.
Beucher, Klaus/ Utzerath, Julia	Cybersicherheit – Nationale und internationale Regulierungsinitiativen Folgen für die IT-Compliance und die Haftungsmaßstäbe; in: MMR 2013, S. 362-367.
Bieber, Christoph	Wählen als elektronischer Demokratieprozess? E-Government und E-Voting als Instrumente politischer Modernisierung; in: Schünemann/Weiler (Hrsg.), E-Government und Netzpolitik im europäischen Vergleich; 1. Aufl., Baden-Baden 2012, S. 353-373.
Bieker, Felix/ Bremert, Benjamin/ Hansen, Marit	Die Risikobeurteilung nach der DSGVO; in: DuD 2018, S. 492-496.
Bieker, Felix/ Hansen, Marit	Normen des technischen Datenschutzes nach der europäischen Datenschutzreform; in: DuD 2017, S. 285-289.
Biernert, Wolf-Rüdiger	Kooperation von Kammern, E-Government und die EG-Dienstleistungsrichtlinie; in: GewArch 2008, S. 417-426.
Biewer, Benno	Eckpunkte einer Dienstvereinbarung für ein menschenfreundliches E-Government Worauf unbedingt zu achten ist; in: PersR 2014, S. 10-16.
Bihlmayer, Thomas/ Ehmann, Philipp/ Lesch, Henning/	Kommissionsvorschlag zu e-Privacy verhindert Vereinheitlichung des Datenschutzes in Europa Eine kritische Bewertung; in: DuD 2018, 241-244.
Bisges, Marcel	Die Rechtsverbindlichkeit der De-Mail und der klassischen E-Mail im Vergleich; in: MMR FOKUS, S. VIII-X.
BITKOM (Bundesverband Informationswirtschaft, Telekommunikation und neue Medien) e. V.	Stellungnahme zum Referentenentwurf der Bundesregierung zu einem Gesetz zur Förderung der elektronischen Verwaltung sowie zur Änderung weiterer Vorschriften; abrufbar unter: www.bitkom.org.

Bizer, Johann	Vorratsdatenspeicherung: Ein fundamentaler Verfassungsverstoß; in: DuD 2007, S. 586-589.
Bizer, Johann	Bausteine eines Datenschutzaudits Erste Schritte zu einem Schema für freiwillige Auditierungen; in: DuD 2006, S. 5-12.
Bizer, Johann	Personenkennzeichen; in: DuD 2004, S. 45.
Bizer, Johann	Grundrechte im Netz Von der freien Meinungsäußerung bis zum Recht auf Eigentum; in: Schulzki-Haddouti (Hrsg.), Bürgerrechte im Netz; 1. Aufl., Bonn 2003, S. 21-29.
Bizer, Johann	Das Schriftformprinzip im Rahmen rechtsverbindlicher Telekooperation; in: DuD 1992, S. 169-176.
Bizer, Johann	Forschungsfreiheit und informationelle Selbstbestimmung - Gesetzliche Forschungsregelungen zwischen grundrechtlicher Förderungspflicht und grundrechtlichem Abwehrrecht; 1. Aufl., Baden-Baden 1992; zugl.: Univ., Diss Frankfurt (Main) 1991/1992.
Bleckmann, Albert	Neue Aspekte der Drittwirkung der Grundrechte; in: DVBl. 1988, S. 938-946.
Bleckmann, Albert/ Eckhoff, Rolf	Der „mittelbare" Grundrechtseingriff; in: DVBl. 1988, S. 373-382.
Blumenthal, German von/ Niclas, Vilma	Inkrafttreten des De-Mail-Gesetzes; in: ITRB 2011, S. 121.
Bock, Kirsten	Marktwirtschaftlicher Datenschutz; in: Schmidt/Weichert (Hrsg.), Datenschutz - Grundlagen, Entwicklungen und Kontroversen, Bonn 2012, S. 310-321.
Bock, Kirsten	EuroPriSe - Das Datenschutz-Gütesiegel aus Schleswig-Holstein wird europäisch; in: DuD 2007, S. 410.

Bock, Kirsten/ Meissner, Sebastian Datenschutz-Schutzziele im Recht
Zum normativen Gehalt der Datenschutz-Schutzziele;
in: DuD 2012, S. 425-431.

Böckenförde, Ernst-Wolfgang Menschenwürde als normatives Prinzip
Die Grundrechte in der bioethischen Debatte;
in: JZ 2003, S. 809-815.

Böckenförde, Ernst-Wolfgang Gesellschaft, Staat, Recht/Lorenz von Stein,
herausgegeben und eingeleitet von Ernst Forsthoff;
Frankfurt/Main 1972.

Böckenförde, Ernst-Wolfgang Grundrechtstheorie und Grundrechtsinterpretation;
in: NJW 1974, S. 1529-1538.

Böckenförde, Thomas Auf dem Weg zur elektronischen Privatsphäre
Zugleich Besprechung von BVerfG, Urteil v. 27.2.2008
– „Online-Durchsuchung";
in: JZ 2008, S. 925-939.
Zit.: Böckenförde T.

Boehm, Franziska/ Cole, Mark D. Vorratsdatenspeicherung und (k)ein Ende?
in: MMR 2014, S. 569-570.

Boehme-Neßler, Volker Big Data und Demokratie – Warum Demokratie ohne Datenschutz nicht funktioniert;
in: DVBl 2015, S. 1282-1287.

Boehme-Neßler, Volker Vertrauen im Internet – Die Rolle des Rechts;
in: MMR 2009, S. 439-444.

Boehme-Neßler, Volker Unscharfes Recht – Überlegungen zur Relativierung des Rechts in der digitalisierten Gesellschaft;
1. Aufl., Berlin 2008, zugl.: Univ. Habil. Schr. Kassel 2008.

Boehme-Neßler, Volker Auf dem Weg zum „unscharfen" Verwaltungsrecht?
Portal-Denken und Netz-Logik im Verwaltungsrecht;
in: NVwZ 2007, S. 650-655.

Boehme-Neßler, Volker Internetrecht.com - Strukturen, Zusammenhänge, Regelungen;
1. Aufl., München 2001.

Bösing, Sebastian	Authentifizierung und Autorisierung im elektronischen Rechtsverkehr – Qualifizierte Signaturschlüssel- und Attributszertifikate als gesetzliche Instrumente digitaler Identität; Baden-Baden 2005; zugl.: Univ. Diss. Kassel 2005.
Borges, Georg	Die Haftung des Internetanschlussinhabers für Urheberrechtsverletzungen durch Dritte; in: NJW 2014, S. 2305-2310.
Borges, Georg	Rechtsfragen der Haftung im Zusammenhang mit dem elektronischen Identitätsnachweis; 1. Aufl., Baden-Baden 2011.
Borges, Georg	Pflichten und Haftung beim Betrieb privater WLAN; in: NJW 2010, S. 2624-2627.
Borges, Georg	Der neue Personalausweis und der elektronische Identitätsnachweis; in: NJW 2010, S. 3334-3339.
Borges, Georg / Schwenk, Jörg/ Stuckenberg, Carl-Friedrich/ Wegener, Christoph	Identitätsdiebstahl und Identitätsmissbrauch im Internet; 1. Aufl., Berlin 2011.
Brackmann, Franziska	Die Schaffung und Regelung elektronischer Zugangsformen im Lichte des Öffentlichen Wettbewerbsrechts Eine Untersuchung am Beispiel der De-Mail; 1. Aufl., Frankfurt 2016; zugl.: Kiel, Univ., Diss., 2016.
Brackmann, Franziska/ Schulz, Sönke E./ Tischer, Jakob/ Warnecke, Thomas	Der E-Postbrief in der Kommunalverwaltung – Einsatzoptionen für kommunale Fachverfahren; Kiel 2012.
Bräuer, Viola	Anmerkungen zu „Identitätsdiebstahl“ von Karl Rihaczek, DuD 11/2004; in: DuD 2005, S. 24.
Braum, Stefan	„Parallelwertungen in der Laiensphäre“: Der EuGH und die Vorratsdatenspeicherung; in: ZRP 2009, S. 174-177.
Breyer, Jonas	Verarbeitungsgrundsätze und Rechenschaftspflicht nach Art. 5 DS-GVO; in: DuD 2018, S. 311-317.

Breyer, Patrick	Datenschutz im Internet: Zwangsidentifizierung und Surfprotokollierung blieben verboten Warum Internetnutzer auch in Zukunft einen besonderen Datenschutz brauchen; in: ZD 2018, S. 302-303.
Breyer, Patrick	Keine europarechtliche Pflicht zur Wiedereinführung einer Vorratsdatenspeicherung; in: MMR 9/2011, S. V-VI.
Breyer, Patrick	Verkehrssicherungspflichten von Internetdiensten im Lichte der Grundrechte; in: MMR 2009, S. 14-19.
Brisch, Klaus/ Müller-ter Jung, Marco	Digitaler Nachlass – Das Schicksal von E-Mail- und De-Mail-Accounts sowie Mediencenter-Inhalten Anforderungen an Internet-Provider nach dem Tode des Account-Inhabers; in: CR 2013, S. 446-455.
Britz, Gabriele	Vertraulichkeit und Integrität informationstechnischer Systeme – Einige Fragen zu einem „neuen Grundrecht"; in: DÖV 2008, S. 411-415.
Brosch, Christopher	Das Gesetz zur Förderung des elektronischen Rechtsverkehrs mit den Gerichten; in: K&R 2014, S. 9-14.
Brox, Hans	Allgemeiner Teil des BGB; 25. Aufl., Köln 2001.
Brühann, Ulf	EU-Datenschutzrichtlinie – Umsetzung in einem vernetzten Europa; RDV 1996, S. 12-18.
Brühann, Ulf/ Zerdick, Thomas	Umsetzung der EG-Datenschutzrichtlinie; in: CR 1996, S. 429-436.
Brüning, Christoph	Die gutachterliche Prüfung von Freiheitsgrundrechten; in: JA 2008, S. 728-735.
Brüning, Christoph/ Helios, Marcus	Die verfassungsprozessuale Durchsetzung grundrechtlicher Schutzpflichten am Beispiel des Internets; in: JURA 2000, S. 155-162.

Brunst, Philipp W. Staatlicher Zugang zur digitalen Identität Erosion der Anonymität im Internet; in: DuD 2011, S. 618-623.

Brunst, Philipp W. Anonymität im Internet – rechtliche und tatsächliche Rahmenbedingungen; Freiburg 2009, zugl.: Univ. Diss. Erlangen-Nürnberg 2008.

Buchner, Benedikt Inhaltsdaten; in: DuD 2012, S. 767.

Buchner, Benedikt Die Einwilligung im Datenschutzrecht – vom Rechtfertigungsgrund zum Kommerzialisierungsinstrument; in: DuD 2010, S. 39-43.

Buchner, Benedikt Informationelle Selbstbestimmung im Privatrecht; Tübingen 2006; zugl.: Univ. Habil.-Schr. München 2005/2006.

Büllesbach, Rudolf eGovernment – Sackgasse oder Erfolgsstory; in: DVBl 2005, S. 605-611.

Büllesbach, Rudolf/ Garstka, Hansjürgen Meilensteine auf dem Weg zu einer datenschutzgerechten Gesellschaft; in: CR 2005, S. 720-724.

Bull, Hans-Peter Netzpolitik: Freiheit und Rechtsschutz im Internet; 1. Aufl., Baden-Baden 2013.

Bull, Hans-Peter Informationelle Selbstbestimmung – Vision oder Illusion? Datenschutz im Spannungsverhältnis von Freiheit und Sicherheit; 1. Aufl., Tübingen 2009.

Bull, Hans-Peter Informationsrecht ohne Informationskultur?; in: RDV 2008, S. 47-54.

Bull, Hans-Peter Meilensteine auf dem Weg des Rechtsstaates Die neuen Grundsatzentscheidungen des Bundesverfassungsgerichts zum Datenschutz im Bereich der inneren Sicherheit; in: Möllers/van Ooyen (Hrsg.), Jahrbuch Öffentliche Sicherheit 2008/2009, Frankfurt am Main 2008, S. 317-331.

Bull, Hans-Peter Europol, der Datenschutz und die Informationskultur; in: Lamnek/Tinnefeld (Hrsg.), Globalisierung und informationelle Rechtskultur in Europa, Baden-Baden 1998, S. 217-230.

Bull, Hans-Peter Neue Konzepte, neue Instrumente?; in: ZRP 1998, S. 310-314.

Bultmann, Martin Die Privatisierung der Datenverarbeitung – Heilslehre und Tatgeschehen in der Kritik; in: DANA 1/1998, S. 4-13.

Bundesamt für Sicherheit in der Informationstechnik (Hrsg.) Die Lage der IT-Sicherheit in Deutschland 2009; Bonn 2009; abrufbar unter: www.bsi.bund.de.

Bundesministerium des Innern (Hrsg.) E-Government-Initiative für De-Mail und den Personalausweis
Chancen und Herausforderungen bei der Einführung zentraler eID-Strukturen im Land Niedersachsen; 2014.

Bundesministerium des Innern (Hrsg.) Hintergrundpapier zum Entwurf eines Gesetzes zur Förderung der elektronischen Verwaltung; abrufbar unter: www.bmi.bund.de (letzter Abruf: 08.11.2012).

Bundesministerium des Innern (Hrsg.) Bericht der Bundesregierung nach Artikel 5 des Gesetzes zur Regelung von De-Mail-Diensten und zur Änderung weiterer Vorschriften; abrufbar unter: www.bmi.bund.de (letzter Abruf: 31.01.2015).

Bundesministerium für Bildung und Forschung (Hrsg.) Selbstbestimmt und sicher in der digitalen Welt 2015-2020;
Forschungsrahmenprogramm der Bundesregierung zur IT-Sicherheit;
Bonn 2015.

Bundesministerium für Wirtschaft und Technologie/ Bundesministerium des Innern/ Bundesministerium für Verkehr und digitale Infrastruktur (Hrsg.) Digitale Agenda 2014-2017; Berlin 2014.

Busch, Christoph	Biometrie und Identitätsdiebstahl; in: DuD 2009, S. 317.
Busch, Jost-Dietrich	Anmerkung zum Volkszählungsurteil; in: DVBl. 1984, S. 385-389.
Busch, Carsten/ Holl, Friedrich L.	Vom Bürgerportal zur De-Mail – Usability und Kundenorientierung für komplexe Webangebote; in: Klumpp u. a. (Hrsg.), Netzwelt – Wege, Werte, Wandel, 1. Aufl., Berlin 2010, S. 233-243.
Byszio, Frank/ Houdeau, Detlef/ Meister, Gisela/ Wolfenstetter, Klaus-Dieter	Elektronische Identifikation in Europa: die neue EU-Verordnung; in: DuD 2013, S. 169-172.
Canaris, Claus-Wilhelm	Grundrechte und Privatrecht; 1. Aufl., Berlin 1999.
Canaris, Claus-Wilhelm	Zur Problematik von Privatrecht und verfassungsrechtlichem Übermaßverbot – ein Schlusswort zu den vorstehend abgedruckten Erwiderungen von Ramm und Wieser-; in: JZ 1988, S. 494-499.
Canaris, Claus-Wilhelm	Grundrechte und Privatrecht; in: AcP Bd. 184 (1984), S. 201-246.
Caspar, Johannes	Nationale Grundrechtsgarantien und sekundäres Gemeinschaftsrecht; in: DÖV 2000, S. 349-361.
Cebulla, Manuel	Daten- und Geheimnisschutz beim Hybridbrief; in: DuD 2010, S. 308-313.
Classen, Claus Dieter	Die Menschenwürde ist – und bleibt – unantastbar; in: DÖV 2009, S. 689-698.
Cremer, Wolfgang	Freiheitsgrundrechte, 1. Aufl., Berlin 2003.
Czernohorsky, Siegfried/ Weiler, Stefan	Medienkompetenz Grundlage der E-Government-Nutzung; in: Schünemann/Weiler (Hrsg.), E-Government und Netzpolitik im europäischen Vergleich; 1. Aufl., Baden-Baden 2012, S. 321-338.

Däubler, Wolfgang/ Klebe, Thomas/ Wedde, Peter/ Weichert, Thilo
Bundesdatenschutzgesetz
Kompaktkommentar zum BDSG;
3. Aufl., Frankfurt 2010.

Däubler-Gmelin, Hertha
Eine europäische Charta der Grundrechte – Beitrag zur gemeinsamen Identität;
in: EuZW 2000, S. 1.

Deck, Martin/ Reiners, Markus
Elektronischer Personalausweis
-Aus dem Programm des Bundes E-Government 2.0-;
in: DVP 2011, S. 186-189.

Deckers, Sebastian/ Fiethen, Lars
E-Steuer – Die Finanzverwaltung im elektronischen Zeitalter
Pflichten zur elektronischen Übermittlung;
in: MMR 2013, S. 158-162.

Degen, Thomas A.
Freiwillige Selbstkontrolle der Access-Provider;
1. Aufl., Stuttgart 2007; zugl.: Univ., Diss., Tübingen 2007.

Degenhardt, Christoph
Das allgemeine Persönlichkeitsrecht, Art. 2 I i. V. mit Art. 1 I GG;
in: Jus 1992, S. 361-368.

Denninger, Erhard
Das Recht auf informationelle Selbstbestimmung und innere Sicherheit
Folgerungen aus dem Volkszählungsurteil des Bundesverfassungsgerichts;
in: KJ 1985, S. 215-244.

Desoi, Monika/ Knierim, Antonie
Intimsphäre und Kernbereichsschutz
– Ein unantastbarer Bereich privater Lebensgestaltung in der Rechtsprechung des Bundesverfassungsgerichts -;
in: DÖV 2011, S. 398-405.

Detterbeck, Steffen
Streitgegenstand und Entscheidungswirkungen im öffentlichen Recht, Tübingen 1995, zugl.: Univ., Habil.-Schr., Passau 1993.

Deutscher Bundestag, Innenausschuss
Die Bundesdatenschutzaufsicht auf dem Weg zur politischen Unabhängigkeit;
in: DuD 2015, S. 70.

Deutscher Landkreistag E-Government in den Landkreisen – Umfrage des Deutschen Landkreistages 2012; abrufbar unter: http://www.kreise.de/__cms1/images/stories/publikationen/bd-105.pdf (letzter Abruf: 18.08.2015).

Dierstein, Rüdiger Begriffe - Definitionen und Erklärungen; zu finden unter: www.bayer.in.tum.de/lehre/WS2003/ITS-dierstein/DefDV03.pdf, S. 4 (letzer Abruf: 05.08.2015).

Dietlein Johannes Das Untermaßverbot Bestandsaufnahme und Entwicklungschancen einer neuen Rechtsfigur; in: ZG 1995, S. 131-141.

Dietlein, Johannes Die Lehre von den grundrechtlichen Schutzpflichten; Berlin 1992, zugl.: Univ. Diss., Münster (Westfalen) 1991.

Dietrich, Jens/ Keller-Herder, Jutta De-Mail – verschlüsselt, authentisch, nachweisbar. Mehr Sicherheit im elektronischen Nachrichtenverkehr; in: DuD 2010, S. 299-301.

Di Fabio, Udo Kommentierung von Art. 2 Abs. 1 GG; in: Maunz/Dürig (Hrsg.), Grundgesetz, Kommentar, 60. Lieferung, München 2010.

Ditscheid, Hans Bernd Stakeholderanalyse I – Das E-Government-Gesetz des Bundes aus Sicht von Handel und Industrie; in: ISPRAT-Dossier, Das E-Government-Gesetz des Bundes, 2013, S. 48-50. abrufbar unter: http://isprat.net/fileadmin/downloads/publikationen/ISPRAT_Dossier_E-Gov-Gesetz_fd.pdf (letzter Abruf: 18.08.2015).

Dix, Alexander Betroffenenrechte im Datenschutz; in: Schmidt/Weichert (Hrsg.), Datenschutz – Grundlagen, Entwicklungen und Kontroversen, Bonn 2012, S. 290-297.

Dix, Alexander/ Petri, Thomas B. Das Fernmeldegeheimnis und die deutsche Verfassungsidentität – Zur Verfassungswidrigkeit der Vorratsdatenspeicherung; in: DuD 2009, S. 531-535.

Dochow, Carsten	Notwendigkeit der Datenschutz-Folgenabschätzung und Benennung eines Datenschutzbeauftragten in der Arztpraxis?; in: PinG2018, 51-61.
Döring, Nicola	Sozialpsychologie des Internet Die Bedeutung des Internet für Kommunikationsprozesse, Identitäten, soziale Beziehungen und Gruppen; 2. Aufl., Göttingen 2003.
Doesinger, Stephan	Medienführerschein wozu?; in: DuD 2011, S. 648-649.
Dolderer, Michael	Objektive Grundrechtsgehalte; Berlin 2000, zugl.: Univ., Habil.-Schr., Konstanz, 1998.
Dorner, Michael	Big Data und „Dateneigentum" Grundfragen des modernen Daten- und Informationshandels; in: CR 2014, S. 617-628.
Drallé, Lutz	Das Grundrecht auf Gewährleistung der Vertraulichkeit und Integrität informationstechnischer Systeme; Kiel 2010, zugl.: Univ., Diss., Kiel 2009/2010.
Drechsler, Carola	Elektronischer Zugang zur Verwaltung nach dem EGovG; in: DuD 2013, S. 696-701.
Dreier, Horst (Hrsg.)	Grundgesetz-Kommentar, BD. 1; 1. Aufl., Tübingen 1996.
Dürig, Günter	Grundrechte und Zivilrechtsprechung; in: Maunz (Hrsg.), Festschrift für Nawiasky, München 1956, S. 157-190.
Dürig, Günter	Zum „Lüth-Urteil" des Bundesverfassungsgerichtes vom 15.1.1958; in: DÖV 1958, 194-197.
Dürig, Günter	Der Grundrechtssatz von der Menschenwürde Entwurf eines praktikablen Wertsystems der Grundrechte aus Art. 1 Abs. I in Verbindung mit Art. 19 Abs. II des Grundgesetzes; in: AöR 81 (1956), S. 117-157.

Durner, Wolfgang	Beschlagnahme von E-Mails auf dem Mailserver des Providers; in: JA 2010, S. 238–240.
Durner, Wolfgang	Zur Einführung: Datenschutzrecht; in: JuS 2006, S. 213–217.
Duttge, Gunnar	Recht auf Datenschutz? Ein Beitrag zur Interpretation der grundrechtlichen Schutzbereiche; in: Der Staat 1997, S. 281–308.
Eckert, Claudia	IT-Sicherheit Konzepte – Verfahren – Protokolle; 9. Aufl., München 2014.
Eckhardt, Jens/ Schütze, Marc	Vorratsdatenspeicherung nach BVerfG: „Nach dem Gesetz ist vor dem Gesetz …" Und der Staat wird im Streit mit Bürgern und TK-Unternehmen zum „lachenden Dritten"; in: CR 2010, S. 225–232.
Ehmann, Eugen/ Kranig, Thomas	Fünf nach zwölf im Datenschutz Sofortmaßnahmen zur Umsetzung der DS-GVO; in: ZD 2018, 199–202.
Eiermann, Helmut	Das IT-Grundrecht und seine Folgen; in: DuD 2012, S. 452.
Eifert, Martin	Informationelle Selbstbestimmung im Internet Das BVerfG und die Online-Durchsuchungen; in: NVwZ 2008, S. 521–523.
Eifert, Martin	Electronic Government Das Recht der elektronischen Verwaltung; 1. Aufl., Baden-Baden 2006, zugl.: Univ., Habil.-Schr., Hamburg 2005.
Eifert, Martin	Electronic Government als gesamtstaatliche Organisationsaufgabe; in: ZG 2001, S. 115–129.
Eifert, Martin/ Püschel, Jan Ole	Elektronisches Verwaltungsverfahren; in: Kröger/Hoffmann (Hrsg.), Rechts-Handbuch zum E-Government, 1. Aufl., Köln 2005, S. 105–134.
Eifert, Martin Schreiber, Lutz	Elektronische Signatur und der Zugang zur Verwaltung; in: MMR 2000, S. 340–346.

Eixelsberger, Wolfgang Europäischer eGovernment Aktionsplan 2011-2015. in: eGovernment Review 2011, S. 10-11.

Els, Stefan Meldung von Datenschutzvorfällen nach Art. 33 DSGVO -Pflichten-Umfang-Organisation-Folgen-; in: DÖD 2018, 213-222.

Enders, Christoph Die Menschenwürde in der Verfassungsordnung Zur Dogmatik des Art. 1 GG; Tübingen 1997, zugl. Univ. Habil. Schr. Freiburg 1995/1996.

Engeler, Malte Die ePrivacy-Verordnung im Rat der Europäischen Union Eine aktuelle Bestandsaufnahme; in: PinG 2018, S. 141-149.

Engeler, Malte/ Felber, Wolfram Entwurf der ePrivacy-VO aus Perspektive der aufsichtsbehördlichen Praxis Reguliert der Entwurf an der technischen Realität vorbei?; in: ZD 2017, S. 251-257.

Engelhardt, Hanns/ App, Michael Verwaltungs-Vollstreckungsgesetz Verwaltungszustellungsgesetz; 9. Aufl., München 2011.

Ennecerus, Ludwig/ Nipperdey, Hans Carl Allgemeiner Teil des Bürgerlichen Rechts; 1. Bd., 1. HLB BD., 15 Aufl., Tübingen 1959.

Ennecerus, Ludwig/ Nipperdey, Hans Carl Grundrechte und Privatrecht; 1961.

Epping, Volker Grundrechte; 4. Aufl., Berlin 2010.

Ernst, Tobias Rechtliche Grundlagen der elektronischen Verwaltung; in: Hoeren/Sieber/Holznagel (Hrsg.), Handbuch Multimediarecht – Rechtsfragen des elektronischen Geschäftsverkehrs; Teil 28.1, Stand: 32. Ergänzungslieferung August 2012.

Eßer, Martin/ Kramer, Philipp/ Lewinski, Kai von Datenschutz-Grundverordnung, Bundesdatenschutzgesetz und Nebengesetze – Kommentar; 5. Aufl., Köln 2017.

Ewer, Wolfgang/ Thienel, Tobias Völker-, unions- und verfassungsrechtliche Aspekte des NSA-Datenskandals; in: NJW 2014, S. 30–36.

Federrath, Hannes/ Pfitzmann, Andreas IT-Sicherheit; in: Wind/Kröger (Hrsg.), Handbuch IT in der Verwaltung, 1. Aufl., Heidelberg 2006, S. 273-292.

Federrath, Hannes/ Pfitzmann, Andreas Technische Grundlagen; in: Roßnagel (Hrsg), Handbuch Datenschutzrecht, 1. Aufl., München 2003, S. 61-84.

Federrath, Hannes/ Berthold, Oliver Identitätsmanagement; in: Bäumler, Helmut (Hrsg.), E-Privacy Datenschutz im Internet; Braunschweig 2000, S. 189-204.

Fischermann, Thomas/ Hamann, Götz Zeitbombe Internet Warum unsere vernetzte Welt immer störanfälliger und gefährlicher wird; 1. Aufl., Gütersloh 2011.

Floren, Dieter Grundrechtsdogmatik im Vertragsrecht: spezifische Mechanismen des Grundrechtsschutzes gegenüber der gerichtlichen Anwendung von Zivilvertragsrecht; Berlin 1999, zugl.: Univ. Diss. Bielefeld 1998.

Forgò, Nikolaus/ Krügel, Tina/ Rapp, Stefan Zwecksetzung und informationelle Gewaltenteilung Ein Beitrag zu einem datenschutzgerechten E-Government; 1. Aufl., Baden-Baden 2006.

Fox, Dirk Missglückte Auferstehung; in: DuD 2009, S. 387.

Fox, Dirk Social Egineering im Online-Banking und E-Commerce; in: DuD 2003, S. 103.

Fraenkel, Reinhard/ Hammer, Volker Vom Staats- zum Verfassungstrojaner; in: DuD 2011, S. 887-889.

Frenz, Walter Handbuch Europarecht; 2. Aufl., Heidelberg 2012.

Frenz, Walter Informationelle Selbstbestimmung im Spiegel des BVerfG; in: DVBl 2009, S. 333-339.

Frenz, Walter Menschenwürde und Persönlichkeitsrecht versus Opferschutz und Fahndungserfolg; in: NVwZ 2007, S. 631-635.

Fromm, Jens/ Hoepner Petra Jeder Mensch ist viele; in: move 11/2009, S. 36-39.

Fromm, Jens/ Welzel, Christian/ Nentwig, Lutz/ Weber, Mike E-Government in Deutschland: Vom Abstieg zum Aufstieg; 1. Aufl., Berlin 2015, ÖFIT-Whitepaper auf der Grundlage des Gutachtens „Bürokratieabbau durch Digitalisierung: Kosten und Nutzen von E-Government für Bürger und Verwaltung" für den Nationalen Normenkontrollrat.

Gärtner, Hauke/ Kipker, Dennis-Kenji Die Neuauflage der Vorratsdatenspeicherung Lösungsansätze für zentrale Kritikpunkte am aktuellen Gesetzentwurf; in: DuD 2015, S. 593-599.

Gapski, Harald Jenseits der digitalen Spaltung; in: Ders. (Hrsg.), Jenseits der digitalen Spaltung – Gründe und Motive zur Nichtnutzung von Computer und Internet, Düsseldorf 2009, S. 9-14.

Gapski, Harald Denn sie wissen nicht, was sie tun? Medienkompetenz im Netz; in: Sokol (Hrsg.), Persönlichkeit im Netz – Sicherheit – Kontrolle – Transparenz; Düsseldorf 2008, S. 74-90.

Gaycken, Sandro Informationelle Selbstbestimmung und narrativistische Rezeption – Zur Konstruktion informationellen Vertrauens; in: DuD 2011, S. 346-350.

Geddert-Steinacher, Tatjana Menschenwürde als Verfassungsbegriff Aspekte der Rechtsprechung des Bundesverfassungsgerichts zu Art. 1 Abs. 1 Grundgesetz; 1. Aufl., Berlin 1990; zugl.: Univ., Diss., Tübingen 1989.

Gehrke, Gernot Digitale Teilung – Paradigmen und Herausforderungen; in: Gapski (Hrsg.), Jenseits der digitalen Spaltung – Gründe und Motive zur Nichtnutzung von Computer und Internet, Düsseldorf 2009, S. 67-90.

Geiger, Andreas	Datenschutzrechtliche Ansätze im deutschen Konstitutionalismus des 19. Jahrhunderts; in: NVwZ 1994, S. 662-664.
Geis, Ivo	Die elektronische Signatur: Eine internationale Architektur der Identifizierung im E-Commerce; MMR 2000, S. 667-674.
Gelzhäuser, Sven	Erfolgreiches De-Mail Pilotprojekt: Teilnehmer ziehen Bilanz; in: DuD 2010, S. 646-648.
Geppert, Martin/ Schütz, Raimund	Beck'scher TKG-Kommentar; 4. Aufl., München 2013.
Gerhards, Julia	(Grund-)Recht auf Verschlüsselung? 1. Aufl., Baden-Baden 2010, zugl.: TUniv., Diss., Darmstadt 2010.
Gerlach, Carsten	Personenbezug von IP-Adressen Praktische Konsequenzen aus dem Urteil des LG Berlin vom 31.1.2013; in: CR 2013, S. 478-484.
Gierschmann, Sybille	Positionsbestimmung der DSK zur Anwendbarkeit des TMG Ist ein deutscher Sonderweg wirklich die Lösung?; in: ZD 2018, S. 297-301.
Gola, Peter/ Klug, Christoph/ Körffer, Barbara	Bundesdatenschutzgesetz-Kommentar, 12. Aufl., München, 2015.
Golembiewski, Claudia	Anonymität im Recht der Multimediadienste; in: Bäumler/v. Mutius (Hrsg.), Anonymität im Internet, 1. Aufl., Braunschweig 2003, S. 107-116.
Golembiewski, Claudia/ Probst, Thomas	Datenschutzrechtliche Anforderungen an den Einsatz biometrischer Verfahren in Ausweispapieren und bei ausländerrechtlichen Identitätsfeststellungen; Kiel 2003.
Gossen, Heiko/ Schramm, Marc	Das Verarbeitungsverzeichnis der DS-GVO Ein effektives Instrument zur Umsetzung der neuen unionsrechtlichen Vorgaben; in: ZD 2017, 7-13.

Gounalakis, Georgios/ Mand, Elmar
Die neue EG-Datenschutzrichtlinie – Grundlagen einer Umsetzung in nationales Recht (I); in: CR 1997, S. 431-438.

Gourmelon, Andreas/ Mroß, Michael/ Seidel, Sabine
Management im öffentlichen Sektor: Organisationen steuern – Strukturen schaffen – Prozesse gestalten; 1. Aufl., Heidelberg 2010.

Grafenstein, Maximilian von
Das Zweckbindungsprinzip zwischen Innovationsoffenheit und Rechtssicherheit
Zur mangelnden Differenzierung der Rechtsgüterbetroffenheit in der Datenschutzgrund-VO; in: DuD 2015, S. 789-795.

Greve, Holger
Netzinfrastruktur und Kommunikationsfreiheit; in: K&R 2013, S. 87-92.

Grimm, Dieter
Der Datenschutz vor einer Neuorientierung; in: JZ 2013, S. 585-592.

Grimm, Rüdiger/ Bräunlich, Katharina
Vertrauen und Privatheit
Anwendung des Referenzmodells für Vertrauen auf die Prinzipien des Datenschutzes; in: DuD 2015, S. 289-294.

Grimm, Rüdiger/ Maier, Michaela/ Rothmund, Tobias
Vertrauen
Ein interdisziplinäres Referenzmodell; in: DuD 2015, S. 283-288.

Groß, Thomas
Datenschutz in der Wirtschaft: Datenschutz in der Telekommunikation; in: Roßnagel (Hrsg.), Handbuch Datenschutzrecht, 1. Aufl., München 2003, Kap. 7.8.

Groß, Thomas
Die Schutzwirkung des Brief-, Post- und Fernmeldegeheimnisses nach der Privatisierung der Post; in: JZ 1999, S. 326-335.

Guckelberger, Annette
Informatisierung der Verwaltung und Zugang zu Verwaltungsinformationen; in: VerwArch 97 (2006), S. 62-88.

Gudermann, Anne
Online-Durchsuchung im Lichte des Verfassungsrechts
Die Zulässigkeit eines informationstechnologischen Instruments moderner Sicherheitspolitik; Hamburg 2010, zugl.: Univ., Diss., Münster 2009.

Gundermann, Lukas
Anonymität, Pseudonymität und E-Government – geht das?
in: Bäumler/v. Mutius (Hrsg.), Anonymität im Internet, 1. Aufl., Braunschweig 2003, S. 117-137.

Gundermann, Lukas/ Probst, Thomas
Biometrie;
in: Roßnagel (Hrsg.), Handbuch des Datenschutzrechts, München 2003, S. 1967-2016.s

Gurlit, Elke
Verfassungsrechtliche Rahmenbedingungen des Datenschutzes;
in: NJW 2010, S. 1035-1041.

Gusy, Christoph
Gewährleistung der Vertraulichkeit und Integrität informationstechnischer Systeme.
Neuer Grundrechtsname oder neues Grundrechtsschutzgut?;
in: DuD 2009, S. 33-41.

Gusy, Christoph
Informationelle Selbstbestimmung und Datenschutz: Fortführung oder Neuanfang?;
in: KritV 2000, S. 52-64.

Habammer, Christoph/ Denkhaus, Wolfgang
Verhindert das Unionsrecht die Digitalisierung der Verwaltung?
Binnenmarktkonformität und Notifizierungspflicht des De-Mail-Standards des EGovG;
in: MMR 2014, 14-18.

Habammer, Christoph/ Denkhaus, Wolfgang
Das E-Government-Gesetz des Bundes
Inhalt und erste Bewertung – Gelungener Rechtsrahmen für elektronische Verwaltung?
in: MMR 2013, S. 359-362.

Häberle, Peter
Die Wesensgehaltsgarantie des Art. 19 Abs. 2 Grundgesetz
Zugleich ein Beitrag zum institutionellen Verständnis der Grundrechte und zur Lehre vom Gesetzesvorbehalt;
3. Aufl., Heidelberg 1983.

Hähnchen, Susanne
Elektronischer Rechtsverkehr
Ein praktischer Leitfaden für Rechtsanwälte, Notare, Studierende und andere Interessierte; Norderstedt 2007.

Härting, Niko EuGH: „Safe Harbor" Entscheidung ungültig. Anmerkung zu EuGH Rs. C-362/14, Urteil vom 06.10.2015; in: CR 2015, S. 640-641.

Härting, Niko Anonymität und Pseudonymität im Datenschutzrecht; in: NJW 2013, S. 2065-2071.

Härting, Niko E-Mail und Telekommunikationsgeheimnis Die drei Gesichter der E-Mail: Telekommunikation, Datensatz, elektronischer Brief; in: CR 2007, S. 311-317.

Härting, Niko/ Schätzle, Daniel Rechtsverletzungen in Social Networks; in: ITRB 2010, S. 39-42.

Härting, Niko/ Schneider, Jochen Datenschutz in Europa: Ein Alternativentwurf für eine Datenschutz-Grundverordnung Alternativen zum Vorschlag der Europäischen Kommission vom 25.1.2012; in: ITRB 2013, S. 19-38.

Hagen, Martin Online-Transaktionen für Bürger und Unternehmen; in: Wind/Kröger (Hrsg.) Handbuch IT in der Verwaltung, 1. Aufl., Heidelberg 2006, S. 591-604.

Hammer, Volker/ Bizer, Johann Beweiswert elektronisch signierter Dokumente; in: DuD 1993, S. 689-699.

Hanau, Max-Ulrich Handeln unter fremder Nummer; Karlsruhe 2004, zugl.: Univ. Diss. Köln 2004.

Hanebuth, Susanne Wofür brauchen wir De-Mail?; in: Datareport 01/2012, S. 10-13.

Hanken, Claas Die Generalklausel zur elektronischen Kommunikation in den Verwaltungsverfahrensgesetzen; in: JurPC Web-Dok. 24/2006, Abs. 1-69; abrufbar unter: www.jurpc.de.

Hanloser, Stefan „opt-in" im Datenschutzrecht und Wettbewerbsrecht Konvergenzüberlegungen zum Einwilligungsbegriff bei der E-Mail-Werbung; in: CR 2008, S. 713-718.

Hansen, Marit Auf dem Weg zum Identitätsmanagement – von der rechtlichen Basis bis zur Realisierung; in: Bäumler/v. Mutius (Hrsg.), Anonymität im Internet, 1. Aufl., Braunschweig 2003, S. 198-215.

Hansen, Marit Bedeutung von Privacy Enhancing Technologies; in: Roßnagel (Hrsg.), Handbuch Datenschutzrecht, München 2003, S. 292-324.

Hansen, Marit Identitätsmanagement; in: DuD 2003, S. 306.

Hansen, Marit/ Meints, Martin Digitale Identitäten – Überblick und aktuelle Trends Identity-Lifecycle, Authentisierung und Identitätsmanagement; in: DuD 2006, S. 543-547.

Hansen, Marit/ Meissner, Sebastian (Hrsg.) Verkettung digitaler Identitäten; Kiel 2007.

Hansen, Marit/ Rost, Martin Nutzerkontrollierte Verkettung – Pseudonyme, Credentials, Protokolle für Identitätsmanagement; in: DuD 2003, S. 293-296.

Hansen, Markus/ Pfitzmann, Andreas Techniken der Online-Durchsuchung: Gebrauch, Missbrauch, Empfehlungen, in: Roggan (Hrsg.), Online-Durchsuchungen, Berlin 2008, S. 131-154.

Hartge, Dagmar Erlaubnisse und Verbote im Datenschutzrecht; in: Schmidt/Weichert (Hrsg.), Datenschutz – Grundlagen, Entwicklungen und Kontroversen, Bonn 2012, S. 280-289.

Heckmann, Dirk Ein Gesetz zur Verhinderung der elektronischen Verwaltung? Folgen der unterlassenen Notifizierung des E-Government-Gesetzes; in: MMR 2013, S. 561-565.

Heckmann, Dirk Datenschutzrecht – Bestandsaufnahme und Perspektiven; in: Schmidt/Weichert (Hrsg.), Datenschutz – Grundlagen, Entwicklungen und Kontroversen, Bonn 2012, S. 265-279.

Heckmann, Dirk Persönlichkeitsschutz im Internet; in: NJW 2012, S. 2631-2635.

Heckmann, Dirk E-Justice als Motor für E-Government; in: Wirtz (Hrsg.), E-Government – Grundlagen, Instrumente, Strategien; 1. Aufl., Wiesbaden 2010, S. 93-111.

Heckmann, Dirk Öffentliche Privatheit – Der Schutz der Schwächeren im Internet; in: K&R 2010, S. 770-777.

Heckmann, Dirk Vertrauen in virtuellen Räumen? Rechtssichere Internetnutzung zwischen Fake und Faszinosum; in: K&R 2010, S. 1-8.

Heckmann, Dirk Cloud Computing in der öffentlichen Verwaltung? Rechtliche Grenzen für eine Lockerung staatlicher Datenherrschaft; in: Hill/Schliesky (Hrsg.), Innovationen im und durch Recht: E-Volution des Rechts- und Verwaltungssystems II, Baden-Baden 2010, S. 97-111.

Heckmann, Dirk Die Wahlcomputerentscheidung des Bundesverfassungsgerichts; in: jurisPR-ITR 6/2009, Anm. 2.

Heckmann, Dirk Editorial; in: jurisPR-ITR 3/2009 Anm. 1.

Heckmann, Dirk Authentifizierung zwischen Datenschutz und Technikmisstrauen Belastungsproben für den elektronischen Personalausweis; in: DuD 2009, S. 656-660.

Heckmann, Dirk Staatliche Schutz- und Förderungspflichten zur Gewährleistung von IT-Sicherheit – Erste Folgerungen aus dem Urteil des Bundesverfassungsgerichts zur „Online-Durchsuchung“; in: Rüßmann (Hrsg.), Festschrift für Gerhard Käfer, Saarbrücken 2009, S. 129-164.

Heckmann, Dirk EDITORIAL Das Grundrecht auf Vertraulichkeit und Integrität informationstechnischer Systeme und seine Auswirkungen auf das IT-(Sicherheits-)Recht; in: jurisPR-ITR 5/2008 Anm. 1.

Heckmann, Dirk Rechtspflichten zur Gewährleistung von IT-Sicherheit im Unternehmen
Maßstäbe für ein IT-Sicherheitsrecht;
in: MMR 2006, S. 280–285.

Heckmann, Dirk Grundrecht auf IT-Abwehr? Freiheitsrechte als Abwehrrechte gegen aufgedrängtes E-Government;
in: MMR 2006, S. 3–7.

Heckmann, Dirk E-Government im Verwaltungsalltag;
in: K&R 2003, S. 425–433.

Heckmann, Dirk/ Albrecht, Florian Das Gesetz zur Förderung der elektronischen Verwaltung
Anmerkungen zu E-Government und Technikneutralität;
in: ZRP 2013, S. 42–45.

Heckmann, Dirk/ Seidl, Alexander/ Maisch, Michael Marc Adäquates Sicherheitsniveau bei der elektronischen Kommunikation – Der Einsatz des E-Postbriefs bei Berufsgeheimnisträgern;
1. Aufl., Stuttgart 2012.

Heibey, Hanns-Wilhelm Datensicherung;
in: Roßnagel (Hrsg.), Handbuch des Datenschutzrechts, München 2003, S. 570–599;

Heil, Helmut Datenschutz durch Selbstregulierung – Der europäische Ansatz;
in: DuD 2001, S. 129–134.

Heimann, Holger Gefährdungen der Nutzer von Dial-In-Internetzugängen;
in: DuD 1998, S. 343–346.

Heinson, Dennis/ Freiling, Felix C. Probleme des Verkehrsdatenbegriffs im Rahmen der Vorratsdatenspeicherung;
in: DuD 2009, S. 547–552.

Heise, Michael Grundrecht auf Gewährleistung der Vertraulichkeit und Integrität informationstechnischer Systeme?;
in: RuP 2009, S. 94–101.

Hensel, Dirk Die Vorratsdatenspeicherung aus datenschutzrechtlicher Sicht – Die Bildung von Persönlichkeitsprofilen und andere Probleme der Vorratsdatenspeicherung;
in: DuD 2009, S. 527–530.

Hense, Peter E-Government: Bürgernahe Verwaltung für jedermann;
in: Goerlich (Hrsg.), Rechtsfragen der Nutzung und Regulierung des Internet, 1. Aufl., Berlin 2010, S. 73-92.

Hermes, Georg Grundrechtsschutz durch Privatrecht auf neuer Grundlage? – Das BVerfG zu Schutzpflicht und mittelbarer Drittwirkung der Berufsfreiheit;
in: NJW 1990, S. 1764-1768.

Hermes Georg Das Grundrecht auf Schutz von Leben und Gesundheit: Schutzpflicht und Schutzanspruch aus Art. 2 Abs. 2 Satz 1 GG; Berlin 1987; zugl.: Univ., Diss., Freiburg 1986.

Hermonies, Felix Rechte des Betroffenen;
in: Jandt/Steidle (Hrsg.), Datenschutz im Internet Rechtshandbuch zu DSGVO und BDSG;
S. 443-458.

Herwig, Volker Zugang und Zustellung in elektronischen Medien;
in: MMR 2001, S. 145-149.

Herzog, Stephanie Der digitale Nachlass – ein bisher kaum gesehenes und missverstandenes Problem;
in: NJW 2013, S. 3745-3751.

Hesse, Konrad Grundzüge des Verfassungsrechts der Bundesrepublik Deutschland;
20. Aufl., Heidelberg 1999.

Hilgendorf, Eric Grundfälle zum Computerstrafrecht;
in: Jus 1996, S. 890-894.

Hill, Hermann Die Vermessung des virtuellen Raumes – Eine Zwischenbilanz;
in: Ders./Schliesky (Hrsg.), Die Vermessung des virtuellen Raumes, Baden-Baden 2012, S. 345-367.

Hill, Hermann eGovernment – Mode oder Chance zur nachhaltigen Modernisierung der Verwaltung?;
in: BayVBl 2003, S. 737-744.

Hill, Hermann Rechtsstaatliche Bestimmtheit oder situationsgerechte Flexibilität des Verwaltungshandelns;
in: DÖV 1987, S. 885-895.

Hill, Hermann — Verfahrensermessen der Verwaltung; in: NVwZ 1985, S. 449-456.

Hillgruber, Christian — Der Schutz des Menschen vor sich selbst, München 1992; zugl.: Univ., Diss., Köln 1991.

Hirsch, Burkhard — Das Grundrecht auf Gewährleistung der Vertraulichkeit und Integrität informationstechnischer Systeme – Zugleich Anmerkung zu BVerfG, NJW 2008, 822; in: NJOZ 2008, S. 1907-1915.

Höfelmann, Elke — Das Grundrecht auf informationelle Selbstbestimmung anhand der Ausgestaltung des Datenschutzrechts und der Grundrechtsnormen der Landesverfassungen; 1. Aufl., Frankfurt (Main) 1997; zugl.: Univ., Diss., München 1996.

Höffe, Otfried — Identitäten im Zeitalter der Digitalisierung; 2003; abrufbar unter: www.privacy-security.ch/sps2003/deutsch/Anmeldung/pdf/07_Hoeffe_text.pdf (letzter Abruf: 26.01.2013).

Höfling, Wolfram — Vertragsfreiheit Eine grundrechtsdogmatische Studie; Heidelberg 1991, zugl.: Univ., Diss., Köln 1990.

Hömig, Dieter — Grundgesetz für die Bundesrepublik Deutschland; 9. Aufl., Baden-Baden 2010.

Hoeren, Thomas — Der strafrechtliche Schutz von Daten durch § 303a StGB und seine Auswirkungen auf ein Datenverkehrsrecht; in: Conrad/Grützmacher (Hrsg.), Recht der Daten und Datenbanken im Unternehmen – Festschrift für Jochen Schneider, Köln 2014, S. 303-312.

Hoeren, Thomas — Dateneigentum – Versuch einer Anwendung von § 303a StGB im Zivilrecht; in: MMR 2013, S. 486-491.

Hoeren, Thomas — Luftverkehr, Check-In und Pass-/Personalausweisdaten; in: NVwZ 2010, S. 1123-1127.

Hoeren, Thomas Was ist das „Grundrecht auf Gewährleistung der Vertraulichkeit informationstechnischer Systeme"?; in: MMR 2008, S. 365-366.

Hoeren, Thomas Rechtsoasen im Internet – Eine erste Einführung; in: MMR 1998, S. 297-298.

Hoeren, Thomas/ Jakopp, Sebastian WLAN-Haftung – A never ending story?; in: ZRP 2014, S. 72-75.

Hoffmann, Christian Datenschutzrechtliche Zulässigkeit der Nutzung des E-Postbriefes der Deutschen Post AG; 1. Aufl., Kiel 2015.

Hoffmann, Christian EU-Verordnung über elektronische Identifizierung auf nationale Angebote Auswirkungen auf De-Mail, E-Postbrief und nPA; in: DuD 2014, S. 762-767.

Hoffmann, Christian Die Gewährleistung der Vertraulichkeit und Integrität elektronischer Daten- und Dokumentensafes, Kiel 2012, zugl.: Univ., Diss., Kiel 2011.

Hoffmann, Christian Die Verletzung der Vertraulichkeit informationstechnischer Systeme durch Google Street View; in: CR 2010, S. 514-518.

Hoffmann, Christian P./ v. Kaenel, Andrea Chandra Vertrauen: Notwendige Grundlage von Online-Transaktionen; in: Schliesky (Hrsg.), Technikgestütztes Identitätsmanagement – Rechtsfragen und Lösungsvorschläge dargestellt am Beispiel der De-Mail und elektronischer Dokumentensafes; Kiel 2010, S. 81-98.

Hoffmann, Christian P./ v. Kaenel, Andrea Chandra Vertrauen der Nutzer als Erfolgsfaktor im E-Government; in: innovative Verwaltung 12/2011, S. 38-40.

Hoffmann, Christian/ Borchers, Corinna Das besondere elektronische Anwaltspostfach Eine Förderung des elektronischen Rechtsverkehrs mit den Gerichten; in: CR 2014, S. 62-67.

Hoffmann, Christian/ Luch, Anika/ Schulz, Sönke Ernst (u. a.) Der *E-POSTBRIEF* in der öffentlichen Verwaltung – Chancen, Einsatzoptionen, rechtliche Handlungsspielräume, Kiel 2011.

Hoffmann, Christian/ Tallich, Maximilian/ Warnecke, Thomas
E-Postbrief: Rechtsfragen elektronischer Behördenkommunikation;
in: MMR 2011, S. 775-780.

Hoffmann, Christian/ Schulz, Sönke E./ Borchers, Kim Corinna
Grundrechtliche Wirkungsdimensionen im digitalen Raum
Bedrohungslagen im Internet und staatliche Reaktionsmöglichkeiten;
in: MMR 2014, S. 89-95.

Hoffmann-Riem, Wolfgang
Das Grundrecht auf Schutz der Vertraulichkeit und Integrität eigengenutzter informationstechnischer Systeme
Verkoppelung von Risiken und Chancen beim kommunikativen Verkehr in der Netzwelt;
in: Klumpp u. a (Hrsg.), Netzwelt – Wege, Werte, Wandel; 1. Aufl., Berlin 2010; S. 165-178.

Hoffmann-Riem, Wolfgang
Grundrechts- und Funktionsschutz für elektronisch vernetzte Kommunikation;
in: AöR 134 (2009), S. 513-541.

Hoffmann-Riem, Wolfgang
Der grundrechtliche Schutz der Vertraulichkeit und Integrität eigengenutzter informationstechnischer Systeme;
in: JZ 2008, S. 1009-1022.

Hoffmann-Riem, Wolfgang
Informationelle Selbstbestimmung als Grundrecht kommunikativer Entfaltung;
in: Bäumler(Hrsg.), „Der neue Datenschutz“ - Datenschutz in der Informationsgesellschaft von morgen;
Neuwied 1998, S. 11-24.

Hoffmann-Riem, Wolfgang
Informationelle Selbstbestimmung in der Informationsgesellschaft
- Auf dem Wege zu einem neuen Konzept des Datenschutzes;
in: AöR 123 (1998), S. 513-540.

Hoffmann-Riem, Wolfgang
Kommunikations- und Medienfreiheit;
in: Benda/Maihofer/Vogel (Hrsg.), Handbuch des Verfassungsrechts; 2. Aufl., Berlin 1995, § 7, S. 191-262.

Hoffmann-Riem, Wolfgang
Ganzheitliche Verfassungsrechtslehre und Grundrechtsdogmatik
Dieter Suhrs Kampf um ein neues Paradigma der Rechtswissenschaft;
in: AöR 116 (1991), S. 501-520.

Hofmann, Hasso Die versprochene Menschenwürde; in: AöR 118 (1993), S. 353-377.

Hollenders, Anna-Sophie Mittelbare Verantwortlichkeit von Intermediären im Netz; 1. Aufl., Baden-Baden 2012; zugl.: Univ., Diss., Münster (Westf.) 2011.

Holtwisch, Christoph Die informationstechnologische Verwaltung im Kontext der Verwaltungsmodernisierung – Bürger und Verwaltung in der Internet-Demokratie; in: Die Verwaltung 43 (2010), S. 567-591.

Holznagel, Bernd Konvergenz der Medien; in: Büllesbach, Alfred/Dreier, Thomas (Hrsg.), Konvergenz in Medien und Recht, Köln 2002, S. 1-19.

Holznagel, Bernd/ Schumacher, Pascal Auswirkungen des Grundrechts auf Vertraulichkeit und Integrität informationstechnischer Systeme auf RFID-Chips; in: MMR 2009, S. 3-8.

Holznagel, Bernd/ Krahn, Christoph/ Werthmann, Christoph Electronic Government auf kommunaler Ebene – Die Zulässigkeit von Transaktionsdiensten im Internet; in: DVBl. 1999, S. 1477-1487.

Holznagel, Bernd/ Verhulst, Stefaan/ Grünwald, Andreas/ Hahne, Kathrin Verhinderung des Digital Divide als Zukunftsaufgabe – ein Plädoyer gegen die Errichtung von E-Barriers; in: K&R 2000, S. 425-431.

Holzner, Stefan Die Online-Durchsuchung: Entwicklung eines neuen Grundrechts; Kenzingen 2009.

Hornung, Gerrit Neue Pflichten für Betreiber kritischer Infrastrukturen: Das IT-Sicherheitsgesetz des Bundes; in: NJW 2015, S. 3334-3340.

Hornung, Gerrit Eine Datenschutz-Grundverordnung für Europa? Licht und Schatten im Kommissionsentwurf vom 25.1.2012; in: ZD 2012, S. 99-106.

Hornung, Gerrit Informationen über „Datenpannen“ - Neue Pflichten für datenverarbeitende Unternehmen; in: NJW 2010, S. 1841-1845.

Hornung, Gerrit — Ein neues Grundrecht
Der verfassungsrechtliche Schutz der „Vertraulichkeit und Integrität informationstechnischer Systeme“;
in: CR 2008, S. 299-306.

Hornung, Gerrit — Die digitale Identität;
Baden-Baden 2005; zugl.: Univ. Diss. Kassel 2005.

Hornung, Gerrit — Der Personenbezug biometrischer Daten
Zugleich eine Erwiderung auf Saeltzer, DuD 2004, 218 ff.;
in: DuD 2004, S. 429-431.

Hornung, Gerrit/ Horsch, Moritz/ Hühnlein, Detlef — Mobile Authentisierung und Signatur mit dem neuen Personalausweis
Innovative technische und rechtliche Lösungsansätze;
in: DuD 2012, S. 189-194.

Hornung, Gerrit/ Möller, Jan — Passgesetz, Personalausweisgesetz Kommentar;
1. Aufl., München 2011.

Hornung, Gerrit/ Schnabel, Christoph — Verfassungsrechtlich nicht schlechthin verboten – Das Urteil des Bundesverfassungsgerichts in Sachen Vorratsdatenspeicherung – ;
in: DVBl. 2010, S. 824-833.

Hossenfelder, Martin — Pflichten von Internetnutzern zur Abwehr von Malware und Phishing in Sonderverbindungen;
Baden-Baden 2013.

Hühnlein, Detlef — Identitätsmanagement
Eine visualisierte Begriffsbestimmung;
in: DuD 2008, S. 161-163.

Hülsmann, Werner — Der betriebliche und behördliche Datenschutzbeauftragte im Entwurf der EU-Datenschutz-Grundverordnung;
in: DANA 1/2012, S. 7-9.

Hüsch, Moritz — Rechtssicheres ersetzendes Scannen
Zur Zulässigkeit von Scanning und Beweiskraft gescannter Dokumente nach Einführung der TR-RESISCAN;
in: CR 2014, S. 206-211.

Hufen, Friedhelm — Die Menschenwürde, Art. 1 I GG;
in: JuS 2010, S. 1-10.

Hufen, Friedhelm
Erosion der Menschenwürde?
in: JZ 2004, S. 313-318.

Humer, Stephan
Digitale Identitäten – Der Kern digitalen Handelns im Spannungsfeld von Imagination und Realität;
Winnenden 2008.

Initiative D21/ Institute for public information management
eGovernment Monitor 2015;
abrufbar unter: www.egovernment-monitor.de.

Initiative D21/ Institute for public information management
eGovernment Monitor 2012;
abrufbar unter: www.egovernment-monitor.de.

Internet & Gesellschaft Collaboratory
„Gleichgewicht und Spannung zwischen digitaler Privatheit und Öffentlichkeit" Phänomene, Szenarien und Denkanstöße;
Abschlussbericht, Berlin 2011.

Ipsen, Jörn
Staatsrecht, Bd. II: Grundrechte;
13. Aufl., München 2010.

Iraschko-Luscher, Stephanie
Einwilligung – Ein stumpfes Schwert des Datenschutzes?
in: DuD 2006, S. 706-710.

Isensee, Josef
Menschenwürde: die säkulare Gesellschaft auf der Suche nach dem Absoluten;
in: AöR 131 (2006), S. 173-218.

Isensee, Josef/ Kirchhof, Paul (Hrsg.)
Handbuch des Staatsrechts der Bundesrepublik Deutschland, Band IX;
3. Aufl., Heidelberg 2011;
Zit.: Bearbeiter, in: Isensee/Kirchhof.

Isensee, Josef/ Kirchhof, Paul (Hrsg.)
Handbuch des Staatsrechts der Bundesrepublik Deutschland, Band V, Allgemeine Grundrechtslehren;
1. Aufl., Heidelberg 1992;
Zit.: Bearbeiter, in: Isensee/Kirchhof.

ISPRAT e. V. Interdisziplinäre Studien zu Politik, Recht, Administration und Technologie
E-Government-Gesetzentwurf: Guter Ansatz, aber noch viel Potenzial;
2012, abrufbar unter: www.isprat.net (letzter Abruf 27.10.2012).

IT-Planungsrat Erfahrungsberichte zum Einsatz von Bürgerkonten Ergebnis Maßnahme M7: Ausbau der Bürgerkonten der Strategie für eID und andere Vertrauensdienste im E-Government -eID-Strategie-; 2015.

IT-Planungsrat Zukunftspfade digitales Deutschland 2020; Studie der TNS Infratest GmbH im Auftrag des IT-Planungsrates; 2013.

Jäger, Marc Verfassungsmäßigkeit der sog. Online-Durchsuchung und der Internetaufklärung durch staatliche Behörden; in: jurisPR-ITR 12/2008 Anm. 2.

Jandt, Silke Spezifischer Datenschutz für Telemedien und die DS-GVO Zwischen Rechtsetzung und Rechtsanwendung; in: ZD 2018, S. 405-408.

Jandt, Silke Datenschutz durch Technik in der DS-GVO Präventive und repressive Vorgaben zur Gewährleistung der Sicherheit der Verarbeitung; in: DuD 2017, 562-566.

Jandt, Silke Beweissicherheit im elektronischen Rechtsverkehr Folgen der europäischen Harmonisierung; in: NJW 2015, S. 1205-1211.

Jandt, Silke/ Karg, Moritz Datenschutz-Grundverordnung und E-Privacy-Regulierung; in: Jandt/Steidle (Hrsg.), Datenschutz im Internet Rechtshandbuch zu DSGVO und BDSG; S. 114-125.

Jandt, Silke/ Michalek, Tatami/ Dietrich, Kai Wie hoch ist der (Beweis-)Wert digitaler Dokumente? Ausblick Europa: Elektronische Signaturen auf Basis starker Kryptographie und deren Beweiswert entsprechend der neuen EU-Verordnung eIDAS-VO; in: DuD 2015, S. 687-691.

Jandt, Silke/ Wilke, Daniel Gesetzliche Anforderungen an das ersetzende Scannen von Papierdokumenten; in: K&R 2009, S. 96-101.

Jarass, Hans D. Das allgemeine Persönlichkeitsrecht im Grundgesetz; in: NJW 1989, S. 857-862.

Jarass, Hans D,/ Pieroth, Bodo (Hrsg.) Grundgesetz für die Bundesrepublik Deutschland; 10. Aufl., München 2009.

Jaspers, Andreas Die EU-Datenschutz-Grundverordnung Auswirkungen der EU-Datenschutz-Grundverordnung auf die Datenschutzorganisation des Unternehmens; in: DuD 2012, S. 571-575.

Jeand'Heur, Bernd Grundrechte im Spannungsverhältnis zwischen subjektiven Freiheitsgarantien und objektiven Grundsatznormen – Zur Erweiterung der Grundrechtsfunktionen und deren Auswirkungen auf die Grundrechtsdogmatik; in: JZ 1995, S. 161-167.

Jehle, Stefanie Vertrauen und Recht im Internet Am Beispiel vorvertraglicher Informationspflichten und des Bezahlverfahrens PayPal; Hamburg 2010; zugl.: Univ., Diss., TU Chemnitz 2010.

Jellinek, Walter Verwaltungsrecht; 3. Aufl., 1931 (unveränderter Nachdruck), Bad Homburg u. a. 1996.

Jendrian, Kai/ Weinmann, Christoph Daten und Informationen; in: DuD 2010, S. 108.

Jendricke Uwe, Gerd tom Markotten, Daniela Benutzbare Sicherheit durch Identitätsmanagement; in: DuD 2003, S. 298.

Johannes, Paul C. Elektronische Formulare im Verwaltungsverfahren Neue Form des Schriftformersatzes; in: MMR 2013, S. 694-700.

Kammer, Matthias Informatisierung der Verwaltung; in: VerwArch 95 (2004), S. 418-423.

Kammer, Matthias E-Government ist Vertrauenssache; in: VM 2009, S. 226.

Kamp, Meike/ Rost, Martin Kritik an der Einwilligung Ein Zwischenruf zu einer fiktiven Rechtsgrundlage in asymmetrischen Machtverhältnissen; in: DuD 2013, S. 80-84.

Kamp, Meike/ Thomé, Sarah Die Kontrolle der Einhaltung der Datenschutzgesetze; in: Schmidt/Weichert (Hrsg.), Datenschutz – Grundlagen, Entwicklungen und Kontroversen, Bonn 2012, S. 298-309.

Kampffmeyer, Ulrich
Dokumentenmanagement in der Verwaltung; in: Wind/Kröger (Hrsg.) Handbuch IT in der Verwaltung, 1. Aufl., Heidelberg 2006, S. 445-502.

Kampffmeyer, Ulrich
Einführung von Dokumentenmanagement-Systemen in der Verwaltung; in: Wind/Kröger (Hrsg.) Handbuch IT in der Verwaltung, 1. Aufl., Heidelberg 2006, S. 503-539.

Karavas, Vagias
Digitale Grundrechte – Elemente einer Verfassung des Informationsflusses im Internet; Baden-Baden 2007; zugl.: Univ., Diss., Frankfurt a. M., 2006.

Karg, Moritz
Zugriff von Ermittlungsbehörden auf Nutzungsdaten bei der Strafverfolgung Eine normierte Schutzlücke; in: DuD 2015, S. 85-88.

Karg, Moritz
Datenschutzrechtliche Anforderungen an die E-Akte Umsetzungsvoraussetzungen für § 6 EGovG aus datenschutzrechtlicher Perspektive; in: DuD 2013, S. 702-708.

Karg, Moritz
Die Renaissance des Verbotsprinzips im Datenschutz; in: DuD 2013, S. 75-79.

Karpen, Ulrich/ Biernert, Wolf-Rüdiger
Industrie- und Handelskammern und Electronic Government; in: Kluth/Müller/Peilert (Hrsg.), Wirtschaft – Verwaltung – Recht: Festschrift für Rolf Stober, Köln 2008, S. 371-390.

Katz, Alfred
Staatsrecht. Grundkurs im öffentlichen Recht, 18. Aufl., Heidelberg 2010.

Kersten, Jens
Organisation und Personal – Herausforderungen durch e-Government; in: Bieler/Schwarting (Hrsg.), e-Government Perspektiven – Probleme - Lösungsansätze, 1. Aufl., Berlin 2007, S. 457-583.

Keupp, Heiner/ Ahbe, Thomas/ Gmür, Wolfgang (u. a.)
Identitätskonstruktionen – Das Patchwork der Identitäten in der Spätmoderne; 4. Aufl., Reinbek 2008.

Kind, Michael/ Werner, Dennis
Rechte und Pflichten im Umgang mit PIN und TAN; in: CR 2006, S. 353-360.

Kiometzis, Michael	E-Mail made in Germany Wie man E-Mail wirklich sicher machen könnte; in: DuD 2014, S. 709-713.
Klein, Eckart	Grundrechtliche Schutzpflichten des Staates; in: NJW 1989, S. 1633-1640.
Klein, Oliver	Offen und (deshalb) einfach – Zur Sicherstellung und Beschlagnahme von E-Mails beim Provider; in: NJW 2009, S. 2996-2999.
Kleine-Voßbeck, Bernd	Electronic Mail und Verfassungsrecht; 1. Aufl., Marburg 2000; zugl.: Univ. Diss. Marburg 2000.
Klett, Detlef **Ammann, Thorsten**	Gesetzliche Initiativen zur Cybersicherheit Ein Überblick zu den bisherigen regulatorischen Ansätzen auf nationaler und europäischer Ebene; in: CR 2014, S. 93-99.
Klinger, Peter	Einsatz der eID-Funktion des neuen Personalausweises in kommunalen Prozessen; in: VM 2010, S. 327-331.
Klink, Judith	Datenschutz in der elektronischen Justiz; Kassel 2010; zugl.: Univ. Diss. Kassel 2010.
Kloepfer, Michael (Hrsg.)	Schutz kritischer Infrastrukturen: IT und Energie, 1. Aufl., Baden-Baden2010.
Kloepfer, Michael	Informationszugangsfreiheit und Datenschutz: Zwei Säulen des Rechts der Informationsgesellschaft; in: DÖV 2003, S. 221-231.
Kloepfer, Michael	Umweltschutz und Verfassungsrecht – zum Umweltschutz als Staatspflicht; in: DVBl. 1988, S. 305-316.
Kloepfer, Michael	Datenschutz als Grundrecht: Verfassungsprobleme der Einführung eines Grundrechts auf Datenschutz; Königstein/Ts. 1980.
Kloepfer, Michael/ **Breitkreutz, Katharina**	Videoaufnahmen und Videoaufzeichnungen als Rechtsproblem; in: DVBl. 1998, S. 1149-1157.

Kloepfer, Michael/ Schärdel, Florian Grundrechte für die Informationsgesellschaft – Datenschutz und Informationszugangsfreiheit ins Grundgesetz?; in: JZ 2009, S. 453-462.

Kment, Martin Verwaltungsrechtliche Instrumente zur Ordnung des virtuellen Raums Potenziale und Chancen durch E-Government; in: MMR 2012, S. 220-225.

Knaack, Ildiko/ Göttsche, Peter Einführung von Vorgangsbearbeitungssystemen; in: Wind/Kröger (Hrsg.), Handbuch IT in der Verwaltung, 1. Aufl., Heidelberg 2006, S. 423-443.

Knabe, Axel Rechtssicherheit im virtuellen öffentlichen Raum; in: Schünemann/Weiler (Hrsg.), E-Government und Netzpolitik im europäischen Vergleich, 1. Aufl., Baden-Baden 2012, S. 277-307.

Knack, Hans Joachim/ Henneke, Hans-Günter Verwaltungsverfahrensgesetz (VwVfG) Kommentar; 9. Aufl., Köln 2010.

Knapp, Daniel Praktiken der Nichtnutzung als Medienkompetenz; in: Gapski (Hrsg.), Jenseits der digitalen Spaltung – Gründe und Motive zur Nichtnutzung von Computer und Internet, Düsseldorf 2009, S. 91-104.

Knopp, Michael Stand der Technik Ein alter Hut oder eine neue Größe?; in: DuD 2017, S. 663-666.

Koch, Alexander Rechtliche und ethische Verschlüsslungspflichten? am Beispiel der Rechtsanwaltschaft; in: DuD 2014, S. 691-695.

Koch, Robert Haftung für die Weiterverbreitung von Viren durch E-Mails; in: NJW 2004, S. 801-807.

Köbler, Ralf Der elektronische Rechtsverkehr kommt: Fahrplan bis 2022 steht Wie sich die Anwaltschaft auf das Ende der Papierakte einstellen kann; in: AnwBl 2013, S. 589-592.

Köhler, Markus/ Arndt, Hans-Wolfgang/ Fetzer, Thomas	Recht des Internet; 6. Aufl., Heidelberg 2008.
Köppen, Hajo	Entwicklung der Cybercrime im Jahr 2014; in: DuD 2015, S. 759-761.
Kopp, Ferdinand	Grundrechtliche Schutz- und Förderpflichten der öffentlichen Hand; in: NJW 1994, S. 1753-1757.
Kopp, Ferdinand O./ Ramsauer, Ulrich	Verwaltungsverfahrensgesetz Kommentar; 13. Aufl., München 2012.
Korioth, Stefan	Die Bindungswirkung normverwerfender Entscheidungen des Bundesverfassungsgerichts für den Gesetzgeber; in: Der Staat 30 (1991), S. 549-571.
Kost, Timo	Transnationales Datenschutzrecht – Am Beispiel technischer Standardisierung im Internet; in: KJ 2009, S. 196-212.
Krasemann, Henry	Selbstgesteuertes Identitätsmanagement Rechtliche Möglichkeiten der Nutzung verschiedener Identitäten; in: DuD 2006, S. 211-214.
Krawietz, Werner	Gewährt Art. 1 Abs. 1 GG dem Menschen ein Grundrecht auf Achtung und Schutz seiner Würde?; in: Gedächtnisschrift für Friedrich Klein, München 1977, S. 245-287.
Kreutzer, Till	Verantwortung im Internet – Themenpapier im Projekt „Digitaler Kodex“; abrufbar unter: www.divsi.de (letzter Abruf: 08.11.2015).
Kriszeleit, Rudolf	Durchbruch für den Elektronischen Rechtsverkehr Die Bunderatsinitiative „Gesetz zur Förderung des elektronischen Rechtsverkehrs in der Justiz“; in: AnwBl 2013, S. 91-93.
Kröger, Detlef	Elektronische Signaturen im Verwaltungsverfahren; in: Wind/Kröger (Hrsg.), Handbuch IT in der Verwaltung, 1. Aufl., Heidelberg 2006, S. 315-345.

Krüger, Hartmut Anmerkung zu BVerfG, Beschluss vom 16.6.2009 – 2 BvR 902/06; in: MMR 2009, S. 680-683.

Krüger, Ralf Verfassungsrechtliche Grundlagen polizeilicher V-Mann-Arbeit; in: NJW 1982, S. 855-859.

Kube, Hanno Persönlichkeitsrecht; in: Isensee/Kirchhoff (Hrsg.), Handbuch des Staatsrechts, Bd. VII, 3. Aufl., Heidelberg 2009, § 148, S. 79-146.

Kubicek, Herbert Zeit für einen Paradigmenwechsel – Schlussfolgerungen aus einem Vergleich von eID-Systemen in acht Ländern; in: eGov Präsenz 1/2011, S. 50-52.

Kubicek, Herbert Akzeptanzprobleme sicherer elektronischer Identitäten Ergebnisse einer vergleichenden Untersuchung in acht Ländern; in: DuD 2010, S. 43-47.

Kubicek, Herbert Vertrauen durch Sicherheit – Vertrauen in Sicherheit. Annäherung an ein schwieriges Verhältnis; in: Klumpp u. a. (Hrsg.), Informationelles Vertrauen in die Informationsgesellschaft, Berlin 2008, S. 17-35.

Kühling, Jürgen/ Buchner, Benedikt (Hrsg.) Datenschutz-Grundverordnung Kommentar; 1. Aufl., München 2017.

Kühling, Jürgen Datenschutz gegenüber öffentlichen Stellen im digitalen Zeitalter; in: Die Verwaltung 44 (2011), S. 525-562.

Kühling, Jürgen/ Klar, Manuel Unsicherheitsfaktor Datenschutzrecht – Das Beispiel des Personenbezugs und der Anonymität; in: NJW 2013, S. 3611-3617.

Künast, Renate „Meine Daten gehören mir" – und der Datenschutz ins Grundgesetz; in: ZRP 2008, S. 201-205.

Kunig, Philip Der Grundsatz informationeller Selbstbestimmung; in: JURA 1993, S. 595-604.

Kunnert, Gerhard EuGH zur Vorratsdatenspeicherung: Außer Spesen nichts gewesen?
Analyse des Urteils v. 8.5.2014 (C-293/12 u. C-594/12);
in: DuD 2014, S. 774-784.

Kutscha, Martin Überwachungsmaßnahmen von Sicherheitsbehörden im Fokus der Grundrechte;
in: LKV 2008, S. 481-486.

Kutscha, Martin Mehr Schutz von Computerdaten durch ein neues Grundrecht?;
in: NJW 2008, S. 1042-1044.

Kutscha, Martin/ Thomè, Sarah Grundrechtsschutz im Internet?;
1. Aufl., Baden-Baden 2013.

Ladeur, Karl-Heinz Die Beobachtung der kollektiven Dimension der Grundrechte durch eine liberale Grundrechtstheorie;
in: Der Staat 2011, S. 493-531.

Ladeur, Karl-Heinz Das Recht auf informationelle Selbstbestimmung: Eine juristische Fehlkonstruktion?;
in: DÖV 2009, S. 45-55.

Ladeur, Karl-Heinz Die verfassungsrechtliche Dimension des Persönlichkeitsrechts
Das allgemeine Persönlichkeitsrecht als Grundrecht;
in: Götting/Schertz/Seitz (Hrsg.), Handbuch des Persönlichkeitsrechts, München 2008, S. 121-129.

Ladeur, Karl-Heinz Datenschutz – vom Abwehrrecht zur planerischen Optimierung von Wissensnetzwerken;
in: DuD 2000, S. 12-19.

Lapp, Thomas Brauchen wir De-Mail und Bürgerportale?
Überflüssige Anwendung mit Geburtsfehlern;
in: DuD 2009, S. 651-655.

Lapp, Thomas De-Mail-Gesetz weiter in der Kritik;
in: jurisPR-ITR 25/2010 Anm. 2.

Laue, Philip Vorgangsbearbeitungssysteme in der öffentlichen Verwaltung
Rechtliche Rahmenbedingungen und Gestaltungsanforderungen;
Kassel 2010; zugl.: Univ., Diss., Kassel 2009/2010.

Lechtenbörger, Jens
Zur Sicherheit von De-Mail;
in: DuD 2011, S. 268-269.

Leible, Stefan/ Sosnitza, Olaf
Schadensersatzpflicht wegen Virenbefall von Disketten;
in: K&R 2002, S. 51-52.

Leisner, Walter
Das neue „Kommunikationsgrundrecht“ - Nicht Alibi für mehr, sondern Mahnung zu weniger staatlicher Überwachung;
in: NJW 2008, S. 2902-2904.

Leisner, Walter
Grundrechte und Privatrecht,
1. Aufl., München 1960.

Lendsdorf, Lars/ Mayer-Wegelin Clemens
Die Bedeutung von Standards und Best Practices beim Schutz personenbezogener Daten - Eine Analyse der IT-Grundschutzkataloge des BSI und der BSI-Standards;
in: CR 2009, S. 545-552.

Lesch, Heiko
Entscheidungen - Strafrecht: Straf- und Strafprozessrecht. § 52 Abs. 1,3, § 97 Abs. 1, § 100d Abs. 3, § 252 StPO;
in: JR 2000, S. 333-338.

Lesch, Heiko
Zu den Rechtsgrundlagen des V-Mann-Einsatzes und der Observation im Strafverfahren;
in: JA 2000, S. 725-728.

Leßmann, Herbert
Weiterentwicklungen in Rechtsprechung und Lehre zu § 823 Abs. 1 BGB;
in: JA 1988, S. 409-416.

Leven, Jan
Der neue elektronische Personalausweis Funktionen, Rechtsrahmen, Datenschutz;
in: VR 2012, S. 3-6.

Lewinksi, Kai von
Europäisierung des Datenschutzrechts Umsetzungsspielraum des deutschen Gesetzgebers und Entscheidungskompetenz des BVerfG;
in: DuD 2012, S. 564-570.

Lewinksi, Kai von
Zur Geschichte von Privatsphäre und Datenschutz - eine rechtshistorische Perspektive;
in: Schmidt/Weichert (Hrsg.), Datenschutz - Grundlagen, Entwicklungen und Kontroversen, Bonn 2012, S. 23-33.

Libertus, Michael Zivilrechtliche Haftung und strafrechtliche Verantwortlichkeit bei unbeabsichtigter Verbreitung von Computerviren;
in: MMR 2005, S. 507-512.

Lindhorst, Matthias Sanktionsdefizite im Datenschutzrecht;
Frankfurt 2010; zugl.: Univ., Diss., Bremen 2009.

Lindner, Josef Franz Theorie der Grundrechtsdogmatik;
Tübingen 2005, zugl.: Univ. Habil.- Schr., München 2003/2004.

Linke, Tobias Rechtsfragen der Einrichtung und des Betriebs eines Nationalen Cyber-Abwehrzentrums als informelle institutionalisierte Sicherheitskooperation;
in: DÖV 2015, S. 128-139.

Lorenz, Bernd Sorgfaltspflichten im Umgang mit Passwörtern;
in: DuD 2013, S. 220-226.

Lubnow, Andreas Sichere Informationstechnik für die öffentliche Verwaltung;
in: Bieler/Schwarting (Hrsg.),
e-Government
Perspektiven - Probleme - Lösungsansätze;
1. Aufl., Berlin 2007, S. 637-672.

Lübbe-Wolff, Gertrude Die Grundrechte als Eingriffsabwehrrechte
Struktur und Reichweite der Eingriffsdogmatik im Bereich staatlicher Leistungen;
1. Aufl., Baden-Baden 1988; zugl.: Univ., Habil.- Schr., Bielefeld 1987.

Lübking, Uwe/ Zilkens, Martin Datenschutz in der Kommunalverwaltung
Recht - Technik - Organisation;
2. Aufl., Berlin 2008.

Lück, Dominik Datenschutzreform 2018 - Auswirkungen auf die kommunale Praxis;
in: KommJur 2018, S. 81-86.

Lüke, Falk Datenschutz aus Verbrauchersicht;
in: Schmidt/Weichert (Hrsg.), Datenschutz - Grundlagen, Entwicklungen und Kontroversen, Bonn 2012, S. 154-164.

Luch, Anika D. Das neue „IT-Grundrecht“
Grundbedingung einer „Online-Handlungsfreiheit“;
in: MMR 2011, S. 75-79.

Luch, Anika D. Das neue „IT-Grundrecht“, in: Schliesky (Hrsg.), Technikgestütztes Identitätsmanagement, Kiel 2010, S. 137-160.

Luch, Anika D./ Hoffmann, Christian § 203 als Hemmschuh der elektronischen Kommunikation?
Rechtliche Risiken dargestellt am Beispiel der E-Post-brief-Nutzung durch Rechtsanwälte;
in: K&R 2014, S. 161-166.

Luch, Anika D./ Schulz, Sönke E. Die digitale Dimension der Grundrechte – Die Bedeutung der speziellen Grundrechte im Internet;
in: MMR 2013, S. 88-93.

Luch, Anika D./ Schulz, Sönke E. Aktuelle Bedeutung des Identitätsmanagements
Authentisierung, sichere Kommunikation und Dokumentensafes als Elemente einer elektronischen Grundversorgung;
in: Schliesky (Hrsg.), Technikgestütztes Identitätsmanagement; Kiel 2010, S. 1-27.

Luch, Anika D./ Tischer, Jakob Die öffentlich-rechtliche Schriftform und die hybride Kommunikation mittels E-Postbrief;
in: DÖV 2011, S. 598-606.

Lucke, Jörn v. Transparenz 2.0 – Transparenz durch E-Government;
in: Jansen/Schröter/Stehr (Hrsg.), Transparenz – Multidisziplinäre Durchsichten durch Phänomene und Theorien des Undurchsichtigen, Wiesbaden 2010, S. 396-412.

Lucke, Jörn v. Hochleistungsportale für die öffentliche Verwaltung;
1. Aufl., Köln 2008, zugl.: Habil.-Schr. DHV Speyer 2007.

Luderschmid, Florian Das Gesetz über Personalausweise und den elektronischen Identitätsnachweis
Das neue Personalausweisgesetz im Überblick;
in: KommP spezial 4/2009, S. 135-137.

Luhmann, Niklas Vertrauen;
4. Aufl., Stuttgart 2000.

Luhmann, Niklas Grundrechte als Institution: Ein Beitrag zur politischen Soziologie; 5. Aufl., Berlin 2009.

Luhmann, Niklas Soziologische Aufklärung 6 Die Soziologie und der Mensch; 3. Aufl., Wiesbaden 2008.

Lukat, Angelika IT-Sicherheitsmanagement für E-Government; in: Wind/Kröger (Hrsg.), Handbuch IT in der Verwaltung; 1. Aufl., Heidelberg 2006, S. 293-314.

Lutterbeck, Bernd 20 Jahre Dauerkonflikt: Die Novellierung des Bundesdatenschutzgesetzes; in: DuD 1998, S. 129-138.

Maas, Heiko EU-Datenschutz-Grundverordnung: Datensouveränität in der digitalen Gesellschaft; in: DuD 2015, S. 579-580.

Mangoldt, Hermann v./ Klein, Friedrich/ Starck, Christian (Hrsg.) Das Bonner Grundgesetz, Bd. 1, Art. 1-19, 5. Aufl., München 2005.

Mankowski, Peter Zum Nachweis des Zugangs bei elektronischen Erklärungen; in: NJW 2004, S. 1901-1907.

Mann, Andreas Akzeptanz des e-Government; in: Bieler/Schwarting (Hrsg.), e-Government Perspektiven - Probleme - Lösungsansätze, 1. Aufl., Berlin 2007, S. 267-289.

Mann, Thomas/ Sennekamp, Christoph/ Uechtritz, Michael (Hrsg.) Verwaltungsverfahrensgesetz Großkommentar; 1. Aufl., Baden-Baden 2014.

Manssen, Gerrit (Hrsg.) Telekommunikations- und Multimediarecht, Stand: 36. Ergänzungslieferung, April 2015, Berlin.

Mantz, Reto Haftung für kompromittierte Computersysteme; in: K&R 2007, S. 566-572.

Mantz, Reto/ Sassenberg, Thomas — Die Neuregelung der Störerhaftung für öffentliche WLANs – Eine Analyse des TMG-RefE v. 11.3.2015 Warum der Referentenentwurf die Verbreitung von WLANs nicht fördern wird; in: CR 2015, S. 298-306.

Mantz, Reto/ Sassenberg, Thomas — Betrieb eines öffentlichen WLANs: Der „unbeschränkte“ Internetzugang als Vertragsinhalt?; in: CR 2015, S. 29-35.

Masing, Johannes — Herausforderungen des Datenschutzes; in: NJW 2012, S. 2305-2311.

Martini, Mario — Der digitale Nachlass und die Herausforderung postmortalen Persönlichkeitsschutzes im Internet; in: JZ 2012, S. 1145-1155.

Martini, Mario/ Wenzel, Michael — „Gelbe Karte“ von der Aufsichtsbehörde: die Verwarnung als datenschutzrechtliches Sanktionenhybrid; in: PinG 2017, 92-96.

Martini, Mario/ Wenzel, Michael — „Once only“ versus „only once“: Das Prinzip einmaliger Erfassung zwischen Zweckbindungsgrundsatz und Bürgerfreundlichkeit; in: DVBl 2017, S. 749-758.

Martini, Mario/ Wiesner, Cornelius — Art. 91 c Abs. 5 GG und das neue Zugangsregime zur digitalen Verwaltung – Quantensprung oder zu kurz gesprungen?; in: ZG 2017, S. 193-227.

Maurer, Hartmut — Allgemeines Verwaltungsrecht, 18. Aufl., München 2011.

Mayer, Andreas — Die Einführung IT-gestützter Vorgangsbearbeitung Ein gestaltungsorientiertes Modell für planende Verwaltungseinheiten; Berlin 2011, zugl.: Univ., Diss., Koblenz-Landau 2010.

Mayer, Matthias — Untermaß, Übermaß und Wesensgehaltsgarantie Die Bedeutung staatlicher Schutzpflichten für den Gestaltungsspielraum des Gesetzgebers im Grundrechtsbereich; Baden-Baden 2005; zugl.: Univ., Diss., Gießen 2005.

Meder, Stephan/ Blissenbach, Dirk — Zu den Sorgfaltspflichten des Kontoinhabers beim Online-Banking; in: EWiR 2008, S. 243-244.

Meier, Oliver Entwicklung und Problemstellungen zur Signatur und Kommunikation im Bereich des E-Governments in Deutschland Lösungsansätze durch ein E-Government-Gesetz nach österreichischem Vorbild;
Aachen 2010, zugl.: Siegen, Univ. Diss., Siegen 2010.

Meints, Martin Identität;
in: DuD 2006, S. 576.

Meints, Martin Protokollierung bei Identitätsmanagementsystemen Anforderungen und Lösungsansätze;
in: DuD 2006, S. 304-307.

Meints, Martin Datenschutz nach BSI-Grundschutz? Das Verhältnis zwischen Datenschutz und Datensicherheit;
in: DuD 2006, S. 13-16.

Meints, Martin/ Hansen, Marit Identitätsdokumente eIDs und maschinenlesbare Ausweise;
in: DuD 2006, S. 560-564.

Meints, Martin/ Reimer, Helmut Identität – eine sichere Sache?;
in: DuD 2006, S. 528.

Mertens, Peter/ Beus, Hans-Bernhard E-Business und E-Government stehen oft als isolierte Bereiche nebeneinander;
in: WuM 1/2010, S. 7-9.

Mertes, Paul E. E-Mails im Rechtsverkehr: keine Lappalie;
in: DuD 2010, S. 633-637.

Mester, Britta Alexandra EU-Datenschutzgrundverordnung Die europaweite Regelung des Datenschutzes noch 2015?;
in: DuD 2015, S. 822.

Mester, Britta Alexandra Selbstbestimmung in einer Welt der Netze;
in: DuD 2011, S. 679.

Meyer, Julia Identität und virtuelle Identität natürlicher Personen im Internet;
Baden-Baden 2011; zugl.: Univ., Diss., Bochum 2009.

Meyer-Seitz, Christian Förderung des Elektronischen Rechtsverkehrs mit den Gerichten
Modernisierung der Kommunikation im Prozess – Bundesregierung legt Gesetzentwurf vor;
in: AnwBl 2013, S. 89-91.

Mezler-Andelberg, Christian Identity Management –eine Einführung Grundlagen, Technik, wirtschaftlicher Nutzen;
1. Aufl., Heidelberg 2008.

Mohl, Robert v. Geschichte und Literatur der Staatswissenschaft, Bd. 3, Tübingen 1858.

Möller, Mirko Rechtsfragen im Zusammenhang mit dem Postident-Verfahren;
in: NJW 2005, S. 1605-1609.

Moos, Flemming Datenschutz im E-Government;
in: Kröger/Hoffmann (Hrsg.), Rechtshandbuch zum E-Government;
1. Aufl., Köln 2005, S. 328-349.

Moos, Flemming/ Schefzig, Jens „Safe Harbor" hat Schiffbruch erlitten
Auswirkungen des EuGH-Urtiels C-362/14 in Sachen Schrems ./. Data Protection Commissioner;
in: CR 2015, 625-633.

Mückenberger, Ulrich Datenschutz als Verfassungsgebot
Das Volkszählungsurteil des Bundesverfassungsgerichtes;
in: KJ 1984, 1-24.

Mühlenbrock, Tobias/ Dienstbach, Paul H. Anm. zu AG Wiesloch, Urteil vom 20.06.2008 – 4 C 57/08;
in: MMR 2008, S. 630-631.

Mühlenfeld, Hans-Ullrich Existenz einer Digitalen Kluft in Nordrhein-Westfalen;
in: Gapski (Hrsg.), Jenseits der digitalen Spaltung – Gründe und Motive zur Nichtnutzung von Computer und Internet, Düsseldorf 2009, S. 15-34.

Müller, Henning Die Container-Signatur zur Wahrung der Schriftform;
in: NJW 2013, S. 3758-3759.

Müller, Wolf/ Redlich, Jens-Peter/ Jeschke, Mathias $Auth^2$ (nPA)
Starke Authentifizierung mit nPA für jedermann;
in: DuD 2011, S. 465-470.

Müller-Teckof, Alexander Gesetz zur Förderung des elektronischen Rechtsverkehrs mit den Gerichten Harmonisierung der Formerfordernisse mit den Möglichkeiten moderner Kommunikation; in: MMR 2014, S. 95-100.

Müller-Terpitz, Ralf Sicherheit im E-Government; in: Borges/Schwenk (Hrsg.), Daten- und Identitätsschutz in Cloud Computing, E-Government und E-Commerce, Berlin 2012, S. 169-185.

Müller-Terpitz, Ralf/ Rauchhaus, Alexandra Das E-Government-Gesetz des Bundes – ein Schritt in Richtung „Verwaltung 2.0“ – Geplante Regelungen und Problembereiche; in: MMR 2013, S. 10-16.

Müller-Terpitz, Ralf/ Rauchhaus, Alexandra Das geplante E-Government-Gesetz des Bundes; in: JurPC Web-Dok 96/2012, Abs. 1-54; abrufbar unter: www.jurpc.de.

Münch, Ingo v./ Kunig, Philipp (Hrsg.) Grundgesetz-Kommentar, Band 1; 6. Auflage, München 2012.

Murswiek, Dietrich Die staatliche Verantwortung für die Risiken der Technik. Verfassungsrechtliche Grundlagen und immissionsschutzrechtliche Ausformung, Berlin 1985.

Nationales E-Government Kompetenzzentrum Analyse des Potenzials des E-Government-Gesetzes; Studie im Auftrag des Bundesministeriums des Innern, Berlin 2014.

Nedden, Burckhard Datenschutz im e-Government – Anforderungen und Lösungen; in: Bieler/Schwarting (Hrsg.), e-Government Perspektiven – Probleme - Lösungsansätze; 1. Aufl., Berlin 2007, S. 318-340.

Neidert, Anne Verwaltungsverfahren über einen einheitlichen Ansprechpartner – Änderungsbedarf im deutschen Verwaltungsverfahrensrecht aufgrund der EG-Dienstleistungsrichtlinie; Baden-Baden 2011, zugl.: Univ., Diss., Kiel 2010.

Nenninger, Kristof Störerhaftung des WLAN-Inhabers – Sommer unseres Lebens; Anmerkung zu BGH, Urt. V. 12.5.2010 – I ZR 121/08 (OLG Frankfurt a. M.); in: NJW 2010, S. 2061-2065.

Nettesheim, Martin Die Garantie der Menschenwürde zwischen metaphysischer Überhöhung und bloßem Abwägungstopos; in: AöR 130 (2005), S. 71-113.

Neuber, Michael Digitale Wirtschaft zwischen Datenschutz und ePrivacy; in: ZD 2018, S. 241-242.

Nolde, Malaika Sanktionen nach DSGVO und BDSG-neu: Wem droht was warum?; in: PinG 2017, S. 114-121.

Nolte, Frank E-Government in der Verwaltungsreform: Der große Sprung nach vorn?; in: DÖV 2007, S. 941-949.

Ohlenburg, Anna Datenschutz im Referentenentwurf zum TKG; in: K&R 2003, S. 265-270.

Ohrmann, Christoph Der Schutz der Persönlichkeit in Online-Medien; Frankfurt 2010; zugl.: Univ. Diss. Düsseldorf 2009.

Olshausen, Henning v. Menschenwürde im Grundgesetz: Wertabsolutismus oder Selbstbestimmung; in: NJW 1982, S. 2221-2224.

Orantek, Kerstin Datenschutz im Informationszeitalter Herausforderungen durch technische, politische und gesellschaftliche Entwicklungen; Chemnitz 2008, zugl.: TUniv. Diss. Chemnitz 2008.

Ortmeyer, August Stakeholderanalyse I – Das E-Government-Gesetz des Bundes aus Sicht von Handel und Industrie; in: ISPRAT-Dossier, Das E-Government-Gesetz des Bundes, 2013, S. 44-47.

Otten, Günther Innovationsfähigkeit der deutschen Versicherungswirtschaft; in: VW 2007, S. 1440.

Pache, Eckhard Die Europäische Grundrechtscharta – ein Rückschritt für den Grundrechtsschutz in Europa?; in: EuR 2001, S. 475-494.

Palandt, Otto (Hrsg.) Bürgerliches Gesetzbuch – Kommentar; 71. Aufl., München 2012;

Pampel, Gunnar	Europäisches Wettbewerbsrecht Rechtsnatur und Rechtswirkungen von Mitteilungen der Kommission im europäischen Wettbewerbsrecht; in: EuZW 2005, S. 11-13.
Papier, Hans-Jürgen	Verfassungsrechtliche Grundlegung des Datenschutzes; in: Schmidt/Weichert (Hrsg.), Datenschutz - Grundlagen, Entwicklungen und Kontroversen, Bonn 2012, S. 67-77.
Paulus, Christoph G./ Zenker, Wolfgang	Grenzen der Privatautonomie; in: JuS 2001, S. 1-9.
Petersen, Christin	Die Rechtsprobleme des Electronic Government Der weite Weg zum elektronischen Verwaltungsverfahren; Hamburg 2014; zugl.: Univ., Diss., Leipzig 2013. Zit.: Petersen C.
Petersen, Stefanie	Grenzen des Verrechtlichungsgebotes im Datenschutz; Münster 2000; zugl.: Univ., Diss., Hamburg 2000.
Petri, Thomas B.	Die Safe-Harbor-Entscheidung Erste Anmerkungen; in: DuD 2015, 801-805.
Petri, Thomas B.	Wertewandel im Datenschutz und die Grundrechte; in: DuD 2010, S. 25-29.
Petri, Thomas B.	Urteilsanmerkung zu EuGH - 10.2.2009 - C-301/06 - Rechtsgrundlage der EG-Richtlinie zur Vorratsdatenspeicherung - Irland/ Parlament; in: EuZW 2009, S. 214-215.
Petri, Thomas B./ Dorfner, Claudia	E-Justiz und Datenschutz Ausgewählte Rechtsfragen; in: ZD 2011, S. 122-128.
Pfitzmann, Andreas/ Borcea-Pfitzmann, Katrin	Identitätsmanagement und informationelle Selbstbestimmung; in: Roßnagel (Hrsg.), Allgegenwärtige Identifizierung. Neue Identitätsinfrastrukturen und ihre rechtliche Gestaltung; 1. Aufl. Baden-Baden 2006, S. 83-91.
Pfitzmann, Andreas/ Köpsell, Stefan	Risiken der Vorratsdatenspeicherung - Grenzen der Nutzungsüberwachung; in: DuD 2009, S. 542-546.

Pieroth, Bodo/ Schlink, Bernhard — Grundrechte – Staatsrecht II; 26. Aufl., Heidelberg 2010.

Pietzcker, Jost — Mitverantwortung des Staates, Verantwortung des Bürgers; in: JZ 1985, S. 209-216.

Pitschas, Rainer — Informationelle Selbstbestimmung zwischen digitaler Ökonomie und Internet Zum Paradigmenwechsel des Datenschutzrechts in der globalen Informationsgesellschaft; in: DuD 1998, S. 139-149.

Placzek, Thomas — Allgemeines Persönlichkeitsrecht und privatrechtlicher Informations- und Datenschutz Eine schutzgutbezogene Untersuchung des Rechts auf informationelle Selbstbestimmung; Hamburg 2006, zugl.: Univ., Diss., Regensburg 2005.

Pohl, Dirk — Durchsetzungsdefizite der DSGVO? Der schmale Grat zwischen Flexibilität und Unbestimmtheit; in: PinG 2017, S. 85-91.

Pohlmann, Norbert — Selbstbestimmung und Verschlüsselung; DuD 2014, S. 714.

Pohlmann, Norbert — Bedrohungen und Herausforderungen des E-Mail-Dienstes Die Sicherheitsrisiken des E-Mail-Dienstes im Internet; in: DuD 2010, S. 607-613.

Polenz, Sven — Informationstechnik und Datenschutz in der Finanzverwaltung; in: Schmidt/Weichert (Hrsg.), Datenschutz Grundlagen, Entwicklungen und Kontroversen, Bonn 2012, S. 145-153.

Polenz, Sven — Der neue elektronische Personalausweis E-Government im Scheckkartenformat; in: MMR 2010, S. 671-676.

Prell, Lorenz — Das E-Government-Gesetz des Bundes Revolution der elektronischen Verwaltung bei der Schriftformersetzung? in: NVwZ 2013, S. 1514-1520.

Probst, Thomas	Bürgerportale – geprüfte statt gefühlte Sicherheit? in: DSB 2009, S. 16-19.
Quiring-Kock, Gisela	Entwurf EU-Verordnung über elektronische Identifizierung und Vertrauensdienste EU weite Interoperabilität – Anspruch und W irklichkeit; in: DuD 2013, S. 20-24.
Ramm, Thilo	Drittwirkung und Übermaßverbot Eine Erwiderung auf den Aufsatz von Canaris in JZ 1987, S. 933 ff.; in: JZ 1988, S. 489-493.
Ramsauer, Ulrich/ Frische, Tobias	Das E-Government-Gesetz; in: NVwZ 2013, S. 1505-1514.
Redeker, Helmut	Informationen als eigenständiges Rechtsgut Zur Rechtsnatur der Information und dem daraus resultierenden Schutz; in: CR 2011, S. 634-639.
Reichstädter, Peter/ Tauber, Arne	Privatzustellung – Der elektronisch eingeschriebene Brief; in: eGovernment Review 2010, S. 18-19.
Reinermann, Heinrich (Hrsg.)	Datenschutz im Internet – Internet im Datenschutz; Speyerer Arbeitsheft Nr. 153, Speyer 2002.
Reinermann, Heinrich/ v. Lucke, Jörn	Electronic Government in Deutschland Ziele, Stand, Barrieren, Beispiele, Umsetzung; 1. Aufl., Speyer 2002.
Reisen, Andreas	Digitale Identität im Scheckkartenformat – Datenschutzvorkehrungen für den elektronischen Personalausweis in: DuD 2008, S. 164-167.
Reisen, Andreas	Identity Management und der elektronische Personalausweis; in: Zechner(Hrsg.), Handbuch E-Government Strategien, Lösungen und Wirtschaftlichkeit; Stuttgart 2007, S. 165-168.
Rekittke, Lars Oliver	Art. 1 GG: Die Würde des Menschen ist unantastbar…!; in: DVP 2008, S. 51-54.

Reuß, Philipp M./ Vollath, Stefan	Wie viel Schutz baucht der Verbraucher? Überlegungen zu einer möglichen Kaufrechtsreform; in: ZRP 2013, S. 228-232.
Richter, Philipp	Datenschutz zwecklos? – Das Prinzip der Zweckbindung im Ratsentwurf der DSGVO; in: DuD 2015, S. 735-740.
Riehm, Ulrich	Nichtnutzung des Internets – nur ein Übergangsphänomen?; in: Gapski (Hrsg.), Jenseits der digitalen Spaltung – Gründe und Motive zur Nichtnutzung von Computer und Internet, Düsseldorf 2009, S. 49-65.
Rihaczek, Karl	Grundrecht auf Spaß; in: DuD 2009, S. 717.
Robrahn, Rasmus/ Bock, Kirsten	Schutzziele als Optimierungsgebote; in: DuD 2018, S. 7-12.
Rogall-Grothe, Cornelia/ Pschierer, Franz-Josef (Hrsg.)	Zukunftspfade digitales Deutschland 2020; Studie im Auftrag des IT-Planungsrates, 2013.
Rogall-Grothe, Cornelia	Ein neues Datenschutzrecht für Europa; in: ZRP 2012, S. 193-196.
Rogall-Grothe, Cornelia	Der neue Personalausweis fördert das E-Government; in: DVP 2011, S. 2-3.
Ronellenfitsch, Michael	Der Vorrang des Grundrechts auf informationelle Selbstbestimmung vor dem AEUV; in: DuD 2009, S. 451-461.
Roos, Philipp	Der neue Entwurf eines IT-Sicherheitsgesetzes Bewegung oder Stillstand?; in: MMR 2014, S. 723-730.
Roos, Philipp	Der Entwurf eines IT-Sicherheitsgesetzes: Regelungsinhalte und ihre Übereinstimmung mit dem Richtlinienvorschlag der EU-Kommission; in: K&R 2013, S. 769-775.
Roos, Philipp/ Schumacher, Philipp	Botnetze als Herausforderung für Recht und Gesellschaft Zombies außer Kontrolle? in: MMR 2014, S. 377-383.

Rose, Edgar De-Mail-Gesetz in Kraft: Sicherheitsgewinn in der elektronischen Kommunikation; in: K&R 2011, S. 439-445.

Roßnagel, Alexander Das Vertrauensdienstegesetz Neue Regelungen zur Anpassung des deutschen Rechts an die EU-eIDAS-VO; in: MMR 2018, S. 31-35.

Roßnagel, Alexander Das IT-Sicherheitsgesetz; in: DVBl 2015, S. 1206-1212.

Roßnagel, Alexander Der Anwendungsvorrang der eIDAS-Verordnung Welche Regelungen des deutschen Rechts sind weiterhin für elektronische Signaturen anwendbar?; in: MMR 2015, S. 359-364.

Roßnagel, Alexander Regulierung – was leistet unser Datenschutzrecht (nicht)?; in: Hill (Hrsg.), E-Transformation Veränderung der Verwaltung durch digitale Medien; 1. Aufl., Baden-Baden 2014, S. 79-107.

Roßnagel, Alexander Vorratsdatenspeicherung – wie geht es weiter?; in: MMR 2014, S. 73.

Roßnagel, Alexander Neue Maßstäbe für den Datenschutz in Europa Folgerungen aus dem EuGH-Urteil zur Vorratsdatenspeicherung; in: MMR 2014, S. 372-376.

Roßnagel, Alexander Neue Regeln für elektronische Transaktionen Die EU-Verordnung über elektronische Identifizierung und Vertrauensdienste; in: NJW 2014, S. 3686-3692.

Roßnagel, Alexander Auf dem Weg zur elektronischen Verwaltung – Das E-Government-Gesetz; in: NJW 2013, S. 2710-2717.

Roßnagel Alexander (Hrsg.) Beck'scher Kommentar zum Recht der Telemediendienste; 1. Aufl., München 2013.

Roßnagel, Alexander Das De-Mail-Gesetz Grundlage für mehr Rechtssicherheit im Internet; in: NJW 2011, S. 1473-1478.

Roßnagel, Alexander Rechtsregeln für einen sicheren elektronischen Rechtsverkehr
Zum Regierungsentwurf für ein De-Mail-Gesetz;
in: CR 2011, S. 23-30.

Roßnagel, Alexander Das Bundesverfassungsgericht und die Vorratsdatenspeicherung in Europa;
in: DuD 2010, S. 544-548.

Roßnagel, Alexander Bürgerportale für eine sichere Kommunikation im Internet;
in: Klumpp u. a. (Hrsg.), Netzwelt – Wege, Werte, Wandel; 1. Aufl., Berlin 2010, S. 221-231.

Roßnagel, Alexander Das Telemediengesetz
Neuordnung für Informations- und Kommunikationsdienste;
in: NVwZ 2007, S. 743-748.

Roßnagel, Alexander (Hrsg.) Langfristige Aufbewahrung elektronischer Dokumente;
Baden-Baden 2007.

Roßnagel, Alexander Datenschutz im 21. Jahrhundert;
in: APuZ 5-6/2006, S. 9-15.

Roßnagel, Alexander Das elektronische Verwaltungsverfahren – Das Dritte Verwaltungsverfahrensänderungsgesetz;
in: NJW 2003, S. 469-475.

Roßnagel, Alexander Der elektronische Ausweis
Notwendige und mögliche Identifizierung im E-Government;
in: DuD 2002, S. 281-285.

Roßnagel, Alexander Digitale Signaturen im europäischen elektronischen Rechtsverkehr;
in: K&R 2000, 313-323.

Roßnagel, Alexander Europäische Signatur-Richtlinie und Optionen ihrer Umsetzung;
in: MMR 1999, S. 261-266.

Roßnagel, Alexander Globale Datennetze - Ohnmacht des Staates - Selbstschutz der Bürger
Thesen zur Änderung der Staatsaufgaben in einer „civil information society";
in: ZRP 1997, S. 26-30.

Roßnagel, Alexander/ Bedner, Mark/ Knopp, Michael Rechtliche Anforderungen an die Aufbewahrung von Vorratsdaten; in: DuD 2009, S. 536-541.

Roßnagel, Alexander/ Fischer-Dieskau, Stefanie/ Jandt, Silke/ Wilke, Daniel Scannen von Papierdokumenten – Anforderungen, Trends und Entwicklungen; Baden-Baden 2007.

Roßnagel, Alexander/ Hornung, Gerrit/ Knopp, Michael/ Wilke, Daniel De-Mail und Bürgerportale Eine Infrastruktur für Kommunikationssicherheit; in: DuD 2009, S. 728-734.

Roßnagel, Alexander/ Hornung, Gerrit/ Schnabel, Christoph Die Authentisierungsfunktion des elektronischen Personalausweises aus datenschutzrechtlicher Sicht; in: DuD 2008, S. 168-172.

Roßnagel, Alexander/ Hornung, Gerrit Ein Ausweis für das Internet Der neue Personalausweis erhält einen „elektronischen Identitätsnachweis"; in: DÖV 2009, S. 301-306.

Roßnagel, Alexander/ Hornung, Gerrit Reisepässe mit elektronischem Gesichtsbild und Fingerabdruck – Die EG-Verordnung 2252/2004 über Normen für Sicherheitsmerkmale und biometrische Daten in den von Mitgliedsstaaten ausgestellten Pässen und Reisedokumenten; in: DÖV 2005, S. 983-990.

Roßnagel, Alexander/ Johannes, Paul C. Entwurf einer EU-Verordnung über elektronische Identifizierung und Vertrauensdienste; in: ZD 2013, S. 65-72.

Roßnagel, Alexander/ Laue, Philip Zweckbindung im Electronic Government; in: DÖV 2007, S. 543-549.

Roßnagel, Alexander/ Nebel, Maxi (Verlorene) Selbstbestimmung im Datenmeer Privatheit im Zeitalter von Big Data; in: DuD 2015, S. 455-459.

Roßnagel, Alexander/ Nebel, Maxi Beweisführung mittels ersetzend gescannter Dokumente; in: NJW 2014, S. 886-892.

Roßnagel, Alexander Pfitzmann, Andreas/ Garstka, Hansjürgen Modernisierung des Datenschutzrechts – Gutachten im Auftrag des Bundesministeriums des Innern, Berlin 2001.

Rost, Martin Die Ordnung der Schutzziele; in: DuD 2018, S. 13-17.

Rost, Martin Zur Soziologie des Datenschutzes; in: DuD 2013, S. 85-91.

Rost, Martin Die Schutzziele des Datenschutzes; in: Schmidt/Weichert (Hrsg.), Datenschutz – Grundlagen, Entwicklungen und Kontroversen, Bonn 2012, S. 353-362.

Rost, Martin Datenschutz in 3D Daten, Prozesse und Schutzziele in einem Modell; in: DuD 2011, S. 351-354.

Rost, Martin/ Bock, Kirsten Privacy by Design und die Neuen Schutzziele Grundsätze, Ziele und Anforderungen; in: DuD 2011, S. 30-35.

Rost, Martin/ Pfitzmann, Andreas Datenschutz-Schutzziele – revisited; in: DuD 2009, S. 353–358.

Royer, Denis/ Rannenberg, Kai Mobilität, mobile Technologie und Identität Mobile Identitätsmanagementsysteme; in: DuD 2006, S. 571-575.

Rüfner, Wolfgang Grundrechtsadressaten; in: Isensee, Josef/Kirchhof, Paul (Hrsg.), Handbuch des Staatsrechts, Bd. V, Heidelberg 1992.

Rüscher, Daniel Der digitale Zugang der Bürger zum Staat durch das Onlinezugangsgesetz; in: DVBl 2017, S. 1530-1535.

Rüß, Renè Oliver E-Democracy. Demokratie und Wahlen im Internet; in: ZRP 2001, S. 518-521.

Ruge, Kay Verwaltungsmodernisierung durch E-Government – Einordnungen aus kommunaler Perspektive; in: NdsVBl. 2008, S. 89-94.

Sachs, Michael (Hrsg.) Grundgesetz – Kommentar; 6. Aufl., München 2010.

Sachs, Michael/ Krings, Thomas Das neue „Grundrecht auf Gewährleistung der Vertraulichkeit und Integrität informationstechnischer Systeme“; in: JuS 2008, S. 482-486.

Sadler, Gerhard Verwaltungsvollstreckungsgesetz Verwaltungszustellungsgesetz; 8. Aufl., Heidelberg 2011.

Säcker, Franz Jürgen (Hrsg.) Telekommunikationsgesetz Kommentar; 3. Aufl., Frankfurt/Main 2013.

Saeltzer, Gerhard Schaffen wir das vertrauenswürdigste, menschenfreundlichste, sicherste und beste Internet der Welt! Neue Grundrechte einer digitalen Zivilisation – Ein Appell und eine aktuelle digitale Agenda (Fortsetzung des Beitrags in DuD 5/2014, S. 333-339); in: DuD 2015, S. 103-107.

Saeltzer, Gerhard Sind diese Daten personenbezogen oder nicht? Wie der Personenbezug von Daten, auch biometrischer, sich fundiert prüfen lässt ...; in: DuD 2004, S. 218-227.

Saipa, Axel Elektronische Verwaltung: rechts- und Verwaltungsorganisationsfragen bei der Implementierung; in: Asghari (Hrsg.), E-Government in der Praxis – Leitfaden für Politik und Verwaltung, 1. Aufl., Frankfurt 2005.

Sander, Stefan E-Mails und die Telekommunikation i. S. d. TKG Von der Stellung des Fernmeldegeheimnisses in der Systematik des Datenschutzrechts und der Eigenständigkeit des § 88 TKG gegenüber Art. 10 GG; in: CR 2014, S. 176-183.

Schaar, Peter Steuer-ID darf kein allgemeines Personenkennzeichen werden! in: ZD 2012,Editorial, S. 49-50.

Schaar, Peter Systemdatenschutz – Datenschutz durch Technik oder warum wir eine Datenschutztechnologie brauchen; in: Schmidt/Weichert (Hrsg.), Datenschutz – Grundlagen, Entwicklungen und Kontroversen, Bonn 2012, S. 363-371.

Schaar, Peter Das Ende der Privatsphäre
Der Weg in die Überwachungsgesellschaft;
2. Aufl., München 2007.

Schaar, Peter Datenschutz;
in: Zechner (Hrsg.), Handbuch E-Government Strategien, Lösungen und Wirtschaftlichkeit, Stuttgart 2007, S. 441–443.

Schaar, Peter Datenschutz im Internet
Die Grundlagen;
1. Aufl., München 2002.

Schaar, Peter Die Möglichkeiten der Datenschutzaufsichtsbehörden;
in: Bäumler (Hrsg.), E-Privacy, 1. Aufl., Braunschweig 2000, S. 69–76.

Schaefer, Jan Philipp Das Individuum als Grund und Grenze deutscher Staatlichkeit
Plädoyer für eine radikalindividualistische Konzeption der Menschenwürdegarantie des Grundgesetzes;
in: AöR 135 (2010), S. 404–430.

Schaffland, Hans-Jürgen/ Wiltfang, Noeme Bundesdatenschutzgesetz (BDSG)
Ergänzbarer Kommentar nebst einschlägigen Rechtsvorschriften; Berlin 2013, Stand: 05/2012.

Schallbruch, Martin Hilfen für Sicherheit im Internet;
in: Schmidt/Weichert (Hrsg.), Datenschutz – Grundlagen, Entwicklungen und Kontroversen, Bonn 2012, S. 372–380.

Schallbruch, Martin Elektronische Identitäten im Internet und die Einführung des elektronischen Personalausweises;
in: Klumpp u. a. (Hrsg.), Netzwelt – Wege, Werte, Wandel, 1. Aufl., Berlin 2010, S. 211–219.

Schallbruch, Martin Elektronische Identitäten im Internet;
in: it 2009, S. 124–126.

Schedler, Kuno/ Proeller, Isabella New Public Management;
4. Aufl., Stuttgart 2009.

Scheer, August-Wilhelm/ Kruppke, Helmut/ Heib, Ralf E-Government
Prozessoptimierung in der öffentlichen Verwaltung;
1. Aufl., Berlin 2003.

Scheidler, Alfred Verstoßen Tötungsspiele gegen die Menschenwürde?; in: JURA 2009, S. 575-578.

Schemitsch, Markward Identitätsdaten als Persönlichkeitsgüter; zugl.: Univ. Diss. Darmstadt 2004.

Schiedermair, Stephanie/ Mrozek, Anna Die Vorratsdatenspeicherung im Zahnräderwerk des europäischen Mehrebenensystems; in: DÖV 2016, S. 89-97.

Schlachter, Monika/ Ohler, Christoph (Hrsg.) Europäische Dienstleistungsrichtlinie Handkommentar, 1. Aufl., München 2008.

Schläger, Uwe Gütesiegel nach Datenschutzauditverordnung Schleswig-Holstein; in: DuD 2004, S. 459-461.

Schlatmann, Arne Anmerkungen zum Entwurf eines Dritten Gesetzes zur Änderung verwaltungsverfahrensrechtlicher Vorschriften; in: DVBl 2002, S. 1005-1013.

Schliesky, Utz E-Government durch Recht; in: DVP 2013, S. 420-423.

Schliesky, Utz Abgleich mit der Bundesratsinitiative E-Justice; in: ISPRAT-Dossier, Das E-Government-Gesetz des Bundes, 2013, S. 18-34; abrufbar unter: http://isprat.net/fileadmin/downloads/publikationen/ISPRAT_Dossier_E-Gov-Gesetz_fd.pdf (letzter Abruf: 18.08.2015).

Schliesky, Utz Verantwortung im E-Government; in: Ders./Schulz (Hrsg.), Transparenz, Partizipation, Kollaboration – Web 2.0 für die öffentliche Verwaltung, Kiel 2012, S. 1-10.

Schliesky, Utz Raumbindung der Verwaltung in Zeiten des E-Government; in: Schimanke (Hrsg.), Verwaltung und Raum Zur Diskussion um Leistungsfähigkeit und Integrationsfunktion von Verwaltungseinheiten, Baden-Baden 2010. S. 49-62.

Schliesky, Utz Über Begriff und Notwendigkeit eines staatlichen Innovationsmanagements;
in: Ders. (Hrsg.), Staatliches Innovationsmanagement;
Kiel 2010, S. 1-18.

Schliesky, Utz (Hrsg.) Gesetz über Personalausweise und den elektronischen Identitätsnachweis
Kommentar;
1. Aufl., Kiel 2009.

Schliesky, Utz Das Ende der deutschen Verwaltung?
Die Europäische Dienstleistungsrichtlinie – Anstoß zur Verwaltungsmodernisierung und Zwang zur Verwaltungsreform;
in: Ders. (Hrsg.), Die Umsetzung der EU-Dienstleistungsrichtlinie in der deutschen Verwaltung Teil I, Kiel 2007, S. 1-32.

Schliesky, Utz Schleswig-Holstein: E-Government durch Recht;
in: Zechner (Hrsg.), Handbuch E-Government
Strategien, Lösungen und Wirtschaftlichkeit, Stuttgart 2007, S. 49-54.

Schliesky, Utz Der Grundsatz der Wirtschaftlichkeit – vom Organisations- zum Verfahrensmaßstab;
in: DVBl. 2007, S. 1453-1462.

Schliesky, Utz (Hrsg.) eGovernment in Deutschland;
Kiel 2006.

Schliesky, Utz Von der Realisierung des Binnenmarkts über die Verwaltungsreform zu einem gemeineuropäischen Verwaltungsrecht?
Die Auswirkungen der geplanten EU-Dienstleistungsrichtlinie auf das deutsche Verwaltungsrecht;
in: DVBl 2005, S. 887-895.

Schliesky, Utz E-Government – Schlüssel zur Verwaltungsmodernisierung oder Angriff auf bewährte Verwaltungsstrukturen?;
in: LKV 2005, S. 89-95.

Schliesky, Utz Kommunale Organisationshoheit unter Reformdruck;
in: Die Verwaltung 38 (2005), S. 339-366.

Schliesky, Utz Auswirkungen des E-Government auf Verfahrensrecht und kommunale Verwaltungsstrukturen;
in: NVwZ 2003, S. 1322-1328.

Schliesky, Utz/ Hoffmann, Christian — Die Digitalisierung des Föderalismus - Der Portalverbund gem. Art. 91 c Abs. 5 GG als Rettung des E-Government?; in: DÖV 2018, 193-198.

Schliesky, Utz/ Hoffmann, Christian/ Luch, Anika D./ Schulz, Sönke E./ Borchers, Kim Corinna — Schutzpflichten und Drittwirkung im Internet; 1. Aufl., Baden-Baden 2014.

Schlink, Bernhard — Freiheit durch Eingriffsabwehr - Rekonstruktion der klassischen Grundrechtsfunktionen; in: EuGRZ 1984, S. 457-466.

Schmidl, Michael — Aspekte des Rechts der IT-Sicherheit; in: NJW 2010, S. 476-481.

Schmidt, Markus/ Pruß, Michael/ Kast, Christian — Technische und juristische Aspekte zur Authentizität elektronischer Kommunikation; in: CR 2008, S. 267-272.

Schmidt, Reimer — Die Obliegenheiten; 1. Aufl., Karlsruhe 1953.

Schmidt-Bleibtreu, Bruno/ Hofmann, Hans/ Hopfauf, Axel (Hrsg.) — Kommentar zum Grundgesetz; 12. Aufl., Köln 2011.

Schmidt-Salzer, Joachim — Vertragsfreiheit und Verfassungsrecht; in: NJW 1970, S. 8-15.

Schmitz, Heribert — Signaturpad – Ersatz für Unterschrift?; in: NVwZ 2013, S. 410-412.

Schmitz, Heribert — Die Regelung der elektronischen Kommunikation im Verwaltungsverfahrensgesetz; in: DÖV 2005, S. 885-893.

Schmitz, Heribert — Moderner Staat – Modernes Verwaltungsverfahrensrecht; in: NVwZ 2000, S. 1238-1244.

Schmitz, Heribert/ Prell, Lorenz — Planungsvereinheitlichungsgesetz – Neue Regelungen im Verwaltungsverfahrensgesetz; in: NVwZ 2013, S. 745-754.

Schmitz, Heribert/ Schlatmann, Arne	Digitale Verwaltung? – Das Dritte Gesetz zur Änderung verwaltungsverfahrensrechtlicher Vorschriften; in: NVwZ 2002, S. 1281-1294.
Schnabel, Christoph	Entwicklung der Informationsfreiheit im Jahr 2011; in: ZD 2012, S. 67-72.
Schnabel, Christoph	Datenschutz bei profilbasierten Location Based Services; zugl.: Univ. Diss. Kassel 2009.
Schnabel, Christoph/ Freund, Bernhard	„Ach wie gut, dass niemand weiß ...“ – Selbstdatenschutz bei der Nutzung von Telemedienangeboten; in: CR 2010, S. 718-721.
Schnapp, Friedrich E./ Kaltenborn, Markus	Grundrechtsbindung nichtstaatlicher Institutionen; in: JuS 2000, S. 937-943 .
Schneider, Jens-Peter	Informationssysteme als Bausteine des Europäischen Verwaltungsverbundes; in: NVwZ 2012, S. 65-70.
Schneider, Jochen	Datenschutzrechtliche Anforderungen an die Sicherheit der Kommunikation im Internet; in: Borges/Schwenk (Hrsg.), Daten- und Identitätsschutz in Cloud Computing, E-Government und E-Commerce, Berlin 2012, S. 21-42.
Schneider, Jochen	Die Datensicherheit – eine vergessene Regelungsmaterie? Ein Plädoyer für Aufwertung, stärkere Integration und Modernisierung des § 9 BDSG; in: ZD 2011, S. 6-12.
Schneider, Jochen	Handbuch des EDV-Rechts; 4. Aufl., Köln 2009.
Schneider, Jochen/ Günther, Andreas	Haftung für Computerviren; in: CR 1997, S. 389-396.
Schneider, Jochen Härting, Niko	Datenschutz in Europa – Plädoyer für einen Neubeginn Zehn „Navigationsempfehlungen“, damit das EU-Datenschutzrecht internettauglich und effektiv wird; in: CR 2014, S. 306-312.
Schneider, Jochen Härting, Niko	Wird der Datenschutz nun endlich internettauglich?; in: ZD 2012, S. 199-203.

Schneider, Jochen/ Härting, Niko Das Dilemma der Netzpolitik; in: ZRP 2011, S. 233-236.

Schneider, Michael/ Pordesch, Ulrich Identitätsmanagement; in: DuD 1998, S. 645-649.

Schoch, Friedrich Der verfassungsrechtliche Schutz des Fernmeldegeheimnisses (Art. 10 GG); in: JURA 2011, S. 194-204.

Schoch, Friedrich Die Bekanntgabe des Verwaltungsakts; in: JURA 2011, S. 23-30.

Schoch, Friedrich Öffentlich-rechtliche Rahmenbedingungen einer Informationsordnung; in: VVDStRL 57 (1997), S. 158-212.

Scholz, Rupert/ Pitschas, Rainer Informationelle Selbstbestimmung und staatliche Informationsverantwortung, Berlin 1984.

Schreiber, Lutz Elektronisches Verwalten Zum Einsatz der elektronischen Signatur in der öffentlichen Verwaltung; Baden-Baden 2003, zugl.: Univ., Diss., Hamburg 2002.

Schröder Burkhard/ Schröder, Claudia Die Online-Durchsuchung Rechtliche Grundlagen, Technik, Medienecho; 1. Aufl., Hannover 2008.

Schubert, Annegret Privatisierung des eGovernment Möglichkeiten und Grenzen der Beteiligung Privater beim verwaltungsinternen Einsatz von IuK-Technik; Stuttgart 2009, zugl.: Univ., Diss., Bayreuth 2009.

Schulte, Laura Transparenz im Kontext der DSGVO; in: PinG 2017, S. 227-230.

Schulz, Edwin One Stop Government Verwaltungsorganisationsrechtliche Rahmenbedingungen und verfassungsrechtliche Grenzen für die Umsetzung in Schleswig-Holstein; Kiel 2007, zugl.: Univ., Diss., Kiel 2006. Zit.: Schulz Ed.

Schulz, Gabriel Informationssicherheit in Kommunen
Voraussetzung für den Datenschutz der Bürgerinnen und Bürger;
in: DuD 2015, S. 466-471.
Zit.: Schulz G.

Schulz, Gabriel Das neue IT-Grundrecht – staatliche Schutzpflicht und Infrastrukturverantwortung;
in: DuD 2012, S. 395-400.
Zit.: Schulz G.

Schulz, Sebastian Auskunftsersuchen nach Art. 15 DSGVO rechtskonform beantworten
Whitepaper und Vorlagen;
in: PinG 2018, S. 221-224.

Schulz, Sönke E. Die „Datenautobahn" als Infrastruktur: Gewährleistungs- und Verkehrssicherungspflichten des Staates;
in: Hill/Schliesky (Hrsg.), Die Vermessung des virtuellen Raums, Baden-Baden 2012, S. 265-305.

Schulz, Sönke E. Datenschutz beim E-Postbrief;
in: DuD 2011, S. 263-267.
Zit.: Schulz S.E.

Schulz, Sönke E. Rechtsfragen des eID-Einsatzes im kommunalen Verwaltungsalltag;
in: DVP 2011, S. 222-228.
Zit.: Schulz S. E.

Schulz, Sönke E. Grundbegriffe des Identitätsmanagements
Postfach und Versanddienst, Identitätsbestätigungsdienst und Dokumentensafes;
in: Schliesky (Hrsg.), Technikgestütztes Identitätsmanagement – Rechtsfragen und Lösungsvorschläge dargestellt am Beispiel der De-Mail und elektronischer Dokumentensafes; Kiel 2010, S. 51-79.
Zit.: Schulz S. E.

Schulz, Sönke E. Macht Art. 91 c GG E-Government-Gesetze der Länder erforderlich?;
in: DÖV 2010, S. 225-229.
Zit.: Schulz S. E.

Schulz, Sönke E. Können E-Government-Gesetze den IT-Einsatz erfassen?;
in: eGovernment Review 2010, S. 22-23.
Zit.: Schulz S. E.

Schulz, Sönke E. Wider die Aufnahme des Datenschutzes in das Grundgesetz;
in: ZG 2010, S. 358-373.
Zit.: Schulz S. E.

Schulz, Sönke E. Anpassung des Landesverwaltungsgesetzes zur Umsetzung der EU-Dienstleistungsrichtlinie;
in: Die Gemeinde SH 2010, S. 98-103.
Zit.: Schulz S. E.

Schulz, Sönke E. Elektronische Verfahrensabwicklung und IT-Umsetzung;
in: Schliesky (Hrsg.), Die Umsetzung der EU-Dienstleistungsrichtlinie in der deutschen Verwaltung – Teil III: Information, Wissen, Verantwortung, Kiel 2010, S. 205-248.
Zit.: Schulz S. E.

Schulz, Sönke E. Rechtsprobleme des Identitätsmanagements;
in: DuD 2009, S. 601-606.
Zit.: Schulz S. E.

Schulz, Sönke E. Gemeinschaftsrechtliche Verpflichtung zur elektronischen Verfahrensabwicklung (Art. 8 DLR) als Perspektive zur Etablierung eines Rechtsrahmens des eGovernment?;
in: DVBl. 2009, S. 12-20.
Zit.: Schulz S. E.

Schulz, Sönke E. Der E-Government-Begriff der Europäischen Union Die EU-Dienstleistungsrichtlinie als Chance für die Verwaltungsmodernisierung durch E-Government?;
in: VM 2009, S. 3-12.
Zit.: Schulz S. E.

Schulz, Sönke E. Der neue „E-Personalausweis“ – elektronische Identitätsnachweise als Motor des E-Government, E-Commerce und des technikgestützten Identitätsmanagement?;
in: CR 2009, 267-272.
Zit.: Schulz S. E.

Schulz, Sönke E. Das 4. VwVfÄndG – zum weitergehenden Änderungsbedarf im Verfahrensrecht im Kontext der EU-Dienstleistungsrichtlinie;
in: NdsVBl 2009, S. 97-103.
Zit.: Schulz S. E.

Schulz, Sönke E./ Bosesky, Pino/ Hoffmann, Christian Datenhoheit im Cloud-Umfeld; in: DuD 2013, S. 95-100.

Schulz, Sönke E./ Brackmann, Franziska Der elektronische Zugang zu Behörden nach § 2 E-Government-Gesetz Verpflichtung der Behörden – aber auch Mehrwert für den Bürger? Ist das niedersächsische Recht anzupassen?; in: NdsVBl. 2014, S. 303-309. zit.: Schulz S. E./Brackmann.

Schulz, Sönke E./ Brackmann, Franziska De-Mail und alternative Dienste im Sozialverfahrens- und Abgabenrecht; in: DuD 2014, S. 186-191. zit.: Schulz S. E./Brackmann.

Schulz, Sönke E./ Brackmann, Franziska Elektronische Abwicklung der Erhebung von Elternbeiträgen; in: KommJur 2013, S. 81-88. zit.: Schulz S. E./Brackmann.

Schulz, Sönke E./ Hoffmann, Christian/ Klessmann, Jens/ Penski, Andreas/ Warnecke, Thomas Datensafes und Datennotardienste als Grundlage einer sicheren Aufbewahrung elektronischer Dokumente; in: Schliesky (Hrsg.), Technikgestütztes Identitätsmanagement – Rechtsfragen und Lösungsvorschläge dargestellt am Beispiel der De-Mail und elektronischer Dokumentensafes, Kiel 2010, S. 255-293.

Schulz, Sönke E./ Tallich, Maximilian Rechtsnatur des IT-Staatsvertrages und seiner Beschlüsse; in: NVwZ 2010, S. 1338-1342. zit.: Schulz S. E./Tallich.

Schulz, Sönke E./ Tischer, Jakob Verweisungen im Verwaltungsverfahrensrecht und ihre Reichweite im Kontext neuer Verordnungsermächtigungen; in: NVwZ 2014, S. 1049-1052. zit.: Schulz S. E./Tischer.

Schulz, Sönke E./ Tischer, Jakob Das Internet als kritische Infrastruktur Handlungsbedarf für den Gesetzgeber; in: ZG 2013, S. 339-357. zit.: Schulz S. E./Tischer.

Schulz, Sönke E./ Tischer, Jakob	Einsatz von De-Mail und E-Postbrief im Sozialverwaltungsverfahren; in: NZS 2012, S. 254–259. zit.: Schulz S. E./Tischer.
Schumacher, Astrid	Akkreditierung und Zertifizierung von De-Mail-Diensteanbietern Eine Übersicht über die technischen Vorgaben zur Gewährleistung der sicheren Kommunikations-infrastruktur; in: DuD 2010, S. 302–307.
Schuppan, Tino/ Reichard, Christoph	Neubewertung staatlicher Leistungstiefe bei Informatisierung; in: VM 2010, S. 84–92.
Schuppan, Tino/ Reichard, Christoph	eGovernment: Von der Mode zur Modernisierung; in: LKV 2002, S. 105–110.
Schwabe, Jürgen	Anmerkung zu BVerfG, Beschluss des Ersten Senats vom 7.2.1990 -1 BvR 26/84; in: DVBl. 1990, S. 474–480.
Schwabe, Jürgen	Probleme der Grundrechtsdogmatik; 1. Aufl., Darmstadt 1977.
Schwan, Eggert	Datenschutz, Vorbehalt des Gesetzes und Freiheits-grundrechte; in: VerwArch 66 (1975), S. 120–150.
Schwartmann, Rolf/ Benedikt, Kristin/ Jacquemain, Tobias	Die ePrivacy-VO kommt: Reichweitenmessung und Nutzungsprofile über Cookies zwischen DSGVO und ePrivacy-VO; in: PinG 2018, S. 150–155.
Schwartmann, Rolf/ Jaspers, Andreas/ Thüsing, Gregor/ Kugelmann, Dieter (Hrsg.)	Heidelberger Kommentar DS-GVO/BDSG; 1. Aufl., Heidelberg 2018.
Schweighofer, Erich	Grundrechtliche Bewertung der bisherigen legislativen Vorhaben zur Informationsgesellschaft in Österreich; in: Benedek/Pekari (Hrsg.), Menschenrechte in der Informationsgesellschaft, Stuttgart 2007, S. 257–289.

Seckelmann, Margrit Zum Persönlichkeitsrecht im Informationszeitalter
Die Entscheidung des Bundesverfassungsgerichts zur „Online- Durchsuchung“;
in: Wirtz (Hrsg.), E-Government – Grundlagen, Instrumente, Strategien; 1. Aufl., Wiesbaden 2010, S. 77-92.

Seckelmann, Margrit Zum Persönlichkeitsrecht im Informationszeitalter, in: Wirtz (Hrsg.), Rechtsfragen der Nutzung und Regulierung des Internet, Berlin 2010, S. 165-182.

Seckelmann, Margrit Die Optimierung des Informations- und Kommunikationsmanagements der öffentlichen Verwaltung – ein Baustein zu einer Qualitätsverbesserung staatlichen und kommunalen Handelns (Good Governance)?;
in: Bieler/Schwarting (Hrsg.), e-Government Perspektiven - Probleme - Lösungsansätze, 1. Aufl., Berlin 2007, S. 33-79.

Sedlmeier, Kathleen Rechtgeschäftliche Selbstbestimmung im Verbrauchervertrag;
Tübingen 2012, zugl.: Univ. Diss. 2012.

Seegebarth, Christian Perspektiven aus der eIDAS-Verordnung
Die Sicht eines qualifizierten Trust Service Providers;
in: DuD 2014, S. 675-678.

Seewald, Otfried Zum Verfassungsrecht auf Gesundheit, Königstein/Ts. 1981.

Seibel, Mark Abgrenzung der „allgemein anerkannten Regeln der Technik“ vom „Stand der Technik“;
in: NJW 2013, S. 3000-3004.

Seidl, Alexander/ Maisch, Marc Michael/ Albrecht, Florian De-Mail und die elektronische Rechnung für die Belange der Umsatzsteuer. Ein Beitrag zu § 14 Abs. 1 und Abs. 3 UStG;
in: JurPC Web-Dok. 101/2012, Abs. 1-99;
abrufbar unter: www.jurpc.de.

Sesing, Andreas Mehr Rechtssicherheit für Betreiber von (kostenlosen) Funknetzwerken?
Die geplante Änderung des TMG auf dem Prüfstand;
in: MMR 2015, S. 423-428.

Sichel, Christian Informationstechnik und Benchmarking – Neue Gemeinschaftsaufgaben im Grundgesetz;
in: DVBl 2009, S. 1014-1021.

Sick, Philipp	Objektiv-rechtlicher Gewährleistungsgehalt oder Abwehrfunktion des neuen „Computergrundrechts“? Anmerkung zum Urteil des BVerfG vom 27.02.2008 (NJW 2008, 822 ff.) zum NRWVerfSchG; in: VBlBW 2009, S. 85-91.
Sieber, Ulrich	Straftaten und Strafverfolgung im Internet; Gutachten C zum 69. Deutschen Juristentag; München 2012.
Sieber, Ulrich	Computerkriminalität und Informationsstrafrecht Entwicklungen in der internationalen Informations- und Risikogesellschaft; CR 1995, S. 100-113.
Sieckmann, Jan-R.	Grundrechte als Prinzipien; in: Ders. (Hrsg.), Die Prinzipientheorie der Grundrechte; 1. Aufl., Baden-Baden 2007.
Siegel, Thorsten	Auf dem Weg zum Portalverbund – Das neue Onlinezugangsgesetz (OZG); in: DÖV 2018, S. 185-192.
Siegel, Thorsten	Neue Querschnittsaufgaben und Gewaltenteilung Zur Vereinbarkeit der neuen IT-Strukturen und damit verbundener Beschaffungen mit der vertikalen und horizontalen Gewaltenteilung; in: Der Staat 49 (2010), S. 299-322.
Siekmann, Helmut/ Duttge, Gunnar	Staatsrecht I: Grundrechte; 2. Aufl., Frankfurt am Main 1999.
Simitis, Spiros (Hrsg.)	Bundesdatenschutzgesetz-Kommentar; 8. Aufl., Baden-Baden 2014.
Simitis, Spiros	Der EuGH und die Vorratsdatenspeicherung oder die verfehlte Kehrtwende bei der Kompetenzregelung; in: NJW 2009, S. 1782-1786.
Simitis, Spiros	Privatisierung und Datenschutz; in: DuD 1995, S. 648-652.
Simitis, Spiros	„Von Amtshilfe zur Informationshilfe“; in: NJW 1986, S. 2795-2805.

Simitis, Spiros „Die informationelle Selbstbestimmung – Grundbedingung einer verfassungskonformen Informationsordnung";
in: NJW 1984, S. 398-405.

Singer, Reinhard Vertragsfreiheit, Grundrechte und der Schutz des Menschen vor sich selbst;
in: JZ 1995, S. 1133-1141.

Skistims, Hendrik/ Roßnagel, Alexander Rechtlicher Schutz vor Staatstrojanern? Verfassungsrechtliche Analyse einer Regierungs-Malware;
in: ZD 2012, S. 3-7.

Skouris, Wassilios Der Einfluss des europäischen Gemeinschaftsrechts auf die Unterscheidung zwischen Privatrecht und Öffentlichem Recht – dargestellt für das öffentliche Auftragswesen und die Privatisierung;
in: EuR 1998, S. 111-129.

Skrobotz, Jan Das elektronische Verwaltungsverfahren
Die elektronische Signatur im E-Government;
Berlin 2005, zugl.: Univ., Diss., Regensburg 2004.

Skrobotz, Jan Zugang elektronischer Nachrichten im Verwaltungsverfahren;
in: VR 2003, S. 397-403.

Sofiotis, Ilias I. Fernmeldegeheimnis, Datenschutz sowie Schutz der Vertraulichkeit und Integrität informationstechnischer Systeme
Abgrenzungskriterien in der aktuellen Rechtsprechung des BVerfG;
in: VR (Verwaltungsrundschau) 2008, S. 333-335.

Soinè, Michael Identifizierung von E-Mails mit Schadprogrammen durch Sicherheitsbehörden
Grundrechtsfragen bei der Auslegung des „entwicklungsoffenen" Fernmeldegeheimnisses;
in: MMR 2015, S. 22-25.

Sokol, Bettina Grundrechte sichern!;
in: Schmidt/Weichert (Hrsg.), Datenschutz – Grundlagen, Entwicklungen und Kontroversen, Bonn 2012, S. 137-144.

Solmecke, Christian/ Köbrich, Thomas/ Schmitt, Robin — Der digitale Nachlass – haben Erben einen Auskunftsanspruch? Überblick über den rechtssicheren Umgang mit den Daten von Verstorbenen; in: MMR 2015, S. 291-295.

Sorge, Christoph/ Westhoff, Dirk — eIDs und Identitätsmanagement; in: DuD 2008, S. 337-341.

Spaeing, Frank/ Spaeing, Thomas — Datenschutz geht zur Schule; in: Schmidt/Weichert (Hrsg.), Datenschutz – Grundlagen, Entwicklungen und Kontroversen, Bonn 2012, S. 249-256.

Spary, Jeannette — Die neue Datenschutz-Grundverordnung – Überblick und Problemaufriss; in: DANA 1/2012, S. 4-6.

Spiecker gen. Döhmann, Indra — Rechtliche Entwicklung im Bereich moderner Infrastrukturen und Informationstechnologien; in: Hill/Schliesky (Hrsg.), Die Vermessung des virtuellen Raums, Baden-Baden 2012, S. 137-161.

Spilker, Bettina — Postmortaler Datenschutz; in: DÖV 2015, S. 54-60.

Spindler, Gerald — Persönlichkeitsschutz im Internet – Anforderungen und Grenzen einer Regulierung (Gutachten F zum 69. Deutschen Juristentag), 2012.

Spindler, Gerald — Das De-Mail-Gesetz – ein weiterer Schritt zum sicheren E-Commerce; in: CR 2011, S. 309-319.

Spindler, Gerald — Sicherer E-Mailverkehr – Ist das Glas halb voll oder halb leer? Das neue De-Mail-Gesetz; in: DB 2011, S. 1.

Spindler, Gerald — IT-Sicherheit und kritische Infrastrukturen – Öffentlich-rechtliche und zivilrechtliche Regulierungsmodelle; in: Kloepfer, Michael (Hrsg.), Schutz kritischer Infrastrukturen, Baden-Baden 2010, S. 85-119.

Spindler, Gerald — IT-Sicherheit – Rechtliche Defizite und rechtspolitische Alternativen; in: MMR 2008, S. 7-13.

Spindler, Gerald/ Lönner, Andreas/ Nink, Judith Verantwortlichkeiten von IT-Herstellern, Nutzern und Intermediären – Studie im Auftrag des Bundesamtes für Sicherheit in der Informationstechnik; Bonn 2007, abrufbar unter: www.bsi.bund.de.

Spindler, Gerald Risiko der heimlichen Installation eines automatischen Einwahlprogramms (Dialer); in: JZ 2004, S. 1128-1132.

Spindler, Gerald/ Rockenbauch, Matti Die elektronische Identifizierung Kritische Analyse des EU-Verordnungsentwurfs über elektronische Identifizierung und Vertrauensdienste; in: MMR 2013, S. 139-148.

Spindler, Gerald/ Schuster, Fabian (Hrsg.) Recht der elektronischen Medien Kommentar; 3. Aufl., München 2015.

Stach, Heike Mit Bürgerportalen für einfach sichere, vertrauliche und verbindliche elektronische Kommunikation; in: DuD 2008, S. 184-188.

Stach, Heike/ Wappenschmidt, Armin Die elektronische Kommunikation stellt den modernen Staat vor neue Aufgaben; in: eGovPräsenz, S. 78-80.

Städler, Markus Elektronische Verwaltung in der EU – der europäische Rahmen; in: Schünemann/Weiler (Hrsg.), E-Government und Netzpolitik im europäischen Vergleich, 1. Aufl., Baden-Baden 2012, S. 213-231.

Starck, Christian Praxis der Verfassungsauslegung; 1. Aufl., Baden-Baden 1994.

Starke, Thomas Auswirkungen des elektronischen Rechtsverkehrs auf Rechtsbehelfs- und Rechtsmittelbelehrungen; in: LKV 2010, S. 358-360.

Stein, Lorenz v. Die Verwaltungslehre, 1.–2. Aufl. (1866-1884), Teil 2, Neudr. 1962 Aalen 1962).

Steinbeiß-Winkelmann, Christine Grundrechtliche Freiheit und staatliche Freiheitsordnung Funktion und Regelungsgehalt verfassungsrechtlicher Freiheitsgarantien im Licht neuerer Grundrechtstheorien; 1. Aufl., Frankfurt am Main 1986.

Steinberg, Rudolf Verfassungsrechtlicher Umweltschutz durch Grundrechte und Staatszielbestimmungen; in: NJW 1996, S. 1985-1994.

Steinbrecher, Sandra/ Pfitzmann, Andreas/ Clauß, Sebastian Identitätsmanagement in Netzwelten; in: Klumpp u. a. (Hrsg.), Netzwelt – Wege, Werte, Wandel, 1. Aufl., Berlin 2010, S. 245-263.

Steinmetz, Wolfhard Erforderlichkeit demokratischer Legitimierung der Beschlüsse des IT-Planungsrates; in: NVwZ 2011, S. 467-471.

Stelkens, Ulrich Der rechtliche Rahmen des elektronischen Verwaltungshandelns; in: Wirtz (Hrsg.), E-Government Grundlagen, Instrumente, Strategien; 1. Aufl. Wiesbaden 2010, S. 51-76.

Stelkens, Ulrich Kontrolle (Selbstkontrolle, Aufsicht, Rechtsschutz) technikunterstützter hoheitlicher Entscheidungen; in: Hill/Schliesky (Hrsg.), Herausforderung e-Government E-Volution des Rechts- und Verwaltungssystems, 1. Aufl., Baden-Baden 2009, S. 149-166.

Stelkens, Paul/ Bonk, Heinz Joachim/ Sachs, Michael (Hrsg.) Verwaltungsverfahrensgesetz Kommentar; 7. Aufl., München 2008.

Steppling, Wolfgang Bürgerportale – Eine Zustellungsfalle für den Bürger? in: NJW, Heft 18/2009, Editorial.

Stern, Klaus Das Staatsrecht der Bundesrepublik Deutschland, Bd. III/2, München 1994.

Stern, Klaus Das Staatsrecht der Bundesrepublik Deutschland, Bd. III/1, München 1990.

Stern, Klaus/ Becker, Florian (Hrsg.) Grundrechte-Kommentar, 1. Aufl., Köln 2010.

Stiemerling, Oliver/ Hartung, Jürgen Datenschutz und Verschlüsselung Wie belastbar ist Verschlüsselung gegenüber dem Anwendungsbereich des Datenschutzrechts? in: CR 2012, S. 60-68.

Stögmüller, Thomas Vertraulichkeit und Integrität informationstechnischer Systeme in Unternehmen
Ausstrahlungswirkungen des „neuen" Grundrechts in die Privatwirtschaft;
in: CR 2008, S. 435-439.

Stollhoff, Sabine Das E-Government-Gesetz des Bundes – Abschied von der qualifizierten elektronischen Signatur?
in: DuD 2013, S. 691-695.

Stollhoff, Sabine Datenschutzgerechtes E-Government
Eine Untersuchung am Beispiel des Einheitlichen Ansprechpartners nach der Europäischen Dienstleistungsrichtlinie;
Baden-Baden, 1. Aufl. 2012, zugl.: Univ., Diss., Mannheim 2011.

Storr, Stefan Elektronische Kommunikation in der öffentlichen Verwaltung – Die Einführung des elektronischen Verwaltungsakts;
in: MMR 2002, S. 579-584.

Straub Jürgen Personale und kollektive Identität
Zur Analyse eines theoretischen Begriffs,
in: Assmann A./Friese H. (Hrsg.), Identitäten Erinnerung, Geschichte, Identität, Bd. 3, 1. Aufl., Frankfurt am Main 1998, S. 73-104.

Strauß, Stefan Datenschutzimplikationen staatlicher Identitätsmanagementsysteme
Fallbeispiel Österreich;
in: DuD 2010, S. 99-103.

Streinz, Rudolf EUV/AEUV – Kommentar;
12. Aufl., München 2012.

Streinz, Rudolf Europarecht;
9. Aufl., Heidelberg 2012.

Strubel, Michael Anwendungsbereich des Rechts auf Datenübertragbarkeit
Auslegung des Art. 20 DS-GVO unter Berücksichtigung der Guidelines der Art. 29-Datenschutzgruppe;
in: ZD 2017, 355-361.

Struif, Bruno/ Scheuermann, Dirk Software-Angriffe auf die Kartenschnittstelle; in: Reichl/Roßnagel/Müller (Hrsg.), Digitaler Personalausweis Eine Machbarkeitsstudie; Wiesbaden 2005, S. 51-52.

Stutz, Oliver Verantwortlichkeit und Datenschutz im E-Government; in: Wind/Kröger (Hrsg.), Handbuch IT in der Verwaltung, 1. Aufl., Heidelberg 2006, S. 347-377.

Suhr, Dieter Entfaltung der Menschen durch die Menschen Zur Grundrechtsdogmatik der Persönlichkeitsentfaltung, der Ausübungsgemeinschaften und des Eigentums; 1. Aufl., Berlin 1976.

Szuba, Dorothee Vorratsdatenspeicherung Der europäische und deutsche Gesetzgeber im Spannungsfeld zwischen Sicherheit und Freiheit; 1. Aufl., Baden-Baden 2011, zugl.: Univ., Diss., Frankfurt am Main 2011.

Tauber, Arne Elektronische Zustellung in Europa Perspektiven eines grenzüberschreitenden Einschreibens; in: DuD 2011, S. 774-778.

Tauss, Jörg E-Vote: Die „elektronische Briefwahl" als ein Beitrag zur Verbesserung der Partizipationsmöglichkeiten; in: Kubicek u. a. (Hrsg.), Multimedia@Verwaltung (= Jahrbuch Telekommunikation und Gesellschaft, 7. Jg.), Heidelberg 1999, S. 285-292.

Tettinger, Peter J. Verfassungsrecht und Wirtschaftsordnung – Gedanken zur Freiheitsentfaltung am Wirtschaftsstandort Deutschland; in: DVBl. 1999, S. 679-686.

Thalmair, Peter Kunden-Online-Postfächer: Zugang von Willenserklärungen und Textform; in: NJW 2011, S. 14-19.

Thomas, Stefan Die Bindungswirkung von Mitteilungen, Bekanntmachungen und Leitlinien der EG-Kommission; in: EuR 2009, S. 423-443.

Thomsen, Sven	Verschlüsselung – Nutzen und Hindernisse; in: Schmidt/Weichert (Hrsg.), Datenschutz – Grundlagen, Entwicklungen und Kontroversen, Bonn 2012, S. 381–389.
Tiedemann, Paul	Vom inflationären Gebrauch der Menschenwürde in der Rechtsprechung des Bundesverfassungsgerichts; in: DÖV 2009, S. 606–615.
Tinnefeld, Marie-Theres	Datenschutz – Lotse in der Informationsgesellschaft Forum für eine Kultur des Dialogs; in: DuD 2005, S. 328–333.
Tinnefeld, Marie-Theres/ Buchner, Benedikt/ Petri, Thomas B.	Einführung in das Datenschutzrecht; 5. Aufl., München 2012.
Treber, Jürgen	Virtuelle Justizkommunikation ante portas Das Gesetz zur Förderung des elektronischen Rechtsverkehrs mit den Gerichten; in: NZA 2014, S. 450–455.
Trepte, Sabine	Privatsphäre aus psychologischer Sicht; in: Schmidt/Weichert (Hrsg.), Datenschutz – Grundlage, Entwicklungen und Kontroversen; Bonn 2012, S. 59–66.
Trute, Hans-Heinrich	Verfassungsrechtliche Grundlagen; in: Roßnagel (Hrsg.), Handbuch Datenschutzrecht, München 2003, Kap 2.5, S. 156 ff.
Trute, Hans-Heinrich	Der Schutz personenbezogener Informationen in der Informationsgesellschaft; in: JZ 1998, S. 822–831.
Trute, Hans-Heinrich	Öffentlich-rechtliche Rahmenbedingungen einer Informationsordnung; in: VVDStRL 57 (1991), S. 218–268.
Ullrich, Stefan	Informationelle Mü(n)digkeit Über die unbequeme Selbstbestimmung; in: DuD 2014, S. 696–700.
Umbach, Dieter C./ Clemens, Thomas	Grundgesetz – Mitarbeiterkommentar und Handbuch, Band I, 1. Aufl., Heidelberg 2002.
Unruh, Peter	Zur Dogmatik der grundrechtlichen Schutzpflichten; Berlin, 1996.

Veil, Winfried	Die Datenschutz-Grundverordnung: des Kaisers neue Kleider Der gefährliche Irrweg des alten wie des neuen Datenschutzrechts; in: NVwZ 2018, S. 686-696.
Veil, Winfried	Accountability – Wie weit reicht die Rechenschaftspflicht der DS-GVO? Praktische Relevanz und Auslegung eines unbestimmten Begriffs; in: ZD 2018, S. 9-16.
Vesting, Thomas	Die Bedeutung von Information und Kommunikation für die verwaltungsrechtliche Systembildung; in: Hoffmann-Riem/Schmidt-Aßmann/Voßkuhle (Hrsg.), Grundlagen des Verwaltungsrechts, Bd. 2, München 2008 .
Viefhues, Wolfram (Hrsg.)	Elektronischer Rechtsverkehr Ausgabe 1: Der elektronische Rechtsverkehr kommt; Bonn 2015; abrufbar als eBroschüre über juris.
Viefhues, Wolfram (Hrsg.)	Elektronischer Rechtsverkehr Ausgabe 2: Stand des besonderen elektronischen Anwaltspostfaches, zukünftige Zustellungen und Gesetzentwurf elektronische Akte in Strafsachen; Bonn 2015; abrufbar als eBroschüre über juris.
Viefhues, Wolfram	Justizkommunikation; in: Hoeren/Sieber (Hrsg.), Handbuch Multimediarecht, Nr. 24; 31. Ergänzungslieferung März 2012.
Viefhues, Wolfram	Gesetz über die Verwendung elektronischer Kommunikationsformen in der Justiz; in: NJW 2005, S. 1009-1016.
Vitzthum, Wolfgang Graf	Die Menschenwürde als Verfassungsbegriff; in: JZ 1985, S. 201-209.
Völz, Dominic/ Janda, Timm Christian	Thesen zur Netzpolitik Ein Überblick; 1. Aufl., Hamburg 2013.
Vogelgesang, Klaus	Grundrecht auf informationelle Selbstbestimmung?; Baden-Baden 1987.

Volkmann, Uwe Anmerkung zum Urteil des BVerfG vom 27.2.2008, 1 BvR 370/07 und 1 BvR 595/07;
in: DVBl. 2008, S. 590-593.

Volle, Peter Datenschutz als Drittwirkungsproblem
Die Rechtmäßigkeit der Verarbeitung personenbezogener Daten beim Customer Relationship Management;
Hamburg 2010, zugl.: Univ., Diss., Rostock 2009.

Voßkuhle, Andreas/ Kaiser, Anna-Bettina Grundwissen – Öffentliches Recht: Funktionen der Grundrechte;
in: JuS 2011, S. 411-413.

Waechter, Kay Prävention durch Pranger – die Rückkehr der Stigmata
Auch zum dogmatischen Status des Rechts auf informationelle Selbstbestimmung;
in: VerwArch 92 (2001), S. 368-388.

Wagner, Edgar Der Entwurf einer Datenschutz-Grundverordnung der Europäischen Kommission;
in: DuD 2012, S. 676-678.

Wagner, Edgar Die „Stiftung Datenschutz"
Ein Irrweg;
in: DuD 2012, S. 825-830.

Wagner, Edgar Datenschutz als Bildungsauftrag;
in: DuD 2012, S. 83-87.

Wagner, Edgar Datenschutz als Bildungsaufgabe;
in: Schmidt/Weichert (Hrsg.), Datenschutz, Bonn 2012, S. 88-98.

Wagner, Edgar Datenschutz als Bildungsaufgabe;
in: DuD 2010, S. 557-561.

Wagner, Edgar „Schutz der Privatheit – oder Informationsgesellschaft ohne Tabu?;
in: DuD 2008, S. 736-740.

Wagner, Peter Fest-Stellungen
Beobachtungen zur sozialwissenschaftlichen Diskussion über Identität;
in: Assmann, A./Friese, H. (Hrsg.), Identitäten Erinnerung, Geschichte, Identität, Bd. 3,
1. Aufl., Frankfurt am Main 1998, S. 44-73.
zit: Wagner P.

Warnecke, Thomas Das Bürgertelefon 115 mit Mehrkanalzugang – Rechtsfragen und Lösungsvorschläge; in: Schliesky/Schulz (Hrsg.), Web 2.0 in der öffentlichen Verwaltung, Kiel 2012.

Warnecke, Thomas Das Bürgerportalgesetz Vertrauliche Kommunikation im E-Government und E-Commerce?; in: MMR 2010, S. 227-232.

Warnecke, Thomas Identitätsmanagement und IT-Sicherheit; in: Schliesky (Hrsg.), Technikgestütztes Identitätsmanagement, Kiel 2010, S. 215-224.

Wedde, Peter Das Grundrecht auf Vertraulichkeit und Integrität in informationstechnischen Systemen aus arbeitsrechtlicher Sicht; in: AuR 2009, S. 373-378.

Wedde, Peter Rechte der Betroffenen; in: Roßnagel (Hrsg.), Handbuch Datenschutzrecht, München 2003, S. 546-569.

Wegener, Bernhard W./ Muth, Sven Das „neue Grundrecht" auf Gewährleistung der Vertraulichkeit und Integrität informationstechnischer Systeme, in: JURA 2010, S. 847-852.

Weichert, Thilo Das Äußerungsrecht der Datenschutzaufsichtsbehörden (Teil 1); in: DuD 2015, S. 323-327.

Weichert, Thilo Das Äußerungsrecht der Datenschutzaufsichtsbehörden (Teil 2) Fortsetzung des Beitrags aus DuD 5/2015; in: DuD 2015, S. 397-401.

Weichert, Thilo Wider das Verbot mit Erlaubnisvorbehalt im Datenschutz? Zugleich Besprechung von „Bull, Hans Peter, Netzpolitik: Freiheit und Rechtsschutz im Internet, 2013, 154 Seiten"; in: DuD 2013, S. 246-249.

Weichert, Thilo Sechs Fragen zu privaten Sicherheitsdiensten; in: DANA 2/1997, S. 16-20.

Weidemann, Holger Anforderungen an eine Rechtbehelfsbelehrung in Zeiten fortschreitender elektronischer Kommunikation; in: DVP 2013, S. 367–368.

Weidemann, Holger De-Mail und das Verwaltungszustellungsgesetz; in: DVP 2013, S. 232–234.

Weidemann, Holger Die Zustellung eines Verwaltungsakts – Ein Überblick Gesetzgeber modernisiert erneut das Verwaltungszustellungsgesetz; in: DVP 2011, S. 406–412.

Weidemann, Holger/ Barthel, Torsten F. Elektronische Zustellung eines Verwaltungsakts; in: DVP 2010, S. 486–489.

Weiner, Joachim „Medienkompetenz" – Chimäre oder Universalkompetenz?; in: APuZ 3/2011, S. 42–46.

Weiß, Steffen Die Bußgeldpraxis der Aufsichtsbehörden in ausgewählten EU-Staaten – ein aktueller Überblick; in: PinG 2017, S. 97–103.

Welp, Jürgen Datenveränderung (§ 303a StGB) – Teil 1; in: IuR 1988, S. 443–449.

Welp, Jürgen Datenveränderung (§ 303a StGB) – Teil 2; in: IuR 1988, S. 434–439.

Wente, Jürgen Informationelles Selbstbestimmungsrecht und absolute Drittwirkung der Grundrechte, in: NJW 1984, S. 1446–1447.

Wentzel, Joachim Die Nationale E-Government-Strategie: Ein Schritt vor, zwei zurück?; in: VM 2010, S. 283–292.

Werner, Dennis Verkehrspflichten privater IT-Nutzer in Bezug auf die Verbreitung von Schadsoftware; Univ., Diss., Bochum 2010.

Werner, Dennis/ Wegener, Christoph Bürgerportale Technische und rechtliche Hintergründe von De-Mail und Co.; in: CR 2009, S. 310–316.

Westphal, Dietrich Die neue EG-Richtlinie zur Vorratsdatenspeicherung Privatsphäre und Unternehmerfreiheit unter Sicherheitsdruck;
in: EuZW 2006, S. 555-560.

Wewer, Göttrik Digitale Agenda 2013-2017
Netzpolitik im Deutschen Bundestag;
Hamburg 2013;

Wiebe, Andreas The new Fundamental Right to IT-Security – First evaluation an comparative view at the U. S.;
in: DuD 2008, S. 713-716.

Wiedemann, Herbert Anmerkung zu BVerfG, Beschluss v. 7.2.1990 – 1 BvR 26/84;
in: JZ 1990, S. 691-697.

Wiese, Markus Unfreiwillige Spuren im Netz;
in: Bäumler (Hrsg.), E-Privacy
Datenschutz im Internet; 1. Aufl., Braunschweig 2000, S. 9-19.

Willems, Constantin Beweis und Beweislastverteilung bei Zugang einer E-Mail. Fallkonstellationen unter besonderer Betrachtung elektronischer Bewerbungen;
in: MMR 2013, S. 551-556.

Witte, Andreas Störerhaftung im Internet
Grundlagen und aktuelle Rechtsprechung;
in: ITRB 2007, S. 87-90.

Woertge, Hans-Georg Die Prinzipien des Datenschutzrechts und ihre Realisierung im geltenden Recht;
1. Aufl., Heidelberg 1984.

Wohlfarth, Jürgen/ Eiermann, Helmut/ Ellinghaus, Michael Datenschutz in der Gemeinde
Recht, Informationstechnik, Organisation;
1. Aufl., Baden-Baden 2004.

Wohlgemuth, Hans H./ Gerloff, Jürgen Datenschutzrecht;
3. Aufl., München 2005.

Wolf, Joachim Der rechtliche Nebel der deutsch-amerikanischen „NSA-Abhöraffäre“
US-Recht, fortbestehendes Besatzungsrecht, deutsches Recht und Geheimabkommen;
in: JZ 2013, S. 1039-1046.

Wolff, Heinrich Amadeus „Die überforderte Aufsichtsbehörde“; in: PinG 2017, 109-111.

Wolff, Heinrich Amadeus Anmerkungen zum Urteil des Europäischen Gerichtshofs vom 8.4.2014 zur Vorratsdatenspeicherung; in: DÖV 2014, S. 608-612.

Wolff, Heinrich Amadeus Vorratsdatenspeicherung – Der Gesetzgeber gefangen zwischen Europarecht und Verfassung?; in: NVwZ 2010, S. 751-753.

Worms, Christoph/ Gusy, Christoph Verfassung und Datenschutz Das Private und das Öffentliche in der Rechtsordnung; in: DuD 2012, S. 92-99.

Yildirim, Nuriye Datenschutz im Electronic Government Risiken, Anforderungen und Gestaltungsmöglichkeiten für ein datenschutzgerechtes und rechtsverbindliches E-Government; Wiesbaden 2004, zugl.: Univ., Diss., Kassel 2004.

Zech, Herbert Daten als Wirtschaftsgut – Überlegungen zu einem „Recht des Datenerzeugers“ Gibt es für Anwenderdaten ein eigenes Vermögensrecht bzw. ein übertragbares Ausschließlichkeitsrecht?; in: CR 2015, S. 137-146.

Zezschwitz, Friedrich v. Konzepte der normativen Zweckbegrenzung; in: Roßnagel (Hrsg.), Handbuch des Datenschutzrechts, München 2003, S. 218-268.

Ziebarth, Wolfgang Demokratische Legitimation und Unabhängigkeit der deutschen Datenschutzbehörden Warum das durch die Rechtsprechung des EuGH (Rs. C-518/07, CR 2010, 339 und Rs. C-614/10) Erreichte durch den Entwurf für eine Datenschutz-Grundverordnung gefährdet wird; in: CR 2013, S. 60-68.

Ziekow, Jan Verwaltungsverfahrensgesetz Kommentar; 2. Aufl., Stuttgart 2010.

Zilkens, Martin Datenschutz in der Kommunalverwaltung Recht – Technik – Organisation; 4. Aufl., Berlin 2014.

Zippelius, Reinhold/ Würtenberger, Thomas Deutsches Staatsrecht; 32. Aufl., München 2008.

FSC
www.fsc.org
MIX
Papier | Fördert gute Waldnutzung
FSC® C083411

Kolibri 360 GmbH
Ferdinand-Jühlke-Straße 7
99095 Erfurt, Deutschland
produktsicherheit@kolibri360.de